GLOBAL MARKETING

FOREIGN ENTRY, LOCAL MARKETING & GLOBAL MANAGEMENT

글로벌마케팅

GLOBAL MARKETING

5th Edition

FOREIGN ENTRY, LOCAL MARKETING & GLOBAL MANAGEMENT

글로벌 마케팅

Johny K. Johansson 지음 **하충룡** 옮김

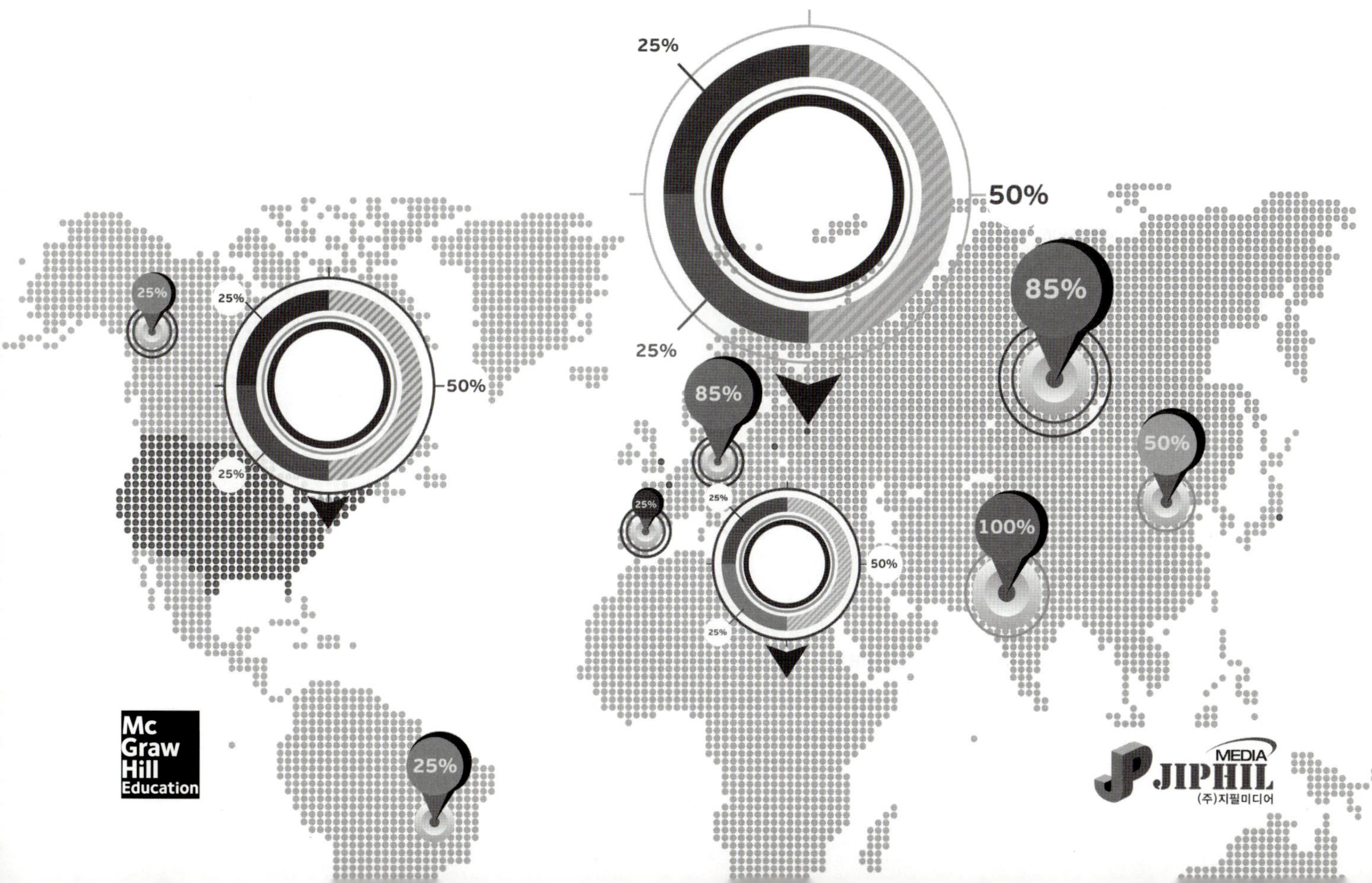

Mc Graw Hill Education

MEDIA JIPHIL
(주)지필미디어

Global Marketing, 5th Edition

1 2 3 4 5 6 7 8 9 10 JP 20 19

Original: Global Marketing, 5th Edition
By Johny Johansson
ISBN 978-0-07-338101-5

This authorized Korean translation edition is jointly published by McGraw-Hill Education Korea, Ltd. and Jiphil Media. This edition is authorized for sale in the Republic of Korea.

This book is exclusively distributed by Jiphil Media.

When ordering this title, please use ISBN 978-89-9739-464-7

Printed in Korea

GLOBAL MARKETING
FOREIGN ENTRY, LOCAL MARKETING & GLOBAL MANAGEMENT

글로벌마케팅

지은이 Johny K. Johansson
옮긴이 하충룡
발행처 (주)지필미디어
주 소 경기도 파주시 문발로 132 402호
전 화 031) 957-4504
팩 스 031) 957-4503
이메일 book@jiphil.co.kr
홈페이지 www.jiphil.co.kr
발행인 김성남
발행일 2019년 2월 22일 초판인쇄
등록번호 제 312-1997-000043호(1997년 7월 16일)
ISBN 978-89-9739-464-7 93320

가 격 34,000원

저자에 관하여

쟈니 조한슨은 미국의 조지타운대학의 교수로 재직하였으며 글로벌마케팅 전략과 소비자 의사 결정분야에서 전문가이다. 그는 70여개 이상의 학술논문을 발표하였으며, "In Your Face: How American Marketing Excess Fuels Anti-Americanism" 등을 저술하였다. 또한 일본과 홍콩 등지에서 활발한 특강활동을 펼치기도 하였다. 조한슨 교수는 UC Berkeley 대학교에서 MBA와 경영학박사를 취득하였다.

저자 서문

글로벌마케팅 활동은 국제상거래 분야에서 가장 역동적인 분야라고 할 수 있다. 중국, 인디아, 베트남 등의 약진으로 이제 자유무역과 국제교역 활동은 모든 국가의 경제활동의 중요한 축이 되었다. 이러한 국제교역활동의 확산은 이를 관리할 수 있는 노하우와 이에 대한 학습, 그리고 이를 가르칠 수 있는 수단을 필요로 하게 된다.

국가 간의 마케팅활동은 각 국가별로 서로 다른 다양성을 전제로 하고 있다. 따라서 이러한 다양성을 기초로 마케팅관리의 효율성을 창출할 수 있는 여러 가지의 전략적 접근이 필요하다.

본 서 글로벌마케팅은 크게 세 분야로 나누어 기술되었다. 첫째는 글로벌마케팅의 도입부로서 이에는 글로벌마케팅환경을 주로 다루고 있다. 즉 정치적, 경제적, 자연적 환경을 포함하는 주변 요소들을 살펴보고 있으며 문화적인 부분과, 전통적인 국제무역이론들을 간략히 소개하고 있다. 두 번째로 글로벌 마케터의 중요한 역할로서 해외진출과 현지시장에서의 관리 그리고 국가 간에 전개되는 마케팅자산의 통합적 관리의 문제를 다루고 있다. 마지막으로 이러한 세 가지 임무를 기초로 글로벌마케팅의 제반 이슈들을 마케팅전략적인 관점에서 접근하는 글로벌마케팅 전략을 기술하고 있다.

본 서는 경영대학원생을 대상으로 하고 있으며 글로벌마케팅을 심도 있게 이해하려는 독자를 염두에 두고 저술되었다. 끝으로 최대한 독자들에 대한 접근성이 쉽도록 이 책을 구성하도록 노력하였으며, 저술 과정에서 많은 건설적인 코멘트를 준 여러 학자들과 교정 과정에서 수고를 해 준 대학원생들에게 감사를 전한다.

Johny K. Johansson

역자 서문

본 서를 번역하기로 결심하고 작업을 시작한지 벌써 몇 해가 흘렀다. 외국의 원서를 한국어로 번역한다는 것이 어렵고 지루한 작업이라는 것을 짐작은 하였지만 실제로 컴퓨터 앞에 작업을 이어가는 과정에서는 괜히 시작하였나 하는 후회도 해봤고, 언제 끝나서 출판에 들어갈 수 있을 까 하는 생각으로 가득 찬적도 있었다. 하지만 오늘 이렇게 역자서문을 쓰는 시점에서는 감회가 새롭다.

수백 페이지에 이르는 번역문을 우리 느낌에 맞도록 재조정하는 작업은 그리 쉬운 일이 아니었다. 역자는 좋은 단어의 선택과 우리 상식에 맞는 어감을 유지하기 위하여 다자간 표현확인 작업을 최대한 실시하였으나 뭔가 더 좋은 표현이 있지는 않았을 까하는 마음에 아직도 마음이 편치는 않다. 이러한 작업과정에서 주변의 대학원생들과 연구원들이 준 도움에 무한한 감사를 표하고 싶다. 특히 이기환 박사, 이유경 교수, 이상하 박사, 한나희 박사, 김능우 박사의 도움이 컸다. 그 외에도 맞춤법 띄워 쓰기 등 넘어야 할 산들도 많았지만 이러한 작업과정에서 주변의 대학원생들과 연구원들이 준 도움에 무한한 감사를 표하고 싶다. 그리고 그 동안 출판을 위해서 인내해 주신 지필출판사의 출판 진에도 감사드린다. 비록 지금 출간에 이르렀지만 교정과정에서 찾을 수 없었던 오타나 번역의 오류 등이 있으리라 짐작한다. 이 부분에 대해서는 졸역을 읽으시는 독자 분들의 양해와 매서운 질타를 달게 받고 본 번역서의 개정을 통하여 시정할 것을 약속드린다.

강의와 연구에 종사한 이래 이러 저러한 일로 책 출간을 미루다 십수년 만에 처음 번역서를 출간하게 되어 저술의 기쁨이 클 뿐 아니라, 본서를 통하여 독자 분들의 국제마케팅에 대한 이해가 깊어지고 무역실무에도 도움을 줄 수 있기를 기도하며, 번역과정에서 지속적으로 에너지를 공급하신 예수님의 은혜를 되새겨 본다.

부산대학교 연구실에서

하충룡

차례

PART 3
현지마케팅

CHAPTER 7 현지 고객에 대한 이해

CHAPTER 8 성숙시장에서의 현지마케팅

CHAPTER 9 새로운 성장시장에서의 현지마케팅

CHAPTER 12 글로벌 제품과 서비스

CHAPTER 13 글로벌 브랜딩

CHAPTER 14 글로벌 가격책정

CHAPTER 15 글로벌 유통

PART 1

글로벌마케팅의 기초 이론

오늘날의 글로벌화는 글로벌 마케터에게 새로운 임무를 부여하고 있다. 이들 국제마케터들은 어느 나라의 시장이나 소비자층을 공략하여야 하는가, 어떤 진입방식을 선택해야하는가의 문제 이외에도 각 국의 시장에서 마케팅전략을 효율적으로 수립하여야 하고 이들 전략을 효과적으로 펼쳐야 한다. 이들은 현지시장 상황을 본사에 전달할 수 있어야 하고 또한 본사의 표준화 정책을 현지시장에 적용할 수 있는 가교 역할을 하게 된다. 이러한 임무들을 수행하기 위해서는 입증된 글로벌마케팅의 이론들과 국제적인 의사소통의 기술을 충분히 활용할 수 있어야 한다.

제1부에서는 국가 간 거래의 복잡성이 글로벌 마케터로 하여금 마케팅전략을 어떻게 수정하여야 하는가에 대한 이론을 제공한다. 해외시장을 진출하기 위해서는 기업의 강점과 약점을 분명히 이해하여야 한다. 이러한 분석은 기업의 자국시장에서 경쟁적 우위가 무엇인가를 파악하는 것으로부터 시작하며 또한 경쟁적 우위를 해외시장에서 어떻게 유지할 수 있는지를 가능하게 한다. 또한 기업의 현지시장의 다른 문화환경에 어떻게 적응할 수 있는지를 분석하여야 한다. 한편 해외로 진출하려는 경우 기업의 기술적 타당성과 재정 및 조직의 유연성을 검토하여야 한다. 이러한 분석들은 글로벌마케팅에서 중국시장과 인도시장에 부상하는 시점에서 그 어느 때 보다도 중요하다고 할 수 있다.

CHAPTER 1

글로벌마케팅의 임무

이 장을 읽은 후 다음 질문에 답하시오.

1. 폐쇄 경제의 개방이 어째서 글로벌 시장에서 더 큰 기회가 되었는가? 또한, 왜 이러한 개방이 테러리즘을 자행하고 반글로벌화를 추종하는 세력들에 의해서 위협받고 있는가?
2. 산업과 기업이 글로벌 전략에 대한 준비가 되어 있는가? 그리고 그들이 다양한 마케팅 믹스 도구들을 표준화 할 필요가 있는가?
3. 기업은 단지 판매와 이윤을 얻기 위한 목적이 아니라 여러 가지 이유로 해외에 진출한다. 그 이유는 무엇인가? 그들은 경쟁자들에게 도전하기 위해서 해외시장에 진입할 수 있고, 선도 고객으로부터 배우기 위해서일 수도 있으며 그들의 수요 기반을 다양화하기 위해서일 수도 있다.
4. 글로벌 시장은 어떻게 새로운 마케팅 기술과 관련되는가? 예를 들어, 시장에 어떻게 진입할 것이며 현지시장에서 마케팅활동을 어떻게 관리해야 하는지 설명할 수 있어야 한다.
5. 글로벌마케팅 경영자의 업무를 서로 다른 세 가지 임무, 즉, 해외시장 진입, 해외 현지마케팅, 그리고 글로벌경영으로 나누어 볼 때, 이러한 임무들은 각각 구체적으로 어떤 작업들을 수행하게 되는가?

제1장에서는 오늘날 글로벌 기업들에게 있어서 마케팅 경영자가 직면하는 현실을 기술하고 있다. 무역 장벽이 낮아짐에 따라 해외시장에서 새로운 기회가 발생하고 있고, 새로운 시장에 진입할 수 있게 되었다. 동시에 반글로벌화(anti-globalization)에 대한 움직임이 본격화 되기 시작했으며, 이는 현지 상황의 이해를 필요로 한다. 해외 경쟁자들이 현지시장으로 진입함에따라 기존의 독보적이었던 현지기업들은 시장 입지의 방어를 필요로 하게 되었다. 만약 기업의 경영자가 그들의 역량과 시장에 대하여 편협한 시

을 설명하고 있다. 첨단기술 제품들은 글로벌 시장과 밀접한 관련성을 가지고 있다. 이러한 제품은 종종 선도시장(leading market)이라고 불리는 곳에서 개발되며 경쟁력을 유지하기 위해서 혁신과 새로운 제품에 대한 개발이 지속적으로 필요하다. 글로벌 경쟁으로 인해 신속하게 국제시장을 확보하는 것이 중요해졌다. 이용가능한 딜러(dealer)가 존재할 때 현지시장은 진입하기가 상대적으로 쉬운 반면에, 딜러를 이용할 수 없고 진입 장벽이 높을 경우 현지시장에 존재하고 있는 기업들과의 새로운 제휴가 필요하다. 창조적 혁신은 여러 나라에서 규제 장벽을 극복하기 위해 중요하다. 또한 어떤 시장으로의 침투속도는 동원될 수 있는 충분한 자원을 가지고 있는 가에 달려있다.

새로운 위협에 대항하여 Apple은 휴대폰에 음악 재생 기능을 추가하여 2007년 iPhone을 소개하였다. 2008년 중순에 iPhone이 전 세계적으로 출시되자 스톡홀름에서 시드니에 이르기까지 애플 제품에 열광하는 고객들이 긴 줄을 이루는 모습을 신문들이 보도하였다. 글로벌마케팅은 단순하지 않으며 끊임없는 창의적 혁신으로 새로운 시장의 발견을 이끌게 된다.

Sources: "Apple Strategy," *Broand Strategy*, May 14, 2004, p. 6; "Founder & Apple to Deliver World's Best Musical Experienc to Chinese Customers." *PR Newswire*, May 18, 2004, p. 1; Steven Levy, "iPod Nation." *Newsweek*, July 26, 2004, pp. 42-50; www.apple.com; "Lines Form for New iPhone in Japan, Australia," *Associated Press*, Thursday, July 10, 2008.

세계를 향하여

오늘날 많은 기업들이 세계를 향하여 나아가고 있다. 20년 혹은 15년 전만 하더라도 글로벌 비즈니스는 거대한 다국적기업들의 전유물로 여겨졌다. 중소기업들은 자국의 시장에 중점을 두었거나 하나 혹은 두 개의 외국시장에 진출하는 정도였다. 그러나 이러한 현상은 그리 오래 가지 않았다. 이제는 심지어 아주 작은 기업들도 다른 여러 나라의 시장에서 무엇인가를 해야 한다는 것을 깨달았고, 이런 기업들은 최근 해외시장에서의 경쟁에 뛰어들기 시작했다. 오늘날 해외의 다양한 기업들이 글로벌 시장에서 적극적으로 경쟁에 참여하고 있다.

글로벌 시장이 더욱 개방되고 테러리즘(terrorism)과 반글로벌 세력이 통제된다면 글로벌 경쟁은 더욱 확산될 것이다. 어떠한 시장도 이러한 추세에서 예외가 될 수 없으며 심지어 정부 조달사업 까지도 해외 공급업자에게 개방되어 있다. 규제완화조치와 민영화는 잠자고 있던 공기업들에게 새롭고 강한 외국경쟁자들과 직면하게 하였으며, 이러한 경쟁자들은 같은 무역블록을 형성하고 있는 국가들 사이에서도 출현하였다. 시장을 주도하고 있는 해외 경쟁자들은 이전에 보호되었던 한 나라의 시장에 진출하여 현지기업들을 몰아내었다. 이러한 모든 면에 비추어 얻을 수 있는 교훈은 고객 만족과 끊임없는 혁신에 대한 노력을 기울이지 않으면 시장에서 살아남을 수 없다는 것이다.

글로벌 시장이 발전하기 위하여 글로벌 커뮤니케이션(global communications)의 역할이 크다. TV 위성방송에 의한 매스미디어(mass media)는 국가의 경계를 허물었다.

팩스와 다른 전기 · 전자 통신의 발달은 기업의 정보 네트워크 발달을 가능하도록 만들었으며, 인터넷을 통한 온라인 메시지는 글로벌 커뮤니케이션을 비용 없이 가능하게 해준다. 오늘날 기업의 본사는 자회사들의 의사결정에 직접 참여하는 것이 가능해졌다. 경영자들은 비행기 안에 있든 자동차 안에 있든 지구상의 어떠한 곳에 있더라도 경영 지침을 보낼 수 있게 되었다. 심지어 그들이 휴가 중에 있더라도 해변가에서 휴대폰을 통하여 대화를 나누는 것이 가능해졌다.

경쟁이 증가하던 1980년대에 일본기업들의 움직임은 우리의 이목을 끈다. 1980년대 이후부터 그들은 해외의 여러 나라에서 어려움에 직면했다. 유럽연합(EU)에 의해 도움을 받고 있던 많은 유럽기업들은 스스로를 보호하기 위하여 통합과 지역화를 수행하여 왔다. 또한 그들은 스스로 사냥꾼이 되기도 하였다. 독일의 BMW, Bosch, Beiersdorf; 프랑스의 Thomson and Alcatel; 스위스의 CibaGeigy, Nestlé; 이탈리아의 Benetton; 그리고 핀란드의 Nokia는 여러 성공 스토리를 가지고 있다. Volkswagen, General Motors, Opel, Electrolux, Fiat, Olivetti, ABB와 Volvo Truck과 같은 다른 기업들은 성공할 때도 있었고 그렇지 못할 때도 있었다. 새로운 글로벌 환경으로 연출하는 경우 특히 현지기업이 무역장벽과 정부의 보호아래 있을때는 강력한 기업 특유의 우위가 필요하다.

많은 일본 기업들은 국제적인 경쟁에 능동적이지 못했지만, 일본시장은 다양한 무역장벽에 의해서 오랫동안 보호되어져 왔고, 또한 비관세 장벽으로 인해서 그들 중 몇몇 기업은 사라지지 않고 여전히 생존하고 있다. 일반 경제이론에서는 그러한 장벽은 종종 비효율적인 기업들을 보호해주는 것으로 보고 있다. 일본의 자동차업체와 전자업체들은 일반적으로 세계시장에서 높은 경쟁력을 가지고 있지만, 화학, 의료, 종이, 의료기기, 그리고 다른 산업 분야에 있어서는 그렇지 못하다. 일반적으로 일본의 자동차업체들과 전자업체들의 경쟁은 매우 격렬하지만, 일본의 산업계에서 다소 성공적이지 못한 일부기업들은 경쟁하지 않고 은밀하게 공모하는데 만족해 왔다.

여기에서 알아야 할 교훈은 자국과 해외에서의 강력한 경쟁이 국제적으로 경쟁력 있는 기업을 만든다는 것이다. 오늘날의 글로벌마케팅 경영자는 해외 경쟁자들과 해외 고객들을 이해하고 그들로부터 배워야한다.

이 장에서는 우선 글로벌화와 글로벌마케팅의 최근의 발전과정에 대하여 논의할 것이다. 다음으로 글로벌마케팅의 몇 가지 정의를 알아보고 글로벌 제품과 글로벌 브랜드의 특징들을 살펴볼 것이다. 그리고 인터넷을 포함한 글로벌화의 다섯 가지 요소들을 알아보고 어떻게 그들이 글로벌 전략과 연계성을 갖게되는지 살펴볼 것이다. 또한 경영자들이 해외마케팅으로부터 어떻게 지식자산을 배우고 개발할 수 있는지에 대해서 알아볼 것이다. 마지막으로, 글로벌마케팅 경영자가 수행하는 세 가지의 역할에 대해서 알아 볼 것이다. 이 세 가지의 역할은 이 책의 제2, 3, 4부의 주제를 이루고 있으며, 여기에는 해외 진입, 현지마케팅, 그리고 글로벌경영이 있다.

새로운 글로벌 환경

몇 가지의 글로벌 환경의 변화로인해 지난 몇 년간 글로벌마케팅 환경도 변화하였다.

반글로벌화와 테러리즘

새 천년의 시작과 동시에 전 세계적으로 반글로벌화에 대한 목소리가 곳곳에서 터져 나왔다. 다국적기업에 반대하는 몇몇 사건들이 1990년대 후반에 발생했다. 인도에서는 KFC에 반대하는 사람들이 매장을 부수는가 하면, 독일 환경론자들은 McDonald's의 스티로폼 포장에 대한 재질을 다른 것으로 바꿀 것을 촉구하였다. 이 외에 중국은 피라미드 방식으로 고객들에게 방문판매를 하는 것을 법으로 금지시켰다. 벨기에에서는 어린 아이들이 콜라를 마시고 난 뒤 알 수 없는 이상한 병에 걸렸음을 언급하면서 Coca-Cola 병에 관한 뉴스 보도를 하였으며, 프랑스 농부들은 프랑스의 McDonald's 매장 파손사건으로 구속되어 사람들의 주목을 끌기도 하였다. 보다 큰 사건은 1999년 12월에 일어났다. 여러 나라의 반글로벌화 운동가들은 시애틀에서 세계무역기구(World Trade Organization)의 밀레니엄 라운드를 파행으로 가게 하였다. 글로벌화에 대한 경제적, 사회적 이익에 대한 끊임없는 의문과 함께 반글로벌화는 2000년도 전반에 걸쳐서 힘을 얻고 있었다. 시위자들은 2000년 9월 워싱턴 DC에서 열린 세계은행(World Bank)과 IMF 회의를 방해하였다. 그리고 다른 회의 장소를 찾으라고 세계무역기구를 압박하였다. 그러나 2001년 11월 테러리스트들이 뉴욕의 세계무역센터를 공격한 이후 반글로벌화 운동은 주춤하게 되었다.

반글로벌화와 테러리즘의 관계는 복잡하다. 테러리스트들은 극단적으로 반글로벌화에 앞장 서 있는 사람들이다. 테러리스트들은 국가들 사이의 정연한 교류를 붕괴시키기 위해 폭력적인 수단도 마다하지 않는다. 그러나 반글로벌화를 이루고 있는 핵심기구인 비정부기구(NGOs)와 다른 기구들은 테러리즘에 대해 아주 부정적인 시각을 취하고 있다. 일반적으로 반글로벌화에 앞장선 사람들은 경제적인 교환과 무역자체에 대해서 반대의 입장을 취하고 있지는 않다. 그들은 선진국들이 막대한 이득을 취하면서 개발도상국을 착취하는 것에 반대하는 것이다. 그들은 동등한 소득 분배를 위한 현지 사업과 프로그램들을 지지하는 경향이 있다. 테러리스트들은 세계의 질서와 그들의 정치, 군사, 경제, 사회, 그리고 종교적인 기반을 확보하기위해 극단적인 행동을 하고 있다. 급격히 부상하고 있는 테러리즘을 어떻게 다룰 것인가는 여기에서 언급하지 않기로 한다. 글로벌 시장에 더욱 직접적인 영향을 주는 반글로벌화를 여기에서 언급하는 것이 더욱 적절하다.

세계무역기구에 의해 채택된 새로운 무역 규칙은 반글로벌화의 움직임에 대한 우려를 반영하고 있다. 예를 들면, 제3세계 국가들에 대해서는 항에이즈 의약품과 같은 중요한 약물에 대하여 특허권 보호를 완화하는 것이 허용되었다. 즉 다국적 제약 업체는 R&D 지출 비용을 만회하기 위하여 선진국에 높은 가격으로 의약품을 판매하고 제3세

Getting the Picture **"전 세계에 걸쳐져 있는 위험성"**

Naomi Klein의 "No Logo"라는 저서는 반글로벌화 운동의 성서 중 하나로 높은 위상을 차지하고 있다. Klein의 책 줄거리는 주로 글로벌 브랜드에 의해 직면하게 된 위험요소들에 대해서 다루고 있다. 놀랍게도 그녀는 개발도상국뿐만 아니라 선진국에서도 세계화로 인해 발생하는 위험 요소가 많다고 언급하였다. 우리는 Klein의 반글로벌화에 대한 주장을 이러한 위험과 연관된 개발도상국과 선진국으로 구별해 살펴보기로 한다.

Klein에 따르면, 글로벌화는 다음과 같은 현상을 야기한다.

선진국: 공간 부재, 선택의 부재, 일자리 부재, Logo의 부재
개발도상국: 불평등, 가난, 착취, 지역적 통제의 부재

이러한 두 지역에서의 현상은 서로 일정 부분 비슷한 패턴을 보이게 된다. "공간의 부재(No space)"는 브랜드가 편재해 있으며, 특히 선진국의 젊은 세대들은 강력한 글로벌 브랜드로부터 야기되는 또래 인정욕구에 의해 지배된다. 이는 오직 소수의 인구만이 글로벌화의 혜택을 누리고 매력적인 글로벌 브랜드를 얻을 수 있는 개발도상국의 "불평등(inequality)" 상황과 비교하고 있다.

"선택의 부재(No Choice)"란 글로벌 브랜드가 제공하는 선택 이외에 사실상 전혀 다른 선택이 존재하지 않음을 의미한다. 모든 다양성은 사라지고 브랜드는 그들의 브랜드명을 제외하고는 의미를 잃게된다. 개발도상국 시장의 또 다른 부분은 "가난"으로 특징지어진다. 이러한 나라들은 현실적으로 선택의 폭이 제한되어 있다. 선진국 시장에서의 "일자리 부재"의 영향은 직접적으로 개발도상국 현지의 노동력 착취를 반영한다. 임금은 비용이 높은 선진국에서 비용이 낮은 개발도상국으로 이동한다. 기업이 얻은 수익금 중 일부는 열악한 노동환경하에서 만들어진다.

마지막으로, Klein에 의하면 선진국 시장의 "노 로고(No logo)"의 영향은 글로벌 브랜드가 기업의 상징이 되면서, 현지 브랜드에서 구현되는 현지의 문화를 사라져 버리게 만든다. 개발도상국에 있는 다국적기업의 조립 공장은 현지의 전통과 문화에 대한 고려를 거의 하지 않은 채 멀리 떨어진 본사로 부터 통제를 받는다.

이러한 각각의 주장들은 어느 정도 사실을 반영한다고 할 수 있지만, 개발도상국의 경우 대부분의 경제 지표상으로는 비록 상대적인 차이가 더 커지게 된다고 할지라도 다국적기업들이 진입했을 때 생활환경과 작업환경이 전반적으로 향상하고 있음을 보여준다. 성공적인 브랜드가 최신의 기술과 통합되면 그들은 자연스럽게 유사해진다. 일본의 구세대들이 "우리는 충분히 필요를 만족시키고 있다."고 주장하고 있지만 그들은 여전히 젊은 시절에 필요로 했던 제품에 대한 기대치에서 벗어나지 못하고 있다. 따라서 비록, 일자리가 해외로 이동한다고 하더라도 일자리의 상실로 인한 고통은 일시적일 수 있다. 그 이유는 다른 분야에서의 기술발전으로 인하여 지속적인 산업구조의 개편이 일어나고 이는 또한 일자리를 추가적으로 제공할 수 있는 기회가 될 것이기 때문이다. 이는 역사를 통해서 어느 정도 입증된 사실이며 틀림없이 새 천년에도 그러할 것이다.

Sources: Graham, 2000; Klein, 2000.

계 국가에는 같은 의약품을 낮은 비용으로 제공할 수 있게 하였다.

반글로벌화는 복잡한 정치, 경제, 그리고 사회 문제들을 수반한다("전 세계에 걸쳐져 있는 위험성" 참조). 상대적으로 더 가난한 나라에서 이루어지는 해외투자는 노동력을 착취하고, 주어진 시간보다 더 길게 일할 것을 강요하며, 열악한 환경 속에서 노동을 강요한다고 알려져 있다. 글로벌화로 인하여 그 제품을 지불할 능력이 없는 소비자에게 제품의 마케팅활동은 열등감, 질투, 격분에 대한 억눌린 감정을 종종 갑작스럽게 폭발하게 할 수 있다.

대부분의 전문 경제학자들과 다른 많은 전문가들은 반글로벌화의 지지자들이 그들의 주장을 뒷받침할 만한 명확한 근거를 가지고 있지 않다고 주장한다. 대체로 경제 데

이터들은 글로벌화가 대부분의 사람들의 부를 증가시킨다는 생각을 뒷받침하고 있다. 심지어 초과근무를 하고 노동환경이 열악하더라도 다국적기업들은 일자리의 수를 증가시키며 그 나라의 평균 임금보다 더 높은 급여를 제공한다. 여러 가지 새로운 선택들에 의해서 발생하는 두려움들에 대해서 경제학자들은 비용으로 받아들이라고 말한다. 또한 그들은 현재 이루어지고 있는 글로벌화의 영향으로부터 벗어나 그 나라를 폐쇄경제로 만드는 것은 거의 불가능하다고 말한다. 그렇기 때문에 현지 생산품을 증가시키고 그에 따른 임금 역시 증가시킬 수 있도록 하는 편을 택해야 한다고 주장한다.

반미주의

2003년 3월 미국의 이라크 공격 이후 반미주의에 대한 강한 표출이 지구촌 곳곳에서 쏟아져 나왔다. 심지어 "자발적으로 동맹관계를 유지"하고 이라크로 부대를 파견한 영국의 시민들조차도 미국에 대해 단호하게 반대하는 입장을 취했다. 결과적으로 이러한 사건들은 미국의 여러 글로벌 브랜드에 잠재적으로 영향을 줬으며, 전체적인 글로벌화 과정에서 위협과 전쟁이라는 수단 때문에 미국은 그들의 동맹국으로부터 고립되는 경향이 있었다.

여론 조사에 의하면, 미국 브랜드에 호의적인 입장을 취하던 많은 사람들이 전쟁이 진행됨에 따라 급격하게 감소하였다. 또한, 다른 나라를 호의적으로 보던 미국인들의 수도 역시 감소되었다. 그러나 이러한 경향은 2005년에 다시 역전되었음을 〈표 1.1〉을 통해서 알 수 있다.

표 1.1 반미 의견

미국을 호의적으로 생각하는 국가			
국가	2002	2003	2005
영국	75%	48%	55%
프랑스	63	31	43
독일	61	25	41
스페인	50	14	41
폴란드	79	50	62
러시아	61	28	52
미국인들이 호의적으로 생각하는 국가			
Country	2002	2003	2005
프랑스	79%	29%	46%
독일	83	44	60

Sources: Data from the Pew Research Center for the People & the Press.

글로벌마케팅 전문가들에게 있어 한 가지 의문은 이러한 부정적인 감정들이 어느 정도까지 미국의 글로벌 브랜드에 악영향을 미쳤냐는 것이다. 2004년의 조사는 몇 가지 부정적인 브랜드 효과를 제시했다. 예를 들어, 15개의 미국 글로벌 브랜드들은 2004년 그들 브랜드의 "이용량"이 30%에서 27%로 떨어졌으며, "신뢰도"는 18%에서 15%로 떨어졌음을 보여주었다. 이러한 수치의 변화가 작아 보일 수도 있지만 그들의 보고가 일정한 추세로 나타난다면 미국 마케팅 전문가들 혹은 글로벌마케팅 전문가들에게는 좋지 않은 소식이다. 그러나 새로운 오피니언 데이터(opinion data)는 미국 브랜드들이 향후에 위험에 덜 노출될 수 있음을 암시하였다.

공정무역

반글로벌화의 일부로 세계시장에 나타난 현상 중의 하나가 공정무역의 출현이다. 공정무역은 가난한 국가에서 생산된 제품들에 대한 이득을 공평하게 나누어 갖는 것을 보장하는 것을 일컫는 말이다. 공정무역 생산품들은 커피, 바나나, 초콜릿, 수공업, 의류, 그리고 보석과 같은 제3세계 국가에서 얻을 수 있는 기본적인 필수품들을 포함한다. 공정무역의 추진 동기는 커피, 쌀 및 다른 여러 필수품들의 가격이 급격하게 변동하고 때로는 생산 가격 보다 낮게 판매되기 때문에 최소한의 생산비와 생활비를 포함할 수 있는 안정된 가격이 필요해졌기 때문이다. 이는 적정한 표준 생활비를 통하여 가난으로부터 농부들과 그들의 부양가족들을 보호할 수 있는 장치가 된다.

공정무역은 소비자들과 생산자들에게 공정하고도 지속가능한 관계를 유지시킬 수 있도록 하는 사업방식이다. 이것은 현지 생산과정에서 임금을 지급하고, 지속 가능한 생산환경을 만들도록 참여하도록 하고, 건강한 근로조건을 만들도록 하는 것들을 포함한다. 지금은 고인이 된 Antia Roddick에 의해 경영된 Body Shop은 커피 체인점인 Starbucks와 함께 이러한 운동에 참여한 선두 기업 중의 하나이다. 공정무역의 기준은 전 세계 시장에서 광범위하게 받아들여지고 있으며, 더욱 더 많은 고객들이 공인된 기업의 제품들을 원하고 있다. 자유시장에서 항상 그렇듯이 이러한 사실들은 기업들로 하여금 공정무역의 유인동기가 되었다.

공정무역을 최초로 주창한 이들은 비정부기구(NGO)였으며, 그들은 완제품 가격에 비하여 상대적으로 낮은 가격이 원료생산자에게 돌아가는 것에 대해 공평하지 못하다고 여겼다. 이러한 비정부기구에는 Oxfam, Amnesty International, Caritas International과 같은 광범위한 사회 환경기구들이 소속되어 있다. 이들의 선봉에는 FLO(Fairtrade Labelling Organizations International)가 있다. 국제 FLO는 비영리 기구이며 여기에는 연합을 이룬 23개의 회원 단체들과 무역업자들 그리고 수출업자들로 이루어진 다수의 이해관계자들이 포함되어 있다. 이 조직은 공정무역 기준을 검토하고 발전시키고 생산자들이 공정무역 증명을 통해 지원받을 수 있도록 후원해주며 생산자들이 시장기회를 이용할 수 있도록 도와준다.

다국적기업이 공정무역을 채택하도록 압박 받음으로써 공정무역사업에 대한 공식적인 증명 프로그램이 발전되어 왔다. 공정무역 증명에 관한 가장 기본적인 필수조건은 다국적기업 구매자들이 공급품에 대해서 생산자들에게 합리적인 가격을 지불하도록 보장하는 것이다. 뿐만 아니라 규모가 작은 농부들의 조직에 표준이 되는 FLO 증명은 민주적인 의사 결정을 요구하며, 생산자들은 어떻게 공정무역의 장려금이 투자되어지는지 등에 대하여 제 목소리를 낼 수 있도록 보장한다. 노동환경을 표준화하는 공정무역은 노동자들이 적당한 임금을 받을 수 있도록 하며, 노동조합을 자유롭게 형성하여 그들이 가격에 대해 집단적인 타협을 이룰 수 있도록 장려하고 있다. 또한 재배농장의 환경을 보장하는 공정무역은 미성년자에게 노동을 강제로 강요할 수 없도록 하고 있으며, 미성년자들의 건강과 안전의 조건이 기준과 일치해야 한다. 이러한 공정무역 기준을 준수함으로써 그들은 생산품이 공정무역 기준과 부합한다는 것을 광고할 수 있는 자격을 부여받게 된다.

공정무역은 여전히 그 규모가 작지만 빠르게 성장하고 있다. 2006년 공정무역은 세계적으로 대략 230억불의 판매를 기록하였으며, 해마다 41%의 성장률을 나타내고 있다. 공정무역 제품은 일반적으로 유럽과 북미에서 모든 판매 품목에 대하여 5% 미만을 차지하고 있다. 2006년 10월 전 세계에서 불이익을 당한 150만 명의 생산자들이 공정무역을 통하여 직접적으로 이득을 얻게 됨과 동시에, 인프라와 현지 발전사업에 기금을 조성한 공정무역으로 인하여 추가적으로 500만 명의 생산자들이 혜택을 보았다.

많은 발전적 노력에도 불구하고 공정무역은 논란의 소지를 보였고, 모든 정치적 잣대에 의한 비난으로부터 자유스러울 수 없었다. 자유시장 경제학자들은 생산품에 대해서 고정 가격을 형성하는 것을 극도로 꺼려했다. 왜냐하면 그들은 가격에 대하여 자유기업들이 어떠한 제품을 생산해야 되고 생산하지 말아야 되는지를 보여주는 하나의 지표로 여기기 때문이다. 이에 대조적인 시각은 선진국에서의 많은 농산품들이 가격 보장제를 실시하고 있으며, 특히 많은 가난한 생산자들은 생존 가능한 차선적인 다른 직업들을 가지고 있지 않기 때문에 자유시장 경제학자들이 말하는 주장은 위선적이며 비현실적이라고 주장한다. 좌파 경제학자들은 공정무역이 현재의 무역체계에 해롭지 않다고 주장한다. 이는 선진국에서 자국의 노동자들을 보호하는 한, 그보다 더 가난한 국가는 단지 가격안정보다 보호가 필요하기 때문이라고 한다. 한편 글로벌화와 자유시장은 모두에게 이로운 것이 되어져야 하며, 세계무역기구는 선진국들이 취하고 있는 보호관세를 줄이기 위한 시도를 하고 있다.

결론적으로, 공정무역은 우리 생활의 일부로 자리 잡고 있는 것처럼 보인다. 공정무역을 실시하는 것이 마케팅관점에서 이익이 된다는 인식이 확산됨에 따라 다국적기업들은 보증된 공정무역자가 되기 위해서 그들의 관행을 변화시키게 될 것이다.

지구 온난화와 녹색무역

세계무역에 있어 최근 문제가 되고 있는 두 가지 요소는 지구 온난화와 녹색무역이다. 지구 온난화는 지구의 상위 대기층에 있는 오존층이 약해짐에 따라 전 세계의 기온이 증가하는 것을 일컫는다. 이러한 지구 온난화에 대한 정확한 원인에 대한 논의는 여전히 계속되고 있지만 산림파괴와 공해가 주범으로 나타났다. 녹색무역은 유기농 제품으로 무역이 이루어지며, 공정무역과 밀접하게 관련을 갖고 빠르게 성장하고 있는 무역의 범주이다.

지구 온난화 문제는 점점 더 많은 관심의 대상이 되고 있다. 많은 개발도상국(남미의 아마존 지역을 포함해서)의 산림파괴는 여러 인센티브제도에 따라 완화되고 있으며 더 이상의 벌목을 하지 않도록 하는 정책이 시행되고 있다. 이것은 현재의 국내총생산(GDP)의 계산방법이 지속가능한 GDP 성장률로 계산되어 수정되도록 하는 동기가 되었다. 이로 인하여 예상되는 결과로는 세계시장에서 몇몇 특정한 제품의 공급이 줄어들고, 이러한 제품들은 해외무역에서 거래가 감소하게 될 것이며, 대체 가능한 제품들의 이용이 증가할 것이라는 것이다. 공해방지를 위한 정책으로는 고유가를 취하는 방법이 있다. 이를 통하여 소비자들과 제조업자들이 석유를 좀 더 적게 이용할 것이라는 예측을 할 수 있다. 결과적으로 현지기업들이 더 많은 유기농 제품에 집중할 수 있도록 하는 것이고 이는 녹색무역을 증가시킬 것이다.

이러한 전개와 관련하여 전 세계적으로 수송되는 다양한 제품들의 "탄소 발자국(carbon footprint)"에 대한 새로운 관심이 부상하고 있다. 아주 먼 목적지에서 전 세계 소비자시장에 생수를 공급하기 위해 사용된 에너지는 이러한 관점에서 관심을 가질 필요가 있다. 상당한 에너지 비용을 수반하는 플라스틱 물병의 사용뿐만 아니라, 해외로부터 현지시장으로의 물 운송의 현실성은 의문시 되고 있다. 탄소 발자국에 대한 비용이 부과되지 않고 지구 온난화에 대한 외적 비용이 부과되지 않는 한 이러한 운송은 수익성이 있을 것처럼 보인다. 우리는 아마도 Evian을 먹기를 원할 것이다. 그러나 지구 온난화에 대한 염려가 증가하고 미디어의 관심과 전 세계소비자들의 관심이 증가하게 됨에 따라서 결과적으로 기업들은 운송의 거리를 좀 더 줄이고, 탄소 발자국을 낮추며 현지의 유기농생산품 임을 강조하여 더욱 많은 수익을 얻을 수 있는 방안을 찾아야 할 것이다.

지구 온난화가 기업의 아웃소싱(outsourcing)과 시장근접생산을 포함한 전 세계 무역에 점점 더 크게 영향을 미칠 것이라는 것에는 논란의 여지가 없다. 다국적기업이 거대 탄소 발자국을 줄이기 위해서 아웃소싱을 기피한다는 주장이 설득력을 가지는 날이 곧 도래할 것이다.

평평한 세계

2005년 『New York Times』 기고가인 Thomas Friedman은 『The World Is Flat』이라는 책을 출간했다. 이 책은 베스트셀러가 되었으며, 그 해 최고의 경영학 서적으로 선정되었다. 그에 따르면 여러 요인들이 모든 나라들과 경쟁자들에게 "공평한 경쟁의 장"을 제공할 것이며, 소기업들과 개발도상국에 있는 기업들이 전 세계적으로 효과적인 경쟁을 할 수 있게 될 것이라고 주장했다. 비록 그의 평평한 세계 이론이 아직까지는 현실적일 수 없다는 다른 여러 평론가들의 비평을 받아왔지만, 그가 제시한 여러 요소들은 이 장에서 살펴볼 가치가 있다.

우선 Friedman은 세계를 평평하게 만드는 10가지 요소들을 다음과 같이 밝혔다.

1. 1989년 베를린 장벽의 붕괴
2. 넷스케이프(Netscape)와 웹(Web)의 출현
3. 기계를 통하여 소통함으로써 작업을 원활하게 도와주는 소프트웨어(software)의 출현
4. 블로그, 위키피디아(Wikipedia)와 같은 오픈 소스 소프트웨어(Open Source Software)
5. **아웃소싱(outsourcing):** 덜 중요한 활동에 대한 하도급
6. **해외생산:** 해외 아웃소싱 – iPod은 아시아에서 조립을 한다.
7. **공급망:** Wal-mart의 자동화된 재주문 시스템이 좋은 예다.
8. **인소싱(Insourcing):** UPS는 Toshiba의 고객 애프터서비스를 돕는다.
9. **인포밍(In-forming):** Google과 다른 검색 엔진들은 쉽게 정보를 입수할 수 있도록 해준다.
10. **개인 디지털 장치:** 개인은 이동식 작업수단을 확보하게 되었다.

Friedman은 이러한 요소들이 지난 수년간 지구를 '평평하게' 되도록 하였다고 언급하였다. 각각의 요소들을 대응하기 위해서 기업들은 수직적인 조직에서 수평적인 협력적 구조로의 이동을 강요받았다. 이것은 사업 성공을 위한 기본 자원이 "지식" 중심으로 바뀌는 현상을 초래하였다. 지구를 평평하게 만드는 10개의 요소들은 지식의 이전을 더 쉽고 빠르게 할 수 있도록 도와 주었다. 경쟁적 유동성과 움직임을 잘 활용한 성공적인 기업은 때로는 나라와 나라들 간의 교역을 통하여 새로운 기회를 잡을 수 있다. 국가간의 이질성을 극복하는 과정에서 작은 기업들도 훌륭한 성과를 보여주었다.

이러한 Friedman의 주장에 대한 두 가지 비판이 존재한다. 첫째 서구의 거대 다국적 기업들은 여전히 더 많은 힘을 가지고 있으며, 둘째 세계의 글로벌화가 진행되어 가고 있으나 대부분의 기업들은 여전히 몇몇 특정 지역에서 활동을 하고 있다는 것이다. 이 장에서 우리가 알아두어야 할 것은 Friedman의 주장에 찬반 여부를 논의하는 것이 아니라 그가 인식한 이러한 요소들이 지속될 것인지, 미래에는 어떠한 세계가 형성될 것인 지에 중점을 두는 것이 필요하다. 평평한 세계는 아직 완전히 형성되지 않았다. 그러나 지금까지의 진행된 상황을 비추어 볼 때 향후 추세는 짐작할 수 있다. 예를 들면, 세계시장에서 주요한 역할을 하면서 비슷한 성향을 가지는 국가들의 출현을 들 수 있다. 이른바 브릭스(BRICs) 국가들(브라질, 러시아, 인도, 중국)은 새로운 글로벌 상황에서 나타난 대표적인 국가들이다. 이 나라들은 오늘날 세계 기업들에게 중요하고도 강력한 존재가 되어가고 있으며 주목할 필요가 있다. 이들 국가에 대해서는 이 교재의 제3부에서 다룰 것이다.

두바이 현상

오늘날 가장 눈에 띄는 글로벌화의 예로서 세계 경제활동의 새로운 상업지구로 떠오른 두바이(더욱 최근에는, 주변의 아랍 국가를 포함)의 출현을 들 수 있다. 이러한 상업지구의 발전은 거대기업과 복합거주단지, 최신 글로벌 공동체와 교통망, 라스베이거스와 견줄 만큼의 호텔과 여가 편의시설 등의 사회 기반에 막대한 투자를 유도했다. 금융기업과 기업본부, 그리고 고품격 스타일을 즐길 수 있는 부유한 개인들은 표적시장이 되었다. 석유의 가격이 오름에 따라 단지 두바이뿐만 아니라 최근 아랍에미리트연합(UAE)의 아부다비와 사우디아라비아까지 이러한 도시화가 진행되고 있다.

두바이의 발전은 상상력과 야망이 존재하는 완전한 도시의 결정체를 보여준다. 두바이는 세계 최초의 7성급 호텔인 Burj Al-Arab을 가지고 있었으며, 두바이에서 가장 아름다우면서도 파도처럼 형성된 호텔인 Jumeirah Beach Hotel이 있다. 두바이의 스카이라인(skyline)은 뉴욕과 맞먹는 수준이다. 또한 해안가에서 떨어져 있는 새로운 섬을 만들어내고 있으며, “The World”라고 불리는 수백 개 이상의 섬들로 이루어진 곳도 있다. 이 섬들은 세계의 나라들을 표현하고 있으며 구입도 가능하다. Sir Richard Brandson은 이미 영국을 구입 했으며, Brad Pitt는 에티오피아를 구입한 것으로 알려져 있다. 해안에서 바다까지 연결하여 개발함으로써 새로운 고급 주택과 오피스 빌딩들이 급격하게 들어서고 있다. Palm Jumeirah와 Palm Deira는 커다란 야자수처럼 디자인 되어졌으며, 대부분의 소유주들에게 그들만의 해안가를 제공한다. 축구선수인 David Beckham과 스위스의 유명한 테니스 선수인 Roger Federer도 이 곳의 주민이 되었다.

두바이는 특히 미국, 일본, 심지어 유럽과 같은 곳의 방문객들에게 이목을 끌 수 있는 이상적인 위치는 아니다. 독일 같은 경우 비행기로 두바이까지 5시간 정도 걸리며 3시간의 시차가 발생한다. 그러나 두바이는 현재 급격하게 성장하고 있는 이란, 인도, 파키스탄에 있는 재력가들과 매우 가까운 거리에 있다. 두바이는 새로운 공항시설을 건설 중이며, 더욱 용이한 접근성을 제공하기 위해서 비행경로를 추가하는 등 두바이의 공항 시설은 급격히 발전하고 있다. 한편 기업을 끌어들이고 부유한 관광객들을 끌어들이기 위한 거대한 투자 이면에 감춰진 경제적인 이익은 쉽게 상상하기 어렵다.

이슬람에 기반을 둔 나라들은 여성의 참여를 제한하며 음주와 공공장소에서의 도박을 금지하고 있다. 그러나 두바이는 사우디아라비아와는 다르게 관광객들을 위한 탄력적인 규정을 두고 있다. 인구가 130만 명밖에 되지 않은 두바이는 노동자들이 대부분 다른 나라에서 온 사람들이다. 택시 운전사는 파키스탄에서 왔으며 식당 종업원은 대부분 필리핀에서 왔다. 그리고 아랍어를 유창하게 말할 줄 알아야 되는 많은 사무종사자들은 시리아, 이집트, 그리고 쿠웨이트와 같은 다른 아랍계 국가출신이다. 새 천년이 시작됨과 동시에 해외직접투자에 대한 제약을 풀자 이러한 외국인투자기업에 일하기 위하여 인도와 이란에서 많은 노동자들이 두바이로 이주하였다. 흥미로운 것은 두바이 자체가 석유를 거의 보유하고 있지 않지만 세계에서 가장 많은 석유를 보유하고 있는 아랍에미리트연합과 석유수입을 나누고 있다는 것이다.

두바이의 가장 큰 이점은 그들이 지닌 입지여건에 있다. 아라비아 반도의 중심에서 동북부에 위치해 있는 두바이는 중국의 실크로드로 향하는 역사를 가지고 있으며, 이라크, 이란, 파키스탄, 그리고 인도로의 쉬운 접근성을 가지고 있어 전통적으로 아랍의 교통 허브로써 자리매김 해왔다. 석유 가격이 오름에 따라 아랍 국가들은 두바이에서 쉽게 돈을 쓸 수 있게 되었다. 또한 두바이는 세계 금융시장에 의한 수혜를 받고 있다. 중국과 러시아에 의해서 막대한 외화가 유인되었으며, 돈이 풍부하고 쉽게 이용가능하며, 돈의 흐름이 국제적으로 방해받지 않는 금융 및 상업의 허브로써 자리매김 되고 있다. 그러나 위험 요소 역시 존재한다. 군사 갈등, 테러리즘, 국수주의, 정치적 보호주의 혹은 금융 붕괴는 두바이를 추락시킬 수도 있다.

그러나 두바이의 지도자들은 이러한 위험에 대해서도 인지하고 있다. 그들은 이렇게 불리한 면도 인지하고 있겠지만 마찬가지로 기회 역시도 인지하고 있다. Zayed 대학의 경영과학 대학 학장인 Michael Owen은 미국에서 태어나서 교육을 받았다. 그는 다음과 같이 언급했다. "내가 두바이에 8년 전에 왔을 때, 나는 이것이 단기간의 현상이라고 생각했다. 그러나 두바이의 경제는 성공적으로 다양하게 성장하고 있으며, 새로운 투자가 계속해서 이루어지고 있다. 그리고 새로운 건축물들이 계속 올라가고 있다. 이러한 성공적인 전략의 핵심 요소는 항공 스케쥴을 확장하고 동시에 눈에 띄는 호텔들, 그리고 넓어진 여가 활동과 함께 거대 관광객들을 매료시킨 것 등이다. 우리는 아름다운 해변과 골프 코스를 가지고 있으며, 동시에 스쿠버 다이빙과 제트 스키, 그리고 샌드보딩(sandboarding)과 심지어 실내 스키장을 가지고 있다. 이것은 심지어 젊고, 활달하고, 부유하지 않은 관광객들이라고 할지라도 그들을 위한 기회의 창을 확장시킨 것이다. 그들은 지금 두바이에 매료되어 있다.

두바이가 새로운 라스베이거스나 새로운 뉴욕, 그리고 새로운 칸쿤처럼 비춰질 수 있다. 두바이의 시작은 의심의 여지없이 희망적이다.

지역주의

지역주의를 통하여 세계를 새로운 표준화된 단위로서 나누어 분석할 수 있다. 국내 마케팅전략 혹은 국가 마케팅전략은 특정 국가의 시장에 수용되어져 왔으며, 글로벌 전략은 표준화되며 글로벌 시장을 전체로써 충족시켜 나가는 것이다. 지역주의는 범-유럽(pan-european), 북미 혹은 아시아 전략과 같이 여러 지역에 비슷한 마케팅전략을 구사하는 것을 의미한다.

많은 다국적기업들은 지역을 중심으로 형성되어 왔다. 전형적인 예로서 Hewlett-Packard는 그들의 글로벌 조직을 유럽, 아시아 · 태평양, 그리고 미주의 세 가지 지역으로 나누어서 사업을 시작하였다. 비슷한 예를 일본기업인 Honda, 한국의 Samsung, 유럽의 Dutch Philips를 통하여 살펴 볼 수 있다. 세계시장은 완전하게 글로벌화된 조직으로 일원화하여 관리하기에는 너무 거대하며 지역에 따라서 고객들의 니즈(needs)와 선호도를 구분하여 관리할 필요가 있다.

지역주의를 촉진시키는 새로운 요소로 인터넷과 글로벌의 시대가 왔지만 거리는 여전히 문제가 되고 있다. 서로 다른 지역에 사는 고객들을 이해하는 것은 면대면(face-to-face) 접촉과 개인적 경험을 요구한다. 고용인들을 관리하고 현지 자회사 경영자들을 관리하는 것 역시 마찬가지다. 이러한 거리 요소는 Ghemawat에 의해서 CAGE 라고 하는 네 가지 차원으로 분류되어졌다.

1. 문화적 거리(Cultural distance): 종교와 언어의 차이.
2. 행정상의 거리(Administrative distance): 국가 사이의 규율 차이.
3. 지리적 거리(Geographic distance): 먼 거리의 시장을 자국에서 관리하기 어려움.
4. 경제적 거리(Economic distance): 발전이 낮은 국가의 취약한 사회 구조, 지불능력 및 임금격차 등의 문제.

Ghemawat는 "부분적 글로벌화"의 전략적 개념을 발전시켰는데, 이러한 개념은 지역주의에 영향을 미친다. 그는 다국적기업이 각 지역 내에서의 표준화 의해 부분적 글로벌화 전략을 채택할 수 있음을 주장하였다. 그는 기업은 "지역간 조정"을 함으로써 지역과 지역사이의 차이들을 극복할 수 있다고 진술하였다. 즉, 각 지역의 차이를 잘 활용함으로써 기업이 최고의 성과를 낼 수 있는 기반으로 이용하는 것이다.

또한 지역주의 전략은 실증 연구에 의해서 지지되어지고 있는데, 다국적기업의 판매가 전 세계 시장에 얼마나 다르게 이루어지고 있는지를 보여준다. 지금까지 여러 다국적기업에 있어서 대다수의 판매는 하나 혹은 두 지역에 걸쳐져 있으며, 이러한 지역은 종종 자국과 가까운 위치에 있다. Rugman은 세계에서 가장 큰 다국적기업들에 관한 분석(Fortune지 선정 글로벌 500대 기업)을 하였는데 64%의 기업들이 자국에서 50% 이상의 판매량을 이끌어내고, 10%에 가까운 기업들이 대부분의 판매를 오직 2개의 지역에서 이끌어냈으며, 9개 기업만이 3개의 지역 혹은 그 이상의 지역에서 상당한 판매를 이끌어내면서 '진정한 글로벌 기업'의 범주에 포함될 수 있다고 주장하였다. 9개 중에서 3개의 글로벌 기업은 미국기업(IBM, Intel, Coca-Cola)이었으며, 다른 3개의 기업은 아시아(Sony, Canon, 싱가포르에 본사가 있는 전기제조업체인 Flextronics)에, 그리고 마지막 3개의 기업은 유럽(핀라드의 Nokia, 네덜란드전자업체 Philips, 프랑스의 명품브랜드 LVMH, Louis Vuitton, Dior)에 본사를 두고 있다.

Rugman과 Ghemawat는 전 세계가 아닌 지역에 맞춰져서 기업 전략이 형성되어져야 한다고 주장한다. 그들의 분석은 사실상 여러 기업들이 이미 이행해 왔던 전략들을 보여주고 있다. 모든 나라들이 같은 방식으로 취급되어질 수 있고 국가 간 거리는 중요하지 않다는 맹목적인 가정은 사실상 잘못된 것이다. 이것은 또한 경쟁우위를 분석할 때, 적합한 시장이 국가나 세계가 아니라 지역이 될 수 있다는 것을 의미한다. 우리는 글로벌마케팅의 전략적 모형을 다루기 위해 이러한 논의를 제2장에서 다시 할 것이다.

글로벌마케팅의 다양한 본질들을 이 책에서 논의하였으나 지역과 세계의 뚜렷한 차이는 더 깊게 다루지 않기로 한다. 글로벌화와 마찬가지로 지역주의는 여전히 국가 간의 분석을 필요로 하며 이러한 분석은 고객, 문화, 사업 환경이 비슷한지 아닌지를 살펴보는 것이다. 지역 내에서 표준화된 마케팅은 표준화된 여러 지역 사이에서 문제를 야기할 수 있다. 표준화로 인하여 나타나는 문제들은 어떤 곳에서 상대적으로 다루기 쉬울 수 있으나 다른 곳에서는 그렇지 않을 수도 있다. 우리가 이전에도 여러 번 언급한 것과 같이 가장 중요한 것은 마케팅이 현지 고객에게 수용되어지고 조정되어질 수 있는지 혹은 표준화를 여러 국가에 시행하는 것이 효과적인지 아닌지를 분석할 수 있는 능력을 갖추는 것이다.

주요 개념

다음에는 이 책에서 자주 쓰이는 용어를 중심으로 개념을 정리하기로 한다.

글로벌마케팅

글로벌마케팅이란 수많은 국가의 시장들 사이에서 협력되고 통합된 마케팅활동들을 일컫는다. 통합은 표준화된 제품들과 관련될 수 있는데, 여러 국가의 시장에서 단일화된 포장, 동일한 브랜드명, 동시적인 제품도입, 유사한 광고메시지, 혹은 공동 판매운동을 하는 것이다. "글로벌"이라는 용어가 존재하긴 하지만, 세계의 모든 나라들 혹은 대부분의 나라들을 포함시킬 필요는 없다. 심지어 범 유럽지역에서 기업 활동을 하는 것과 같은 지역 마케팅의 노력이 존재하는데, 이러한 노력 역시 글로벌마케팅의 일환으로 볼 수 있다. 중요한 것은 전 세계에 걸쳐 수행되는 통합된 노력들이며 다국적 마케팅에 포함되는 국가의 숫자는 그다지 중요하지 않을 것으로 보인다.

다국적 시장

서로 다른 나라에 사는 소비자들은 여러 측면에서 생각, 언어 그리고 행동이 다르다는 것은 연구자들에 의해 명확해졌다. 서로 다른 시장에서 제품에 대한 믿음, 태도, 그리고 사회적 규범은 상당히 다르다. 제품의 품질에 대한 기대수준과 해외제품에 대한 태도 그리고 모든 소비자의 의사결정에 영향을 주는 사회적 규범의 정도는 개인소비자에게 중요하다. 예를 들면, 만약 일본공급업자가 상점의 제품들을 까다롭고 세심하게 검토하는 성향을 보일 수 있고, 미국 소비자들은 좀 더 충동적이며, 상점 안에서 새로운 브랜드에 대한 판촉 전략에 더 반응 할 수도 있다. 종종, 글로벌마케팅은 우리가 세계를 바라보는 방식을 바꾸게 할 수도 있다("Mercedes의 구식 자동차" 참조).

다국적 시장은 현지 고객들의 선호 뿐 아니라 제품의 특성도 서로 다른 여러 나라의

Getting the Picture Mercedes의 구식 자동차

비록 독일 자동차 제조업체인 메르세데스 벤츠는 서유럽에서 그들의 자동차에 사용하는 최첨단의 기술에 대해서 자긍심을 가지고 있음에도 불구하고, 다른 시장에서는 명백히 구식 스타일을 유지하고 있다. 왜 그럴까? 이유는 메르세데스는 고객지향적인 마케팅전략을 시행하였기 때문이다.

사우디아라비아에서, 자동차 엔진의 경우 모래가 실린더 블록(내연 기관의 실린더를 포함한 금속제 기관의 본체)에 들어가서 엔진에 금이 가도록 하는 대표적인 원인이었다. 그러나 메르세데스 자동차는 달랐다. 대부분의 신형 자동차들은 그들의 엔진에 무게가 가벼운 알루미늄 합금을 사용했다. 합금의 견고함은 엔진의 성능을 향상시키며, 연비를 효율적으로 만들어 주기 때문이었다. 하지만 메르세데스 자동차는 구식 스타일의 부드러운 강철 합금을 사용하면서 효율성 경쟁에서 졌지만, 모래로 인한 엔진의 파손은 피할 수 있었다.모래에 있는 단단한 규소는 실린더 헤드의 부드러운 금속 내부에서 간단하게 처리될 수 있었다.

폴란드에서 메르세데스의 시장 점유율은 일본 자동차들을 합한 것과 맞먹을 정도로 오랫동안 지속되었다. 왜 그럴까? 폴란드 국민들이 이슬람의 수장(sheik)만큼 부유해서? 그렇지 않다. 몇몇의 모델을 제외하고, 메르세데스는 일본이 제조 생산성을 증가시키기 위해서, 효율적으로 시행해온 통합된 부품체계와 조립시스템을 갖추는 대신 단순한 부품을 가지고 차를 만드는 구식의 생상공정을 채택하였다. 신 기술을 적용했을 때 나타나는 문제는 자체적인 수리를 하는 것이 거의 불가능하고, 어떤 한 부분이 고장이 났을 때, 그 고장난 부분을 수리하기 위해 전체 조립을 교체해야 하기 때문에 수리비용이 비싸다는 데 있다. 이러한 문제는 부품교체가 신속히 이루어질 수 있는 서유럽 국가들에서는 문제가 되지 않는다. 하지만 폴란드에서는 노동비가 저렴하기 때문에 메르세데스의 구식스타일 자동차 수리과정에서 부품을 교체하는 것이 더욱 저렴하고 효율적일 것이다. 또한 메르세데스 자동차는 차주가 직접 고칠 수도 있으며, 혹은 수리공을 통해서도 고칠 수 있다. 그리고 Prahalad가 인도에서 보여준 것처럼, 많은 신흥시장에서 동일한 전략을 시행할 수 있다.

교훈: "기본에 충실하자" 마케팅은 사용용도(usage situations)에 따른 문제 해결 능력과 이해를 필요로 한다.

Sources: M. Wolongiewicz, student report, International University of Japan, June 1994; C.K. Prahalad, The Fortune at the Bottom of the Pyramid.

시장으로 정의할 수 있다. 전형적인 시장의 범주는 음식, 음료, 의류, 오락과 같은 제품과 서비스들을 포함하며, 이러한 시장의 범주들은 국가마다 매우 다르며, 현지의 주민들 역시 시장별로 선호하는 바가 매우 다르다.

다국적 시장에서 제품이나 서비스를 판매하는 기업은 현지화 될 필요가 있으며, 여러 시장의 특성과 요구에 맞도록 다른 제품과 서비스를 내놓을 필요가 있다. 음식 제품에 포함되는 소금과 설탕의 수준은 특성에 맞게 변화될 필요가 있으며, 색의 패턴(pattern)과 포장의 크기 역시 선호도와 맛에 적절하게 재설계되어져야 할 필요가 있다. 미국 내에서 Seven-Up이 했던 것처럼, 음료의 맛을 테스트해야 할 필요성도 있다. 또한 현지 사회의 도움을 받아 현지 소비자들을 교육시킬 필요가 있으며, 그들의 선호도를 바꾸기 위해서 노력할 필요도 있다. 아시아 시장에서 의류 같은 경우 아시아 사람들의 체구에 맞게 청바지를 재디자인해야 하며, 옷 소매는 더 줄이는 작업이 필요하다. 서구 시장에서는 신발은 더 크게 해야 하고 또한 각국의 시장 특성에 맞게 다국적 마케팅 전문가들은 새로운 색상을 만들어내고, 다른 스타일과 대체 재료들을 만들어내야 할지도 모른다.

글로벌 시장

글로벌 시장은 구매자의 선호도가 국가마다 비슷한 양상을 보이는 시장을 일컫는다. 각 국가 내에서 서로 다른 선호도에 따라 여러 세분화가 존재할 수도 있다. 경우에 따라 "글로벌" 시장은 "지역" 시장에 동화되고, 유럽연합(EU), 북미자유무역협정(NAFTA), 메르코수르(Mercosur)와 같은 무역 지대(trade area)에서도 이러한 현상은 발견된다. 글로벌마케팅의 주요한 특징은 지역 시장과 완전한 글로벌 시장에 동일하게 적용되는 마케팅기술이므로 이 교재에서는 지역 시장과 글로벌 시장에 대하여 명확한 구분을 두지 않기로 한다. 대부분의 해외 무역은 이러한 지역 내에서 일어난다.

글로벌 시장의 전형적인 특징은 고객 측면과 경쟁자 측면 모두에서 나타나고 있다. 주요한 글로벌화의 특징은 다음과 같다.

고객 측면

- 일반적인 소비자들은 더욱 한정된 라이프 스타일과 한정된 취향, 한정된 행동 속에서 뭔가 다른 것을 요구하고 선호.
- 기업 고객들 사이에서 구매 기능을 한 곳에 모으는 글로벌 네트워크.
- 여러 소비자들이 최고의 제품을 구매하고 최상의 가격을 찾아 여러 국가를 여행함으로써 국가 경계가 사라짐.
- 전 세계에 걸쳐 고객들의 제품과 서비스를 평가하는 방식이 통일되어지고 이에 따라 어떠한 브랜드가 최고인지를 인식함.

경쟁자 측면

- 세계의 같은 경쟁자들이 주요한 국가의 시장에서 경쟁을 함.
- 기업들은 중심이 되는 국내시장에서 더 큰 기업들과 특화하거나 합병을 통해 그들의 위치를 고수함으로써 경쟁자들에게 대함.
- 기업의 글로벌 네트워크의 혜택을 위하여 전략적 도구로서 글로벌 시장의 이용이 증가함.

글로벌 커뮤니케이션이 확산됨에 따라 예전의 많은 다국적 시장들은 글로벌화에 더욱 영향을 쉽게 받게 되었다. 현재, 세계의 모든 사람들은 중동의 후머스(Middle-Eastern hummus), 스페인의 빠에야(Spanish paella), 베이징 덕(Beijing duck)과 같은 민족음식을 알고 있으며 이들을 좋아한다. Armani, Levi's, Benetton과 같은 맵시를 가진 옷들은 여러 국가에서 구매가 이루어진다. Larry King은 그의 TV 토크쇼를 홍콩에서부터 전 세계 청취자들에게 방송한다. 다국적 시장은 개방되어 있으며, 글로벌화 되어가고 있다. 전 세계는 다국적 시장이 제공하는 최고의 제품을 꼼꼼하게 선택할 수 있다. 한편, 소득수준의 증가로 인하여 선진국 시장에서 다양한 욕구와 수요가 새로이 창출되고 있다.

표 1.2 다국적 시장과 글로벌 시장: 중요한 차이점

	다국적 시장	글로벌 시장
시장 경계	시장은 국경선 안으로 한정짓는다. 고객들과 경쟁자는 현지 지역에 있다.	시장은 국가의 경계선을 능가한다. 고객들과 경쟁자들은 국경을 넘어선 판매와 구매가 이뤄진다.
고 객	여러 나라의 고객들 사이에 상당한 차이가 존재한다. 세분화는 현지에서 한정된다.	여러 나라의 고객들 사이에 상당한 유사성이 존재한다. 세분화는 지리적 국경을 능가해서 정해진다.
경쟁	경쟁은 근본적으로 현지기업들끼리 발생한다. 심지어 국제기업들도 국가 대 국가 단위로 경쟁한다.	경쟁자들은 극소수이며, 모든 주요한 시장에 존재한다. 경쟁자는 지역 혹은 글로벌한 범위에서 일어난다.
상호의존	각 지역 시장은 나머지 시장과는 고립되어 움직인다. 한 시장 내에 경쟁은 그 밖의 다른 곳에 영향을 미치지 않는다.	현지시장은 상호의존적으로 작용한다. 한 시장 내의 경쟁은 다른 시장에서도 영향을 준다.
전략	전략은 현지 단위로 이뤄진다. 시장과 시장사이에서 통합된 활동은 이득이 거의 존재하지 않는다.	전략은 지역적, 글로벌한 범위로 이뤄진다. 지역 혹은 전 세계 내에서 통합된 활동을 하는 것은 상당한 이점이 존재한다.

Sources: Reproduced from *Managing Global Marketing*, by Kamran Kashani with the permission of South Western College Publishing.

다국적 시장과 글로벌 시장의 중요한 차이점은 〈표 1.2〉에 기술되어 있다. 이를 통해 알 수 있듯이, 다국적 시장의 경우 국가 경계가 그다지 중요한 요소로 작용하지 않는 글로벌 시장과는 다르게 대부분의 마케팅 관련 매개변수들이 국가 경계에 의해 결정된다.

글로벌 제품

비록 현지 선호도가 종종 글로벌 제품의 수요에 중요한 영향을 미치는 요소가 되고 있긴 하지만, 기업들은 글로벌 제품을 취급함으로서 상당한 성공을 거두고 있다. 여러 국가마다 시장이 매우 다르다고 생각될 수 있지만 이러한 시장은 글로벌 브랜드를 받아들이고 있다. 여러 산업 제품들, 하이테크 기술의 제품들, 소비자 내구재와 같은 카메라, 시계, 비디오카세트 녹화기(VCRs) 같은 경우가 전형적인 글로벌 제품들이다. 또한 각국의 시장은 더욱 동질적으로 변모되고 있다. 전 세계적으로 선호도가 점점 비슷해짐으로 해서 글로벌 제품이 더욱 일반화되었고, 이는 시장의 단일화로 나타나게 되었다. Hamel과 Prahalad는 여러 경우에 있어 새로운 제품은 소비자 기호를 선도하고 또한 변화시키며, 따라서 글로벌 기업은 많은 새로운 대체재들을 도입해야만 하고, 혁신적이면서도 새로운 틈새시장을 창출해야 한다고 주장하였다.

글로벌 스탠더드 제품(global standard product)들의 성공 요인은 그들이 단순히 저렴하거나 혹은 모든 소비자들이 똑같은 것을 원해서가 아니다. 여기에는 종종 최고 가치의 제품들이 포함되는데, 그 이유는 글로벌 기업이 좀 더 높은 품질과 더욱 진보된 기능을 가진 제품을 더 나은 가격에 제공하기 때문이다. 또한 그 제품들은 그들의 명성과 브랜드 이미지와 같이 눈에 보이지 않는 더욱 강한 무엇인가를 가지고 있다. 그러나 대부분의 글로벌 기업은 선도 시장으로부터 최고의 기술과 디자인을 도입하고, 가장 높은 기준을 적용하여 제품을 생산한다. 그들이 고객들을 만족시키기 위한 노력을 통하여 글로벌 제품은 성숙시장에서 새로운 성장을 할 것이며, 고객들에게 좀 더 업그레이드되고 더욱 더 현대적인 기능을 가진 제품을 출시하게 될 것이다.

글로벌 제품시장에서 기업은 기술 능력을 발전시키고, 새로운 제품을 도입함으로써 경쟁을 할 수 있을 것이다. 기술 발전의 속도가 증가함에 따라, 강한 경쟁자들이 많은 시장에서 새로운 제품을 확산시킬 것이며, 그들 중 몇몇 라이벌은 선도 시장으로부터 "미투(me-too) 제품"을 통해 경쟁을 할 것이다. 이것은 경쟁을 앞으로도 강화시키는 요인이 될 것이다. 차별성과 독창성이 시장세분화와 포지셔닝 전략에 매우 중요한 역할을 하지만 더욱 더 염두에 두어야 될 것은 새로운 제품 발전에 대한 속도와 융통성을 놓치지 않는 마케팅전략이라고 할 수 있다. 또한 글로벌 브랜드를 개발하고 높은 인지도를 획득하는 것도 잊지 말아야 한다.

글로벌 브랜드와 현지 브랜드

글로벌 브랜드는 전 세계 시장에 잘 알려져 있고 이용가능한 브랜드를 뜻한다. 예를 들면, Swatch, Mercedes, Nestlé, Coca-Cola, Nike, McDonald's, Sony, Honda가 여기에 속한다. 반면 어떤 특정 시장에서는 잘 알려져 있지만 다른 시장에서는 잘 알려지지 않은 브랜드를 현지 브랜드라고 한다. 예를 들면, 미국 음식판매점인 Giant, 스칸디나비아의 Luxor Electronicss, 일본의 음식가공업체인 Morinaga, 그리고 브라질의 가구업체 Prosdocimo가 포함된다.

많은 나라들이 가지고 있는 브랜드가 "글로벌" 브랜드인지는 정확히 분류하기는 어렵지만, 글로벌 브랜드는 적어도 주요 시장에서 활동하는 것이어야 한다. 어떤 연구에서는 특정 제품과 서비스(자동차, 전차, 신용 카드, 주류)를 제외한 것이기는 하지만 글로벌 브랜드의 수는 대부분이 추측하는 것처럼 그리 많지 않다고 밝히고 있다. 그러나 또 다른 연구에서는 글로벌 브랜드는 발리, 브라질, 혹은 벨기에에서도 같은 이름으로 쓰여야 하고, 그 제품의 판매는 한해에 10억 불 이상의 수익을 가지고 있어야 하며, 적어도 5%는 자국이 아닌 다른 나라에서 판매가 되어야 한다고 밝히고 있다.

브랜드가 정체성이 있고 거대한 지역에 있는 한, 이 교재에서는 글로벌 기업으로 취급되어진다. 심지어 몇몇의 연구자들은 글로벌 브랜드는 모든 지역에 걸쳐 같은 이름으로 알려질 필요가 없다고 말한다. 그러나 이러한 논의는 너무 앞서간 것이라고 하겠다. 예를 들어 유럽에서는 "Marathon"이라는 이름으로 불리지만 다른 지역에서는 "Snikers"라고 불리는 초콜릿 바의 제조업체는 마라톤을 스니커즈라는 이름으로 통일하였다. 그 이유는 "글로벌 브랜드"로 나아가기 위해서였다. 유사하게 Nissan은 그들의 일본 이름을 글로벌 이름으로 바꾸기를 원하였기 때문에 서구의 Datsun 자동차를 Nissan으로 바꾸었다. 결국 글로벌 브랜드가 전 세계에 걸쳐 발견될 수 없다고 할지라도, 글로벌 브랜드는 최소한 여러 지역에서 같은 이름을 가지고 있어야 한다.

글로벌 시장에서 표준화된 글로벌 제품과 글로벌 브랜드는 성공을 위해서 상당히 필요하다. 이것은 왜 많은 기업들이 전 세계에 있는 그들의 주요 브랜드를 글로벌화 단계로 나아가기 위해서 하나의 브랜드로 통합시켰는지에 대한 이유를 제공한다. 그럼에도 불구하고 현지 브랜드는 종종 그들의 특별한 틈새시장을 제공함으로 많은 다국적기업들은 그들의 포트폴리오에 다수의 현지 브랜드를 가지고 있다.

선도 시장

경쟁이 아무리 치열하고 수익성이 불투명하다고 하더라도 글로벌 기업이 진출하려고 하는 몇몇 특정 시장이 있다. 이런 시장을 선도 시장(leading or lead market)이라고 부른다.

선도 시장의 특징은 경쟁이 강하고 까다로운 고객이 있다는 것이다. 그들은 정부규제와 보호 조치로부터 자유로우며 제품과 서비스는 최신의 기술로 통합된다. 제품라인이 최고급일 때 이러한 경향은 강해진다. 이러한 시장은 종종 크긴 하지만 그렇다고 해서 가장 큰 시장은 아니다.

일반적으로 서로 다른 국가에서 다른 제품에 대한 각각의 선도 시장들이 존재한다. 강력한 국내 경쟁자들은 천연자원의 부존도, 기술 노하우, 그리고 노동 기술과 같은 그 나라의 특정한 입지 우위로 인해 출현하게 된다. 시간이 지날수록 이러한 우위들은 국내 기업들에게 경험을 축적시킬 수 있도록 해준다. 이러한 선도시장의 고객들은 매우 섬세하며 까다로운 요구를 한다. 이러한 시장은 다른 시장들을 여러 측면에서 선도하고 있으며 미국의 컴퓨터 시장, 일본의 카메라 시장, 독일의 자동차 시장이 이러한 선도 시장의 예라고 할 수 있다.

어느 한 산업에서 선도 시장의 실질적인 입지는 시간이 지남에 따라 변할 수도 있다. 이것은 국제제품수명주기 모델(IPC)로서 설명될 수 있는데, 이는 제2장에서 논의하기로 한다. 추종 시장이 성숙하고 고객들이 점점 더 까다로워지며, 제품들이 새로운 경쟁기술을 익힘에 따라 추종 시장은 새로운 선도시장이 될 수도 있다. 그에 대한 좋은 예는 일본의 소비자 가전 시장이다. 이와 반대로, 선도 시장은 그 명성을 잃을 수도 있다. 일본이 성장함에 따라 미국은 소비자 가전 시장에 있어서 선도시장으로서의 명성을 잃었다.

자동차산업은 전체 시장에서 서로 다른 세분화로 인해서 여러 종류의 선도시장을 가지고 있다. 따라서 자동차시장으로서 독일, 일본, 이탈리아, 그리고 심지어 미국까지도 그들의 자동차 시장이 최고라고 주장할 수 있다. 서로 다른 선도 시장은 시장세분화와 제품차별화로 나타나게 된다. 독일의 구매자들은 여러 자동차 제조업체들이 엔지니어링 센터를 독일에 두고 있기 때문에 앞선 자동차 기술의 혜택을 누리고 있다. 이탈리아는 고급스러운 스포츠카 시장이 잘 발달되어 있다. 그렇기 때문에 심지어는 Porsche와 같은 독일의 기업조차도 이탈리아 디자이너를 고용한다. 일본은 대량생산을 위한 최신 기술을 갖추고 있으며, 그들의 국민들은 그들이 지불한 돈 만큼의 최고의 가치를 누리고 있다. 미국은 대형 고급차를 위한 체계화된 시장을 가지고 있다.

글로벌 전략의 필요성은 선도시장에 진출하기 위해서이며, 기업들은 선도 시장에 위

segmentation)란 유사한 고객 집단을 나눔으로써 집단별로 차별화된 마케팅전략을 구사할 수 있게 한다. 제품포지셔닝(product positioning)이란 표적이 되는 고객들로 하여금 제품이나 서비스에 관해서 특정한 인식이나 이미지 등을 갖도록 마케팅전략을 조정하는 것을 말한다. 즉 이러한 이미지는 기업이 고객들에게 가지게 하는 이미지라고도 볼 수 있다. 고객들이 경쟁제품에 대해서 좋게 평가 할 때, 시장세분화와 제품포지셔닝은 전형적으로 제품수명주기의 후반기에서 더욱 중요해지는 요소라고 볼 수 있다.

제품수명주기의 초기 단계에서 제품에 있어 새로운 표적이 되는 고객층에 대한 세분화는 보통 쉽게 이루어진다. 이 단계의 새로운 고객들은 신제품에 가장 관심을 보이는 구매자들로 기꺼이 새로운 제품에 대한 기회를 잡으려고 한다. 하나의 사례는 PC시장에서의 "컴퓨터광"들이다. 제품수명주기의 후기 다수 사용자 단계에서 구매자들은 점점 더 이질적으로 되어간다. 그들은 사회의 여러 다양한 층에 속해 있으며, 그들의 니즈가 다르기 때문에 항상 같은 제품을 원하지는 않는다. 이것은 전체 시장에서 서로 다른 세분화를 위해서 마케팅 믹스(marketing mix)가 고객에 따라 맞춰져야 됨을 의미하는 것이다. 집에서 PC를 사용하는 사람들을 위해서 컴퓨터의 환경설정, 가격, 판매는 재정분석가가 쓰는 PC와는 다른 것이어야 한다. 표적이 되는 잠재적인 여러 세분화들을 어떻게 형성하고 이렇게 선택된 세분화와 어떻게 의사소통을 해 나가야 할지는 오늘날의 마케팅 전문가에게 매우 중요한 요소가 되고 있다. 이것은 제품포지셔닝 역시 중요해지고 있다는 것을 의미한다.

초기 수용자들의 성장에서부터 초기 다수 수용자들의 성숙한 단계에 이르기까지의 변화는 비정형성을 띨 수 있다. 특히, 첨단기술 제품들은 격차, 혹은 "캐즘(chasm)"이 나타나게 되는데, 이것은 새로운 제품에 대한 확산을 어렵게 만든다. 그 이유는 이 시기에 구입에 대한 동기가 달라지기 때문이다. 초기 수용자들이 항상 새로운 것과 기술에 반하고, 기본적으로 제품 지향적이지만, 반면에 초기의 다수 수용자들의 기본 동기는 시간 절약, 쉬운 이용성, 그리고 가격에 있어서의 수용성과 같은 이용 편익을 고려하기 때문이다. 이러한 틈을 극복하기 위해서 제조업자들의 판촉문구가 중요하며, 고객의 편익(다수의 노래 저장, 다채로운 이미지 등)에 맞추기 위해 기술용어(기가바이트, 화면 픽셀, 등)들을 바꾸는 것이 중요하다. 신흥 외국 시장에서는 이러한 캐즘의 종류가 첨단기술제품에서만 나타나는 것이 아니다. 새로운 칫솔, 샴푸 브랜드의 도입이 이루어졌을 경우에도 초기 수용자들은 이들 제품을 사용함에 있어 주저함을 보일 수 있다. 새로운 시장에 진입하고자 할 때 이러한 단계별 특성을 이해하는 것이 중요하며, 앞으로 이 책에서 지속적으로 다뤄지게 될 것이다.

또 다른 제품수명주기의 국제적인 활용은 "롱 테일(long tail)" 시장에 관한 개념이다. 롱 테일 이론(long tail theory)은 글로벌 인터넷 교역이 등장함에 따라 제품과 서비스의 판매가 낮다고 하더라도 인터넷의 활용이 지속가능한 시장을 제공한다는 것에 바탕을 두고 있다. 롱 테일에는 두 가지 영역이 있다. 하나는 몇몇 제품은 결코 소멸되지 않는다는 것이다. 〈그림 1.1〉에서 볼 수 있듯이 제품수명주기가 시장에서 사라지지 않고 작고 느리지만 지속적인 판매가 이루어지는 제품들이 있다. 이러한 제품들은 꼬리의 오른쪽에서 연장된다. 이러한 현상은 음악 앨범, 필름, 자동차, 의류, 액세서리 등 감성적 가치를 가진 비슷한 제품들에서 나타난다. 그러나 롱 테일은 시장의 매우 작은 틈새를 겨냥한 새로운 제품을 포함하기도 한다. 인터넷을 통한 커뮤니케이션은 그 비용이 작기 때문에 인터넷에 있는 "상점"에 대한 접근이 가능하며, 글로벌 물류의 비용 역시 저렴하기 때문에 적은 양으로도 특별한 제품들의 시장출시가 가능해진다. "롱 테일" 현상은 글로벌 틈새 세분화에 맞춰 적은 양을 판매하는데 기반을 둠으로써 사업을 지속가능하게 할 수 있도록 한다. 사실상 이것이 의미하는 것은 작은 틈새사업도 역시 글로벌화 할 수 있다는 것을 뜻한다. 비록, 이 책은 우리가 친숙하게 생각하는 거대 다국적기업과 그들의 브랜드를 주로 언급하고 있지만, 작은 기업들도 글로벌 시장으로 나아갈 수 있다는 것을 간과해서는 안 될 것이다.

기업들은 왜 글로벌화로 나아가는가?

오늘날 기업들을 글로벌로 나아가게 만드는 다섯 가지 요인들이 존재한다. 이들은 시장(market), 경쟁(competition), 비용(cost), 기술(technology), 그리고 정부 변수(government variables)인데, 이것들을 글로벌화 추동요인들(globalization drivers)이라고 부른다.

시장 추동요인

시장요소(Market Drivers)는 글로벌마케팅을 추진하게 하는 가장 강력한 요소다. 시장요소들은 다음과 같은 것들을 포함한다.

1. 일반 고객의 니즈(needs)
2. 글로벌 고객들
3. 글로벌 유통경로
4. 이전 가능한 마케팅

서로 다른 나라에 있는 고객이 제품이나 서비스 범주에 있어 같은 니즈를 가지고 있을 때, 동질적 고객의 니즈는 기업에게 있어서 매력적인 요소가 된다. 기술 진보와 글로벌 커뮤니케이션으로 인해 여러 국가에 있는 고객들은 유사한 메시지와 제품에 노출되어 있다. 많은 산업에서 자유 무역과 자유로운 여행은 지구상에 있는 고객을 동질적으로 만들었다. 선호패턴은 어느 한 지역에 국한되어지지 않고 글로벌 기준에 부합되고 있다. 그러나 몇몇 시장들, 예를 들어 전형적으로 음식, 음료, 의류, 그리고 오락거리와 같이 문화와 뗄 수 없는 제품들과 서비스들은 글로벌화되기 어려우며, 전 세계에 걸쳐 고객의 선호도가 다르고 제품들이 차별화된 채 다국적 시장에 머물러 있다.

글로벌 고객(global customers)들은 여러 나라에 있는 똑같은 제품 혹은 똑같은 서비스를 필요로 하는 소비자들을 일컫는다. 예를 들면, 기업이 글로벌화 되어감에 따라 글로벌 고객들은 제품을 글로벌 공급업자와 판매업자로부터 사기를 원한다. 이것이 독일의 Bosch, 일본의 Nippon Denso, 미국의 Delco와 같은 자동차 산업에서의 공급업체들이 해외로 나가려고 하는 이유다. 글로벌 고객들은 글로벌 호텔체인, 글로벌 광고대행사, 그리고 글로벌 커뮤니케이션의 발전에 큰 영향을 주었다. 주목할 만한 예는 미국의 Hilton Hotel, McCann Erickson Worldwide, 그리고 Federal Express는 해외에 있는 고객들을 잡기 위해 여러 나라에 있는 현지 회사들과 경쟁하기도 하였다.

유통 및 물류 기업들로 구성되는 글로벌 유통경로(global channels)는 전 세계에 걸쳐 편리한 운송 및 보관을 제공함으로 글로벌마케팅 전략을 효율적으로 시행하는데 긍정적인 역할을 하였다. 다양한 형태로 기업은 해외로 확장할 수 있었으며, 유통경로 인프라가 계속 유지되는 환경에서만 이러한 확장이 가능하였다. 그러므로 새롭게 통합된 네트워크는 마케팅 전문가들로 하여금 전 세계에 걸쳐 그들의 제품을 파는 것을 가능하게 하였다. 운송 시스템, 거대 금융기관의 확산, 전 세계에 걸친 곡물과 다른 필수품들을 다루는 유통업자의 등장, 심지어 수퍼마켓과 같은 지역 소매업자들과 백화점의 글로벌화가 글로벌 유통경로를 강화시키게 되었다.

이전 가능한 마케팅(transferable marketing)이란 다른 여러 나라에서 똑같은 마케팅 원칙을 적용할 수 있는 경우에 사용할 수 있는 개념이다. 이것은 똑같은 포장, 똑같은 브랜드명, 똑같은 마케팅 믹스들을 의미하는 것일 수도 있다. 어떤 한 나라에서의 캠페인이 성공한다면, 글로벌 기업은 지렛대 효과를 얻을 수도 있다. 예를 들어, Nike가 농구 스타 Michael Jordan을 내세움으로써 얻은 성공적인 미국 광고캠페인이 다른 여러 나라에서도 적용되었다. 국가 간에 거래하는 제품에 있어 다국어 패키지는 서로 다른 나라에서 똑같은 색깔, 똑같은 브랜드명을 사용할 수 있고 똑같은 포장을 제공할 수 있게 하였다.

경쟁 추동요인

여러 산업에서 글로벌화로 나아가려고 하는 경쟁자들은 다른 기업도 뒤따르게 하는 강한 동기를 제공한다. 이러한 경쟁요인들은 다른 기업들이 글로벌화로 나아가는데 있어서 상호간의 글로벌 전략에 영향을 미친다. 스웨덴의 Ericsson과 핀란드의 Nokia가 1990년대 후반 미국 휴대폰시장을 동시에 공략한 것은 우연이 아니다. 또한 다른 기업의 경로를 따라가는 것은 다른 누군가의 실수를 통해서 배울 수 있다는 것을 의미한다. 명품자동차인 Toyota의 Lexus와 Nissan의 Infiniti는 Honda의 Acura가 이용했던 방법을 유사하게 따라 함으로써 북미시장에 진출할 수 있었다. 또한 경쟁자의 움직임에 따라가기 위해 도전하는 것도 글로벌화의 이유가 될 수 있다. 이러한 움직임은 주주들에게 확신을 줄 수 있으며 자회사 경영을 좀 더 쉽게 만들어준다. 미국 Whirlpool의 가전제품이 글로벌 시장에 진출한 사례가 스웨덴 경쟁업자인 Electrolux의 글로벌화를 촉진하였다.

자국시장에서의 해외 경쟁자들의 존재는 국내 기업으로 하여금 해외로 가는 모험의 필요성을 증대시킨다. 미국에서 Benetton의 성공은 미국의 두 경쟁사 Gap, Limited를 해외로 나가도록 이끌었다. 발전된 핵심 설비와 기본 기반들을 갖춘 강력한 글로벌 경쟁자의 출현은 현지에 있는 기업들이 해외로 진출하도록 유도한다. 글로벌 비즈니스는 그들의 제품을 해외에 판매할 뿐만 아니라 유무형의 기술을 이전시킨다. 해외 진입이 처음인 기업들은 더욱 성공한 글로벌 기업으로부터 경영자를 스카웃하기도 한다.

비용 추동요인

큰 규모를 가진 공장을 필요로 하는 자동차 산업과 같은 경우 단일시장에서는 규모의 경제를 충분히 달성하기가 쉽지 않다. 규모의 경제(economies of scale)는 특정 공장에서 대량 생산함으로써 한 단위당 생산비용을 감소시킨다. 규모의 경제를 실현하기 위해서 생산공장은 종종 하나 이상의 해외시장을 기반으로 하여야 한다. 새로운 공장이 세워지면 이 공장에서는 오직 하나의 모델에 대해서만 조립을 하도록 설계되어지고, 규모의 이익을 얻기 위해서 다른 여러 주변국에 공급한다. Toyota의 켄터키 공장을 예로 들면, Camry 모델은 NAFTA시장을 위해서 생산되어지고 사우스캐롤라이나에 있는 BMW 공장은 325 모델에만 중점을 두어 북미시장에 공급한다.

심지어 규모의 경제가 없지만 범위의 경제(economies of scope)를 통해서 여러 생산라인 혹은 여러 사업에 걸쳐서 퍼져있는 활동을 통해 이익을 얻는 경우에 이 또한 기업의 글로벌화를 압박할 수 있다. 따라서 포장된 소비재 제품은 지배력이 있는 글로벌 기업이 여러 나라에 작은 공장을 가지고 있기 때문에 그들은 제품을 폭 넓게 마케팅함으로써 범위의 경제를 얻을 수 있다.

또 다른 비용 추동요인(Cost Drivers)으로 글로벌 소싱 이점(global sourcing advantages)을 들 수 있는데, 이는 임금이 낮은 나라와 발전된 물류와 유통시스템, 비싸지 않은 글로벌 텔레커뮤니케이션의 성장으로 인해 글로벌 공급비용을 절약을 하는 것이다. 또한 높은 제품 개발비용을 회수하기 위하여 글로벌마케팅 전략을 필요로 하게 된다.

이러한 비용 추동요인들은 일반적으로 기업들로 하여금 글로벌 전략을 수행하도록 이끌며, 이러한 전략들 중 몇몇은 글로벌마케팅으로 이어진다. 그러므로 범위의 경제는 글로벌화 된 브랜드명과 커뮤니케이션을 추구하는 경향이 있다. 향상된 로직스틱과 텔레커뮤니케이션은 제품의 유통과 서비스를 중점적으로 관리할 수 있도록 하는 것을 가능하게 해준다. FedEx는 현재 전 세계에 걸쳐 잘 알려져 있으며, 그들만의 자동화된 추적 시스템은 하루 24시간의 운송 상황을 감시할 수 있도록 해준다.

기술 추동요인

기술적인 혁신은 다국적기업의 글로벌 확장을 실행가능하고 기업의 필수적인 전략지표로 만든다. 글로벌 미디어(global media)와 텔레커뮤니케이션 영역의 기술적인 혁명은 선호도의 동질성으로 나타나게 되었고 이로 인해 글로벌 표준화가 촉진되었다.

우리는 또한 기술기반의 제품들과 첨단 서비스들이 어떻게 글로벌 시장을 추동하는 요인이 되었는지 알고 있다. 시장 전략에 있어서 글로벌화로 나가기 위한 매우 강력한 기술적 추동요인(Technology Drivers)은 인터넷으로 인해 나타나게 된 혁명 또한 기억해야 한다.

인터넷(Internet)은 본질적으로 글로벌화와 같다. 월드 와이드 웹(World Wide Web)과 홈페이지(homepage)는 누구에게나 어느 곳에서든지 접근 가능하다. 기업은 직접 진출하지 않고서도 그들의 존재를 해외시장에 알릴 수 있게 되었다. 운송, 호텔과 여행, 그리고 금융 서비스와 같은 전 세계에 걸쳐 있는 상거래(business transactions) 비용은 실질적으로 감소하고 있다. 기업가 정신을 가지고 있는 신생 기업들은 온라인에서 사업을 시작할 수 있으며 해외에서 주문을 받는다. 그리고 신용카드를 통해 지불되며 제품은 즉각적으로 지불위험 없이 운송된다. 전자상거래는 전 세계에 걸쳐 최소한의 비용으로 고객 맞춤화 및 개인을 위한 1대 1 마케팅을 가능하게 만들었다.

인터넷 기술은 일반적으로 글로벌마케팅 조사를 하는데도 쓰여 진다. 설문 조사는 여러 나라의 언어들을 번역하여 웹 사이트(web site)를 통해서 이루어 질 수 있다. 응답지는 이메일(e-mail)이나 유명 웹 사이트의 배너(banner)광고를 통해서 수집되어질 수도 있다. 소프트웨어(software)는 자동적으로 응답지를 표로 정리할 수 있도록 해주며 설문 데이터를 받게 되면 통계요약을 해 줄 수 있도록 한다. 국가마다 비교데이터를 구하는 국제시장조사는 인터넷 기반 설문조사를 통해 그 어려움이 상당히 줄어들었다. 여전히 설문 응답의 대표성을 처리하는데 있어 어려움이 있지만 여러 나라에 걸친 인터넷 접근성의 발전은 이러한 문제 역시 감소시킬 것이다.

정부 추동요인

글로벌화의 정부 추동요인(government globalization drivers)은 우호적인 무역정책과 해외투자의 용인, 양립할 수 있는 기술 표준화, 합리적 마케팅 규제와 같은 것을 의미한다. 이러한 것들은 직접적이고 절대적으로 글로벌마케팅에 긍정적인 영향을 미친다. 과거에는 해외시장 진입에 대한 현지정부의 장벽이 글로벌마케팅을 불가능하게 만들었다. 시장의 개방화와 자유무역이 계속적으로 발전되고 있지만 이러한 장벽들이 다시 높아질 수도 있으며, 정치적 복잡성은 가장 최상의 글로벌마케팅 계획을 유산시킬 수도 있음을 염두에 두어야 한다.

글로벌화에 관한 정부추동 효과의 가장 좋은 예는 최근 국제품질인증기준인 ISO 9001의 도입이라고 할 수 있다. ISO 9001은 세계 곳곳에서 글로벌마케팅을 촉진시키고 있다. 더 나아가 인증서를 얻기 위해 경영 시스템을 향상시킴으로서 더 높은 투자 수익률은 획득하게 하고 있다. 동시에 더 강화된 표준화 기준은 세계 곳곳에서의 경영활동의 효율성을 제고시키고 있다.

예를 들면 서로 다른 나라에 있는 제품과 서비스에 대한 무수한 규제들로 인해 유럽연합 브뤼셀 위원회는 현존하고 있는 국가의 기준을 능가하는 새로운 기준을 채택했다. 물론, 각각의 제품 혹은 서비스 범주(전화기, 소비자 전기, 자동차, 의약품 등)에서는 그들만의 고유한 기준을 가지고 있다. 또한 위원회는 ISO 9001의 보호 코드를 발전시킴으로서 EU에서 사업을 하길 원하는 모든 기업들에게 지침을 제공하였다. 시설의 안정성, 원자재의 처리, 품질 검사 절차, 심지어는 고객 만족도 측정 코드를 준수하는 기업들을 인증해주기 위해서 규정 위원회가 창설되었다. 비록 이러한 코드를 준수하는 것이 법적 책임은 아니지만, 유럽 기업과 비유럽 기업들은 경쟁자들 보다 우위를 점하기 위하여 그들의 자원을 투자하여 인증서를 획득해왔다.

글로벌 현지화

글로벌마케팅 전략은 모든 마케팅활동을 완전히 글로벌화 하는 것이다. 그러나 이것은 항상 가능하거나 심지어 바람직한 것은 아니다. 기업이 그들의 제품 전략을 글로벌화 하기 위하여 일반적으로 택하는 방식은 여러 지역에서 똑같은 생산라인, 제품 디자인, 브랜드명을 마케팅하는 것이긴 하지만 동시에 유통과 마케팅 커뮤니케이션을 현지화하는 것도 포함된다. 이것은 자동차, 카메라, 전자기기와 같은 내구 소비재의 경우 일반적인 접근이다. 대조적으로 포장된 소비재 제품을 취급하는 기업들은 글로벌화에 대한 노력을 많이 하는 것을 알 수 있는데, 표준 생산라인 외에도 세계적인 광고캠페인과 매장판촉을 자주한다.

기업의 어떠한 마케팅 믹스 활동이 글로벌화되어야 하는지에 대한 연구는 상당히 유형화된 패턴을 띠고 있다. 기업의 포장 및 브랜드명은 글로벌 통신수단과 인터넷의 영향으로 세계화될 여지가 높은 분야이지만 유통은 세계화의 가능성이 그다지 높지 않다고 할 수 있으며 이 분야에서는 결국 현지화 전략이 종국적으로 채택되어야 하는 영역이다. 기업의 글로벌마케팅 전략은 유연하게 수행되어져야 하며, 어떠한 분야에서 현지적응이 필요한지는 신축성 있게 고려하여 검토되어야 한다. 예를 들어 캐나다 고객과 일본 고객들은 똑같은 자동차를 선호할 수도 있지만, 서로 다른 두 나라에서 자동차를 쓰는 상황이 다르기 때문에 그들이 원하는 것이 다를 수도 있다.

일반적으로 마케팅믹스 활동이 구매시점이나 구매행동에 더욱 민감해야할 수록 고객 맞춤화가 더욱 필요하다. 마케팅전략에 있어 새롭게 등장한 글로벌 현지화(Global Localization)란 모든 상황을 고려한 탄력성 있는 마케팅활동이 지속되어야 한다는 의미이기도 하다.

지식자산의 개발

글로벌마케팅의 한 가지 독특한 이점은 새로운 기술과 지식을 발전시키는 기회가 될 수 있다는 것이다. 경험을 통하여 어떻게 학습하는지에 대해 설명하기 위해 P&G의 사례를 통해 어떻게 기존의 마케팅 방식을 변화시켜야 했는지 알아보자.

P&G 마케팅 조직의 잘 알려진 특성은 그들이 고안한 브랜드 관리 컨셉트에 오랫동안 의존해 왔었다는 것이다. 단순히 브랜드 경영자는 광고와 매장 판촉를 통해 시장에 있는 브랜드를 지속시켰으며, 창고로 운송하는 것과 매장의 선반에 제품을 놓아두는 일들을 수행하였다. 이러한 업무는 특별 판매촉진활동과 마케팅조사의 수행 그리고 연구개발을 향상시키기 위한 제안을 통하여 공장의 생산스케줄을 조절하는 것을 포함하였다. P&G의 경우 같은 제품 범주에 있는 다른 P&G 브랜드들과 직접적인 경쟁을 하는 경우도 있었다.

P&G의 새로운 제품들

새로운 제품개발을 위해 P&G는 가정에서 사용하는 고객들에 의한 테스트 마케팅을 실시하였고 실험실에서 철저한 테스트를 통과할 수 있도록 관련된 시스템을 개발하였다. 이러한 테스트를 통하여 명확한 선호도가 블라인드 테스트를 통해 확인된다면, 기업은 그 제품을 생산하게 될 것이다. Pringles 감자칩의 경우, 시장테스트가 5년 이상 지속되었다. 기존 제품과 비교하여 이러한 시장 테스트를 통해 제품이 품질과 기능면에서 한 단계 발전한 것임을 확인할 필요가 있다.

이러한 제품개발 시스템은 성숙시장과 비교적 완만한 움직임을 보이는 시장에서 잘 작동하며, 또한 경쟁사와 고객들, 그리고 경쟁적인 판촉활동에 빠르게 대응하며, 브랜드 충성도를 유지할 수 있다. 반면에 이러한 시스템은 새로운 제품 혁신과 경쟁 우위가 빠르게 변화하는 기업에게는 잘 맞지 않을 수 있다. 이러한 특징은 일본시장에서 잘 나타나는데, 일본시장에서는 속도와 유동성이 중요하게 여겨지며, 동시에 기능적인 품질 역시 보장이 되어져야 한다. 따라서 일본에서 P&G는 여태껏 잘 팔렸던 제품에 더 이상 의지할 수 없다는 것을 알게 되었고, 새로운 제품을 훨씬 더 빠르게 도입하였다.

이 기업은 일본시장에서 브랜드들을 그룹으로 관리하면서 브랜드 관리 시스템을 쇄신하려고 했다. 이것은 개인의 책임을 피하고, 브랜드 경영자들이 위험을 부담하는 것을 방지하기 위해서이다. 신제품 도입의 속도를 높이기 위하여 또한 그들은 테스트 측정을 더 빠르게 하고 방해를 최소화함으로써 "Pringles" 신드롬을 막기 위해 노력했다. 새로운 관리 시스템으로 인하여 이 기업은 현재 다양한 나라로 경험을 확산시킬 수 있게 되었다. 한 시장에서 성공한 새로운 제품들은 빠르게 다른 여러 곳으로 도입되었다. P&G의 새로운 압축세제는 일본에서 개발되어 지금은 여러 서구시장에 소개되고 있다. 얇은 기저귀 역시 일본에서 시작되었다. P&G는 세계적인 네트워크를 통해 일본에 있는 경쟁사보다 발 빠른 행보를 보이고 있다. 하지만 이 네트워크는 일반적인 브랜드관리 시스템에서 나타나는 'NIH(not invented here)' 신드롬을 제거한 후에야 가능하였다.

P&G 광고

익히 잘 알려진 대로 TV광고에서 P&G 제품들은 일에 시달리는 주부들이 시어머니를 감동시키거나, 청소년이 친구들 사이에서 인정받거나, 아니면 젊은 사람들이 데이트 상대가 필요할 때와 같은 경우에 '문제 해결사'로 묘사되고 있다. P&G는 문제에 대한 해결책으로 Pampers 기저귀를 보여주면서 일본시장에 진출했다. 기저귀가 젖은 아이들이 젊은 엄마들에게는 문제가 된다는 가정에서 이 기업은 Pampers를 이러한 귀찮은 것을 처리하는데 알맞은 제품이라는 컨셉트로 접근하였다.

할머니가 일본에서는 구매에 있어서 중요한 영향을 미친다는 사실을 알아차리고, P&G 광고는 시어머니로부터 공감을 얻을 수 있는 스토리보드로 꾸며졌다. 편리한 일회용 기저귀를 사용하는 주부들은 게으르다고 인식되는 것을 방지하기 위하여 광고에서는 아기들이 울음에서 웃음으로 표정이 바뀌는 것을 강조하여 아기들의 만족을 부각하였다. 또한 이 광고는 큰언니, 작은언니를 캐스팅하여 Pampers를 사용하는 젊은 엄마가 성공적으로 아이들을 양육할 수 있다는 것을 보여주었다.

이 광고는 훌륭한 기획을 한 것처럼 보였으나 실패했다. 주된 이유는 너무나 분명하였다. 즉 젊은 일본의 엄마들은 아기를 "문제"로 보지 않는 다는 것이다. 물론 기저귀는 젖었지만, 이것은 단지 기저귀를 갈아야 한다는 상황을 의미할 따름이었다. 어떻게 기저귀가 흡수가 되는 가는 관심 사항이 아니다. 단지, "일을 치른" 후의 아이를 그대로 내버려두는 것은 받아들여질 수 없는 일이다. P&G는 색깔 변화로 축축함을 알 수 있게 해주는 부분을 추가함으로써 그들의 일회용 기저귀는 성공을 거뒀다. 왜냐하면 엄마는 색깔 표시기를 간단히 확인함으로써 기저귀를 즉시 갈 수 있었기 때문이다. 엄마들이 아이들을 좀 더 나은 상태로 돌볼 수 있었기 때문에 이 표시기는 매우 편리했다. 일본 엄마들은 아기들을 더 편리하게 볼 수 있다는 점보다 좀 더 나은 보살핌을 할 수 있다는 생각에 반응했다.

말할 필요도 없이 집 밖에서 일하는 엄마를 대상으로 하였을 경우에는 광고메시지가 완전히 달라져야 할 수 도 있다. 한편 이러한 광고는 서구시장에서 엄마를 대상으로 하는 경우에는 적절한 세분화가 필요하다.

P&G 유통

일본시장에 진입할 때, P&G는 성공은 충분한 유통능력의 확보에 달려있다는 것을 배웠다. 일본시장에서 유통단계의 층(distribution layer)은 중요한 역할을 한다. 그 이유는 매장이 매우 한정된 공간을 가지고 있으며, 때로는 하루 단위로 다시 제품을 채워야 하며, 물건을 사기 위해 오는 고객들을 응대하기 위하여 단층구조의 유통경로는 한계가 있기 때문이다.

유통문제에 대한 해결책은 신제품의 체계성과 새로운 포장기술의 발명이었다. 따라서 현재 압축세제는 한정된 매장 공간을 좀 더 효율적으로 이용할 수 있게끔 해주었다. 또한 얇은 기저귀는 포장을 좀 더 작게 할 수 있기 때문에 선호되고 있다. 진공포장 기법은 기저귀의 부피를 작게 만들 수 있게 하였으며, 포장을 풀면, 작았던 부피가 다시 커지게끔 하였다. 이러한 모든 혁신은 일본에서 비롯되었으며, 이제는 다른 시장에 있는 P&G 상품에 적용되고 있다.

글로벌마케팅 목표

해외시장의 필요성은 글로벌마케팅의 이점에 비추어서 볼 때 순수한 마케팅관점에서 보다 더 큰 반사이익에서 찾아볼 수 있다. 기업이 해외시장으로 지속적으로 나아가는 주요한 이유는 다음과 같다.

1. **시장의 잠재력과 성장성을 이용할 수 있다.** 이것은 마케팅 목표에 있어서 대표적인 것이다.
2. **자국 시장에서 규모와 범위의 수익을 획득할 수 있다.** 더 큰 생산 계열과 자금 투자는 생산성을 증가시킨다.
3. **선도 시장에서의 교훈을 얻을 수 있다.** 많은 기업들은 아주 경쟁적인 시장에서 수익을 얻지 못하더라도 경쟁에 대한 새로운 기술(technology)에 대해서 배울 수 있게 된다.
4. **경쟁자들을 압박한다.** 현 시장에서 경쟁압박을 증가시키는 것은 다른 시장에서 경쟁자들의 관심을 분산시키는 효과를 유발한다.
5. **시장을 다양하게 해준다.** 새로운 국가와 시장에 진출함으로써 기업이 오직 한 시장에 의존하지 않게 되고 다양한 시장진출의 선택권을 확보하게 된다.
6. **기업이 어떻게 해외로 나갈 수 있는지를 배운다.** 예를 들어, 이전에 사회주의 체제였던 국가들을 어떻게 다룰 것인가를 배우기 위해서 폴란드로 진입하는 것은 러시아에 진출하기 위한 첫 번째 과정이 될 수 있다.

이러한 다양한 목표들이 전통적인 단일 제품시장에 의하여 실현되기보다 글로벌마케팅에 의해서 어떻게 실현될 수 있을 것인지에 대하여 본 교재에서는 설명하였다.

세 가지 임무

글로벌마케팅 경영자가 직면한 복잡한 임무를 이해하기 위하여, 기업이 글로벌화되고 해외시장에 좀 더 광범위하게 관여됨에 따라 그들이 가지고 있는 세 가지 임무를 구별하는 것이 필요하다.

해외진입 임무

글로벌마케팅 관리자는 해외판매에 대한 책임이 있는 수출경영자(export manager)로서의 책임이 있다. 여러 중소기업들 뿐 만 아니라 대기업이라 할지라도 해외판매는 전체 수익의 10%에 못 미칠 수 있다. 해외에서 제품에 대한 주문이 조금씩 들어오게 되면, 누군가는 해외판매에 대한 책임을 맡게 된다. 기업이 성장함에 따라 이러한 일을 다루는 사람은 점진적으로 조직에서 지위를 얻게 되고, 해외 사업은 좀 더 체계적인 조직을 갖추게된다. 마케팅활동을 통하여 초기에 어떻게 수출하고 어떻게 해외에 신뢰할 만한 중개업자들을 배치시킬지를 파악하지만 미래에 대한 더 큰 그림을 그리지 못하고 수행되는 경우가 많다. 그러나 판매가 향상되고, 잠재적 시장이 몇몇 기업들에게 의해서 포착되면, 해외시장에 대한 좀 더 주의 깊은 관찰이 필요하다는 것을 기업이 인식하게 된다. 그리고 나아가서는 주요 시장에서 더욱 영구적인 현지기업의 설립 가능성을 고려해야 할 필요가 있게 된다.

이러한 단계에서 마케팅 경영자는 해외진입 역할(foreign entry role)을 수행해야 한다. 경영자는 해외 비즈니스를 통하여 여러 복잡한 것들을 배워야 하며, 적절한 중개업자들을 찾고, 양적, 질적으로 해외시장을 평가하는 것은 물론, 공동 벤처 마케팅을 위해 협상을 해야 한다. 또한, 판매자회사를 설립할 수 있도록 하며, 해외고객들에 대한 서비스 요건을 이해해야만 한다. 마케팅 경영자는 내부적으로는 기업이 "국제적"으로 나아가도록 돕는 기업의 리더가 되며, 외부적으로는 해외시장에서 중개업자와 고객들에게 있어 기업의 대변인이 된다.

이러한 임무는 일반 경영자의 임무와 매우 가까우며, 기업의 수출 경영자는 국내마케팅보다 더 많은 임무들을 떠맡아야 한다. 만약 해외진입이 제조와 관련이 있다면, 마케팅 노하우는 이차적인 것이 될 것이다. 그러나 해외에 진출한 기업이 시장 접근을 위한 것이라면, 일반적으로 마케팅 전문가들의 적극적인 역할이 필요하다. 이러한 글로벌마케팅 기능들은 상호유기적인 관계를 가진다. 즉, 본사와 연계되어 물류기능을 확립하고, 중개업자와 네트워크를 구축하며, 보고서의 개발과 메커니즘을 관리하여야 한다.

현지마케팅 임무

많은 국가에서 기업은 글로벌마케팅 노력의 일환으로 현지의 중간 상인을 활용하는 것으로 충분할 수 없다. 특히 선도시장에서 기업은 최종 소비자에게 더 나아가야 할 필요성이 있다. 판매자회사를 설립하는 것과 많은 관리인들을 현지로 보내는 것이 일반적이다. 이렇게 함으로써 기업은 시장의 잠재성을 활용할 수 있으며, 기업의 능력은 현지 시장에서 효율적으로 발휘될 수 있고, 또한 고객의 경향을 감시하며, 경쟁자의 움직임을 예측할 수 있다. 그리고 해외마케팅 경영자들은 현지마케팅 노력에 전략적으로 대응하여야 한다.

이러한 현지마케팅 역할(Local Marketing Role)은 국내 마케팅에서 요구되는 것과 대부분 똑같은 기법들이 적용된다. 이것은 "독일에서의 마케팅" 혹은 "중국에서의 마케팅"처럼 각각의 독립된 마케팅 단위를 구성한다. 기본적인 마케팅 기술은 비록 환경에 따라 다르겠지만 대부분의 교재들에서 통일성 있게 다뤄지고 있다. 현지마케팅을 통하여 경영자들은 마케팅 기술 뿐만 아니라 특히 다른 문화, 행동, 그리고 궁극적으로 그들 자신에 대한 것들을 재고하게 만드는 본질적이면서도 새로운 분야의 마케팅영역을 구축하게 된다.

서로 다른 환경으로 인하여 현지마케팅 노력은 여러 현지 관리인들의 도움을 받게 된다. 몇몇 국가에서는, 정치, 경제, 사회 혹은 문화환경이 경영자의 자국 상황과 매우 다르기 때문에, 이러한 경우 업무가 비효율적으로 될 수 있고 조직의 발전을 가로 막게 된다. 일본은 이러한 상황의 대표적인 경우라고 할 수 있는데, 여러 해외 기업들은 일본인을 고용함으로써 이러한 문제에 대응하고 있다. 이는 해외활동으로부터 배울 수 있는 현지 경험의 기회를 빼앗아가는 이유가 되기도 한다. 일반적인 접근은 현지인들에게 일상적인 관리를 맡기는 것이며, 글로벌 마케터들은 좀 더 전략적인 역할을 할 수 있다.

해외 자회사의 고위 경영자들은 자국의 파견인사들이다. 일반적으로 대부분 합작투자와 전략적 제휴는 이러한 자국의 파견인사들을 고위직에 두는 것을 특징으로 한다. 서로 다른 환경으로 인하여 그들은 학습을 해야 하며, 몇몇의 마케팅 기술은 현지마케팅에 적합하지 않을지도 모른다. 한편, 시장세분화는 믿을만한 인구 통계 데이터와 경제 데이터 없이는 실행이 어렵다. 현지기업들이 정부와 산업의 암묵적인 동의에 하에서 보호받고 있을 수도 있다. 매장 판매활동은 협조적이지 않은 소매업자들에 의해서 충돌을 일으킬지도 모른다. 본 교재는 해외 경영자들이 자국에서 배운 마케팅 기술을 새로운 시장환경에서 적절하게 활용하기 위한 지침을 제공 할 것이다.

글로벌경영 임무

글로벌마케팅의 세 번째 임무는 진정한 글로벌 임무라고 할 수 있다. 해외진입과 현지마케팅을 통해서 얻은 학습과 경험을 이용함으로써 마케팅 전문가는 여러 시장에 존재하는 기업으로부터 글로벌화의 이점을 끌어낼 수 있다. 체계적인 마케팅을 통해 규모의 우위와 다른 시너지들이 창출되어질 수 있다.

글로벌경영은 글로벌 세분화와 포지셔닝, 제품과 서비스의 표준화, 세계 각지의 가격 표준화 형성, 비슷한 테마를 가지는 모범적인 광고, 글로벌 브랜드명, 국제 물류에 대한 해결책을 모색한다. 글로벌마케팅을 효율적으로 행하기 위하여는 확산 효과, 규모의 경제, 더 낮은 가격을 실현하여야 하며, 이러한 목적을 최대한 달성하기 위해서는 전 세계 시장의 마케팅 캠페인을 통합할 수 있어야 한다. 이 책의 기본 구성은 글로벌마케팅의 밝은 전망과 잠재적인 난관들을 좀 더 자세히 다루고 있다.

GLOBAL MARKETING

요약

이 장에서는 마케팅 전문가가 현지의 반글로벌화 움직임에 대하여 민감하게 반응하면서, 글로벌화를 동시에 추진해야 하는 필요성을 강조하였다. 시장이 전 세계에 걸쳐 더 동질화되고, 글로벌 경쟁자들이 여러 지역에 걸쳐 업무를 수행해 나가게 됨에 따라 글로벌마케팅은 피할 수 없는 것이 되었다. 하지만 글로벌마케팅 전문가들이 시장과 경쟁자들을 분석함에 있어서 신중해야 할 필요가 있다. 만약 현지 경쟁자들의 저항이 강력하거나 또는 다국적 시장을 향한 글로벌 요인들이 약하다면, 비록 "지역으로 나아가는 것"은 가능할지라도 "세계로 나아가는 것"은 당분간 연기되어야 할지 모른다. 하지만 여전히 글로벌 시장으로 나아가기 위한 대비는 항상 하고 있어야 한다.

기업은 글로벌화를 통하여 자신들의 경영목표를 추구하게 된다. 판매와 수익성을 획득하기 위한 목적도 있지만, 그에 더하여 기업들은 경쟁자들을 추적하고, 감시하며, 경쟁자들에게 도전하기 위해 세계로 나아갈 것이다. 또한 기업들은 선도고객과 시장, 그리고 오직 하나의 시장에 의존하는 방식을 벗어나 수많은 다양성에 접근할 수 있을 것이다. 따라서 마케팅 경영자는 스스로 해외에서의 만만치 않은 상황들에 대처하여야 하고 이미 내재된 노하우와 익숙한 관념들이 현지 상황과 부조화를 일으킬 수 있음을 인식하여야 한다. 이러한 과정 속에서 마케팅 경영자는 기업의 글로벌 네트워크에 활용될 수 있는 유익한 경험과 새로운 기술을 얻게 된다.

글로벌마케팅 전문가의 세계는 다루어야 할 새로운 국가들뿐만 아니라 새로운 임무로 인해 복잡하다. 따라서 업무를 해외진입, 해외현지마케팅, 글로벌경영의 세 가지 영역으로 나눔으로써 상황을 단순화하는 것이 유용하다. 이러한 구분은 항상 명확한 것은 아니며, 역할의 중복이 있을 수 있다. 그러나 각각의 임무와 특성은 꽤 다르다. 그리고 이러한 구분은 현재와 미래의 많은 글로벌마케팅 경영자들에게 지침을 제시하고 있다. 먼저 새로운 해외시장을 평가하고 진입하는 것을 돕고, 해외에서 마케팅 관리를 시행하고, 마지막으로 본사와 연계하여 글로벌화에 대한 노력을 기울여야 한다. 이러한 글로벌마케팅 전문가의 세 가지 임무는 이 책의 구조를 이해하는데 있어 도움이 될 것이다.

이 책은 제2부에서 해외진입, 제3부에서는 현지마케팅, 제4부에서는 글로벌경영의 문제를 다룬다. 이 책의 제1부에서는 글로벌마케팅 업무를 이해하는데 기초가 되는 무역이론과 비교문화적 마케팅환경을 소개한다.

CHAPTER 2

이론적 근거

이 장은 아래의 다섯 가지 관점에서 기술하였다.

1. 글로벌마케팅 전략의 개발에 있어 시장지향적 분석(market-oriented analysis) 관점과 함께 자원준거 분석(resources-based analysis) 관점을 중심으로 분석하였다.
2. 기업특유우위(firm-specific advantages, FSAs)로부터 국가특유우위(country-specific advantages, CSAs)를 분리함으로써 경쟁우위(competitive advantage)를 분명히 정의하였다.
3. 경쟁우위가 변화하는지 그리고 해외로의 이전이 가능한지 특히, 기업의 통제를 받지 않는 국가특유 우위가 왜 중요한지에 대하여 평가하였다.
4. 국내외 경쟁자들 사이의 구분과 무역장벽 또는 지역조약에 의하여 전략그룹의 형성가능성을 분석함으로써 Porter의 "다섯 가지 경쟁요인(five forces)"을 확장하였다.
5. 글로벌 경쟁자들의 폭넓은 레퍼토리(repertoire)와 보다 큰 재정적 영향력 그리고 그들의 치열한 경쟁에 대하여 평가하였다.

제2장의 목적은 글로벌마케팅 전략에 대한 몇 가지의 이론적 근거를 소개하는 것이다. 시장준거와 자원준거 전략 간의 차이점을 설명 및 정의하고 해외진출 의도가 있는 기업이 무엇을 어떻게 해야 하는지를 설명한다. 국제무역 이론과 다국적기업의 이론에서 유래한 국가특유우위와 기업특유우위에 대한 중요한 개념을 소개하고 이러한 우위들에 영향력을 미치는 마케팅의 역할에 대하여 설명할 것이다. 제2장은 글로벌마케팅 전략에서 이해하여야 하는 국제무역 이론을 소개하고 이러한 이론이 실제 마케팅사례에 어떻게 적용될 수 있는지를 살펴보았다. 경쟁우위를 개발하는데 있어 글로벌화의 확장에 대한 역할을 논의하고 어떻게 경쟁 환경이 Porter의 다섯 가지 경쟁요인(five forces) 모델의 확장된 버전의 측면에서 분석되어 질 수 있는지를 제시하였다. 제2장의 목적은 몇 가지의 단순하지만 강력한 이론적 개념들이 어떻게 글로벌 시장에서 경쟁전

략을 개발하려는 글로벌마케팅 전문가들에게 도움이 될 수 있는 지를 보여주는 것이다. 이 장은 글로벌마케팅 전문가들의 세 가지의 기능적 업무인 해외진입, 현지마케팅 및 글로벌경영을 위한 시장준거 전략과 자원준거 전략을 연계함으로써 마무리 하고자 한다.

경쟁적 우위: 오늘과 내일?

1980년대에 스니커즈(Sneakers)에 사로잡힌 많은 고객들을 대상으로—십대 스포츠팬들에서부터 퇴직한 경영진까지, 중등학교의 학생부터 현역의 법률가에 이르기까지—Nike와 Reebok 사이에 치열한 경쟁이 촉발되었다. 그러나 1990년대 중반, Reebok이 경쟁에서 더욱 뒤처지고 Nike가 여러 가지의 어려움에 처해있는 동안 오래전에 인기를 누렸던 Adidas가 다시 시장에서 약진하게 되었다. 새 천년의 초기에 여전히 Adidas와 Nike는 더욱 치열하게 경쟁하는 동안 Reebok은 다시 시장에서 점유율을 회복하기 시작하였다. 그리고 이러한 일들은 반복됨에 따라서 해당 산업은 글로벌 경쟁자들 간의 출혈경쟁을 하게 되었다.

스니커즈("운동화 산업")는 Nike의 창시자인 Phillip Knight가 그의 자동차 트렁크에 와플모양 밑창의 런닝화를 싣고 팔러 다니기 시작한 이후로 달라졌다. 불현듯 피트니스(fitness)에 관심을 가지고 건강을 의식하는 새로운 세대가 딱딱한 표면 대신 발을 구를 수 있고 약한 발목과 다치기 쉬운 무릎을 보호할 수 있는 제품을 원하게 되었다. 처음엔 조깅(jogging), 다음엔 런닝(running), 그 다음엔 에어로빅(aerobic)이 대유행이었다. 스포츠화 시장에서 오랫동안 선두적 위치에 있었던 독일의 Puma와 Adidas는 이러한 새로운 요구에 반응하지 않음으로 해서 성장가능한 잠재시장을 잃게 되었다. 이들은 뛰어난 운동선수들의 신발에 주로 마케팅의 초점을 맞춤으로서 경이적으로 성장하고 있는 시장을 놓치고 말았다. 그러나 영국의 Reebok은 Nike와 시장점유율을 다투기 위하여 에어로빅화로 여성고객을 목표로 하였다. 1987년 Reebok은 연간매출에서 나이키를 추월하였다.

그러나 글로벌 경쟁에서 상황은 항상 변화하게 된다. 1990년대 초반 Nike는 대규모의 마케팅 지원과 함께 스포츠 슈퍼스타들에게 그들의 스우쉬(swoosh) 로고를 사용하게 하고 새로운 디자인을 위하여 R&D를 가속화하는 등 Knight 경영체제 하에서 새로운 전기를 맞이하게 된다. Nike는 혁신제품으로서 "Airpump"를 내놓았다. 그리고 농구전설 Michael Jordan과 계약하였다. Nike의 Air Jordan 디자인은 역대 가장 유명한 스포츠 스타 중 한명이 된 선수를 통하여 만들어 졌으며, Nike가 다시 굳건히 우위를 점하는데 도움을 주었다.

갑작스러운 역공세가 다시 시작되었다. 경쟁자들은 잠정적인 경쟁우위를 제거하기 위해 곧 Airpump 기술을 모방하였으며 이를 향상시켰다. Jordan이 농구에 싫증을 내고 야구를 시작하기 시작한 때부터 Nike는 브랜드 이미지의 정체성에 많은 타격을 입게 되었다. Nike는 Jordan이 농구 챔피언과는 비교도 할 수 없는 실력 없는 야구선수라는 사실 때문에 사태가 악화되었고, 그들의 중요한 우위 중 하나를 상실하게 되었다. Michael이 마이너 리그에 머물러 있던 동안, Reebok은 스포츠 산업에서 Nike의 주도권(hegemony)에 직접적인 공세를 시작하기로 결정하였다. 새로운 농구 스타인 Shaquille O'Neal과 다년계약하고 그를 중심으로 한 제품라인을 디자인함으로써 Nike의 전술을 모방한 Reebok은 Nike의 시장고객에 대하여 직접적으로 대항하였다.

이번만은 Nike도 가만히 있진 않았다. Nike는 모든 주요한 스포츠 특히, 축구를 위한 자신들만의 제품을 만들고 가능한 전 세계의 많은 장소에서 스우쉬 로고를 노출하는 등 대규모의 카운터 캠페인을 시작하였다. 축구에서 스우쉬를 판촉한 공격적인 스타일과 어느 곳에서든 "Just Do It" 슬로건과, 특히, 브라질 국가축구대표팀에 대한 후원은 일부축구 순수주의자(soccer purists)들 사이에서는 약간의 역효과를 가져오기도 하였다. Jordan이 농구로 복귀하고 그가 소속된 Chicago Bulls가 챔피언십에서 다시 우승했을 때, Shaquille O'Neal의 Los Angeles Lakers는 준결승전에서 탈락하였고, Nike의 승리는 확실한 것처럼 보였다.

그러나 Nike의 지위는 다시 한 번 도전을 받게 되었다. 가족에 의해 운영되는(family-owned) 기업인 Adidas는 새로운 전문 CEO를 그 자리에 앉혔고 재정비된 사명감과 세계관으로 결실을 보기 시작하였다. Nike와 Reebok이 글로벌 시장에서의 더 큰 점유율을 차지하기 위하여 경쟁하는 동안, Adidas는 1997년까지 매출에서 23% 그리고 순수익에서 27%의 연간 성장률을 보이면서 회생하기 시작했다. 동시에 Nike는 마케팅 전쟁으로 인하여 많은 비용을 지출하게 되었다. 1997년에서 1998년까지 Nike의 신발류 판매는 다소 증가하는 것으로 보였지만 순수익은 27% 하락하였다. Nike는 점유율 면에서 여전히 지배적 위치에 있었고 미국 판매에 있어 Reebok의 15%와 Adidas의 6%와 비교하여 약 47%를 계속 유지하였다. 그러나 Adidas는 상대적으로 약세였던 미국시장에서조차 수익을 얻기 시작했으며, 전 세계적으로 3분의 1을 차지하는 Nike와 함께 15% 정도의 시장점유율을 유지하였다. 1998년 7월에는 Nike의 이미지가 추락하는 모욕을 겪게 되었다. 파리 월드컵 결승전에서 Adidas가 후원한 프랑스 국가대표팀이 Nike가 후원한 브라질 국가대표팀을 3−0으로 격파하였다. 일시적으로 Nike와 Adidas는 마치 전면전을 피하기 위한 휴전에 이른 것처럼 보였다. 하지만 최근 경쟁은 다시 가열되었다. Jordan이 두 번째로 은퇴함에 따라, Nike는 Jordan의 후계자인 LeBron James와 계약을 하였다. Adidas는 Lakers 소속의 슈퍼스타인 Kobe Bryant로 대응하였다. Reebok은 Allen Iverson과 최초의 중국인 농구 스타인 Yao Ming을 채용하였다. 이후 Adidas가 미국에서 농구의 지위를 강화하고 축구와 David Beckham에 대한 포커스를 유지하기 위하여 2005년 Reebok을 사들이고 Nike는 Adidas로 부터 Bryant를 빼앗아왔다. 그리고 이러한 충돌은 계속되고 있다.

Sources: Timothy Egan, "The Swoon of the Swoosh," *New York Times Magazine,* September 13, 1998, pp. 66-70; John Tagliabue, "Once Behind the Pack, Adidas Vies for the Lead," *New York Times,* March 19, 1998, pp. D1, D6; Sharon R. King, "Flying the Swoosh and Stripes," *New York Times,* March 19, 1998, pp. D1, D6;Kenneth Labaich, "Nike vs. Reebok-A Battle for Hearts, Minds and Feet," *Fortune,* September 18, 1996, pp. 58-69; Jodi Heckel, "Nike, Adidas Officials Discuss Sweatshop Lssues at University of Illinois," *Champaign-Urbana News-Gazette,* November 29, 2001; Katie Abel, "Reebook, Skechers Aim for Slam Dunks with Endorsement Deals," *FN,* December 10, 2001; *Brandweek,* March 16, 2008.

서론

대부분의 학생들과 마케팅 담당자들은 시장 지향성(market orientation)을 추구하는 마케팅전략에 대하여 학습해왔다. "제품판매에 대한 생각을 하지 말고, 고객의 요구를 충족시켜라", "단지 품질이 좋은 제품인지를 생각하는 것이 아니라, 고객에게 만족을 주어라", "당신의 딜러 또한 귀사의 고객이다", "불평불만을 경청함으로써 고객을 더 많이 이해해라", "연구 보고서들만 읽지 말고 상점의 고객들을 만나라" 등의 중요한 지침이 되어왔다.

마케팅 관리자에게 있어 고객의 필요(needs)와 요구(wants)의 발견을 통하여 해외진출 기회를 모색하는 것은 자연스러운 일이다. 이는 제품에 대한 수요를 파악하는 것이 글로벌마케팅의 중요한 문제임을 의미한다. 그러나 이것은 시작에 불과하다. 더 중요한 것은 경영자가 기업이 어떻게 해외로 진출할 수 있는지를 파악하는 것과 그리고 이러한 과정에서 체결하게 될 여러 가지의 계약을 이행할 수 있는지 여부를 확인하는 것도 중요하다.

기업에게 가장 중요한 사항은 자국 또는 다른 곳에서의 자신들의 성공에 대한 요건를 이해하는 것이다. 해외진출을 고려하고 있는 기업은 자신들의 주요한 강점들과 자국에서의 성공이 외국에도 적용될 수 있는 것인지를 확인하여야 한다. 일부 강점들이 다른 국가에도 적용가능하다고 판단되는 타당한 이유가 있는 경우에만 해외시장 진출에 대한 검토를 시작해야 한다. 경쟁력을 확보하기 위하여 해외진입을 검토하는 것도 가능하지만, 설령 그렇다고 할지라도 존재하고 있는 강점들과 약점들은 신중하게 평가되어야 한다.

이 장은 그러한 평가를 위한 이론적 근거에 대하여 검토할 것이다. 국가특유우위와 기업특유우위 간 차이를 논의하고 경쟁우위이론과 새로운 무역이론들을 국가특유우위를 통하여 이해하고자 한다. 기업특유우위의 원천을 파악하고 이러한 우위들을 자본화하는데 대한 여러 방안들 간에 경영학적 선택을 하는데 도움을 주고자 한다. 다음 부분에서 Porter가 제시한 경쟁모형의 틀을 확대하고 경쟁 환경의 평가를 포함하기 위한 분석을 할 것이다. 이후 글로벌 경쟁자들과 관련된 기업특유우위를 심도 깊게 논의하고 해외진입, 현지마케팅 및 글로벌경영의 세 가지 역할에 대한 전략적 논의를 연계함으로써 이 장을 마무리 하고자 한다.

국가특유 우위

비즈니스 전략의 기본적인 목표는 경쟁우위(competitive advantage)를 창출하고 유지하는 것이다. 이는 글로벌 기업에게 정확하게 적용된다. 기업들은 국내외 경쟁자들에 대

Getting the Picture 어느 국가가 어떤 경쟁우위를 갖는가?

경쟁우위 원리가 국가 수준에 적용된 이후, 서로 다른 국가에 어떠한 우위들이 존재하는지 정확하게 확인하려는 시도가 이루어져 왔다. 현재 전통적인 사례는 1981년 더닝(Dunning)의 연구로, 다음과 같은 결론에 도달하였다:

일본: 섬유, 의류, 가전제품
영국: 식품, 담배
스웨덴: 의료공학, 전기공학
미국: 운송장비
독일: 화학

시간이 경과하면서 일부 국가특유우위(천연자원에 기초한 것과 같은)는 지속되었지만, 새로운 노동기술이 개발되고 기술혁신이 새로운 제품 제조공정을 도입하도록 이끌고 새로운 원자재가 부족하게 됨으로써 변화가 있을 것이라는 것을 인지하여야 한다.

상대적으로 저렴한 운송비용과 함께 요즘의 자유 및 공개 시장 시스템에서, 국제무역은 경쟁우위의 원리를 따라야 하며, 따라서 수출 및 수입 데이터는 어느 국가가 현재 어떤 경쟁우위를 갖는지에 대하여 개략적인 아이디어를 제공해 줄 있다.

예를 들어, 더닝(Dunning)의 연구 이후, 섬유에서의 우위는 일본에서 다른 아시아 국가들로 옮겨 갔으며, 새로운 기술개발은 미국이 더 큰 역할을 할 수 있도록 다시 한 번 균형을 변화시켰다. 인도는 컴퓨터 소프트웨어 개발에서 국가특유우위를 발전시켰다. 남유럽에서의 비용우위는 생산지로서의 동유럽 국가들의 개방으로 감소되어 왔다. 또한 유럽연합(European Union) 시장에 근접한 북 아프리카 국가들이 나머지 아프리카 국가들과 비교하여 우위를 누린 반면에, 정부 개입과 악화된 정치적 상황의 결합은 이러한 우위를 무력화시켰다.

Sources: Dunning, 1981; "N. Africa Finds Difficulty Sustaining Growth That Made It Continent's Star," *Market Africa Mid-East*, IBC USA, June 2001; International Marketing Data and Statistics, Euromonitor, 2005.

하여 우위를 만들어 내고 잘 활용할 수 있는 규모로 자본을 투자하여 더 높은 이익과 더 많은 수익을 얻게 될 것이다. 글로벌마케팅 전문가는 경쟁우위의 창출과 활용이라는 두 가지 측면에서 중요한 역할을 담당한다. 예를 들어, 마케팅 전문가들은 글로벌 브랜드를 창출하고, 목표시장과 소통하기 위한 글로벌 광고캠페인을 개발하고, 글로벌 유통경로를 설계하는데 도움을 줄 수 있다. 그렇게 하기 위하여 그들은 다양한 시장에서의 기업의 경쟁우위에 대한 이해가 필수 요건이다.

기업을 글로벌화 하는데 있어, 기업특유의 우위와 어느 국가에서 혹은 지역에서 생산함으로서 발생하는 국가특유의 우위를 구분하는 것이 필요하다. 설명하자면, 포르투갈과 같은 저비용의 유럽국가에서의 생산하는 Volkswagen은 비용우위(cost advantage)가 있을 수 있다. 그러나 이는 포르투갈에 있는 모든 생산자들이 가질 수 있는 국가특유우위(country-specific advantages)이다. 이와 반대로, Volkswagen의 이미지와 브랜드명은 이 회사의 고유한 자산으로, 다른 기업들이 복제할 수 없는 기업특유우위(firm-specific advantages)이다. 글로벌 상황에서 경쟁분석을 할 때, 해당기업의 강점이 기업특유우위 인지 여부를 확인하는 것은 중요하다. 기업특유우위가 아니라면 기업은 이러한 우위의 모방을 막기 어려우며 그리고 모방 이후에는 이러한 경쟁우위는 대체로 유지하기 어려워진다.

우리는 먼저 국가특유우위(CSAs)를 다룰 것이다. 국가특유우위는 국제무역에 관한 이론에서 오랫동안 분석되어지고 있기 때문에, 국제무역이론의 출발점으로도 유용하다.

비교우위와 절대우위

비교우위(comparative advantage)의 원리는 국제무역의 기초적인 이론이다. 각 국가가 상이한 자원의 부존, 즉 다른 경쟁우위를 가진다면, 양국 간 자유무역은 경제적 이익(더 높은 후생의 측면에서)을 각 국가들에게 가져올 수 있다. 한 국가가 모든 종류의 제품을 생산하는데 있어 다른 국가보다 더 나올 경우, 생산자들이 절대우위(absolute advantage)를 가진다는 것은 무역이익을 창출하는데 반드시 필요한 조건은 아니다. 한 국가가 관여된 모든 제품에 대하여 우위를(자원 투입으로 더 높은 생산성을 보임) 가질 수 있다. 이런 경우에도 무역은 여전히 양국에 긍정적인 이익을 가져올 수 있다. 이를 실현하기 위한 필요조건은 단순히 한 국가에서의 생산이 다른 국가 보다 대체제품의 생산에 있어서 상대적으로 적은 비용을 지출하면 된다. 즉 자원의 배합이 양국에서 정확하게 똑같지 않다면, 그 결과 양국 간 생산에서 비교우위가 존재한다.

국제무역패턴에서 결정적인 비교우위를 나타내기 위하여 생산요소들은 사실상 특정 지역에 고정되어 있어야 한다. 수년 간 증가된 노동의 이동성은(예를 들어, 북유럽 국가에서 남유럽 노동자들의 "수입", 사우디의 유전에서 인도 근로자들 이용 및 영국에서 미국으로의 "두뇌유출") 노동을 국가특유 요인으로서 약하게 만들었다. 동시에 동남아시아에서 섬유, 전자 하위부품 및 스포츠 장비 공장의 위치는 분명히 낮은 노동비용에 부분적으로 영향을 받았다. 하지만 전체적으로 비교우위 또는 국가특유우위 이론은 여전히 국가 간에 많은 국제무역 패턴을 설명하고 있다. 특히, 원자재에 있어서는 이동가능성이 거의 없음으로 비교우위의 발생을 잘 설명할 수 있다.

또한 비교우위를 누리기 위해서는 자유무역이 필수적인 전제가 되고 있다. 자유무역이 부재할 때, 각 국가는 더욱 자급자족 하여야 하며, 전문화의 정도가 낮아지게 된다. 만약 시장의 규모가 크다면, 다국적기업은 해당 국가 내에서 제조업에 투자함으로써 무역장벽을 극복하려고 노력할 것이다. 이러한 다국적기업의 수입대체 해외직접투자는 현재의 생산이 비교우위의 원리에 따라 위치하고 있지 않기 때문에 차선책으로서 비자유 무역에 대하여 응대하는 것이다. 하지만 어떤 한 곳의 제조 지역에서 몇몇 생산요소의 투입의 효율성에 대한 고려 때문에 다국적기업은 보통 경쟁우위를 가진 지역으로 자원을 이전한다. 이로 인한 기술이전(technology transfers)은 국가특유우위에 역동적인 특성을 제공한다. 예를 들어, 낮은 노동기술을 가진 국가는 다국적기업에 의한 기술이전에 의하여 점차 기술수준을 향상시킬 수 있다.

국제제품수명주기

잠재적으로 국가들의 비교우위를 초래하는 요인은 절대우위에서도 차이를 초래한다. 기업수준의 경쟁전략을 형성할 때 검토되는 것은 절대우위이다. 무역 파트너로서의 국가들은 파트너일 뿐이며, 그러한 국가들에게는 비교우위 원리가 적용된다. 이러한 상황을 "I win, you win" 상황이라 할 수 있다. 그러나 기업수준에서 성공적인 기업은 경쟁자에 대하여 높은 품질이나 더 낮은 생산비를 통하여 우위를 점하여야 한다. 이는 절대적 우위에 의하여 지배받는 "I win, you lose" 상황이다. 또한 많은 국가들에서 발견되었듯이, 국가들의 절대우위는 더 낮은 임금이나 다른 우위를 가진 신흥국가들에 의하여 상쇄될 수 있다. 이는 국제제품수명주기(international product cycle: IPC)에 대한 연구에서 밝혀지고 있다.

국제제품수명주기는 1966년 Raymond Vernon에 의해 최초로 제안된 것으로, 그는 어떻게 미국에서의 새로운 제품의 제조가 시간이 흐름에 따라 해외의 새로운 지역으로 이동하고 이러한 과정에서 어떻게 무역패턴에 영향을 미치는지를 설명하기 위해 국제제품수명주기를 이용하였다. 그러한 과정은 〈그림 2.1〉에서 설명되고 있다. 초기 단계에 혁신자(innovator)들은 국내시장에서의 성장을 위하여 자국에서 제품을 생산하고 출

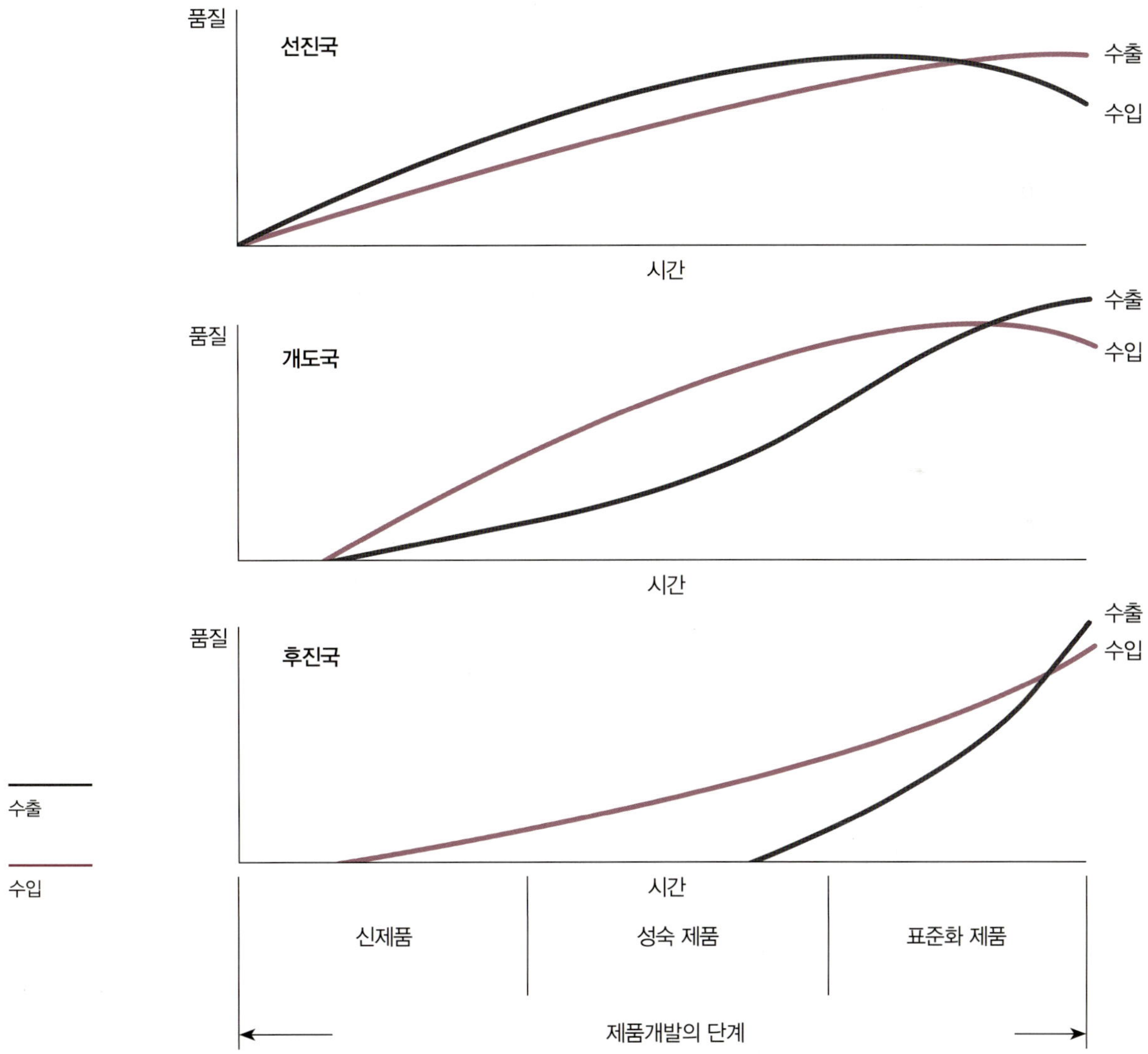

그림 2.1 국제제품수명주기

Sources: Reprinted with the permission of the *Journal of Marketing*, "A Product Life Cycle for International Trade?"by Louise T. Wells, July 1968, pp.1-6. © 1968 by the American Marketing Association.

시한다. 그러나 생산이 국내시장 수요보다 증가함에 따라 기업은 수출을 모색하게 되고, 다른 선진국 시장을 개발한다. 이후에, 새로운 시장이 성장하고 제품에 대한 국내 생산이 증대되면서, 무역은 다시 제3세계 시장으로 이동하게 된다. 생산노하우가 더 널리 퍼지게 되면서, 현지 국가들은 현재 표준화된 제조공정과 기술의 도움으로 점점 자체적인 제조능력을 발전시킨다. 이러한 제3세계 국가(혹은 새로이 산업화된 국가)에서 저비용 생산을 시작함으로써, 그들의 수입은 제품개발 국가시장에 대한 수출로 바뀌게 된다. 이 주기가 전체 제품수명주기이며, 원래의 혁신자들은 이때부터 자신이 개발한 제품을 수입하게 된다.

미국 이외의 많은 국가들이 새로운 제품과 서비스를 발명하는데 능숙하게 됨에 따라, 기존에 개발된 국제제품수명주기는 설명할 수 없는 부분이 발생하였고, Vernon과 다른 학자들은 이를 수정하였다. 예를 들어, 오늘날 특정 제조국가에서 혁신적인 제품을 계속해서 생산하는 것을 발견하는 것은 드문 일이 아니다. 컴퓨터 디자인에서 미국의 우위가 좋은 예이다. 이러한 과정은 Porter에 의해 더 상세히 입증되었다.

국가경쟁우위

비교우위 이론을 확장하여 Porter는 국가우위의 다이아몬드(diamond of national advantage)이론을 도입하였다. 다이아몬드는 국가의 경쟁우위(혹은 열위)를 결정하는 네 가지 요인으로 구성되어 있다.

1. **요소 조건(factor condition).** 숙련된 노동력이나 인프라(infrastructure)와 같이 경쟁에 필수적인 생산요소에서 국가의 지위(Position).
2. **수요 조건(demand conditions).** 산업의 생산품이나 서비스에 대한 국내 수요의 특성.
3. **관련 및 지원산업(related and supporting industries).** 국제적으로 경쟁하는 공급 산업과 연관 산업의 존재 혹은 부재.
4. **기업전략, 구조 및 경쟁(firm strategy, structure, and rivalry).** 어떻게 기업이 창출, 조직 및 관리되는지와 국내경쟁의 본질.

〈그림 2.2〉에서는 해당 요인들이 어떻게 밀접한 연관을 갖는지를 보여주고 있다. 어떤 국가의 경쟁우위 그리고 해당 국가에서의 기업에 대한 국가특유우위는 이러한 요인들에 의해 결정된다. 유리한 경쟁요인으로서는 비교우위의 기반이 되는 풍부한 천연자원을 들 수 있다. Porter는 시간이 흐름에 따라 산업에서 활발한 경쟁은 더 강한 기업을 생기게 하고 공급기업들 사이의 성장에 도움이 될 것이라고 주장하였다. 더욱이 자국의 수준 높은 잠재적 고객들은 특정 산업에서의 기업들 간의 경쟁을 촉진시킨다. 한 국가가 더 높은 기술력과 저임금을 제공한다면 다국적기업은 그곳으로 생산입지를 이전할 것이다.

Porter의 이론은 역동적인 이론으로, 시간이 흐름에 따라 한 국가가 어떻게 하나의

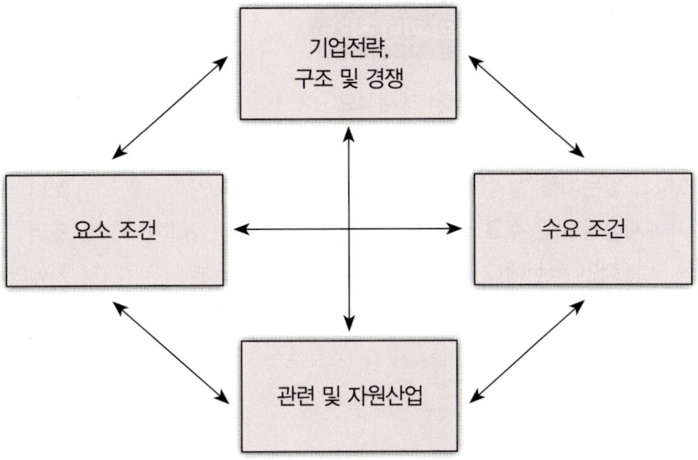

그림 2.2 포터의 국가 우위 결정 요소

Sources: Reprinted with permission of The Free Press, a division of Simon & Schuster Adult Publishing Group, from *The Competitive Advantage of Nations* by Michael E. Porter. Copyright © 1990, 1998 by Michael E. Porter. All rights reserved.

산업에서 경쟁우위를 개발하고 유지할 수 있는 지를 보여준다. 비용우위 요인에 의존하는 기업들에 의하여 초기 경제성장을 이룩한 국가들이 존재하는 반면, 이러한 비용우위효과는 빠른 시간 내에 다른 국가로 전파되며 제3국에서 경쟁자들이 출현하게 된다. 따라서 국가의 경쟁우위와 성장을 유지하기 위하여 경쟁산업에서 기계류 및 기술개발을 향상하기 위한 자본투자를 확대하여야 한다. 또한 그들의 우위를 유지하려면, 관련 지원산업 및 설비 전문지식을 향상시켜야 하여야 한다. 그리고 국내시장의 고객들을 대상으로 최상의 제품을 공급하고 그들의 요구사항이 기업의 제품에 반영되어야 한다.

Porter의 다이아몬드는 한 국가가 제조비용이 상승하더라도 한 산업에서 경쟁을 유지할 수 있음을 의미한다. 따라서 다이아몬드는 원래의 국제제품수명주기(IPC) 이론과 반대로 향한다. 국제제품수명주기(IPC)는 저임금 국가로 이동하여 생산하는 것으로 국가의 산업기반의 "공동화"를 설명하는 반면, Porter의 다이아몬드는 경쟁과 유능한 경영관리능력이 국가들에게 새로운 기술을 개발하게 하고 자신들의 경쟁우위를 지속적으로 제공하는데 도움이 될 수 있음을 밝히고 있다. Vernon의 국제제품수명주기(IPC)는 선진국들이 표준화된 제품들을 교역할 것이며 혁신과 새로운 산업에 중점을 둘 것이라고("TV는 버리고, PC에 집중하라") 결론내리고 있는 반면, Porter의 다이아몬드는 우호적인 환경의 창출이 오랫동안 지속된 산업에서 한 국가가 경쟁을 어떻게 유지할 수 있는지를 보여주고 있다. 사실, 전 세계의 무역이론은 이러한 두 가지의 이론적 바탕이 복합적으로 겹쳐서 나타나는 현상이라고 볼 수 있다.

신 무역이론

밀접하게 관련된 여러 이론들에서 국가 간 무역패턴은 인위적인 우위와 Porter 이론에

Getting the Picture Porter의 관련 산업

Porter는 주어진 목록의 관련 산업에서 세계적으로 경쟁이 심한 산업이 어떻게 경쟁적인 기업의 생성을 유도하고 있는지를 설명하고 있다. 보는 바와 같이, 세계시장의 많은 주요 산업은 다른 산업에서 더욱 기본적인 혁신에 기초하고 있음을 알 수 있다.

Sources: Porter, 1990, p. 105.

국가	산업	관련 산업
덴마크	낙농제품, 양조업	산업용 효소
독일	화학	프린트 잉크
이탈리아	조명	가구
일본	카메라	인쇄기
한국	VCRs	비디오테이프
싱가포르	항구 서비스	선박 정비
스웨덴	자동차	트럭
스위스	제약	조미료
영국	엔진	윤활유, 폭연방지제
미국	전자 테스트 장비	환자 감시 및 측정 장비

따른 입지선정의 우위에 의해 결정된다고 설명되어 왔다. 예를 들어, 선진 기술 센터는 수준 높은 연구대학이나 혁신적인 새로운 기업 주위에 위치 하듯이, 현지 노동력은 현지의 특정산업으로부터 고유한 기술을 습득하게 되고, 기업들은 이러한 지역의 노동력에 매력을 느끼게 된다. 이러한 신 무역이론(new trade theory)은 샌프란시스코 남부의 실리콘 밸리(Silicon Valley), 인도의 방갈로르(Bangalore) 및 독일의 슈투트가르트-뮌헨 지역과 같은 하이테크 지역의 발전을 설명한다. 국가특유우위에는 이탈리아의 의류, 일본의 광학기계 및 벨기에의 초콜릿과 같이 지역에서 개발된 노동력과 결합하게 된다. 신 무역이론은 국가특유요인들을 천연자원만으로 설명하였던 한계에서 벗어나 다양한 경쟁우위를 설명할 수 있게 하였다.

마케팅 전문가들에게 가장 흥미로운 부분 중 하나는 Krugman과 "신 무역(new trade)" 이론가들이 교역된 제품은 일반적으로 동종이 아니라 차별화된 것이라고 지적한 것이다. 따라서 국제무역 패턴은 최초 이론의 설명을 벗어나서 광범위하게 설명될 필요가 있다. 예를 들어, 독일과 같은 국가에서는 대량의 자동차를 수출입함으로써 상당량의 산업 내 무역이 존재한다.

이는 독일이 왜 자동차만 생산하고 다른 국가에서 다른 상품만 수입하지 않고 여전히 자동차를 수입하는가에 대한 의문을 남기고 있다. 먼저 Krugman은 기술진보를 반영하기 위하여 기존의 순수무역이론을 어떻게 수정할 필요가 있는지를 설명하였다. 차별화는 전문화는 기업특유우위의 창출로 이어진다. 독일의 자동차 회사는 특정 유형의 자동차를 생산하는데 적합하게 되었다. 마케팅의 관점에서 볼 때 이와 같이 자동차들이 차별화되는 것은 시장세분화를 목표로 하는 경향이 있기 때문에 그다지 놀랄만한 일은 아니다.

따라서 반복적 기술축적에 의하여 생산되는 제품에서는 이러한 차별화이론이 효율

적인 무역창출의 근거가 될 수 있음을 암시하고 있다. 제1장에서 살펴본 바와 같이, 기업 수준에서 이러한 과정은 조직학습이나 지식창출 및 새로운 경쟁 자원의 개발로 이어진다. 글로벌마케팅 경영자의 무역 경험이 마케팅 노하우를 제공하기 때문에 새로운 마케팅기법에 대한 이러한 경험적 학습은 본 서의 중요한 테마이다.

국가특유우위와 원산지효과

국가특유우위는 글로벌마케팅에서 또 다른 측면에서 설명할 수 있다. 즉 긍정적인 이미지의 국가에서 만들어진 제품이나 서비스는 좋게 평가되는 경향이 있는 반면, 부정적으로 인식된 국가의 제품은 가치가 격하되는 경향이 있고, 이는 국가특유의 우위를 설명할 수 있다. 자동차는 좋은 실례를 제공한다. 독일의 자동차는 일반적으로 사람들이 흠모하는 특징이 있다. 반면에 한국산 자동차는 여전히 많은 시장에서 저가의 이미지와 싸워야 한다. 이를 원산지효과(country-of-origin effect)라고 말한다.

메이드-인-라벨

많은 연구에서 "메이드-인-라벨(made-in-labels)"의 영향에 대해 다루어 왔다. 일반적으로, 기존의 연구에서는 제품의 품질인식에 관한 확연한 효과와 함께 브랜드에 대한 고객의 판단에 영향을 주는 국가 고정관념을 보여주고 있다. 한 연구에서 1970년대 미국시장에서 일본 자동차 제조업체의 강력한 시장침투는 기업특유우위 보다 국가우위에 더욱 기반했음을 발견하였다. 미국의 자동차 구매자들은 특별히 니산(Nissan)이나 토요타(Toyota)가 아니라, "일본산 차량"을 구매하였다.

원산지효과는 제품의 범주(category)에 따라 차이가 있다. 기술이 전 세계에 걸쳐 널리 퍼져 있고, 따라서 다른 국가에서도 유사한 품질의 제품은 당연히 원산지효과가 덜하다. 예를 들어, 의류산업에서 메이드-인-라벨("메이드 인" 말레이시아, 중국, 포르투갈, 헝가리 등)은 고객들이 다양한 곳에서 유사한 품질의 옷들을 보는 것이 익숙하기 때문에 더 낮은 효과를 갖는 경향이 있다. 이와 반대로 첨단 의료장비, 전자, 화장품 및 와인에서의 원산지는 여전히 상당한 부분을 차지하고 있다.

이러한 효과는 글로벌화가 진행됨에 따라서 사라지지 않는다는 연구결과가 존재한다. 증가된 글로벌 커뮤니케이션 때문에 고객들은 외국에 대하여 더 많이 알고 있으며, 어떠한 기술과 제품을 어떤 국가에서 잘 만드는지를 알고 있다. 그러나 원산지효과가 사라지지 않는 것처럼 보일지라도, 국가에 대한 인식은 시간이 지남에 따라 변화한다. 예를 들어, 미국 제품은 2차 세계대전 이후 높은 평판을 누렸지만, 우수한 외국 제품들이 고객의 기대치를 높이면서 1970년대와 1980년대에는 상대적으로 낮게 평가되었다. 영국 제품에 대한 품질 인식은 대체로 예상보다 더 일찍 같은 경로를 따랐다. 반면에 일본 제품은 반대의 경향을 보였고, 독일 제품의 품질 이미지는 강하게 유지되었다. 하지만 많은 시장에서 치열한 글로벌 경쟁을 고려해 볼 때, 최근에 품질의 등급이 서로 비슷하게 수렴하고 있다는 것이 밝혀지고 있다.

원산지효과에서 문제가 되는 또 다른 요인은 한 국가의 제품이라할지라도 여러 기업들간에 다양한 품질수준에서 생산하는지 여부이다. 글로벌 브랜드명이 특정한 성과수준에 대한 "보증"을 의미하는 것처럼, 만약 한 국가의 기업들이 엄격한 품질 표준을 준수하려는 경향이 있다면, 그 국가의 모든 제품에서 동일한 원산지효과를 기대할 수 있을 것이다. 이는 Porter의 다이아몬드에 나타난 국가우위 중 하나이다. 기업간 품질이 매우 다르다면 원산지에 의하여 품질을 판단함에 있어서 국가명은 소용없게 되거나 오히려 더욱 나쁘게 인식된다(일관성 없는 품질이 브랜드명을 망칠 수 있는 것과 같이). 국가명은 그 자체로 좋은 브랜드가 되어왔으며, 이와 관련하여 제13장에서 더욱 상세히 논의할 것이다.

브랜드

다국적 생산의 성장과 함께, "메이드-인-라벨"에 관한 선입견은 약화되어 왔다. 하지만 원산지효과는 브랜드에서 지속되었다. 일본 브랜드인 Sony가 타이완이나 미국에서 제조되었을 수 있을지라도 어디에서 생산되든지 브랜드에 대한 인식은 "자국(home countries)"과 같은 것으로 연구결과에서 밝혀졌다. 소비자들은 Sony 라벨을 제품이 "진짜" Sony로서 작동할 것이라는 확증의 표시로써 인식한다.

원산지우위는 국가특유우위이며 따라서 해당국가에서의 모든 브랜드에 원칙적으로 적용할 수 있다. 그것이 BMW, Mercedes, Audi, Volkswagen이든 상관없이 원산지효과는 작동한다. 그러나 기업브랜드가 국가와 일정한 편차를 가지고 연관되는 경우가 존재하며, 이때는 국가특유우위가 기업특유우위와 동일시된다. 이는 Levi's에서 있었던 예로서 일본에서 "원조(original)"-"진짜" 미국 청바지로 시장에 출시되었다. 같은 효과를 Coca-Cola와 McDonald's 그리고 일본의 Sony와 Toyota의 사례에서 찾아볼 수 있다. 이러한 브랜드들은 좋든 싫든 그들의 자국과 불가분하게 연결되어 있다.

광고와 판촉에서 원산지효과를 강조하는 것은 양날의 검이 될 수 있다. 제품의 원산지는 같을지라도 국가이미지는 시장마다 매우 다양할 수 있다. 이는 원산지우위의 이동성을 제한한다. 따라서 아시아에서 미국 브랜드가 우위를 가질 수 있는 것이 유럽에서는 불리한 점이 될 수도 있다. 마케팅 전문가들은 이러한 것을 인식해야 하며, 따라서 전략에 많은 것들을 변화시켜야 한다. 예를 들어, 리바이스가 일본에서 진짜 미국 청바지로 자리를 잡았지만, 미국의 뿌리가 EU 지역에서는 현재 경시되고 있다. 유사하게, 자동차 제조업체인 Audi와 Mercedes의 독일 뿌리가 미국에서는 강조되지만 유럽에서는 그렇지 않다. 이는 유럽인들이 독일인의 유산에 대하여 혐오를 느끼는 경향이 나타날 수 있기 때문이다. 한국의 브랜드명은 아시아에서는 제대로 인식되지만 다른 곳에서는 아직 한국의 브랜드에 대한 강한 긍정적 원산지효과가 나타나지 않는다.

표 2.1 기업특유우위와 국가특유우위에 대한 유의어

수준	유의어
국가(CSAs)	경쟁우위; 입지-특유우위(location-specific advantage)
기업(FSAs)	차별적 우위; 소유권-특유우위(ownership-specific advantage)

기업특유우위

모든 기업의 근본적인 전제는 일정 가치를 가지는 투입물로써 더 높은 가치를 가지는 산출물을 만드는데 있다. 기업의 생존에 대한 원칙은 다른 기업들이 하는 것보다 고객들이 바라는 이익을 더욱 효율적으로 제공하는 것이다. 이렇게 함으로서 지속가능한 경쟁우위를 가진다. 또한 해외시장으로 진입하려는 기업은 국내 기업과의 경쟁에서 지출되는 비용보다 더 높은 효율성을 확보할 수 있어야 한다. 이러한 우위들은 경쟁자들이 쉽게 모방할 수 없음으로 인해 독점적이라 할 수 있다. 이는 특정 기업에게 고유한 것으로 강조되었던 기업특유우위이다(다른 저자들이 약간 다른 용어를 사용하기 때문에 〈표 2.1〉에서 기업특유우위와 국가특유우위에 관한 대체 유의어들을 제공하고 있다).

기업특유우위는 여러 가지 종류들이 있을 수 있다. 그것들은 특허, 트레이드마크 혹은 브랜드명이나 제품을 제조하기 위해 필요한 원자재의 제어, 서비스의 개발에 필수적인 노하우에 대한 접근, 또는 유통 직판점에 대한 통제가 될 수 있다. 이러한 우위들은 또한 공정기술, 관리능력 및 마케팅 기술을 포함할 수 있다. 기업특유우위는 국가특유의 변수에서 그들의 근원을 찾을 수 있다. 그러나 가장 중요한 점은 기업특유우위는 기업에 의해서만 사용될 수 있다는 것이다.

지식기반 기업특유우위

제1장에서 보았듯이, 최근 들어 지식기반 조직(knowledge-based organization)에 대하여 많은 저술활동이 이어져오고 있다. 지속가능한 경쟁우위에 대하여 시장기반 설명은 기업의 내부적 요인에 대한 분석방법을 제공하고 있다. 만약 경쟁우위가 양질의 제품제공으로 획득된 것이라면, 최근에 급격히 변화하고 있는 제품과 서비스의 형태로 인하여 기업의 승패는 그 기업의 생산라인의 유연성과 변화의 속도에 달려 있다고 할 수 있다. 이러한 지식역량은 제품 그 자체(특징, 품질, 이미지 등)에 내재되어 있지 않으나 기업과 고용인들의 노하우, 기술, 그리고 경험에 수반된다. 따라서 그러한 노하우는 과학보다는 예술에 가까워 표현하거나 가르치기에 어려울 수 있다.

지식은 오늘날 기업의 주요한 자원 가운데 하나로 인식되고 있다. 자원준거전략

(resource-base strategy)은 기업이 시장에 출시된 제품이나 서비스의 측면이나 만족을 추구하는 니즈의 측면이 아니라, 기업이 무엇을 할 수 있는지에 관한 정의로부터 기업 전략이 수립된다. 자원준거관점에서, 첫 번째 의문은 기업이 기술, 노하우, 제품 및 서비스에 무엇을 제공할 수 있는가 하는 것이다. 그런 다음에 시장 선정에 대한 문제를 다룰 수 있으며, 글로벌 경쟁전략의 개발에 대하여 성공적으로 논의할 수 있을 것이다.

강점과 약점에 대한 내부적 자원에 초점이 맞추어짐으로서 마케팅 콘셉트와 반대로 가는 것처럼 보이지만 실제로는 이를 보완하고 있다. 시장에서의 경쟁우위와 관련하여 시장지향적 접근(market orientation)은 마케팅에 초점을 두는 반면, 자원준거관점은 그들의 자원에 대한 분석을 통하여 기업의 경쟁력을 확보하려는 전략이다.

마케팅과 관련된 기업특유우위

마케팅의 관점에서 기업특유우위의 근원이 특정 시장의 노하우에 있을 수 있음을 인지하는 것이 중요하다. 예를 들어, 대규모 소비재 제조업체들은(Nestle, Unilever, P&G)은 경쟁에서 그들에게 위기를 제공했던 많은 해외시장에서 경험과 기술을 축적해 왔다. 이러한 기술에는 시장의 분석 및 세분화, 판촉 프로그램의 개발과 광고 캠페인의 개발, 새로운 제품과 서비스에 대한 대규모의 소개 캠페인의 관리에 대한 기술 등이 포함된다. 마케팅 영역에서 유사한 기술들을 적용한 사례로서 Caterplillar와 IBM의 성공을 들 수 있다(예를 들어, 48시간 내에 서비스맨이 특정 장소에 도달할 수 있다는 Caterplillar의 정책). 또한 일본의 많은 기업들은 유통업자와의 밀접한 관계를 쌓고 있다("마케팅 기업특유우위(Marketing FSAs)" 참조).

Getting the Picture 마케팅 기업특유우위(Marketing FSAs)

대부분의 기업들은 여러 가지 마케팅 강점을 갖고 있지만, 종종 한 가지나 두 가지 주요 기업특유우위로 특정 지어진다. 강력한 마케팅 역량을 가진 글로벌 기업들 사이에, 다음의 기업특유우위가 두드러 진다:

강한(Strong) 브랜드명: Nokia, Coca-Cola, Sony
최신기술 제품: Intel, BMW, Cannon
광고의 영향: Gillette, Unilever, Nissan
유통 강점: Starbucks, MS, Kellogg
가격 대비 품질이 좋은 제품: Dell, IKEA, Toyota

마케팅 기업특유우위를 가진 다른 기업들은 해외에서 쉽게 마케팅 기업특유우위를 활용할 수 없었다. 원조 체코 맥주로부터 얻은 Budweiser의 브랜드명은 원래 체코 맥주회사의 이미지로 인하여 유럽의 Budweiser의 이미지를 저하시켰고 이로 인해 Budweiser의 판매부진을 초래하였다. 또한 대부분 국가의 맥주에 비하여 Budweiser의 가벼운 맛으로 인하여 판매확장의 속도가 더디게 나타났다.

독일 Henkel(합성세제)은 유럽시장에서는 강력한 경쟁력을 가지고 있지만 이는 물의 경도와 온도, 텀블(Tumble) 건조기의 미사용 및 잦은 세탁과 특별한 세탁 습관, 그리고 강한 유통경로와 브랜드 로열티 등에 의존하고 있었기 때문에, 다른 지역으로의 시장진출이 매우 어려웠다.

Kao(합성세제)와 Shiseido(화장품)의 자국인 일본에서의 유통에 있어서의 강점은 도매와 소매 모두를 통제하였지만, 다른 곳에서는 이러한 유통경로가 쉽게 적용될 수 없었다.

기업특유우위는 각 국가마다 달라지는 경향이 있다. 특정국가에의 우위가 무엇인지 정확하게 파악하는 것이 중요하다. 고객의 요구와 경쟁을 통하여 기업의 제품이나 서비스가 적절하게 파악되고 일치되도록 하기 위하여 마케팅 연구가 수행되어야 할 필요가 있다. 그러한 분석을 통하여 경쟁자들 보다 우위에 서기 위한 지침을 마련하여야 하며 어떠한 점들이 특히 강조되어야 하는 지를 살펴보아야 한다.

이러한 분석을 통하여 각 국가별로 적합한 제품을 특색 있게 공급해야 하는 근거를 마련할 수 있다. 자동차의 경우에 미국 제품은 해외에서 거의 판매되지 않는다. 이들 제품들은 해외시장에서 많은 경쟁을 이겨나갈 수 없는 경우가 대부분이다. 소형차 간의 경쟁이 치열한 일본에서 소형 유럽 제품들은 경쟁에서 지고 있다. 또한 흑백 TV 세트는 저개발국가들에서 판매된다.

제품과 서비스의 포지셔닝은 차별적 우위를 목표로 하는 세분화의 명확한 이해와 함께 수행되어야할 필요가 있다. 취약한 사회 인프라로 인하여 개발도상국에서의 고객요구는 선진국과는 꽤 다를 수 있다. 국제 비즈니스 고객 또는 그들의 서비스와 가격을 맞추기 위하여 새로운 시장으로 진입하는 Holiday Inn과 같은 거대 다국적호텔은 해당 국가의 경제발전 수준을 참조하였다. 전압과부하(voltage surges)가 흔한 국가에서는 많은 가전기기들이 보호를 위하여 "쇼크 퓨즈(shock fuses)"를 필요로 한다. 더 강하고 기본적인 버전의 제품이 고객 요구를 충족시키기 위하여 고안될 수 있다. 만약 기업특유우위를 상실한다면 해당 기업이 차별화된 우위를 향유할 수 없고 진입이 거의 불가능하기 때문에, 제품을 재설계 할 때 기업특유우위가 유지될 수 있는 정도를 평가하는 것이 중요하다. 1950년대의 미국의 대형 자동차들은 너무 많은 연료를 소비하였고, 험한 길에서의 유용성이 떨어지게 만들어졌기 때문에, 미국의 자동차 제조업체는 유럽시장에서 큰 경쟁력을 가지지 못 하였다.

기업특유우위에 대한 시장의 수용가능성의 정도에 따라서 기업이 해외에서 성공할 수 있는 정도도 달라진다. 또한 이는 마케팅활동이 표준화될 수 있는 정도에 영향을 미친다. 스웨덴 자동차인 Volvo는 일부 해외시장에서 고급차로써 포지셔닝 되었지만 자국에서는 실용적이고 신뢰할 수 있는 운송수단이다. 말할 필요도 없이 스웨덴에서의 광고가 Volvo의 해외마케팅을 위한 출발점으로써 특별히 유용하지 않았다. 다음 장에서 이 주제에서 더 언급하겠지만, 여기에서 표준화된 마케팅 프로그램의 성공가능성을 정확히 파악하기 위하여 기업특유우위를 조심스럽게 분석해야 할 필요가 있다.

기업특유우위의 이동성

마케팅 기업특유우위가 중요할 경우에 이러한 특유의 우위가 다른 국가로의 이동성(transferability)은 특히 중요한 의미를 가진다. 모든 기업특유우위가 이전될 수는 없다.

다양한 요인들로 인하여 다른 국가에서 마케팅 기업특유우위가 수용되는 정도는 다르게 나타날 수 있다. 상업용 TV를 이용할 수 없는 경우 TV 광고기술을 다른 국가에 이전하는 것은 불가능하다. 스칸디나비아 시장으로의 진입을 망설였던 P&G

Getting the Picture 이전된 마케팅 기술: 일본의 Electrolux

Electrolux 그룹은 오늘날 주방, 청소 및 야외활동을 위한 전동기기의 세계 최대 생산자이다. 5천 5백만개 이상의 Electrolux 그룹 제품이(냉장고, 전자레인지, 세탁기, 청소기, 체인 톱 및 잔디깎기 기계 등) 전 세계 150개 이상의 국가에서 미화로 약 140억 달러 이상 매년 판매되고 있다.

Electrolux는 잠재 고객을 대상으로 하여 제품의 가치를 설명하는 방문판매사원을 통해 자신들의 제품을 오랫동안 판매해 왔다. 몇 해 동안 판매 방식에서 상당한 개선점들을 개발하였고 이를 새로운 판매원들에게 가르쳤다. 그 판매기술은 이 회사의 독특한 기술이 되었다.

1970년대 일본 시장에 진입하면서, Electrolux의 이러한 유형의 판매방식에 대하여 상인들은 초기에 부정적인 반응을 보였다. 일본인들은 모르는 사람을 자신의 집으로 들어오게 하지 않는 것으로 알려져 있으며, 판매원의 진입을 허용하지 않았다. Electrolux는 처음으로 백화점과 전문상가를 통해 판매하는 일본의 표준 방식을 따르기로 결정했다.

몇 년 동안 기업은 이러한 접근방식에 여러 가지 변화를 시도했으나 결과는 항상 같았다. 판매가 저조하여 비용을 커버하기에도 어려울 정도였으며 그들의 높은 수입가격(운송비용, 관세 및 유통가격인상 때문에)을 마케팅 성과를 통해 상쇄시키기 어려웠다. 국내 경쟁자들이(Toshiba, Hitachi 등) 해당 시장을 계속해서 점령했다.

Electrolux의 경영진들은 일본에 그들의 독특한 판매방식을 도입하기로 결정했다. 일본 판매원에게 철저한 훈련을 시행한 이후, 방문판매 방식을 도입하였다. 결과는 즉각적인 성공이었다. Electrolux는 시장에서 선두주자가 되었다.

Electrolux의 경험은 외국시장의 진출에서는 지속적인 현지 적응노력을 다하여야 함을 알려주고 있다. 또한 새로운 국가에서 동일하지 않는 마케팅 환경을 맞이하는 경우에는 그들이 해오던 방식에 대한 혁신적인 변화가 필요하다는 사실을 설명하고 있다.

Sources: Annual Report; www.electrolux.com

는 이에 대한 좋은 사례 가운데 하나인데 현재 위성 TV와 새로운 유통경로들을 사용하여 TV 광고를 실시할 수 있음으로 해서 스칸디나비아 시장에서의 TV 광고의 어려움은 다소 완화되고 있다. 기업특유우위가 유통경로에 있을 때(“이전된 마케팅 기술: 일본의 Electrolux” 참조), 해외진출을 위해서는 현지시장에서 새로운 유통경로를 창출하여야 할 수 있다.

이러한 경우에는 현지시장 국가에서 직접생산을 함으로서 효율적인 마케팅을 할 수 있다. 즉, 현지국에서 생산함으로서 현지국 유통업자들에게 제품공급에 대한 확신을 심어줌으로서 현지 유통경로의 구성원들을 더욱 쉽게 확보 할 수 있을 것이다.

해외로 마케팅 기술을 이전하는데 있어 주요한 어려움은 이러한 요인들이 종종 제품 그 자체에 “내재된” 것이 아니라 사람들에게 있는 기술과 같이 무형의 형태로 나타나는 경우에 발생한다. 이러한 무형의 기술을 이전하는 방법으로서는 인사이동(personnel transfers) 또는 현지인들을 교육함으로서 이루어질 수 있다. 파견직원이 업무를 수행하는 여건을 형성하는 데는 어려움이 있고 또한 현지인들을 교육하는 것은 그 효과가 불확실할 수 있기 때문에 마케팅 기술은 그 이전 자체가 매우 많은 비용을 전제로 하는 것이 대부분이라 할 수 있다.

마케팅 기술이 해외진출에 있어서 기본적인 기업특유우위의 근본원천이 되는 경우에는 제품에 특유의 우위가 내재된 경우보다 해외진출의 유인동기가 약하다고 할 수 있다. 하지만 이에 대한 예외적인 경우는 프랜차이즈의 해외진출에서 찾아볼 수 있는데 프랜차이즈의 경우에는 마케팅 기법이 매우 표준화되어 있으며 이로 인하여 해외로 이전하기가 쉽다는 특성이 있기 때문이다. McDonald's, KFC, Hilton Hotel과 같이 성공적인 프랜차이즈 서비스 기업들은 각각의 국가에서 균일한 품질을 보장하기 위하여 자신들의 서비스를 표준화 해왔으며, 매일의 운영에서 각각의 특별 세부사항에 대해 현지 프랜차이즈 가맹점들을 훈련하고 있다. 제조업체에 있어 기술이전에 대한 투자는 최종 제품에 우위가 포함되어 있기 때문에 이러한 추가적인 표준화 노력은 필수적이지 않다.

외국시장에서 제조업을 설립하려는 기업은 그 과정에 일부 마케팅우위를 얻거나 잃을 수 있다. 고객에게 가까이 다가가는 것은 항상 기업에게 이익이다. 예를 들어, 유통업자들이 공급에 대하여 더 안전감을 느낄 수 있으며, 고객들은 애프터 세일즈(after sales)에 의존할 수 있다. 해당 기업은 국내 노동력을 고용할 수 있으며, 훌륭한 시민으로써 신용을 얻을 수 있기 때문에 더욱 소속감을 키우고 현지시장의 내부자(insider)가 되어갈 수 있다. 기업 경영자들은 해당 국가에서의 사업을 수행하는 것이 더욱 익숙하게 되며 해당 시장을 더욱 잘 이해하게 된다.

또한 해외마케팅에 있어서는 원산지 품질효과를 고려하여야 한다. 수출된 제품에는 기업 자국의 국가특유우위를 포함하여 제품 노하우와 기술이 포함되어 있다. 일부 고객들은 이러한 것들이 새로운 국가에 있는 공장에 성공적으로 이전될 수 있는지 여부에 의문을 갖는다. Volkswagen이 1970년대 펜실베이니아에서 Rabbit 모델을 생산하기 시작했고, 고객들은 독일로부터 수입되는 해당 모델의 마지막 수입 제품을 구매하기 위하여 몰려들었다. 이러한 고객의 의구심을 극복하기 위한 전형적인 전략은 제품이 어디서 생산되었는지 강조하는 것을 피하는 것이다. 물론, 이러한 방법은 한 국가 내에서 제조하는 것에 대하여 특유의 이점을 부여하여 원산지 인식을 누그러뜨리기 위한 것이다. 더 적극적인 방법은 국내로 들여온 제품을 재수출하는 것이다. 일본의 자동차 회사인 Honda는 오하이오의 메리스빌에서 생산한 Accord Coupe를 일본으로 수출하였는데, 이는 해당 자동차의 품질을 일본기준에 부합하게 하여 미국고객들에게 확신을 가지도록 하기 위해서였다.

기업특유우위와 내부화

기업이 해외시장으로 진입하는 데에는 다양한 여러 방법들이 있다. 이러한 것들은 제5장 및 제6장의 진입전략에서 더욱 상세히 논의할 것이다. 원론적으로 네 가지 다른 방식을 찾을 수 있다. 직접 수출, 라이센싱, 제휴 및 해외직접투자(생산이나 판매)를 들 수 있다. 순수하게 제품을 수출한다는 것은 외국시장에 지정된 유통업자에게 단순히 이전 판매하는 것이다. 라이센싱과 제휴는 외국시장에 있는 기업에게 계약상의 합의를 통하여 기업이 가지고 있는 소유우위(ownership advantage)를 "이전"하는 것이다. 해외직접투자는 기업이 해당 국가에서 자회사의 운영을 위하여 자금을 투자하는 것을 의미한다.

해외로 진출할 때 가장 기본적인 문제는 어떻게 회사가 합리적인 이익을 얻거나 자신의 기업특유우위를 적용할 수 있는가 하는 것이다. 하나의 대안으로서, 기업은 그들의 기업특유우위(특허, 브랜드명, 공정 기술 등)를 이용하고자 하는 해외지역의 구매자에게 판매할 수 있다. 이것은 라이센싱이라고 할 수 있으며 전략적 제휴에 의한 "외부화" 옵션이다. 만약 그러한 우위에 대하여 시장의 정보가 완벽하여 소위 "효율적"이라면 기업은 자신의 우위에 대한 적절한 평가를 시장에서 받게 되고 이익을 누릴 수 있게 된다. 사실, 이러한 거래절차에는 많은 계약 사항들이 필요한데 일부는 지속적인 합의사항들에 대한 계약을 계속 이어가는 것이고, 다른 경우에는 해외시장 진출상 재정적 제약 또는 여타의 경영상의 제약사항 때문에 초기에 라이센싱 계약을 하고 그 다음에는 독자적인 현지시장 진출을 하기도 한다.

라이센싱과 전략적 제휴의 문제 중 하나는 라이센싱을 통하여 해외시장에 새롭게 진입하는 기업이 새로운 시장에 대해 배우거나 그들의 기술적 레퍼토리를 확장할 기회가 없을 수 있다는 것이다. 더욱이 제휴를 감시하고 라이센싱 로열티 지급을 감독하는 것이 어려울 수 있다. 파트너가 제품과 마케팅에 대한 필수적인 기술을 개발함으로서, 그들의 제품에 이용할 수 있는 노하우가 이전되는 위험이 존재한다. 따라서 시간이 경과함에 따라 기업특유우위가 점점 약화될 수 있다. 이러한 소실(dissipation) 문제는 라이센싱 계약을 체결하는 과정에서 더 높은 가격을 받음으로서 보완될 수 있다. 그러나 제반사항을 완벽하게 예측하는 것은 어렵기 때문에 기업이 적절한 수준의 수익을 평가하는 것은 어렵다. 일반적인 이론에 따르면 기업이 자신들의 기업특유우위를 내부화함으로써 더 높은 이익을 얻을 수 있을 경우에는 공유(혹은 외부화)를 외면한다.

내부화를 통하여 기업은 수출 또는 해외직접투자를 시행할 수 있다. 이 두 가지 진출대안은 기업이 자국에서의 생산(수출옵션) 또는 해외에서의 생산을 위한 투자(해외직접투자)를 통하여 자신의 기업특유우위를 스스로 통제하고 관리하여야 함을 의미한다. 이는 내부화(internalization)의 본질적인 특성이라 할 수 있다.

제조에서의 순수한 수출과 해외직접투자 사이의 선택은 무엇보다 자유무역에 대한 장애물의 수와 높이에 전적으로 달려있다. 무역장벽이 낮을 때는 시장에 진출하기 위하여 특별히 해외직접투자를 할 필요가 없다. 하지만 관세 및 비관세 장벽이 높은 경우에는 해외직접투자를 해야 하는 상황이 발생한다. 이러한 진출대안을 선택하기 위하여 고려해야 하는 추가적 사항은 현지직접투자를 통하여 현지고객에 대한 지속적인 공급의 확신을 줄 수 있다는 것이다. 한편 기업특유우위를 자국 생산을 통하여 활용하기 어려운 경우에 수출은 적합한 대안이 아니다. 이러한 경우에 제조가 판매국에서 이루어진다면 시장에 더욱 근접하게 되어 제반 무역장벽들을 극복할 수 있게 될 것이다. 지역무역현상은 이러한 패턴을 일반적으로 반영하고 있다. 예를 들어, 유럽연합 시장은 종종 아일랜드에서 생산기지를 가지고 있으며, 미국시장은 멕시코로 부터 공급을 받고 있다.

어느 국가에서 생산이 이루어지느냐의 문제는 해당 국가의 국가특유우위 요소와 그 생산국이 다른 국가로부터 받게 되는 무역장벽의 정도에 달려 있다. 자국으로부터의

"순수한" 수출은 자국의 국가특유우위가 지역적 불리함을 극복할 수 있을 정도로 현저히 큰 경우에 가능한 해외진입전략이고 이는 산업의 발전과정이 고노화된 경우에는 그다지 흔하지 않는 전략적 대안이라고 할 수 있다.

기업특유우위와 거래 비용

내부화 이론에서 기업특유우위는 Williamson의 거래비용이론과 동일한 이론적인 관점에서 해석할 수 있다. 이러한 Williamson의 이론은 해외진입의 방식을 결정하는데 있어 유용한 것으로 입증되어 왔기 때문에 글로벌마케팅 전문가는 이 이론을 활용할 수 있다.

일반적으로 거래비용(transaction costs)은 구매자와 판매자 사이의 거래를 성사시키기 위하여 발생하는 비용이다. 운송비용, 판매세금 및 파손비용과 같은 명백한 비용과는 별도로 종종 다른 비용에서도 발생된다. 실례는 구매자와 판매인 사이의 연락망, 다

Getting the Picture 국가특유우위와 해외직접투자: Rossignol

해외직접투자는 공식적인 무역장벽이 그다지 높지 않을지라도 수출보다도 나은 대안이 될 수 있다. 한 가지 이유는 현지 국가에서 제조와 관련된 국가특유우위이다. 프랑스의 스키 제조업자인 Rossignol의 경험은 이러한 사례를 제시하고 있다.

프랑스 시장의 점유율이 포화상태에 달했기 때문에 Ski Rossignol의 경영진은 국제적인 경영확장을 통해서만 미래의 성장이 가능하다고 믿었다. 초기에 이 회사는 프랑스에서 수출하고 여러 현지국가의 시장에 판매지점(상업적 자회사)을 설립하고 유통 네트워크를 형성하려고 하였다.

유동적인 환율 및 항만파업과 장시간 운송지연과 같은 좋지 못했던 경험으로 인하여 이 회사는 제조 부문에서 해외직접투자를 하기로 결정했다. 약 4년의 기간 동안 스위스, 이탈리아, 캐나다, 스페인, 미국에 공장을 건립했다.

스페인을 제외한 이러한 지역들은 대형 스키 시장에 근접하다는 이유로 선정되었다(값싼 노동비용이 스페인의 입지에 영향을 주었다). 이 회사의 경영인은 다음과 같이 언급하였다. "스키 산업의 추세는 빨리 변하며, 각 국마다 차이가 있다. 더욱이 스키를 위한 환경조건은 국가마다 그리고 심지어 이웃 국가들 사이에서도(캐나다와 미국의 경우) 다양하다. 국가 및 국제적 차이로 발생하는 변화에 대처하고, 이러한 추세를 정확하게 예측하기 위하여 거대한 개별 표적시장에 근접할 필요가 있다."

Rossignol은 부분적으로 현지의 국내브랜드를 인수하여 이를 Global Rossignol의 이름으로 변환함으로써 스포츠 장비 및 의류와 관련된 생산라인을 확장하였다. 프랑스 이외에서의 외부 생산이 2000년 총수익의 40%를 차지했으며 이후 몇 년 동안 지속적으로 증가했다. 2005년 이 회사는 미국의 Quiksilver에 인수되었지만, 프랑스인 대표이사는 유지되었다.

이 회사는 스포츠와 레저시장에서 특히, 틈새시장의 선두주자로써 회사를 키우기 위하여 회사의 인수를 받아드렸다. 따뜻한 겨울로 인하여 손실을 보아왔으며, 스키 사업의 미래는 불투명하다. 이 회사는 "산악용 생활 브랜드(mountain lifestyle brand)"라는 별명이 있으며, 겨울에 스키와 스노보드 장비, 여름에는 하이킹 및 등반장비를 판매함으로써 판매에서 계절적인 차이를 없애기 위하여 노력 하고 있다. 운동화 부문의 대형 광고에 대한 선례를 따라, 이 회사는 대변인으로서 미국의 Lindsey Vonn을 고용했으며, Rossignol 스키를 사용하여 2008년 월드컵 활강스키에서 큰 점수를 획득했다.

Sources: Thorelli and Becker, 1980, pp.21-23; "Rossignol Aims for 5% Growth in 2002," *Les Echos*, July 20, 2001; "Adventures on SKis Teams with Club Rossignol, Swissair and Sabena for Unique European Winter Vacations," *PR Newswire*, September 11, 2001; www.rossignol.com.

른 언어로 의사소통하기 위한 번역, 합의한 명세를 따르지 않는 제품에 대한 위험, 가격협상에서의 오해 등과 같은 것을 해결하기 위한 제반 비용을 포함한다. 이러한 장애물들은 거래에서 당사자들에게 비용을 발생시키며 이러한 비용이 거래를 통하여 이익으로서 보존되지 않는 한 교역을 방해하게 될 것이다.

이러한 장벽을 극복하기 위해 요구되는 활동은 "시장형성" 기능이라고 칭할 수 있다. 특정 형태의 거래가 반복되는 경우 거래활동이 전문화되고 이에 따른 전문 에이전트가 생겨날 수 있으며 이는 전문화로 인하여 비용을 감소시키는 효과로 이어진다. 따라서 수입업자, 대리인, 유통업자들이 국경을 넘어 구매자와 판매자를 연결하고 그들에게 이익이 되는 거래를 할 때 글로벌 정보네트워크에 의존함으로서 수출마케팅 분야를 전문화할 수 있게 된다.

외부 에이전트나 시장조성자에 의존하지 않는 대안으로서 기업이 스스로 그러한 기능을 자체적으로 수행할 수 있다. 제품의 판매자는 거래의 완료를 위하여 필요한 신용, 보관 및 보험을 제공할 수 있다. 또한 구매자는 운송에 대한 책임을 질 수 있다. 시장국가에서 판매자회사 설립을 통하여 수출업자는 독립적인 에이전트의 도움 없이 수입, 창고업 및 유통기능까지 수행할 수 있다. 이러한 수직적인 통합은 내부화 원칙에 대한 실례로 나타나고 있다. 거래비용이론은 거래를 통하지 않으면서 가장 적게 비용을 발생시킬 수 있는 기능을 기업내부에서 활용할 수 있는 경우에 내부화가 발생한다고 한다.

살펴보았듯이 전형적인 기업특유우위로서 전 세계적으로 알려진 브랜드명을 활용할 수 있다. 거래비용의 관점에서 볼 때 유명한 브랜드명은 구매자가 제품의 품질을 신뢰할 수 있고 "탐색" 비용을 절약시키기 때문에 거래비용을 낮추는데 도움을 준다. 만약 기업이 적절한 품질관리에 실패하여 브랜드의 신뢰를 잃게 된다면 그 기업은 자신의 기업특유우위를 잃게 된다. 이로써 거래비용이 매우 증가하게 되고 고객의 상실과 기업의 이익감소를 초래하게 될 것이다.

글로벌마케팅 전문가는 "우리는 쉽게 거래 관계를 맺길 원한다"고 자주 말한다. 이는 교환이 신속하게 이루어지고 또한 효율적임을 의미한다. 강력한 브랜드 가치에서 오는 낮은 거래비용은 구매자와 판매자 둘 다에게 이익을 준다.

가치사슬에서의 기업특유우위

가치사슬의 개념은 원자재와 여타의 투입물들을 최종제품으로 변형하려는 기업의 활동이 각각의 제품에 가치를 더하는 상호보완적이고 순차적인 업무 등을 통하여 나타나는 과정을 의미한다. 일부 업무들은 운영에 관한 것이고(구매, 디자인, 제조 및 마케팅), 다른 업무들은 다양한 활동을 지원하는 것이다(재무, 인사). 이 개념은 기업 내부에서의 활동을 구체적으로 명시하지 않고 단순히 투입량과 산출량 사이의 변형된 블랙박스로서 기업을 바라보는 경제이론에서 부가가치를 더욱 정교하게 개념화 하였다.

가치사슬(value chain)은 기업에 의해 수행되는 기능들의 "내부화된" 연속적 활동들

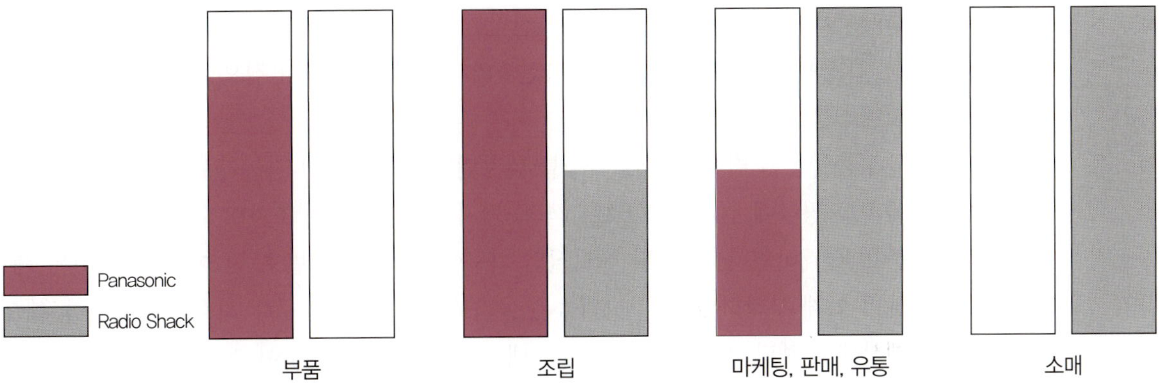

그림 2.3 소비자 가전제품의 부가가치 분석

Sources: Reprinted from "Designing Global Strategies: Comparative and Competitive Value-Added Chains,"by Bruce Kought, *MIT Sloan Management Review*, Summer 1985, pp. 27-38 by permission of the publisher.

이다. 수직적으로 통합된 기업은 긴 가치사슬을 갖는 반면, 덜 통합된 기업은 일부의 기능에만 중점을 둔다. 가치사슬을 "해체(deconstructing)"하는 것은 외부화와 같은 것이다. 예를 들어 미국의 패스트푸드 레스토랑 체인인 McDonald's의 운영방법의 경우에 미국의 해당 기업은 쇠고기, 감자, 빵 및 기타 재료들을 공급하기 위해 개별 기업들을 고용하고 개별 기업가들에게 가맹점 개설을 허용함으로써 주요 활동을 외부화 하여 왔다. 그러나 McDonald's는 운영을 감시하고 거래의 모든 측면에 대하여 일정한 품질을 유지하였다. 유럽에서의 공급업자들은 현지의 개별 생산자였으나, 일부 주요 가맹점은 (파리의 샹젤리제에 있는 곳을 포함하여) 주로 품질유지의 목적을 위한 McDonald's의 자체 소유점이었다. 모스크바에서 McDonald's는 현지 공급업자들이 필요한 품질을 제공할 수 없었기 때문에 자체공급업자들을 개발할 필요가 있었다.

〈그림 2.3〉은 두 경쟁기업인 Panasonic과 Radio Shack이 가전제품에서 자신들의 가치사슬을 어떻게 다르게 설정하고 있는지를 보여준다. 거대 제조업체인 Panasonic은 소매수준에서 직접적인 관여를 하지 않는 반면, 주로 소매업자인 Radio Shack은 자체적으로 부품을 제조하지 않는다. 이는 기업의 상이한 기업특유우위가 가전제품의 가치사슬에서 어떻게 다른 수준으로 구성되는지를 보여준다.

글로벌마케팅에서 최상의 경쟁력을 창출하는 가치사슬 단계는 각 국가별로 다르다. 예를 들어 기업이 한정된 경험을 가지고 있거나 제품수명주기에서 다른 단계에 있는 시장에서 현지 제조업자에게 기술을 라이센싱 하는 것이 제품을 생산하거나 판매하는 것보다 나을 수 있다. 한편 시장관점에서만 분석하는 것은 자국에서 판매하는 동일한 유형의 제품을 외국시장에 판매하는 문제를 야기할 수 있다. 따라서 가치사슬처럼 기업의 관점에서도 기업특유의 우위를 고려한 해외진입전략이 필요하다.

생산기능을 통합하고 원자재로부터 최종제품의 생산에 까지 간소화시킬 수 있는 기술들이 등장함으로써 가치사슬의 구성은 시간에 따라 변할 수 있다(이러한 프로세스를 산업적 합리화라고 칭한다). 예를 들어, 스웨덴의 가구 소매업자인 IKEA는 가정용 가구의 판매를 위한 새로운 전략을 개발하였다. 전통적인 가구 소매업자들이 했던 것과 같이 시내 매장에 완성된 가구를 진열하고 이후 구매자의 집에 제품을 운송해주는 대신, IKEA는 구매자가 같은 날 자신들의 가구를 매장에서 집으로 가져갈 수 있는 셀프 서비스를 고안하였다.

부품들을 조립하기 쉽게 가구를 디자인하고 고객들이 자동차로 방문할 수 있도록 외곽의 쇼핑몰에 위치한 IKEA는 책장, 탁자, 의자 및 침대조차도 쉽게 이동할 수 있게 제품을 설계하였다. 조립된 전시실의 가구에 가격, 재고번호 및 이용할 수 있는 세트를 알기 쉽게 부착하였으며, 고객들은 둘러보고 도움 없이 구매 리스트를 작성할 수 있다. 계산대에 해당 리스트를 제시하고 대금을 지급하면, 주문이 자동적으로 보관소에 전달되는 동안 고객은 뒷문으로 운전해서 포장된 상자를 가져가면 된다. IKEA는 실제 새로운 가치사슬(혹은 새로운 "비즈니스 모델")을 개발하였으며, 고객은 조립을 하여야 함으로 이전보다 더 많은 수고를 해야 한다. 그 결과 가격은 더 낮아졌다. IKEA는 곧 해외로 진출하였으며, 국제적 규모로서는 처음으로 성공적인 가구 소매업자가 되었다.

기업특유우위(FSAs), 국가특유우위(CSAs), 그리고 지역화

제1장에서 보았듯이 많은 기업들의 지역전략들은 전체 글로벌 전략에서 중요한 요소가 된다. 전 세계에 걸쳐 자원을 분산하는 대신, 전형적인 다국적기업은 자국 지역을 포함하여 하나 혹은 두 지역에 초점을 둔다. 아시아 기업은 아시아에서의 거래에 초점을 맞추고, 북미의 미국 기업은 북미에서의 거래를 중점적으로 관리하고 부차적으로 유럽 등지에서 거래를 한다.

그러한 경우에 국가특유우위와 기업특유우위는 관련 지역에 알맞게 정의되어야 한다. 하지만, 장기적인 관점에서는 이들에 대한 개념을 더욱 정확하게 밝힐 필요가 있다. 자국에 근접한 지역에 위치한 시장은 멀리 위치한 시장보다도 국가특유우위와 기업특유우위가 더 높다고 할 수 있을 것이다.

국가특유우위는 종종 자국 지역과 인근 지역에서 나타나는 것이 다른 지역에서 나타나는 것보다 긍정적이다. 예를 들어, 일본산 자동차는 아시아와 미국에서 성공하였지만, 유럽에서는 매우 어려운 시기를 보내야 했다. 한국산 자동차의 경우도 마찬가지다. 유사한 경향은 다른 제품군에서도 관찰될 수 있다. 물론, 자국 지역과 근접한 국가에서 원산지 브랜드에 대하여 항상 긍정적인 것은 아니다. 역사적 연관성과 문화적 유사성을 통하여 친밀감이 있을 지라도, 전시의 적대적인 관계로 인하여 이러한 긍정적인 이미지가 훼손될 수 있다. 전형적인 사례로 일본의 중국 및 한국과의 복잡한 관계에서는 인접국의 이미지가 항상 좋은 것으로 각인되어 있다고 볼 수 없다. 마찬가지로 한국산 제품은 같은 역사적 이유로 중국에서 일본의 경쟁자들 보다 특별한 이점을 갖게 된다.

브랜드에 대한 이점은 자국에 근접한 지역에서의 기업특유우위에도 적용된다. 예를 들어, 브랜드명의 친밀함은 언어에서 문화적 친밀감과 유사성이 큰 인접 국가에 미디어의 파급효과가 있는 경우에 더 현저하다. 실제 Coca-Cola와 글로벌 브랜드는 중국시장에서 중국의 간자(kanji)체를 직접 사용할 수 있는 Mandarin으로 명칭을 바꿨는데, 일본 현지 청량음료인 Calpis나 이것의 한국산 모조품인 Coolpis가 했던 것보다 더 큰 어려움이 있었다.

인접 국가에 기업특유우위의 이전가능성이 더 쉬울 뿐만 아니라, 기업특유우위가 긍정적인 가치로 평가될 수 있는 가능성이 크다. 독일의 전통적인 제품 디자인은 북유럽 인접 국가들이 원하는 기능성과 내구성을 강조한다. 반대로, 이탈리아의 디자인은 스타일과 미적인 것에 더 큰 특징을 가지며, 지중해 사람들이 더 좋아한다. 초기에 소형화에 중점을 둔 일본은 사람들의 골격이 작은 아시아 시장에서 성공적인 역할을 하였지만, 서구시장에서는 촉감의 가벼움이 초기에 받아들여지지 않았다. 그러나 이러한 시장에서의 열세는 일본 기술의 확실한 우세로 보완되었다. 물론 지금 골격이 큰 서구 사람들조차 자신들의 휴대폰에 있는 작은 버튼을 쉽게 찾을 수 있다.

자국과 가까운 국가시장에서 국가특유우위와 기업특유우위에 대한 더 쉬운 이전가능성과 더 큰 수용성은 왜 그렇게 많은 다국적기업들이 실제로 글로벌화 하기 보다는 사실상 지역적 이전을 고려하는지에 대한 근거가 될 수 있다. 마찬가지로 글로벌마케팅 전문가는 보통 자국에 근접한 국가에 진입함으로써 해외로의 확장을 시작하는 것이 더 쉽다는 것을 발견하게 될 것이다. 제5장에서 이에 대하여 다시 검토하고자 한다.

포터의 "다섯 가지 요인" 모형의 확장

기업의 국가특유우위와 기업특유우위에 기인한 경쟁우위는 일반적으로 국가시장 마다 서로 다르므로 각 국가시장에서의 경쟁환경을 분석할 필요가 있다. 이러한 분석은 Poter의 "다섯 가지 요인" 모형(five force model)의 핵심적인 부분이기도 하다. 해당 모형은 특정 산업에서 기업이 가지고 있는 다섯 가지 경쟁요인을 분석하는 것이다: 경쟁, 신규 진입, 대체재, 구매력 및 공급력. 포터의 모형은 몇몇 국가 시장에서 걸친 글로벌 경쟁을 분석하는데 까지 확장될 수 있다.

경쟁

현지시장에서 직접적으로 경쟁하는 기업 간 경쟁의 강도(intensity)는 가장 심각한 고려 사항이다. 이는 경제이론에 중심을 둔 경쟁방식이다. 글로벌 시장에서 경쟁자들을 국내 및 국외 경쟁자들로 분류하는 것이 필요하다. 자동차와 여러 산업들에서 이러한 분류는 Porter가 전략그룹이라고 분류하는 것과 비교해 볼 수 있다.

전략 그룹

전략 그룹(Strategic Groups)은 거의 유사한 자원과 유사한 목표시장을 가진 경쟁자들로 구성된다. 이러한 두 가지 요인은 경쟁자들이 유사한 전략을 따르도록 한다. 자동차 산업에서 세 개의 미국 자동차회사(GM, Ford, Chrysler)는 일본과 함께(Toyota, Nissan, Honda, Mazda) 하나의 그룹을 형성하는 경향이 있다. 독일의 두 생산업자인 BMW와 Mercedes 또한 비슷한 그룹을 형성했지만, Volkswagen은 달랐고 아마 일본과 같은 그룹에 있을 것이다. 그룹 자체는 중요하지 않으며, 인수 · 합병으로 국경이 모호해지는 것과 같이 시간이 경과하면서 변화한다. 한편 전략그룹은 미래의 전략적 방향을 제시하는데 유용한데, 이는 각 기업이 다른 기업들에 대하여 면밀히 대처할 수 있기 때문이다. Sony가 신제품을 내놓을 때, 다른 일본의 전자제품 생산자들은 보통 그들 자신의 제품을 고수했다. Coca-Cola와 Pepsi 간 글로벌 경쟁이 지속되면서, 펩시가 주스 생산업자인 Tropicana를 사들였을 때, Coca-Cola가 프랑스의 Orangina를 사들이려는 시도를 통하여 이에 대응하였다.

국내 경쟁자들

대부분의 현지시장에는 전통적으로 국내시장에서 활동하는 국내기업 그룹이 존재한다. 국가 안보라는 이름으로 많은 국가들은 식품, 운송, 산업재 및 기초 기술에서 자급하기 위한 정책들을 도입해 왔다. 예를 들어, 과거 대부분의 정부들은 전기통신 및 항공운송을 통제했으며 농부들에게 보조금을 지급하였다. 유사하게 외국인 소유기업에 대항하여 소기업과 소매업자를 지원하는 규정과 현지제품을 선호하는 고객들의 정서는 과거에 외국기업에게는 진입장벽을 그리고 국내 생산들에게는 우위를 제공하였다.

규제완화, 민영화 및 무역 블록을 통한 글로벌 통합과 함께, 이러한 요인들은 그 중요성이 점차 줄어들고 있다. 그럼에도 불구하고, 이러한 변화는 하루아침에 이루어지는 것이 아니며, 90년대 말 글로벌 재정위기는 자유시장과 경제통합에 대하여 일부 국가들에서 반발을 낳았다. 그 결과, 많은 현지시장에서 국내 경쟁자들은 여전히 특별한 우위를 갖는다. 독일의 악명 높은 "순수법(Reinheitsgebot)"은 지금은 개정되었지만 맥주에 인공적인 보존 재료의 사용을 금지하는 규정이었다. 이러한 규정은 사실상 해외 진입을 가로 막고 필연적으로 현지에서 생산하도록 만들었다(이는 왜 독일에 있는 많은 지역에 여전히 자체적인 현지 맥주를 생산하여야 하는지를 보여준다). 국내 기업들은 단순히 물러서서 해외 경쟁자들의 진입을 바라만 보고 있지는 않았다. 1998년 세 개의 대형 미국 자동차 회사들은 미국산 제품을 구매하여 자국민으로서의 충성도를 보여줄 것을 자동차 구매자들에게 장려하는 광고 캠페인을 후원하였다.

진입장벽은 시장에 진입하는 방법을 결정하는데 있어 중요하기 때문에 제5장에서 더 자세히 살펴보고자 한다.

해외 경쟁자들

특히 글로벌 시장에서 해외진입자들은 기업을 글로벌화 하는데 있어 대부분 직접적인 경쟁자들이 된다. 앞서 언급한 바와 같이 해외 경쟁기업들은 개별 전략그룹으로서 분석될 수 있는데 이는 종종 더 쉽게 해외시장 상황을 예측할 수 있도록 해준다. 이는 경쟁자들이 공모했다거나 서로 모방했다는 것을 의미하지는 않는다. 오히려, 그것은 유사한 전략들을 암시하는 경향이 있으며 전략적 상황의 유사성을 의미한다. Samsung, LG, Daewoo와 같은 한국의 대기업들은 모두 고객들 선호에 대한 많은 지식 없이 현지접근성을 얻기 위하기 위하여 서구 가전제품시장에서 초기의 주문자상표부착생산(original equipment manufacturing, OEM) 전략을 따랐다.

앞서 본 바와 같이 외국 기업들중에서 경쟁이 뛰어난 글로벌 기업을 추려내는 것이 유용하다. 이 주제는 광범위하기 때문에 글로벌 경쟁업체에 대한 분석은 이하의 개별 섹션에서 다루고자 한다. 일반적으로 외국의 경쟁업체를 이해하기 위하여 다른 시장에서의 그들의 활동을 분석하는 것이 유용하다. 예를 들어, 중국 과자류 시장에서 Mars와 같은 기업의 전략을 예측하기 위하여 동유럽 시장에서 해당 기업의 적극적인 공세과정을 관찰하는 것이 유용하다.

지역 무역 블록 또한 현지시장에서 경쟁업체들의 우위와 열위를 결정하는 역할을 한다. 무역지역 내부에 있는 기업들은 다른 경쟁업체들에 대하여 우위를 갖는다. 유럽연합이 높은 대외관세로 요새화되지는 않았지만 유럽내부에서의 제조우위는 많은 북미 그리고 아시아 기업들이 유럽내부에 생산을 투자하는 이유가 되고 있다. 유럽기업들의 제조경쟁력은 비유럽 진입자들에게 비용열위의 문제가 발생할 정도로 심각할 수 있다.

Getting the Picture 신흥시장에서의 Citibank

변화하는 동유럽의 경제에서 금융업은 가장 변화가 더디게 일어나는 영역 중 하나였다. 그러나 오늘날, 러시아와 같은 국가에서도 은행 업무는 비록 위험하지만 더 이상 제한적이지 않다. 서구 은행들이 진입했을 때, 그들이 선택한 목표고객은 일반의 예측을 벗어나는 것이었다. 그들은 주류 시장을 목표로 하기보다, 초기에는 엘리트층을 판매대상으로 하였다. 이러한 패턴은 거대한 미국의 다국적 은행인 Citibank에 의해 시행되었다.

1994년, Citibank가 부다페스트에 첫 지점을 개설했을 때 최상의 전략은 국내 경쟁업체들과 매치되지 않는 상류층에 서비스를 제공하는 것이라고 결정하였다. 이는 은행이 빌딩 크기에 덜 의존하며, 은행의 조사에서 고이윤 서비스 패키지(higher-margin service package)를 원하는 고객들이 충분하다고 판단했기 때문이다. 이 은행은 당시에 동유럽에서 여전히 보기 힘들었던 현금인출기를 제공했으나 헝가리에서 평균 월급보다 약간 적은 250달러의 최소예치금을 유지해야만 고객들에게 자격을 유지하게 하였다. 첫 해에, 약 4,000개의 계좌를 헝가리인의 70%가 개설하였고 나머지는 부다페스트의 외국인 체류자들이 개설하였다.

고급제품 패키지에서는 은행 예치금을 100,000달러를 유지한 고객들에게 특전을 제공하였다. 메인 로비에 호화스러운 우드 베니어판(wood vaneer), 멋진 카펫과 나무액자를 설치하였으며 고객들이 무료 음료를 마시기 위해 3층의 회사 내 바에 접근할 수 있도록 하였다. 초기에 은행은 자격을 갖춘 12명의 고객들로 시작하였다. 이는 수익성을 보장하기에는 부족하였지만 호의적인 구전광고를 통하여 창출하였고 나중에는 잠재적 경쟁자들을 위협하였다.

동일한 전략이 다른 구 공산권 시장에서도 유용한 것으로 증명되었으며, 현재 Citibank는 동유럽과 러시아에서도 광범위하게 운영을 하고 있다. 한편 시티은행은 위험을 가지고서도 성과를 올렸으며, 이는 예금주들을 확보하는 강력한 선발자우위에 의한 것이라 할 수 있다.

Sources: Saul Hansell, "Citicorp Announces High-Level Personnel Shifts," *New York Times*, July 1, 1995, p. D5; Jane Perlez, "Citibank in Budapest: ATM's and Potted Palms," *New York Times*, June 22, 1995, p. D7; www.citigroup.com.

신규 진입자

또 다른 경쟁요인은 한 국가 시장으로의 신규진입에 대한 위협이다. Porter는 주로 산업으로의 신규 진입자에 대해 관심을 가졌지만—Disney가 ABC TV를 사들인 것이나 은행들이 증권업에 진입하는 것과 같은—새로운 해외시장으로 진출하려는 잠재적인 진입자들에게도 위협은 동일하게 적용된다. 특히, 글로벌마케팅 전문가는 다른 글로벌 기업들이 고려중인 국가 시장에 진입할 수도 있으며 시장진입 순서가 판매와 시장점유에 직접적으로 영향을 줄 수 있다는 것을 깨닫는 것이 중요하다. 이에 관해서는 최근 개방된 신흥시장을 살펴보는 것이 가장 쉬울 것이다. Citibank가 초기 동유럽으로 진입한 것은 매우 획기적이었다.

대체재

환경이 자국 시장과 매우 다르고 고객의 선호 역시 다른 새로운 시장에서 제품이나 서비스는 새롭고 다채로운 대체재와 맞닥뜨릴 수 있다. 이는 식료품과 음료에서 더욱 그렇다. 아시아의 패스트푸드는 인스턴트 라면과 서로 대체관계에 있으며, 핫도그는 북유럽에서 감자 및 야채와 함께 식사로 제공되며, 벨기에 사람들은 그들의 프리터(튀김)를 좋아 하는 경향이 있다. 우유는 여러 국가에서 대체되기 쉽지 않은 음료이고 커피 또한 다른 지역에서 그러하다. 국내 대체재는 운송(인력거, 자전거), 의류 스타일은 물론 스포츠와 엔터테인먼트 등에 있어서 서로 다르다.

일반적으로 시장이 여러 국가에 걸쳐 있는 곳에서 글로벌화된 제품이나 서비스는 반드시 현지 관습이나 선호를 수용해야만 할 뿐만 아니라 다른 대체재들에 맞닥뜨릴 가능성이 높다. McDonald's가 러시아에서 그들의 첫 번째 매장을 개장할 때, 러시아인들은 블린(blinis)과 러시아의 특산물을 제공하는 패스트푸드 매장 체인에 동시에 관심을 가지게 되었다. Kellogg는 여전히 아침 식사용 시리얼을 뜨거운 것에서 차가운 것으로 바꾸기 위하여 전 세계의 사람들을 설득하고 있다. 일본의 KFC는 프라이드 치킨이 어린이들의 몸을 튼튼하게 만드는데 도움이 되기 때문에 식단을 프라이드 치킨으로 전환함으로서 많은 것들을 얻을 수 있다고 설득하여 뜨거운 라면이나 면 요리를 제공하려는 어머니들의 습관을 성공적으로 극복하였다.

구매력

Porter에 의해 확인된 마지막 두 가지 경쟁요인은 경제학자 John Kenneth Galbraith가 대항력(countervailing power)이라고 칭했던 것으로 설명할 수 있다. 구매자가 강할 때—그들이 소수이면서 대규모이기 때문이거나 선택할 수 있는 많은 대안을 가졌기 때문에—가격을 상승시키려는 공급자의 시도에 대항할 수 있는 힘을 갖는다. 그들은 자신들의 구매방식을 바꾸거나 공급자에게 압력을 가할 수 있다. 이러한 요인은 글로벌 사례에서도 직접 적용된다. 정부가 사업체를 소유하는 국가에서는 정부가 유일한 고객일 수 있다. 이는 발전 및 통신과 같은 공익사업에 적용되기도 하지만, 다른 산업들에서도 간접적으로 적용될 수 있다. 예를 들어, 주류판매 및 광고는 공식적인 독점으로 인해 중요한 제품 또는 서비스의 차별화와 경쟁우위를 창출할 수 있는 기업들의 능력이 사실상 무력화되기 때문에 경쟁구도에 상당한 영향을 미친다고 할 수 있다.

공급력

유사한 영향력이 기업의 공급 측면에서 작용할 수 있다. 공급자들이 대규모이거나 공급 대안이 거의 없다면, 판매자는 그렇지 않을 때보다 투입물에 대하여 더 높은 가격을 지불하도록 압력을 받게되어 마진이 줄어들 것이다. 기업 간에 광범위한 협력이 있는 일부 국가에서 진입자는 필요한 유통업자 네트워크 및 다른 중개인들을 확보하기 어려울 수 있다. 이러한 경우에 기존의 네트워크를 가진 국내 경쟁자들은 결정적인 우위를 갖게 될 것이다.

글로벌 경쟁자들 사이의 경쟁

제1장에서 살펴 본 바와 같이, 글로벌화 되고 있는 경쟁자들은 여타의 기업들에게도 "글로벌화"를 고려하도록 한다. 실제로, 글로벌 전략을 고려하고 있는 기업에게 주된 경쟁상대는 다른 글로벌 기업이다. 글로벌 경쟁자들은 새로운 해외시장에 진출하는데 있어서 항상 위협이 된다. 또한 글로벌 경쟁자는 보통 더 많은 자원을 확보하고 있으며 경쟁 활동에 있어서 더욱 다양한 '레퍼토리'를 가지고 있다. 이들 경쟁자들의 자산은 그들의 활동과 반응에 대한 예측을 더욱 어렵게 만든다.

경쟁 강점

글로벌 기업은 여러 시장들을 관리하고 있으므로 거대한 자금 동원능력을 갖추게 된다. 이는 다수의 시장 중에서 가장 이익을 많이 창출하는 시장의 자금을 다른 시장으로 이동할 수 있고 또한 그 자체로 해외영업에 많은 자본이 투자되어야 하기 때문이다. 글로벌 기업은 또한 글로벌경영으로 인하여 발생하는 도전과 글로벌 환경에서 길러진 많은 재능 있는 경영자 인력들을 확보 할 수 있기 때문에 글로벌마케팅 역량에서도 앞서게 된다. 글로벌 기업의 이러한 경쟁력을 고려하건데 현지의 국내기업이 글로벌 기업과의 경쟁에서 살아남기 위하여 현지정부의 규제를 통한 경쟁력을 확보하려는 전략은 어떤 면에서 당연한 것인지도 모른다.

경쟁력에 대한 분석은 또한 특정 현지시장에 진출하는 글로벌 경쟁자의 전략적 의도를 함께 다루어야 한다. 북미를 주요 시장이라고 생각했던 미국 기업들은 일본산 Sony와 Honda, 스웨덴의 Volvo와 Saab, 유럽의 Unilever와 Shell과 같이 다른 국가에서 온 다국적기업들도 북미시장을 중요한 목표시장으로 하고 있다는 것을 인식해야 한다. 글로벌 경쟁자가 수익을 제1의 목적으로 하지 않는 경우에는 여러 다른 전략적 목적을 가지고 새로운 시장에 진출할 수 있다. 글로벌 기업들은 여러 국가에서 투자를 실시하고 또한 이러한 각 국에서 발생하는 수익들을 전체적으로 고려해야 하기 때문에 전체적인 네트워크 관점에서 손익을 계산하게 된다. 따라서 특정국가에서 발생하는 손해는 다른 국가와의 관계에서 발생하는 유출효과가 긍정적인 경우 반드시 나쁜 것이라고 할 수 없을 것이다. 그리고 글로벌 기업의 이러한 재정적인 탄탄함은 그 기업이 장기적인 글로벌 전략을 시행할 수 있게 하고 장기 손익의 관점에서 접근을 가능하게 한다.

경쟁 레퍼토리

글로벌 경쟁자의 넓어진 경쟁 레퍼토리(competitive repertoire)에는 무엇보다도 여러 시장에서 경쟁자를 공격할 수 있는 능력이 포함되고, 마찬가지로 다른 곳에도 이러한 경쟁에 대응하여 시장을 방어할 수 있는 능력 또한 포함된다. 글로벌 경쟁자는 또한 통합된 경쟁전략을 펼칠 수 있다. 예를 들어, 제한된 가격전쟁을 몇몇의 시장에서 수행하는 동안 다른 시장에서는 신제품을 출시하고 시장진입을 위한 전략을 펼 칠 수도 있다. 이는 일본 TV 제조업체들이 기술혁신에 대한 시험장으로서 자국시장을 이용하여 서구시장으로 이동하는데 사용한 전술이었다. 글로벌 경쟁업체는 또한 신제품 도입과 함께 전 세계에 걸친 새로운 캠페인을 시작할 수 있다. 이를 통하여 글로벌 매스컴으로부터 얻을 수 있는 유출효과와 구전효과를 최대화 할 수 있다.

경쟁력 있는 글로벌 경쟁자는 현지에 있는 국내기업의 판매에 너무 주눅들 필요는 없을 것이다. 이는 글로벌 경쟁자가 현지 판매자를 고용함으로서 현지의 생산자들에게 효율적으로 대응할 수 있기 때문이다. 이러한 현지 판매자 고용의 성공적인 예는 Honda와 Toyota의 미국인 중개상들에게서 찾아 볼 수 있다. 또한 대부분의 국가에서 Dunlop, Coca-Cola, Caterpillar와 같은 글로벌 기업에 대한 지역적 유통권을 가진 현지인들은 현지 유통업무를 비교적 원활하게 수행하고 있다.

마지막으로 글로벌 기업이 현지인 고객충성도를 유지하기 위하여 현지의 고용인을 통하여 현지에서 생산하는 경우에 현지인의 고객충성도를 유지하는데 있어서 도움이 될 수 있다. 이러한 예는 자동차 시장에서 찾아 볼 수 있다. Honda는 미국내에서 내부자가(insider) 되기 위해 분투하고 있기 때문에, 곧 Chrysler보다 더 많은 미국인을 고용할 가능성이 있으며 이는 국내소비자들의 자국산 선호에 어느 정도 영향을 미치게 되었다.

글로벌 경쟁

글로벌 경쟁기업의 향상된 경쟁력과 확장된 레퍼토리는 마케팅 경쟁의 범위가 더 커졌다는 것을 의미한다. Kodak-Fuji를 하나의 사례로 들 수 있다.

Kodak-Fuji 사례에서는 다수의 시장을 보유하고 글로벌 네트워크를 확보한 경우에 해외시장에서 보여줄 수 있는 놀라운 경쟁력을 보여주고 있다.

글로벌 광고 또한 글로벌 기업을 위하여 높은 성과를 올릴 수 있게 하는 경쟁 무기이다. 러시아에 진출한 Coca-Cola의 경험이 한 예가 될 수 있다. 1970년도에 Coca-Cola의 최대 라이벌인 Pepsi-Cola는 Nixon 대통령의 도움으로 소비에트 연방에서 콜라 판매권의 독점허가를 취득하였다. 베를린 장벽이 무너진 이후 러시아 시장이 개방되었을

Getting the Picture Kodak–Fuji의 치열한 경쟁

1980년 초기 Fuji는 미국의 Kodak이 점령하고 있는 미국시장에 진출하기 위하여 집요하게 노력하였다. 유럽 및 다른 해외시장에서의 성공에도 불구하고, Fuji는 미국시장에서 좀처럼 브랜드 인지도를 획득하기 어려웠다. 그러나 1984년 모든 것이 변했다. LA 올림픽위원회가 Kodak을 1984년 하계 올림픽의 "공식" 필름으로 선정하려고 접촉했을 때 Kodak 경영진들은 머뭇거렸다. 그들은 Kodak의 고객 인지도와 호감도의 개선에 의한 잠재적인 수익의 증가가 올림픽 위원회의 Peter Ueberroth가 제시한 2천만 달러의 가격을 감당하기 어렵다고 판단하였다. 영국의 신문에서 이러한 갈등이 소개되었고, 이는 런던에 있는 후지 경영진의 관심을 촉발하여 뉴저지에 있는 후지 미국본사에 전화를 하였다. 이로부터 몇 시간 내에 동경에 있는 후지 본사에서는 Ueberroth가 요청한 무엇이든지 제공하기로 합의하였으며, Fuji는 하계 올림픽의 공식 후원자가 되었다.

이 이야기는 거기서 끝나지 않는다. Kodak 경영진들은 자신들의 망설임이 핵심 글로벌 경쟁업체에게 문호를 개방했다는 것을 깨달았다. 후원 이익 및 비용에 대한 그들의 평가에서 경쟁 브랜드에 대한 검토를 하지 않았던 것이다. 회사 내에서 이러한 혼란스러운 부분을 수습하기 위하여 역공이 필요해 보였다. Kodak 경영자는 Fuji의 국내시장 근거지인 일본에서 공격적인 마케팅을 하기로 결정하였다. 일본어로 표기된 "Kodak Yellow" 패키지를 개발하고, 더 우수하고 새로운 "200장" 필름을 활용하여, 코닥은 길거리 증정품을 점포 정면에 전시하면서 동경을 공략하였다. 이러한 전사적인 노력은 성공적이었다. Fuji는 미국시장에서 자신들의 마케팅역량을 일본시장으로 재배치하여 일본시장에서의 새로운 필름과 이에 대한 판촉을 강화하여 본거지시장을 보호하였다. 이러한 전략은 관계마케팅으로 진입장벽을 만들고, 유통업자들과 밀접하게 소통함으로서 성공적으로 마무리 되었다. 불공정한 차별을 주장하면서, Kodak은 제네바에 있는 세계무역기구의 재판에 이러한 일본시장 장벽들에 대하여 이의를 제기하였다. 하지만 1998년 세계무역기구는 Kodak에게 "더 열심히" 하라는 충고를 하면서 Fuji의 우위에 아무런 불공정함이 없다고 판결하였다.

새로운 전장은 중국이었다. Fuji는 최초의 진입자였으며 주요한 입지를 선점함으로써 일부 선발자 우위를 누렸다. 1993년까지 Fuji는 중국시장의 70%를 장악했다. Kodak의 진입과 저렴한 현지 경쟁업체인 Lucky와의 경쟁으로 Fuji의 점유율은 2001년 초까지 30%로 떨어졌었다. 상해에서 총력을 기울인 역습을 개시하면서, Fuji는 하룻밤 동안 Fuji의 녹색으로 모든 사진매장을 뒤덮었다. Kodak의 노란색은 어디에서도 보이지 않았다. 그러나 이 공격으로 가격경쟁이 격렬해지고 어떤 매장에서도 이윤이 생기지 않음으로써 역효과를 낳았다. 반격을 가하기 위하여 코닥은 수많은 Fuji 매장과 사진현상소에 더 많은 지원을 제공하고, 매장선택을 더욱 신중하게 하여 수익성의 향상을 기하였다.

물론, 필름을 사용하지 않는 디지털 카메라의 출현으로 이러한 싸움은 이제 의미를 잃게 되었다. 그러나 현재 두 기업은 디지털 프린트 시장에서 다시 경쟁하고 있다.

Sources: Johansson and Segerfeldt, 1987; *Washington Post*, June 26, 1995, p. A12; "Vivid Picture: Kodak Marketing Prowess Out-Develops Fuji, Lucky," *China Online*, June 15, 2001; "Eastman Kodak, Fujifilm and Konica Minolta Establish EVERPLAYS Standard," Kodak press release, February 22, 2006.

때, Coca-Cola는 이미 시장을 선점한 Pepsi를 따라 잡기 위해 후발자로서 진출하였다. "진짜(real thing)"를 강조하여 위성 TV에 전 세계적인 상업방송을 이용하고 CNN의 글로벌뉴스 유통경로의 광고를 충분히 이용함으로써, Coca-Cola는 새로운 콜라를 만들어 냈으며 Pepsi를 과거 공산주의를 연상시키게 하여 거의 러시아 국내 브랜드와 같은 지위로 추락시키는 전략을 구사하였다. 몇 달 이내 Coca-Cola는 Pepsi가 보유하고 있던 시장점유율의 상당 부분을 잠식할 수 있었다.

글로벌 경쟁업체들은 경쟁업체와의 승부를 가릴 수 있는 시장을 선택할 수 있다. 또한 그들은 특정 시장에서 점유율에 따른 특정 경쟁상대를 대상으로 경쟁을 할 수도 있다. 글로벌 경쟁기업들은 향후에 진출할 시장이나 소비자시장을 염두에 두고 전략을 시행해야 한다. 어떤 경우에는 글로벌 기업이 경쟁기업을 제압하기 보다는 단순히 경쟁기업의 위협을 누그러뜨리기 위하여 경쟁전략을 수행할 수도 있다.

미국의 소규모 토목기계 부품 및 대체품 제조업체인 Esco는 일본의 Mitsubishi 계열사의 대기업 회원사인 Mitsubishi Heavy Industries과 오랫동안 라이센싱 계약을 유지해왔다. 오히려 일본에 직접 진입하려는 시도나 Komatsu, Kubota, Caterpillar Japan에 판매하기보다 Mitsubishi에게 시장을 양보해왔다. 이러한 일본시장 진출에서의 약간의 취약성에도 불구하고 이러한 라이센싱 계약에 의하여 Esco는 Mitsubishi가 다른 아시아에 있는 Esco의 시장에 진출하는 것을 방어하였다. 예를 들어 Esco와 Mitsubishi 간의 라이센싱 계약에서 약정하였던 로열티를 인하하고 판매통제를 완화해주는 조건으로 한국이나 다른 아시아의 시장과 같은 Esco의 시장에는 Mitsubishi가 진출하지 않기로 하였다. 향후 발생할 수 있는 경쟁을 대비하여, 이후에 Esco는 아시아의 각 시장고객들과 연대를 강화하는 노력을 하였으며 이는 Esco의 글로벌화의 확장으로 이어지게 되었다.

전략과 세 가지 임무

자원준거와 시장준거의 전략 관점은 글로벌마케팅의 세 단계에서 중요한 차이가 있다.

해외진입단계에서, 해외시장의 잠재력에 대한 예비적 평가 이후, 자원준거전략 관점은 가장 중요한 고려사항이 된다.

기업이 무엇을 제공해야 하는지, 무엇을 잘 할 수 있는지, 어떻게 해외로 진입할 것인지를 결정해야만 한다. 해외진입은 흔히 기업제품에 대한 해외 국가의 주문에서 시작된다. 특히 글로벌 확장의 초기 단계에서, 시장평가, 고객세분화 및 가격경쟁력의 확보방안 등은 종종 비공식적인 방법과 독립적인 중간 상인을 통해 이루어진다. 가장 중요한 문제는 중간 상인이 이러한 기능들을 제공할 정도의 신뢰성을 가지고 있는지 여부이다.

현지마케팅 단계에서는 고객 및 경쟁자의 분석을 필요로 하며 여기서는 시장준거전략에 의한 접근이 필요하다. 경영에서의 어려움은 보통 고객 선호도의 예기치 못한 변화, 잠재적인 유통경로의 충돌, 광고효과의 불확실성 및 경쟁업체의 가격인하로 인한 경쟁력의 저하에서 비롯된다. 기업은 얼마만큼의 경영자원을 보유하느냐에 따라서 선택할 수 있는 시장전략과 가격전략 등에서 차이가 날 수 있다. 하지만 현지마케팅에서 무엇보다 중요한 문제는 고객의 필요(needs)와 요구(wants)에 대한 심도 깊은 분석, 실제 그리고 잠재적인 경쟁자들의 강점과 약점에 대한 평가, 제품의 라이프 사이클 단계에 따른 전략적 결정 및 품질과 고객 만족에 대한 효율적인 의사결정이다.

글로벌경영 단계에서 전략의 초점은 본사의 자원역량에 맞추어지게 되어 자원준거 관점이 적용되게 된다. 이 단계에서의 글로벌마케팅 전문가의 임무는 국가별로 제품과 서비스가 어떻게 표준화 되고, 각 시장별 마케팅활동을 어떻게 조율하며, 새로운 제품의 진입 시기를 조정하고 국가별 마케팅전략의 시너지효과를 최대화하고 동시적 전략 수행의 효과를 분석하는데 있다. 몇몇 국가에서의 잠재적인 손실을 상쇄할 수 있는 표준화의 편익이 존재하는가? 신제품을 다른 국가에 먼저 선보였을 때 현지 자회사의 경영진들을 어떻게 설득할 수 있을까? 우리가 경쟁업체 Y의 모든 활동을 재빨리 알기 위하여 X국가에서 우리의 대리점을 어떻게 활용할 수 있을까? 어떤 시장이 우리 제품의 주력시장이 될 수 있는가? 이러한 종류의 질문에 대하여 기업은 자신들의 강점과 약점을 정확히 파악할 필요가 있다. 본 서의 제4부에서는 마케팅 경영자가 어떻게 현지 요구를 수용하면서 표준화에 의한 글로벌 시장에서 규모의 경제 실현 사이에서 적절한 조화를 실현하고, 이를 위해 마케팅자원을 어떻게 활용해야 하는지를 설명할 것이다.

GLOBAL MARKETING

요약

해외진출을 고려하는 기업은 일반적으로 자국에서의 경쟁력이 해외시장에서도 효과가 있을 지에 대하여 확신할 수 없다. 고객들은 같은 선호도를 가지지 않을 것이며 경쟁자들도 다를 것이다. 해외시장으로의 우위의 이전은 많은 위험을 내포하고 있다. 서비스가 원하는 수준으로 지속될 수 있는가? 어느 정도까지 마케팅 인프라를 바꾸어야 하는가? 제품이 새로운 환경에서도 제 기능을 유지할 있을 것인가? 높은 품질이 더 이상 인정되지 않을 수 있는가? 이러한 불확실성은 해외에서의 마케팅 수행을 어렵게 하는 요인들이다.

Porter와 Krugman에 의해 제시된 전문화에 대한 학습효과가 무역이론을 설명하기 전에 국제무역이론과 다국적기업 이론은 기본적으로 "균형이론"에 맞춰져 있었으며 이는 또한 정태분석을 전제로 하고 있다. 살펴보았듯이 글로벌 관점은 이러한 정태적인 분석에 강력하게 도전하고 있으며 기업의 마케팅우위는 동태적이며 실제로 외국으로 진출할 때 새로이 발생할 수 있는 기업과 국가의 역동적인 경쟁관계에서 바라보아야 한다고 주장하고 있다.

해외진입에 의한 역동적 이익은 새로운 경쟁자들과의 경쟁과 새로운 고객 수요에 대

그러나 마케팅 전문가들에게 있어서 문화는 환경 그 이상의 의미를 지닌다. 즉, 문화는 사업을 하는 방법과 수요를 직접적으로 결정해 주는 요인인 것이다.

전통적 논의에서는 문화적 차이를 마케팅 전문가들에게 익숙하지 않거나 새로운 제약이라고 묘사하고 있다. 글로벌마케팅은 일련의 새로운 정치, 경제, 법 그리고 문화적인 경계의 집합 내에서 변화하고 있다. 그러나 이러한 전통적 논의에서는 다른 환경적 요인들에 대해서는 설명을 제시해 주지만, 문화에 대해서는 그렇지 않다. 몇 가지 사례들이 그 이유를 말해준다. 많은 마케팅 전문가들은 동일한 민족 그리고 종교적인 집단에 속해 있는 해외국가들의 세분화된 고객층을 목표로 한다. 수출 확대는 종종 경영자들이 편안하게 느끼는 즉, 문화가 유사한 국가들에서 발생한다. 문화는 한 국가에서 사업을 수행하는 방식에 영향을 미치고 기업의 자회사를 운영하는 이들에게도 영향을 미친다. 다시 말해, 문화는 단순히 판매자와 구매자들에게 기회에 대한 새로운 제약을 설정하는 것이 아니라 그들의 목표와 선호 그리고 열망을 파악하는데 도움을 준다.

제3장은 문화의 의미에 대한 토론으로 시작하고, 물질주의와 함께 나타나는 문화적인 문제 그리고 제품의 핵심적인 이익이 문화 마다 다를 수 있다는 사실에 초점을 맞추고 있다. 다음으로 문화가 국가별로 어떻게 달라지는지 그리고 그러한 문화를 묘사하기 위해 사용되어진 중요한 접근법들을 살펴 볼 것이다. 이 장은 문화가 단순히 내재된 행태의 추동력이 아니라는 사실을 강조하고 구체적인 상황에서 행동하는 방법에 대하여 논의한다. 다음으로 사람들이 잘하고 잘 못하는 것에 대하여 문화가 어떻게 영향을 미치는 과정을 설명하고 그러한 과정 속에서 문화가 경영 기술에 미치는 영향에 대하여 설명한다. 이러한 문화의 역할은 외국에 있는 잠재적 파트너와의 협상과 관련하여 특히 중요하기 때문에 이 장에서는 국가별로 협상전략이 어떻게 달라져야 하는 지를 논의할 것이다. 산업의 구매행태와 관계 마케팅에 대한 문화의 상관성을 살펴 볼 것이다. 마지막으로 글로벌마케팅 전문가들의 임무로서 수행되는 해외진입, 현지마케팅과 글로벌경영에서 문화가 어떠한 영향을 미치는지를 살펴봄으로서 마무리 하고자 한다.

문화의 의미

문화란 개인의 행동을 지배하는 내재된 가치의 틀로 정의된다. 그리고 문화는 관찰되는 현상들에 대한 개인의 인식, 개인적 상호작용과 사회적 상황 속에서 적절한 대응의 방식에 영향을 미친다. 문화적 틀은 또한 사회적 제도에서 보여 지는 객관적인 현실과 가치들 그리고 개인적이지만 사회화된 성향이나 신념들로 표현되어지는 주관적 현실을 포함한다. 문화는 추상적 개념이 아니라 다소 물리적인 현실을 가정한다. 문화는 개인이 성장하고 문화가 그들에게 요구하는 것을 점점 이해하게 될 때, 학습된 행동(learned behavior) 속에서 그 모습을 드러낸다. 사회의 기능들은 국가마다 크게 차이가 나지 않는다. 모든 이들은 음식, 집, 직업, 돈, 옷, 다른 중요한 것들, 즉, 성공, 경력, 지위, 사회적 인정, 자존심, 평안, 자신의 존재, 다른 사람들에 대한 영향력, 권력 그리고 여타의 모든 것들을 얻으려고 한다. 이러한 것들이 세상 모든 사람들의 행동의 목적이다. 이러한 각각의 행위에 할당되어 있는 자원과 시간의 상대적인 양은 다양하지만 이러한 활동들은 여전히 지속된다. 문제는 이러한 행동들이 성취되어 지는 방법에 관한 것이고, 이것은 문화에 따라서 다양하게 나타난다.

국가마다 다양한 문화적 모습을 해석할 때, 마케팅 전문가들은 자기참조(self-referencing)가 잘못된 것 일수도 있다는 사실을 기억할 필요가 있다. 자기참조는 우리가 다른 이들에 대한 판단을 하는 과정이다. 이것은 나의 과거 경험과 자기 스스로의 인식을 통해 다른 이들의 행동을 판단하게 되는 것을 말한다. 사람들을 평가할 때 이용가능한 정보들은—특별한 배경, 관련 있는 다른 사람들, 프로젝트나 목표, 말로 표현된 동기들 등—종종 외국 문화권의 사람들을 이해하는 것을 어렵게 할 수 있다. 따라서 이러한 자기참조는 외국인들을 평가할 때 매우 흔히 나타난다—우리는 우리 스스로를 통해서 다른 이들을 바라본다. 우리는 우리 스스로에게 다음과 같이 말한다. 내가 약속에 그 정도로 늦게 나타났다면, 내가 그를 존경하지 않는다는 것을 의미 할 것이다. 그는 왜 늦었나? 그것은 그가 나를 존경하지 않는다는 것을 의미한다. 그러나 항상 그런 것은 아니다.

자기참조는 잘못된 인식으로 나아갈 수 있다. 당신은 검은 정장을 입고 있는 반면 다른 사람들은 편안한 옷차림을 하고 있을 때, 당신이 그들을 계속해서 쳐다보고 있지만 그들은 당신 눈을 피할 때, 다른 이들은 천천히 이야기 하고 당신은 의도를 가지고 말할 때, 다른 이들은 웃지만 당신은 진심일 때, 이러한 정보나 행동은 당신이 생각 하는 대로 진행되고 있지 않는다는 것이다. 성급한 결론을 내리기 전에 당신은 특정 문화에 친숙한 사람들을 조사해 보아야 한다. 그리고 지식이 풍부한 동료를 미팅에 데려가야 할 것이다. 우선 문화에 대하여 학습하고 첫인상을 믿지 말아야 하며 좀 더 객관적인 정보를 선호하면서 자기참조를 무시해야 한다. 연마되어지는 기술로써 문화적 적응은 경영자들의 우선사항 리스트에서 중요하게 고려되어야 할 것이다. 그러나 가치있는 것을 습득하는 것이 항상 쉬운 것이 아니듯이 이러한 문화의 습득도 마냥 쉬운 것만은 아닐 것이다.

문화와 구매자 행동

가끔 외국 문화권 속에 있는 사람들을 이해한다는 것은 당혹스러운 일이다. 우리는 그들 또한 태어나서 유년기와 청소년기를 경험하고, 공통의 인간적 욕구를 가지며, 성장하고, 사랑에 빠지고, 가족을 형성하고, 일을 하면서 늙어간다는 것을 알고 있다. 모든 사람은 삶을 영위한다. 그러나 어떠한 인생을 선택하고 인생에서 무엇을 얻으려고 하는지 그리고 왜 그런 선택을 하는지 등은 문화적 차이로 다를 수 있다.

다양한 문화 사이에는 상당히 다른 선호와 취향이 존재한다. 만약 유럽인들이 수동

변속 자동차 그리고 무거운 방향전환을 선호한다면 일본인들은 가벼운 터치감과 손쉬운 제어를 선호할 것이다. 캐나다인이 맛이 강한 맥주를 좋아한다면 미국인은 맛이 가벼운 맥주를 좋아 할 것이다. 라틴아메리카 여성이 강하고 어두운 색깔을 좋아한다면 북유럽 여성은 옅은 색깔의 옷을 선호할 것이다. 이러한 선호들은 문화나 전통에 기반하고 있거나 단순히 사회적 패션에 기인하기도 한다.

다국적 시장들은 전형적으로 종교, 문화, 사회적 요소들, 기후, 다양한 식재료들과 원자재의 접근성을 반영하고 있다. 일본인들은 아침으로 쌀과 마른 생선을 선호하는 반면에 유럽인들은 햄과 치즈, 커피와 크루아상을 먹는다. 프랑스인들에게 있어서 맥주와 음식을 같이 먹는 것이 이상하지만, 중국인들의 저녁 식사는 일반적으로 차를 함께 마신다. 지중해에 남성들이 좋아하는 얇은 바닥의 신발은 많은 미국적인 환경에서는 잘 팔리지 않는다.

이러한 차이들은 오래된 전통, 교육, 양육 그리고 농업활동과 기후를 기반으로 나타난다. 서구 사람들은 젊거나 나이 많은 사람들이 단 음식을 좋아한다고 생각할 것이지만, 아시아에서는 어린이들조차도 달콤한 초코케이크 보다 짭짤한 과자를 더 좋아한다. 한 사람의 입맛은 길들여지는 것이지 타고나는 것이 아니다.

물론 많은 집단들이 그들의 취향이나 입맛에 따라서 자유롭게 선택을 할 수 있는 것은 아니다. 세상의 많은 사람들은 가난한 환경에서 살고 있고, 그러한 환경은 브랜드, 제품 혹은 생활양식에 대한 많은 선택들이 무의미하다는 사실을 보여준다. 그들은 글로벌 커뮤니케이션의 통로에서 광고되는 접근 불가능한 물질주의에 대하여 좌절할 수도 있다.

그러나 아주 가난한 사람들 중에서도 제한적으로 선택을 하는 이들이 존재한다. 그러한 선택들이 다른 이들을 종종 놀라게 할 것이다. 중앙아프리카의 진흙 오두막에서, 깨끗한 물이 부족한 곳에서, 누군가는 Sony TV 세트를 발견할 것이다. 인도의 가난한 농부는 그의 새로운 Philishave 전기면도기를 자랑하며 기뻐할 것이다. 개방된 중국에서는 짐수레와 삼륜차를 위해 만들어진 도로 위에서 Nissan과 Toyota가 지나고 있는 것을 볼 수 있을 것이다. 그리고 과거 동유럽의 소비자들이 쇼핑을 할 때에, 여러 가지 이유로 인해 놀라는 모습들을 발견 할 수 있을 것이다.

먼저 문화와 비즈니스가 관련되어 있는 예들을 살펴보는 것이 필요하다. 세계의 곳곳에서는 매일 수많은 잠재적인 문화적 충돌이 일어나고 있다. 일부는 인식되지만 나머지는 그렇지 않다. 모든 경영자의 행동은 의도되었거나 혹은 의도되지 않은 의미를 상대에게 전달한다. 사람이 의상이나, 몸의 위치, 손 그리고 시선, 꼼지락거림으로 보여주는 의도하지 않은 신호, 즉, 바디 랭귀지는 문화적으로 편향된 다양한 여러 해석을 불러일으킬 수 있다. 이탈리아와 같이 동질적인 인구를 가진 국가에서는 몸짓(gesture)은 종종 공유되는 정보가 된다. 일본에서의 'Hai'는 문자 그대로의 번역에 따른 'Yes'의 의미가 아니라 'I see'를 의미한다. 'Hai'와 함께 약간의 고개 숙임이 동반되는 경우는 좀 더 강한 표현이 된다(높은 사람에게 이야기 하는 경우 또는 단순히 알겠다는 의미를 나타냄).

소비유형은 지역문화에 대한 감각 없이는 예측이 불가능하다. 풍요로운 미국에서 값

Getting the Picture 구매인가, 배급인가?

1989년 동베를린 사람들은 처음으로 서베를린의 가게에 자유롭게 갈 수 있도록 허용되었다. 그들은 다양한 제품들에 크게 놀랐다. 한 사례로, 두 개의 카트를 가진 한 커플은 슈퍼마켓 통로를 지나가면서 걸음을 옮길 때 마다 제품을 카트에 담았다. 왜 그렇게 많은 것들을 사느냐고 묻자, 그들은 다음과 같이 대답했다: "우리가 다음번에 왔을 때도 이러한 제품들을 이용할 수 있는지 어떻게 확신 할 수 있나요?" 신발 가게의 또 다른 커플은 판매원이 제품을 찾는데 도움을 주고 정확한 사이즈를 알려주며 대안을 제시해 주는 것을 발견하고는 놀라움을 금치 못했다. 그들은 다음과 같이 설명하였다. "우리가 동독에서 경험한 것은 점원들은 제품을 감시하기 위해 존재한다는 것입니다."

Sources: *The Wall Street Journal*, February 11, 1990; "A New Brand of Warfare," *Business Central Europe*, April 1994.

비싼 Boss 정장을 입은 사람들은 인스턴트 음식에 기뻐하지만 PC를 최신버전으로 지속적인 업그레이드를 요구한다. 독일에서는 누구에게도 뒤지지 않는 침대가 음식보다 더 중요한 것처럼 보이지만 이웃 국가인 프랑스나 벨기에의 경우는 음식이 아주 중요하다.

글로벌경영자는 반드시 개인의 행동을 잘 관찰할 수 있는 방법을 학습하여야 하고, 또한 문화적 언어 속에서 실제적이고 잠재적인 표현들을 감지해 낼 수 있는 방법을 알아야 한다. 동시에 경영자는 그들의 문화적 유산과 편견들을 이해하여야 한다. 해외여행이 외국에 대한 것들을 알려 주듯이, 그것은 또한 당신 스스로에 대해서도 알려주게 될 것이다. 적어도 하나의 외국 문화에 대한 몰입은 경영자에게 대안의 행동들에 대한 폭넓은 기술과 예민함을 제공해 준다. 뛰어난 글로벌마케팅 전문가들은 각각의 새로운 국가에서 모든 것들을 처음부터 시작할 필요는 없지만 유연해질 필요가 있고, 그들의 과거 경험에 대한 의문을 품을 준비가 되어 있어야 한다.

문화와 물질주의

마케팅 행위는 기본적으로 더 많고 좋은 제품이 고객의 삶의 질과 만족도를 향상시켜주며 더 많은 행복을 가져다 줄 것이라는 믿음 속에서 이루어진다. 이러한 가정이 종종 정당화되어지지만, 자본가의 신념(dogma)이 의심스러운 신흥시장에서나, 종교적이고 문화적인 요소들이 물질주의를 폄하하도록 결합된 시장에서 마케팅 전문가들은 유연하게 나아가야만 한다. 예를 들어, 악의 없이 부풀려 광고하는 것을 반드시 피해야 할 때가 있다. 어느 한 상황에서는 문제가 없는 것처럼 보이는 것이 또 다른 문화적 상황에서는 문제가 될 수 있다. 그리고 민족 문화에 대한 수호자들은 그러한 것들의 장점에도 불구하고 낭비를 조장하는 주장에 기분 나빠 할 것이다.

제품의 선택과 신제품에 대한 소비자들의 반응을 예측하는 경우에, 물질적 풍요와 행복 사이의 인과관계에서 나타나는 명백한 경계들 그리고 그렇지 않은 다른 경계들을 함께 염두에 두는 것이 중요하다. 예를 들어, 소비자들은 마케팅 전문가들이 가져다주

Getting the Picture 문화적 특이성

법률상 로마인이 아닌 이상 로마에서 로마인처럼 행동할 필요는 없다. 그럼에도 불구하고, 몇 가지 항목들은 어떠한 오해가 발생할지에 대해서 충분히 알려준다.

인디언이 고개를 흔들 때, 서구에서처럼 "아니요"를 의미하는 것이 아니라 그것은 "예, 나는 그것을 이해합니다."를 의미하는 것이다. 스칸디나비아 사람들이 천천히 이야기 하는 경우에는, 다른 곳에서도 그러한 것과 같이 아주 심각하거나 확신에 차서 이야기 하는 것이다. 직접적인 눈 맞춤을 피하고 어느 정도의 거리감을 주기를 원하는 일본인들과는 다르게 미국인들은 이야기 할 때 눈을 마주치길 원한다. 대륙의 유럽인들은 오후 10시에 저녁을 먹는다. 상대적으로 공식적인 저녁 파티는 새벽 3~4시까지 이어진다. 자정에 자리를 떠나는 것은 미국의 경우 아주 늦은 시간이지만, 유럽에서는 반드시 중요한 이유가 있어야 하며 행사가 시작되기 전에 알려주어야 한다. 파티에서 물을 마시는 것은 다른 이들이 가치 있는 동료가 아니라고 생각하는 것으로 간주되어 상대에게 모욕감을 준다고 한다.

일본과 다른 나라들의 경우에는, 다소 취한 상태가 무례한 행위에 대한 변명이 된다. 미국에서는 상황과는 상관없이 취한 경우에 용서가 되지 않는다. 일본의 경우 취기가 솔직한 사람을 만들어 준다고 생각하는 반면에 미국의 경영자들은 항상 자기 관리를 이야기 한다. W.C. 필드(W.C. Field)가 "술을 마시지 않는 남자는 믿지도 마라"는 말을 했지만, 다른 몇몇 국가들만큼이나 미국기업에서는 통하지 않는 말이다. 클래식한 정장을 선호하는 보수적인 미국기업들은 유행을 타는 옷을 좋아하지 않는다. 미국에서는 경영자들이 다른 경영자들을 위해서 옷을 차려 입기도 하고 최고 경영자들은 종종 이성을 위하여 그리고 좋은 인상을 만들기 위하여 옷을 차려 입는다. 미국인들 사이에서 전해지는 말 중에는 옷이 중심이 되어서는 안된다고 한다. 그러나 결과적으로는 다른 이들과의 차이가 눈에 드러나기 때문에 외모가 어느 곳에서나 중요한 경향이 있다. 물론, 일본에서 청색 혹은 회색 정장을 입은 사람들은 눈에 가장 잘 띄지 않지만 그러한 색의 정장을 입은 사람들에게 동질감을 전해주고 모든 일상에서 무의식적인 이점을 가져다준다. 많은 사업 영역에서 성별은 특히 이슬람 지역에서 까다로운 주제이지만 철저히 금욕주의적인 뿌리를 가진 미국인들 사이에서도 그러하다. 유럽에서 이러한 주제는 표면에 드러나 있지만 재능이나 기술을 가지고 접근해야 한다. 이와 유사하게, 종교 또한 승부를 따지기 어려운 대화의 주제이다. 인권을 중요시하는 미국이 중국과 같은 나라에서 저항에 부딪히는 이유는 미국의 그러한 행동이 다른 사람들을 개종시키려는 선교사적인 열정을 반영하고 있기 때문이다.—불교는 다른 사람들의 것도 받아들여야 한다는 이념을 더 많이 제시하고 있다.

Sources: Durlabhji and Marks, 1993; Hall, 1976; Hall and Hall, 1990; Trompenaars and Hampden-Turner, 2004.

는 더 많은 물질을 즐기고 소유한다. 그들은 풍요로운 삶을 영위한다. 그러나 풍요롭다는 것은 상대적이다. 누구보다 혹은 어느 것보다 풍요로운가? 하버드 대학교의 경제학자 James Duesenberry가 몇 십 년 전에 세운 가설처럼, 증가하는 소득에의해 나타나는 정신적인 영향은 상대적 소득에 의한 것이지 절대적인 소득 수준에 따른 것이 아니다.

1년에 25만 달러 이하를 벌어들이는 유럽의 월드컵 출전 축구선수들은 언론에서 측은하게 다루어진다. 미국에서 연소득이 100만 달러 이하인 프로농구 선수들은 더 많은 소득을 올리는 신수들의 비교 대상이 된다. LA Lakers의 가드인 Kobe Bryant의 2006~2007년 시즌의 기본 소득은 1900만 달러였다. 2005년에 중국의 센터 Yao Ming은 Houston Rockets와의 5년 계약서에 사인했다(보너스를 포함해서 7500만 달러였다고 한다). Yao Ming은 연소득이 500만 달러 정도였고 Nike와 Apple 그리고 VISA Card의 판촉를 통해서 세전 이익으로 1500만 달러를 벌어들였다. Shaquille O'neal은 Miami를 떠나 Phoenix로 이적 할 때 2000만 달러의 기본 연봉을 받았다. 중요한 것은 상대적인 부인 것이다. 자유경제시장에서는 좋거나 혹은 나쁘거나 돈이 당신의 가치를 상징

해 준다.

발전의 결과물들은 사람들 사이에서도 또한 국가 사이에서도 결코 동등히 분배되어지지 않는다. 상대적인 관점에 말하면, 비록 한명의 소비자가 이익을 얻을 때조차도, 또 다른 이는 더 많은 이익을 얻게 되고, 그럴 경우 첫 번째 소비자는 이익을 잃게 된다. 이것이 대부분의 신흥국가 소비자들이 엄청난 스트레스를 느끼게 되는 이유이다. 과거에는 그들을 기분 좋게 해주는 질서와 예측이 존재하였고, 그들은 여전히 그러한 안전성을 갈망하고 있다. 반면에, 언론, 상점의 윈도우 그리고 다른 사람들을 통해서 그들은 시장에서 많은 것들을 이용가능하다는 사실을 동시에 느끼고 있다. —선진세계에서 누리는 것들—어떻게 그들이 현재 그러한 많은 것들 없이 행복할 수 있겠는가?

한편 현지문화에 있어 글로벌 진입자의 진입이 반드시 어디에서나 환영받는 것은 아니라는 것을 깨달아야 한다는 것이다. 물론 McDonald's, Coca-Cola, Marriott와 같은 일부 글로벌 기업들의 출현은 환영받았다. 그러나 많은 잠재적 고객들뿐아니라 경쟁자들은 새로운 진입자들에게 많은 압박을 준다.

시간이 흐름에 따라, 부의 확산은 바람직하게 이루어질 수 있다. 그러나 비교적 단기간에 있어서는 상대적 박탈감에 대하여 마케팅 전문가들은 항상 인식하여야 할 것이다. 그리고 마케팅 전문가는 제공된 제품과 서비스로 예측되는 문제들을 해결할 수 있어야 한다.

문화 그리고 핵심편익

다른 문화를 가진 소비자들을 분석하는 중요한 사전 단계는 제품이나 서비스가 그들에게 "의미"하는 것이 무엇인지에 대하여 의문을 가지는 것이다. 제품이나 서비스는 구매자에게 무엇을 의미하는가? 또한 그 제품이 어떻게 소비에 적합하게 되고 구매자의 패턴에 부응하게 되는가? 그리고 어떻게 문화에 적합하게 제공되는가? 한편 핵심편익들은 무엇인가?

소비자에게 그것은 삶의 양식이나 선호의 문제가 아니라 제품이 일반적으로 의미하는 것은 무엇인지, 핵심편익은 무엇인지에 관한 문제이다. 그리고 핵심편익은 종종 지역 시장에 따라 다르게 나타난다.

몇 가지 예들이 이를 명확하게 보여준다. 미국과 같이 잘 발전된 도로 네트워크를 가지고 있는 국가를 비롯한 일부 국가에서 자동차의 핵심편익은 교통에 있지만, 저개발국가에서는 자동차가 지위를 나타내 주는 상징이 된다. 어떤 나라에서는 일회용 기저귀가 편의를 위해 구매되지만, 위생상의 이유로 사용되어지는 곳도 있다. 신용카드가 현금보다 더 나은 안전과 편의를 제공해 줄 수 있다. 반면에 어떤 나라에서 신용카드는 자식들의 요구를 충족시켜 주려고 하는 부모들에게 필요하다.

이러한 편익들이 대부분의 시장에 혼재되어 있고 지역시장의 일부분에서 어떠한 부분을 좀 더 강조할 수도 있으며, 현지의 고객을 분석하는데 있어 특징적인 핵심편익을 확인 하는 것이 가장 먼저 이루어 져야 한다. 현지시장에서 제품에 대한 핵심편익을 잘

Getting the Picture 유용한 경제 이론들

최근에 많은 경제학자들이 소비자 행동분석가들에 의해 경시되고 있다고 하더라도, 소비자들을 이해 한다는 것은 전통적으로 경제학자의 몫이었다. 고객의 태도나 동기에 대한 시장조사 자료를 가지고 있지 않은 국가에서는 몇몇 고전적인 경제학 이론들이 유용하게 쓰여 진다. James Duesenberry의 상대적 수입 가설에서는 소비자의 효용이 다른 동료 집단 보다 얼마나 더 많은 수입을 얻게 되는지에 대한 반응이라고 말하고 있다.—절대적인 수입의 수준은 덜 중요하다. 또 다른 경제학자 Milton Friedman은 개인 소비를 결정짓는 것은 그의 영구적인 수입이라고 주장했다. 여기서 영구적인 수입이란 실소득에서 일시적인 증가나 감소를 야기하는 요소들을 배제한 규칙적이고 예측 가능한 수입으로 정의 된다. 현지의 고용인이나 소비자들을 분석할 때 행동에 관한 영향을 염두에 두는 것이 유용하다. 비록 심리학적인 관점에서 그러한 영향들은 깊이가 없고, 정확하게 정신적 프로세스들을 설명해 주지는 않지만, 정확한 심리적 데이터가 없을 때, 그러한 것들은 유용한 통찰력을 제공한다. 백 년 전쯤에 Thorstein Veblen이 발전시킨 '눈에 띄는 소비' 개념에 의해서 유사한 사례가 만들어 질 수 있다. 눈에 띄는 소비는 값 비싼 브랜드나 제품을 향유 할 수 있다는 능력을 보여주기 위하여 구매를 한다는 사실을 말한다. 최근의 소비행동에 관한 연구는 더 나아가 내재되어 있는 심적인 과정을 다루지만, 기본적인 개념은 여전히 많은 다른 문화에서도 유효하다.

Sources: Brooks, 1981; Veblen,1899.

못 이해할 경우 종종 치명적인 실수로 이어지기도 한다.

제품이나 서비스는 자국 그리고 아마도 다른 곳에서 이미 출시됨으로 인해 대부분의 글로벌마케팅 전문가들은 그들이 제공하는 제품이나 서비스의 핵심편익을 잘 알고 있다. 그리고 핵심편익들은 현지시장에 따라 다르다. 실제로, 제품의 핵심편익들은 현지환경의 직접적인 작용으로 드러난다. 한 제품의 총체적인 기능은 내재되어 있는 상품별 특성보다 오히려 현지 환경에 따라 다르게 나타난다.

예를 들어, 동경 중심가에서 자동차의 핵심편익은 교통의 문제가 아니다. 여전히 많은 가정에서 자기만족을 위해서 그리고 사회적 지위를 유지하기 위해서 자동차를 소유한다. 인도에서는 건강을 위해서 아이스크림을 먹는다. 많은 나라에서는 현지의 물 대신에 Coca-Cola를 권장하고 있다. 일회용 병들은 공간이 제한되어 있거나 쓰레기를 처리하는데 어려움이 있는 곳에서는 편리하지가 않다. 신용카드는 사용이 가능한 곳에서 편리하고, 도난 카드를 쉽게 정지 할 수 있을 때, 안전하다고 할 수 있다. 저렴한 클럽의 회원권은 집에 대형 저장고가 있을 때에만 유용하다. 단순한 사과 같은 제품들조차도 어느 곳에서나 같은 편익을 가지지는 않는다.

현지문화에서 특정 제품은 다른 의미를 지니거나 전혀 의미를 가지지 않기도 한다. 이것은 어떠한 제품들이 일부 국가에서는 아직 시장이 형성되고 있지 않다는 것을 의미한다. 다른 장소에서는 제품의 핵심편익들이 새롭게 구성되어져야 할 것이다. 사실, 제품이나 서비스 그 자체는 반드시 현지화 되거나 재구성 되어져야만 할 것이다. 다시 말해, 이러한 재구성은 고객의 선호에 대한 적응이 아니라 현지 상황에서 이루어지는 효용성에 대한 적응인 것이다. 핵심편익은 사람들이 다르기 때문이 아니라 현지의 문화와 인프라가 상이하기 때문에 달리 나타난다.

Getting the Picture 일본의 신선한 과일

일본과 다른 국가 간에 가장 오래 지속된 무역 갈등 중 하나는 신선한 과일산업에 있었다. 캘리포니아의 오렌지, 필리핀의 바나나, 그리고 칠레의 포도는 일본 진입이 허용되지 않은 몇 안 되는 경우이다. 일본의 국내 과일산업은 작지만 정치적으로 보호를 받고 있다. 그러나 점점 외국 생산자들에게 진입이 허용되고 있으며 그들은 꽤 잘 해 나가고 있다.

제품들이 일본시장에 들어오지 못했던 일반적인 타당한 이유는 그것들이 일본 고객들이 기대하는 기준을 충족시키지 못한다는 것이었다. 비록 이러한 이유가 국내산업을 보호하고자 하는 더 중요한 이유를 숨기고 있는 경향이 있지만, 이 논쟁에서는 신선한 과일이 논쟁의 중심에 있다. 일본 소비자들은 질적인 부분을 원하기 때문이 아니라, 더욱 중요한 것은 일본에서 발견되는 과일에 대한 핵심편익과 관계가 있다. 최근까지 일본에서 신선한 과일은 사치품과 같이 특별한 것으로 간주되어 지고 있고 선물 시즌에 주로 소비가 이루어진다. 샐러드나 스낵 등을 대신하는 음식 대용으로서의 기능은 하지 않고 있다. 따라서 초반에 수입된 과일들은 사과 하나에 5달러, 칸탈루프 40달러, 멜론과 상자에 담긴 포도는 70달러라는 기준으로 책정되어 졌고, 모든 과일들은 보기 좋은 선물 세트로 포장되어 졌다. 세관직원들이 수입된 과일을 기준 이하라고 여겼을 뿐 아니라, 고객들 또한 그러한 과일을 받아들이지 않았을 것이다. 신선한 과일이 음식 대용으로서의 새로운 핵심편익을 가질 때 까지 수입된 과일이 받아들여지지 않은 것은 아니다. 새로운 편익을 만들어 내는 것이 신선한 과일시장을 확대시켜주고 국내에 재배자들에게도 이익을 제공해준다는 사실은 과일산업의 변화를 주도하였다. 새로운 편익에 대해서 일본 고객들을 교육하기 위해 언론광고, 식당에 대한 잡지광고 그리고 미국에서 제작한 TV 방송을 일본에 내 보내는 등 상당한 노력을 기울였다. 해외의 많은 생산자들은 일본 관료들로부터 포장, 저장, 관리에 대한 조언 뿐만 아니라 농약처리에 대한 요구 또한 준수하였다. 일본에서 판매되는 수입 사과들은 국내 제품들보다 저렴할 뿐만 아니라 말 그대로 해외 생산자들의 최상의 제품이다. 그리고 글로벌 시장의 관점에서 예기치 못한, 일본에서의 경험으로 인해 서구 시장에서 판매되는 신선한 과일들도 품질, 포장 기술 그리고 관리에 있어서 모두가 예전보다 나아진 결과를 보이고 있다.

Sources: Clifford, 1993; "300 Growers Protest U.S. Apple Imports," *Mainichi Daily News*, July 8, 1994, p. 5.

국가간 문화

세상에는 어떤 종류의 문화들이 존재하는가? 국가에 걸쳐서 다르게 나타나는 문화들을 분류하는데 유용한 몇 가지 방법들이 있다. 그리고 문화와 국가가 항상 함께 존재하지 않는다는 사실을 인식할 필요가 있다. 인도, 중국, 러시아 그리고 미국과 같이 인구가 많은 국가들은 굉장히 다문화적이다. 이는 한 국가 내에 다양한 문화가 포함되어 있다는 것을 의미한다. 벨기에나 캐나다, 남아프리카 그리고 이전 유고슬라비아와 같이 작은 나라들 또한 다문화적인 경우가 있다. 어떤 경우에 일부 국가들은 하나의 문화적 집단으로 여겨 질 수도 있다. 덴마크, 노르웨이, 스웨덴을 포함하는 스칸디나비아 반도의 국가들과 베네수엘라, 콜롬비아, 에콰도르, 그리고 경우에 따라서는 브라질을 포함하는 라틴아메리카 국가들이 하나의 문화 집단으로 여겨질 수 있다.

고배경 문화 vs 저배경 문화

Hall은 고배경(high context) 문화와 저배경(low context) 문화 사이에 많은 차이가 있다고 하였다. 고배경 문화에서는 개인의 행동이나 말의 의미가 상황이나 맥락에 따라서 변화하고, 비언어적인 메시지들은 중요한 의미로 가득 차 있다. 말이 오가지 않을 때 조차도 의사소통이 일어나고 무언가 전달되어진다. 대화가 이루어질 경우 "추론(reading between the lines)"이 중요하다. 고배경 문화들은 유사한 배경, 공통의 목적, 사회의 동질성, 신중한 문화적응 그리고 가정에서 조기에 시작되는 사회화, 하나의 종교, 하나의 언어, 집중된 언론 매체, 또한 협조적인 교육 시스템 등에서 나타난다.

반면, 저배경 문화에서는 의도한 것들이 언어적으로 직설적으로 표현된다. 의미는 명시적이어야 하며 당연하게 여겨져서는 안 된다. 제안은 논리적이어야 하고 의견들은 공개적으로 검증된다. 저배경 문화에서는 상황이 단어나 행동의 의미를 변화시키도록 허용되지 않는다.—맥락은 어떠한 의미나 정보를 수반하지 않는다. 이러한 문화는 다문화적인 국가나 사람들의 가치체계와 행동들이 아주 다른 경우에 필요하거나 유용하다.

고배경 문화들은 대부분의 유럽국가들이나 일부 라틴아메리카의 국가들, 일본, 그리고 새롭게 산업화가 진행 중인 아시아 국가들에서(중국, 인도) 나타난다. 사우디아라비아와 일본과 같은 고배경 문화권 내의 국가들에서는 상황이 변화거나 새로운 사람들이 고위직에 자리 했을 때, 서면 계약은 변경될 수 있다.

다양성(diversity)으로 인해 미국은 저배경 문화에 속한다. 이민 인구가 많은 호주와 뉴질랜드와 같은 국가들에서도 저배경 문화가 발견된다.

"소리 없는 언어"

Hall은 비언어적 의사소통의 중요한 역할 혹은 국제 비즈니스에서의 소리 없는 언어(Silent Languages)를 강조하였다. 그는 다섯 가지의 소리 없는 언어의 사용을 밝혔다. 즉 공간, 물질적 소유, 친밀감의 패턴, 문화에 따른 합의, 그리고 시간 등의 관점에서 문화를 분류하려는 시도를 하였다. 이러한 요소들은 대인간 의사소통에서 의미를 지니지만, 반드시 말로 표현되어지지 않는다. 예를 들어, 공간의 경우에는 대화중인 두 사람 사이의 거리와 관련이 있다. 중동 남성들은 대화중에 서구 사람들보다 너무 가까운 거리를 유지 할 것이다. 또한 물질적인 소유는 한 사람의 신분을 말해준다. 이는 사회적 계층이 잘 발달되어 계층별로 사람들이 원하는 것이 확연히 다른 곳에서 특히 그러하다. 예를 들어, 아시아 시장에서는 다른 사람들이 무엇을 소유하고 있느냐에 따라서 그 사람의 사회적 지위를 평가하는 경향을 보이고 있다.

친밀감의 패턴(당신이 친구로 여기는 사람은 누구인가?)은 당신의 문화에서 자연스럽게 형성되는 것이며, 이는 믿음과 책임에 대한 문제까지도 포함하고 있다. 비즈니스 거래에 있어서 미국인들은 미래의 파트너에게 "그는 나의 친구이기 때문에 보증할 수 있다"라고 말하는 것이 이상하지 않을 것이다. 반대로 일본과 같은 나라에서는 당연히 "그는 나의 친구이기 때문에 그를 대신해서 이야기 할 수가 없습니다."라고 말할 것이다. 문화에 따라 합의 또한 다르게 해석된다. 서구의 사업가들은 명시적인 계약에 의존하고 법 조항을 준수하는데 반해서 동양 문화에서는 일반적인 합의와 파트너간의 기본적인 의향이 더욱 중요한 해석기준이 된다.

시간에 대한 인식은 상대적으로 유사한 문화권내에서도 다양하게 나타나고, 여러 연구들에서 시간인식과 관련한 다양한 양상을 보이고 있다. 약속시간에 30분을 늦었더라도 제 시간에 도착했다고 인식하는 라틴아메리카 사람들의 생각은 정확한 시간을 맞추기 위해서 30분 일찍 나타나는 것이 가장 최선이라고 생각하는 동양인들의 생각과 정반대이다. 북반구의 사람들은 사업상 미팅에서 사소한 이야기로 시간을 낭비하는 것을 좋아하지 않지만, 라틴 사람들은 더 많은 시간을 비사무적인 대화에 투자하려고 하는 경향이 있다. 시간에 대한 다른 인식이 사업 협상을 더욱 복잡하게 할 수도 있다. 이 주제는 이 장의 후반부에서 논의 될 것이다.

Hofstede의 문화차원

고배경과 저배경 문화의 구별과 소리 없는 언어는 다양한 문화를 파악하는데 유용한 분석도구가 된다. 1980년 세계 곳곳의 IBM사 직원들에 대한 Hofstede의 설문 연구는 국가마다 다른 문화들을 체계적으로 살펴보는 계기가 되었다. 연구가 진행된 이후 세상은 상당히 변했지만 문화는 많이 변하지 않았다. 민족성과 문화적 뿌리는 오히려 더 강해지는 경향을 보이고 있다.

Hofstede의 연구결과에 따르면, 국가들은 네 가지 문화적 관점에 따라 분류될 수 있다. 첫 번째 Hofstede의 문화차원(cultural dimension)은 개인주의 대 집단주의(individualism versus collectivism)이다. 집단주의 사회에서는 개인의 정체성과 가치가 개인적인 성취보다는 오히려 사회체제에 뿌리를 두고 있다. 두 번째 문화차원은 높은 권력거리 대 낮은 권력거리(high versus low power distance)이다. 높은 권력의 거리가 나타나는 사회에서는 덜 평등한 반면에 민주주의 사회에서는 낮은 권력의 거리가 나타난다.

〈그림 3.1〉에서 볼 수 있듯이 베네수엘라와 호주는 두 가지 척도 상에서 정반대에 위치해 있다. 호주는 개인주의적이며 민주주의적이지만, 베네수엘라는 집단주의적이며 공식적인 권력을 신뢰한다(〈그림 3.1〉의 그림에서 보여지는 거리는 문화적으로 국가들이 다른 정도를 나타낸다).

Hofstede의 세 번째 차원인 남성성 대 여성성(masculine versus feminine)은 특정 문화에서 양육을 하는 여성보다 공격적인 남성과 그에 상응하는 가치들에 의해 지배되어지는 정도를 나타낸다. 마지막으로, 사람들 사이의 위험감수에 대한 인내수준 따라 불확실성 회피(uncertainty avoidance)라는 기준으로 국가들을 분류하고 있다.

〈그림 3.2〉에서는 베네수엘라와 호주가 그리 멀리 떨어져 있지 않다. 두 국가의 문화

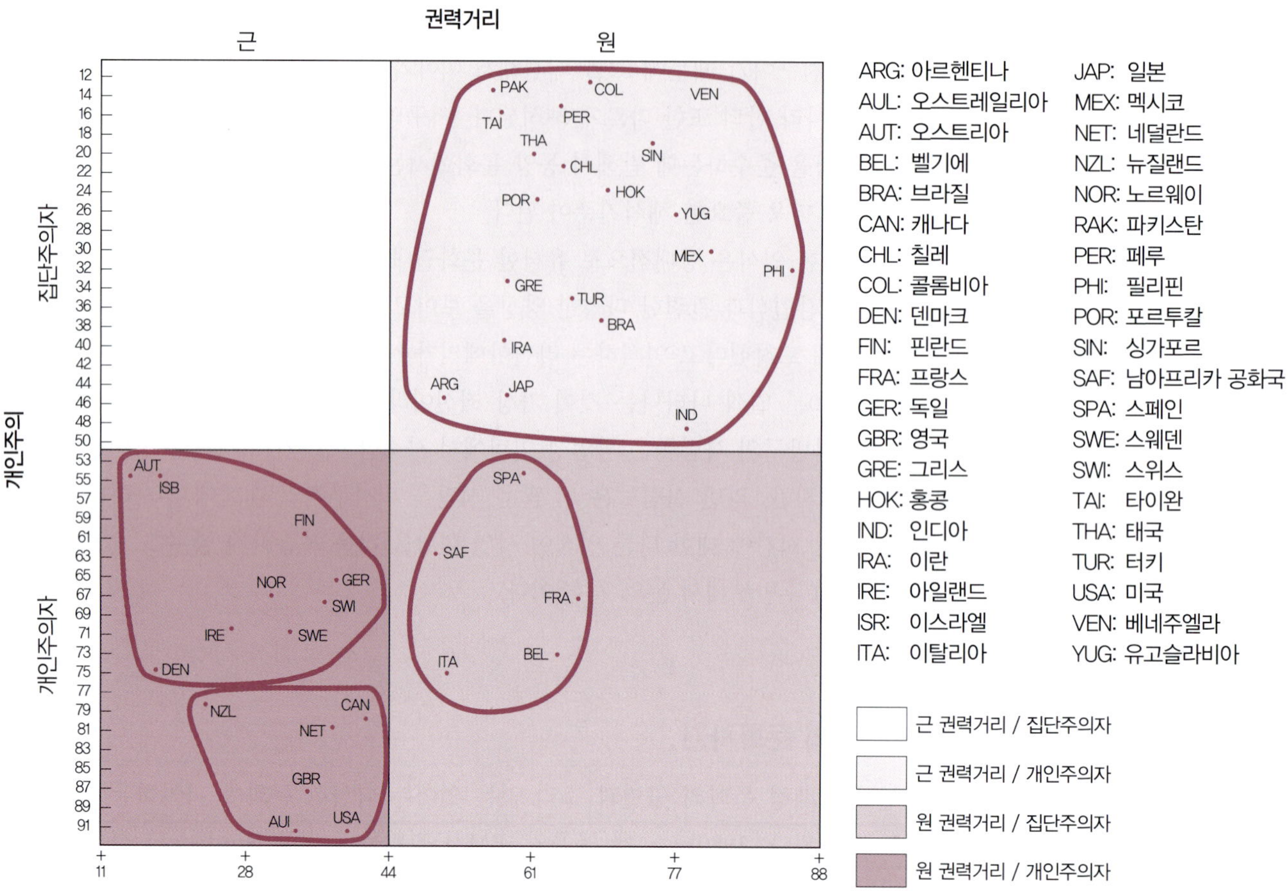

그림 3.1 권력거리와 개인주의 차원에서 40개국의 위치

Sources: Geert Hofstede, "The Position of the 40 Countries on the Uncertainty Avoidance and Masculinity Scales," *Culture's Consequences*, published by Sage Publications, Inc., © 1980 by Geert Hofstede. Reprinted by permission of the author.

는 여성보다 남성에 의해 지배 받는 경향이 있고, 비록 베네수엘라는 위험을 좀 더 적극적으로 회피하려고 노력하지만 호주와의 거리는 그렇게 멀지 않다. 따라서 두 개의 그림을 보게 되면 두 국가의 경영자들이 서로에 대해 겪게 될 어려움들이 개인주의와 권력의 사용등에 있어서의 차이점들로 인해 발생한다. 호주 사람들이 혼자 행동하고 다른 사람들을 동등하게 대우하는 반면에, 베네수엘라 사람들은 동료들에게 도움을 구하는데 편안함을 느끼고 아랫사람들에게 결정을 강요할 것이다.

이후에 Hofstede는 다섯 번째 문화차원인 유교적 역동성(confucianist dynamics)을 추가하였다. 이것은 유교와 중국철학에 영향을 받은 동양인들 사이에서 나타나는 장기적 지향성과 서구 사람들 사이에 나타나는 단기적 지향성을 구분하기 위해서 추가되었다.

Hofstede의 국가별 분류는 국가 간에 문화적 거리를 보여주는 한 수단으로 유용하다. 마케팅 전문가들은 의사소통, 광고 혹은 서비스와 같은 마케팅 프로그램들이 새로운 문화에 적응되어져야 하는 정도를 예측 할 수 있다. 서로 다른 국가에 다른 제품라인을 보유하고 있는 다국적기업의 경우, 문화적 거리를 신중히 고려하는 것은 새로운 시장에 출시할 제품의 선택에 있어 도움이 될 것이다.

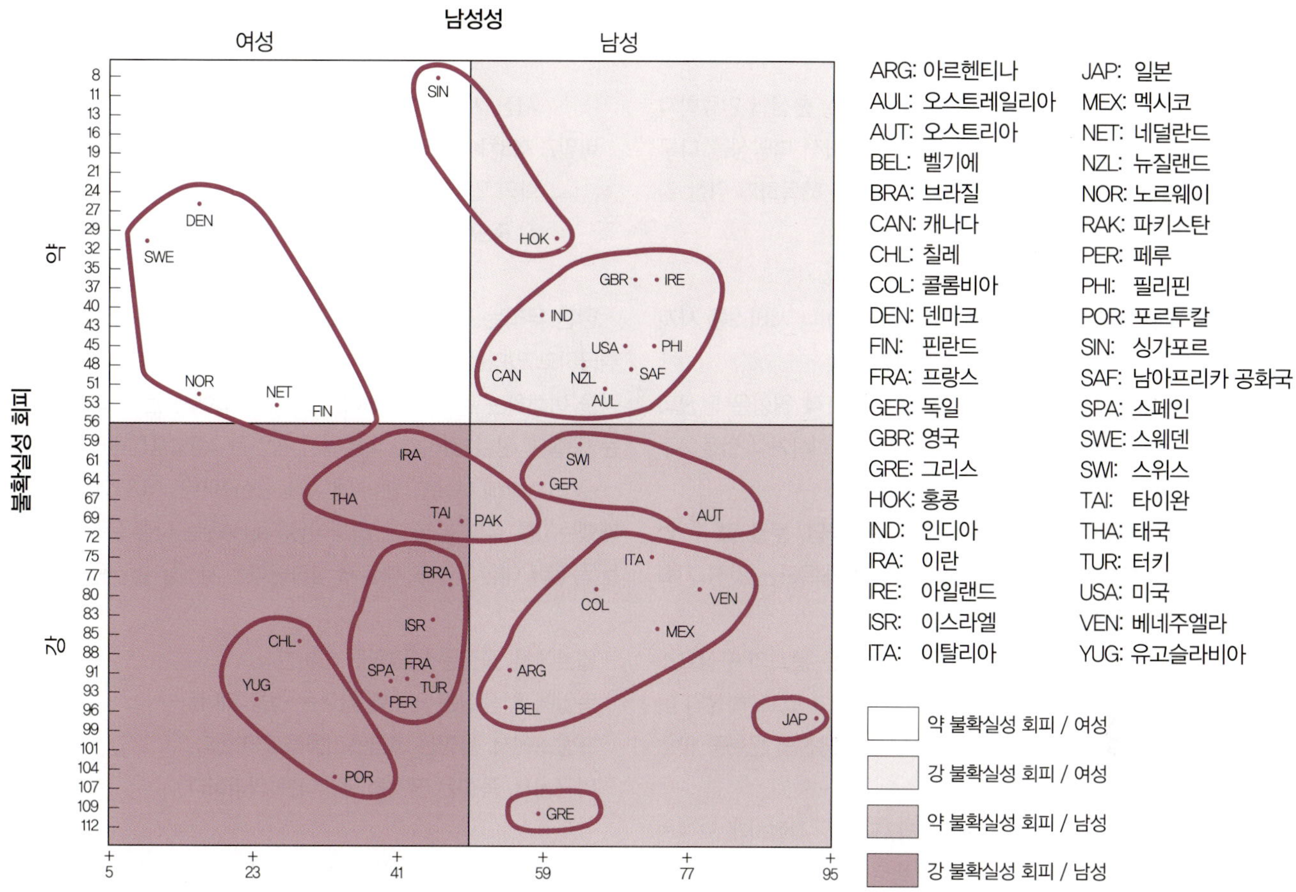

그림 3.2 불확실성 회피와 남성성 차원에서 40개국의 위치

Sources: Geert Hofstede, "The Position of the 40 Countries on the Power Distance and Individualism," *Culture's Consequences*, published by Sage Publications, Inc., © 1980 by Geert Hofstede. Reprinted by permission of the author.

Hofstede의 문화차원을 생각해보면, 경영자들은 문화적으로 거리가 먼 국가에서 사업을 하는 어려움과 그러한 국가로 이동하는 것이 경영자들에게 얼마나 심각한 문화충격을 주는지 알 수 있을 것이다. 좀 더 큰 권력의 거리와 그것에 대한 숭배를 가지고 있고 위험 회피적이며 덜 개인주의적인 국가에 진출한 전형적 미국인 경영자는 아마도 사업을 관리하는데 어려움을 겪을 수 있다.

Gannon의 메타포

문화를 분석하고 살펴보기 위한 많은 유용한 방법들이 있다. 한 가지 방법은 Rapaille가 제안하고 Jungian이 창안한 것이다(Rapaille의 원형: 문화의 해독). 다른 하나는 Gannon이 제시한 비유를 통한 방법이다. Gannon은 서로 다른 문화들을 설명하기 위해서 메타포(metaphors)의 사용을 주장했고, 또한 경영자들이 다른 상황에서 나타나는 사람들의 반응을 예측할 수 있도록 돕기 위해 연상을 통해 문화적 특징을 유추하는 방법도 제안하였다. Gannon의 메타포(Metaphors)는 새로운 문화를 다루어야만 하고 모든 상황들

Getting the Picture Rapaille의 원형: 문화의 해독

Rapaille 박사는 미국에서 살고 있는 프랑스 출신의 인류학자이다. 그는 25년 이상 다국적기업들이 문화적 다양성을 다루는데 도움을 주었다. 그의 경험들은 **문화를 해독**하기 위한 일곱 가지 비밀에 녹아 들어있다.

비밀 1: 구조는 메시지이다. 그들은 제품이나 서비스를 사지 않는다.—그들은 관계를 구입한다.

비밀 2: 문화는 무의식적인 것이다. 문화적 원형은 당신의 마케팅, 판매 혹은 판촉계획을 파괴하거나 만들어주는 힘을 가지고 있다.

비밀 3: 당신이 만약 코드를 알지 못한다면, 문을 열 수 없다. 목표로 하는 시장의 마음을 해독하는 것이 기회의 문을 열어준다.

비밀 4: 시간, 공간 그리고 에너지는 모든 문화의 구성요소이다. 각각의 문화는 DNA를 가지고 있고, 최상의 마케팅 그리고 판매성과를 위해서 당신의 문화를 암호화 시킬 수 있다.

비밀5: 적절하게 문제를 해결하라. 당신은 적절하게 고객의 문제를 해결하기 위해서 새로운 제품과 서비스를 고안하고 창조해야만 한다.

비밀6: 글로벌화 될수록 더 지역적이다. 품질은 글로벌 시장으로 가는 통행권이지만, 품질에 대한 코드는 문화, 시장, 사람들에 따라서 다르게 나타난다.

비밀7: 제3차 대전이 이미 시작되었고 그것은 문화이다. 문화의 인지는 성공과 개인과 집단의 자유를 위해서 가장 중요하다.

한편 우리는 **라파이유(Rapaille)의 원형**이 문화를 사람처럼 취급하고 있다는 것을 알 수 있다. 문화를 이해한다는 것은 사람을 이해하는 것과 유사하다. 그의 접근법에서 눈에 띄는 예는 품질에 관한 것이다. 일본에서 창안된 "종합품질관리(total quality control)" 프로그램이 왜 거대 통신회사인 AT&T에서 실패했는지를 살펴 본 후에, 라파이유(Rapaille)는 다른 문화에서는 품질에 대한 의미도 다르게 나타난다는 사실을 발견했다.

일본에서, 품질은 완벽함을 의미한다.
독일에서, 품질은 표준에 따르는 것을 의미한다.
프랑스에서, 품질은 고급스러움을 의미한다.
미국에서, 품질은 단순히 괜찮다는 의미이다.

이러한 연구 결과 이후에 일본의 무결점에 대한 강조가 AT&T 조직에서는 적절하지 못했던 이유가 분명해 졌다.

Sources: Rapaille, 2001

을 예측할 수 없는 경영자들의 심리적 등대가 되어 준다.

실제로, 글로벌마케팅 전문가들이 모든 문화에 대해서 많이 아는 것은 불가능하다. Gannon에 따르면 어떻게 해야하는지에 관한 표준적인 서적에서 삼가야 할 행동들을 배우는 것은 하나 이상의 문화를 다루는 경우 혼란을 가져다 줄 수 있다고 한다. Gannon은 사람들이 생각하고 행동하는 방식을 이미지를 통해서 문화에 대한 전체적인 느낌으로 발전시키는 것이 더 효율적으로 이해할 수 있다고 주장한다. 한 사람의 마음속에 이미지를 심어쥬으로써, Gannon은 이미지 속의 문화에 있는 사람이 말하고 행동하려고 하는 것을 좀 더 편안하게 해석할 수 있다고 한다. 이러한 비유가 적절하고 깊이 있게 이해되어 진다면 한 사람의 반응과 대답들이 좀 더 상황에 적절하고 진실되게 보일 수 있다.

Gannon이 제안한 몇몇 비유들은 〈표 3.1〉에 나타나 있다. 보여지는 것처럼 Gannon은 미식축구의 비유가 경쟁, 개인역할의 전문화, 강한 리더, 그리고 개인적인 인지 욕망이 나타나는 미국문화의 많은 특징들을 보여주고 있다고 주장한다. 소프라노와 테너

표 3.1 Gannon의 메타포(Metaphors)

1. **미식축구:** 개인주의, 경쟁적 투기, 허들링, 완벽에 대한 의식적인 기념이나 축하
2. **영국의 집:** 기초를 세움, 벽돌집을 지음, 벽돌집에서 삶
3. **독일의 심포니:** 오케스트라, 지휘자들, 연주, 사회, 교육, 정치
4. **프랑스 와인:** 순수, 분류, 구성, 호환성, 숙성
5. **이탈리아의 가족 오페라:** 화려한 행사와 굉장한 구경거리, 음성 표현, 코러스와 독주자
6. **스웨덴의 여름 집:** 자연의 사랑, 자기만족을 통한 개인주의, 평등
7. **일본의 정원:** Wa and shikata, 조화와 형성, seishin, 자기수양의 정신, 작은 물방울 결합
8. **중국의 가족 제단:** 유교와 도교, 둥금, 조화, 부드러움
9. **인도:** 순환적 인도 철학: 삶의 주기, 가족의 주기, 사회적 주기, 일의 주기

Sources: Understanding Global Cultures: Metaphorical Journeys through 17 Countries, by Martin Gagnon. Copyright 1994 by Sage Publication Inc. Books. Reproduced with permission of Sage Publications Inc. Books in the formal Textbook via Copyright Clearance Center.

들과 같은 목소리가 존재하는 곳, 이탈리아 드레스의 아름다운 모습은 의상과 무대배경에 의해서 표현되어 진다는 사실, 그리고 중요한 사람들은 주목을 받을 수 있는 시간이 주어진다는 것과 같은 면들이 미국인과는 다른 이탈리아 사람들을 묘사하는 방법이 된다.

클래식한 심포니와 지도자 주도하의 엄격한 규율 그리고 잘 작동하는 기계와 같은 숙련된 개개인들은 독일문화를 특징지어 준다. Gannon은 이러한 단순한 비유들이 외국 문화 속의 고객, 유통과 관련된 중간 상인들, 잠재적인 고객들 등에게 접근할 때 가져야 할 마음가짐에 대해서 알려준다고 주장하였다.

문화와 "비즈니스를 하는 방법"

현대적인 문화의 개념은 관찰 가능한 행동에 직접적인 초점을 두고 있다. 이는 문화가 개인이 어떤 행동을 하도록 유도할 뿐만 아니라 다른 행동을 못하게도 한다는 사실을 말해준다. 문화는 직접적으로 사람들이 취할 행동과 할 수 있는 행동들에 직접적인 영향을 미친다. 이러한 문화의 해석은 글로벌마케팅 경영자들에게 아주 유용하다. 게다가 문화는 의사결정 자체보다 경영자들이 의사결정을 실행하는 방법에 더욱 중요한 영향을 끼친다고 한다. 즉, 문화가 전략의 형성보다 오히려 전략의 실행이나 수행에 영향을 미친다는 것이다.

실제로, 문화는 어떠한 경영기법이 필요한가에 영향을 미치고 또한 다른 시장에서의 경험이 목표시장에 어느정도 적용되어 지는지에 영향을 미친다. 그리고 경영자들이 부하직원이나 다른 사람들을 다루는 방법에 대해서도 명백한 암시를 제시해준다; 문화적

표 3.2 Hofstede의 3개 지역 분류

	일본	앵글로색슨 (캐나다, 미국, 영국)	서유럽	
			북유럽	유럽 대륙
개인주의	낮음	높음	높음	높음
권력의 거리	높음	낮음	낮음	높음
남성성	높음	높음	낮음	높음
위험의 인내	낮음	높음	높음	낮음
배경	높음	낮음	높음	낮음

Sources: Adapted from Hofstede, 1980.

편견은 또한 현지마케팅을 관리하고 수행하는데 있어 그 효율성에 영향을 미친다.

경영 스타일

문화의 차이는 상이한 경영방식(Managerial Styles), 즉 각각의 국가에서 적절하다고 여겨지는 관리자 행동을 유도한다. 이러한 사실은 일본, 북미 그리고 유럽을 비교했을 때 알 수 있다. 첫 번째로 Hofstede의 문화적 차원을 이용하여 이 세 지역의 문화를 분석해 보도록 하자.

〈그림 3.1〉과 〈그림 3.2〉에서의 Hofstede의 연구는 〈표 3.2〉에서 처럼 세 지역을 명확하게 분류해 준다. 〈그림 3.1〉과 〈그림 3.2〉에서 가까운 정도를 고려해 보았을 때 영국은 〈표 3.2〉에서 북미 국가에 속한다. Hofstede의 그림에서 서로의 차이가 크게 나타났기 때문에, 유럽 국가들은 북유럽(스칸디나비아, 핀란드 그리고 네덜란드)과 유럽 대륙(영국을 제외한 나머지 국가들)으로 나누어졌다. 문화 배경은 고배경 문화와 저배경 문화의 차이를 설명하기 위해 다섯 번째 차원으로 추가 되었다.

〈표 3.2〉에 따르면, 서구지역은 예상했던 것과 같이 개인주의가 높게 나타났지만 다른 세 가지 차원에서는 다르게 나타났다. 권력 거리는 민주주의적인 북미와 북유럽에서 낮게 나타났지만 유럽 대륙에서는 높게 나타났다. 남성성이 낮게 나타난 유일한 지역은 성평등이 잘 이루어져 있는 북유럽이다. 위험에 대한 허용은 북미와 북유럽에서 높게 나타났고, 반면에 일본과 유럽 대륙의 경우에는 불확실성을 회피하려는 경향을 보였다. 개인주의가 낮고 권력에 대한 거리가 높게 나타난 일본의 경우는 집단 지향적이며 계층적인 사회를 잘 반영해주고 있다.

일본과 북유럽의 경우 고배경 사회인 반면에 북미와 유럽 대륙은 저배경 사회이다. 그래서 좀 더 명확하고 말로 표현되는 것을 요구한다. 국가의 문화에서 이러한 차이들이 외국에서 활동하는 경영자의 행동에 어떠한 영향을 미치는가? 다양한 국가들의 경영자들에게 전형적으로 나타나는 모습이나 성향은 대체로 쉽게 예측 할 수 있다. 우리는 일본인들이 그룹으로 여행을 다니는 이유와 미팅계획을 세심하게 준비하는 이유를 이해할 수 있다. 또한 그들이 주의를 기울여서 이야기를 듣고 의사결정을 천천히 하는 이유도 알 수 있다. 서구의 경영자들은 책임감이 강할 것으로 예측이 되고, 개인적으로 자신감에 차 있으며 그들의 문제 해결 능력을 스스로 신뢰한다. 동시에, 대륙의 유럽인들은 명확한 의제와 미팅조직을 원하고 합의와 해결에 있어서도 명확한 체계를 고집한다. 일본이나 북유럽 국가들 같은 고배경 문화에서는 말로 표현되거나 명시적으로 표현할 필요는 없다. 이는 대부분의 경우 경영자들이 그들 스스로 전달되지 못한 부분을 수정하거나 보충해서 맥락에 맞는 문맥을 구성할 수 있는 문화에 익숙해 있기 때문이다.

부하직원 관리

문화적 차이로 인해 해외마케팅에서는 자국에서와는 다른 종류의 리더십 기술이 필요하게 된다. 경영자들이 고배경 문화에서 또 다른 고배경 문화로 이동 할 경우에는 서로 다른 문화로 이동하는 것보다 훨씬 더 용이한 점들이 많을 것이다.

고배경 문화에 있는 경영자들은 저배경 문화에서 쉽게 무시되거나 드러나지 않는 비언어적인 사인에 민감해 할 것이다. 미국의 경영자들은 다른 사람의 신념을 존중하고 용인하지만, 저배경 문화이기 때문에 미묘한 차이에 민감하지가 않고 다른 사람의 입장에서 생각하는데 익숙하지가 않다. 대조적으로, 고배경 문화의 개인들은 아마 조용히 그리고 간접적으로 자신을 드러내고 상대를 이해한다.

저배경 문화에서 온 경영자가 자회사를 운영하는 경우 고배경 문화의 사람들이 불편함을 느끼는 것은 그리 놀라만한 일이 아니다. 고배경 문화에서 온 사람들은 섬세한 경향이 있는데 그들은 미묘한 차이에 관심을 둔다. 게다가 그들은 화자의 모든 것을 다 받아주고 언어로 표현되지 않은 의미들을 스스로 생각한다. 반면에, 미국의 경우 술에 취해서 상관의 면전에서 좋지 않은 말을 한다는 것은 절대 용납이 되지 않는 일이다. 하지만 일본의 경우는 비즈니스가 끝난 뒤에 마시는 술자리에서 이해되어지는 행동으로 여겨진다. 미국과 같이 전형적으로 저배경 문화인 나라의 경영자는 일본에서처럼 부하직원을 섬세하게 이해하려고 하지 않는다: 즉 말로 표현되어지는 것들은 모두가 의미 있는 것이다. 변명의 여지는 없다.

경영자들이 문화적인 충격을 해소하도록 돕기 위해서 많은 기업들은 외국으로 보내는 경영자들에게 그들이 접하게 될 새로운 문화에 대해 워크숍과 브리핑을 제공한다. 또한 많은 기업들은 자사의 전문개발 프로그램으로 해외 파견직원을 전문적으로 교육하고 있다. 이러한 방법으로 경영자들은 내부 훈련과정에서 문화적 민감성에 대한 훈련을 자연스럽게 접하게 된다. 이러한 많은 교육과정들은 다문화 교육과 관련이 있다.

Getting the Picture Trompenaars 그리고 문화적 딜레마

지적이며 영감으로 가득한 Hofstede의 후계자는 Fons Trompenaars라는 독일인이다. 그는 순수 문화 인류학자이기보다는 와튼 스쿨의 경영학 박사이다. 유럽 밖에서 다국적 컨설팅 그룹을 운영하면서 Trompenaars는 다양한 다국적기업에서 횡단 문화 훈련과정을 통해 실시된 설문조사로부터 문화 이론들을 축적하였다. 1998년에 데이터 뱅크(data bank)에서 3만부 이상의 설문지를 보유하였다. 그의 기본적 주장은 문화는 행동으로 나타나고 결국에는 그것이 사람들의 문제를 해결하는 방법으로 가장 잘 드러난다는 것이다. 다른 문화의 사람들이 상호작용 하는 경우에, 문화적 반응은 사회적인 대인관계에서 우선적으로 나타난다. 문화 차이는 **문화적 딜레마**를 야기한다. 그리고 잠재적인 문화 충돌은 다음과 같이 7개의 항목으로 분류되어질 수 있다.

1. **보편주의 대 개별주의.** 당신은 항상 옳은 일을 하기 위해서 노력하는가?(보편주의자) 혹은 당신은 상황에 따라서 행동을 다르게 하는가?(개별주의자). 이러한 분리는 윤리적인 딜레마와 관련이 있다.
2. **개인주의 대 공동체주의.** 이것은 기본적으로 Hofstede의 관점인 개인주의 대 집단주의와 거의 동일하다.
3. **중립적 대 감정적.** 대화라는 것이 정보의 교환을 의미하는가?(파리에 얼마나 오래 머물렀나요?) 혹은 감정적인 부분 또한 의미하는가?(나는 파리를 사랑합니다.)
4. **구체적 대 종합적.** 관계는 그저 사업일 뿐인가? 아니면 진정한 사람이 관련되어 있는가? 이러한 구분은 협상에 있어서 특히 중요하다.
5. **성취 대 귀속.** 당신은 성과나 성취에 기반하여 개인을 평가하는가? 혹은 지위나 관계 그리고 가문에 기반하여 개인을 평가하는가? 계급사회에서는 이러한 귀속성을 피해가기 어렵다.
6. **시간에 대한 태도.** 이것은 단순히 사람들이 약속시간에 늦은 것에 대한 문제가 아니라, 좀 더 심오하게는 시간이 직선상에서 움직이는지 혹은 순환적으로 움직이는지에 대한 문제이다. 전자의 경우 미래에 초점이 맞추어져 있지만, 후자의 경우 과거 또한 중요한 것으로 여겨진다.
7. **환경에 대한 태도.** 당신은 기본적으로 당신만 책임을 지는가? 혹은 다른 이들을 우선적으로 생각하는가? Sony의 워크맨은 다른 사람들을 방해하지 않으면서 개인이 음악을 들을 수 있도록 해주었다. 반대로, 많은 문화에서 워크맨은 다른 사람으로부터 방해를 받지 않는 수단으로서 여겨진다.

저배경 다문화주의를 갖고 있는 미국의 경우 이러한 차이점들의 "왼쪽" 편에 꽤 치우쳐져 있다는 것을 쉽게 알아차릴 수 있다. 일본과 같이 좀 더 전통적인 문화의 경우에는 "오른쪽"에 치우쳐져 있는 경향이 있다. 문화적 딜레마를 해결하기 위한 Trompenaars의 해결책은 반대의 관점과 조화를 이루면서, 서로가 상대방의 관점을 잘 인식할 수 있도록 해줌으로써 문화적 정체성을 유지하도록 하는 것이다. 이러한 방법은 명시적으로 문화적 차이를 논의하거나 역할 놀이를 통해서 그리고 주어진 문제의 상황이나 제약들을 고려한 해결책을 함께 만들어가면서 해결되어 질 수 있다.

Trompenaars는 한 가지의 최선의 방법은 존재하지 않는다고 하였다.

Sources: Trompenaars and Hampden-Turner, 1998 and 2004.

문화와 협상

공급자, 유통업자 그리고 다른 중간 상인들, 잠재적인 협력 파트너들과 관계를 맺는다는 것은 어느 정도의 직접적인 협상을 필요로 한다. 라이센싱이나 합작투자를 통하여 해외에 진입하는 것은 계약 파트너를 찾는 것이다. 현지시장에서는 물건을 운반하기 위하여 유통업자들과 직접 계약을 한다. 글로벌경영은 현지 자회사의 자율성과 본사의 표준화에 대한 상호조화를 필요로한다. 횡적인 문화협상은 글로벌마케팅 전문가들에게 아주 중요한 문제이다.

횡적인 문화협상에 관한 좋은 책들이 많이 있고, 이러한 책들은 미래의 협상가들에게 필요하다. 일반적으로 서로 다른 문화는 차별화된 시장 접근법을 요구한다. 이제껏 논의되어진 사항들은 문화에 대한 기초적 통찰력을 제공한다. 하지만 실제 협상에서는 좀 더 구체적인 분석이 필요할 것이다. 다음 사항들은 다른 문화를 맞이하는 경우에 염두에 두어야할 사항들이다.

당신이 누구를 대하고 있는지 알아야 한다

대부분의 협상에서 상대방의 문화적 배경에 대해서 안다는 것은 필수적인 것이다. 국적 뿐만 아니라 인종적인 배경을 아는 것도 중요하다. 이러한 사실은 전 유고슬라비아, 러시아, 벨기에(Flemish vs Valloons), 혹은 나이지리아에서 뿐만 아니라 미국, 싱가포르, 캐나다에서 나타나는 인종적인 배경에 따라 나타나는 미세한 차이와 관련해서도 마찬가지이다.

문화적 차이 뿐 아니라 개인적인 성향도 개인의 행동패턴을 지배할 수 있다는 사실을 잊지 않는 것은 매우 중요하다. 따라서 상냥한 미국인들, 감정적인 일본인들, 조용한 브라질인들 그리고 비형식적인 독일인들이 있는 것이다. 그러나 그러한 사람들은 러시아 사람이 브라질 사람과의 협상을 부드럽게 진행하기 위해 노력할 때와 같이 상대방의 다른 스타일을 받아들이는 경우도 있다. 경험이 있는 협상가는 정상적이지 않은 행동이 진실임을 종종 알아 낼 수 있다. 한편 진실한 행동 없이 신뢰를 형성하기 어렵다는 것을 명심하여야 한다.

그들이 듣는 것을 이해하라

전문가들이 말하는 두 번째 주의할 점은 경영자가 생각할 때 자신이 이야기 하는 것과 다른 사람이 실제로 인지하는 것 사이에 차이가 나타날 수 있는 가능성에 관한 것이다. 직접적인 이야기 속에도 여전히 말하지 않은 부분들이 남아있을 수 있다.—그리고 평범하게 이야기 하는 것이 많은 다른 문화들에서는 무언가를 숨기는 전형적인 방법이 될 수도 있다(당신은 아마도 오셀로의 부정직한 "정직한 이아고"를 기억할 것이다). 무언가 숨길 필요가 있을 경우에, 대부분 마술사들의 속임수와 같이 강력하게 다른 부분을 강조하면서 관심을 다른 곳으로 돌리는 것이다. 이것은 전형적으로 개방적이고 직접적인 성향을 가지면서 숨기는 게 없는 미국 협상가들에게 유용할 수 있다.

비언어적인 의사소통(nonverbal communication)은 협상에 있어서 항상 미스터리한 부분이다. 협상에 관한 여러 연구에서는 다른 상대방들의 매력과 품위는 협상을 긍정적으로 이끄는데 아주 중요한 요소들이라고 밝히고 있다. 일부의 경우에는 인과관계가 반대로 나타날 때도 있지만 대부분의 경우 긍정적 방향으로 나타난다. 만약 우리가 누군가의 외모나 매너를 마음에 들어 할 경우에, 우리는 좀 더 쉽게 합의점에 도달할 것이다. 비록 제안서의 본질과 적절한 전략적 타협이 성공적인 비즈니스 협상에서의 기본적인 요소일지라도, 대부분의 경영자들은 눈에 보이지 않는 매너, 옷, 생김새 그리고 우아한 비언어적 행동들에 대한 공감이 좀 더 만족스런 협상을 만들어 내거나, 또는 우리가 생각하는 것 이상으로 긍정적 결과를 유도하는 경우가 많다는 사실에 동의 한다. 문화 간에 있어서의 협상은 더욱 그러한 경향이 강하다.

말해야 할 시기와 내용을 숙지하라

미국 협상가들의 전형적인 접근법은 당사간의 정보교환을 통하여 문제해결 위주의 접근법을 취하는 것이다. 그들은 그들이 선호하는 부분을 전달하려고 노력하고 사실과, 질문 및 조사에 초점을 맞추고 구체적인 데이터를 찾음으로서 상대가 원하는 부분을 확인하려고 노력한다. 다른 문화의 구성원들은 협상에 있어서 좀 더 포괄적이고 장기적인 입장을 취할 것이다. 동시에 구체적인 계약합의 그 이상의 일반적인 관계를 형성할 수 있는 잠재적 가능성을 파악하려고 시도할 것이다.

Graham은 많은 다른 문화에서 협상을 분석해왔고 네 가지 순차적인 단계를 확인하였다. 이 네 가지 순차적인 단계들은 대부분의 비즈니스 협상에서 교환되는 정보의 특성을 반영한다.

1. 잡담에 의한 탐색(nontask sounding). 이것은 주로 파트너끼리 서로를 더 잘 알 수 있도록 하기 위한 사소한 이야기들이 대화의 주를 이루고 있는 시작 단계이다.
2. 업무 관련 정보의 교환(task-related exchange of information). 주요한 문제들이나 사실들이 드러나고 각자의 입장이 명확해지는 기간.
3. 설득(persuasion). 이것은 당사자들이 상대방이 자신의 방식으로 문제를 바라보도록

표 3.3 비즈니스 협상의 네 가지 단계

단계	일본인	미국인
1. 잡담에 의한 탐색	상당한 시간과 비용을 쏟는 것이 일본의 관행이다.	상대적으로 짧은 기간이 일반적이다.
2. 업무관련 정보의 교환	긴 설명과 면밀한 분류와 함께 최초의 제안에서 이것은 가장 중요한 단계이다.	정보는 간략하고 직접적으로 주어진다. "공정한" 최초의 제안이 일반적이다.
3. 설득	설득은 현장의 뒤에서 주로 완수된다. 수직적 지위의 관계는 협상의 결과에 영향을 미친다.	가장 중요한 단계: 태도가 협상테이블에서 변할 수 있다. 그리고 설득력 있는 전략이 이용된다.
4. 양보와 합의	양보는 오직 협상의 끝에서만 이루어진다.—의사결정을 위한 직관적인 접근이 이루어진다. 미국인들은 아마 이러한 과정을 이해하기 어려울 수 있다.	양보와 기여는 의사결정의 전반에 걸쳐 이루어진다.

Sources: Adapted from John L. Graham, "A Hidden Cause of America's Trade Deficit with Japan," *Columbia Journal of World Business*, Fall 1981, p. 14.

시도하는 경우, 좀 더 상세한 설명, 입장의 명확화 그리고 상대방의 주장에 대한 질문이 이루어지는 단계이다.

4. **양보와 합의(concessions and agreement).** 대부분 협상의 마지막은 상호 양보가 이루어지거나, 합의에 이르기 위하여 확정된 입장이 도출되어지는 단계이다.

이러한 프레임을 미국과 일본의 협상에 적용했을 때, Graham과 Sano는 〈표 3.3〉에서 보여지는 것과 같이 중요한 문화적 차이들을 발견할 수 있었다. 각 단계들에서 나타나는 시간의 길이와 중요성은 두 국가 사이에 다르게 나타난다. 미국인들은 잡담에 의한 탐색에 일본인들보다 더 적은 시간을 할애하고 간단하게 설명을 주고받는다. 반면에 일본인들은 전체적으로 고르게 시간을 할애한다. 일본인들이 마지막까지 양보를 기다리는 반면, 미국인들은 점진적인 생산적 토대를 이용하여 합의를 진전시킨다. 일본과 미국의 무역 협상가들이 때때로 협상이 진행되는 방법에 대하여 불일치를 보이는 것이 그리 놀랍게 느껴지지 않을 것이다.

살라쿠제(Salacuse)는 서로 다른 문화의 협상가들을 주도적 A 유형 혹은 반응적 B 유형으로 분류를 하였다. 〈표 3.4〉에서는 두 가지 종류의 협상가들의 특성을 확인해 주고 있다. A 유형의 협상가는 쉽게 합의가 이루어지는 작은 사항들부터 시작을 하고 협상을 진행하지만, B 유형의 협상가는 먼저 전체적인 틀에서 합의를 원한다. 리스트에서 대부분의 특성들은 명백한 것들이다. 리스트에서 나타나는 것과 같이 A 유형의 협상가는 역동적이고, 에너지가 넘치며 위험을 감수하는 기업가인 반면에 B 유형은 느긋하고, 노련하며 위험을 회피하는 유형이라고 할 수 있다. A 유형은 〈표 3.3〉의 미국인 경영자들과 가깝고, B 유형은 일본인 경영자들에 가깝다. Salacuse가 주장한 것처럼 두

표 3.4 A 유형과 B 유형의 협상

특성	A 유형	B 유형
	협상가	협상가
목표(Goals)	계약(Contract)	관계(Relationship)
태도(Attitudes)	Win/Lose	Win/Win
개인 스타일(Personal styles)	비공식적(Informal)	공식적(Formal)
의사소통(Communications)	직접적(Direct)	간접적(Indirect)
시간감각(Time sensitivity)	높음(High)	낮음(Low)
감성주의(Emotionalism)	높음(High)	낮음(Low)
합의형식(Agreement form)	구체적(Specific)	일반적(General)
팀 조직(Team Organization)	한명의 리더(One Leader)	컨센서스(Consensus)
위험감수(Risk tasking)	높음(High)	낮음(Low)

Sources: Chart from *Making Global Deals* by Jeswald W. Salacuse Copyright © 1991 by Jeswald W. Salacuse. Reprinted by permission of Houghton Mifflin Harcourt Publishing Company. All rights reserved.

가지 유형의 접근법을 적용하는 경우 적용되어지는 문화에 따라서 최선의 유형은 달라진다. 그러나 두 가지의 유형이 서로 충돌하는 경우도 발생할 수 있다.

문화적 민감성의 한계

외국 문화를 이해하고 그것에 적응하는 것이 가져다주는 이점들이 분명하지만, 상황에 따라 경영자가 특정 외국문화를 수용하려는 노력에도 한계가 존재한다.

비적응

비적응(nonadaptation)이 필요한 경우가 있다. 첫 번째, 한 국가가 변화를 위한 준비가 되어 있을 때는 다른 문화가 매력적일 수 있다는 사실을 인식하는 것이 중요하다. 이러한 사실은 이전에 공산주의였던 국가에서 가장 쉽게 찾아 볼 수가 있다. 러시아인들은 러시아에 적응하려는 미국인이 아닌 진정한 미국인들을 원하고 있다. 그리고 그들은 스스로 적응이 가능하고 새로운 것을 기대하고 있다. 이러한 국가들에서 정치적으로 강요된 개혁의 요구는 오래된 규범을 제거하였고 새로운 접근을 위한 토대를 마련하였다. 이러한 상황에서 적응을 시도하는 것은 실수일 것이다. 왜냐하면 현지의 사람들은 성공적인 문화로부터의 학습을 원하기 때문이다. 기업이 활동하는 곳의 사회적 분위기나 역사적인 맥락을 이해하는 것이 마케팅 경영자에게는 중요하다.

두 번째로 좀 더 심각한 형태로 비적응이 필요한 경우도 있다. 다른 문화로의 적응이 단순히 피상적이거나 확신 자체가 결여되어 있는 모습으로도 비칠 수 있다. 문화적 적응은 잘못 해석되기 쉽고 아마도 불신을 만들어 낼 수가 있다. 신뢰를 구축하고 싶어하는 사업가는 분명하고 진실되게 자신을 드러낼 필요가 있다. 익숙하지 않은 공간에서 명확하고 진실된 자신을 보여주기란 쉬운일은 아닐 것이다.

마지막으로, 고객의 문화에 적응하는 과정에서 본질적인 가치들을 침해해서는 안 된다. 유럽과 일본, 미국의 시장에서 유명했던 개념, 즉, 개인적인 좋고 싫음이 사업의 본질에 영향을 미치도록 하는 것은 글로벌 시장의 무한경쟁에서 지나치게 높은 비용으로 나타났고 비판을 받고 있다. 일본에서조차, 경쟁력이 없는 유통업자와 공급자와의 충실한 관계가 시장이 개방된 이후 사라져 버렸다.

문화와 세 개의 임무

문화는 글로벌마케팅 경영자의 세 가지 역할에 영향을 미친다. 일반적으로, 해외진입의 상황에서는 특정 국가의 중개인이 가지고 있는 적절한 지식과 문화적 표시들을 정확하게 해석하는 기술이 필요할 것이다. 현지마케팅 단계에서는, 좀 더 심도 깊은 수준에서 구체적인 문화를 이해할 필요가 있다. 왜냐하면 고객의 요구사항과 소비자의 선호를 판독해야 하기 때문이다. 글로벌경영과 관련해서, 문화적 문제들은 현지시장에서 적응하여야 하는지 또는 도전하여야 하는지에 대한 문제를 여러 국가에 걸쳐 종합적으로 판단하여야 하는 경영자에게 중요한 고려사항이 된다.

해외진입

문화는 한 국가에서 사업을 하는 방법과 긴밀하게 연관되어 있다. 계약에 서명을 하는 것이 필요한지 혹은 그저 악수로 충분한지는 관습과 사업문화와 관련되어 있는 문제이다. 잠재적인 수입업자나 유통업자를 파악할 때, 그들의 재무적인 상황뿐만 아니라 사회적인 상황도 문제가 된다. 개인적인 친분 없이 신뢰를 형성하는 일은 일부 국가에서는 불가능하다.—그러나 우정이라는 것은 상대적일 것이다. 해외시장에서 그들의 개인적 친분이 있는 현지 중개인들로부터 배신감을 느낀 사람들이 상당히 많이 있다. 문화는 사업의 방법에 관해서 영향을 미치지만 반드시 사업 자체에 영향을 미치는 것은 아니다. 중개인의 기능은 어디에서든지 동일하게 나타난다. 운송되어지는 제품은 국경에 있는 세관을 통과하게 된다. 이 과정에서 검사를 받고 적절한 매장으로 운송이 된다. 설치와 애프터 세일즈 서비스는 요구되어지는 경우에 이루어지며 반드시 제품에 대한 지불이 이루어져야 한다. 이러한 기능들은 사실상 문화별로 별 차이가 없다. 다만 문화에 따라 다른 것은 이러한 기능들이 이루어지는 방법과 가격 그리고 속도 등이다.

해외시장에 진입하려고 계획 중인 마케팅 전문가들에게 있어서, 그곳 문화의 분석은 다음과 같은 것들을 중심으로 이루어져야 한다. 중개인이나 라이센스를 구하는 경우에 어떠한 표시가 신뢰를 나타내고 효과적인지, 무엇이 위험한 표시인지, 어떠한 행동들이 장점과 단점을 나타내 주는지에 대한 것들을 중심으로 문화의 분석이 이루어져야 한다는 것이다. 이러한 분석에서 자국의 문화는 유사한 문화를 가진 국가가 아니라면 전혀 도움이 되지 않는다. 외국 문화와의 친숙함이 결여된 경우에는 국가 간에 나타나는 문화적 거리가 초반 해외시장 확장을 위해서 중요한 고려사항이 된다. 유럽은 유럽지역끼리 무역을 하고 미국인들은 캐나다로 가고 일본인들은 아시아에 집중한다. 사람들은 자신에게 익숙한 사람들에게 편안함을 느끼고 잠재적인 파트너들을 발견하는데 있어 더 많은 자신감을 가진다. 더 많은 경험이 축적되어 갈수록, 경영자들은 아주 다른 문화들을 파악하고 받아들이는데 대한 학습효과를 축적하게 된다.

해외의 제조업에 투자를 생각하고 있을 경우, 위험에 대한 노출은 일반적으로 증가하고 좀 더 적극적이고 전문적인 투자가 필요해진다. 외부로부터의 법적 조언자들, 정치적 위험 분석가들, 그리고 금융 중개인들이 모두 도움이 될 것이다. 게다가, 문화적 요소들이 경영과 효율적인 공장 운영에 어떻게 영향을 미치게 될지를 예측하는 것이 점점 더 중요해 지고 있다. 이를 위해서 현지의 노사관계에 관해서는 전문가의 조언이 요구되고 문화가 한 국가의 노동자들에게 영향을 미치는 과정에 대한 정확한 이해가

해주며, 언론을 통해서 보여 지는 무법 상황이나 방향의 부재는 전통적인 질서나 가치를 부정하고 있음을 보여준다. 러시아는 변화를 추구하고 있다. 미국 문화와 자본주의에 대한 가치는 이전에는 거들떠보지도 않았던 사업가들이 국가를 개방시키고 있다. 오늘날 러시아의 규범에 적응하는 것은 시대를 역행하는 것이며 불가능한 것이다. 왜냐하면 그들의 과거규범은 더 이상 제대로 작동하지 않기 때문이다.

글로벌경영에서, 제품이나, 서비스, 광고활동, 의사소통 시스템, 그리고 통제 과정들의 표준화는 무엇보다 중요하다. 다양한 국가에서의 활동을 조정하기 위해서는 비교가 필요하고 따라서, 표준화가 중요하다. 표준화는 특성상 여러 문화적 경계들을 아우르게 된다. 경영자가 해야 할 일은 문화별로 표준화가 가능한지를 파악하고 또한, 어떤 특정 국가의 표준이 일반적인 지침으로써 선택될 수 있는지를 판단하는 것이다. 따라서 한 국가의 변화 가능성에 대한 평가가 있어야 하며, 표준화를 하는데 나타날 수 있는 현실적인 장애물들 뿐만 아니라 상상의 장애물들에 대한 노련한 판단 및 평가가 반드시 있어야 한다. 이것이 초국가적 경영의 가장 기초라고 할 수 있다. 앞으로 이 주제에 관해서 더 많은 내용들이 다루어 질 것이다.

GLOBAL MARKETING

요약

이번 장에서는 글로벌마케팅에서 문화가 수행하는 중요한 역할에 대해서 살펴보았다. 문화는 소비자행동과 경영에 직접적인 영향을 미친다. 문화의 현대적 개념은 관찰 가능한 행동에 직접적으로 초점을 맞추고 있다. 그러한 행동은 종종 사회의 문화화 과정의 결과라고 할 수 있다. 문화에 대한 인식은 경영자가 결정하거나 협상하는 방법에는 영향을 미치지만 협상의 본질이나 근간에는 영향을 미치지 않는다.

또한 소비자행동에 미치는 문화의 영향에 대해서 개략적으로 논의한 후에 문화적 분석에 관한 몇 가지 틀에 대해서 논의를 하면서 실제하는 문화를 함께 살펴보았다. 우리는 문화를 경영기술의 발전에 활용하는 방법을 보여주었다. 이는 서로 다른 문화적 배경을 가진 경영자들이 똑같은 목표를 추구하면서도 다르게 행동을 하는 이유에 대해서 설명해준다. 문화는 전략적인 목표이기 보다는 오히려 그것의 수행이나 실행에 영향을 미치고, 문화적 적응의 정도가 아주 중요하다.

파트너십 형성을 위한 협상기술은 구체적인 사례와 함께 다루어졌다. 문화적 관점에서 한 사람의 행동이나 말이 잠재적인 파트너에 의해서 어떻게 인지되어지를 아는 것이 중요하다. 현지 국가의 행위에 적응하는 것이 필요한 반면에, 이로 인해 신뢰를 떨어뜨리는 역효과를 발생시킬 수 있다. 소비자의 조직문화가 의사결정 과정에 중요한 영향을 미치는 산업 마케팅에서 뿐만 아니라 협상에서도 이러한 사실은 중요하다.

문화는 세 가지 마케팅 임무에서 각각 다른 역할을 한다. 해외시장에 진입할 때, 문화는 잠재적인 중개상과 협력 파트너와의 협상에 직접적인 영향을 미친다. 현지마케팅에서는 현지 직원들을 다루는 방법과 특히 현지의 취향과 욕구가 고객 수요에 영향을 파악하는 것도 중요한 문제이다. 글로벌경영에서 문화적인 차이를 잊어버리는 경우가 있기도 하다. 그리고 글로벌경영에서는 문화적인 분석을 통하여 글로벌 표준화를 하는 경우 현지문화 특성을 상실하는데 따른 부정적 효과를 파악할 필요가 있다.

PART 2

해외시장 진입

글로벌마케팅은 기업이 외국시장에 진입하고 난 이후에 시행될 수 있다. 이부에서는 이러한 시장진입의 절차와 해외진출의 제반 문제를 살펴보기로 한다. 해외시장의 진출은 시장의 확장이라고 하는 측면에서는 국내시장의 확장과 다른 부분이 없다고 할지라도 국경을 통과해야 한다는 점에서 여러 가지 어려운 점이 새로이 나타나게 된다.

기업이 해외시장에 진입할 때 정치적 위험은 반드시 고려되어야 한다. 제품이 국경을 통과하고 다른 나라에서 유통이 이루어질 때는 외국수입자는 반드시 확보되어야 하고 이들과 계약을 체결하게 된다. 거래가 국경을 넘어 이루어지는 경우에는 환율과 관세는 수입액에 영향을 미친다. 해외시장에서 매매가 이루어지는 경우에는 광고에이전트는 현지시장에 대하여 치밀한 분석을 하여야 한다.이러한 쟁점들은 해외시장에 진출하려는 경우에 국가의 선택, 진입모드의 선택, 글로벌 진출통로의 선택 등의 문제로 연결될 수 있다.

제2부에서의 교재내용의 많은 부분이 경험이 적은 수출자를 대상으로 기술되었다고 하더라도 대기업에도 여전히 이러한 교재내용을 적용할 수 있다. 수출메카니즘과 관세장벽은 다국적기업이 어느 나라에 위치해야 하는가에 영향을 미친다. 다국적기업은 종종 전략적 목표가 수정됨에 따라 진출방식도 수정해야 할 수 있다. 만약에 정치적 경제적 상황이 악화된다면 다국적기업은 철수 하였다가 상황이 좋아지면 다시 진출할 수 있다.

CHAPTER 4

국가매력도

이 장의 목적은 다음과 같다.

1. 정치적 발전, 무역블록 구성원, 진입장벽, 시장잠재력 등의 환경요소를 고려한 국가매력도(country attractiveness)를 평가할 수 있어야 한다.
2. 정치적 발전과 경쟁에 대한 다양한 시나리오로 국가등급을 세밀하게 검토할 수 있어야 한다.
3. 연구기관의 특정 제품과 특정시장에 대한 다각적 분석, 인터넷으로 수집 가능한 자료 등으로 국가평가에 필요한 자료를 추출할 수 있어야 한다.
4. 목표시장의 제품수명주기 단계에 따른 적합한 기법을 사용하여 매출을 예상할 수 있어야 한다.
5. 개인방문, 유통경로 검토와 같은 주관적 평가로 판매량을 예상할 수 있어야 한다.

기업이 해외시장에 진출하려 하는 데는 여러 가지 이유가 있다. 순수한 마케팅 관점에서 보면 새로운 국가의 시장잠재력에 이끌려 해외시장으로 진출하는 것이다. 하지만 제1장에서 본 것과 같이, 거대한 지역 무역블록에 접근하기 위해 또는 선도시장의 소비자와 경쟁업체로부터 배우기 위해 또는 경쟁업체의 주요시장을 잠식하기 위해, 기업은 해외시장으로 진출한다. 국가매력도는 기업의 제품판매량과 기업이 진출하여 향유할 수 있는 기타 이익으로 평가된다.

제4장에서는 해외시장 진출을 위한 원칙과 방법을 체계적으로 제시하고 있다. 정치적 · 경제적 · 사회적 지표를 통해 제일 먼저 고려해야 할 점은 마케팅의 “근간”인 해외진출 장소이다. 본 장에서는 이러한 환경요소에 대한 연구와 목표시장의 경쟁업체(해외기업, 국내기업)를 검토하는 방법을 제시하고 있다. 그리고 기업이 해외진출을 할 장소를 선정해 나가는 순차적 과정과 이러한 순차적 과정이 어떻게 적용되는지에 대하여 실제 기업사례를 제시하고 있다. 또한 본 장에서는 다양한 자료의 출처를 명시하면서

해외시장 진출장소를 최종적으로 결정하기 위해 직접경험의 중요성을 강조하고 있다. 마지막으로 목표시장에서의 판매량을 예상하는 방법을 기술하고 있다.

인터넷통합관리자: 저렴하고 보다 나은 국가 데이터

기업의 글로벌화는 시장조사를 하는 기업에게는 많은 기회가 되고 있다. 해외시장 진출기회를 노리는 기업은 국제적으로 전문적 노하우를 가진 해외시장조사 전문기관에 해외시장 조사를 의뢰한다. 이러한 해외조사 전문기관은 지역적 · 세계적으로 네트워크를 가진 기업과의 협력관계를 통해 이익을 도모하고 있다. 다국적기업이 해외로 확장해 나감으로써 해외시장조사 전문기관은 기존의 파트너와 인수 · 합병하여 주요 해외시장에 지사를 설립하고 있다. 미국의 ACNielsen, 영국 런던의 Taylor Nelson Sofres, 독일의 GfK 등과 같은 거대한 마케팅조사 전문기관 역시 점차 다국적기업이 되고 있다.

또한 글로벌화는 해외시장조사의 범위를 확대시켰다. 해외시장 진출을 위하여 목표시장에 대한 정치적 · 경제적 안정성 평가, 인프라의 발전정도, 목표시장 지역의 기후를 살펴봐야 한다. 목표시장의 시장조사와 정치적 위험, 환율변동, 인종간의 분쟁 등을 통해 국가매력도를 평가할 수 있다. 미국 국무장관을 역임한 Henry Kissinger가 글로벌 컨설팅 회사를 성공적으로 운영하고 있는 것은 놀라운 사실이 아니다.

이러한 자문기관이 국가보고서를 작성하기 위해서는 수만 달러의 비용이 든다. 여러 가지 요인의 빠른 변화로 자문기관은 매달 또는 분기별로 국가보고서를 작성하고 연차보고서를 작성하기 때문이다. 이러한 국가보고서에 대한 구독료로 매년 10,000달러—20,000달러가 소요된다. 특정 국가상황에 대한 보고서는 이것보다 훨씬 많은 비용이 든다. 해외시장 진출을 고려하는 대부분의 기업에게는 터무니없는 비용이다.

인터넷의 출현으로 많은 것들이 변하였다. "시장조사 통합관리자(market research aggregators)"라는 새로운 산업이 출현했다. 시장조사 통합관리자는 크고 작은 조사기관에서 이미 출판된 보고서를 인수하여 카탈로그 판매 및 재수정, 분류, 전매 업무를 담당한다. 이러한 인터넷 통합관리자의 보고서를 이용하고자 하는 고객은 원본데이터보다는 저렴한 금액이지만 보고서당 백달러에서 수 천달러의 금액을 지불해야 한다. 하지만 인터넷을 통해 개별 구매자의 욕구에 맞는 보고서를 작성할 수 있으므로 고객맞춤화가 수월해졌다.

해외시장조사 통합관리자는 전형적으로 한 두 개의 대규모 조사기관, 여러 가지 소규모 조사기관, 전문조사기관을 묶어서 인터넷으로 시범 운영한다. 인터넷 통합관리자는 자신의 데이터뱅크와 보고서를 만들기 위해 해외조사 기관들과 계약을 맺고 있다. 총수입과 이윤은 계약규정에 따라 통합관리자와 해외조사기관들이 나누어 가진다.

새로운 인터넷 통합관리자의 산업규모와 성장률은 인상적이다. 2001년 말 Profound.com은 대략 150,000건의 조사보고서를 판매 · 제공하였다. 이는 1999년 86,000건의 조사보고서에 비해 75%, 2000년 112,000건의 조사보고서에 비해 34%가 증가한 것이다.

AllNetResearch.com은 2000년 30개 기관으로부터 400건의 보고서를 보유하고 있었지만 2001년 12월에 95개 기관으로부터 대략 3,000건에 대한 데이터베이스를 보유하게 되었다.

해외시장조사 전문기관이 인터넷 통합관리자와 같은 중개매체를 두는 이유는 "중간 개입자"로 인해 고가의 구독료를 지급하는 우수 고객이 떠나는 것을 우려하기 때문이다. 대규모의 해외시장조사 전문기관은 저렴한 가격의 세분화시장으로 데이터의 접근이 가능하도록 해야 함을 알고 있다. 그리고 소규모 조사기관은 인터넷 통합관리자가 데이터를 수집 및 분석할 수 있도록 허용함으로써, 인터넷 통합관리자를 주요판매 경로로 삼고 있다. 다시 말해, 매우 극소수의 사람들만이 알고 있는 국가의 중요한 점을 알고 있다면 인터넷 통합관리자를 통해 알고 있는 유용한 정보를 필요한 사람에게 판매할 수 있다.

Sources: "Total Research Announces sales of Its 50% Stake in Romtec-GfK Joint Venture," *Business Wire,* July 2, 2001; Steve Jarvis, "Sum of the Parts: Fast-Growing Industry Delivers Data to New Markets, Piece by Piece," *Marketing News,* January 21, 2002.

서론

해외시장으로 진출하기 위해서는 우선적으로 진입국가의 시장잠재성 특히, 진입장벽을 조사해야 한다. 테러리스트와 반글로벌화 활동은 자유로운 자본의 이동을 위협할 뿐 아니라 국제무역의 자유화와 시장개방에 위협을 가하고 있다.

심지어 이러한 복잡한 환경에 대한 고려가 없다고 할지라도 체계적인 방법으로 진입국가를 선정할 때 어려움이 따른다. 글로벌 데이터베이스의 출현으로 시장에 대한 데이터가 많이 향상되었지만, 국제 온라인 데이터 서비스, 글로벌 시장조사 대행기관, 시장 수준 데이터 품질은 아직 일정하지 않고, 국가 별로 비교 가능한 데이터는 아직 부족하다. 시장잠재력을 예측하고 장기적 관점에서 데이터를 살펴볼 때, 시장상황과 친숙함이 고려되어야만 이러한 예측을 통해 바람직한 결과를 얻을 수 있다. 기업의 노하우와 해외진출 기회를 일치시켜야 한다는 관점은 원칙적으로는 맞는 말이지만 실제로 이러한 조화가 이루어지기 어려운 것이 글로벌마케팅의 현실이다.

그러면 진입국가의 선택에 있어서 실제적이면서도 체계적인 방법은 무엇인가? 그에 대한 답은 두 가지로 나뉜다. 첫째, 초기 검색과정에서 기업이 왜 해외로 진출하려고 하고 어떠한 자원을 동원할 수 있는가를 세밀하게 고려하여야 한다. 예를 들어, 해외시장 진출의 목표로 경쟁기업이 있는 지역의 침투 또는 선도시장으로의 침투가 있다. 또는 새로운 시장에 먼저 진출하여 경쟁기업보다 선발자 우위를 취하는 목표를 진출동기로 볼 수 있다. 둘째는 진입국가를 방문하여 시장규모, 성장, 진입장벽, 경쟁기업의 시정점유율에 대한 공식적인 데이터를 확인한 후 진입국가를 선정하는 방법이다. 이는 직접 수집한 정보가 없으면 결코 자원을 투입하지 않겠다는 방법이다.

Getting the Picture 매력적인 국가는 어디인가?

영국의 정책조언자이자 연구가 Simon Anholt는 국가매력도를 일반수치로 표현했다. Anholt는 국가매력도에 대한 여섯 가지 구성요소를 제시하였다.

1. 수출(Exports)
2. 정부(Governance)
3. 문화(Culture)
4. 국민(People)
5. 관광(Tourism)
6. 이민(Immigration)

기본적으로 위 여섯 가지 구성요소에 대한 국가 지표가 높을수록 국가매력도가 높다. 그 이유는 다음과 같다.

어떤 국가가 훌륭한 제품을 생산한다고 한다면, 소비자는 그 국가에서 생산된 제품에 대한 프리미엄을 수긍하고 기꺼이 높은 가격에 그 제품을 구매하게 될 것이다. 양호하고 안전한 정부일수록 "국제 커뮤니티"로부터 쉽게 지지를 얻을 수 있기 때문이다. 또한 국민과 문화가 존중될수록 해외에서 일하거나 이민을 가지 않고, 관광지로서 매력이 있을수록 관광객을 많이 유치하기 때문이다. 다시 말해, 위 여섯 가지 구성요소는 국가의 잠재적인 관광객, 투자자, 해외거주자, 자국으로 돌아오고자 하는 교포, 새로운 글로벌시장을 찾고 있는 글로벌마케팅 전문가와 같은 다양한 그룹에 매력이 있는지 여부를 확인시켜 준다.

Anholt는 미국조사 기업인 GMI를 통해 수많은 국가의 여섯 가지 구성요소에 대한 데이터를 수집하였다. 수집한 데이터는 공식적인 2차 데이터 대신에, 35개 국가를 대상으로 실제 고객조사를 수행하였다. 고객조사의 응답률에는 자국과 타국이 포함되어 있다. 국경을 넘어 수집된 데이터는, 여섯 가지 구성요소에 대한 국가의 랭킹을 혼합 계산한 것이다. 국가랭킹은 국민이 다른 국가들을 어떻게 이해하고 있는지를 볼 수 있는 유용한 자료이다.

여섯 가지 요소에 대한 수치의 합산은 세계 모든 국민에게 국가매력도가 어느 정도인지 보여주는 경제지표이다. 2007년 상위 15개국의 랭킹은 다음과 같다.

1.	영국	128.41
2.	독일	127.59
3.	프랑스	126.41
4.	캐나다	126.30
5.	스위스	125.21
6.	스웨덴	124.41
7.	이탈리아	123.92
8.	호주	123.56
9.	일본	123.46
10.	미국	122.65
11.	네덜란드	121.54
12.	스페인	120.53
13.	덴마크	119.92
14.	노르웨이	119.89
15.	뉴질랜드	117.84

자국민은 당연히 자국을 높이 평가했을 것이고 여기에 고정관념도 상당한 영향을 미쳤을 것이다. 예로, 미국 국민의 응답률을 보면 미국은 1위이고 프랑스는 14위이다. 반대로, 프랑스 국민의 응답률을 보면 프랑스가 1위이고 미국은 16위이다. 응답률이 서로 다르지만, 이러한 국가에 대한 평가는 시간적인 누적개념으로 살펴볼 때 변화가 감지될 수 있다는 측면에서 유용한 자료로 사용된다. 당연히 구체적인 분석을 위한 기준으로도 유용하게 사용된다.

Anholt는 또한 "장소브랜딩(place branding)", "국가브랜딩(nation branding)"의 개념을 발전시켰다. 이는 제13장 "글로벌 브랜딩(global branding)"에서 살펴볼 수 있다.

Sources: Anholt, 2003; www.gmi-mr.com.

제4장에서는 진입국가 선정과정을 보다 구체적으로 기술하고 있다. 본 장에서는 세계의 지역과 국가들을 포함한 시장조사가 무엇인지, 시장잠재력을 평가하기 위하여 국가의 시장상황을 어떻게 평가하는지 기술하고 있다. 또한 체계적인 진입국가 선정방법을 소개하고 복잡한 진입국가 선정과정에서 발생하는 다양한 장애물과 특정요인을 어

떻게 다루는지 논의하고 있다. 마지막으로 온라인 데이터베이스를 이용할 수 있는 다양한 자료출처와 진입시장의 판매량을 측정할 수 있는 여러 가지 방법을 기술하고 있다.

지역 및 국가 지표

다양한 지역과 국가에 대한 초기시장조사는 상당히 비공식적이고 다방면으로 이뤄진다. 그리고 후반기 시장조사는 좀 더 공식적이고 체계적으로 이뤄진다.

여기에서 우리는 지역시장과 국가시장에 대한 잠재력 분석을 시도하고자 한다. 그 첫 번째 분야는 다양한 지역과 국가의 정치적 위험(political risks)을 분석하는 것이다.

정치적 위험 조사

오늘날 대부분의 기업들은 진입국가에 대해 우선적으로 정치적 위험을 고려한다. 정치적 위험이란 하룻밤 사이에 국가경제의 원칙과 규정이 변할 수 있는 정치적 · 군사적 변화를 의미한다. 정치적 위험을 분석하고 위험노출 정도를 평가하는 여러 가지 방법이 있다. 이는 진입국가의 정치적 발전사에 대한 세부적 · 통계학적 보고서로부터 방문자가 전언하는 이야기 수준의 분석이 있을 수 있다. 그러나 대체로 기업이 우선적으로 고려해야 할 필수요인은 아래의 〈표 4.1〉의 정치적 요소와 같다.

정치적 위험은 네 가지 수준으로 분석할 수 있다. 여기에 사용된 데이터는, 정치적 위험을 분석할 때 기업이 사용하는 데이터이다. 분석된 정치적 위험의 정도를 수용할 수 없다면, 기업은 투자정책 및 해외직접투자를 포기하고 수출 또는 라이센싱을 통해 해외로 진출하려 할 것이다. 기업이 해외직접투자 정책을 수용할 수 있더라도, 정치적 위험이 투자수익률(ROI: return on investment)의 심각한 장애요소가 된다면 해외직접투자 정책을 중단할 것이다. 이는 시장침투를 목표로 하기보다 원자재나 저임금을 목

표 4.1 정치적 위험요인

요인	예시
제1수준 일반적인 불안정성	혁명, 외부침략
제2수준 수용	국유화, 계약취소
제3수준 제도시행	수입제한, 지역별 내부규정, 세금, 수출요건
제4수준 금융	자국송환제한, 환율

Sources: Reprinted by permission of Macmillan Publishers Ltd: *Journal of International studies,* Steven J. Korbin, "Political Risk: A Review and Reconsideration,"10, no.1, pp.67-80, copyright 1979 by Palgrave Macmillan.

Getting the Picture 정치적 위험: 이라크 사태

이라크 전쟁의 먼지가 채 다 사라지기도 전에 정권은 미국이 이끄는 연합정부에서 이라크 국가의 지도자에게 넘어갔다. 현재 이라크는 거대 사업체들에 의한 또 다른 침략을 대비하여야한다.

이라크로 진출하려는 기업은 정치적 위험을 어떻게 평가해야 하는가? 기업을 보호할 수 있는 방법은 무엇인가? 대답은 간단하다. 문제를 해결할 능력을 가진 사람에게 대가를 지불하면 된다.

Aon Corporation은 보험중개, 컨설팅, 보험업에 자회사를 두고 있는 국제기업이다. Aon Trade Credit의 경제학박사 Micheal Leonard는 2004년도 정치적 위험의 국제비용이 1조 달러에 달한다고 보았다. 2004년 1월, Aon은 200여개의 테러지역으로 해외시장진출을 하려는 기업에게 경제, 통화, 정치적 위험에 대한 "2004년도 정치 · 경제적 위험 지표"를 제시하였다.

Aon과 같은 보험 중개업자는 이라크에 있는 종업원, 시설장비, 기타 자산을 보호하고자 하는 수많은 기업에게 도움을 주고 있다. 일정한 보험료를 지불하면 기업은 이라크에서 개인상해 보험에 가입할 수 있다. 이라크에서의 개인상해 보험률은 세계에서 가장 높은 편이지만, 이라크 남부의 보험률은 이라크 북부와 바그다드보다 33~50% 저렴하다. 이라크에서 장비, 기계와 같은 유동자산에 대한 보험은, 정치적 폭력, 포기, 몰수, 수용과 계약이행을 위한 장비의 재수출을 하지 못할 때 발생하는 물리적 손실 또는 손해를 부보한다.

Aon을 통해서 보험부보 범위를 조절하고 보험요율을 낮출 수도 있다. Aon은 안정성의 문제에 대해 소정의 교육을 이수한 직원, 특정 국가의 전반적인 상황을 감독하는 정보 네트워크, 일정한 사고에 대한 대처방안을 가지고, 가까운 곳의 의료시설을 인지하여 특정 지역에서의 안전성을 위해 도움을 주는 조언자의 역할을 하고 있다.

미국 상무부는 현재 이라크로 해외시장을 진출하고자 하는 기업에게 조언을 하고 정보를 주는 등 이라크 재건 투자업무를 추진하고 있다. 2007년 업무 이행보고서는 이라크에서의 기업 대부분이 2008년도에 경제적 성장을 이루고 안정성이 개선될 것이라는 낙관적인 전망을 제시하였다. 또한 보고서는 기업소유자 78%가 향후 2년 동안 경제적 성장을 기대하고 있고, 기업경영자(84%)의 대부분은 예전에 비해 안전성이 나아졌다고 믿고 있다고 밝히고 있다.

기업은 '이라크와 같은 국가에서 잠재수익이 해외진출을 위한 조사비용, 이라크에서의 운영비용 및 영업을 위해 필요한 높은 보험비용을 충분히 커버할 수 있는가?'라는 딜레마에 직면하게 되었다. 이라크로 진출하고자 하는 기업이 환대받을지라도, 단기적 관점으로 볼 때 대부분의 외국기업은 이러한 기회를 포기할 것이다.

Sources: Carolyn Aldred and Michael Bradford, "More Buyers Seeking Policies for Iraq Risks." *Business Insurance*, February 2, 2004; "Aon Unveils 2004 Political and Economic Risk Map," *Business Wire*, January 28, 2004; http://trade.gov/Iraq/.

표로 하는 해외직접투자 정책에서 쉽게 발생한다.

정치적 위험의 새로운 형태로 국제 테러리즘(terrorism)이 있다. 2001년 뉴욕의 세계무역센터(World Trade Center)에 대한 9 · 11 테러 이전에도 테러리즘은 다국적기업에게 주요한 정치적 위험이었다. 이란 혁명과 남미의 정치불안으로 정치적인 살인이 발생했고, 다국적기업들이 진출한 새로운 자본주의 국가인 러시아에서는 범죄가 요동쳤다. 이 때문에 다국적기업의 해외파견 경영자들은 보험에 가입하려고 한다. 뉴욕 세계무역센터 테러와 같은 국제적 테러로 모든 국가가 정치적으로 불안전한 상태에 있다고 볼 수 있으며, 테러와 범죄증가율은 특정 국가 · 지역의 매력도를 감소시키는 어두운 이면으로 작용한다. 예로, 정치적 위험에 대한 영국 정부의 Gallup 조사에 의하면, 러시아가 57%로 "곤란"으로 평가되었고, 아프리카(47%), 남미(46%)가 그 뒤를 이었다. 정치적 위험이 높은 국가로는 앙골라, 남아프리카, 자이르, 콜롬비아, 아이티, 파푸아뉴기니, 터키가 있다. 테러의 확산으로 정치적 위험 지표가 빠르게 변하고 있으므로,

국가와 기업은 이러한 변화에 능동적으로 대처할 필요가 있다. 정치적 위험평가 산업은 이라크 사태로 인해 더욱 커지고 있다("정치적 위험: 이라크 사태" 참조).

정권교체와 새로운 체제로의 이행에 따른 정치적 위험이 일시적일 수도 있지만, 향후에 위험지표가 높아질 수 있으므로 기업은 이에 능동적으로 대처할 필요가 있다. 정치적 위험지수가 높은 곳에서, 기업은 이에 대해 마련한 시나리오를 실행해야 한다. 기업은 러시아의 정치적 변수를 예측하기 어렵지만, 대응방안으로 시나리오(최악의 시나리오에서 최상의 시나리오)를 구상할 수 있고, "가장 견고한 전략"을 구상할 수 있다. "최대로 견고한(most robust)"이 "매우 견고한(very robust)" 전략을 의미하는 것은 아니다. Putin의 러시아 체제에서 대부분의 기업들이 정치적 위험에 대해 매력적이지 못한 "최대로 견고한 전략"을 채택하였지만 많은 기업이 철수하였다는 사실은 놀라운 것이 아니다.

환경 조사

정치적 위험을 분석한 다음에는 시장에 영향을 미치는 환경요인(environmental factors)을 조사해야 한다. 이는 부분적으로 "기본에 충실하는" 것을 의미한다. 예를 들어, 제품사용 방법과 제품분석 방법에 영향을 미치는 환경변수는 소비자 선택에 영향을 미칠 수 있다. 이는 선호도의 문제가 아니라 "사실상"의 문제이다. 집이 작으면 가구가 잘 팔리지 않게 되고, 전기료가 비싸면 전동난방기는 유용하지 못하다. 또한 경차와 바닥이 얇은 구두는 몸집이 큰 사람에게 불편하고, 몇몇 나라에서는 경영자의 책상에 PC를 설치하는 것은 어렵게 얻은 지위를 모욕하는 행위이다.

소비자가 기본적인 기능을 이해하고 있지 못하다면 제품에 대한 소비자 평가조사는 유용하지 못하게 된다. 다양한 주제에 대해 아시아, 유럽, 남미에 있는 경영자를 대상으로, 국제 경영자 프로그램에 필요한 교육내용과 이에 대한 수요를 확인하는 연구가 있었다. 연구의 지원자는 대부분의 경영자가 교육내용과 별개로 경영자라는 칭호를 얻을 수 있다는 한 가지 이유로 참여하였고 소비자평가 연구자는 이러한 점을 간과하였다.

그러므로 가장 유용한 해외시장 조사는 소비와 구매행동을 결정짓는 환경요인을 중심으로 이뤄져야 한다. 이러한 환경요인을 파악하지 못하거나 무시해 버리면 국내시장과 다른 점을 발견하지 못하고 해외시장에 잘못된 광고를 하게 된다.

일반적으로 다음의 네 가지 환경차원(environmental dimensions)—(1) 물리적 환경, (2) 사회문화적 환경, (3) 경제적 환경, (4) 무역 블럭과 법적 환경—으로 국가를 평가해야 한다.

물리적 환경

사람의 행동에 영향을 미치는 가장 분명한 환경적 요인은 기후이다. 하절기 미국 동부 해안지대의 습기와 열기로, 사람들은 폴리에스테르 의류를 입고, 냉난방기기를 설치한다. 이 때 버몬트, 메인과 같은 시원한 지대의 피서용 별장의 집값은 상승한다. 열기와 습기가 동남아시아에서 냉난방기기의 판매를 증가시킨다. 러시아의 한기는 모피를 만들어냈고, 이는 일반적인 러시아의 수출 제품이 되었다. 하지만 덜 추운 국가와 서구 스타일에 맞지 않기 때문에 이는 시장침투를 어렵게 하는 요인이 된다.

물리적 환경에서 특별히 유념해야 할 부분은 전염병으로 인한 위험이다. 2002년 남 중국의 사스(SARS)발발로 그 지역으로의 관광과 여행이 사실상 중단되었고 비즈니스에도 영향을 미쳤다. 전염병이 감소하면서, 여행과 경제는 빠르게 회복세를 보였고 중국경제는 지속적으로 성장하게 되었다. 그러나 동남아시아 양계장의 조류독감이 반복적으로 발발하고 중국의 대기오염문제가 증가하면서, 동남아시아에서의 물리적 환경은 비즈니스를 위한 좋은 환경으로 평가되지 못했다. 이러한 위험은 정부의 경고, 세계보건기구(World Health Organization)의 최신 정보를 참고해서 평가할 수 있다.

사회문화적 환경

제3장에서 살펴보았듯이, 문화는 대부분의 시장에서 전방위적인 영향을 미치며, 그 사회의 사회계급 그룹화와 사회계층화에 반영된다. 이 시점에서 사회를 변화시키는 요인이 문화적 요인인지 사회적 요인인지를 구분하는 것은 중요하지 않다. 왜냐하면 이는 사회적 · 문화적 요인 모두 새로운 해외시장에 진입하기 위한 국가수용도를 분석할 때 중요하기 때문이다.

사회문화적 영향은 물리적 환경보다 분명하게 나타나지 않는다. 조사원은 통계적인 데이터 수집과 개인방문을 통해 관찰하고 사람들과 직접 대화를 시도해야 한다. 시장조사는 우선적으로 문화와 언어에 대한 UN, 세계은행, 일반적인 자료와 같은 이차 자료에 의한다. 여기서 자국과의 문화적 유사성이 많고 적음을 알아내는 것이 일차적 목적이다. 기업특유우위가 성공적으로 이전되기 위해서는 거리상의 문제가 고려되어야 하고, 새로운 환경에 직면했을 때 가능한 사회문화적 장애요인에 대한 이해도를 높이고자 하는 것은 이차적인 목적이 될 수 있다. 좀 더 세밀하고 깊이 있는 분석을 위해서는 기업은 진입국가로의 개인방문과 사람들과의 직접적인 의사소통에 이르기까지 인내심을 가져야 한다. 기업이 진입국가를 심도 있게 분석하기 위해서는 해당 국가를 리스트에 올려놓고 상당한 시간을 투자하여야 한다.

경제적 환경

경제발전 수준은 그 지역의 구매자 행동을 결정하는 주요한 요인이다. 가처분소득(disposable income)에 관한 데이터는 이차 자료를 통해 쉽게 이용할 수 있고, 데이터량

Getting the Picture 동유럽의 소비자

베를린 장벽이 무너진 후 동유럽국가가 개방되었을 때, 대부분의 서방세계의 제조업자들은 자신의 제품이 잘 팔릴 것이라고 생각했다. 하지만 동유럽의 소비자는 새롭고 좋은 브랜드로 전환하는 것을 꺼려했다. 가격과 구매력의 문제가 주된 이유가 아니었다. 고객과의 인터뷰를 통해 동유럽 소비자의 대부분은 새로운 제품을 구입할 수 있는 충분한 자금을 가지고 있음을 알 수 있었다. 또한 인터뷰에 따르면, 소비자는 시장에 있는 새로운 제품, 서로 다른 제품형태에 대해 충분히 이해하지 못하여 제품을 구입하지 않았다는 것을 알게 되었다.

예로 서구 브랜드의 샴푸용품에 "컨디셔너(conditioning)"와 "린스(rinse)"과 있고 또 다른 형태로 "통합형(two-in-one)"과 "모발손상용(hair repair)"이 있다. 이러한 제품의 특성을 이해하지 못함으로써 동유럽의 소비자는 새로운 제품을 구입하지 못한 것이다. 해결방법은 광고 카피를 변화시키고 선반에 제품 설명서를 제공하는 것이었다.

Sources: M. Wolongiewicz, personal interview.

도 많아 신뢰할 수 있다. 하지만 소득분배, 경제적 복지의 사회적 영향에 대한 정보가 없다면 가구당 소득에 관한 정보는 정확하게 분석될 수 없다. 예를 들어, 소수의 부유층과 다수의 빈곤층 사이에서는 구매력은 현저히 차이가 날 수 있다. 또한 소비수치와 제품침투를 통하여 시장성숙도를 평가할 수 있다.

무역 블럭과 규제 환경

국가를 평가할 때 항상 지역무역 블럭 회원국에 대한 정보를 포함하고 있어야 한다. 우선 진입대상 국가가 유럽연합(EU), 남미공동시장(Mercosur)과 같은 바람직한 무역 블럭의 회원국인지 여부를 살펴야 한다. 비회원국은 애초에 진입 대상국가에서 제외될 수 있다. 무역 블럭 정보는 해외시장 진출을 하려는 기업에게 특정 규정과 제도적 체계를 명확하게 설명해준다.

제도적 체계는 특정 비즈니스 관행을 금지하거나 허용하고 있다. 내부 규정에 관한 세밀한 정보는 시간적인 면에서 소모적이고 심층단계분석까지 연장될 수 있지만 기본적인 무역장벽에 대한 이해는 사전에 필요한 것이다. 세계무역기구의 회원국과 대외무역 개방정도는 인터넷 자료를 통해 쉽게 알 수 있다.

체계적인 시장 진입 심사

광범위하고 초기분석이 이뤄진 후, 진입국가 선정에 사용되는 체계적·심층적인 분석은 네 가지 단계—국가식별(country identification), 사전심사(preliminary screening), 심층심사(in-depth screening), 최종선정(final selection)—로 이뤄진다. 각각의 단계는 마이크로로그(Microlog)의 실례를 통해 설명할 것이다("마이크로 로그의 유럽 진출(A)" 참조).

Getting the Picture 마이크로 로그의 유럽 진출(A)

Microlog Inc.는 메릴랜드의 저먼타운과 워싱턴 DC 외곽에 위치한 작은 기업으로, 전기통신 부문을 취급하고 있으며, 매우 경쟁이 치열한 산업부문에서 10년 동안 사업을 유지해오고 있다. 동 기업은 음성처리시스템(voice processing systems)을 판매·서비스하고 있다. 다시 말해, 컴퓨터 전자 전화시스템은 직접 호출기능, 메시지 저장기능 및 온라인 메일과 오디오 정보서비스를 지원하고 있다. 이러한 통합적인 하드웨어-소프트웨어 시스템은 1990년 초 미국에서 무섭게 성장하기 시작했다. Microlog는 이러한 시스템의 발전에 이바지한 수많은 기업 중 하나이다. 동 기업의 고객은 주로 미국 정부와 국내기업이다.

동 기업은 일찍이 해외시장 진출을 하고자 했다. 국내시장이 성장하고 있지만 경쟁이 심했기 때문이다. Microlog 경영자는 유럽연합과 같이 새로 성장하는 해외시장에서 선발자 우위를 추구하는 것이 최선의 방법이라고 생각했다. 한번 시스템이 설치되고 나면 기업은 판매회사를 쉽게 바꿀 수 없으므로 시장을 지켜나갈 수 있다. 또한 성공적인 해외시장 진출을 위하여 기업과 지리적으로 가까운 곳으로 빠르게 움직여야 했다. 동 기업의 첫 해외시장 진출에 관한 이야기를 통하여 체계적인 해외시장진출 조사에 필요한 것들을 잘 알 수 있다.

Sources: Adams et al., 1993, www.mlog.com.

제1단계: 국가식별

국가식별(country identification) 단계에서는 다양한 통계학적 데이터를 사용하여 후보지역과 국가들을 검증한다. 일반적으로 기업은 진출할 특정 거래지역을 선택한다. 예를 들어, 기업이 유럽, 라틴아메리카, 동아시아 지역을 선택한다면 그 지역을 심층적으로 분석하여 자신의 판매사업 본부를 어디로 할지와 어느 국가에 먼저 진출할 것인지에 대한 검증을 할 것이다.

여기서 통계학적 변수는(1인당 소득을 포함한) 발전정도와 국가의 문화적 유사성을 잘 반영한다. 총체적인 시장잠재력은 인구 비교로 평가된다. 말레이시아가 1,700만 명인데 비해 인도네시아는 1억 7,800만 명의 대규모 시장을 가지고 있다. 통일독일은 대략 8,000만 명으로 유럽에서 가장 큰(러시아를 제외하고) 시장을 가지고 있으며 오스트리아는 800만 명으로, 독일문화의 비중이 다른 국가보다 크다고 할 수 있다. 프랑스와 영국은 각각 5,500만 명인데 비해 스웨덴은 800만 명, 덴마크는 500만 명으로 상대적으로 소규모의 시장을 가지고 있다. 헝가리는 1,100만 명으로 폴란드의 4,000만명에 비해 소규모의 시장을 가지고 있고, 라틴아메리카에서 칠레는 1,300만 명으로 브라질의 1억 5,000만명에 비해 소규모 시장을 가지고 있다. 일본은 남한의 4,400만 명보다 2.5배 큰 규모의 시장을 가지고 있으며, "호랑이"라 불리는 홍콩은 500만 명이라는 제한된 자국 시장을 가지고 있다.

제2단계: 사전심사

후보 지역 · 국가식별 작업 이후, 사전심사(preliminary screening) 단계가 시작된다. 이는 정치적 안정성, 지리적 차이, 경제적 발전과 같은 거시적인 지표를 통해 국가를 식별하고 등급을 정하는 것이다. 즉 사안을 검토하여 후보 지역 · 국가를 추려내는 것이

Getting the Picture **마이크로 로그의 유럽 진출(B)**

유럽국가를 토대로 사전심사 데이터를 수집하기 위하여, 마케팅경영자는 MBA 학생들에게 도움을 요청하였다. 5명으로 구성된 MBA학생들은 대학도서관을 통해, GNP 크기와 성장률, 인구크기, 인프라, 산업활동 수준 등에 대한 UN연합국의 데이터를 수집하였다. 세계은행(World Bank)에 방문하여 정치적 위험요소, 인종적 다양성, 잠재적인 언어 · 문화에 관한 정보를 수집하였다.

소수의 유럽 MBA 학생들과 유럽전문가와의 비공식적인 인터뷰는 정보를 확인하고 검증하는 데 사용되었다.

사전심사는 심층적으로 분석할 11개국을 선정하였다. 벨기에, 덴마크, 프랑스, 독일, 네덜란드, 아일랜드, 이탈리아, 노르웨이, 스페인, 스웨덴, 스위스가 여기에 해당된다.

Sources: Adams et al., 1993, www.mlog.com.

다. 예를 들어, 수익금의 자국송금과 통화교환성에 문제가 있는 국가 또는 정치적으로 불안전한 국가는 후보 지역 · 국가에서 제외된다. 일반적으로 환율의 변동성은 경제적 · 정치적 문제의 주요한 지표가 된다.

여기에서는 재정적 제약 및 기타 자원의 제약을 극복하기 위한 노력에 투입되는 시장진입 비용을 광범위하게 분석해야 한다. 비교적 쉽게 수집할 수 있는 운송비용과 관세에 대한 데이터를 통해, 후보 지역 · 국가로의 진입시 발생하는 저장 · 창고 · 유통 · 제품지원 비용 등을 고려해야 한다. 이러한 비용이 항상 해외시장 진출 경험이 있는 국가와 산업계 전문가에 의해 정확하게 평가되는 것은 아니다.(마이크로 로그의 유럽 진출(B)" 참조)

제3단계: 심층심사

심층심사(in-depth screening) 단계는 국가매력도를 평가하는 중요한 단계이다. 수집한 데이터는 산업과 제품시장에 맞게 구체화되는 수준에 이르고 필요하다면 시장세분화를 위해 수집된 데이터가 사용될 수도 있다. 이 단계는 시장잠재력(market potential)과 실제 시장규모, 시장성장성, 시장의 강점(strengths)과 약점(weaknesses), 잠재적인 경쟁률, 규제의 정도, 관세와 쿼터와 같은 진입장벽을 평가하는 단계이다. 표적세분화시장을 정확하게 규정할 수 있다는 점에서 국내시장의 세분화에도 적용될 수 있다. 그리고 이 단계는 자본, 경영자, 공급능력 등의 자원을 가진 기업이 해외시장 진출의 실현 가능성에 대해 다시 한 번 재고하는 단계이다.

심층심사 단계에서 사용되는 여러 가지 분석 기준은 해외진출을 시도하는 진입자에게 유용하게 사용된다. 일반적으로 연구보고서에 따르면, 대부분의 진입자들이 시장규모와 성장률, 경쟁수준, 무역장벽과 규제에 관한 정보를 사용하고 있음을 알 수 있다.

시장규모(Market Size)

시장규모를 통해 현재시장과 잠재적인 미래시장을 구별할 수 있다. 현재시장과 표적세분화시장의 크기를 평가하기 위하여 다음과 같은 세 가지 데이터가 유용하게 사용된다.

- 인구, 연령층, 가구수(B2B에서는 사업체의 수)
- 1인당 가처분 소득
- 제품에 대한 1인당 지출

미래시장의 잠재력은 제품수명주기 분석을 사용한다.

- 제품수명주기 중 현 단계
- 잠재적 포화수준
- 잠재적 판매(침투) 포화율

개략적인 시장크기는 현지의 생산량에서 수출을 제외하고 수입을 포함하여 계산될 수 있다. 또한 GNP 수치와 성장, 인구크기, 관련 제품의 수입을 통해 시장규모를 간접적으로 측정할 수 있다. 제품수명주기(PLC)의 자료를 통해, 제품을 소유하고 있는 가구와 시장을 구성하고 있는 가구의 비율 즉, 시장포화율을 알 수 있다.

시장성장성

시장성장성은 다음과 같이 세 가지 형태로 나누어 볼 수 있다.

- **기존 구매자 사이의 성장.** 이는 구매력의 성장과 구매금액의 증가를 말한다.
- **시장침투에서의 성장.** 이는 제품이 확산되고 인식되어 새로운 구매자가 찾아오는 것을 말한다.
- **새로운 구매자의 성장률.** 이는 인구성장과 가처분 소득 성장으로, 연령이 많고 구매력이 충분한 새로운 구매자의 등장을 말한다.

성장 측정치는 매년의 시장규모 수치와 성장률을 계산함으로써 얻을 수 있다. 이러한 방법으로 성장률을 평가할 때는 경제의 주기적 변화에 대한 분석이 중요하다. 비즈니스 사이클이 최고조로 달할 때는 느리게 성장하는 성숙한 시장이라도 빠른 성장을 나타낼 수 있다.

경쟁 강도

시장에서의 경쟁수준은 시장의 경쟁업체 수와 시장점유율의 상대적 크기의 분포로 측정할 수 있다. 경쟁수준은 다음과 같이 구별할 수 있다.

- 총 경쟁업체의 수
- 국내경쟁업체와 외국경쟁업체의 수

- 국내기업의 시장점유율
- 다국적 경쟁기업의 시장점유율

시장점유율을 높이기 위해 경쟁의 비교우위 관점에서 자신의 강점을 평가해야 한다. 국가 상무부는 자국 시장점유율 보고서를 통해 산업의 시장점유율을 찾아볼 수 있다. 일반적으로 기존의 다수 국내기업이 시장을 조금씩 지배하고 있을 때, 경쟁이 가장 치열하다. 기존 기업들의 시장점유율이 작거나, 외국기업이 이미 성공적으로 진입했다면 경쟁업체는 새로운 진입자에 대해 거의 신경을 쓰지 않는다.

무역장벽과 규제

관세 · 세금 · 납세 · 운송비용은 공식적인 정부간행물을 통해 확인할 수 있다. 관세데이터를 분석할 때 시장에 진입할 제품의 명세에 따라 장벽의 높낮이가 달라짐을 유의해야 한다. 예컨대, 기업은 완제품에 대한 높은 관세를 피하기 위해 외국에서 부품을

Getting the Picture 세계은행의 부패 조사

세계은행의 전 총재 James Wolfensohn은 개도국에서 거래를 할 때 주요 장벽의 하나로 부패를 언급했다. 부패를 찾아 증명하는 것이 힘들기 때문에, 부패청산은 환영과 싸우는 것과 같다. 또한 부패 관련 당사자들이 밝히기를 꺼려하기 때문에, 단순하게 그 국가의 부패정도를 평가하는 것은 어렵다. 설문지 또는 포커스그룹(focus groups)과 같은 기존 방법을 사용할 수 없으므로, 가상의 방법을 사용해야 한다. 부패에 대한 사회적 비용을 증명할 수 있는 문서를 기반으로 한 조사는, 국가조사를 어떻게 수행할 수 있는지에 대한 좋은 사례가 된다.

세계은행 소속의 국제금융공사에 가입한 국가를 통해, 세계은행은 인도사람들이 운전면허증을 취득하기 위해 뇌물을 어떻게 사용하는지에 대한 사례를 연구하였다. 2004년 10월과 2005년 4월 동안, 인도 뉴델리에서 운전면허증을 취득하는 과정에 822명의 지원자가 몰려들었다. 참여 관찰자을 모집하였고 무작위로 "보너스", "교육", 비교군집으로 나누었다. 보너스 그룹에서 참여 관찰자는 지원자들이 빨리 면허증을 취득했을 때 재정적인 보상을 제공하였고, 교육그룹에서 참여관찰자는 지원자들에게 운전연수를 무상으로 제공하였다. 비교군집에서는 아무런 인센티브가 주어지지 않았다. 운전능력을 평가하기 위해, 지원자가 운전면허증을 취득한 후 불시에 운전시험을 시행하였다.

여러 가지 결과가 나왔다. 첫째, 관료체계가 개인적인 욕구와 결탁하는 것이 밝혀졌다. 보너스 그룹에서 40%가 빨리 면허증을 취득하였고, 20%는 매우 빨리 면허증을 취득하였다. 이는 대부분의 사람들이 운전면허증을 취득하기 위해 별도의 방법으로 대리인과 전문가에게 뇌물을 주었기 때문이다. 둘째, 교육그룹은 탁월한 운전능력이 있음에도 불구하고, 비교 집단보다는 면허증을 취득하는 데 조금 더 높은 비율이었고(8%로), 보너스 그룹보다는(29%로) 빨리 취득하지 못했다. 지원자들에게 교육을 더 제공한다는 사실은 중요한 동기부여로 작용하지 않는다. 사실상 관료체계는 마음대로 운전자를 실격시킴으로 실제 운전능력과는 별도로 관료적 형식주의를 취하고 있다. 이는 뇌물을 받은 공무원이 고객 유치를 위해 큰 영향을 미치고 있음을 의미한다. 보너스 그룹에서 운전면허증을 얻은 사람들은 안전하게 운전하지 못했다. 사실상 그들의 69%가 별도의 불시적인 운전시험에서 실격을 당했다.

운전면허증을 빨리 취득하기는 했지만 이는 공무원에게 뇌물을 주었기 때문이다. 부패는 "뇌물을 써서 일을 원활하게 하는 것"이다. 부패의 사회적 비용과 관련하여 이 연구는 운전면허증을 요구하는 것이 위험한 운전자의 도로진출을 막는 것이 아님을 입증하고 있다.

Sources: Marianne Bertrand, Simeon Djankov, Rema Hanna, and Sendhil Mullainathan, "Obtaining a Drivers License in India: An Experimental Approach in Studying Corruption." *Quarterly Journal of Economics* 122, November 2007; "Doing Business", World Bank, 2008.

조립하기도 하고, 현지 조달부품을 늘려 관세율을 낮추기 위해 현지 제조업체로부터 부품을 구매하기도 한다. 따라서 관세장벽에 대한 국가평가는 그 국가에 운송되는 것이 최종재인지 중간재인지에 대한 사전결정 이후에 정확하게 평가된다. 관세는 국가마다 다르므로 소싱 국가(sourcing country)를 중심으로 조사하는 것이 중요하다. 다국적 기업이 전세계에 걸쳐 여러 지역의 공장을 가지고 있다면, 현실적으로 가능한 지역을 모두 조사할 필요가 있다.

특정 국가 내에서 이루어지는 기업규제는 또 다른 고려사항이다. 기업규제는 현지어를 사용하는 사람에 의해 관리되고 또한 현지 법률가의 도움을 받는 것이 바람직하다. 이러한 현지인의 도움은 통관절차나 우대조치와 같은 비관세장벽이 있을 때 더욱 필요하다. 또한 부패를 평가하는 것도 필요하다.("세계은행의 부패 조사" 참조).

현지조사로 현지법률에서 무엇이 가능한지 그렇지 않은지를 정확하게 파악하여야 한다. 예로 영업점내 판매촉진활동은 부수적인 규제가 따를 수 있는데 이러한 규제내용은 현지의 정부를 접촉하여 확인하는 것이 가장 정확한 방법일 것이다. 현지조사는 정부대행 기관, 무역협회, 도서관에 접촉할 수 있는 조사원을 통해 이뤄진다. 또한 경쟁업체 및 잠재적 경쟁업체의 네트워크를 알아낼 필요도 있다. 현지시장의 유통경로 조사는 수많은 개인방문과 대면 인터뷰를 통해 이뤄진다. Microlog의 심층심사 단계는 "마이크로 로그의 유럽 진출(C)"에 예시되어 있다.

제4단계: 최종선정

최종선정(final selection) 단계에서는 예상되는 수익과 비용을 비교하여 자원을 최대한 이용할 수 있는 해외시장을 찾는 것이다. 일반적으로 기존에 기업이 많이 진출한 해외시장은 진입비용이 낮고 위험도가 낮으며, 프랜차이즈 시장에 대한 투자회수율도 빠르다. 장기적인 관점에서 위험도가 높은 지역 및 국가를 선택하는 기업은 투자회수율이 적더라도 기업의 역량을 확장할 수 있는 국가에 투자할 수 있다.

해외시장 진출을 고려하는 기업의 목적에 따라 비용 및 다양한 기준에 다른 가중치

Getting the Picture 마이크로 로그의 유럽 진출(C)

Microlog의 경영자가 11개국 선정을 수락한 후, 팀과 경영자는 심층심사의 기준에 대한 논의를 하였다. 시장규모, 성장잠재력, 진입을 용이하게 하는 요소, 경쟁요소, 유통가능성, 미국과의 문화적 차이, 기술발전, 음성처리시스템의 수용성, EU시장의 중요성을 심층심사 기준으로 선정하였다.

심층심사 기준에 대한 합의 후, 팀은 자료를 수집하고 11개국을 심층분석 기준에 맞게 각각 점수를 매겼다. 이는 힘겨운 작업이었다. 즉, 전자통신 산업에 대한 규제와 관련된 정보는 워싱턴 DC에 있는 각국의 영사관에서 수집해야 하므로 이러한 작업은 팀 구성원 간에 분배하여 이루어졌다. 경쟁과 관련된 자료는 Microlog의 경영진, 무역협회의 수치, 미국상무부의 간행물 등 여러 간행물을 통한 컴퓨터 조사로 이루어질 수 있다. 마지막으로 국가평가의 대부분은 팀(경영자)의 주관적 판단에 의해 이루어졌다.

Sources: Adams et al., 1993, www.mlog.com.

Getting the Picture 마이크로 로그의 유럽 진출(D)

여러 국가의 매력도를 점수로 계산하기 전에 팀은 음성가공시스템의 시장진입 성공을 위한 여러 가지 기준의 중요도를 반영한 가중치를 제안하기 위해 경영자와 보조원을 만났다. 미국과의 문화적 · 언어적 유사성과 전화시스템의 호환성, 이에 대한 규제가 특별히 중요한 기준으로 선정되었다. 또한 경영자는 소규모의 시장진입이 용이할 것으로 보고, 시장규모를 중요하게 보지 않고 조금은 부정적으로 보았다. 대신 다른 국가의 시장진입을 토대로 확장해 나가는 것을 중요하게 보았다.

국가의 가중치와 매력도에서 점수가 높은 국가는 네덜란드와 아일랜드이다. 두 국가 모두 전자통신 시장이 잘 발달되어 있고, 산업규제도 다른 국가에 비해 완화되어 있으며, 북부 유럽시장 진입을 위한 입구이다. 스칸디나비아 국가들도 여러모로 매력적이지만 유럽 대륙 진출을 위한 좋은 입지는 아니다. 스웨덴의 Ericsson은 잠재적인 경쟁업체였다. 독일은 복잡한 규제시스템이 진입장벽으로 작용하기 때문에 진입대상에서 제외되었다. 프랑스의 규제 또는 프랑스 전자통신의 거대하고 잠재적인 경쟁업체인 Alcatel의 우세도 시장진입장벽으로 작용한다. 팀은 아일랜드보다 네덜란드를 더 우호적으로 보고, 첫 시장진입 국가로 네덜란드를 추천하였다. 또한 남부 유럽진출을 위해 두 번째로 매력 있는 국가로는 이탈리아를 추천하였다.

Sources: Adams et al., 1993, www.mlog.com.

(weight)를 부여하고 이를 기초로 각각의 기준점수와 곱하여 총점으로서 우선순위를 매길 수 있다.

Microlog 사례에서 팀의 최종선정 평가는 "마이크로 로그의 유럽 진출(D)"에 기술되어 있다

개인 경험

진입국가로의 개인방문(personal visits)을 통해 경영자가 직접 경험(direct experience)을 얻기 전까지 국가의 최종선정은 이뤄질 수 없다. 새로운 시장에 대한 현장 정보와 실무적인 느낌이 중요하기 때문이다. 고객의 특별 요청에 대하여 호텔직원이 대처하는 유

Getting the Picture 마이크로 로그의 유럽 진출(E)

최종적으로 선정된 국가는 네덜란드이다. 유럽에서의 첫 발걸음으로 하노버에서 열린 정보통신기술전시회 CeBIT에서 네덜란드의 유통업을 주도하는 두 세개의 기업을 포함하여 몇몇 기업과 계약을 맺었다. 힐베르쉼을 통해 돌아가는 중에 경영자는 Philips의 경영자와 만났다. Philips는 유망한 고객일 뿐 아니라 유럽시장진입을 위한 파트너가 될 수 있다. Philips가 가진 유럽시장의 경쟁력은 Microlog가 빠르게 신뢰성을 쌓아 유럽시장으로 확대해 나갈 수 있는 발판이다. 경영자는 Philips 경영자에게 "당사는 Philips가 당사의 유럽시장진출에 중요한 기둥이 되기를 원한다."고 말했다.

Philips의 경영자는 Microlog의 음성가공시스템의 잠재적인 가치를 인식하고, Microlog가 제공하는 전자통신 분야에서 Philips 명칭으로 생산되는 주문자상표부착생산(OEM)을 요구하였다. Microlog는 Philips와 "최선을 다한다는 조건으로" 계약을 함으로써, 즉시 유럽의 신뢰성을 얻었고, 향후 독립적인 부가가치판매업자로 나아갈 수 있는 중요한 발판을 얻게 되었다. 이처럼, Microlog는 Philips의 판매력으로 유럽시장에 진입하였고, Philips의 브랜드로 부가가치판매업자(VARs)로써 제품을 판매하게 되었다.

Sources: Adams et al., 1993, www.mlog.com.

연성과 시장에서 구매하는 사람들의 평균 언어능력, 가게에서의 예의 환자의 요청에 의사가 대처하는 정도, 화폐교환이 빠르게 이뤄지는지 등을 알아야 한다. 이러한 관찰은 현장에서 이루어진다. 그리고 방문을 통해 우연히 좋은 기회를 발견할 수 있다. 즉, "마이크로 로그의 유럽 진출(E)"에 기술된 것과 같이 사전에 인지하지 못한 마케팅 기회를 얻을 수도 있다.

국가 데이터 소스

주요 후보 지역 및 국가로의 개인방문이 중요하지만, 국가평가에 사용되는 데이터는 대부분 일차자료가 아닌 이차자료(secondary data)이다.

UN 간행물, OECD와 GATT/WTO 보고서, 미상무부 보고서와 같은 이차자료를 사용한다. 영사관, 상무부, 신문과 매거진의 지부, 정보대행 기관 등 다양한 단체를 통하여 데이터를 얻기도 한다. 이러한 데이터는 오늘날 웹사이트를 통해 접근할 수 있고, Google과 같은 인터넷 검색엔진을 통해 쉽게 검색할 수 있다. 유용한 데이터의 출처는 〈표 4.2〉에 나타나 있다.

시장의 글로벌화와 인터넷의 성장으로 이차자료의 유효성이 기하급수적으로 증가하였다. Lexis-Nexis와 Google과 같은 인터넷 온라인서비스는 보도가치가 있는 자원뿐 아니라 기본적인 경제학적 · 인구학적 데이터에도 쉽게 접근할 수 있게 하였다. 예를 들어, 기업의 연간보고서, 다양한 지역 또는 무역블록에 있는 사람들을 위한 Eurostat와 같은 기본적인 온라인 자료는 지속적으로 업데이트되고 있다.

더욱 심층있는 분석을 위해 전자적 뉴 미디어에 국제시장 조사기업으로 광고하고 있는 기업들은 특정 산업부문에 대한 정보를 수집하거나 판매하고 있다. 국제시장 조사를 선도하는 기업은 신흥국가를 비롯한 다양한 국가에 대한 시장조사 능력을 배양하고 있다. 자료 출처의 일부는 〈표 4.3〉에 기술되어 있다.

최초의 국가식별 단계에서 시장을 분석할 때 일반정보를 사용한다. 세계의 경제적 · 사회적 데이터의 경우에는 UN 연례간행물을 사용하는 것이 좋다. 이는 다양한 국가에 대한 포괄적인 시각을 제공해주기 때문이다. 또한 미상무부와 기타 정부기관의 데이터 및 유럽연합 위원회, 세계은행, 국제통화기금과 같은 국제기관의 데이터를 사용할 수도 있다.

둘째, 사전심사 단계에서는 더욱 구체적인 데이터를 사용한다. Business International, Dun & Bradstreet, The Conference Board의 보고서를 참고할 수 있다. 뉴욕에 본부를 둔 Bates Worldwide는 "Global Scan"이라는 데이터베이스를 발행하였다. 이 데이터베이스는 20개국을 대상으로 다양한 국가의 인구 하위집단에 대한 인구통계학적 사회경제학적 데이터를 제공하고 있다. Euromonitor International은 유럽국가들의 사회경제적 데이터에 특성과 의견을 첨부한 데이터를 제공하고 있다. Stanford Research Institute에

표 4.2 국가 데이터 소스

Africa Briefings	아프리카 국가들에 대한 거시적 경제와 경제적 부문의 자료
Business Environment Risk Intelligence(BERI)	130개국에 대한 정치적 위험순위(0:가장위험, 100:가장 안전)
CIA World Factbook 2008	세계 국가들에 대한 경제적 · 정치적 도표
Council of European social Science data Archives(CESSDA)	유럽 거시 경제데이터의 기록보관서 목록
Economist Intelligence Unit (EIU)	180여 개국에 대한 경제적, 정치적, 경영환경 분석과 예상 데이터
EIU Country Commerce	60여 개국에 대한 운영조건, 상법, 경영규제.
EIU Country Data	경제구조, 대외지급(foreign payments), 외부부채주식, 외부부채서비스(external debt service), 외부 무역(external trade), 외국무역동향에 대한 경제적 지표와 예상 데이터, 분기별 경제지표
EIU Country Reports	180여 개국 이상의 정치적, 경제적, 경영환경에 대한 분기별 분석과 예상 데이터
Eurostat	유럽의 경제적 데이터
Global Risk Assessment, Inc.	정치적, 투자적, 무역위험에 대한 분석과 조사
Global Prospectus LLC	전 세계 시장과 산업 데이터
Internet Center for Corruption Research	부패정도에 따른 국가순위
PRS Group	정치적 위험 분석에 대한 국가 데이터
Transparency International	90개 국가의 부패에 대한 연간 순위
World Bank Country Data	206여 개국에 대한 도표
Doing Business 2008	178여 개국에 있는 규제적 장애물

표 4.3 국제적인 데이터 소스

The Economist Intelligence Unit (EIU)	유럽에서의 마케팅(음식, 의류, 가구, 가전제품, 기구와 같은 제품판매) EIU는 BI를 소유하고 있다.
Business International (BI)	BI 데이터베이스(서로 다른 국가의 소비 패턴)
Frost & Sullivan	서로 다른 국가의 다양한 산업부문 시장조사 단체
Euromonitor	유럽 마케팅 데이터와 통계 (인구, 생활기준, 소비)
Bates Worldwide	전세계 자료(서로 다른 국가의 소비패턴, 대중매체의 습관과 태도)
U.S. Department of Commerce	전 세계 시장조사(특정 산업에 대한), 국가시장조사(수출가능한 국가에 대한 구체적인 보고서), 해외마케팅보고서(미국을 제외한 모든 국가에 대한 시장도표)
World Bank	세계개발보고서

서 시작된 VALS(values and lifestyles)프로그램이 국제적으로 확산되어, 선진시장의 라이프 스타일에 대한 시장세분화를 확인할 수 있다. 데이터수집 및 검색비용이 발생하지만 일반적으로 기업단체에서 발행하는 보고서의 경우에 청구되는 적정가격(1,000달러 이하)을 유지하고 있다.

사전심사단계에 사용되는 유용한 자료는 지난 30년 동안 매년 발행되어온 Business International Market Report이다. 이 보고서는 세계시장에 대한 시장규모, 성장, 시장집약도(market intensity) 등의 경제지표에 중점을 두고 있다. 시장규모에 대한 데이터는 인구크기, 도시백분율, 개인소비지출(가처분 GNP—개인저축), 전화 · 자동차 · TV의 소유지수, 전력생산의 수치가 모두 포함되어 있다. 시장성장률 지표는 기본적으로 5년 동안 평균적인 시장규모의 변동을 나타낸다. 시장집약도 수치는 개인소비 지출, 자동차 소유 지표, 도시 인구비율에 가중치를 둠으로써 시장의 움직임을 나타낸 것이다.

The Economist Intelligence Unit에서 지금 발간되고 있는 BI지수는 성장 장래성이 있는 국가와 새로이 출현한 시장을 분석할 때 특히 유용하다. 하지만 BI지수에는 정치적 위험지표와 정부간섭으로부터의 시장개방성에 대한 자료가 부족하다. 정치적 위험지

Getting the Picture 국가들의 거래장벽

무역투자에 대한 국가매력도를 평가할 때, 진입장벽과 영업규제는 국가매력도를 감소시킨다. 일본의 대형마트 진입금지, 독일의 24시간 영업규제 등이 대표적이다. 관세장벽이 낮더라도, 영업규제 및 금지가 국가매력도를 감소시킨다. 예로, 인도는 109개의 폭넓은 제품(다양한 음식과 관련된 제품, 음식색깔, 내용물 등)에 대한 법적 인증을 시행하고 있다. 109개 제품에 대한 인증을 위한 일곱 가지 구체적인 요건은 외부관세가 아니더라도 수입을 쉽게 할 수 없도록 작용한다.

최근 Dr. Simeon Djankov가 통솔하는 세계은행팀이 국가성장 리스트에 영업규제 평가를 제시하였다. 178개국을 대상으로 한 2008년도 보고서는, 영업활동의 10가지 항목에 대한 개별 국가의 업데이트된 규제조건을 보여주고 있다. 10가지 항목은 다음과 같다.:

- 영업개시(Starting a business)
- 인가취득(Getting licenses)
- 직원의 고용 및 해고(Hiring and firing workers)
- 재산등록(Registering property)
- 신용취득(Getting credit)
- 투자보호(Protecting investors)
- 납세(Paying taxes)
- 국경무역(Trading across borders)
- 계약이행(Enforcing contracts)
- 영업종료(Closing a business)

"Doing Business" 연간보고서는 위 10가지 항목에 대한 모든 지표를 업데이트하고 영업행위를 잘 수행할 수 있는 국가 순위를 나타내었다. 이 보고서에서 영업환경이 개선된 국가일수록 순위가 높고 그렇지 않은 국가일수록 순위가 낮음을 알 수 있었다. 경제학자들이 영업행위 수행여부에 대해 1~178위까지 순위를 매겼다. 영업행위 수행의 점수가 높다는 점은 규제적 환경이 영업수행에 도움을 준다는 의미이다. 2006년 4월부터 2007년 6월까지 기준으로 한, 2008년도 보고서에 제시된 상위 10개국은 다음과 같다.:

1. 싱가포르
2. 뉴질랜드
3. 미국
4. 홍콩
5. 덴마크
6. 영국
7. 캐나다
8. 아일랜드
9. 오스트레일리아
10. 아이슬란드

위 순위는 예상대로이지만 글로벌 시장의 현실을 나타낸다. 대부분의 국가들이 선진국이고, 제일 마지막 순위는 아프리카 국가인 콩고민주공화국으로 집계되었다.

Sources: www.doingbusiness.org; Parvaiz Ishfaq Rana, "Softening of Indian Trade Barriers," *Dawn*, Internet edition, April 30, 2007.

표와 시장개방성에 관한 데이터는 뉴욕 Syracuse의 Political Risk Services에서 연간 발행하는 Political Risk Yearbook을 통해 얻을 수 있다. 이는 정부의 극심한 변화와 사회적 불안 정도를 통해 국가의 정치적 안정성에 대한 전문가의 평가를 나타낸 것이다. 또한 외국소유 지분 제한과 자금송금 제약과 같은 경영의 제약요소를 간추려 정리하고 있다. 정치적 불안과 경영의 제약요소에 대한 점수가 높은 국가는 일반적으로 초기에 검토 대상에서 제외된다.

진입장벽과 규제적 장애물에 관한 가장 좋은 자료는 세계은행에서 매년 발간하는 "Doing Business" 보고서이다. 이는 다양한 국가에서 경영을 할 때 발생하는 규제적 장벽에 대한 자료를 제공하고 있다. 2008년 간행물에는 178개국을 대상으로 하고 있다 ("국가들의 거래장벽" 참조).

셋째, 심층심사 단계에서 특정시장에 대한 자료가 필요할 때, 산업에 따라 사용되는 유용한 자료는 다르다. 일반적으로 무역협회와 정부대행기관의 자료를 사용할 수 있다. 미국 상무부와 이와 같은 기능을 하는 여러 국가기관은 다양한 국가와 제품의 시장점유율, 산업수준에 대한 데이터를 발간한다. 무역갈등이 발생할 때는 더욱 더 유용한 자료를 사용해야 한다. 자동차, 컴퓨터, 가전제품과 같은 고도의 유형산업 부문에서 유용한 자료는 업계신문을 통해 얻을 수 있다. 또한 기업단체의 데이터를 통해서도 얻을 수 있다. 예를 들어, 뉴욕의 Frost and Sullivan은 특정 산업부문에 대한 잠재력과 시장성장에 대한 세계적인 연구결과를 제공하고 있다. 심층심사 단계에서 문제는 국가 간 비교가 어렵고 일부 국가의 자료가 완벽하지 못하다는 점이다. 예로, 이탈리아와 같이 거대한 경제를 바탕으로 하고 있는 국가의 동적 잠재력을 발행된 통계지표로 살피는 것은 한계가 있다. 정보부족은 사실상의 진입장벽으로 작용한다.

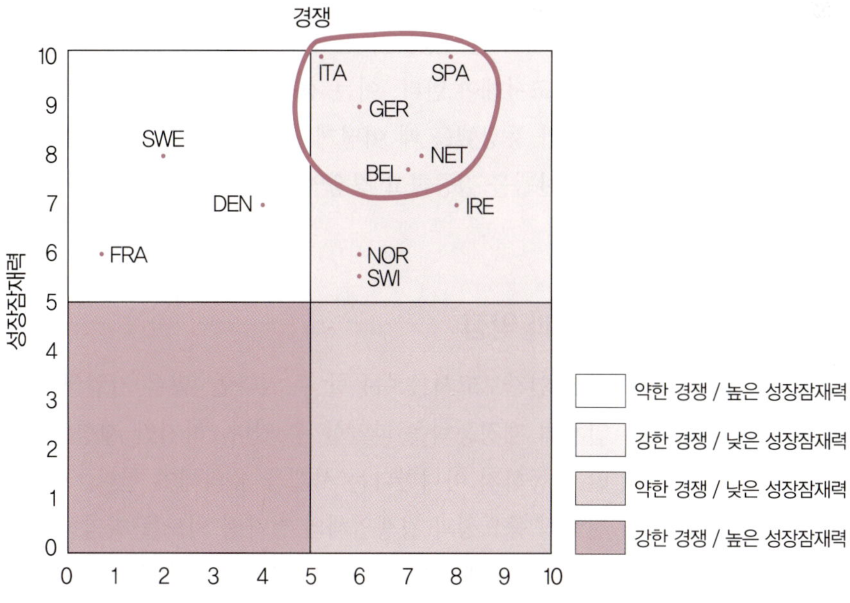

그림 4.1 Micrology의 국가 군집

Sources: Adams et al., 1993.

제품별 기준에 대한 데이터는 진입예정국가를 시장잠재력의 높낮이를 구분하여 각 국가별로 군집화를 가능하게 한다. Microlog 사례에서 팀은 두 가지 기준으로 진입 예정국가를 정했다. 〈그림 4.1〉는 "성장잠재성"에 상응하는 "경쟁"을 도식화한 것이다. 북동쪽 위에 군집한 국가들은 성장잠재력이 높은 반면에 상대적으로 경쟁 집약도가 낮은 국가이고 경쟁 집약도가 높은(1 = 강한 경쟁 집약도) 프랑스보다 기회가 더 많음을 알 수 있다. 이 도표를 통해, Microlog가 유럽연합에 진입할 때 왜 프랑스를 선정하지 않았는지를 한 눈에 알 수 있다.

마지막 최종선정 단계에서는 새로운 이차 정보를 필요로 하지 않으며, 가능성 있는 국가의 방문을 통한 주관적인 판단과 경험이 중요한 역할을 한다. 경영자는 부족한 자료와 적합하지 않는 자료 대신에 자신의 주관적인 "추정"을 사용한다. 이러한 주관적 추정이 자료의 정확성에 상당한 왜곡을 초래할 수도 있지만 그래도 이러한 추정의 출처를 알 수 있다는 점에서 가치가 있다. 또한 바람직한 조사는 최종적으로 지역 · 국가를 선정하기 전에, 나타날 수 있는 모든 경쟁적 반응에 대한 시나리오를 만드는 것이다. 집집마다 방문하는 화장품 판매회사인 Mary Kay는 중국으로 진출하기로 결정했다. 거대한 시장에서 함께 성장할 수 있다고 판단했기 때문에 선두진입자인 Avon이 방어조치를 취하지 않을 것이라고 판단했다. 그러한 예상은 맞아들었지만 두 기업은 나중에 정치적 위험에 의해 아연실색하게 되었다. 중국이 직접 방문 판매하는 피라미드식 판매를 금지하고, 점포를 통한 판매를 강요하였기 때문이다.

경쟁자 조사

제2장에서 살펴봤듯이 현지마케팅 전문가는 진입국가의 국내 경쟁업체와 외국 경쟁업체를 조사해야 한다. 이는 경쟁업체가 누구인지, 강점과 약점은 무엇인지, 새로운 경쟁업체가 등장했을 때 어떻게 반응하는지를 조사하는 것이다. 또한 후보 지역 및 국가의 최종선택을 검증하고 경쟁업체의 반응에 대한 시나리오를 구상하여야 한다.

강점과 약점

기업 연간보고서를 이용할 수 있다면, 많은 기업의 교환 가능한 주식 및 자원으로 경쟁업체의 재정능력을 파악할 수 있다. 하지만 재정상태가 복합적인 기업은 한 국가에서만 활동하지 아니한다는 사실을 유의해야 한다. 경쟁에 대한 분석을 위해서는 시장의 전략적 중요성과 경쟁업체의 전략적 의도를 파악하는 것이 중요하다.

경쟁업체에 대한 시장의 총체적인 관심은 일반적으로 외국진입자보다 국내기업에서 높게 나타난다. 제조업체의 해외직접투자와 같은 국가 내 외국기업은 "내부자"로 간주하기 때문에 국내기업으로 본다. IBM Japan은 다수의 서양인을 종업원으로 두고 있지만, 최고경영자가 서양인이 아니므로, 사실상 일본기업으로 본다.

경쟁업체의 강점은 경쟁업체의 조직구조를 통해 파악할 수 있다. 네덜란드 전자기업인 Philips와 같은 다국적기업은 지역관리가 독립적으로 이뤄지는 강점이 있기 때문에, 특정 지역 관리에 전사적인 지원을 하지 않는다. 이와 반대로 Caterpillar와 같이 세계통합 전략을 가진 기업은 한 지역에서 손실이 발생했을 때 다른 지역에서 그 손실을 충당한다. 이러한 세계적통합 관리는 Philips와 같이 자회사에 대한 소규모의 지원에 의한 방식보다는 광범위하고 세계적인 자원동원을 가능하게 한다.

경쟁업체의 마케팅조사를 통해 차별적 가격전략을 취하는지 확인할 수 있고, 유통과 사후 관리시스템의 강점 및 약점 등을 파악해야 한다. 경쟁업체의 장단점에 대한 조사는 일반적으로 무역중개자, 무역 매거진, 신문논평에 의한 정보를 이용하고, 이는 소비자의 구매동기에 대한 조사보다는 수월하다.

경쟁신호

현지마케팅 전문가는 경쟁업체의 향후 활동을 파악하기 위해 경쟁신호(competitive signals)를 파악해야 한다. 시장의 규제완화, 민영화와 같은 조치들은 시장상황을 파악하기에 더욱 어려운 점을 야기하고 있다. 따라서 시장의 경쟁정도를 예측하는 것 또한 더욱 어렵게 되었다. 특히 전자통신과 컴퓨터와 같은 고도기술부문에서 성급하게 경쟁상황을 발표하게 되는 경우에 경쟁업체들에 대한 오해를 불러일으키거나 입찰과정에서 공개매입을 어렵게 한다.

새로운 시장진입자는 경쟁의 심화정도를 예측하기 어렵기 때문에 현지경험이 많은 인재를 고용하여 일반대중과 관련당국 및 경쟁업체와의 관계를 분석하도록 한다. 미국이 취하는 "무간섭"의 관료적인 태도가 다른 국가에서 볼 수 있는 일반적인 형태가 아니므로, 새로운 경영자는 거래에서의 의사소통을 수월하게 할 수 있는 네트워크를 현지국가에 구축해야 한다. 네트워크의 결합이 반경쟁적인 태도로 보일 수 있지만, 이는 외국기업이 취하는 대표적인 영업방식이다. 기업과 경쟁업체간의 전략동맹 및 협력동맹으로 현지마케팅 전문가들은 네트워크가 어떻게 기업에게 도움이 될 수 있는지에 대해 연구할 필요가 있다.

국가판매량 예측

이 장에서는 지금까지 시장 진입국가의 시장잠재성평가에 대한 내용을 다루었다. 시장잠재성 평가는 "이상적인" 조건에서 이룰 수 있는 시장잠재성을 검증하는 것이고, 판매량 예측은 일어날 수 있는 상황과 마케팅전략을 통해 취득할 수 있는 국가판매량을 평가하는 것이다. 여기에서는 판매량 예측에 사용되는 두 가지—산업판매량과 시장점유율—에 중점을 두고 있다.

총시장판매량과 시장점유율을 평가함에 있어서는 여러 시장에서 동시에 적용될 수 있는 방법론을 사용하여야 한다. 국가에서 고려되어야 하는 추가적인 요인도 있다. 경제적 · 인구통계학적 자료는 서로 다른 분류체제로 비교할 수 없다. 마케팅 전문가들은 자국시장을 비롯한 기타 시장의 과거 데이터를 통해 판매량을 예측하는데, 이는 새로운 시장에서 흔히 사용되는 "부트스트랩(bootstrap)" 판매량 예측평가의 일종이다. 시장 진입국가의 판매량 예측은 통계적 기법과 그 국가에 대한 지식을 가상적으로 결합시켜 평가하는 것이다.

기본방정식

해외시장에서의 판매를 예측할 때 Mazda처럼 운이 좋은 기업은 거의 없을 것이다("마츠다의 간단한 예측" 참조).

마츠다(Mazda)는 판매량예측을 위해 평가해야 하는 기본요소를 다음과 같이 제시하였다:

$$\text{판매량(Sales)} = \text{산업판매량(Industry sales)} \times \text{시장점유율(Market share)}$$

고려해야 할 요소로 산업판매량과 시장점유율로 구분하였다. 산업판매량은 경제성장률, 소득, 정치적 · 사회적 발전, 제품수명주기의 움직임과 같은 요소들을 포함한다. 시장점유율은 경쟁력 있는 상황과 마케팅 노력과 같은 직접적인 관련 요소로 구성된다. 기본적으로 시장규모에 영향을 끼치는 것이 무엇인지와 시장에서 획득할 수 있는 시장점유율이 얼마인지는 별개의 문제이다. 이렇게 판매량을 예측하는 것은 너무 단순한 면이 있기는 하지만 이러한 예측기법에는 관세 및 비관세장벽을 포함하는 다양한 무역장애요소들이 고려될 수 있다.

Getting the Picture 마츠다의 간단한 예측

1981년 미국에서 시행되는 자발적 수출 규제로 일본자동차 기업은 미국판매량을 예측하였다.(1981년 이후 일본기업은 간단하게 자신들의 시장점유율을 평가하였다.) Mazda는 신속한 판매량예측방법으로 "간단한" 방법을 사용하였다. 첫째, 산업판매량 예상을 위해 워싱턴 DC의 경제학자를 포함한 다양한 출처의 정보를 사용하였다. 둘째, 수입차의 비중을 같은 출처의 정보를 사용하여 추정하였다. 셋째, 일본의 수입비중은 과거의 데이터와 세계적으로 취합된 판매추세(일본 자동차 제조업 연합(Japanese Automobile Manufacturers' Association; JAMA)이 도움을 주었다)를 근거로 평가하였다.

마지막으로 일본의 시장점유율에서 Mazda의 시장점유율은 기업내 데이터, 세부조건에서의 발전가능성, 이전에 해외에서의 실적데이터를 근거로 평가하였다. 판매량 예측을 계산하는 것은 단순하다. 산업판매량×수입비중×일본의시장점유율×Mazda의 미국시장점유율을 곱함으로서 Mazda의 미국시장 판매량을 예측할 수 있다. 이러한 방식의 판매량예측 기법은 시간과 비용이 많이 들지 않으며 거의 정확하다.

Sources: Personal interviews with company spokesmen, Mazda North America.

제품수명주기단계

제품수명주기 초기 단계에서는 비교적 적은 데이터로 통계적으로 판매량을 예측하는 데 사용되고, 이 단계에서는 창의적 방법을 사용해야 한다. 후기 단계에서는 과거판매량과 시장점유율 데이터를 활용하는데, 이때에는 좀 더 세련된 방법을 사용해야 한다. 초기 단계에서 판매량 예측을 위해 사용되는 세 가지 방법이 있다. 첫째, 산업전문가와 유통경로 단위를 합산하는 "빌드업(build-up)" 방법, 둘째, 선진국과 비교하는 유추(analogy) 방법, 셋째, 다른 방법이 없을 때 사용되는 판단적(judgmental) 방법이 있다.

산업판매량

빌드업 방법

빌드업 방법은 일반적으로 산업분야의 전문가 또는 지식이 풍부한 구성원으로부터의 정보를 사용한다. 기업이 개별적으로 전문가 또는 지식이 풍부한 구성원과 접촉할 수 있다면, 그러한 정보를 통해서 시장규모를 평가할 수 있다. 빌드업 방법(build-up method)에서 "빌드업(build-up)"의 의미는 시장세분화에 대한 개별적인 전문가의 평가를 토대로 시장판매량을 예측하는 것을 말한다. 시장세분화에 대한 개별적인 평가를 모아서 총체적인 시장규모를 평가하는 것이다.

예를 들어 어떤 기업이 새로운 오디오 제품에 대해 유럽에서의 판매량을 예측하기 위해 개별 국가의 시장에 대해 세 가지 유통경로로 세분화시켰다. 새로운 오디오 제품을 10대 연령층은 대체로 편의매장을 통해 구입했고, 고성능을 원하는 층은 전문점에서, 가족용을 원하는 층은 일반 상점과 백화점에서 구입했다. 이러한 유럽국가의 유통경로에 의한 판매량을 모아서, 진입국가의 판매량을 평가하는 기초로 활용할 수 있다.

빌드업 방법은 주관적인 관점이 포함되므로, 마케팅 전문가들은 주관적 평가의 신뢰성을 높이기 위해 다른 출처의 추가적인 정보를 사용해야 한다.

빌드업 방법에 의한 판매량예측은 다른 국가에서의 제품에 대한 경영자의 경험(다른 국가의 제품수명주기과정에 따라 제공되는)과 항상 비교해야 한다. 이러한 경우, 유추(Analogy) 방법을 통한 판매량 예측이 많이 사용된다.

유추에 의한 방법

유추에 의한 방법(forecasting by analogy)은 이미 제품을 판매하고 있는 "선진" 국가에서의 판매량을 통해 "후발" 국가에서의 판매량을 예측하는 것이다. 1960년대 이후로 세계화 협력이 추진되면서 이러한 유추적인 방법은 서로 다른 나라에서의 신제품 판매량, 특히 지역그룹에 속해 있는 국가에서의 신제품 판매량을 예측하는 데 사용되었다.

그 대표적인 예가 TV이다. 미국에서의 TV 도입곡선이 조금씩 다르긴 하지만 다른 국가의 성장곡선과 유사함을 알 수 있다(이를 전시효과라고 한다). 내구재 역시 대표적인 예로서 시장침투율은 시장발전 단계를 나타내는 기준으로 사용된다.

제품도입을 시도하는 국가의 향후 잠재적인 판매량을 평가하는 신속하고 저렴한 유추적 방법은 성장곡선(제품수명주기)의 어느 단계에서 시장에 진입할 수 있는지를 알아내는 것이다. 신제품인 경우 성장곡선의 경사가 이미 제품을 판매하고 있는 "선진" 국가의 경사와 동일함을 알 수 있다. 경험이 풍부한 분석가는 제품수용의 속도도 새로 진입할 국가에서 유사하게 나타날 것이라고 본다. 하지만 경제성장률이 다르기 때문에 포화곡선의 높낮이가 낮을 수도 있고 높을 수도 있다. 이러한 차이는 최종적으로 판매량을 예측할 때 고려된다.

실례: TV의 시장침투

유추적 방법이 사용된 예로서 서로 다른 시점에 서로 다른 국가의 TV 도입과 시장침투를 살펴볼 수 있다. 〈그림 4.2〉에서는 3개 국가의 점유율과 연간판매량 증가율을 알 수 있다.

〈그림 4.2〉를 통해 침투율(penetration rate)이 독일과 영국에 비해 미국이 조금 더 빠르고, 수명주기의 초기 단계에서 연간증가율이 크다는 사실을 알 수 있다. 이와 다른 패턴을 가진 국가도 있다. 예로 스웨덴은 미국보다 침투율의 경사가 더 가파르다. 이처럼 일찍이 TV 사업을 시작한 미국과 기타 국가(스웨덴)에 의한 "전시효과"를 관찰할 수 있다.

〈그림 4.2〉는 유추적 방법의 기회와 단점을 나타낸다. 전반적인 패턴이 비슷하다고 말할 수 있지만 도약 시기와 성장률이 다르기 때문에 후발국가의 패턴이 똑같은 것은 아니다. 침투곡선의 다양성을 설명해 주는 변수를 추적함으로서 유추적 방법으로 시장에 진입할 수 있는 적절한 시기를 알 수 있다.

국가 크기의 상이함을 계산하기 위해 판매량 수치는 일반적으로 GNP 또는 인구크기

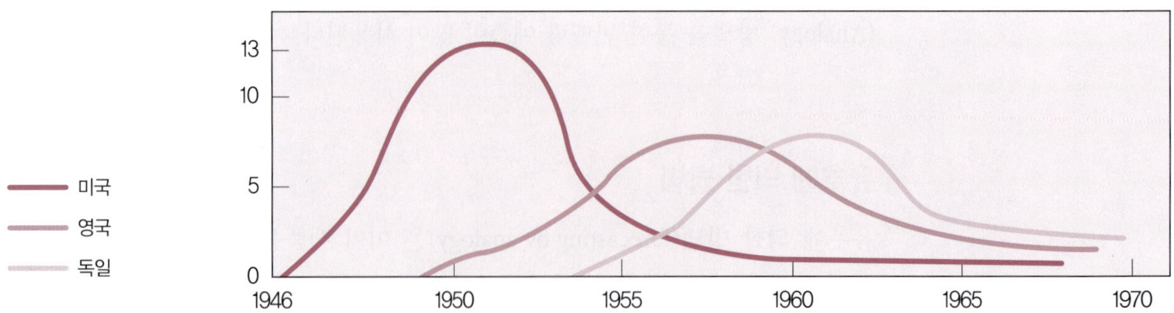

그림 4.2 연간 TV 보유 댓수 증가추세

Sources: Lindber, 1982. Adapted with permission. © 1982 by the American Marketing Association.

와 같은 수치를 사용한다. 예로 판매량 예측공식은 다음과 같이 나타낼 수 있다:

$$S_b(1995) = [S_a(1991)/\mathrm{GNP}_a(1991)] \times \mathrm{GNP}_b(1995)$$

여기에서 *S*는 판매량 단위, *a*는 선진국가, *b*는 1991~1995년까지의 후발 국가를 나타낸 것이다. 다시 말해, 1991년 선진국가의 GNP에 대한 판매율은, GNP 1달러당 판매 단위를 나타낸 것이다. 여기에 1995년 후발국가의 GNP를 곱하여 진입국가의 판매량을 산출한 것이다.

이러한 공식에는 두 국가 간 주의 깊은 비교평가가 필요하다. 즉, 국가 간 상이한 판매량과 GNP 비중에 또 다른 이유가 있는지 여부를 살펴야 한다. 미국과 캐나다는 일부 관점에서 상당히 다른 국가이지만 캐나다와 미국은 인구차이를 이미 감안하여 예측되고 있음으로 이러한 상이점들이 큰 영향을 미치지는 않는다. 일본가정에서는 밤 11시까지 남편이 직장에서 일을 하는 반면 독일가정은 집이 크고 직장에 있는 시간이 적어서 가족이 함께 보내는 시간이 많기 때문에 일본과 독일에서의 TV역할이 매우 다르다(컬러 TV가 독일에서 보다 일본에서 지위의 상징으로 여겨진다). 이러한 차이들을 고려하면 GNP가 판매에서의 차이를 설명할 수 없다는 것을 추측하게 한다.

판단적 예측

(이전에 사회주의 국가였던 시장에 진입하는 경우와 같이) 제품에 대해 비교할 국가자료가 없을 때 유추적 방법은 바람직하지 못하다. 또한 유통경로 구성원들은 유효성 또는 신뢰성을 가진 빌드업 방법을 거의 알지 못하기 때문에 이러한 경우 판단적 방법을 사용한다.

판단적 방법에 의한 판매량 예측은 일정 부분 자의적인 부분도 있지만 최대한 믿을 수 있는 방법을 동원하여 진입국가의 판매량을 예측하는 것이다.

배심원 기법

진입시장에서의 판매량 예측에 경영자의 직접경험 및 관찰이 반영되는 것은 당연하다. 배심원 기법(jury technique)은 경영자 위원회의 모임에서 중요한 논의 전 또는 후에 경영자들이 개별적으로 판매량 예측에 대한 의견을 제시하는 것이다. 이는 후보 지역 및 국가를 최종적으로 결정하기 전에 시장진입 결과를 다시 한 번 검토하게 한다. 심사위원 방법은 경험이 풍부한 경영자가 많을수록 더 많은 통찰을 할 수 있다는 특성이 있다. 아래에 제시된 델파이 방법(delphi method)과 결합하여 더 많은 통찰력을 제공할 수 있다.

심사위원이 어떤 자료를 이용하고 있는지, 해외시장에서 어떤 직원들이 이 과정에 참여하고 있는지가 중요하다. 경영자의 판단적 방법은 심사위원의 합의로 인해 개별 경영자의 책임이 아니라 전체 조직의 책임이 된다. 이러한 판단적 방법은 기업 전체에 반영되는 중요한 결정이고 고위험을 수반하는 의사결정임으로 특히 주의해야 한다. 또한 이러한 방법을 통해 해외시장 진출을 하려는 경우, 한 국가의 운영지식을 가진 1인 및 소수의 경영자보다 여러 국가의 운영지식을 가진 여러 경영자의 의견이 필요하다.

전문가 풀링

진입국가에 대한 전문가 풀링(expert pooling)은 새로운 해외시장에서의 판매량 예측을 위한 초석이다. 새로운 해외시장 개척에 대한 경험이 없다면 기업은 전문가(아카데미 회원, 컨설턴트 업체, 현지국가의 국민들)와 상담해야 한다. 전문가의 소견은 새로운 해외시장 잠재력에 대한 정확한 정보를 제공한다.

패널합의

패널합의(panel consensus)는 경영자로 구성된 심사위원 방법과 같이 여러 출처로부터 이용할 수 있는 정보를 모으는 것이다. 마이크로로로그(Microlog) 팀은 국가평가기준에 따라 국가순위를 나타내기 위해 패널합의 방법을 사용했지만, 사실상 각 팀 구성원의 주관적인 비율을 표준화한 것이다. 델파이 방법(delphi method)은 패널합의 보다 구체적인 방법이다.

델파이 방법

델파이 방법(delphi method)은 사전에 전문가들을 구성하고 판매의 수치적 예측에 대한 논의의 시리즈로 구성된다. 여기서 전문가들은 패널의 구성원을 알 수도 있고 그렇지 않을 수도 있다. 전문가들은 자신의 동료와 별개로 개별적 판매량 평가를 제시해야 한다. 전문가의 판매량 평가가 이루어지면 평균판매량수치를 계산하여 간추린 통계(개별 평가가 아님)를 전문가들에게 나눠준다. 그리고 판매량 평가에 대하여 한번 더 평가를 하여 통계치를 다시 전문가들에게 나누어 준다. 이러한 피드백은 판매량 평가의 논의가 거의 근접할 때 까지 계속된다. 평균 판매량 수치와 거리가 먼 판매량 수치를 산출한 전문가는 자신의 평가가 더 옳다는 신념이 없을 때 자신의 판매량 평가를 다음 라운드에서 조정하게 된다.

이러한 델파이 방법에 대하여는 많은 논의가 있어 왔으며 비판을 받는 부분도 있다. 패널위원들의 완고함으로 "그릇된 평가가 정확한 평가를 밀어낼 수 있다."는 단점이 있다. 하지만 델파이 방법은 다양한 의견을 수집할 수 있는 커다란 이점을 가진다. 그러므로 해외시징에 대힌 경힘과 지식을 가진 여러 진문가들이 판딘적 분석을 힐 때는 (본사의 경영자 또는 자회사의 일반경영자와 같이) 우위를 점할 수 있는 성향의 전문가들의 일방적인 영향을 배제할 수 있다. 또한 익명으로 수행되어야만 "목소리를 내는" 사람들의 다양한 의견을 보장할 수 있다.

시계열 외삽법

해외시장 제품수명주기 단계가 성숙단계일 때 과거 데이터를 사용하여 판매량을 예측할 수 있는 두 가지 방법이 있다. 첫째, 지금까지의 산업판매량 데이터만을 토대로 단순히 미래의 판매량을 예측하는 것이다. 둘째, 시장진입국가의 판매량을 증가시키는 변수들을 통합하여 심층적으로 판매량을 예측하는 것이다. 즉, 회귀분석(regression analysis)을 도입할 수 있다.

시계열 데이터의 대표적인 예는 "판매량 궤적"이다. 다시 말해, 역사적으로 이어져 온 데이터의 통계학적인 분석, 과거의 수행, 행동, 발전상을 토대로 한 통계적 데이터를 통해 주관적인 평가보다는 좀 더 포괄적이고 객관적인 방법으로 무슨 일이 있었는지를 알 수 있다. 그러므로 해외시장에서 통계적으로 판매량을 예측하기 위해 다음의 조건이 필요하다; (1) 데이터를 이용할 수 있어야 하고, (2) 과거의 사건이 미래와 관련이 있어야 하고, (3) 비공식적이고 일시적 평가보다는 최대한 통계적인 판단이 더욱 적합한 상황이어야 한다. 국내판매량 예측에 있어서는 통계학적 분석이 매우 큰 의미를 가지지만 (필수적인 데이터가 쉽게 획득되기 때문에), 글로벌마케팅에서는 위의 세 가지 조건이 모두 충족되어야만 통계적인 분석이 의미를 가진다. 예를 들면, 최근 아시아, 동부유럽, 라틴아메리카에서의 극적인 정치적 · 경제적 변화로 인해 시계열 분석으로서 미래를 예측하는 것은 힘들다.

외삽법(extrapolation)은 과거의 특정 기간 동안 관찰한 판매량데이터를 통해 미래 판매량을 예측하는 방법을 말한다. 이는 가장 순수한 미래의 판매예측방법이라고 할 수 있는데 왜냐하면 이 방법은 완전히 미래의 판매량에만 관심을 가지기 때문이다. 현재의 판매량 자료는 결국 미래의 판매량을 예측하는 유일한 독립 지표가 된다는 뜻이기도 하다. 동시에 이는 과거의 특정 기간 동안의 판매량만 사용하기 때문에 가장 순수한 의미에서 미래의 판매량 예측방법이다; 판매량 예측은 미래의 판매량을 예측하기 위해 판매량 패턴을 파악하는 것이다. 외삽법에 대한 우수한 교재가 많지만 국제적 환경이 반영되지 않아 정확한 판매량 예측이 어려워 본 교재의 논의에서 제외하기로 한다.

회귀분석에 의한 판매량예측

회귀분석에 의한 판매량예측을 하려면 우선 판매량방정식을 세울 수 있는 사전지식을 습득하여야 한다. 첫째, 관련성이 있는 독립변수를 결정해야 한다. 다시 말해, 연간 산업판매량, 연간판매량 증가율, 수입판매량 등에서 독립변수를 결정해야 한다.

둘째, 종속변수에 영향을 미치는 요인을 검증해야 한다. 다시 말해, 시장크기와 관련 있는 요인은 GNP와 인구수치이지만, 더 특별한 수치가 필요하기 때문에 대다수의 기업이 "시장" 성장에 영향을 끼치는 고객잠재력과 같은 다른 요인을 찾고 있다. 인구수는 많고 독신자 가족이 적은 국가일수록 음식을 준비하는 시간을 절약하기 위한 고객층은 작을 것이다. 또한 소규모 제조업체가 많고 대기업이 적은 국가일수록 1인당 GNP는 높더라도 메인프레임 컴퓨터와 관련 있는 소프트웨어 시장이 작을 것이다.

시장 크기의 구성요소

여러 가지 카테고리에서 독립변수를 추출할 수 있는 유용한 단계이다. 크기와 관련 있는 요인으로 기업수, 인구수, 잠재적인 고객이 있다. 전체 집단에서 동질적인 소규모집단으로도 분류를 할 수 있다; 비중이 큰 산업의 기업 수, 서비스 업체의 수, 소비재 기업의 수, 소년 · 소녀가장의 수, 일정 수준이상의 소득을 가진 인구수, 시골 지역 대 대도시 인구수 등을 제품의 종류에 따라서 측정할 수 있다. 이러한 평가는 일반적으로 "연쇄비율법(chain ratio rule)"을 사용한다. 연쇄비율법은 시장규모를 세분화 비중으로 나누는 것이다. 예로, 세분화된 M의 크기는 다음과 같이 계산된다.

$$M = \text{가족 수} \times \text{아동비율} \times \text{연간 10,000달러 이상의 소득비중}$$

구매의사

독립변수의 두 번째 그룹은 제품의 구매의사이다. 소비재인 경우, 소비자 유형에 따른 제품의 니즈, 해외제품에 대한 기존성향, 제품용도와 구매자 라이프 스타일과의 적합성이 모두 중요한 요인이다. 산업시장에서는 제조업에 사용되는 공정기술에 관한 복잡성, 해외제품에 대한 성향, 제품의 특별한 기능 등과 같은 요인이 중요하다. 구매의사는 공식적인 시장조사 또는 직접경험으로 진입국가의 국민들을 상세하게 분석하여 도출해야 한다.

구매력

마지막 카테고리는 제품가격을 지불할 수 있는 소비자의 능력이다. 소비자의 구매력은 소득, 관련 제품에 대한 1인당 지출, 기업고객의 이익창출능력과 같은 경제적 요인의 영향을 받는다. 이러한 수치에 대한 동향을 파악하고 대응방안을 마련해야 장래의 시장기회를 놓치지 않을 것이다.

고객당 판매량

구매의사와 구매력을 결합하여 진입시장에서 고객당 판매량(단위나 금액)과 판매 가능한 금액을 평가할 수 있다. 가장 전형적인 방법으로 회귀분석을 사용한다. 즉, 구매의사와 구매력에 영향을 미치는 여러 가지 요인들을 이미 제품이 도입된 다른 국가의 판매량 데이터에 적용시키는 방법이다. 대표적인 예로, Armstrong의 카메라 판매량 예측이 있다("Armstrong의 회귀분석모형" 참조).

시장판매량

고객의 구매의사와 구매력을 결합시켜 총시장 판매량을 평가할 수 있다. 시장규모에 고객 당 평균판매량을 곱하는 간단한 공식은 다음과 같다:

$$S = M \times r$$

Getting the Picture Armstrong의 회귀분석모형

Armstrong은 3단계에 걸쳐 카메라 판매량을 평가하였다. 첫째, 잠재적 구매자에 대한 카메라 판매량을 예측하기 위해 회귀분석을 사용하였다.

R=f(E,P,B,T,W,C,G)
E=베커만(Beckerman)의 삶의 기준 지표
P=카메라 제품의 가격
B=구매 단위 지표(성인가족)
T=기온
W=강우량
C=인구에서 아동 비중
G=연간 1인당 소득 성장률

이러한 회귀분석 평가는 잠재적 구매자에 대한 평균판매량(R)를 예측하기 위해 구매의사와 구매력을 결합하였다. 진입국가에 있는 기존 카메라시장의 판매량 데이터를 사용하였다.

둘째, 다음과 같이 복합적인 변수를 사용하여 잠재시장 크기를 구했다.:

M=(T)×(L)×(A)×(N)
M=잠재적인 구매자의 수
T=총 인구
L=교육 비중(비율)
A=15~64세의 인구비율
N=비농업부문의 종사자 비율

여기에 사용된 변수는 정확한 비율을 차지하므로, 이 방정식은 추정된 것이 아니다. 코닥의 목표시장 밖에 있는 사람들을 제외시킴으로써 변수를 세분화하였다. 코닥의 카메라 판매량은 비농업부문에서 이뤄지고 있음을 보여준다.

셋째, 잠재적 구매자의 판매량과 시장규모를 결합시켜 판매량예측을 산출하였다.

S=(R)×(M)

S는 진입국가에서 예상되는 연간 카메라 판매량량이다.

회귀분석은 판매량을 예측하고 시장을 계획하는데 폭넓게 사용된다. 여기에 대해서는 제11장에서 다시 살펴볼 것이다.

Sources: Armstrong, 1970; Corstjens and Merrihue, 2003.

여기서 r은 고객당 평균판매량(단위 또는 금액), M은 잠재시장크기를 나타낸다.

시장점유율 예측

산업판매량을 평가한 후, 총 산업(부문) 판매량에서 특정 기업이 획득할 수 있는 시장비중, 즉 시장점유율 예측할 필요가 있다.

경쟁 예측

시장점유율 예측(market share forecasts)에는 경쟁업체의 움직임도 포함된다. 이는 진입국가의 실제 경쟁업체와 잠재적인 경쟁업체를 파악하여 경쟁업체의 강점과 약점을 평가하는 것이다. 현재 진행되고 있는 것을 파악하는 것도 힘들지만, 미래를 향하여 예측한다는 것은 매우 힘들다. 하지만 이러한 예측에서는 경영자의 주관적 판단이 상대적

으로 커다란 역할을 한다.

시장점유율을 예측하기 위해 첫째, 진입국가의 자국기업과 다국적기업을 포함하여 경쟁업체를 확인해야 한다. 둘째, 외국 경쟁업체에 비해 자국기업에게 국가적 차원에서 특별한 혜택이 있는지 잘 파악해야 한다. 셋째, 진입국가에 있는 타기업 및 다른 외국기업에 비해 자사의 강점을 객관적으로 평가하여야 한다.

경쟁자 확인

내부의 비공식적인 지식과 시장국가의 선택된 연락망을 통하여 경쟁업체의 리스트를 수집한다. 또한, 미래의 경쟁자를 파악하는 것은 쉬운일이 아니다. 여기서는 약간의 비공식적인 데이터의 사용이 불가피하다. 진입국가의 제품수명주기 단계가 초기단계이고 이미 다른 국가의 제품수명주기 단계가 더 진전된 상태라면, 잠재적인 진입자(경쟁업체)도 고려해야 한다. 기업이 이미 특정시장에 성공적으로 진출하고 있는 경우에는 다른 작업들의 진출도 상당히 빠르게 이루어질 수 있다. 대표적인 예로, 석유 수익이 급진적으로 증가하면서 개인의 소비력이 증가한 사우디아라비아의 자동차시장에 일본, 유럽의 주요 자동차제조업자들이 동시에 빠르게 진출하였다.

국내 경쟁자

관세 · 비관세 장벽이 외국기업의 제품가격을 올리고 국내 생산업체에게는 혜택으로 작용함으로써 시장진입을 어렵게 만든다는 사실에 주의해야 한다. 시장진입 장벽이 없으면 시장진입을 용이하게 할 수 있고, 해외시장에 진입 후에 장벽의 강화로 인해 해외직접투자의 가능성을 고려하기도 한다. 시장수요 예측을 위하여 중요한 수치는 현지국에서 외국기업에 허용되는 시장점유율("국가점유율")이다. 대부분의 국가에서는(알려져 있지 않지만) 시장잠식에 대한 제제를 가하고 있기 때문에 기업은 보호무역조치 없이 일정 한계까지 시장을 점유할 수 있도록 허용하고 있다. 이러한 한계점이 어디까지인지는 경영자의 판단과 비공식적인 조사로 알 수 있다. 그러므로 기업은 시장점유율을 증가시키기 전에 이러한 정보를 통해 시장점유율에 대한 사전분석이 필요하다.

정치적 상황과 별도로 구매자의 "국산선호도"를 고려해야 한다. 해외시장 진출은 진입국가의 자국기업에게 충성하는 구매자에 대한 묵시적 그리고 명시적 반작용으로 현지 국민의 "국신품애용" 운동이 일어나기도 한다. 또한 세품의 원산지에 따른 구매자의 상이한 태도도 고려해야 한다. 이러한 원산지에 대한 인식 등으로 인하여 특정국가의 진입을 제한하는 공식적인 요청이 발생하기도 한다(예를 들어, 아랍국가들은 이스라엘 공급업체와 거래하지 않을 것을 요구한다).

이러한 경제적인 상황외에 대다수의 자국 제조업자들이 국제시장에서는 경쟁력을 그다지 갖추지 못하더라도, 자국시장에서는 자국이 원하는 특정욕구에 적합한 제품을 생산하거나 서비스를 제공한다는 사실을 인지해야 한다. 미국의 대형자동차, 영국의 흑맥주, 인도의 "small-is-beautiful" 농장 설비 등과 현지시장에서 경쟁하는 것은 매우 어렵다. 이러한 경우 현지 생산업자의 경쟁력에 대한 평가는 제품의 강점과 약점과는 별개로 이루어져야 하며 상당한 조정을 요할 수도 있다. 하지만 이러한 평가는 주관적 판단이 개입될 수 있음을 염두에 두어야 한다.

마지막으로 수입제품에 할당되는 시장점유율을 추정할 수 있어야 하며, 이러한 추정에는 자국의 시장성과를 추정할 때는 고려되지 않았던 사항들이 포함될 수도 있다.

해외 경쟁자

현지시장에서 다른 외국경쟁업체를 상대로 시장진입이 가능한지 여부는 또 다른 시장에서 다른 외국기업과 경쟁했던 객관적인 자료를 통해 파악할 수 있다. Motorola가 Samsung, Sony-Ericsson, Nokia를 대상으로 자사의 제품을 얼마나 판매할 수 있는 지는 다른 국가에서 경쟁한 경험을 통해 공정하고 직접적으로 평가할 수 있다. 시장점유율 평가가 다른 시장에서 똑같이 적용되는 것은 아니지만 최소한 합리적인 평가는 가능하다.

마지막 단계로 외국 경쟁업체를 평가한 후, 해외시장으로 진출한 기업의 모국에서 온 경쟁업체를 평가해야한다. Westinghouse는 먼저 미국시장 점유율을 평가하고 나서 자사와 General Electric을 비교평가 하였다. 위에서 살펴보았듯이 Mazda는 먼저 일본의 미국시장점유율을 확인하고 나서 일본 경쟁업체를 대상으로 자사의 강점을 비교평가 하였다. 이러한 국가별 할당은 원산지국가에 대한 인식과 태도를 포함하여 관세, 할당, 기타 비관세 장벽이 국가별로 상당히 다를 때 필요하다. 예를 들어, 유럽연합 자동차시장의 반공식적(semiofficial) 할당제는 이탈리아와 프랑스의 자국 자동차기업의 시장점유율을 유지시켜 자동차산업 근로자들을 보호하였다. 산업전문가를 통해 이탈리아와 프랑스의 자국 자동차기업의 시장점유율의 한계수준을 안다면 외국자동차 제조업자들은 남아있는 시장점유율을 확보하기 위한 전략을 펼칠 수 있을 것이다.

GLOBAL MARKETING

요약

제4장에서는 해외시장진출을 위해 국가매력도를 평가하는 작업을 중심으로 기업의 세계시장 조사방법을 검토하였다. 개별국가에 대한 기본조사로 무역장벽에 대한 정치적 위험분석과 환경적 데이터, 경제적 규제, 사회 · 물리적 환경조사가 있다. 또한 특정 시장에 대한 국내기업과 외국기업의 경쟁력 평가도 조사대상이다.

조사방법단계는 첫째, 자유무역지대 또는 유사한 국가들이 군집한 거대시장이면서 기업의 전략적 목표에 적합한 국가인지를 검증하는 국가식별 단계가 있다. 둘째, 지리적 거리, 정치적 불확실성, 환율의 변동성과 같은 경제적 지표를 통해 후보 지역 및 국가를 추려내는 사전심사 단계가 있다. 셋째, 후보 지역 및 국가에 대한 심층심사 단계와 진입국가를 최종적으로 선정하는 최종선정 단계가 있다. 이 장에서는 조사방법단계별로 사용할 수 있는 다양한 자료 출처를 제시하였다. 이러한 데이터 출처는 최근 몇 년 동안 실질적으로 업그레이드 되었지만, 최종후보 국가에 대한 경영자의 직접방문이 필요하다. 직접방문을 통해 마케팅 기반과 시장에 대한 느낌을 얻을 수 있고, 새로운 해외시장에서 파트너가 될 수 있는 경영자와 "직접" 만날 수 있는 기회를 얻을 수 있기 때문이다. 특히 경제적 · 정치적 혼란이 심할수록 이러한 기회를 간과해서는 안 된다.

인터넷의 출현으로 여러 국가의 구매자 행동에 대한 이차자료 즉, 무역블록지대에 대한 공식 데이터, 개별적인 조사기업의 통합데이터를 온라인으로 쉽게 획득할 수 있게 되었다.

이 장에서는 또한 해외진입 국가에 적용할 수 있는 판매량 예측방법을 제시하였다. 기업이 수집한 데이터와 제품수명주기 단계가 국가별로 상이함에도 불구하고 산업판매량과 시장점유율을 예측하여 이를 진입국가의 판매량을 예측을 위한 토대로 삼았다. 한편 이러한 판매량 예측치는 관세 · 비관세 장벽으로 작용하는 "수입점유율"과 원산지 국가에 대한 태도를 반영하는 "국가점유율"을 통해 수정될 수도 있음을 살펴보았다.

항상 그러하듯이 여러 개의 독립적인 판매량 예측을 수행하여 그 결과치를 종합한다면 훨씬 더 나은 정확도를 실현할 수도 있을 것이다. 이러한 종합적인 접근은 경영자의 현지경험에 상당히 의존할 것이다. 경영자 개인은 모든 국가에 대한 정보가 완벽할 수 없음으로 판매예측치들을 여러 유통경로를 통하여 분석하고 이러한 예측치들을 서로 비교 판단하는 자세가 필요할 것이다.

CHAPTER 5

수출 확대

이 장의 목표는 다음과 같다.

1. 수출과 대안적 진입방식 사이에서의 결정을 위하여, 관세, 쿼터 그리고 차별적인 통관절차를 포함하는 다양한 진입장벽을 분석할 수 있어야 한다.
2. 수출 가격책정과 어떻게 현지 에이전트를 찾을 것인지 등 마케팅 전문가들이 당면한 많은 과제를 처리할 수 있어야 한다.
3. 현지시장에서 대리점과 판매점을 가지거나 또는 해외 판매자회사를 설립할지에 대한 결정을 할 수 있어야 한다.
4. 엄격한 정부의 규제, 유통경로에 대한 제한된 접근, 그리고 국내제품을 선호하는 소비자의 편견을 극복하기 위하여 현지유통업자를 올바르게 선택할 수 있어야 한다.
5. 수입자의 국가에서 시장의 요구에 대한 더 깊은 지식을 갖춘 수입파트너를 찾고 이들의 역할을 더욱더 정확히 이해하여야 한다.

외국에서의 다양한 기회를 파악한 이후, 선택한 국가 또는 국가들에 어떻게 진입해야 하는지 그리고 어떠한 확장전략을 구사해야 하는지에 대한 도전이 남게 된다.

해외시장으로 제품을 수출하는 진입방식과 지식을 이전하는 진입방식을 구분하는 것은 의미가 있다. 수출은 금전을 대가로 제품을 교환하는 방식의 거래이지만 라이센싱이나 프랜차이징, 전략적제휴 및 해외직접투자는 기술이나 노하우를 전수하는 해외영업방식이다. 수출은 최종제품을 가지고 새로운 시장에 진출하는 것인 만큼 위험요소가 적고 덜 복잡하다고 할 수 있다. 하지만 언급된 세 가지 방식의 대안적 해외진입방식에 의한 노하우의 전수는 중간재의 이전 또는 회사의 정보나 기술의 이전임으로 수출보다는 조금 더 복잡한 형태의 비즈니스 모델이라고 할 수 있다. 콜라를 파는 것은 간단하지만 콜라의 제조방식 이나 노하우를 파는 것은 콜라 완제품을 파는 것보다는 복잡할 것이다.

제5장은 수출에 의한 해외진출방식을 논하게 될 것이다. 수출은 지역 간에 있어서 교환을 하는 것이고 이러한 형태의 비즈니스 방식은 해외진입의 장벽이 그다지 높지 않을 경우에 유리하다고 할 수 있다. 현지의 독립적인 중간상인이 수출을 도와줄 수도 있지만 궁극적으로는 현지의 판매자회사를 설립하는 것이 바람직하다고 할 수 있다.

브라질제가 품질의 상징이 되다

처음으로 제품의 수출을 시작했을 때, Stanley Tools의 브라질 자회사는 브라질의 품질에 대한 소비자의 부정적인 인식 때문에 자사 제품에 "메이드 인 브라질" 라벨을 적어도 절반 이상 생략해야만 했다. 5년 후에는 단 한명의 칠레 소비자만이 라벨이 없는 제품들을 원하게 되었다.

"메이드 인 브라질"이 한 때 겉만 번지르르한 제품의 대명사였다면, 지금은 더 이상 그렇지 않다. 브라질이 국제표준화기구(ISO)로 부터 품질인증서를 받은 제품에 있어서는 이웃 라틴아메리카 국가들보다 훨씬 더 뛰어나다. 1000개 이상의 브라질 기업들이 그들의 제품들이 국제표준 품질의 충족을 의미하는 ISO인증서를 받았다. ISO인증서를 받은 한 기업의 예로 독일에 근거지를 둔 Siemens AG의 브라질 자회사인 Grupo Siemens가 있다. 최근 4년 동안 Grupo Siemens의 수출은 4배로 증가하여 8,000만 달러에 이른다.

게다가 브라질 기업들은 세계 수준의 품질을 제공하고 생산성 향상으로 가격 경쟁력을 유지하고 있다. BASF da Amazonia S.A는 생산성 향상을 통하여 독일 대기업 자회사가 생존할 수 있게끔 하였다. 지금 브라질 공장들은 테이프들을 유럽, 라틴아메리카, 그리고 미국으로 수출한다. 브라질의 철강산업은 일본기업의 철강생산의 2배의 준하는 성장을 기록하였다.

1990년대 말에 세계적인 금융 위기에도 불구하고, 2000년에 브라질 기업들은 세계경제에서 강력한 존재가 되었다. 예를 들어, 미국으로의 수출은 2001년 첫 7개월 동안 83억 달러였는데 2000년도의 같은 기간에는 75억 달러였다. 브라질의 미국에 대한 수출은 2006년에는 264억 달러를 기록했는데, 이러한 추세는 지속되고 있다. 브라질의 수출구조가 점점 기술집약적으로 변하면서 이전에 대부분의 선진국들이 겪었던 무역분쟁 또한 브라질에게 다가오는 새로운 도전이 되었다. 예를 들어, 2001년 브라질은 항공기 수출 보조금에 대하여 캐나다와 장기간 무역 분쟁이 있었다. 비교적 작은 기업인 캐나다의 Bombardier는 Boeing의 Airbus 그리고 대형항공사가 차지하는 시장에서 지역 틈새시장을 자시하기 위하여 44인용 항공기를 제조하였다. 이후 Bombardier는 브라질 항공기제조업체 Embraer의 도전에 직면하게 되었다.

항공기의 가격이 비싸기 때문에 정부가 자국의 제조업자로부터 비행기를 구매하는 것을 고려하는 잠재적인 해외구매자에게 금융을 제공하는 것은 꽤 흔한 일이다. Embraer의 해외시장 진출을 지원하기 위해서 브라질정부는 미국과 다른 지역의 잠재고객들에게 금융대출을 지원했다. Bombardier가 주장하는 바에 따르면 문제는 대출이 무이자였고, 공정무역에 관한 WTO 협정에 명백한 위반이된다는 것이다. 캐나다는 이러한 관행에 대해 수차례 WTO에 소를 제기하였지만, 그 분쟁은 여전히 해결되지 않고 있다. Bombardier는 결국 이러한 관행들을 극복하면서 브라질기업들과 경쟁하여 미국 시장에서 두 개의 큰 계약을 성사시켰다.

글로벌 경제와 강력한 다국적기업의 부상으로 Embraer는 상업용 제트기의 세계시장을 목표로 하였다. 제트기 생산라인은 거물 경영인들의 더 큰 제트기들에 대한 욕구를 충족하도록 확장되었고, 전 세계의 최고경영자들의 연봉이 늘어남에 따라 이러한 전략은 매우 성공적이었다. Embraer는 turned-up wingtips라는 특정상표도 개발했다. 2001년 9월 이후 소폭의 감소에도 불구하고, 전체 판매금액은 2000년 27억 달러에서 2007년 52억 달러로 상승했다.

브라질의 2선 대통령 Luiz Inacio ("Lula") da Silva는 2002년 10월에 처음 선출된 사회주의자이다. 그럼에도 Lula 대통령은 성장을 추구하는 보수적 경제 정책을 견지하였다. 비록 보수적인 입장을 취하는데 어려움이 많았다고 할지라도 주변에서는 이러한 경제적 결정들이 브라질의 경제를 보다 안정적으로 만들었다고 주장한다.

Sources: James Brooke, "A New Quality in Brazil's Exports," *New York Times,* October 21, 1994, pp. D1, D6; "Brazilian Exports to the U.S. Rise." *O Globo,* October 4, 2001; John Ward, "Brazil Broke Rules: WTO," *The Gazette* (Montreal), July 27, 2001; "The Tortoise and the Hare," *The Economist,* March 22-28, 2008, pp. 39-40.

서론

몇 가지의 전략적인 연구가 해외시장진출과 체계적인 글로벌마케팅 경영을 중심으로 이루어져야 한다. 어떠한 진입방법을 이용해야 하는지, 얼마나 빨리 새로운 국가시장에 진출하여야 하고 신제품이 기존의 것들에 추가되어야하는지, 이미 축적되어진 경험을 고려할 때 최선의 확장경로는 무엇인지, 기존의 시장이 유리한지 아니면 전혀 새로운 시장으로의 진출이 필요한지, 제품과 시장 다각화는 어떠한 이익을 가져다 줄 것인지, 기업의 이익을 최대화하기 위하여 어떠한 진입전략이 가장 유리한지 등의 의문에 대하여 심사숙고할 필요가 있다.

모든 시장으로의 즉각적인 글로벌 확장은 일반적으로 실현 가능하지 않다. 금융, 관리, 및 기타 자원적인 제약은 종종 더 순차적인 접근 방식을 요구한다. 기업의 자원이 풍부할 지라도 보다 더 신중한 접근이 필요하다. 기업들은 다른 국가들로 이동하기 전에 기존의 국가에서 방어할 수 있는 포지션을 구축해야 한다. 해외직접투자는 위험노출로 인해 초기단계에서는 꺼려하는 경우가 있다. 수출과 해외비즈니스와 관련된 학습은 기업의 경영자들의 교육을 위하여 체계적으로 정리되고 확산되어야 한다.

제5장은 먼저 주요한 진입방식에 대해 소개하고, 각각 간략하게 논의한 후 해외 지역시장에서 진입장벽의 높낮이에 따른 진입방법의 결정에 대하여 논의하게 될 것이다. 이후 이 장은 운송서류, 수출 가격책정 문제들 그리고 중요한 대금지급 방법들을 살펴보고, 단일 국가로의 진입과 관련된 수출 업무들을 논의한다. 독립적인 중간자의 기능과

이들의 선택에서 중요한 문제들이 논의되어지고, 완전소유 판매자회사에 대한 논의가 이루어진다. 또한 독립 대리점들과 판매점들의 선택에 대한 기준이 제시되고, 법률적 고려에 대한 필요성이 강조되어진다. 이 장은 수출을 활성화 하는데 있어 주도권을 가지고 수출과정에서 중요한 파트너가 되는 수입업자들에 대한 논의로 마무리할 것이다.

노하우의 이전에 의한 진입방식은 제6장에서 심도 있게 논의할 것이다.

네 가지 진입방식

해외시장으로의 네 가지 주요한 진입방식(수출, 라이센싱, 전략적 제휴, 완전소유제조자회사)을 구분하는 것은 매우 유용하다. 이러한 네 가지 방법들은 각각 몇 가지 활동들로 세분화된다. 전형적인 분류는 〈표 5.1〉에 설명되어 있다. 이러한 대안들은 이 장과 다음 장에서 상세히 논의될 것이다. 먼저, 이러한 진출대안들에 대하여 간략히 살펴보기로 한다.

수출

간접 수출(indirect exporting)은 무역회사나 수출관리회사 등과 같이 자국의 수출대리상들을 활용하여 해외시장으로 제품을 판매하는 것이다. "피기백킹(piggybacking)"은 이미 수출시장에 설립된 제품의 운송시스템과 유통시설들을 사용하는 것이다. 컨소시엄(협력)은 동종제품이나 이종제품을 해외에 수출하려는 작은 수출업자들이 모여서 형성하게 된다. 대조적으로, 직접 수출(direct exporting)은 기업들 스스로가 해외 구매자들과 계약하고, 독립적인 대리점들과 유통업자들 또는 기업의 자회사가 있는 것을 말

표 5.1 해외시장 진입 방식

수출 (Exporting)	간접 수출과 피기백운송(Indirect exporting via piggybacking), 컨소시엄(consortia), 수출관리회사(export management companies), 무역회사(trading companies Direct exporting), 현지시장 대리인, 유통대리인, 판매자회사 등을 통한 직접판매
라이센싱 (licensing)	기술 라이센싱(Technical licensing), 계약 생산(Contract manufacture), 주문자 생산방식(Original equipment manufacturing, OEM), 관리 계약(Management contracts), 턴키 계약(Turnkey contracts), 프렌차이징(Franchising)
전략적 제휴 (Strategic alliance)	유통 제휴(Distribution alliance), 생산 제휴(Manufacturing alliance), 연구개발 제휴(R&D alliance), 합자 회사(Joint venture)
완전소유제조자회사 (Wholly owned manufacturing subsidiary Assembly)	완전독립생산(Full-fledged Manufacturing), 연구 개발(Research and development0, 인수(cquisition)

Sources: Adapted from F. R. Root, *Entry Strategies for International Markets*, Revised and Expanded. Copyright © 1994 Jossey-Bass Inc., Publishers. First published by Lexington Books. Reprinted with permission from John Wiley & Sons, Inc. All rights reserved.

한다. 또한 통신판매, 초기의 진입과 소기업들에게 특히 유리한 해외진입방식으로서 급격히 확장하고 있는 전자상거래와 같은 직접 판매가 존재한다. 직접 판매 방식은 서비스뿐만 아니라 제품들이 포함될 수 있다. Dell 컴퓨터는 신용카드로 지불하고 통관업무와 국내의 배송업무를 처리할 수 있는 UPS와 같은 운송업자를 통한 배송을 통하여 판매한다. 국경을 초월하는 카탈로그 판매는 오랜 역사를 가지며, 전화주문과 신용카드의 사용으로 이러한 국제전자상거래는 점점 확장되고 있다. 전자상거래에서 사용되는 전형적인 웹사이트는 전화주문이 필요 없고 대금지급 또한 온라인에서 이체된다.

라이센싱

라이센싱(licensing)은 해외기업에게 일반적으로 저작권료를 비롯하여 기업의 독자적인 기술과 지식을 사용할 수 있는 권리를 수수료를 대가로 제공하는 것을 포함한다. 라이센싱 방법 중에서, 프랜차이징은 글로벌 호텔과 패스트 푸드 체인점의 확장과 함께 잘 알려진 방식이다. 프랜차이징(franchising)에서 기업은 해외 판매자에게 전문기술을 제공하고, 어떻게 프랜차이즈를 관리하는지와 함께 브랜드 배후에서 광고를 제공한다. 다른 라이센싱 옵션들은 유사하지만 노하우의 이전 방식이 다를 수 있다. 턴키 계약(turnkey contract)은 전체 생산시설을 건설해주고 운영할 수 있는 인력에 대한 교육을 제공한다; 계약생산(contract manufacturing)은 사전에 지정된 생산품들을 생산하기 위해 특정 기업과 계약을 하는 것이다.

전략적 제휴

전략적 제휴(strategic alliances)는 가치 있는 활동들을 교환 또는 공유하기 위해서 다른 기업들 및 경쟁자들과 협력하는 것이다. 전략적 제휴의 예는 합작 R&D, 생산공유, 유통제휴를 포함한다. 합작투자(joint venture) 형식의 전략적 제휴는 자본투자를 통하여 해외 파트너와 새로운 기업을 협력하여 만드는 것이다. 이러한 합작투자는 현지기업의 참여를 요구하는 인도와 같은 국가들 그리고 시장접근이 어려운 일본과 같은 국가들에서 오랫동안 이루어지고 있다.

합작투자는 파트너들이 지분을 기반으로 한 새로운 독립체를 만드는 전략적 제휴의 한 종류이다. 최근에, 비지분 기반의 전략적 제휴가 일반화 되고 있다. 국제적인 전략적 제휴는 기업들이 국경을 초월하여 잠재적인 경쟁자들 사이에서 이루어지는 전형적인 기업의 공동협력이다. 제휴는 포커스가 생산, R&D, 유통으로 종종 제한될지라도 가치사슬의 어떠한 부분도 포함할 수 있다. 유통제휴에서 파트너들은 공동으로 기존의 유통 네트워크를 사용하는데 상호합의 한다. 전형적인 예로 Lufthansa와 United Airlines 사이의 항로정보와 고객을 공동으로 관리하는 전략적 제휴를 들 수 있다.

완전소유제조자회사

생산이 완전소유제조자회사를 통하여 현지국에서 이루어질 때, 기업은 현지국가에서의 위험을 무릅쓰고 시설과 기계에 자본을 투입한다. 이것은 전형적인 해외직접투자(foreign direct investment, FDI)이다. 제조에서 완전소유 자회사는 새로운 생산 또는 조립공장(샌디에이고에 있는 Sony TV 공장 같은) 또는 현 공장의 인수(시카고의 Motorola TV 공장의 구매와 같은)와 같은 다양한 형태를 나타낼 수 있다. 사실상 현지제조 자회사의 운영은 마케팅활동도 지원한다. 예를 들어, 현지공장이 제품의 안정적인 흐름을 제공할 가능성이 더 높고, 공장이 국경 밖에 있는 것 보다 현지 고객들이 선호하는 제품에 쉽게 적응할 수 있을 것이다.

해외직접투자가 보통 수출을 견인한다는 사실은 해외직접투자의 장점이기도 한다. 직접투자를 통해서 해외에서 생산될 때, 부품과 구성품들은 자국으로부터 수출된다. 미국의 국제무역의 약 1/3이 동일 기업의 제품들이 현지생산을 위하여 조달되고 있다. 이러한 조직 내 이전은 시장교환과 상당히 다르며, 많은 기업들이 기업내 이전비용과 시장거래가격을 비교하여 품질과 가격이 유리하다면 지역 공급자로부터 자회사가 구매하는 것을 허용한다. 이것은 내부거래의 공급자도 해외자회사들에게 제품을 공급하는 경우에는 마케팅원리가 평등하게 적용되고 있음을 의미한다.

판매자회사는 완전소유 자회사와는 확연히 다르다. 판매자회사는 지역시장에서 제품의 유통과 마케팅을 담당한다. 일반적으로 제품은 자국 또는 다른 해외 공장으로부터 수출된다. 뉴저지 노스브릿지에 위치한 Volvo North America는 유럽으로부터 선적된 볼보를 수입하고 유통한다.

판매자회사 설립은 비교적 낮은 수준의 자본투자를 요구한다. 비록 운영비용이 작은 영업 사무소 일지라도 일본과 같은 나라에서는 "일반관리 및 판매"에 대한 높은 지출로 이어질 수 있지만, 판매자회사에 대한 투자는 위험에 노출된 정도가 상대적으로 낮다. 동시에, 판매자회사의 설립은 현지국가에서 마케팅을 통제하기 때문에 전략적으로 중요하다. 마케팅 효과를 체계적으로 관리하기 위해서는 현지에서의 마케팅활동에 대한 통제는 일반적으로 회사자체의 지배하에 있을 필요가 있다.

진입장벽의 영향

보다 상세한 진입 옵션들을 검토하기 전에 우리는 해외시장 진입에 항상 존재하는 수입 장벽 또는 진입장벽(entry barriers)을 살펴봐야 한다. 시장 진입장벽의 높이와 성질은 기업에 의해 선택되는 진입방법에 직접적으로 영향을 준다. 진입장벽들은 진입단가를 늘리고 선택 가능한 옵션들을 제한하고, 진입장벽이 높은 경우에는 기업은 진입수단의 상당한 제한 이외에도 현지국가의 진출을 포기하여야 하는 경우도 있다.

진입장벽의 정의

진입장벽의 의미는 산업조직경제학에서 비롯된다. 진입장벽은 일반적으로 제품시장에 진입하려는 기업에게 어려움을 야기하는 장애물을 의미한다. 따라서 현지시장에 진출하려는 기업에게 수출제품의 제한된 진열공간은 진입장벽이 될 수 있다. 해외에서 통관절차가 너무 길어 수입국이 수입자의 신선한 농작물을 상하기 이전에 상점에 입점하는 것을 막는 것도 교묘한 형태의 진입장벽이 될 수 있다.

글로벌마케팅에서 장벽들의 본질에 따라 진입장벽을 분류하는 것이 필요하다. 획기적인 기술의 진보로 인하여 생산시설이 반드시 시장 근처에 있어야 한다는 근거는 이제 많이 약해졌지만, 운송비용의 발생으로 인하여 생산과 판매시장이 인접해 있어야 한다면 이 또한 진입장벽이 될 수 있을 것이다. 관세장벽(tariff barriers)은 국가로의 진입에 있어 명백한 장벽이다. 잘 드러나지 않는 비관세장벽(nontariff barriers)으로서 늦은 통관절차, 수입품들에 대한 특별 제품테스트, 수입허가 처리과정에서의 관료적 타성 등은 진입을 어렵게 만들 수 있다. 해외 뿐만 아니라 국내 사업에서의 정부규제는 현지에서 독점기업을 형성시키기도 하며 시장장벽의 또 다른 형태로 볼 수 있다. 이러한 장벽들의 특징은 해외 경쟁자로부터 국내 사업자들을 직접적으로 보호하기 위한 규정이다.

위에서 언급한 장벽들 이외에 다른 민감한 장벽들도 있다. 제조기술과 생산과정, 부품 공급자 그리고 유통경로의 접근 규정, 지역적 제한, 경쟁자 공모, 또는 거래 파트너들 사이의 밀접한 관계에 의해 현지시장에서의 자유경쟁은 제한되어 질 수 있다. 이러한 장벽들은 인위적 가치사슬의 불완전성을 의미하고 해외시장들을 전략적으로 관리함에 있어서 매우 중요한 요소가 된다.

Getting the Picture 여섯 가지의 진입 장벽

시장진입에 대한 장벽은 여러 가지로 존재하는데 가장 명백한 장벽 즉 외국인 변호사가 국내시장에서는 변호활동을 할 수 없게 하는 것에서부터 은밀한 장벽 예를 들면 통관절차를 지연시키기 위하여 수입허가신청서류를 맨 뒤로 제쳐 놓고 늦게 처리하는 관행 등 다양한 형태로 존재하게 된다. 국제공항은 이러한 양극단을 모두 보여주는 좋은 예이다. 국가간에 공항을 사용하는 협정은 국가적인 첨예한 이익대립으로 인하여 거의 협상이 불가능한 부분이다.

항공사에 대한 전형적인 예는 자국 진출 외국항공사에게는 BAGGAGE CLAIM 구역에서 가장 먼 탑승장을 제공하는 경우가 있다. 특히 해당국가의 국적항공사는 외국항공사의 탑승구 배정에 있어서 큰 목소리를 내곤 한다. 국적항공사는 물론 가장 유리한 항공로를 선점할 수 있고 운항시간도 선점할 수 있다. 공항시설이 개선되면 국적항공사는 가장 먼저 이에 대한 수혜자가 된다. 예를 들어 입국심사관들이 늘어나거나 화물처리반이 추가되는 경우에 국적항공사가 도착할 때 이들이 대폭 투입되어 여객과 화물통관을 신속히 처리한다. 그래서 편안한 여행을 즐기려는 여행객들은 이러한 점을 고려하여 특정 항공사를 택하기도 한다. 프랑스를 여행하는 경우에 Air France를 이용하는 이유도 이 때문일 수 있다. British Airways는 히드로 공항의 대부분의 탑승장을 승객들의 편의를 위하여 제공하고 있다. Lufthansa의 경우에는 거의 프랑크푸르트와 일체라고 보면되고 홍콩공항의 경우에는 Cathay Pacific Airways에 우선적으로 편의를 제공하고 있는 것이 현실이다.

Sources: "Former U.S. Transportation Officeals Say American Airlines/British Airways Pact Would Harm Competition, Lead to Higher Fares," *PR Newswire*, December 19, 2001; Rugman, 2001, p.169.

경쟁활동들로 인해서 일어날 수 있는 "자연적"인 진입장벽 또한 존재한다. 브랜드 로열티, 제품 차별화, 촉진활동 등은 현지시장에서의 진입장벽을 형성하는 요소가 될 수 있다.

장벽의 비용

진입장벽의 경제적 비용은 잘 알려져 있다. 장벽에 의해 생성된 비효율성은 소비자들에게 보다 더 높은 가격을 부담시킨다. 시장에서 이러한 것들이 의미하는 것은 장벽들이 해외시장 참가자에 대해서 추가적 비용을 발생시킨다는 것이다.

장벽들의 원인에 상관없이, 장벽들의 존재는 일부 기업들 또는 개인이 독점적 지위로부터 이익을 얻을 수 있는 기회를 가질 수 있다는 것을 의미한다. 이러한 특징은 가끔 문지기(gatekeeper) 효과로 부르는데, 그들은 시장에서 배타적인 마케팅의 핵심적 역할을 하고 있다. 예를 들어, 방송국의 외국인 소유지분 한도가 있는 국가에서 국내 케이블 업체들은 높은 가격과 낮은 서비스 품질을 유지할 수 있다. 국내기업이 강한 브랜드를 가지고 있는 경우에는 그 기업은 고가를 책정하여 이익을 획득할 수 있다. 유통경로에서 밀접한 관계를 맺는 것이 필요할 경우에는 파트너를 구함으로서 상당한 이익을 획득할 수도 있다. 하지만 장벽으로 인하여 해외사업비용은 상당히 증가될 소지가 있다.

수입업자의 관점

특히 독점적 유통계약과 결합할 때 진입장벽은 수입업자들에게 보호된 시장지위를 제공할 수 있다. 이것은 무역장벽이 높은 몇몇 국가에서 일어나고 있다. 예를 들어, 아시아와 유럽 국가들에서 골프 클럽 분야의 Dunlop, 자동차 라디오 분야의 Blaupunkt 그리고 카메라 분야의 Canon과 같은 글로벌 브랜드들은 진입제한과 맞물리는 경우 극단적인 독점권을 행사하게 되어 급격한 가격상승으로 이어지고 있다. 국가들이 관세와 비관세 수입 장벽들을 더 낮출 때, 무역 유통업자들이 더 많은 제품을 수입할 수 있게 때문에 독점의 의미가 줄어들게 되고 따라서 시장가격은 하락할 수 있다.

그러나 수입장벽들은 인증된 수입업자에게 단순히 혜택만을 제공하는 것은 아니다. 무역장벽이 높을 때, 공급회사는 수입국가 내에서 직접투자를 선택할 수 있기 때문에 수입업자의 필요성이 사라질 수 있다. 또한, 높은 장벽들은 결국 수입업자들에게 비용을 부담시키며 이러한 비용은 현시 고객에게 전가되지 못하는 경우도 발생한다. 미국의 대형 스포츠 유틸리티 차량은 가솔린 가격이 미국보다 훨씬 비싼 유럽에서는 운행하기에 비용이 많이 든다. 또는 유럽에서는 차량세금이 차량의 무게에 누적하여 적용되기 때문에 이러한 세금은 사실 비관세무역장벽 역할을 한다. 마지막으로, 현지국의 수입업자들은 국가의 세관 관리자의 개인 연락처에 접근할 수 있는 이점을 가질 수 있음에도 불구하고, 그러한 관계를 구축하는 것 자체가 수입업자의 영업에 상당한 부담을 줄 수 있음으로 해서 결국 수입업자는 오히려 정부의 간섭 없이 경쟁할 수 있다면 더욱 환영할지도 모를 일이다.

관세 및 비관세 장벽

기업은 그들 스스로 또는 무역협회 또는 지역의 상공회의소를 통해 관세 그리고 비관세 장벽을 감소시키기 위해 자국 또는 현지국 정부에 로비를 시도할 수 있다. 실례로, 미국 기업들은 미국의 무역대표부로 하여금 일본에게 그들의 시장을 개방하도록 압박할 것을 요구하였다. 유럽기업들은 미국으로 수출된 철강에 대한 관세감축에 대하여 세계무역기구에 항소하였다. 이탈리아에서 해외차량에 대한 차량쿼터제는 유럽연합 위원회로부터 압력을 받고 있다. 이러한 협상들은 다분히 감정적이고 국가의 자존심과 관련되면 항상 복잡한 양상을 띠게 된다.

기업은 어떻게 관세율이 측정되었는지를 파악할 수 있도록 조심스럽게 관세의 근거를 분석해야 한다. 흔히 관세는 완제품에 대해서는 높고, 부품과 구성요소에 대해서는 다소 낮다. 1980년대 초 미국이 수입되는 트럭에 대해 25%의 관세율을 올렸을 때, Nissan은 한 번에 조립되어 질 수 있도록 몸체와 트레일러를 두 파트로 나눠서 모든 트럭을 선적했다. 이러한 방법으로 그 트럭들은 2.5%의 낮은 관세율을 적용받는 반제품으로 진입했다. 그러한 "스크류드라이버 조립공장"은 높은 관세를 피하는 방법으로서 무역의 다양한 부분에서 분명히 존재 하지만, 정부는 발생하는 관세이익을 회수하기 위하여 수입부품에 대해 더 엄격한 분류 코드를 작성하기도 한다.

수입된 제품 또는 구성요소가 "현지제조 부품"의 특정 수준을 만족시키거나 또는 수입품들이 재수출을 전제로 하는 경우에는 관세를 낮추거나 심지어 면제하는 것이 일반적이다. 그러므로 해외진입은 현지시장으로부터 부품과 노동력을 결합하여 진출할 이유가 있게 된다. 하지만 이러한 현지참여파트너를 구하기 어려울 때에는 현지 부품제조업자들을 양성하는 것도 유효한 전략이 될 수 있다.

일반적으로 무역장벽은 해외진출기업에게 가치사슬에서 원료공급과 판매활동에 이르는 영업활동의 재분석을 유도하게 된다. 진출기업은 다른 외주처에 발주하거나 다른 기업에 맡겨도 가치사슬의 기능을 잃지 않는 경우에는 현지기업의 참여를 요청하는 것이 바람직하고 그렇지 않는 경우에는 스스로 직접 생산하는 것이 더욱 성공적인 전략이 될 것이다. 예를 들어, Volkswagen이 일본에 진출했을 때, Volkswagen이 딜러 네트워크를 설립하는데 드는 비용과 어려움으로 인하여 일본에서 Volkswagen을 유통시키기 위하여 경쟁사인 Nissan과 계약을 하여 판매망을 구축하였다. 장벽들로 인해 시장의 불완전성이 발견되더라도 이를 지혜롭게 극복하기 위한 노력을 경영진이 기울여져야 한다. 경제학자들은 무역장벽에 의하여 자유무역이 방해를 받는 다 할지라도 현지에서의 생산은 이를 극복하기 위한 유효한 방법이 되고 있다고 주장하며 이는 그 기업 뿐 아니라 현지국에도 이익이 되는 것이라고 믿고 있다.

무역장벽을 극복할 수 있는 마지막 전략으로서 지역무역협정을 적절히 이용하는 것이다. 최근에는 지역 간 자유무역협정이 증가함으로서 국가간 무관세지역이 급증하고 있다. 해외진출기업은 이러한 자유무역지대내의 한 국가로 진출함으로서 그 지역 내에서 무관세의 수출기회를 획득할 수 있다.

정부 규제

"누가 사업을 시작할 수 있는가에서부터 무료제품 견본을 우편으로 보낼 수 있는가?" 등의 정부 규제가 시행될 때 외국기업은 이러한 규제들을 받아들여만 한다. 이러한 규제에 대하여 본국의 정부는 도움을 줄 수 있다. 이른바 미일 구조협의(Structural Impediments Initiative)라고 불리는 1980년 후반의 미국 정부와 일본 정부 간 협정은 일본시장의 복잡한 유통구조를 단순화하기 위한 정부 간 노력의 일환으로 이루어 진 것인데 이는 외국 정부에 의해 자국의 정책들이 조정될 수도 있는 경우를 보여주는 흥미로운 예이다. 유럽연합에서 수많은 규제들이 통일화되고 있다는 것은 시장의 세계화와 더불어 정부규제들이 어떻게 변하고 있는 지를 보여주는 예라고 할 수 있다. 글로벌 진입자는 이러한 규제 단순화의 원인이 될 수 있다.

해외진입자들은 진출국의 규제가 자사제품의 판매에 어떻게 영향을 미칠 지를 면밀히 분석할 필요가 있다. 이러한 과정에서 정부기관의 해외 서비스들(해외영사관들을 포함)과 지역 상공회의소들은 도움이 될 수 있다. 또 다른 경우에 있어서는 전문가들을 고용하여 해외시장의 규제를 분석하기도 하는데, 국제로펌은 이러한 경우에 많은 도움이 되기도 한다.

정부규제가 너무 심하고 현지파트너가 없다면 그 기업은 거의 아무것도 할 수 없도록 제한될 수 있다. 합작투자 또는 전략적 제휴의 구성원으로서 현지파트너에게 정부당국 및 지역의 규제 기관과 협상을 수행하는 업무를 위임할 수 있다. Toys "R" Us가 일본에서 그들의 사업체를 설립했을 때 그들은 McDonald's Japan의 총괄 관리자인 Den Fujita를 그들의 대표로서 선택했다. 건축 법규들과 현지 유통체계를 변화시키는 것은 그들의 가장 시급한 문제로 대두되었다. 그 이후 Toys "R" Us는 국내기업과 동일한 지위를 누리는 토착기업으로 발전하게 되었다.

유통경로 접근

많은 국가에서 기업의 제품을 현지에서 유통시키기 위한 유통경로를 형성하는 것은 매우 힘들다. 소매상들은 그들이 경쟁 브랜드들을 판매해야 함으로 새로운 수출업자들의 제품을 판매하기 위한 공간이 부족하고 또한 신제품이 잘팔릴 것이라는 것을 확신도 할 수 없다. 도매상들은 해외공급자들에게 쉽게 의존할 수 없고 유통기관과 친숙하지도 않고, 그들이 신규브랜드를 취급하기 위해서는 추가적인 리베이트가 필요할 수 있다. 또한, 신규브랜드는 컴퓨터에 새로이 입력되어야 하고 그래서 스캐너가 읽을 수 있는 가격과 포장정보가 새로이 입력되는 것이 필요하다. 미국을 포함한 많은 국가들은 새로운 브랜드들의 입점을 위하여 팁 또는 뇌물이 필요할 수도 있다. 따라서 유통경로에 대한 접근의 어려움은 설령 해외시장에 진입이 성공하고 난 이후에도 현지시장에서 경쟁하는데 있어 부담으로 작용할 수 있다. 제2장에서 보았듯이 현지시장에서 연결망을 확보하는 것은 거래비용을 상당히 절감할 수 있는 기회가 됨으로 이러한 네크워크 확보에 투자하는 것은 해외시장에서 드물지 않다.

유통 또는 공급결속이 강한 경우에 단점이 있을 수 있다. 유통경로 구성원들 또는 공급자들이 효율적이지 않을 때 이러한 결속은 오히려 손해가 될 수 있다. 따라서 Nissan에 공급하는 일본내 일부 작은 부품업체들은 규모의 경제 달성이 어렵고 엔화가 강세인 경우 한국, 대만, 심지어는 유럽과 미국에서 공급업자들 만큼 효율적이지 않을 수 있다. 비슷한 맥락에서 독일의 공급업체 중 하나인 AEG의 전자부품 구매를 통한 메르세데스의 수직적 통합은 AEG의 품질이 낮다면 이익이 되지 않을 수도 있다. 자유로운 시장공급이 가능한 곳에서 자유경쟁은 일반적으로 경쟁력 있는 가격, 품질 및 비용절감을 보장한다.

유통경로에 대한 접근이 부족하다는 것은 일반적으로 기업이 전략적 제휴를 고려하거나 심지어 기업이 이미 수립한 주문자상표부착생산(OEM) 시스템에서 브랜드명이 없는 제품을 판매해야만 한다는 것을 의미한다. Volkswagen은 유럽연합 국가들에서 Toyota 트럭을 판매한다. Mitsubishi는 Chrysler 딜러들을 통해 미국에 판매되었다. 일본의 Ricoh가 최근 자사의 이름으로 해외시장에 복사기 출시를 시작했을지라도, Ricoh는 서방세계에서 미국 기업 Savin's의 브랜드명으로 출시되는 복사기를 생산하였다. 또한(일반적으로 고가의) 새로운 유통경로를 구축할 수 있다. Honda 자동차가 미국에 진출했을 때 Honda는 국가 전역에 새로운 딜러들의 교육과 재정을 지원하여 현지 판매망을 구축하기도 하였다.

여타의 진입장벽으로서 기업이 유능한 지역 인재를 고용할 수 없다는 점이다. 사람들은 임금 또는 여러 이유로 국내기업에서 일하기를 선호할 수 있기 때문에 기업이 단독으로 외국시장에 진입하는데 장애가 있다. 시장이 기업에게 매우 생소한 경우에는 이러한 지역인재의 고용이 기업의 사활을 결정할 수 있다. 다른 한편으로는 몇몇 국가들 특히 개도국에서는 외국기업에서 일하는 것을 선호하고 이로 인하여 현지진입은 용이하게 이루어지는 경우가 있다.

자연 진입장벽

통상적으로 이름 없는 경쟁자들 보다 더 프리미엄 가격을 부가할 수 있는 강한 브랜드명을 가지는 차별화된 브랜드 간의 경쟁으로 자연 진입장벽(natural barriers)을 형성할 수 있다. 이러한 경우에 모든 기업은 순수한 경쟁력으로 경쟁한다는 점에서 자연적인 진입장벽이라고 불린다.

시장의 성공과 고객의 충성도는 자연 진입장벽을 형성하는 요인들이다. 고객만족도와 브랜드 충성도가 높은 경우, 또는 원산지 편향적으로 국내브랜드를 편애할 때, 이러한 곳에는 침투하기가 어렵다. 추가적으로 광고지출이 크거나 전통적인 북미시장처럼 가격촉진 전략이 흔한 경우 잠재적인 진입자는 특별한 프로모션을 제공하거나 촉진 비용을 감안해야 한다. 자연 진입장벽에서는 기업특유의 우위요소들이 경쟁력의 주요한 척도가 된다. 자연 진입장벽들은 제품들 간의 실제 차이점에 대한 주관적인 소비자의 인식에 따라 달라진다. 그러므로 고객들이 평가하는 우수한 제품이라고 할지라도 객관적인 성능시험에서는 그렇지 못할 경우도 있다. 하지만 해외진출자들은 현지시장에서 고객들로부터 제품의 우수성을 인정받도록 노력하여야 함은 당연하다.

선진국 vs 개발도상국

개발도상국에서 중요한 장벽들은 일반적으로 관세와 자유시장 경제체제에 대한 정부규제이다. 기업이 관세장벽을 회피하기 위해서 조립생산에 투자를 할 수 있으면, 시장은 일반적으로 덜 경쟁적이고 상대적으로 저비용으로 강력한 경쟁적 지위를 획득할 수 있다. Pepsi는 Nixon 대통령의 도움으로 전 소비에트 연합에 진입할 수 있었고 베를린장벽의 붕괴 때까지 러시아의 콜라 시장을 지배했다.

대조적으로 선진국에서는 높은 자연 진입장벽들이 흔하다. 이러한 시장에서는 진입은 용이할지 모르나 진입한 시장을 지켜내는 것은 어렵다. 기업의 전략이 세계시장에서의 학습능력의 확보와 경험의 습득에 중점을 둔다면 선진국의 시장에 도움이 될 수 있을 것이다. 관세 및 비관세 장벽과 무수한 정부의 규제가 존재하는 개발도상국들은 다국적기업의 자회사들로 하여금 현지정부와의 협상에도 능숙하게 만든다.

출구장벽

기업은 진입 이후에 출구장벽에 직면한다(취소할 수 없는 투자가 이루어지고, 사람들이 채용되고, 계약이 서명되는 등). 현지국으로부터 강제적인 퇴출가능성이 있다면, 기업은 현지투자를 꺼려할 수 있을 것이다. 또 다른 형태의 출구장벽은 영향력이 크고 눈에 보이는 시장으로부터 철수를 하는 경우에 동반되는 기업에 대한 부정적인 이미지가 초래될 수 있다는 점이다. 프랑스 자동차 기업 Peugeot는 1992년 미국시장에서 완전히 철수하기 전에 미국에서 큰 자산가치의 손실을 경험하였다. 불확실성 때문에 미래에 분명한 철수의 가능성이 있을 때, 매력적인 해외시장은 주문자상표부착생산(OEM) 제조 또는 라이센싱과 같이 기업의 투자위험 손실이 적은 진입방식을 선택함으로서 해외시장으로 진출할 수 있다. 글로벌 브랜드명이 철수로 인해 피해를 받는다면 그 기업은 다른 이름으로 제품을 시장에 내놓을 수 있다. 그러나 글로벌 시장의 출현으로 기업들은 글로벌 브랜드명의 활용이점을 포기하지 않으려 한다. 글로벌마케팅의 시대에 이와 같이 출구장벽을 극복하기 위하여 기업은 충분한 자원 그리고 제품 및 브랜드를 유지할 수 있는 능력이 필요하다.

Getting the Picture **과감한 도전**

"우리가 건조한 자동차운반을 위한 전용선박으로 일본에서 제조한 자동차를 미국이나 유럽시장으로 수출하려고 합니다. 우리가 그들 나라에 투자할 경제적인 이유를 찾을 수가 없어요. 현재로서는 유럽시장의 장벽이나 미국시장에서 더 높아진 보호주의의 목소리로 인하여 우리는 현지시장에 공장을 짓거나 현지부품 요건을 만족시켜야 할지 몰라요. 그러나 우리의 고객들이 제품의 질을 유지하지 못하게 된다면 어떻게 반응할까요? 그래서 우리는 GM과 합작투자를 결정하였고 우리가 미국시장에서 근로자들을 관리할 수 있고 품질지향적인 고객들을 만족시킬 수 있을 지를 계속 관찰할 것입니다. 결국 우리는 성공했다고 생각합니다."

Sources: Toyota spokesperson in 1986 before the company started assembly plants in Derbyshire, England and in Kentucky.

진입방식의 선택

요컨대, 해외시장 진입의 방식을 선택함에 있어 단순한 지리적 확장을 위한 거리 계산보다는 더욱 복잡한 진입방식 결정을 필요로 한다.

기업은 그들의 노하우를 제공함으로서 해외시장으로 진출하는 경우가 있다. 즉 기업이 해외시장에서 직접생산을 함으로써 시장에서 주도적인 역할을 하고 싶기도 하겠지만 정부의 규제가 심한 경우에는 현지 합작투자를 통해서 진출하거나 라이센싱으로 진출하는 것이 바람직할 것이다. 또한 기업이 노하우를 전수하지 않고 내부화하려는 경우에는 수출을 택하는 경우도 있을 것이다. 가장 대표적인 예는 중국시장에서 발견된다. 중국시장에 진출하려는 자동차회사의 경우에는 반드시 중국의 현지 자동차회사와 합작을 하도록 규제하고 있다. 언번들링(unbundling)을 수행하는 것은 중국시장의 유효한 진출방식 중에 하나가 될 수 있을 것이다. 이러한 전략은 보호주의가 강한 나라의 시장을 진입하는 경우에 적합할 것이다.

현지의 부품사용 요건이 강한 국가에서는 현지기업과 간단한 부품의 생산을 위하여 계약을 체결할 수도 있다. Toshiba TV 세트들은 Toshiba가 설립한 체코공화국의 공장에서 조립되고 공장도 체코인들에 의하여 운영되지만 Toshiba는 판매 로열티만을 획득하였다.

유통이 복잡하거나 또는 고객이 특별한 것을 요구하는 시장들에서 기업은 경쟁업체와의 유통제휴를 선택할 수 있다. 앞서 언급한 일본의 Ricoh는 주문자상표부착생산 방식으로 제품을 생산하였고 그들의 복사기를 미국시장에 빠르게 보급하기 위하여 Savin에게 그들의 복사기를 판매하도록 하였다. 글로벌 판매경로의 확보는 단순히 기업의 최종제품이 어디에서 판매되는 가의 문제이외도 더 복잡한 경영상의 문제를 수반한다.

많은 기업들은 특정한 진입방식과 함께 경영전문성을 개발하고 보다 더 선호되는 진입방식을 찾고자 한다. 서구의 다국적기업들은 완전소유 자회사를 오랫동안 더 선호했다. 이러한 형태의 진입방식은 재정적 노출에 대한 위험성과 현지 경영 전문가들의 성장에도 불구하고 지속되었다. Union Carbide, IBM, Honeywell, Philips, American Auto Companies와 같은 기업들은 이러한 범주에서 들어간다. 기술집약적인 여타의 중소기업들은 라이센싱 또는 합작투자로 해외 진출을 종종 시도해왔다. 기업이 특정 진입유형을 선택하는 이유는 경영진이 선택된 유형에 더욱 편안함을 느끼기 때문일 수도 있다.

각각의 해외 진입방식은 꽤 다른 경영관리기법을 요구한다. 다양한 국가에서 많은 라이센시(licensee)들을 감독하는 것은 완전소유 자회사의 네트워크를 운영하는 것과는 전혀 다를 수 있다. 직접 수출은 해외운송, 국제무역 신용, 관세장벽에 관한 학습을 요구하는데 이는 초보적인 해외시장진출 단계에서는 상당한 비용요인이 된다. 최근 국경을 초월한 전략적 제휴에 의한 진출형태의 다양화는 국제계약 변호사와 국제 협상에서의 숙련된 전문가들의 출현에 의하여 가능하였다. 이러한 진입방식 중 하나를 관리하기 위한 학습초기비용은 상당하며, 따라서 기업들은 동일한 접근방식을 유지함으로서 신규투자비용을 줄이려고 하는 경향이 있다.

결과적으로 비록 기업의 가치사슬이 특정 국가의 장벽 하에서 또는 정부의 규제에 따르기 위해서 분리되어 진출해야 할지라도 기업이 어디로 진출하던 동일한 확장방식을 따를 가능성이 크다. Xerox와 3M은 국제 합작투자를 효율적으로 운영하는데 능숙하다; IBM과 Ford는 완전소유 자회사를 선호한다; Body Shop과 McDonald's는 프랜차이징을 보다 더 선호한다. 실제 진출에 의하여 기업의 우위를 검증함으로서 현지시장에서의 적합성을 평가할 수 있고 유효한 우위를 유지함으로서 기업의 경쟁력을 증대할 수 있으며 또한 회사의 전문성을 확보할 수 있다. 이러한 기업우위를 보유하고 있는 다국적기업은 진입의 장벽을 최소화할 수 있을 것이다. 정부가 규제에 의하여 시장접근을 방해하는 경우에는 이러한 기업들은 다른 형태의 진입전략을 구사할 수 있을 것이다.

수출옵션

국제무대의 신규 진입자에게는 수출옵션이 종종 가장 매력적인 해외진입 방법이다. 해외시장에 대한 마케팅전략 수립에 대한 아이디어는 수출을 하는 과정에 창안되는 경우가 많다. 기업이 해외로부터 주문이 쇄도하는 경우에 이에 대응할 수 있는 가장 친근한 전략적 대응방법은 수출에 의한 해외시장 진출이라고 할 수 있다.

간접 수출

기업의 수출업무를 관리하는 가장 간단한 방법은 외부 전문가를 고용하는 것이다. 해외에 진출하려는 회사는 생산자의 "수출업무"를 담당하는 무역회사를 고용할 수 있다.

미국에서 수출관리기업(export management company, EMC)은 유사한 특성을 가진 기업을 위하여 해외 무역과 관련된 각종 업무를 대행한다. 수출관리기업들은 수출기업을 위해서 해외에서 일하고, 박람회에 참여하고, 유통업체를 계약하고, 서비스를 구성하는 등의 일을 하는 독립 에이전트이다. 그들은 기본적으로 가치사슬의 기능별로 활용한 예로서 기업의 외부 수출부서로서의 역할을 한다. 이러한 유형의 "간접" 수출은 기업의 간접비용과 그들의 수출업무관리에 포함되는 업무부담을 피할 수 있는 큰 장점이 있다. 반면에, 해외경험을 통해 얻을 수 있는 기술과 지식이 외부기업에 축적되어지는 단점이 있다.

대부분의 경우 향후에는 수출을 전적으로 담당하기 위하여 기업은 그들의 수출대리인들에게 한정된 부분 내에서 아웃소싱을 하게 된다. 수출관리기업에 대한 과도한 의존은 기업으로서는 바람직할 것이 없으며, 기업들은 수출기능을 내부화하는 전략도 동시에 수행하는 것이 바람직할 것이다.

직접 수출

직접 수출은 생산자에게 기업운영에 있어서 간접 수출보다는 더욱 더 강한 운영통제권을 행사하게 한다. 간접 수출의 경우에 중간 무역상으로 인해 기업은 제품이 판매되는 곳이 어느 국가인지도 모를 수 있다. 기업의 직접 수출로 기업은 해외시장에서 직접적으로 영향을 미치는 마케팅 노력이 가능하다. 또한 이를 통하여 어떻게 해외시장을 운영하는지도 배운다. 해외사업의 일상적인 운영에 참여를 하지 않는 경우 그 기업은 내부지식을 축적할 수 없을 것이다. 해외시장에서 적극적인 영업활동이 없이는 기업은 직접적으로 자사의 직원을 통한 해외영업을 기대할 수는 없을 것이다.

직접 수출자에게 중요한 선택은 판매자회사를 설립할 것인지 아니면 독립적인 중간자를 고용할지에 대한 결정이다. 후자의 경우는 판매와 관리에 있어서 비용과 커미션을 지급받고 운영되는 에이전트와 이에 더해서 이윤 폭을 일정부분 더하여 공급하는 지역 유통업자가 있다. 판매자회사와 독립 중간상 사이에서의 선택은 현지시장에서의 마케팅에 대한 통제가 어느 정도 필요한 지와 기업의 가용자원이 얼마나 동원될 수 있는 지에 달려 있다. 최적의 균형을 갖춘 전략을 수립하기 위한 요소들로서는 현재 또는 미래의 영업규모, 기업의 위험감수 정도, 현재 유통업자의 발견가능성 등이 중요한 결정요인이다. 완전소유 자회사는 현지의 독립대리인보다는 더 많은 자원과 기여를 필요로 한다. 그러나 시장의 잠재성이 큰 곳이라면 마케팅활동에서 기업은 더욱 중앙 통제적인 운영방식을 취함으로써 효율적인 관리가 가능할 것이다.

수출 업무

직접 수출에서 다루어 질 수 있는 많은 별도의 기능들이 있다. 주요 업무는 〈표 5.2〉에 열거되어 있다. 법률과 관련된 쟁점 중의 일부는 마케팅과의 관련성이 미미한 반면에, 다른 부분들은 판매 이후의 지원, 고객조사 등 마케팅과 직접적으로 연관되어 있다. 이

표 5.2 직접 수출 기능

기능	세부 내용
제품운송 (Product Shipment)	1. 국경 운송(Transportation to the border) 2. 세관 통관(Clearing through customs) 3. 물류창고(Warehousing)
수출가격 (Export pricing)	1. 가격 조회(Price quotes) 2. 무역 금융(Trade credit) 3. 가격 상승(Price escalation) 4. 덤핑(Dumping)
현지유통 (Local distribution)	1. 유통업자 발견(Finding a distributor) 2. 유통업자 평가(Screening distributors) 3. 직접 방문(Personal visit) 4. 계약 협상(Negotiating a contract)
지급 (Getting paid)	1. 신용 조사(Checking creditworthiness) 2. 현지화폐 지급(Getting paid in local currency) 3. 헤징을 통한 환차손 예방(Hedging against currency losses) 4. 본국화폐 전환(Converting funds to home currency) 5. 자금 송금(Repatriating the funds)
법적문제 (Legal issues)	1. 수출 면허(Export license) 2. 대리인 고용(Hiring an agent) 3. 소유권 이전(Transfer of title/ownership) 4. 보험(Insurance)
애프터 세일즈 지원 (After-sales support)	1. 서비스(Service) 2. 부품 제공(Parts and supplies) 3. 현지인 교육(Training of locals) 4. 판매자회사 설립(Creating a sales subsidiary)

Sources: Adapted from F. R. Root, "Direct Exporting Functions," *Entry Strategies for International Markets*, Revised and Expanded, p. 6. Copyright © 1994 Jossey-Bass Inc., Publishers. First published by Lexington Books. Reprinted with permission from John Wiley & Sons, Inc. All rights reserved.

러한 기능들 중에서 많은 것들은 상업거래소를 통하거나 산업박람회 그리고 지역 전화번호부 또는 영사관에 의해서 찾을 수 있는 독립전문가들에 의해 다루어질 수 있다. 이러한 수출업무들과 관련되어 많은 서류들이 요구된다. 〈표 5.3〉은 주요한 서류 리스트를 제공하고 있다. 다음에서는 이러한 수출기능의 세부적인 사항들을 다루고자 한다.

제품 운송

운송

해외로 나가는 제품의 운송은 보통 운송회사와 결합된 독립 화물 포워더에 의해서 취급된다. 전형적인 사례로 특정 제품의 유형에 전문화된 화물운송업자들은 공장에서 제품을 수령하고, 제품을 적재장소에 운송하고 국가간 운송수단에 제품을 적재한다. Federal Express와 DHL은 속달우편의 경우 복합운송업자로서 업무를 수행하고, 그들은 일반적으로 그들 소유의 수송기들을 가지고 있다.

표 5.3 수출에 이용되는 주요 서류

해외 고객 (Foreign customer)	1. 견적송장(Pro forma invoice) 2. 구매주문 수락(Acceptance of purchase order) 3. 해양 · 항공 선화증권(Ocean (airway) bill of lading) 4. 보험증서(Certificate (or policy) of insurance) 5. 포장명세서(Packing list)
수출 제조업체 (Exporting Manufacturer)	1. 구매주문(Purchase order) 2. 신용장 어음인수(Letter of credit of draft (trade) acceptance)
운송주선인 (Freight forwarder)	1. 화주지시서(Shipper's letter of instructions) 2. 내륙 선화증권(Domestic (inland) bill of lading) 3. 포장명세서(Packing list) 4. 상업송장(Commercial invoice) 5. 신용장(Letter of credit (original copy))
미국 정부 (U.S. government)	1. 수출신고(Export declaration) 2. 수출허가(Export license (strategic goods and shipments to designated unfriendly nations))
외국 정부 (Foreign government)	1. 원산지 증여(Certificate of origin) 2. 세관송장(Customs invoice) 3. 영사송장(Consular invoice)
수출업자의 은행 (Exporter's bank)	1. 수출 어음(Exporter's draft) 2. 상업송장(Commercial invoice) 3. 영사송장(Consular invoice) 4. 보험증권(Insurance certificate) 5. 해상 선화증권(Ocean (airway) biil of lading)

Sources: Adapted from F. R. Root, "Principal Documents Used in Exporting," *Entry Strategies for International Markets*, Revised and Expanded, p. 71. Copyright © 1994 Jossey-Bass Inc., Publishers. First published by Lexington Books. Reprinted with permission from John Wiley & Sons, Inc. All rights reserved.

세관 통관

국경에서 하역할 때 세관을 통관하기 이전에 제품들은 보세창고에 입고된다. 이러한 창고의 예로서 유럽 대륙에 속해있는 지브롤터와 같은 보세지역이 거대한 자유무역지대가 될 수 있다. 이러한 보세구역에서 수출품들은 국경을 통과할 필요가 없이 다른 국가로 바로 선적되어 질 수 있다. 자유무역지대 내에서는 그 제품에 대하여 추가적인 부가가치를 더하는 것을 허용한다. 예를 들어, 미국과 멕시코 경계를 따라 마킬라도라로 불리는 자유무역지대에 위치한 작은 공장들이 있고, 멕시코 노동자들은 국경을 넘지 않은 운송제품에 대해 추가작업을 할 수 있다. 이러한 제품들은 미국의 세관을 통과하지 않고 미국전역으로 운송된다.

세관은 제품의 인수인의 인수청구가 있으며 통관절차를 시작한다. 청구인은 주로 구매자이지만 빠른 관세절차를 수행하는 것에 전문화된 독자적인 수입업자이거나 통관대리인일 수도 있다. 선적서류인 선화증권(bill of lading)을 제시함으로써 구매자 또는 그의 대리인은 산정된 관세를 지급한 후에 그 제품에 대한 사용 및 점유권한을 받을 수 있다. 관세율은 그 지역의 국내 세관에 의해서 결정된다. 일부 국가에서는 불법이기는 하지만 세관직원과 결탁하여 수입제품에 대하여 더욱 낮은 관세율을 적용받기도 한다.

보관

수입국에 진입한 이후에 제품은 일정기간 보관을 필요로 할 수 있으며, 일반적으로 목적항의 보관시설들을 이용하게 된다. 보세구역에서 처리되기 위해서 기다리는 제품은 상당한 창고료를 지불하면서 세관통관과 국내운송을 위하여 대기하게 된다. 기업들은 빠른 세관통관과 상대적으로 덜 비싼 장소에 위치한 보세창고를 통해서 비용을 절감하기 위하여 노력한다.

수출 가격책정

가격 견적

수출 가격견적은 국내견적 보다는 훨씬 더 복잡하다. 일반적인 운송제품의 가격조건은 국제상업회의소의 인코텀즈(Incoterms)로 표준화되어 있다. 해외에 제품을 판매하는 기업은 일반적으로 매수인이 해상운송의 모든 책임을 지는 FOB보다는 CIF에 의해서 보다 더 강력한 경쟁적 지위에 있을 수 있다. CIF로 가격을 책정하면 수출업자가 보험료 그리고 운송비용과 제품비용 등을 부담하게 된다. CIF인 경우에도 매수인은 여전히 통관세나 국내운송비를 부담하게 되며 수입자가 운송수단을 구해야 한다면 수입업자가 부담하는 비용은 더 늘어나게 된다.

제품의 가치가 무게나 사이즈에 비하여 많이 나간다면 항공운송이 주로 이용된다. 예를 들어 컴퓨터 소프트웨어는 주로 항공기로 운송된다. 수입자가 후진국에 있거나 재정상태가 별로 좋지 않다면 수출품은 현금으로 결제되는 경우가 많다.

무역금융

수출제품의 가격과 무역금융은 상당한 연관성을 가질 수 있다. 수출품이 고가인 경우에는 대금결제가 무역금융의 형태로 이루어지고, 이는 수출을 촉진시키는 역할을 할 것이다. 이러한 경우에는 주로 매도인이 무역금융을 주선하는 당사자가 된다. 실제의 무역거래에서는 수출가격 자체가 문제되는 것이 아니라 이러한 수출가격을 어떻게 결제할 것인가가 더욱 관심을 끌게 된다. 대부분의 국가에서는 고가의 제품이나 거대한 설비 플랜트 등의 경우에는 이러한 무역금융을 통하여 결제를 하는 것이 일반적이다.

금융의 문제가 글로벌마케팅에서 중요한 이유는 때로는 이러한 금융의 문제가 다국적기업의 경쟁력을 좌우하는 중요한 요소가 되기 때문이다. 이러한 점에서 수출자는 거대 금융회사로부터 신용지원을 받아 수입자에게 신용지원을 할 수 있어야 한다. 일본계 수출회사는 금융기관을 계열사로 거느림으로서 이러한 신용지원을 효율적으로 수행할 수 있었다. 이러한 신용지원은 자국의 정부로부터도 이루어질 수 있다. 예를 들어 에어버스는 비행기를 생산하기 위한 막대한 예산상의 문제를 정부의 신용지원으로 해결할 수 있었다(예를 들어 프랑스와 영국 정부). 에어버스와 경쟁하기 위해서는 비행기의 가격경쟁력보다는 비행기를 구입하는데 드는 막대한 비용을 충당하기 위한 신용

표 5.4 운송 조건

조건	내용
공장인도조건 Ex-works(EXW)	매도인이 생산지의 특정장소에서 인도할 책임을 지고 나머지는 모두 매수인이 책임을 짐.
선측인도조건 Free Alongside Ship(FAS)	항구 운반선 옆까지 운송책임을 매도인이 지는 조건.
본선인도조건 Free on board(FOB)	선측인도조건에 더하여 화물의 본선에 선적하는데까지 매도인의 책임.
비용운임 포함조건 Cost and Freight(CFR)	본선인도 조건에서 운임을 더한 조건.
비용운임보험료 포함조건 Cost, Insurance and Freight(CIF)	비용운임 포함조건에 보험료를 추가한 조건.
지정목적지 관세지급인도조건 Delivery Duty Paid(DDP)	관세를 지급하고 구매자의 사업장까지의 배용을 부담.

Sources: Incoterms 2000, www.iccwbo.org.

조건에 구매자는 더욱 많은 관심을 보이게 된다. 에어버스는 워싱턴에 있는 수출입은행들에게 상당한 로비를 하여 항공사들이 비행기를 구입하는데 좋은 조건의 대출을 받기 위한 노력을 기울이기도 하였다.

가격 에스컬레이션

일반적으로 해외가격은 수출자가 국내판매에서 접하지 못한 몇 가지의 비용 항목들이 존재함으로서 국내 가격 보다 더 높게 상승하는 경향이 있다. 그 요소들은 운송비용, 관세 그리고 특별세금과 환율변동과 같은 요소로 구성된다. 수출로 인한 해외시장에서 가격의 증가를 일반적으로 가격 에스컬레이션(price escalation)으로 표현한다.

가격 에스컬레이션으로 인해 가격이 의도한 것 보다 더 높아질 뿐 아니라 시장에서의 최종 판매가격도 예측하는 것을 힘들게 할 수 있다. 이러한 문제들을 해결하기 위해 사용될 수 있는 몇 가지 방법들이 있다. 가끔은 조립공정에서의 최종단계를 현지시장으로 이전함으로써 기업들은 보다 낮은 관세를 부담할 수 있고 또한 제품의 설계를 변경하여 낮은 관세율을 적용받을 수 있다. 예를 들어, 완전 조립된 트럭의 관세는 완전히 조립되지 않은 트럭의 관세 보다 훨씬 높고 따라서 해당 산업은 "넉다운(knockdown)" 조립단계를 만들어 대응할 수 있다. 유사한 방식이 승용차에도 성공적으로 적용되었기 때문에 현재 자동차산업의 해외직접투자는 20여명을 고용한 단순한 넉다운 공장(KD plant)"을 의미할 수 있다.

비용상승 문제에 대한 또 다른 해결책은 보다 낮은 가격으로 기업의 일부 무역장벽 비용을 흡수하는 것이다. 무역장벽 비용흡수는 낮은 가격을 책정함으로서 종가세로 지급되어 지는 관세가 더 낮게 될 수 있다는 것을 의미한다. 이렇게 되었을 때 현지국의 자회사가 많은 이익을 보게 될 것이고, 이러한 자금을 자국으로 송환하는 것에는 문제가 있을 수 있다. (예를 들어 이전가격의 문제, 제14장 참조). 새롭게 개방된 러시아시장에 진입할 때 많은 기업들은 세금을 피하기 위해 그들의 러시아 운영 사업체에 제품들을 낮은 가격으로 공급하려는 유혹을 받았다. 이렇게 낮게 수출단가를 책정하였을 때 수출품의 원가비용이 과도하게 낮을 수 있고 이러한 경우에는 러시아에서 비현실적으로 높은 이윤을 획득할 수 있다. 이러한 이윤은 러시아 통화의 평가절하로 인하여 서방의 통화로 쉽게 교환될 수 없는 상황에 처할 수 있다. 이렇게 될 때는 기업의 현지 수익을 자국으로 송금하는 것은 실제수익의 감소로 이어질 수 있고 또한 경영의 손실로 이어질 수 있다.

그러므로 수출과정의 비용상승 문제를 완전히 피하기 위해 해당 시장 국가에서 조립 또는 생산하는 해외직접투자를 고려하는 것도 필요하다. 이는 높은 무역장벽이 기업의 직접투자로 이끌 수 있다는 것을 의미하는 것이다. 그러한 해외직접투자는 해당시장 국가에 비해 보다 더 유리한 관세조건을 가진 제3국에서도 이루어 질 수 있음을 알아야 한다. 왜냐하면 이러한 관세장벽이나 무역장벽은 일거에 사라질 수도 있기 때문에 해외직접투자는 신중에 신중을 기해야 하고 단순히 관세나 여타의 무역장벽에 의하여 해외직접투자를 결정하는 것은 근시안적인 판단이 될 수 있다.

결국에 수출업자들은 가격상승문제를 다루기 위하여 제품의 분류, 관세혜택, 중간제품의 수출 등 다양한 조치를 취해야 할 것이다. 이렇게 함으로서 수출업자들은 현지의 국내생산자들 만큼은 아니더라도 수입자들과는 경쟁을 할 수 있어야 하고, 만약 기업 특유의 우위를 갖추고 있다면 추가적인 제품변경이나 생산시설의 이전 등의 비용부담 없이 현지에서 경쟁할 수 있을 것이다.

덤핑

가격을 책정할 때 비용에만 기초하는 것이 경제학적으로는 타당하지 않을지라도 수입국의 덤핑제소에는 유용한 방어수단이 될 수 있다.

덤핑(dumping)은 일반적으로 어떤 시장에서 원가이하로 제품을 판매하는 것으로 정의된다. 가끔은 그렇게 판매하는 것에 대해 적절한 경영상의 이유가 있다. 전형적인 사례는 매우 낮은 가격으로 판매함으로서 큰 경쟁시장으로 진입할 수 있다는 점이다. 다른 케이스는 기업이 과잉생산을 하고 시장에서 인지도있는 브랜드 프랜차이즈가 없는 곳의 시장에 제품을 팔기를 원하는 경우이다. 역덤핑은 원가 이하의 가격으로 자국에서 제품을 판매하는 일반적이지 않은 형태의 국내수입형태를 말한다. 이것은 해외에서 독점적인 시장위치로 잉여자금(해외시장에서의 "cash cows")이 발생하고 국내에서는 치열한 경쟁속에서 시장점유율을 유지시켜야 하는 특이한 경우에 이루어지는 가격책정이다. 덤핑은 불법으로 정의되는데 이는 무역질서를 파괴하고, 이로 인한 피해자들은 덤핑사건을 해결하기 위해 법원에 덤핑기업들을 제소할 수 있다. 반덤핑법 위반으로 밝혀진 제품들에 대한 통상적인 처벌은 생산단가 차액에 벌금을 더한 가격을 해외생산자에게 부과하는 상계관세이다.

덤핑사건들은 제소에서 해결까지 걸리는 시간이 매우 오래 걸리는 것이 일반적이다.

예를 들어 미국에서 일본 TV생산업체에 대한 1968년 사건은 판결까지 3년이 걸렸고, 이 사건에서 징수하기로 결정된 추가 반덤핑관세들은 1997년까지도 완전히 징수되지 못한 경우가 있었다. 이 사건 이후에 미국의 저가 수입업체들은 그들의 공급원을 일본에서 타이완 및 한국으로 교체했다.

국가별로 덤핑을 정의하기 위하여 사용되는 비용개념은 각각 다르게 쓰이고 있다. 중국은 관심을 끄는 특별한 사례이다. 중국은 반덤핑 소송 제소의 건수에서 세계 최고로 기록되었다. 2000년도 말 중국제품에 대하여 수백억 달러에 이르는 450개의 반덤핑 사건들이 있었고, 그 수는 중국의 WTO 가입으로 앞으로 더 늘어날 것으로 예상되었다. 한 가지 문제는 실질적인 시장경제가 없다면 잠재적 덤핑관행의 결정에 대한 비용근거는 존재하지 않는다는 것이다. 외국 정부들은 적절한 비용을 측정하기 위해서 제3국의 가격을 이용한다. 그 근거로서 중국과 같은 나라에서는 국가가 기업을 소유하고 있는 경우가 많아 실질적으로 보조금을 지원하는 경우에는 생산원가가 얼마인지도 알 수 없는 경우가 많다는 것이고 비용구조 자체가 국가의 베일에 싸여 있는 경우에는 비용을 산정할 근거도 발견하기 힘들다는 점이다. 중국의 WTO가입으로 이러한 현상이 많이 사라질 것으로는 예상이 되나 앞으로 최소한 10년 간은 원가산정의 불투명성이 존재할 것이라고 보는 것이 대부분 전문가들의 예상이다.

1980년 이래로 모든 상계관세의 약 56% 그리고 반덤핑 벌금부가의 28%가 미국에 의하여 이루어졌다. 이런 점에서 미국은 덤핑규제에 있어서 선도국이라 할 수 있다. 이외에 덤핑제소가 활발한 국가들로서는 호주, 칠레, 그리고 캐나다를 들 수 있다. 미래에는 EU가 덤핑규제에 있어서 더욱 적극적인 자세를 취할 것으로 예상된다. 대부분 국가들과 지역 그룹들은 반덤핑 규정에 있어서 자국의 특성을 반영하여 고유한 규제를 하고 있다. 새로운 WTO 체제 내에서는 개도국에게 반덤핑규제를 하기 어렵게 만들기 위해서 반덤핑규제 적용요건을 더욱 강화하고 있다. 신생국가들의 수출업자들을 지원하기 위해 개발된 새로운 규정들은 (1) 피해에 대한 보다 엄격한 정의, (2) 덤핑규제의 시행을 위해 더 강화된 최소 덤핑 수준의 설정, (3) 더욱 더 엄격한 신청요건, (4) 새로운 수출업자에 대한 반덤핑관세 면제 등을 포함하고 있다.

현지 유통

유통업자 탐색

다음 단계는 유통경로를 통하여 제품을 유통시키는 것이다. 가장 일반적인 접근은 새로운 유통경로를 만드는 것이 아니라 기존의 유통경로를 이용하는 것이다. 새로운 유통경로가 기업의 성공(예를 들어, 미국에서 이탈리아 의류제조업체 Benetton과 아시아에서 미국 화장품기업 Avon의 도어 투 도어 시스템(door-to-door system))으로 작용한 경우가 있었다 하더라도 대부분의 경우에는 현존하는 유통경로들이 유통기능을 담당하는 것이 대부분이다. 이것은 대부분의 경우에 하나 또는 둘 이상의 독립적인 유통업자를 확보하여 현지 유통을 하게 됨을 의미한다. 이러한 유통업자들은 일반적으로 제

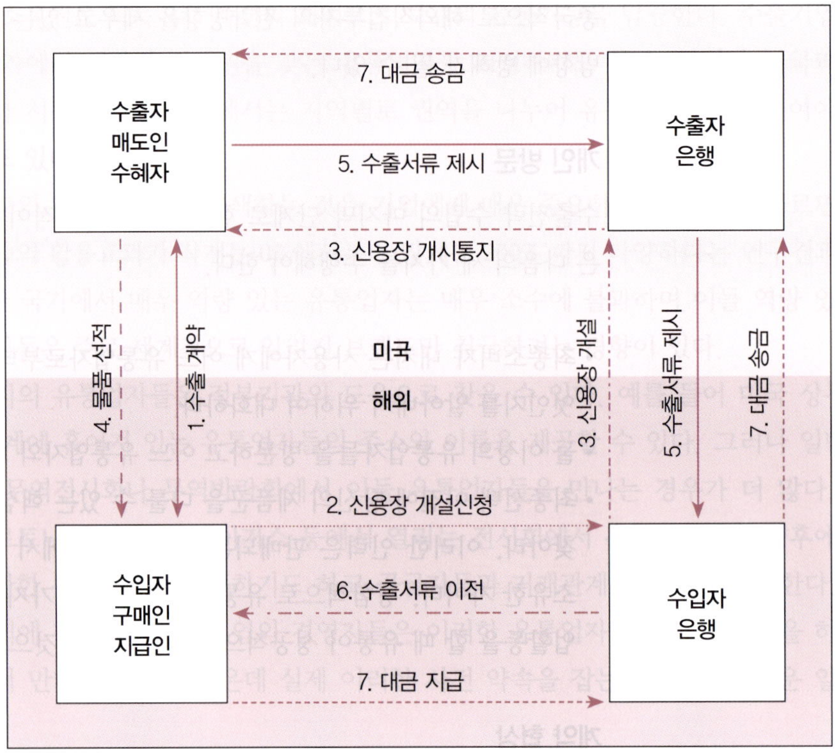

그림 5.1 신용장 모델

로 참여하기는 하고 있지만 일부의 과거 공산국가들은 여전히 국제적인 통화로 그들의 수입품에 대해 대금을 지급하는데 어려움이 있다.

신용도

대부분 국가들에서 구매자의 신용도에 대한 확인은 현지은행의 협조로 가능하다. 그럼에도 많은 수출업자들은 현지은행이 특별히 보증하지 않는 거래는 원하지 않는 것이 현실이다.

신용장

선지급은 전통적으로 신용장(letter of credit)을 통해서 수행되었다. 신용장은 매수인의 은행에 의해 발행되어 진다. 〈그림 5.1〉은 신용장의 흐름도를 보여준다. 매수인이 국내은행에 신용장을 개설하기 위해 접근하며, 이 은행은 판매기업의 국가에 있는 신용장 거래은행에 연락할 것이다. 통지은행은 신용장이 개설되었다는 것을 매도인에게 알릴 것이고, 통지는 수출대금이 지급될 것이라는 것을 보증하는 내용으로 한다. 매도인이 제품을 선적하는 즉시, 선화증권은 대금결제를 위하여 매입은행에 제시되어질 수 있다. 그리고 매도인에게 수출금액이 지급될 것이다. 이러한 거래는 보통 제품이 매수인의 국가에 도착하기 전에 일어난다. 제품이 도착하는 즉시, 매수인은 은행에 의해 보내진 선화증권을 제시하여 운송인으로부터 제품을 인도 받을 수 있다.

자금 전환

신용장은 몇몇 중개은행과 다수의 행정업무를 수반하기 때문에 관련 수수료가 부담이 되는 경우가 많다. 크레디트 라인(international credit line)에 금액을 설정하여 수입상은 보증신용장 협상을 통하여 결제구조를 단순화함으로서 거래비용을 줄일 수 있다. 매수인은 전통적인 국내 대금결제와 유사하게 인도 후 30일 또는 90일 이내에 지급한다는 조건을 수락할 것을 매도인에게 제시할 수도 있다. 국제금융시장과 금융기관들이 점점 국제적으로 통합되는 추세에서 자국 통화로의 환전은 그다지 큰 문제시되지 않을 것으로 보인다. 국제적으로 통용되는 신용카드의 확산으로 제품인도 이전에 대금결제가 이루어짐으로서 제품대금 미결제의 위험을 줄일 수 있다.

송금, 헤징

약세 통화를 가진 국가로부터 자금송금의 문제는 국가 간에 환차손을 최소화 시키는 스왑거래를 형성시키게 되었다. 다른 형태의 환위험관리는 헤징에 의하여 이루어지기도 한다. 기업의 외환보유를 여러 국가의 통화로 포트폴리오를 구성함으로서 환차손을 줄일 수 있으며 또한 외환옵션거래를 통하여 미래에 필요하게 될 통화를 미리 확보하는 형태로 외환변동성에 대비할 수도 있다. 수출마케팅경영자는 재무경영자와 항상 밀접한 협조관계를 유지하여야 한다. 수출계약을 체결하기 전에 수출기업의 전체적인 재정관리 계획에 따라서 연지급, 할부조건, 대금선납들의 가격조건을 설정하여야 한다.

법적 문제

수출 라이센스

다른 국가로 수출되기 위해서 미국에서는 다양한 제품에 대하여 상무부에 의해 발행되는 수출 라이센스(export license)가 필요하다. 냉전시대에 여러 컴퓨터와 다른 전자 제품들은 수출자들이 수출 라이센스를 취득할 수 없어 미국에서는 수출할 수 없었다. 국가의 안보를 이유로 미국에서 수출되는 여러 제품들에 대하여 국가가 직접 수출을 허락하는 제품들이 다수 존재하였는데 주로 군사적 가치가 있는 기술로 대립관계에 있는 국가에 유출되지 못하게 통제하였다. 대부분 이러한 규제나 통제가 완화되고 있는 오늘날에도 종종 형식상 라이센스를 통하여 수출을 규제하는 경우가 있다.

권리 이전

일반적으로 수출운송중인 제품의 소유권 이전은 선화증권에 의하여 이루어진다. 선화증권을 소유한 자는 누구든지 제품에 접근할 수 있다. 제품과 관련된 위험은 권리의 이전과 함께 상대방에게 이전된다. 수입지의 현지상인이 현지은행으로부터 수입품에 대한 대금지급을 위하여 선화증권을 담보로 대출을 받을 경우에는 수출지의 은행이 선화증권을 수출상으로부터 인수하는 순간에 선화증권과 관련한 위험이 수입상으로 이전된다.

보험

운송중에 제품의 손실이 발생하면, 보험(insurance)과 관련된 문제가 발생한다. 매수인의 입장에서 본다면 수출자가 보험과 운송회사를 수배해야 하는 CIF 조건이 유리할 것으로 보이고 FOB 조건인 경우에는 수입자가 운송화물에 대한 부보와 운송선박의 수배 등 운송과 관련된 제반 사항을 처리하여야 한다. 마케팅전략적인 관점에서 본다면 수출자도 수입자를 성가시게 해서는 안 된다는 입장에서 CIF 조건으로 가격을 책정하는 것이 바람직할 것으로 보이지만 이러한 가격조건은 당사자가 전적으로 협상을 통하여 설정하는 거래조건이다.

에이전트의 고용

매도인은 국내시장에서 법적 쟁점에 대하여 주의를 기울여야 한다. 제조물책임법과 제품 보증문제 등이 분쟁의 원인이 될 수 있고, A/S 서비스 책임 문제가 발생할 수 있으며, 계약의 내용과 한계에 대하여 현지유통업자들과 분쟁이 발생할 수 있다. 대부분 국가들은 외국인이 법률문제와 관련된 일을 하는 것을 허락하지 않기 때문에 현지기업 대표자로서 에이전트가 필요하다.

에이전트(agent)는 일반적으로 의뢰비용을 포함하여 특별한 경우 시간당 보상금을 제공하는 계약을 통해 현지에서 고용하는 법적 대표자이다. 대리인 에이전트의 성과가 절실히 필요한 경우에는 현지 대리인을 일정 커미션을 주고 고용할 수 있는데 이런 경우에는 대리인도 보상을 받는 만큼의 영업위험을 같이 부담하게 된다. 대리인들은 하나 이상의 본 기업을 위하여 일할 수 있지만 본 기업들의 이익이 서로 상충되는 경우에는 이중대리를 해서는 안 될 것이다.

애프터 세일즈 지원

서비스, 부품 공급, 훈련

현지마케팅 업무를 지원하기 위해서 기업은 애프터 세일즈 서비스를 제공해야 하고 때로는 여유분의 부품재고와 공급 그리고 현지직원 훈련계획을 수립하여 현지마케팅을 지원하여야 한다. 이러한 업무들은 주로 현지유통업자나 대리점 등에 의하여 수행되는 경우가 많다.

한 국가에서 판매량이 늘어남에 따라 현지에서의 마케팅활동들을 더욱 더 원활하게 통제해야 할 필요가 있다. 즉 현지 A/S 지원이 대폭 늘어나야 할 뿐 아니라 가격책정, 제품 정책 그리고 유통정책 등이 더욱 더 정교하게 이루어져야 한다. 이러한 마케팅 지원활동은 개별적 현지대리점이나 유통업자에 의하여 이루어질 수 있는 것이 아니고 기업전체의 네트워크와 전사적인 협조체제를 통해서 원활히 수행될 수 있다.

판매자회사

기업은 현지인과 본사로부터 파견된 소수의 간부들로 구성되는 판매자회사(sales subsidiary)를 현지에서 설립하기도 한다.

그러한 판매자회사는 시장조사를 수행하고 현지 광고대행사를 관리하고 유통업자의 업무이행을 감독하고 경쟁자, 시장수요 및 시장성장에 관한 정보를 수집 분석하고, 현지마케팅 믹스를 관리하는 등의 활동을 포함하는 현지마케팅 관리업무를 수행한다.

무역 파트너로서의 수입업자

이 장에서의 논의를 통해 거래관계의 시발점으로서 수출업자 또는 시장진입자를 살펴보았다. 이것은 마케팅에서 자연스러운 것이지만, 수입자 역시 무역의 시발점이 될 수 있다는 것을 인식하는 것이 중요하다. 가장 확실한 예는 기업이 해외로부터 아웃소싱을 추진하려고 하는 경우이다. 예를 들어, 아시아에서 나이키가 운동화 생산을 시작할 경우에 다른 국가에 있는 나이키는 계획된 생산제품의 미래 수입업자로서 역할을 하게 된다. Volkswagen이 새로운 벤의 조립을 위해서 포루트갈 공장에 하도급 계약을 하고, 스웨덴의 H&M이 십대 패션의류를 동유럽에서 소싱하는 경우 등은 수입자가 무역을 선도하는 경우라고 할 수 있다.

그러나 수입업자가 무역을 촉발하는 동인이 된다고 하기에는 애매한 경우도 있다. 예를 들어 현지의 기업인들이 외국의 유명브랜드를 도입하는데 더욱 적극적일 수 있으며 본사 기업을 설득하여 현지로 진출하게 하는 경우가 많다. 이러한 경우에는 현지의 수입업자가 아닌 현지의 기업인이 교역을 유발하는 역할을 하였다고 할 수 있다. Heineken이 외국으로 진출하는 경우는 대부분이 현지의 주류업자들이 Heineken 브랜드를 도입하여 현지생산이 이루어진 경우이다. 대부분의 경우에 현지에서의 성공은 본기업의 관심과 관여를 더욱 촉진시키며 현지기업과 자국기업 사이에 경영권분쟁이 발생하기 쉽다. 이러한 경우에는 현지기업을 파트너로서 존중하며 상생의 길을 모색하는 것이 바람직하다.

대기업에서의 부품수입자들 역시 무역거래의 발생원인을 제공할 수 있다. 그러나 연구조사 결과에 따르면 국내공급자가 부품수입을 대체하고 있는 것으로 나타났다. 또한 국내공급자에서 국외공급자로의 구매처 변경은 국내공급자에 대한 불만이 발생하는 경우로 파악되고 있다. 국외로부터의 구매처를 연결하는 데 있어 가장 걸림돌은 해외부품공급자들의 신뢰성부족을 들 수 있다. 이러한 신뢰성의 부족으로 결국 해외공급자에 의존하게 되면 여러 가지 리스크의 증대로 이어질 수 있다. 국내공급선은 오직 품질과 가격에 의하여 판단될 수 있으나 해외공급자는 지리적인 위치와 회사의 규모 등도 신뢰성형성에 영향을 줄 수 있다. 해외공급자가 성공하기 위해서는 제품의 품질을 인정받아야 할 뿐 아니라 격지간의 운송문제도 해결하여야 한다.

GLOBAL MARKETING

요약

이 장에서의 논의는 해외시장 진입에 있어서 수출에 의한 방법과 기업들이 어떻게 글로벌 시장으로 진출할 수 있는 가에 대한 점들을 살펴보았다. 네 가지 주요 진입방식들은 수출, 라이센싱, 전략적 제휴 그리고 제조에서의 완전소유 자회사임을 확인하였다. 각각의 방법은 진입 장벽을 피하려는 초기 진입자에게는 나름대로의 장단점들이 있다. 진입장벽이 높은 경우에는 기업은 주로 수출에 의하여 진출하기보다는 라이센싱, 제휴, 해외직접투자 등을 통하여 진출하는 것이 바람직하다 할 것이다.

위에서 언급한 네 가지의 진출방식 중에 수출에 의한 해외진출에 대하여 이 장에서는 상세히 언급하였다. 그리고 수출에 관련된 다양한 실용적인 업무들이 상세히 논의되었다. 예를 들어 수출하는 경우에는 국내가격이 현지에 판매될 즈음에는 어느 정도 상승할 수 있는 지를 보았고, 또한 수출과 관련한 여러 가지의 기능적인 임무들이 설명되었다. 수출실무와 관련하여 너무 상세한 내용들은 마케팅경영자들에게는 생소한 것일 수 있기 때문에 이 장에서는 새로운 마케팅환경에 적응해야 하는 마케팅경영자들의 관점에서 접근하였다. 요즘 대부분의 기업들은 어떠한 형태로든 국제경영환경에 노출되어 있기 때문에 수출절차를 이해하는 것은 매우 기본적인 글로벌마케팅 소양 중의 하나가 되었다.

CHAPTER 6

라이센싱, 전략적 제휴, 해외직접투자

이 장을 읽고 난후 다음을 이해할 수 있어야 한다.

1. 가치사슬의 언번들링(unbundling)에 의하여 진입장벽을 회피하고 비수출 진입방식을 활용할 수 있어야 한다.
2. 라이센싱과 전략적 제휴가 노하우의 이전을 수반할 때, 기업특유우위에서 발생 가능한 가치의 변화를 이해할 수 있어야 한다.
3. 일부 제품시장에서 경쟁자가 될 수 있는 라이센싱 및 제휴 파트너와 효율적으로 업무를 수행할 수 있어야 한다.
4. 먼저 진입장벽을 우회할 방법을 알아내고, 이후 전략적 태도와 수명주기의 시장 단계 사이에서 필요한 상쇄과정을 통하여 최적의 진입방식을 찾아야 한다.
5. 점진적 진입을 통한 폭포(waterfall) 확장 전략과 즉시 모든 시장을 커버하는 스프링클러(sprinkler) 전략 사이에서 적절한 전략을 선택할 수 있어야 한다.

수출은 자국에서 시장을 확대하는 마케팅 방식과 가장 유사한 해외시장 진입방식이다. 그러나 이것은 단지 진입방식 중 하나일 뿐이다. 운송비용, 관세, 진입장벽을 고려하거나 고객들과 더욱 가까워지기를 원한다면 기업들은 다른 진입방식의 이용을 깊이 생각해 보아야 한다. 이러한 대안적인 방식들은 일반적으로 어느 정도의 기술이전과 노하우의 공유를 수반한다. 세 가지의 주요한 방식은 라이센싱(licensing), 전략적 제휴(strategic alliance) 그리고 완전소유제조자회사(wholly owned manufacturing subsidiaries)에서의 해외직접투자(foreign direct investment, FDI)이다. 글로벌마케팅 전문가는 이들 방식들이 어떻게 운영되며 가치사슬의 해체가 마케팅 노력에 어떻게 영향을 미치는가를 반드시 이해하여야 한다. 라이센싱과 전략적 제휴에 있어서는 파트너가 현지 노력에 대한 책임을 지기 때문에 진출기업의 현지참여는 요구되지 않을 수 있다. 그에 반해서 제조공장의 해외직접투자는 진출국가뿐만 아니라 해당지역의 다른 나라도 포함하는 마케팅 노력을 경주하여야 한다.

대세가 된 글로벌마케팅 제휴

2000년대 글로벌마케팅 제휴는 신생 인터넷기업들 사이에서 흔한 것이 되어왔다. 사실 마케팅 제휴는 오랜 기간 동안 일부 산업에서 흔한 것이었다. 마케팅 제휴는 자사의 판매인력을 통하여 또 다른 기업의 제품을 배급하는 단순한 협정(arrangement)에 의하여 일어날 수 있다. 제약회사들에서 이러한 제휴를 많이 볼 수 있으며 이때 판매자는 제품의 완전한 구색을 갖추고 마케팅에 임할 수 있다. Coca-Cola와 Disney 필름사이에 상호협력적인 마케팅에서는 시간과 범위에 있어서 서로에게 상당한 제약이 발생하기도 한다. 오늘날 국제적인 협력이란 용어는 협력기업들이 서로 다른 국가에 적을 두고 있는 경우에 우리는 보통 이를 글로벌 협력관계라고 말하는데 실제로 글로벌이나 국제적이라는 용어는 서로 큰 구분 없이 사용되고 있는 실정이다.

글로벌 제휴 방식은 사업상의 이유로 아주 흔한 것이 되었다. 이는 최소한의 초기투자로 해외시장에 접근할 수 있게 해준다. 거대한 글로벌 기업 간의 극심한 경쟁은 그들의 자원배분에 부담을 주고 있지만 기업들은 여전히 전체 글로벌 시장에서 경쟁하고 있다. 소규모의 현지기업들은 그들의 마케팅 역량을 강화하고 거대한 글로벌 기업들에 대하여 적절하게 방어하기 위하여 글로벌마케팅 제휴를 시도할 수 있다. 글로벌마케팅 제휴로부터 생길 수 있는 경쟁력은 기업이 글로벌 시장으로 팽창할 수 있는 폭발적인 힘을 제공한다.

몇 가지의 예를 통해 어떻게 이러한 제휴가 어디에서든 발생할 수 있는지를 살펴보자. Warsteiner Brauerei는 독일의 가장 큰 민간 맥주 양조업체이다. 2001년 9월 Warsteiner Brauerei는 큰 비용을 지불하지 않고 빠르게 맥주 수출을 증대시키기 위하여 외국의 민간 맥주회사와 마케팅 제휴를 체결할 의향을 발표하였다. 유통 및 마케팅 부서장인 Frank Spitzhuettl은 “맥주의 판매를 위하여 Heineken과 Interbrew는 도매업자들을 모집하고 있다. 우리도 개별회사로 독립되어 있기를 원하는 외국의 맥주회사와 협력할 수 있는 방안을 반드시 모색할 것이다”라고 설명하였다.

2000년 3월 Whirlpool과 Tupperware는 글로벌마케팅 제휴를 체결했다. 이러한 아이디어는 Whirlpool의 주방기기와 Tupperware의 식품용기의 결합으로 양사의 R&D와 판촉에 시너지 효과를 가져왔다. 유럽에서 시작하여 전 세계로 확장된 제휴는 공동 판촉(joint promotion)를 포함하여 조리법, 냉장법을 새로이 개발하기 위하여 공동의 노력을 하고 있다. Whirlpool의 대표이자 최고운영자인 Jeff Fettig에 따르면 “이는 소비자조사에 의한 자료수집과 공유, 가치가 큰 신제품의 개발, 신제품과 기존제품에 대한 공동 판촉를 포함하는 것이다”라고 언급하였다.

항공산업은 마케팅 제휴의 일환으로 좌석 공유(code share)를 실시한 이래로 과거부터 현재에 이르기까지 수많은 사례를 제공하고 있다. 글로벌 대기업 British Airway와 American Airline 간의 1999년에 체결된 제휴가 독점금지 규제에 의해 거부되었지만 같은 해 Delta와 Air France 그리고 Aero Mexico의 좌석 공유는 허용되었다. 그리고 United Airline, Lufthansa, Varig Brazilian, Thai Airways, SAS 등을 포함하는 대규모 항공동맹, Star Alliance가 잇따라 탄생하였다. 이 동맹의 회원사는 현재 19개 기업에 달한다. 좌석 공유는 회원사 간의 항공편이 공동으로 사용됨을 의미한다. 그리하여 UA4117기와 LH1342기가 런던에서 프랑크푸르트까지 동일한 비행편일 수도 있다. 단 하나의 항공기가 필요하지만 각각의 제휴 구성원들은 그 회사의 "제품군"내에서 각각의 비행편을 편성할 수 있다.

다른 형태의 제휴들은 덜 알려져 있다. "세계의 선도호텔(The Leading Hotels of The World)"은 전 세계의 호화호텔을 마케팅하는 글로벌마케팅 제휴이다. 잠재적 회원 호텔이 가맹을 신청하면, 심사 및 승인 이후, 전 세계의 인기 있는 상위의 호화호텔과의 공동 광고 및 판촉에 이용되는 가맹금을 지불한다. 최근 가입한 호텔 중 하나는 18홀의 골프코스와 개인 소유의 해수욕장을 가지고 있으며 열대우림 깊숙이 위치한 한가로운 피서지인 말레이시아 풀라우의 Datai Langkawi이다.

보다 일상적으로 기업 간(B2B) 제휴 또한 유행이다. 2002년 산업용 동작 및 제어 기술과 시스템을 개발하는 세계적인 선도기업인 미국의 Parker-Hannifin과 진공기술 전문 기업인 일본의 Myotoku는 글로벌마케팅 제휴를 발표했다. Parker-Hannifin의 대표인 Bob Bond는 "Myotoku"와의 제휴는 본사의 진공제품이 가지는 부족한 점을 충족시킬 것이며 추가적인 제품 기회를 가져올 것이다."라고 언급하였다. Myotoku의 대표 Toshio Makamori 또한 기뻐하였고 "진공 제품에 있어 Parker의 세계적인 영향력과 Myotoku의 디자인 그리고 제조능력은 우리 기업에게 중요한 성장의 기회를 가져다 줄 것이다."라고 언급하였다.

크로스 마케팅 글로벌 제휴가 할 수 있는 것에는 어떠한 한계도 없는 것처럼 보인다.

Sources: "Warsteiner Plans Marketing Alliance with Foreign Private Breweries," *AFX.com,* September 16, 2001; "Whirlpool Corp. and Tupperware Corp. Said They Formed a Global Alliance to Share Research and to Jointly Promote New Products," *AFX European Focus,* March 28, 2000; "Parker Establishes Global Marketing Alliance with Tokyo-based Vacuum Technology Firm," *PR Newswire,* January 11, 2002; "Datai Langkawi in Global Marketing Alliance," *Business Times* (Malaysia), March 20, 2000; www.staraliiance.com.

서론

수출은 글로벌마케팅 전문가에게 새롭고 익숙하지 않은 사항들을 수행할 것을 요구한다. 수출은 전통적으로 자연스러운 글로벌 시장으로의 확장방식이다. 이와 관련된 제반관리의 문제는 수출마케팅 전문가들을 힘들게 할 수 있다. 그러나 대안적 진입방식의 경우에는 수출에서 나타나는 복잡한 문제들이 상당부분 다른 양상으로 나타나거나 사라지게 된다. 라이센싱, 제휴, 그리고 해외직접투자는 모두 일반적인 마케팅 레퍼토리와는 다른 관리기술과 개념을 수반한다. 이 장에서는 제5장에서 언급된 대안적인 진입방식들을 조금 더 구체적으로 설명하고자 한다.

라이센싱은 한때 진입 방식으로서 평판이 좋지 못했다. 제2장에서 보았듯이 라이센싱은 기업의 노하우나 기업특유우위(FSAs)가 경쟁사로 쉽게 누설될 수 있는 소실(dissipation) 위험으로 이어진다. 제2차 세계대전 이후에 일본에 값싸게 기술 라이센스를 판매하였고 이후 일본기업의 서구 시장으로의 침입을 목격한 RCA, Honeywell 그리고 GE 같은 미국기업들의 이야기는 라이센싱을 부정적인 시각으로 바라보게 하였다. 그러나 최근 경쟁자 사이의 기술 공유가 일상적인 것이 됨으로써 라이센싱은 더 이상 우려할 만한 사항이 아니다. 2001년 카타르의 수도 도하에서의 WTO 회의가 제약부문의 특허권 보호의 약화를 초래했음에도, 최근 협상의 일반적인 방향은 국가 간에 지적재산권의 인정을 장려하고 있는 편이다. 기술의 이전은 이제 더욱 적법하게 거래되어 질 수 있다. 그리고 기술의 변화는 일부 라이센스가 복제품이나 "미투(me-too)" 모방품이 나오기도 전에 그 가치를 상실할 정도로 매우 빠르다.

하지만 여전히 많은 기업들이 그들의 기업특유우위를 소실하거나 그들의 특허 노하우의 사용에 대한 충분한 보상을 받지 못하는 위험을 겪기 보다는 해외의 완전소유제조자회사에 투자하는 것을 선호한다. 사실, 다국적기업의 기본적인 정의는 단순히 그들의 제품을 여러 시장에 판매하는 기업이 아니라 해외에서 운영하는 각각의 제조 및 조립공장을 소유하여 자신들의 기업특유우위에 대한 이용을 내부화하여 글로벌 기업을 운영하는 회사를 의미한다.

이 장에서는 세 가지 주요한 비수출적 진입방식인 라이센싱(프랜차이징을 포함), 전략적 제휴 그리고 완전소유제조자회사에 대하여 보다 자세하게 기술할 것이다. 라이센싱은 프랜차이징과 주문자상표부착생산으로 나누어진다. 전략적제휴에서는 유통 및 제조 제휴 그리고 R&D 제휴와 합작투자에 대하여 논할 것이다. 이후 이 장에서는 마케팅이 어떻게 다른 진입방식 하에서 통제될 수 있는지 그리고 기업의 전략적 목표와 시장 성숙도에 대한 다른 가정(assumption) 하에서 어떻게 최적 진입방식(optimal entry mode)에 대한 개략적인 계획을 세울 수 있는지를 살펴볼 것이다. 다음으로는 글로벌 확장경로, 기업확장의 국제화 경로에 관한 "문화적 차이"의 효과, 해외에서의 사업수행과 글로벌경영에서의 학습효과 등에 대하여 논의할 것이다. 그리고 기업의 점진적인 "국제화"가 진입방식의 변화에 어떻게 반영되며, 어떻게 "태생적 글로벌 기업(born global)"이 이러한 단계를 건너뛰는지를 살펴볼 것이다. 또한 "스프링클러" 그리고 "폭포" 확장 전략이 가지는 이익과 비용을 구분하여 열거해 볼 것이다.

라이센싱

라이센싱(licensing)은 외국기업에 대하여 수수료, 로열티 그리고 또는 다른 유형의 대가를 받고 기업의 노하우 혹은 무형 자산을 제공하는 것이다. 라이센싱이 수출보다 나은 점은 관세 혹은 수입품에 대하여 부가될 수 있는 여러 세금를 회피할 수 있다는 것이다. 신규기술 수출업자에게는 시장조사와 시장에 대한 정보습득의 필요성을 감소시킨다는 장점 또한 가지게 되며, 유통 업자를 이용하는 방식과는 대조적으로 시장에서 라이센시(licensee)가 제품판매를 적극적으로 지원하도록 유도할 수 있다. 이는 라

Getting the Picture 신중한 선택

신규 미국기업들은 해외시장 탐색을 위한 관리 및 연구비용을 회피하기 위하여 영국기업에게 그들의 제품에 대한 제조와 판매를 라이센싱 하기로 결정하였다. 영국기업들은 세계의 다른 지역에 공정 노하우를 서브라이센스(sublicense)할 수 있는 권리를 부여받았다.

몇 년 후에 기업의 제품에 대한 해외시장의 잠재가능성이 매우 증가하였다. 그러나 미국 기업들은 수익의 증가액에서 고작 작은 배당 몫을 얻었다. 이미 라이센스는 시장에서 영국기업들에게 "판매"되었고 기업의 매출이 도약하는 것을 지켜볼 수 밖에 없었다.

실제로, 더욱 경험 있는 다국적기업들 조차도 이러한 실수를 한다. 글로벌 확장의 초기에 American Gillette는 그들의 면도날 제조기술을 British Wilkinson에게 라이센싱 하였다.—Wilkinson의 판매영역으로부터 유럽 대륙을 제외하는 것을 잊고—결과: Gillette는 유럽시장에서의 우세를 쟁취하기 위해 Wilkinson 과 오랫동안 힘든 싸움을 해왔다.

Sources: Adopted from M. L. Mace, "The President and International Operations," *Harvard Business Review*, November-December 1996, p. 76.

이센싱으로 현지기업은 공여 받은 기술에 더하여 자신 스스로 개발한 기술을 추가하여 전수기술을 더욱 발전시켜 현지시장에서 활용하기 때문이다. 라이센시는 유통업자가 하는 것과 같이 단순히 제품을 재판매 하는 것이 아니다. 그러나 이는 또한 라이센서(licensor)에게 커다란 약점이 된다. 라이센시가 특정 기업의 고유한 노하우에 대한 접근 권한을 얻기 때문에 라이센서와 경쟁우위를 공유할 것이며, 이러한 지식을 일부영역에서는 더욱 진전된 응용(application)기술을 사용함으로서 향후에 강력한 경쟁자로서 등장할 수 있다("신중한 선택" 참조).

기업특유우위의 소실을 피하기 위해 라이센싱 기업은 상당한 전문성을 갖고 라이센싱계약 협상을 다루어야할 필요가 있다. 〈표 6.1〉은 일반적인 라이센싱 계약의 요소들의 일부를 나타내고 있다. 예를 들어, 다른 국가에서 수출기업의 판매와 경쟁하지 않도록 하기 위하여 라이센시가 제품을 판매 할 수 있는 지리적 영역을 제한하는 것이 중요하다. 계약에서 파기될 수 있는 조건이 무엇인지, 기간의 제한은 어떻게 되는지, 그리고 특정 노하우를 어떻게 사용될 것인지에 대해 확실히 해두는 것 또한 중요하다. 계약은 라이센시가 이행하는 마케팅 지원의 정도와 종류 그리고 이러한 지원이 마련되지 않았을 경우 취해야할 적절한 조치들을 포함하여야 한다. 이에 대하여 라이센서는 관리와 기술적 지원, 상표권 혹은 특허 또는 브랜드명의 이전을 포함한 필요한 지식의 이전을 약속한다.

로열티의 수준과 지급체계는 라이센싱의 유형에 따라 변한다. 예를 들어, 진행 과정에서 특정 기술에 대한 스트레이트 라이센싱(straight licensing)은 총수입의 5%, 때로는 그 이상(Disney World Corporation은 일본 라이센시로 부터 7%를 받는다) 혹은 이하의 로열티를 제시할 수 있다. 또한 경우에 따라 기술 지원 수수료 형태의 지불이나 로열티의 일시불 지급, 간헐적인 지급이 이루어질 수 있다. 라이센서의 입장에서 또 다른 매력적인 대안은 해당 국가의 시장으로 깊숙이 침투하기를 희망할 때 라이센시 기업의 개별 주식옵션을 획득할 수 있는 기회를 마련하는 것이다.

표 6.1 라이센싱 계약 구성요소

기술패키지 (Technology package)	라이센스로 보호되는 산업재산의 정의(Definition/description of the licensed industrial property (patents, trademarks, know-how)) 제공될 노하우와 이전방법(Know-how to be supplied and its methods of transfer) 원재료, 장비, 중간재의 공급(Supply of raw materials, equipment, and intermediate goods)
이용 조건 (Use conditions)	라이센스 기술의 사용 분야(Field of use of licensed technology) 제조 판매의 영역(Territorial rights for manufacture and sale) 3자 라이센싱 권한(Sublicensing rights) 영업비밀보호(Safeguarding trade secrets) 특허권 및 상표권 침해에 대한 책임(Responsibility for defense/infringement action on patents and trademarks) 경쟁상품 배제(Exclusion of competitive products) 경쟁기술 배제(Exclusion of competitive technology) 제품기준의 유지(Maintenance of product standards) 이행요건(Performance requirements) 신제품, 신기술의 라이센스 권한(Right of licenses to new products and technology) 보고의무(Reporting requirements) 라이센시의 조사권(Auditing/inspection rights of licenser) 라이센시의 보고의무(Reporting requirements of licensee)
보상 (Compensation)	지급 통화(Currency of payment) 현지세금 납세의무(Responsibilities for payment of local taxes) 공시수수료(Disclosure fee) 경상기술료(Running royalties) 최저기술료(Minimum royalties) 고정기술료(Lump-sum royalties) 기술보조 수수료(Technical assistance fees) 라이센시와 거래사항(Sales to and/or purchases from licensee) 추가 신제품에 대한 수수료(Fees for additional new products) 제품기술 개발의 환류(Grantback of product improvements by licensee 기타 보상(Other compensation)
다른 조항들 (Other provisions)	계약준거법(Contact law to be followed) 계약의 기간과 갱신(Duration and renewal of contract) 취소 및 종료 조항(Cancellation/termination provisions) 분쟁해결 절차(Procedures for the settlement of disputes) 라이센스 계약의 정부승인 책임(Responsibility for government approval of the license agreement)

Sources: R. Duane Hall, *International Trade Operations*. Jersey City, NJ: Unz & Co., 1983, pp.67-68.

프랜차이징

특히 서비스부문에서 많은 다국적기업들은 해외시장에 진입하기 위한 방법으로 그리고 그들의 마케팅과 브랜드이미지의 통제를 유지하기 위한 방법으로 프랜차이징을 선호하고 있다. 프랜차이징(franchising)에서 프랜차이저(franchisor, entering firm)는 프랜차이지(franchisee, entrepreneur)에게 새로운 시장에 프랜차이저의 잘 알려진 브랜드화된 제품을 판매하는 것이 허용된 현지 사업체를 설립하는데 도움을 제공한다. 이에 대하여 프랜차이지는 필요한 자본금을 제공하며 프랜차이저에게 판매에 대한 로열티와 착수금을 지급하여야 한다. 한편 프랜차이저는 다양한 이벤트에 대한 후원을 포함한 광고와 판촉을 통하여 브랜드가치를 유지할 것을 약속한다. 또한 프랜차이저는 프랜차이지에게 일반적으로 비용의 일부를 부담하게 하면서 브랜드명의 유지를 위한 현지광고와 같은 광범위한 시장지원서비스를 제공한다. 피고용인을 위한 훈련메뉴얼, 생산일정과 제품군에 대한 지원, 회계메뉴얼, 일시적인 재정적 지원과 같은 일부 서비스가 프랜차이지에게 제공된다.

프랜차이즈 브랜드가 글로벌 광고를 통해 효과적으로 판촉되도록 하기 위해 마케팅의 측면에서 두 개의 중요한 특징인 제품군과 고객서비스의 표준화가 수행될 필요가 있다. 문화적 차이로 인해 제품이나 서비스가 약간의 현지적응을 필요로 한다. 예컨대 유럽에서 McDonald's는 맥주를 제공하고, 아시아에서는 메뉴에 밥이 추가되었다. 프랜차이징에서는 제품과 서비스의 표준화가 이루어져야 하기 때문에 프랜차이징의 개념은 국가별로 최대한 엄격하게 운용된다. 프랜차이징 가맹점들의 제품은 예상한대로 동일해야 한다. 심지어 종업원의 미소조차도 의무적이기 때문에 프랜차이징에서의 "개인서비스"가 "가식적인 서비스"라고 불린다고 하더라도 이러한 것들은 모든 프랜차이징

Getting the Picture 맥도날드의 방식

약 120여개의 국가에서 30,000개 이상의 레스토랑을 보유한 McDonald's는 아마 세계에서 가장 크고 잘 알려진 외식서비스 판매업자일 것이다. 이미 가장 발전된 글로벌 프랜차이즈 시스템을 어디에서나 보유하고 있음에도, McDonald's의 확장은 여전히 진행되고 있다. 그들의 목표는 세계 인구의 1%에게 음식을 제공하는 것이다. 이러한 비전은 세 가지의 세계적인 전략에 초점을 맞추고 있다.: 세계의 각 커뮤니티의 사람들에게 최고의 고용인이 되어라; 그들 레스토랑의 고객들에게 운영의 우수성을 전달하라; 기술과 혁신을 통한 브랜드의 확장으로 항구적으로 수익을 내는 성장을 달성하라.

현재, McDonald's의 전 세계 레스토랑 사업체의 약 70%가 독립된 소유형태로 운영되고 있다. 시설의 규모, 재고, 실내장식(decor), 조경, 그리고 다른 요인들에 따른 대략 500,000달러의 새로운 프랜차이즈 비용과 45,000달러의 초기 수수료가 McDonald's에 지급되어야 한다. McDonald's는 3.5%의 서비스 수수료와 프랜차이지의 8.5%의 임대료를 부과한다. McDonald's가 운영되는 국가 어디든지 유망한 프랜차이지에게는 추가적인 지원이 이루어질 수 있다.

러시아와 같은 특정국에서 McDonald's는 레스토랑에 소유지분을 가진다. McDonald's가 1990년에 처음으로 그들의 모스크바 아울렛을 개장했을 때, 그들의 700여 좌석의 레스토랑은 하루에 30,000개의 음식을 제공하였다. McDonald's는 현재 매일 200,000명 이상의 러시아 사람들에게 음식을 제공하고 있다. 특히 주목할 만한 것은 러시아 사람들의 소득이 선진국에 못 미치지만, 그들의 음식가격은 전 세계적으로 비슷하다는 것이다. 초기의 Pushkin Square 레스토랑은 해외에서 음식재료의 거의 전량을 공급받았지만 McDonald's는 현재 100개 이상의 독립된 러시아 공급업자들로부터 재료의 75% 이상을 구매한다.

모스크바 McDonald's는 글로벌 스탠더드를 충족하는데 필요한 고품질의 음식재료를 레스토랑에 공급하기 위한 저장고("McComplex")에 4,500만 달러를 투자하였다. 오늘날 이러한 집중화된 유통 시설은 러시아 도처에 있는 74개의 모든 McDonald's 레스토랑에 더하여 오스트리아, 벨라루스, 체코공화국, 독일, 헝가리, 몰도바, 우크라이나를 포함하는 다른 17개 국가에 재료를 공급한다.

반글로벌화와 반미주의 행동을 감소시키기 위한 McDonald's의 현지 적응노력에도 불구하고 일부 비미국인 뿐만 아니라 심지어 일부 미국인들도 McDonald's가 해당 국가의 전통을 위협한다고 염려하고 있다.

Sources: www.mcdonalds.com: "Moscow-McDonald's Backgrounder," October 1994; Barbara Marsh, "Franchise realities: Sandsich-shop Chain Surges, but to Run One Can Take Heroic Efforts," *The Wall Street Journal*, Specter, "Borscht and Blini to Go: From Russian Capitalists, an Answer to McDonald's," *New York Times*, August 9, 1995, pp. D1, D3.

서비스에서 동일하게 발견된다.

다수의 패스트푸드 기업들은 그들의 브랜드명에 대한 영향력과 프랜차이즈 소유주들의 현지시장에 대한 지식을 이용하여 새로운 시장에 침투하기 위하여 프랜차이징을 활용하여 왔다. 미국의 패스트푸드 기업들은 과거 10년 넘게 프랜차이징의 성장을 견인해 왔고, McDonald's, KFC, Taco Bell, Pizza Hut, Berger King, Wendy's와 같은 브랜드명에 의해 더욱 활성화되었다. 이들 기업들은 모두 그들의 서비스 시스템에 대한 핵심적 특징과 어떻게 그들의 위닝 컨셉트(winning concept)를 수출할 것인가를 결정하기 위한 제품특유우위(product-specific advantages)를 성공적으로 찾아내었다. 예를 들면, McDonald's의 성공적인 시스템은 조리법과 서빙 절차 뿐만 아니라 종업원의 훈련 그들의 의복과 태도 그리고 관리 및 부기 시스템으로 구성되어 있다. 프랜차이지는 사업체를 어떻게 관리하고 직원들을 어떻게 훈련시킬 것인가를 배우기 위하여 "햄버거 대학(Hamburger University)"에 참여하여야 한다. 또한 프랜차이지는 재료의 품질과 제품의 준비 및 판매과정에서 McDonald's의 기준을 반드시 준수하여야 한다("맥도날드의 방식" 참조).

프랜차이징의 하나의 결점은 지속적인 품질의 통제와 주의가 필요하다는 것이다. 만약 프랜차이지가 이를 이행하지 못하면, 프랜차이저는 계약을 파기해야만 할 수도 있다. 파리 샹젤리제의 McDonald's 프렌차이즈 매장이 청결하지 못한 구내에서 지급의 서비스를 제공하였을 때 McDonald's 본사는 이에 개입하여 프렌차이즈 매장의 경영권을 회수하였다. 멀리 떨어진 격지간의 운영에 대한 다양한 측면의 면밀한 감시는 잘 발달된 글로벌 관리 시스템과 모니터링을 요구한다. 정교한 관리기술의 필요성 때문에 국제적인 프랜차이징은 전 세계에 진출하기 전에 자국에서 오랫동안 프랜차이징 경험을 하며 이는 외국에서의 성공적인 프랜차이즈를 하는데 기초가 된다. 이러한 경우에 해당하는 성공적인 사례로 미국의 패스트푸드 공급업체인 McDonald's와 KFC, Hilton Hotel, 영국의 Body Shop 등이 있다.

주문자상표부착생산

다국적 이론의 측면에서 주문자상표부착생산은 자국에서 해외로 제품을 판매하는 "수출"의 범주에 포함된다. 그러나 마케팅의 관점에서 이는 일반적인 수출과는 달리 기업의 브랜드명이 나타나지 않기 때문에 라이센싱이나 전략적 제휴에 더욱 적합하다. 주문자상표부착생산은 제조사의 이름이 부착되지 않은 제품에 다른 회사가 상표를 부착하여 판매하는 것이다.

주문자상표부착생산(OEM)에서 기업은 다른 국가의 시장에 진입할 때 자사의 브랜드가 부착되지 않은 제품이나 부품을 판매함으로써 현지마케팅 능력이 없이도 해외시장진입을 시도할 수 있다. 그리고 제품을 구매한 회사는 최종제품에 그들의 상표를 부착하여 판매한다. 공급기업은 그들의 제품을 해외로 마케팅하는데 거의 또는 전혀 비용이 들지 않으며, 수입자는 별다른 가공없이 시장에 내어 놓을 수 있는 제품을 얻게 된다. 또한 공급업자는 해외에 제품을 직접 마케팅하려는 노력을 할 필요가 없게 된다. 한편 공급업자는 제품이 해외시장에서 수요가 빠르게 증가하는 경우에는 직접마케팅의 기회도 모색해 보는 것이 바람직하다.

이와 관련하여 몇 가지 사례들을 들 수 있다. 캐논은 휴렛 팩커드의 매우 성공적인 레이저 프린터와 코닥의 복사기에 주문자상표부착생산 방식으로 카트리지를 공급해 왔다. 성공적으로 시장이 발전한 이후, 캐논은 그들의 복사기를 시장에 내어놓았고 성공을 거두었다. 오레곤 주에 위치한 중장비 기업인 Esco는 Mitsubishi에 주문자상표부착생산 방식으로 부품을 공급하였고, Mitsubishi의 이름으로 Komatsu와 Caterpillar사의 토공기계(Earthmovers)에 예비 부품으로 유통되었다.

Samsung이나 LG와 같은 한국의 거대 소비재 생산기업도 최초의 미국시장 진입방식으로 주문자상표부착생산을 채택하였다. 브랜드가 부착되지 않은 컬러 TV와 전자레인지 그리고 VCR을 Sears, Amana 그리고 Emerson과 같은 리셀러(reseller)에 판매함으로서 현지시장에서 브랜드 이미지를 수립하는데 소요되는 비용을 회피하였다. 하지만 그들은 일본이 과거에 그랬던것처럼 그들 고유의 정체성을 수립할 수 있는 기회를 포기하였다. Canon과 같은 접근방식을 선택하여, 한국의 자동차제조사인 Hyundai는 미국에서 그들 고유의 판매 및 서비스 네트워크를 구축하기로 결정하였다. 오늘날 전 세계적인 인지도를 가진 브랜드를 보유하는 것은 글로벌 성공의 중요한 요인이다.

전략적 제휴

국제적인 전략적 제휴(strategic alliance, SA)는 일반적으로 국경을 초월한 기업 간 또는 경쟁자 간의 전략적 협력관계이다. 새로운 형태의 제휴가 비지분 협력(파트너십, 공유협정, 프로젝트의 참여)으로 이루어지고 있는 반면에, 기존의 합작투자는 지분에 기반한 전략적 제휴로 이루어지고 있다.

전략적 제휴는 지난 10년 동안 점진적으로 일반화되어 온 새로운 진입방식이다. 전략적 제휴가 종종 잠재적 경쟁자 간의 협력관계를 형성하기 때문에 소유권과 회사의 통제 사이의 연관성을 약화시키는 효과가 있다. 또한 전략적 제휴에서는 소유한 노하우를 상실할 수 있음에도 불구하고 파트너 간의 중요한 정보, 자산, 기술의 공유를 기초로 한다. 그러므로 전략적 제휴는 수수료나 로열티를 지급하는 라이센싱과는 다르고 할 수 있으나 서로 지식을 공유한다는 점에서는 라이센싱과 동일하다고 할 수 있다.

비지분 전략적 제휴의 이유

비지분 제휴 특히 경쟁자 간의 제휴는 비교적 새로운 형태의 진입방식이기 때문에 그러한 것들이 왜 출현하였는지 설명할 필요가 있다. 전략적 제휴로 얻게 되는 경제적 이익은 일반적으로 매우 가시적이다. 기업은 전략적 제휴에 의하여 얻을 수 없는 기술에 접근한다. 제휴상대방의 유통경로를 통하여 오랜 시간 경험 없이도 시장에 접근할 수 있다. 또한 새로운 공장에 대한 투자 없이 효율적인 제조가 이루어 질 수 있다. 기업의 노하우에 대한 통제 상실 등의 위험을 고려한다고 할지라도 합작투자나 완전소유자회사, 라이센싱, 인수 등의 대안적 진입방식보다 매력적인 이유는 이러한 비지분에 의한 전략적 제휴에서는 기업이 부담해야 하는 위험이 훨씬 작기 때문이다.

비지분에 근거한 전략적 제휴의 논거는 다른 곳에서도 발견할 수 있다. 하나는 기업의 지식자산의 통제에 대한 필요성이 거의 사라졌다는 데 있다. 위에서 살펴본 대로 가장 중요한 노하우는 지금까지 어떤 때보다 빠르게 확산되고 제품과 새로운 기술을 포함하는 생산공정은 잘 알려진 리버스 엔지니어링(reverse engineering)과 경쟁적인 벤치마킹을 통해 쉽게 복제된다. 가장 선도적인 시장에 입지한 기업들은 대부분 신기술에 빠르게 접근 할 수 있다. 특허권이 국가 간에 감시되고 보호될 수 있음에도 불구하고, 이제는 기술이 빠르게 퇴화하기 때문에 기술유출의 문제는 더 이상 중요한 쟁점이 될 수 없게 되었다.

두 번째 요소는 여러 국가의 시장에서 동시에 경쟁할 때 신속한 대처능력이다. 이러한 대처능력은 소비자에 대한 관찰, 경쟁자에 대한 모니터링, 경쟁자의 수익원에 대한 견제 등을 주요 내용으로 한다. 제휴는 기업이 현존하는 경영자원의 이용을 확대할 수 있도록 허용함으로서 새로운 신규투자를 필요로 하지 않는다.

그러므로 비지분 전략적 제휴는 새로운 형태의 기업의 설립이라기보다는 기업 레퍼토리의 확장을 의미한다. 기업은 예전에는 할 수 없었던 일을 협력적 관계를 수립함으로서 새로이 내부화할 수 있는 기회를 갖게 된다. 전략적 제휴는 두 회사가 개별적으로는 착수할 수 없는 임무를 수행할 수 있도록 하며, 변화된 상황에 대하여 효율적으로 대처하는 새로운 대응방식이라 할 수 있다.

유통 제휴

마케팅상의 의미가 상당히 다르기 때문에 여기서는 비지분 제휴를 세 가지로 나누어 살펴보고자 한다: 유통, 제조, 그리고 R&D.

전략적 제휴의 가장 일반적인 형태는 유통망을 공유하기 위한 유통제휴이다. 미국 내 자동차의 유통을 위한 Chrysler와 Mitsubishi의 제휴는 대표적인 사례이다. 일본에서 Volkswagen을 판매하기 위한 Nissan의 협정, 북미지역에서 Kirin맥주를 양조하고 판매하기 위한 캐나다 Monsol의 제휴, 유럽항로를 공유하기 위한 SAS, KLM, Austrian Air 그리고 Swiss Air의 제휴도 유통을 촉진하기 위한 것이다. 보다 최근에는 United Airlines, Lufthansa, Air Canada, SAS 그리고 Thai Airway를 포함한 STAR 제휴가 좌석공유 협정(code-sharing agreement)을 통해 글로벌 항로의 접근과 매끄러운 예약 서비스를 제공하였다.

이러한 유통제휴의 규모가 어느때 보다 더 커지고 있지만 이러한 유형의 제휴는 새로운 현상은 아니다. 전통적인 교재(textbook)에서 "피기백킹(piggybacking)", "컨소시엄 마케팅"을 라이센싱의 범주에 포함시켜왔다. 유통제휴의 전략적 근거는 일반적으로 한 파트너에게는 증대된 수용능력과 확장된 생산라인을 제공함에 있고 그리고 다른 파트너에게는 저렴하고 신속한 시장접근에 있다. 파트너 사이에서는 서로 보완적인 강점을 제공하고 각각의 파트너는 스스로 잘할 수 있는 부분에 집중하여 서로에게 기여를 하게 된다.

이러한 전략적 제휴의 결점 중 하나는 시간이 흐를수록 제휴협정이 파트너의 성장을 제한할 수 있다는 것이다. 수립된 유통네트워크와 함께 파트너는 상대방의 제품과 경쟁하는 그들의 제품군을 확장하기를 원할 수도 있다. 또한 다른 시장으로의 진출을 위하여 현재 시장으로부터 다른 시장으로의 자원의 재분배를 해야 하는 경우에도 상대방 파트너와의 제휴협정으로 인하여 이러한 전략적 시장다각화가 불가능할 수 있다. 이로 인하여 성장이 제한될 수 있다.

그리고 제휴협정으로 인하여 외국에서의 마케팅능력과 경험을 쌓는 것을 방해함으로서 장기적인 시장진출능력을 갖추는데 불리하게 작용할 수 있다는 단점이 있다. 만약에 외국시장으로 진출함에 있어 기존의 제휴협력사와 경쟁을 하게 된다면 이러한 마케팅능력의 부재는 큰 부담으로 작용하게 될 것이다. 미국 자동차시장에서 미츠비시의 빈약한 성과는 부분적으로 크라이슬러의 판매망을 통한 판매의 어려움과 뒤늦은 독립 판매망의 구축 때문이다. 그들의 성장은 제대로 이루어 질 수 없었다.

그러한 성장에 대한 제한 때문에 유통에서의 전략적 제휴는 시장확장이 파트너의 중요한 목표일 때는 오래 지속되지 못한다. 그러나 이러한 제휴협력은 편리하고 경제적일 수 있고 기업의 성장에 대한 압박이 크지 않을 경우에는 유효한 전략이 될 수 있다.

제조 제휴

전략적 제휴의 또 다른 초창기 형태는 공유된 제조(shared manufacturing)이다. 일본에서 Matsushita는 초과되는 잉여 생산력을 이용하여 IBM PC를 제조하는데 동의하였다. Volvo와 Renault는 회사의 완전한 합병이 폐기된 이후에도 특정 차체와 구성품을 공유하고 있다. 현재 Saab의 엔진은 GM 유럽의 Opel 공장에서 만들어진다(GM이 Saab 주식의 50%를 구매하면서 나타난 제휴).

주문자상표부착생산이나 다른 유사한 협정들과 제조 제휴협정을 구분하는 것이 언제나 쉽지만은 않다. 주문자상표부착생산 협정은 브랜드명이 없는 구성부품을 다른 제조업자에게 판매하는 단순한 계약이라는 것이다. 잠재적으로 그들은 많은 고객들에게 구성부품을 판매한다. 한편 제조 제휴(manufacturing alliance)는 부품의 제조에서 기존의 역량과 함께 양쪽의 제조업자의 브랜드를 유지한다. 이러한 제휴형태의 일종으로서 하도급(subcontracting)은 양 파트너를 위한 특별한 협정이다.

이러한 제휴는 기술적인 면보다 경제적인 면에서 서로 보완적이라 할 수 있다. 동 제휴협정은 편리하며 비용을 절약하고 유통제휴 협정과 유사하다. 파트너는 유휴 생산력을 활용할 수 있고, 상대방은 새로운 공장과 시설에 투자하지 않음으로써 시간과 비용을 절약한다. 마케팅의 관점에서 판매조직은 생산을 담당하는 두 제휴파트너들과 소통하여야하기 때문에 이러한 제휴는 때때로 결점을 가진다. 즉, 제조 제휴는 소비자의 피드백을 경청하기 위해서는 불리한 면이 있다.

유통제휴에서처럼 이러한 제휴는 파트너들 간의 성장을 제약하는 경향이 있다. 생산의 확장은 기존의 파트너의 생산력의 제한으로 인하여 방해를 받을 수 있으며 파트너로 인한 학습량의 저하로 제품구성을 바꾸는 것도 불가능할 수 있다. 성장의 목표를 다시 설정하는 경우에는 제휴에 대해서도 심각하게 다시 고려할 필요가 있다.

R&D 제휴

연구개발에서의 전략적 제휴는 유통과 제조부문의 제휴와는 다르다. 연구개발 제휴는 경제적인 이점, 신기술에의 접근속도 그리고 경영자원의 확보 이외에도 기업의 생존문제를 해결하기 위한 유효한 수단이 되고 있다. 심지어 경쟁자들과의 연구개발 제휴는 기술적인 표준을 유지하기 위하여 필요하다. 연구개발에 투입되는 금액의 규모가 큰 경우에는 기업으로 하여금 투자위험을 분산할 필요가 있고, 따라서 특정산업에서 동일한 방향의 연구개발을 추진함으로서 연구개발제휴를 촉진하게 된다. 연구개발제휴에 의하여 서로가 동일한 수준의 기술진보를 이루게 되면 결국 기업의 경쟁력은 마케팅 능력에 의하여 결정되게 된다.

이러한 현상은 과거의 연구개발이 특정 기업에서 비밀스럽게 이루어지고 이러한 연구개발의 결과로 인해 특정 기업이 기업특유우위를 독점하던 현상과는 상당한 차이가 있다. 요즈음에는 기업이 연구개발사실을 초기에 공표하고 다른 기업도 동시에 연구개발투자를 하게끔 자극한다. 이러한 연구개발사실의 공표는 소비자들이나 다른 기업들로부터 상당한 관심을 끌게 되고 동일 표준의 기술개발을 목표로 서로 경쟁하게 된다. 이러한 경쟁에서 뒤처지는 기업은 결국 시장에서의 경쟁력을 잃게 되는 것은 물론이다.

거대 PC 소프트웨어 기업인 Microsoft는 그들의 고유한 소프트웨어의 보호를 위하여 특별한 노력을 기울여 왔다. 그러나 최근 그들은 Microsoft의 표준을 이용하는 다른 소프트웨어 제작자들을 끌어들이기 위하여 실질적이고 잠재적인 경쟁자들과 함께 기술적 발전을 공유하기로 결정하였다. 더욱이 Microsoft는 다른 산업과의 전략적 제휴를 위한 압박도 받고 있다. 연구개발에서의 전략적 제휴는 기술개발의 속도가 점점 빨라짐에 따라 제휴의 응집력도 점점 떨어지는 경향이 있다. 이는 제휴 개발된 기술이 더 이상 시장에서 경쟁력이 있는 기술로서 작동하지 않는 경우에는 당사자 간의 제휴의 동인도 사라지기 때문이다.

증가하는 연구개발 활동은 경쟁이 증가하는 시장에서 신제품의 출시를 견인하였다. 효율적인 경쟁을 위해 기업은 보다 연구개발 노력을 기울어야 하며 신기술의 개발에 뒤처지지 말아야 한다. 그렇지 않으면 해외시장에서 경쟁자들과의 마케팅 경쟁에서 제품의 기술적 역량을 상실하는 위험에 처하게 된다. 전략적 제휴는 이러한 노력의 하나로서 채택될 수 있고 또한 조직에 수반되는 재정적 부담을 완화할 것이다.

대부분의 해외시장에서 소비자들의 관심을 끌기 위해서는 신기술로 맞서지 않으면 안된다. 한 때 Saab 자동차는 기체역학적인 외형과 전륜구동에 있어서의 특별한 우위를 장점으로 내세웠지만 지금은 안티 록 브레이크, 에어백 그리고 16기통의 터보엔진 조차도 표준적인 것이 되었다. 신제품에서의 보여지는 기술의 진보는 소비자들의 관심을 끄는 핵심적인 요소로서 대두되면서 신기술 개발을 위하여 국제적인 협력체제가 이루어졌고 연구개발에서의 전략적 제휴가 일반화 되어오고 있다. 제품에서의 신기술 개발은 마케팅전략에서 핵심적인 고려사항으로 인식되고 있다.

합작투자

마케팅의 관점에서 합작투자(joint ventures, JVs)가 거부할 수 없는 강점을 지니고 있음에도 불구하고, 많은 기업들은 정부의 규제나 압력에 의해 강제되지 않는 한 합작투자 협정을 맺는 것을 꺼려왔다. 합작투자는 자본, 인력의 이전 그리고 일반적으로 외국의 파트너로부터 현지시장에 대한 전문지식과 이해를 구하는데 목적이 있고 또한 현지기업에게 일부 기술의 이전을 수반한다.

이러한 합작투자 기피 현상의 주요 원인은 기술이전의 문제 때문이다. 합작투자는 합작파트너 사이에 정보를 공유해야 하는데 이러한 정보의 공유는 결국 기업기밀의 유출로 이어질 가능성이 매우 크다고 할 수 있다. 미국시장에서 소형자동차의 생산을 위한 1982년 GM-Toyota의 합작투자협상에서는 합작투자의 동기를 살펴볼 수 있다. 미국 법무부는 독점금지법에 근거하여 세계적인 두 자동차회사가 합작을 하는 것을 원치 않아서 이 협상은 상당히 오랜 시간을 끌게 되었다. Toyota의 입장에서도 사실은 현지진출의 마케팅경쟁력을 확보하기 위하여 합작을 하려했던 것보다 미국시장의 수입장벽을 극복하기 위하여 GM과 합작을 추진하려 했던 측면이 더 강하였다. Toyota의 계산은 이러한 합작추진으로 미국의회의 수입규제에 대한 압박을 완화하는 것이었다. 따라서 Toyota는 이러한 합작논의가 이어지는 동안은 의회의 압력을 완화할 수 있었기 때문에 실제로 법무부의 합작승인의 지연에 대해서는 큰 관심을 보이지 않았다.

제조자회사

해외 직접투자는 여러 가지 이유로 완전소유제조자회사(wholly owned manufacturing subsidiaries)의 형태로 이루어지고 있다. 이러한 이유에는 원자재를 획득하고, 낮은 제조원가, 관세장벽의 회피, 현지 콘텐츠 요구사항의 만족, 그리고 현지시장에의 용이한

Getting the Picture 미국산 BMW

BMW Z3 로드스터는 매끄럽고 스포티한 자동차이며, 독일인의 정확한 엔지니어링과 장인정신이 만들어낸 제품이다. 그것은 "궁극적인 드라이빙 머신"으로 영화 007 GoldenEye에 선택된 제임스 본드의 차량이다. 어디에서 BMW Z3가 만들어지는가? 아마도 당신은 사우스캐롤라이나에 있는 스파턴버그라고는 생각하지 못 했을 것이다. 독일의 아이콘이 미국의 심장부에서 대량생산 되고 있다는 것인가? 답은 예스이다. 스파턴버그의 설비는 1994년 3월에 가동되기 시작하였다. 기업은 설비에 대략 14억 달러를 투자하였고 3,500명 이상의 근로자를 고용하였다. Z3와 Z3 쿠페에 더하여 이 공장은 국내와 국제시장을 위한 M 구페와 스포츠 유틸리티 차량인 X5를 생산한다. 스파턴버그 공장은 사실 오직 X5를 만드는 유일한 BMW 공장이다. BMW 브랜드는 독특한 독일의 브랜드임에도 불구하고, SUV의 컨셉트는 순수하게 미국이 원조이다.

왜 BMW는 제조설비 입지로 미국을 고려하였을까? 아마 주요한 이유로 거대한 시장에 즉시 접근하기 위한 것이라고 생각할 수 있을 것이다. 그리나 관세장벽이 낮거나 없고, 운송과 물류, 증가하는 효율성, 시장 접근성 등은 주요한 요인이 아니다. 대신에 북미로 이동한 주요한 이유는 부픔에 대한 양질의 공급체계 때문이다.

BMW는 미국기반 공급업자들이 유럽의 공급업자보다 빠르고 더욱 유연하다는 것을 발견하였다. 유럽 자동차 제조업체들과 편안한 관계였던 유럽의 공급업자들은 새로운 부품에 대한 요구사항, 저스트 인 타임(just-in-time) 시스템, 공급망 개선에 대해서 덜 적극적이었다. 이 기업은 미국 공급업자들을 이용하여 그들의 공급망을 개선할 수 있었다.

미국에서 BMW 고객의 수는 지난 10년간 3배로 증가하였고, BMW는 2001년 새로운 글로벌 매출 기록을 달성하였다. 또한 전 세계에 걸쳐 905,653대의 다양한 모델을 고객들에게 인도하였다.

Sources: "BMW: Spartanburg Plant Key Facts," *Auto Intelligence*, Internet Online, available from www.autointell-news.com/european companies/BMW/bmw3.htm; *The economic Impact of BMW on South Carolina*. The Division of Research, Moore School of Business, University of South Carolina, May 2002, available at www.bmwusfactory.com

침투 등을 들 수 있다. 시장침투를 위한 해외직접투자는 마케팅의 전략적 관점에서 분석되어야 한다.

제조 해외직접투자는 시장진입에 있어 여러 이점을 가진다. 우선 현지생산은 운송비, 관세, 현지 매출세 등에 의해 야기되는 가격 에스컬레이션을 없애거나 대폭 감축할 수 있다. 제품은 언제나 유통업자에게 손쉽게 공급될 수 있고, 최종소비자에게도 신속하게 배달될 수 있다. 일부 사례에서 초기에 해외생산을 꺼리는 이유가 품질저하의 위험이었음에도 불구하고 현지생산은 제품품질의 균일화로 연결될 수 있다.

그러나 오늘날 제조기술의 전 세계적인 확산과 함께 낮은 품질에 대한 위험은 감소하였다. 그리고 기업은 현지 공급업자가 우수한 품질과 서비스를 제공할 것이라는 믿음을 갖게 되었다.

현지생산을 함으로써 나타나는 마케팅 이점은 제품과 서비스가 현지고객의 요구에 부응하여 결합될 수 있음으로 더욱 효율적인 현지 고객서비스를 이행할 수 있다는 것이다. 유럽시장에서 미국 자동차 제조업체들의 자동차 생산과 프랑스 스키제조사 Rossognol의 캐나다와 미국에서의 생산공장에서 이러한 예를 찾아 볼 수 있다. 양쪽의 사례에서 주요 시장에 보다 더 가까이 접근하고 시장반응을 예측할 수 있으며 주요한 변화에 빠르게 적응하려는 노력이 강해짐을 알 수 있었다. 소비자가 "메이드 인" 라벨을 통해 제품품질을 판단하는 경향을 의미하는 원산지효과가 강할 때, 해외에서의 제조는 소비자의 제품인식에 대한 문제점을 노출할 수 있다. 기존의 연구는 제조지역의 이동이 제품과 브랜드의 평가에 중대한 영향이 있을 수 있음을 보여준다. 이는 현지생산에 의하여 낮은 기술을 가진 저임금 국가에서 생산시설을 갖추는 경우 기업에게 불이익이 발생할 수 있음을 보여준다. 일부 사례에서 소비자가 구매하려 의도했던 것이 실은 개발도상국에서 만들어진 것임을 인지함으로써 소비자는 그 제품에 대한 만족이 감소할 수 있다.

이러한 부작용에 대응하기 위하여 기업은 자국에서는 보다 고난도의 기술이 필요한 부품을 생산하고 단순기술이 요구되는 부품은 해외에서 생산함으로써 원산지인식에 의한 소비자의 저항을 완화할 수 있다. 이러한 전략이 저개발국가로부터는 비난을 받을 수 있지만 어차피 저개발국가의 개발단계에서는 단순기술부터 도입해야하는 처지이고, 또한 자국의 제품에 대한 인식을 국제적으로 보호해야 한다는 측면을 고려한다면 타당성이 있다고 할 수 있다. 마지막으로 글로벌 브랜드를 보유한 기업은 품질기준의 충족을 보증하기 위해 상당한 노력을 기울이고 있다. 한편 여러 연구결과에서는 브랜드 이미지가 강하면 부정적인 원산지효과를 감소시킬 수 있다고 주장한다.

아웃소싱

오늘날 해외직접투자에 대한 전반적인 평가에 포함되어야할 하나의 위험요인은 기업이 생산을 해외로 이전할 때 자국에서 잠재적으로 발생할 수 있는 반발이다. 기업이 한 국가에서 생산을 폐쇄하고, 노동자를 해고하며, 저임금 국가에서 생산을 시작하는 이른바 오프쇼링(off-shoring) 또는 아웃소싱(outsourcing) 관행은 많은 선진국에서 강한 비난을 받아왔다. 선진 경제권에서는 노동자의 임금이 더 높기 때문에 제조비용 역시 더 높은 경향이 있다. 더 높은 비용의 비효율성을 감소시키기 위하여 기업은 특히 노동집약적인 산업부문에서 보다 낮은 임금의 입지를 찾는다(노동비용은 총비용에서 상당부분을 차지한다). 섬유, 신발, 의복 그리고 가전제품이 그러한 산업의 예이다. 현재 텔레마케팅이나 고객서비스, 호텔예약, 여행예약 그리고 컴퓨터 프로그래밍과 같은 서비스조차도 저임금 국가에서 아웃소싱되고 있다.

아웃소싱을 실시하는 기업은 자국의 노동자를 해고하고 대체 일자리를 제공하지 못하는 것에 대하여 비난 받는다. 경제학 이론에 따르면 아웃소싱은 낮은 가격에 많은 제품이 생산되고 그리하여 소비자에게 이익을 주는 경쟁우위의 원리에 따라 자원이 할당되기 때문에 이익이 된다. 이러한 아웃소싱으로 해고된 노동자들은 재교육 이후에 경쟁력이 있는 산업들로 재배치되어 일자리를 찾을 것이다. 물론 문제는 기업들이 이들을 고용하지 않을 수도 있으며 적어도 당분간 노동자들은 실업상태로 있을 가능성이 크다. 전통적인 경제학 이론들이 생산성의 증가가 더 많은 일자리를 창출할 것이라고 주장하였지만, 최근의 현실은 경제학 이론을 따르지 않고 있다. 여러 선진국에서는 높은 실업률로 인하여 아웃소싱을 그만두라는 정치적 압박이 증가하고 있으며 자국에 머무르는 기업은 아마도 잠재적인 세금우대 조치와 소비자들로부터 더욱 호의적인 대우를 받을 수 있을 것이다.

수정된 경제이론은 어떤 나라에서 해고된 노동자의 일자리가 다른 나라에서 고용창출로 이어질 수 있다는 것을 인정하고 있다. 현재 기업의 글로벌화가 진행되고 있지만 단순히 생산의 아웃소싱만을 위해서 이러한 글로벌화가 진행되는 것은 아닌 것으로 파악되고 있다.

인수

아무런 사전준비 없이 완전소유자회사를 설립하는 것 보다(그린필드 투자), 다국적기업은 기존 기업의 인수(acquisition)를 고려할 수 있다. 이러한 기업인수의 장점은 침투속도에 있는데 기존의 기업은 바로 활용될 수 있는 제품라인과 유통망 그리고 맨 처음부터 판매망을 새로이 개척할 필요가 없으며 기존의 고객층을 용이하게 확보할 수 있다. 기업은 이미 존재하는 제품라인에 더하여 신제품을 마케팅 할 수 있다. 이러한 예로서 유럽 미니컴퓨터 시장으로 침투하기 위하여 Siemens가 Nixdorf를 인수한 예를 들 수 있다. 또 다른 사례에서는 미국 유제품 시장으로의 진출을 위하여 스위스 Nestlé가 미국의 Borden사를 인수하였다.

그러나 인수에서도 약점은 많다. 많은 경우에 기존 생산라인과 도입될 신제품이 호환되지 않을 수 있고, 현지의 인수된 인력은 진입기업에 적응하기 위하여 새로운 직무교육을 받아야 하는 경우가 있을 수 있다. 또한 다수의 국가에서 외국기업에 의한 국내기업의 인수를 정부, 피고용인 그리고 국민들이 호의적으로 바라보지 않는다. 마케팅 관점에서 인수의 이점은 피인수기업의 사회적 인지도가 인수기업에 전달되어 현지시장에서 훨씬 더 수월하게 마케팅 할 수 있는 분위기를 제공할 수 있다. 하지만 이러한 인수의 파급효과는 현지파트너와의 합작투자에 의해서도 획득될 수 있는 이점이라는 것을 마케팅 전문가들이 인식하여야 한다.

진입방식과 마케팅 통제

진입방식의 선택이 현지마케팅의 통제력에 영향을 미치는 정도를 분석하는 것은 그다지 간단한 일이 아니다. 현지마케팅을 위하여 주로 세 가지 형태의 통제유형을 들 수 있다. 이러한 유형을 통제력의 크기순으로 배열할 때 (1) 독립적인 대리점과 유통업자; (2) 현지마케팅 파트너와의 제휴; 그리고 (3) 완전소유판매자회사의 순으로 분류할 수 있다. 진입방식과 마케팅을 수행하는 유형과는 상당한 관련성이 존재한다. 수출은 일반적으로 독립된 대리점과 유통업자와 거래한다. 이전에 살펴본 대로, 전략적 제휴의 현지 파트너는 때로는 현지마케팅도 담당하며, 생산에서의 해외직접투자는 종종 현지

표 6.2 상이한 제품 진입방식과 마케팅 통제

진입방식	마케팅 통제(Marketing Control)		
	독립 대리점	제휴파트너와 합작	판매자회사 운영
수출(Exporting)	Absolut vodka in the U.S.	Toshiba EMI in Japan	Volvo in the U.S.
라이센싱(Licensing)	Disney in Japan	Microsoft in Japan(initially)	Nike in Asia
전략적제휴(Strategic alliance)	Autos in China	EuroDisney	Black & Decker in China
해외직접투자(FDI)	Goldstar in the U.S.	Mitsubish Motors in the U.S.	P&G in the EU

마케팅을 다룰 수 있는 완전소유판매자회사의 설립을 수반한다.

그러나 이러한 연관성은 획일적으로 단정하기는 어렵다. 예를 들어 수출은 종종 자국의 공장에서부터 해외의 완전소유판매자회사로 이어진다. 이것은 자동차 산업에서처럼 현지시장이 거대하고 기업이 시장에서 어느 정도 성공을 이루어 왔을 때 나타나는 현지마케팅 유형이다. 유럽과 일본의 자동차는 일반적으로 미국 판매자회사로 운송된다.

마케팅을 다루는 판매자회사의 사례에서, 물류와 유통은 여전히 독립된 운송사와 유통업자에 의해 이루어질 수 있다. 이러한 경우에 판매자회사는 광고를 포함한 판촉, 가격책정, 시장조사, 그리고 유통경로의 관리를 담당한다.

〈표 6.2〉는 마케팅 통제력의 행사유형과 진입모드 채택의 예를 실제 기업사례를 통하여 나타내고 있다. 미국에서 판매된 스웨덴의 Absolute Vodka의 사례는 미국에서 특정영역의 마케팅 통제와 함께 독립 대리점의 기능을 하는 Seagram을 통하여 수출한 예가 된다. 일본시장에서의 Toshiba-EMI 합작투자는 일본어로 번역되어 현지화된 많은 EMI의 음악을 일본에서 녹음하여 시장에 내놓았다. 미국에 수출되는 Volvo 자동차는 시카고 외곽에 위치한 Volvo의 미국 자회사에 의해 시장에 출시된다.

동경 외곽의 치바에 위치한 Disney랜드의 사례처럼 대개 라이센싱은 마케팅 노력에 대한 비교적 낮은 통제를 의미한다. 일본의 마케팅 노력은 독립된 일본 라이센시에 의해서 통제되었다. 운영에 있어 Disney와 합작투자를 맺은 Euro Disney의 사례에서 마케팅 노력은 기본적으로 현지 유럽 파트너의 통제 하에 있다. Microsoft의 일본 초기진입은 독립 라이센시인 ASCII를 통한 것이다. 운동화 제조업체인 Nike는 아시아에 제조를 라이센싱 하였으나 마케팅은 본사의 통제하에 두었다.

파트너가 일반적인 마케팅 대리점이기 때문에 전략적 제휴에 의한 진입이후 마케팅이 독립적으로 이루어지는 경우는 드물다. 그러나 일부 중국에서의 새로운 합작투자는 정부의 통제 · 계획하에 이루어지고 있다. 예를 들면, 자동차 산업에서 마케팅은 중국 정부에 의해서 통제될 수 있다. 반면에 다른 제품의 경우에는 제조업자를 통제하는 중국 정부와 합작투자로 공장을 설립하고 마케팅은 서구의 판매자회사에 의해 분리되어 관리된다. 이러한 사례는 중국에 마케팅 자회사를 가진, 전동공구 생산기업인

American Black and Decker에서 찾아볼 수 있다.

제조업 부문에서 해외직접투자를 통한 진입 그리고 독립된 대리점에 대한 마케팅의 허용은 주문자상표부착생산 협정을 통해 이루어질 수 있다. 한국 회사인 럭키 금성(지금의 LG)는 Sears의 라벨이 붙은 TV를 조립하는 아칸소주의 TV 공장에 투자하였다. 이러한 주문자상표부착생산 방식에 의한 생산은 마케팅에 대한 통제력을 행사할 수 없는 결점을 가지고 있다. 그리고 장기적으로 대부분의 기업은 스스로 마케팅 할 수 있는 능력을 갖추려고 하며 LG가 그 대표적인 예이고, 현재 LG는 스스로 마케팅능력을 갖추고 미국시장에서 성장하고 있다.

완전소유제조공장과 판매자회사의 결합은 일반적이다. P&G는 유럽의 판매자회사를 통하여 유럽시장에 출시되는 제품을 판매하고 있다.

이러한 다양한 사례들로부터 다음의 두 가지 점을 인식할 필요가 있다.

1. 현지마케팅 통제는 제품의 진입방식에 관계없이 판매자회사를 통해 효율적으로 수행 될 수 있다.
2. 그러나 판매자회사가 있더라도 제품 진입방식이 완전히 관계가 없는 것은 아니다. 예를 들어 보호주의자의 압력이 증가하거나 운송이 오래 걸리거나 위험할 때 현지시장으로 시기적절한 수출이 보장되지 않을 수 있다. 라이센시가 합의대로 업무를 이행하지 않을 수도 있고 상황이 변화하는 경우 제휴 파트너가 협력관계를 유지하려는 노력을 게을리 할 수도 있다.

결국 최적의 진입방식 선택은 시장요인 뿐만 아니라 해외시장에 진출하려는 전략적 목표를 포함한 전반적인 사업전략도 고려하여 결정된다.

최적 진입전략

해외시장진입을 위해 어떠한 진입방식을 선택할 것인가? 최적의 진입전략을 찾을 수 있는가?

기업에 대한 모든 내부적, 외부적 요인들을 고려하여 이러한 질문에 대한 하나의 해답을 제시하는 것은 불가능하다. 라이센싱과 같이 정치적 위험을 회피할 수 있는 진입방식은 제품의 품질을 통제하는데 있어서는 거의 도움이 되지 않는다. 제조부문에서 해외직접투자와 같이 기업특유우위에 대한 통제를 최대화하는 방식은 최대의 정치적 위험에 노출될 수 있다. 진입장벽으로 인해 중국에서는 수출보다 합작투자가 일반적으로 유효한 진입방식이 될 수 있다. 그러나 조건에 따라서 어떤 특정한 방식이 더 나은지에 대한 추가적인 검토는 필요하다.

진입방식 매트릭스

여러 전략적 상황에 적합한 진입방식을 찾을 수 있다. 진입전략은 기업요인(특히 기업특유우위)과 시장요인(기회와 위협) 둘 다에 의해 영향을 받는다. 기업요인은 진입방식 매트릭스에서 세 가지 전략적 태도로 구분될 수 있다. 신흥경제에서의 시장요인은 선진국이나 고도성장국가의 시장요인과는 다른 양상을 보인다. 또한 일반적인 서비스의 해외진입방식은 제품시장과는 달리 이해할 필요가 있다.

전략적 태도

기업의 상황 중 하나는 진입에 필요한 자원이 많지 않은 경우이다. 이것은 국제화 과정에서 첫 번째 단계에서 주로 처하게 되는 상황이다. 이러한 경우에는 진입전략이 변화를 염두에 두고 짜여지는 특징이 있고 미래의 선택여지를 항상 남겨두는 것이 일반적이다. 이때 취할 수 있는 전략적 태도를 '점진적(incremental)'이라고 부른다.

두 번째 전략적 태도는 기업이 잘 보호된 무역 기밀 또는 해외시장에서 성공가능성이 높은 독창적 기술을 보유하고 있으며 현지시장에는 익숙하지 않아 현지시장 친숙도를 높이려는 경우에 취할 수 있는 전략적 방향이다. 이러한 상황은 '보호(protected)'를 목적으로 전략적 방향을 설정하는 것이 된다. 전형적인 사례는 고유의 혁신기술, 컴퓨터 칩, 전자뱅킹 등의 기술이 이에 해당된다. 이러한 경우에는 진입을 위해 요구되는 자원이 일정한도 내에서 운용된다.

세 번째 전략적 상황에서 기업은 잘 수립된 기업특유우위를 가지고 있다. 이 경우에는 기업은 해외진입을 위하여 필요한 재원의 제한을 거의 받지 않고 확실한 가능성이 있는 제품을 해외시장에 적극적으로 진출시킨다. 이때 기업은 기업특유우위를 위태롭게 하는 것 없이 해외로의 확장에 전념한다. 이는 전형적인 '글로벌' 유형이라 할 수 있으며, '통제적 태도(control posture)'라 불린다.

제품/시장 상황

진출시장에서 시장상황의 변화에 영향을 미칠 수 있는 첫 번째 요인은 제품과 서비스의 구분이다. 진입방식을 고려할 때 서비스시장의 특징은 물리적인 제품시장의 특징과는 사뭇 다르다. 제품은 물질적인 속성에 다양한 기업특유우위를 포함하고, 따라서 소유권이 교환되는 것을 통해 실질적으로 기업특유의 우위가 이전된다고 할 수 있으나, 서비스의 경우에는 서비스거래 자체에 기업특유의 우위가 체화되어 있다. 이는 서비스의 수출이 서비스를 이행하기 위한 인력 이동(여러 분야의 전문가, 의사, 기술자, 컨설턴트 등)을 수반하기 때문이다.

제품시장에서는 세 가지 시장상황을 구분할 필요가 있다. 신흥시장은 정치적 변화 때문에 최근에 개방된 시장이며, 일반적으로 부실한 인프라와 시장기능의 미비, 유통에 있어 대안의 부재, 채무 불이행 위험 등의 특징들을 보이고 있다. 일부 저개발 국가들 역시 신흥시장의 범주에 들어간다.

두 번째 시장상황은 산업화된 국가들을 포함한 고성장국가 시장이나 경제발전을 이미 이룩한 고기술 고도성장 시장에 적용된다. 주요한 마케팅 문제는 해당국가에서 시장입지를 신속하게 구축하는데 있고 경쟁자들과 경쟁에서 뒤처지지 않도록 주력하는 데 있다. 고성장시장에서는 시장에서 주도권을 쥐는 기업이 판매경쟁에서 우위를 점하고 기업특유의 우위를 효율적으로 살려나갈 수 있을 것이다.

세 번째 시장상황은 성숙시장에서 시장점유율을 확보하기 위한 전략이 주를 이루고 일부 틈새시장에서 월등한 시장점유를 확보하고 특화된 제품으로 시장을 리드하는 경우이다. 대부분의 선진국에서는 성숙시장에 해당하고 이러한 성숙시장에서의 핵심적인 사안은 침투의 속도가 아니라 고객충성도를 유지하고 입지구축에 필요한 마케팅 비용의 총량에 대한 통제이다.

최적 방식

전략적 태도에 따른 적절한 시장진입전략을 〈표 6.3〉에 나타내고 있다.

점진

미래에 유연성을 유지하기를 원하면서 해외진출의 자금이 부족한 진입자는 점진적인 "폭포" 전략을 이용한 수출이 가장 최선의 방안이 될 수 있다(제6장 후반에서 추가로 설명). 신흥시장에서는 간접 수출이 유일하게 실현 가능한 선택일지도 모른다. 만약 시장이 빠르게 성장 한다면, 초기비용이 적게 들고 시장진출이 더욱 신속한 간접 수출이 유리할 것이다. 서비스업의 경우에는 기능을 보유한 인력이 현지로 보내져야 할 뿐만 아니라 현지인력도 적극적으로 활용할 수 있는 라이센싱이 유효한 진입형태가 될 것이다.

보호

강력하고 보호된 노하우를 가졌지만 해외시장에 깊은 관심이나 역량이 없는 기업은 고

표 6.3 최적 진입방식 매트릭스(Matrix)

기업의 전략적 태도	제품/시장 상황			서비스(Service)
	신흥(Emerging)	고성장(High-Growth)	성숙(Mature)	
점진적 태도	간접 수출(Indirect exports)	간접 수출(Indirect exports)	직접 수출(Direct export)	라이센싱/제휴 (Licensing/alliance)
보호적 태도	합작투자(Joint venture)	간접 수출(Indirect exports)	제휴/라이센싱 (Alliance/licensing)	라이센싱(Licensing)
통제적 태도	완전소유자회사 (Wholly owned subsidiary)	인수/제휴 (Acquisition/alliance)	완전소유자회사 (Wholly owned subsidiary)	프렌차이징/제휴/수출 (Franchising/alliance/ eexporting)

성장시장으로 진출하는 경우에 간접 수출이 최선의 방안이 될 수 있다. 유통능력을 가진 현지경쟁사와의 제휴는 또 다른 대안이 될 수 있다. 현지의 파트너를 찾을 수 있고 느긋한 진입이 허용되는 상황에서는 합작투자나 라이센싱도 유효한 진입전략이 될 수 있다. 신흥시장에서 기업은 내키지 않을지라도 경쟁자의 확장가능성을 억제하기 위하여 합작투자를 받아들여야 할지도 모른다. 서비스가 제공되는 경우라면 라이센싱이 첫 번째 대안이 될 수 있다. 서비스를 라이센싱하는 경우에는 저작권이나 또는 다른 법적인 보호장치를 통하여 기술유출을 사전에 막을 수 있으며, 또한 이러한 기술들은 현지에서 적응하여 활용되는 경향이 있어 기술의 현지화가 이루어지고 이로 인하여 기술유출의 위험이 최소화될 수 있다.

통제

여러 국가에서 글로벌 확장과 제조 및 마케팅의 통제에 관심이 있는 대기업들은 현지판매자회사 또는 현지제조를 위한 해외직접투자 유형이 가장 최선의 방안이 될 수 있다. 신흥시장에서는 완전소유자회사가 유일하게 실행 가능한 선택일 수도 있다. 시장이 빠르게 성장 한다면 현지기업의 인수(또는 제휴)가 바람직한 대안일 수 있다. 시장이 광대한 경우 100%의 소유권을 가진 제조자회사를 설립하는 것이 보다 이상적일 수 있다. 그러나 제조과정에 있어 특별한 규모의 경제가 존재한다면 기업은 하나 혹은 둘 정도의 공장에서 모든 생산을 집중하여 이들 공장에서 전 세계로 수출하는 것이 더욱 이익을 가져다 줄 수 있다. 그러나 수입에 대한 관세장벽은 그러한 선택을 어렵게 할 수 있다. 만약에 진출기업의 영업특성이 서비스에 관한 것이라면 프랜차이징은 현지의 저항을 없애고 또한 현지자본을 동원할 수 있다는 점에서 좋은 진출 대안이 될 수 있다.

실제 사례

〈표 6.3〉에서 제시된 진입 방식은 실제 사례를 참조하여 아래의 〈표 6.4〉와 같이 나타낼 수 있다.

표 6.4 다른 조건에서의 진입방식

	제품/시장 상황			
기업의 전략적 태도	신흥(Emerging)	고성장(High-Growth)	성숙(Mature)	서비스(Service)
점진적 태도	Supervalu to Russia	North American fish to Japan	Rossignol skis to U.S.	Dialogue to Europe
보호적 태도	Pharmaceuticals in China	Sun Energy technology to Europe	Coca-Cola bottling; Toyota-GM tie-up	Disneyland in Japan
통제적 태도	New FDI in India	Matsushita in U.S. TV market	IBM Worldwide, autos into U.S.	Hilton, Sheraton; McDonald's

점진적 전략

워싱턴주의 식품 도매회사인 Supervalu는 소규모로 러시아 식품시장에 진입했다. 러시아 무역에 특화된 보스턴의 한 중개무역회사가 러시아로의 포장된 식품 수출과 관련하여 Supervalu에 접근하였다. 제품은 중개무역회사가 설립한 모스크바 슈퍼마켓에서의 판매를 위한 것이었다. 처음에는 주저했지만 마침내 Supervalu는 그 무역회사와 그들의 러시아 파트너가 재정적으로 매우 어려워하는 시점에서 이러한 진출계획에 서로 합의하였다. 현재 Supervalu는 중개회사의 도움 없이도 러시아시장에서 입지를 확장하고 있다.

북해에서의 조업량이 러시아 어선들 때문에 급격히 감소하여 일본시장으로의 수산물유입량이 줄어듦에 따라 다수의 소기업들로 구성된 미국의 수산업계는 일본에서 새로운 시장을 발견하였다. 그러나 일본으로의 판매는 일본의 거대한 무역회사에 의해 간접적인 수출형태를 띠고 이루어지는 특징이 있었다. 직접 수출에 의하여 일본시장에서 가공한 뒤에 판매하려는 미국기업의 노력이 있었음에도 불구하고 일본수산가공업계의 거대한 자본력은 미국서부의 수산업자들을 일본으로의 수산원재료 공급 기능만을 하도록 하였다.

유연성을 유지하는 점진적인 수출전략을 성공적으로 구사한 경우를 프랑스의 스키제조업체인 Rossognol의 사례에서 찾아볼 수 있다. 제2장에서 본 바와 같이 북미시장에 대한 최초의 진입방식은 미국 유통회사에 대한 직접 수출이었다. 이러한 선택은 재정적 능력과 기업에 의해 소유된 시장지식의 결여에 기인하였다. 유럽(근본적으로는 프랑스) 시장에서의 성장경험과 성공적인 마케팅경험이 축적됨에 따라 미국과 캐나다의 시장이 중요할 뿐만 아니라 북미시장은 스키를 탈 수 있는 조건이나 소비자 선호도 그리고 기타 여러 조건들에 있어 유럽시장과는 상당히 다르다는 점 등을 인식하였다. 이러한 인식에 근거하여 그들의 제품을 현지에 적응시키고 시장의 변화에 긴밀하게 대응 할 수 있도록 하기 위한 완전소유제조자회사를 설립하는 결정이 내려졌다. 직접 수출이라는 최초의 선택은 기업에게 보다 적극적인 활동이 수행되기 전에 자원을 축적하고 학습하기 위하여 필요한 시간을 제공하였다.

컴퓨터 소프트웨어 기업의 소규모 컨설팅 회사인 Dialogue는 뉴욕에서 운영되고 있다. 해외에서 그들의 서비스에 대한 수요가 급증하였고, 회사는 해외시장에서 서비스를 제공하기 위하여 해외시장진출을 위한 적절한 대안을 찾아야 했다. 회사가 선택한 전략은 서비스와 유통제휴전략이었다. 이러한 전략은 유럽에 있는 여러 다른 컨설팅회사와 서로 연계망을 형성하여 미국과 유럽에서 세미나와 훈련과정을 통하여 소프트웨어 노하우를 공유하고 제품관리와 사후관리를 지원하며 자사의 판매망을 통하여 소프트웨어 판매를 지원하는 것이다.

보호된 노하우

서구의 제약기업은 거대한 중국시장에 관심을 가지면서 큰 기회를 발견하였다. 이러한 기업들은 제약기술의 누출에 대하여 어느 정도 걱정해야 했지만, 중국은 약품에 있어 매우 상이한 전통을 가지고 있었고, 서구에서 교육받은 약리학자들은 소수였다. 익숙하지 않은 시장, 정부 관리들의 통제와 관계유지의 필요성, 그리고 합작투자만 허용하는 중국 정부의 규제는 합작투자만이 Schering-Plough, Merck, Pfizer 그리고 나머지 기업들에 있어서 유일한 진입방식임을 의미했다. 2001년 중국의 WTO 가입은 완전소유자회사의 설립을 가능하게 했지만, 제약업계는 여전히 규제가 심하고 이는 중국에만 적용되는 것은 아니다.

워싱턴 시애틀에 있는 Atlas International Company는 미국의 발전된 태양에너지 기술의 판매를 전문으로 하는 수출관리기업(EMC)이다. 신기술에 투자하는 신생기업은 해외에서 마케팅을 하기에 규모가 너무 작고 기술이 부족하여 Atlas를 이용하여 자사를 소개할 기회를 얻을 수 있고 간접 수출을 할 수 있었다. 한편 정부의 많은 지원으로 태양에너지 분야의 산업은 급성장 하였다. 아틀라스는 다른 국가에서 빠르게 변화하는 기회를 포착하여 비즈니스 사업 기회를 제공하였다. 또한 Atlas는 이러한 소규모 회사가 성장하여 스스로 수출할 수 있는 능력을 언젠가는 갖추게 될 것이라는 것도 인지하고 있었다.

때때로 합작투자 형태로 지원되는 현지 탄산음료 제조업자의 Coca-Cola 라이센스는 Coca-Cola가 해외시장에 진출하는 일반적인 접근방법이었다. 제조법의 보호가 정책의 핵심이 되었고 이를 실현하기 위하여 현지생산자는 콜라 농축물과 음료수를 제조하기 위해 탄산수를 더하는 것에 대한 지도를 받지만, 제조법 그 자체에 대해서는 접근 할 수 없다.

성숙시장에서의 합작투자의 또 다른 사례는 Corolla라는 이름의 소형차가 조립되는 캘리포니아의 프리몬트의 GM과 Toyota의 연계이다. Toyota가 가지는 기업특유 노하우의 소실 가능성에 대한 의문에 대해 Toyota는 아무런 언급을 하지 않았지만, 주위에서는 그럴 가능성이 별로 없다는데 인식을 같이하고 있었다. 미국 현지의 조립라인이 현지에 맞게 재구성되었기 때문에 실질적인 노하우가 이전될 가능성이 거의 없었다. 게다가 현지에서 적용되는 기술은 이미 대부분 표준화되어 대부분의 자동차기업에게는 더 이상의 특별한 가치를 가지지 않는 것들이었다. 합작투자협정의 기본적 강점은 GM이 새로운 절차와 조립기술을 실행하기 위해 Toyota의 인력을 얻은 점일 것이다.

Disney World는 동경 외곽의 치바에 위치한 놀이공원에 Disney의 이름을 사용하는 라이센스 계약에 합의했다. 로열티로 실질총수입의 10%를 지불하며 엄격한 품질관리 조항에 합의했다. Disney는 일본시장에서 그들의 전문기술이 완전소유자회사의 운영에 부적합할 것이라고 판단하였다. Disney는 유럽시장에서 그들의 지식에 좀 더 자신이 있어 프랑스 파트너와의 합작투자에서 자본투자를 선택했지만, 상당수의 문제점에 직면하였다. 2005년 개장한 홍콩 Disneyland는 홍콩 정부와의 합작투자에 의한 것이다.

통제적 태도

현재 인도는 외국소유 회사에 대한 금지가 완화되어 많은 기업들이 돌아오고 있다. 해외직접투자, 인수, 버려진 시설의 재인수 등을 통하여 기업들은 스스로 대부분의 기업 운영을 통제할 수 있는 완전소유자회사를 설립하고 있는 중이다. 이들 기업에는 미국과 일본의 자동차 기업, 한국의 재벌기업 그리고 유럽의 가전제조업체들이 포함되어 있으며, 이들은 인도시장의 향후 성장을 통해 이윤을 창출하려 하고 있다.

60년대 말 미국의 컬러 TV시장이 호황을 누리던 때에 일본의 거대 가전기업인 Matsushita는 미국에 제조사를 설립할 것인가 아니면 직접 수출의 형태를 유지할 것인가에 대한 선택에 직면하였다. 관세장벽은 높았고 Sony가 이미 샌디에이고 공장으로 입지를 다지고 있었다. 시카고 외곽의 골칫거리였던 Motorola의 TV공장을 인수함으로써 Matsushita는 효율적인 비용으로 일석이조의 효과를 이끌어냈다. 하나는 원하던 생산기지를 현지시장에서 확보하고 시장으로 빠르게 진입할 수 있었던 것이었고(이는 특히 Motorola의 브랜드명인 Quasar를 그들이 유지했기 때문이다), 두 번째는 폐업예정인 공장을 인수하였기 때문에 정치적인 압력을 누그러뜨린 것이다. 하지만 낮은 생산성과 비효율적인 노무관리는 상당한 문제점으로 대두되었다. 상당한 노력을 들인 이후에도 생산성은 여전히 개선되지 않았다. 브랜드명 Quasar는 현재 Panasonic으로 대부분 대체되었다.

유럽과 아시아의 성숙시장에서 IBM의 통제전략은 그들의 IT서비스 분야에 있어 100%의 소유권을 가진 판매자회사에 기초한다. 그들이 어렵게 획득한 기술적 노하우의 보호와 IBM의 시스템을 보조하기 위해 뛰어난 서비스의 제공이라는 기업철학을 유지하고자 하고자 하였고 이는 IBM의 해외직접투자 전략을 결정하는 요소였다. 대조적으로 PC 분야에서 기업은 합작투자를 포함한 제휴들을 맺으려고 하였다. PC 분야에서 IBM의 노하우는 메인프레임의 제조기술보다는 뒤떨어지는 수준이다.

미미한 규모의 경제효과로 인해 유럽과 일본의 자동차 생산회사들이 해외에 공장을 설립하는 것을 주저하게 했다. 거대한 북미시장으로의 수송비가 비교적 높음에도 불구하고 모든 유럽과 일본의 자동차 회사들은 기본적으로 완전소유판매자회사를 통한 직접 수출로 자동차를 판매하였다. 비록 고비용과 많은 자원이 투입되기는 하지만 현지에 유통망을 구축하고 나면 직접생산시설을 설립하지 않고서도 현지의 마케팅활동을 효율적으로 통제할 수 있게 된다. 1976년 Volkswagen은 그들의 주요 해외시장에 더 가깝게 접근하기 위해 펜실베니아의 해리스버그에 제조사를 설립했다. 그러나 5년 후 품질의 문제로 인해 공장을 폐쇄하였다. 일본의 경우에는 1981년 자발적 수량제한이 있고 나서야 일본의 자동차 회사들이 미국에서의 생산을 시작했다. 1994년 Mercedes와 BMW는 북미시장을 위해 특별히 디자인된 스포츠카 모델의 운송비용을 절감하기 위해 미국에서 생산을 개시한다는 계획을 발표했다. 생산에 있어 규모의 경제가 중요한 경우 주요 시장에 대한 관세장벽이 높다고 해도 한 두 곳의 공장에서 생산하여 전 세계로 수출하는 것이 바람직하다.

McDonald's와 같은 패스트푸드 회사들의 프랜차이징은 세계 각지에 잘 알려져 있다. 이러한 McDonald's의 성공요인은 생산 그 자체(식품)의 품질보다는 표준화된 서비스(통제)에 있는 것으로 분석된다. 이는 국내시장에 있어서도 일반적인 사실이다. 여행자들에게 잘 알려진 Hilton이나 Sheratons과 같이 세계의 많은 대도시의 중심에 생겨난 호텔 체인들은 일반적으로 현지자본에 의해 출자되고 세계적인 판촉와 광고에 의해 지원되는 프랜차이즈 운영을 통한 것으로서 완전소유자회사가 아니다.

이들 호텔서비스는 현지시장보다는 국제적인 기업가들이나 여행자들에 대한 글로벌 시장구축을 목표로 하고 있다. 서비스의 표준화는 서비스에 대한 "소비자의 확신"과 "믿음"의 측면으로 구별된다. 이들 서비스를 이용하는 소비자는 잘 알지 못하는 기업의 서비스를 받는 것을 거부한다. 이것은 앞으로도 품질에 대한 통제는 더욱 강화될 수 있다는 점을 시사하고 또한 왜 프랜차이징이 제휴 혹은 단순한 트레이드마크 혹은 브랜드명의 라이센싱보다 더 선호되는 지를 보여준다.

글로벌 확장 경로

문화적 거리 효과

제1장에서 이미 살펴보았듯이 대부분의 기업은 자연스럽게 인접 국가나 지역으로 최초의 확장을 시도한다. 그곳은 자국시장에서 그들의 경험이 가장 쉽게 적용될 수 있는 곳이며, 일반적으로 그들의 기업특유우위나 국가특유우위가 최고의 영향을 미치는 곳이다. 이를 "문화적 거리" 효과라 부른다.

문화 거리 효과가 작용하는 예는 무수히 많다. 예를 들면, 미국과 캐나다는 서로 간에 가장 중요한 무역 교역 파트너이다. 그리고 위스콘신의 많은 소규모 기업들은 캘리포니아나 동부 연안의 주와의 무역보다 캐나다의 기업들과 더 많은 무역을 수행한다. 일본의 수출기업들은 일반적으로 라틴아메리카 혹은 호주로 이동하기 전, 동남아시아 국가들과의 교역을 시작한다. 대부분의 유럽 기업들은 유럽연합의 설립에 의하여 그들과 바로 인접한 국가로 먼저 수출한다. 그리고 국가 간의 오래된 유대관계의 힘은 결코 쉽게 사라질 수 있는 성질의 것이 아니다.

Getting the Picture 문화적 거리와 식민주의

"문화적 거리"의 이론에 대한 흥미로운 사례는 오래된 식민권력과 그들의 이전 지배지역 사이의 관계에서 찾아볼 수 있다. 독립을 위한 투쟁과 식민지배에 대한 반감으로 식민지였던 국가들은 식민지 지배국 기업들을 현지에서 냉대할 것이라 예측할 수 있다. 그러나 많은 사례에서는 반대의 경우가 발생하였다. 영국의 기업들은 인도, 호주, 그리고 동남아시아의 국가들에서 여전히 활발히 활동하고 있다. 프랑스 기업들은 서아프리카의 오래된 식민지들에서 국제사업을 효율적으로 수행한다. 이유는 기본적으로 식민지 지배기간 동안 수립된 문화적 유대와 전통에서 찾을 수 있다. 사업에서 사용되는 식민지 언어, 국가의 교육시스템, 외부세계와의 금융관계의 설정 등은 여전히 인접국이나 유대가 강했던 국가가 왜 좋은 무역파트너가 되는 지를 설명하고 있다.

국제 학습 곡선

문화적 거리 경로는 기업이 가지는 기업특유우위와 국가특유우위 그리고 이전의 경험을 최대한 활용할 수 있게하는 근거가 되고 경영자의 기술과 생산성이 점차적으로 증가하는 학습곡선(learning curve) 및 글로벌마케팅 활동과 관련한 노하우 축적을 설명하는 도구가 되기도 한다. 또한 이러한 학습곡선과 문화의 친숙도 등은 어떠한 국가에 진입할 것인가에 대한 잣대가 될 수 있다.

국내시장을 벗어나 시장을 확장하다 보면 기업은 국제적인 사업방법을 배우며 어떻게 외국의 환경을 분석할 것인가에 대한 이해능력과 넓어진 마케팅 시야를 획득하게 된다. 요컨대 이것은 기업이 새로운 자원을 개발하는 것을 의미한다. 해외시장에서 발견할 수 있는 잠재력이 기업의 능력개발에는 상당한 도움이 되겠지만 물류비용과 여타의 적응비용 등으로 인하여 무작정 원거리의 시장으로 진출할 수는 없을 것이다. 해외시장 진출을 통한 시장경험이 축적되면 기업은 이를 바탕으로 더욱 더 글로벌경영의 이익을 추구할 수 있게 된다.

일정한 학습기간이 일반적으로 일본기업의 확장 경로에서 필요했다. 일본의 기업은 먼저 최소 문화거리의 경로를 따라 동남아시아 시장으로의 진입을 시도하였고, 이후 다각화를 통해 라틴아메리카 시장에 진입했다. 기술과 자신감이 성장함에 따라 일본은 그들의 거대한 잠재력을 펼칠 미국시장으로 눈을 돌렸다. 그러나 미국(혹은 유럽시장)에 진입하기 전 다수의 일본 기업들이 유사한 특성을 가진 국가에 지속적으로 진입할 수 있다는 확신을 얻기 위해 호주시장으로 진입하기도 하였다. 호주시장에서의 성공이 증명되고 일정한 수준의 학습효과를 획득한 뒤에야 그들은 미국시장으로 진입하였다.

국제화 단계

여러 연구자들이 발견한 대로 문화적 거리의 효과에 의해 나타나는 점진적인 시장확장의 모습은 진입방식의 선택에 영향을 미친다. 일반적으로 기업들은 점진적인 패턴으로서 해외시장에 진출하는 방식을 취하고 있다. 다음에서는 이러한 점진적인 진출을 반영하는 5단계의 진입방식이 열거되고 있다.

1단계: 간접 수출, 라이센싱.
2단계: 독립 유통사를 통한 직접 수출.
3단계: 해외 판매자회사의 설립.
4단계: 현지 조립.
5단계: 해외 생산.

이러한 국제화 단계(internationalization stages)로부터 일부 변형된 형태로 나타난 라이센싱은 일부 학자들에 의하여 기술유출의 위험 등으로 인하여 많은 비판을 받기도 하였지만 어쨌든 1단계에서 나타날 수 있는 현상으로 볼 수 있다. 최근에 나타나기 시작한 전략적 제휴형태의 진출은 합작투자를 대체하는 형태의 해외진출 방식으로 자리잡고 있다. 현지조립이나 해외생산은 마지막 단계에서 나타나는 해외사업 방식으로서 기업에게 많은 투자와 위험이 수반된다. 일부 기업들은 처음부터 글로벌화를 시도한다. 그들은 "태생적 글로벌(born globals)" 기업으로 불리고 있다.

태생적 글로벌

새롭게 형성된 하이 테크놀러지 창업기업을 연구하는 과정에서 생겨난 태생적 글로벌(born global)이라는 단어는 1993년 McKinsey 보고서에서 최초로 만들어져 사용되었다. 태생적 글로벌 기업은 처음부터 세계를 하나의 시장으로 보는 기업이다. 그들은 일반적으로 소규모의 기술기반 기업이며, 그들의 기업특유우위는 새로운 혁신과 기술로 획기적인 성장을 견인했다. 경쟁적 모방과 대체 기술의 위협에 대처하는 기업가정신이란 세계시장을 선점하기 위한 국제화노력과 맥을 같이 하고 있다.

태생적 글로벌 기업은 그들의 해외확장의 대부분을 네트워크에 의존한다. 그들은 제휴와 네트워크 관계를 통하여 소비자를 발견하고 판매하는 수출자이기도 하다. 그들의 기업특유우위는 실질적인 부가가치 그리고 차별화된 디자인과 함께 기술적 명성을 포함한다. 한정된 경영자원 때문에 태생적 글로벌 기업들은 다른 국가의 소비자와 접촉하기 위해 발달된 통신기술 (팩스, 전자메일, 인터넷 그리고 전자데이터 교환)에 의존하는 경향이 있다. 발달된 통신기술은 기업이 저비용으로 파트너 그리고 소비자와 거래할 수 있게 해준다. 또한 이전에는 소기업들이 이용할 수 없었던 인터넷을 통한 실질적인 시장자료의 이용가능성은 그들의 해외시장 진입을 용이하게 하였다. 소기업의 국제화 경로에 대한 선행연구에서는 통신과 물류에 있어 강한 네트워크 구축의 중요성을 강조하고 있다.

태생적 글로벌 기업은 매매과정에서 네트워크 관계가 중요한 역할을 하는 기업간 거래에서 주로 나타나게 된다. 메사추세츠 주에 기반을 둔 유전자결합기술 기업인 Biogen은 논란이 많은 그들의 사업 때문에 어느 정도 잘 알려진 태생적 글로벌 기업이다. 그리고 컴퓨터 네트워크 테크놀로지, 프로그레스 소프트웨어 그리고 오스펙스 시스템과 같은 기업들은 많은 마케팅 전문가에게 관심을 받고 있지는 않지만 그들은 실질적으로 태생적 글로벌 기업이다. 창립 1년 내에 해외로 진출하는 회사를 태생적 글로벌 기업이라 정의한다면 미국의 한 연구는 일반적인 표본의 13%가 태생적 글로벌 기업임을 보여준다. 국내시장과의 관련도가 비교적 낮기 때문에 몇몇 외국기업들은 태생적 글로벌 기업으로서의 더욱 강한 특성을 보이기도 한다. 호주에서 진행된 한 연구에서는 호주의 태생적 글로벌 기업 표본들에서 창업 2년 내에 수출이 총 매출의 76%에 달함을 발견하였다.

결국, 글로벌 통신기술의 발달은 과거의 기업세계화 과정을 변화시키고 있다. 고도의 기술시장이 일반적인 무역발전의 패턴과는 상이함으로 장래의 많은 소규모 기업들은 창업시기부터 인터넷을 통해 해외시장을 탐색하고, 인터넷상에서 유통사와 잠재적 파트너를 확인하고, 이메일과 음성메일을 통해 제휴를 맺고 관계를 형성할 것이다.

폭포 대 스프링클러 전략

국제화 경험과 자신감을 쌓은 후 해외진출기업은 일반적으로 더욱 더 체계적이고 전략적인 진출전략을 구사하게 된다. 기업들은 수입의 10% 이상이 해외에서 창출되면 경영진들은 해외시장의 잠재력에 더욱 더 큰 관심을 기울이게 된다. 하지만 해외진출에 있어 때로는 조율이 필요한 경우도 있다. 즉 기업이 국내시장에서 성공을 거두게 된다면 해외시장으로 어느 정도의 속도로 진입해야 하는 가에 대하여 검토하여야 한다. 예를 들어 러시아, 중국, 인도 등의 시장이 빠르게 성장할 경우 이들 신흥시장에 동시에 진출할지 아니면 하나씩 진출할지는 경영진들이 스스로 경영자원이나 여타의 능력을 고려하여 판단하여야 한다.

일반적으로 고려해 볼 수 있는 두 개의 대안적인 전략이 있다. "스프링클러" 방식은 회사가 다수의 시장에 동시 혹은 한정된 기간 내에 진입을 시도하는 것이고, "폭포" 방식은 기업이 해외시장에 점진적으로 진입하는 것이다.

폭포 전략

전통적으로 폭포 전략(waterfall strategy)이 선호되었다. 폭포 전략은 이미 논의된 문화적 거리와 학습패턴을 잘 따르고 있으며, 제2장에서 논의된 국제제품수명주기(IPC)단계를 설명하는데 도움을 준다. 국내시장에서 성공한 이후, 기업은 문화적으로 근접한 국가로 점진적으로 진출하며, 다른 성숙시장 그리고 고성장시장으로, 최종적으로 저개발 국가의 시장으로 진입한다. 이는 Matsushita, BMW 그리고 GE와 같이 유명한 기업들이 따르는 방식이다.

폭포 전략의 이점은 해외 진출이 점차적으로 이루어져 동일한 경영자가 다른 국가에서도 여전히 마케팅활동을 지휘할 수 있어 축적된 경험을 충분히 활용할 수 있는 장점이 있다. 또한 이 전략은 막대한 경영자원이 일시에 동원될 필요가 없다는 특징이 있다. 신제품이 일부 국가에만 도입되기 때문에 폭포 전략은 상대적으로 적은 투자로 진출이 가능하고, 특정 국가에서 실패하였을 경우에 나머지 국가들에 그 제품을 출시하지 않음으로써 이후의 국가들에 대한 투자비용을 아낄 수 있다. Dell, Benetton, Body Shop 그리고 제4장에서 살펴본 음성대화 기술업체인 Microlog와 같은 비교적 신흥기업들이 여전히 가장 일반적인 접근법으로 폭포 전략을 사용하였다.

스프링클러 전략

폭포 전략과 비교하여 스프링클러 전략은 정반대의 강점과 단점을 가진다. 스프링클러 전략은 가능한 빠르게 전체의 시장에 제품을 동시에 노출시킴으로서 규모의 경제와 연구개발 및 생산에서의 경험을 완전히 활용할 수 있다. 이는 세계시장 진입에 있어 보다 빠른 방법이며, 선점자 우위를 창출하고, 순전히 진입속도만으로도 경쟁적 우위를 확보할 수 있다. 반대로 경영, 금융 그리고 여타의 기업 활동에 많은 자원이 요구되며 국가에 대한 적절한 지식이나 경험 없이 일거에 많은 투자를 해야 함으로 경영에 상당한 위험이 있다는 단점이 있다.

스프링클러 접근법의 사례는 경쟁적인 분위기가 고조되고 인터넷과 같은 글로벌 통신이 국가 시장에 접근하는 것을 용이하게 하고 있기 때문에 보다 빈번해지고 있다. 이미 구축된 글로벌 입지를 가진 기업에 의해 제품을 출시하는 Sony, Microsoft(Windows XP 그리고 Vista), 그리고 Gillette와 같은 대표적 사례가 있다.

그러나 스프링클러 전략은 글로벌 입지를 구축하기 위해 확장중인 기업들에 의해서도 사용된다. 예를 들면 인터넷 회선을 제공하는 America Online은 유럽, 아시아 그리고 라틴아메리카의 국가들에 동시에 그들의 서비스를 출시했다. 카탈로그 판매를 기반으로 하는 Land's End, Eddie Bauer 그리고 L.L.Bean과 같은 소매상들 또한 한정된 기간 내에 다수의 외국 국가에 진입하였다. 통신회사들 또한 부분적인 필요에 의해서 스프링클러 전략을 따른다. 많은 국가들이 규제완화와 민영화 이전에 외국의 경쟁자들에게 개방적이었던 것은 아니다. 지난 10년 동안 글로벌 커뮤니케이션 부문에서의 큰 발전과 함께 스프링클러 접근의 자원부담이 보다 덜해졌으며, 기업이 어디서든 그들의 제품을 팔기 위하여 세계시장에 접근 할 수 있게 되었다.

유럽시장에 초점을 맞춘 연구에서 연구자들은 폭포 전략이 스프링클러 전략을 넘어서는 뚜렷한 장점이 있다는 것을 발견했다. 폭포 전략은 다음과 같은 세 가지의 이유 때문에 유리하다. 첫째, 신제품을 수출하려는 국가는 제품혁신에 민감하게 반응하는 소규모 시장이 대규모 시장보다 소비자들로부터 훨씬 더 강한 지지를 유도할 수 있다.

둘째, 한 국가에서의 성공적인 출시는 기업이 보다 늦게 출시하는 다른 국가의 유통경로를 설득할 수 있는 가능성을 증가시킨다. 셋째, 조기출시는 기업의 수익과 이윤을 창출하며 이를 통해 기업은 제품의 품질을 개선하고 보다 더 적극적으로 판매할 수 있는 재원을 확보할 수 있다.

기본적으로 폭포 전략과 스프링클러 전략 사이의 균형은 판매극대화(스프링클러)와 위험최소화(폭포)사이에서 저울질된다. 경영분석가와 경영실무자들을 비교 연구한 결과 경영분석가들은 판매와 시장점유율의 극대화를 위해 모든 국가에 걸친 빠른 배치를 선호하는 경향이 있음을 발견하였다. 그러나 경영실무자들은 위험과 실패에 대해서 더욱 신중히 고려하는 경향을 나타냈다. 특히 초기에 그들에게는 신제품이 성공할 것이라는 확신이 없으며, 설령 신제품이 성공할 것이라 확신이 있는 경우라 할지라도 제품의 출시일에 대하여 매우 조심스러우며 또한 미래의 성장률에 대해서도 수동적인 태도를 보인다.

GLOBAL MARKETING

요약

이 장에서는 먼저 세 가지 비수출적 진입 방식에 대하여 논의했다. (라이센싱, 전략적 제휴 그리고 완전소유제조자회사에서의 해외직접투자). 이러한 종류들의 진출방식들은 기업이 직접 최종 제품에 그들의 기업특유우위를 포함시켜 해외진출을 하기 보다는 직접적으로 자신의 특유우위를 마케팅하기 때문에 마케팅 전문가의 역할은 단순한 수출업자의 역할과는 사뭇 다르다. 진입방식의 상대적 우위와 열위는 산업과 기업의 특징에 따라 그리고 무역장벽의 존재에 따라 다르게 나타난다.

그리고 우리는 그러한 다른 방식 하에서 마케팅 통제가 어떻게 실행 될 수 있는지 그리고 무엇이 최적의 진입방식인지에 대하여 논의하였다. 최적 진입방식의 선택은 수많은 전략과 상황적인 조건에 따라 따르다. 우리는 이들 조건을 시장의 진입에서 직면하게 되는 전략적 시장과 가용자원의 관점에서 매트릭스로 요약하였다. 대표적인 전략적 태도(점진, 보호 또는 통제)와 대표적인 시장 상황(신흥, 고성장, 성숙 그리고 서비스 vs. 제품)에 맞추어 글로벌마케팅 전문가는 어떠한 방식이 적절한 선택일 수 있는지에 대한 감각을 익혀야 한다. 수많은 실제의 사례들은 진입방식의 선택에 있어 매트릭스를 어떻게 적용하여야 하는 지를 보여주고, 또한 실제 기업을 통하여 어떻게 현재와 향후의 변화에 적합한 해외진입 방식을 결정하여야 하는 가를 예시하고 있다.

해외시장에서 수출기업에 의한 진출방식은 제1장에서 이미 논의된 지리적 근접성과 문화적 거리효과 및 학습곡선 효과에 의하여 설명될 수 있다. 전통적으로 기업을 점진적으로 국제적 경쟁자가 되며 국제화단계로 나아가게 된다. 기업이 설립되고 수년 내에 수출 가능한 고도의 기술을 가진 소규모의 신규업체 이른바 태생적 글로벌이라 불리는 기업에 의한 빠른 글로벌 확장은 일반적인 패턴에서는 설명될 수 없는 부분이다.

기업은 새로운 국가로 확장함에 있어 폭포 전략을 사용할 것인지 아니면 스프링클러 전략을 사용할 것인지를 결정할 필요가 있다. 빠르게 변화하는 시장에 대하여 위험을 감수하더라도 다수의 국가에 동시에 신속하게 진입하기 위한 스프링클러 전략을 구사해야할 수도 있다. 해외진입방식이 폭포 전략이든 스프링클러 전략이든 간에 명확하고 일관된 해외진출전략이 필요하고 각 전략의 장단점을 면밀히 분석하는 것이 필요하다.

PART 3

현지 마케팅

제3부에서는 진출한 시장에서 현지마케팅을 어떻게 할 것인가에 초점을 맞춘다.

마케터들은 더 이상 본사에 머물지 않고 해외에서 직접활동을 하는 것이 일반적인 현상이 되었다. 이러한 변화는 여러 가지 현상을 수반한다. 첫째, 마케터는 시장을 세분화하고 유통채널을 관리하고 제품을 포지셔닝 하고, 유효한 판촉전략을 세우며 시장점유율을 높이고 매출을 증대시켜야 한다. 기업은 이러한 마케팅활동 전반에서 성공적이어야 하지만 기업이 가지고 있는 여러 가지의 제약조건 내에서 이루어지게 된다.

둘째, 마케터는 정치적, 재정적, 그리고 법률적 환경이 비즈니스에 예기치 않은 영향을 미칠 수 있음으로 이에 대한 추가적인 정보의 습득이 필요하다. 또한 사회문화적인 네트워크는 외국에서는 다른 방식으로 작동할 수 있음을 인지하여야 한다. 마케팅하부구조는 다른 환경에서 형성되었음으로 인하여 현지에서의 유통구조, 광고업체, 그리고 도소매상의 행태는 기대와는 다르게 나타날 수 있다.

셋째, 이제는 국경이 핵심이 아니고 현지 국내에서의 마케팅경영활동이 주요 관심사가 된다. 현지시장은 그 규모, 근접성, 인구구성 등에 있어서 다르게 나타날 수 있다.

제3부에서의 현지마케팅과 관련한 사항들을 고찰함에 있어서 마케팅관리자들은 여러 특수한 제한조건을 가진 국내시장을 다루는 것과 같은 역할을 하게된다는 점을 고려하여야 한다. 제7장에서는 소비자행동이론에 기초하여 마케팅에서의 공통된 이론을 중심으로 개념적 모델을 살표보고 현지 구매자의 양태조사를 위한 국제시장조사에서의 주요쟁점들을 다루고 있다. 제8장, 9장, 10장에서는 각각 성숙시장, 신성장시장, 이머징마켓 등을 중심으로 마케팅전략을 살펴보고자 한다.

CHAPTER 7

현지 고객에 대한 이해

이 장의 목표는 다음과 같다.

1. 새로운 현지시장에서 구매자의 행위를 이해하려고 할 때 필수적인 개념적 고찰을 할 수 있어야 한다.
2. 마케팅 연구에 의해 밝혀진 현지 환경에 대한 새로운 데이터를 포함하여 기존의 컨셉트와 소비자행동 모델을 수정하여야 한다.
3. 번역된 설문지, 측정 문제의 관리, 조사에 응답하는 사람들의 차이, 표본 등가성 등을 고려하여 현지시장 조사를 수행할 수 있어야 한다.
4. 수명주기의 단계와 현지의 태도, 사회 규범, 그리고 기존의 충성도를 고려하여 시장세분화를 조정하여야 한다.
5. 새로운 브랜드가 진입함으로써 시장의 변화에 대응하기 위한 제품포지셔닝을 구성하여야 한다.

궁극적으로 다른 지역의 소비자들은 기본적으로 동일한 것을 원할 수 있다. 그러나 표면적으로는 제품과 서비스의 선호양상이 국가별로 상당히 다르게 나타난다. 다양성의 이유는 제품과 서비스가 이용되고 소비되는 문화적, 사회 경제적 그리고 지리적 환경에 있다. 이러한 입지적 그리고 문화적 요소들은 구매자 행동에 직접적으로 영향을 미친다. 그리고 그들은 현지마케팅 활동에서의 차별성을 요구한다. 해외의 많은 현지마케팅 전문가에게 힘든 점은 고객들이 특별히 무엇을 원하는지 또한 어떻게 그리고 왜 고객들과 경쟁자들이 그러한 행위를 하는지에 대한 이해를 하여야 하고 또한 이들 행동들을 통제해야 한다는데 있다.

새로운 시장에 대한 마케팅지식의 수정은 최신의 마케팅 기술을 습득하는 문제가 아니라 마케팅의 기본적이고 개념적인 핵심이론들을 확대 적용하는 것이다. 마케팅개념들이 현지에서 적용 가능한 만큼 대부분의 마케팅기술은 국내시장에서 적용된 것과 해외에서 적용되는 것들이 비슷하다고 할 수 있다. 이 장에서는 그러한 것들을 광범위하게 다루지 않을 것이다. 한편, 특히 현지시장이 선도시장일 경우 요구되는 정교한 기본적인 이론들이 존재한다. 고객들과 경쟁자들을 이해하기 위해 현지시장의 경영자는 무엇이 사람들에게 동기를 부여하는지에 대한 "이론"을 이해할 필요가 있다. 우선, 소비자행동과 관련된 비교적 간단한 모형—소비자 의사결정 단계, 정보가 어떻게 소비자에 의해 처리되는지, 외부적 영향력이 구매결정에서 어떠한 역할을 하는지, 그리고 어떻게 개인 구매자가 위험의 감수를 다루는지—등을 살펴보는 것은 유용하며 그리고 이러한 모델들의 기초가 되는 가정들을 재평가할 필요가 있다. 그러한 개념적 재고찰은 상상력의 확장이 필요하고 해외에서 마케팅을 하기 위한 지식체계를 형성하게 할 것이다. 해외의 현지마케팅 전문가는 미래에 세계 다른 지역에 유용하게 적용될 수 있는 더 큰 마케팅개념과 마케팅에 대한 새로운 지식을 습득하여야 한다. 자국 시장에서의 구매자 행동의 중요한 특성은 다른 국가들에서의 구매자 행동과 대조할 때 더욱 정확하게 이해될 것이다.

파리 디즈니랜드의 마케팅 혁신

1992년 개장한 이후 1년 반 동안 파리 외곽의 마른 라 밸리(Marne-La-Vellee)에 위치한 Euro Disney 테마파크는 파산의 고비에 동요하고 있었다. Euro Disney는 운영 첫해에 실망스러운 수익과 예상치 못한 9억 달러의 손실을 발표하였다. 그들의 거래은행과 모기업인 Walt Disney로 부터의 재정적 도움을 받을 수 없었다면 Euro Disney는 문을 닫아야만 했을 것이다. 무엇이 잘못 되었던 것일까?

한때, Euro Disney는 유망한 컨셉트로 보였다. 일본과 북미에서 Disney의 성공을 기반으로 기업의 테마 파크 컨셉트는 세계적으로 흥미를 불러 일으켰다. 그러나 Euro Disney 테마파크의 방문자수는 예상보다 적었고 방문자들은 많은 돈을 지출하지 않았다. 유로Disney의 손익에 가장 악영향을 미친것은 너무 많은 호텔방을 건축한 리조트였다. 방문자들은 예상과 달리 호텔을 예약하지 않았다.

Disney는 마케팅 접근법의 수정, 금융패키지 재조정, 그리고 직원들을 다루는 방법을 변경함으로써 이에 대응하였다. 예를 들어, 친근한 "Disney 문화"는 현지문화 그리고 유럽 경영자와 직원의 기대를 반영하였다. 프랑스 "캐스트"는 개인의 몸단장, 어떤 메이크업을 사용하는지, 그리고 작업장에 오고 갈 때 어떤 옷을 착용하는지에 대해 관심을 두지 않았다. 그들은 그러한 요구들이 사생활 침해와 마찬가지라고 느끼기 때문이다. 그리고 유럽 중간경영자는 미국 경영자의 민주주의적 이상 보다 명성과 지위에 더욱 신경 쓴다. 이러한 이유로 Disney는 엄격한 행동 규칙을 완화하였다.

다른 변화는 "제품"의 적응을 통하여 이루어졌다. 예를 들면, Euro Disney의 방문자들 중 1/3 이상인 프랑스인은 점심 식사와 함께 와인을 마시는 것으로 관측되었으며, 이를 반영하여 테마파크는 금주정책과 관련된 규정을 완화하였다. 그리고 간편하고 자유스럽게 식사하는 미국인들과는 달리 프랑스 방문객들은 정확히 1시에 점심식사를 하는 것으로 조사되었으며, 이는 긴 줄의 원인이 되었다. 따라서 테마파크는 현지의 입맛과 습성을 반영하기 위해 추가로 식당들을 개점하였다. 이에 더하여 Euro Disney는 흥분을 유발하고 새로운 방문객들을 유인하기 위해 세계에서 가장 빠른 Disney의 볼거리로 스펙터클한 새로운 놀이기구인 스페이스 마운틴 롤러코스터(Space Mountain roller coaster)에 투자하였다. Euro Disney는 또한 더욱 합리적인 적정가격을 제시하였다. 티켓, 음식, 그리고 호텔객실에 대하여 20%까지 가격을 인하하였다.

주요한 변화는 "유로(Euro)"라는 이름을 파크의 이름에서 제외하기 위한 1996년의 결정이었다. "유로"는 다양한 미디어에서 남용하였고 민족주의 정서가 결부됨으로써 부정적인 의미로 변질되었다. 대신에 Disney는 프랑스식 설정을 선택하였다. 이를 위해 유럽과 관련된 모든 것을 피하고 일본의 동경 Disneyland의 성공을 참조하여 그 이름을 Disneyland Paris로 개명한 것이다. 또 주목할 것은 Victor Hugo의 고전이 원작인 영화 노트르담의 꼽추(The Hunchback of Notre Dame)의 성공적인 상영이었다. 대표적인 Disney 만화로 제작된 이 영화는 세계적으로 인기 몰이를 하였다. 또한 Disneyland Paris에서 전통적으로 매일 수행하는 "메인 스트리트(Main Street)" 퍼레이드는 영화 캐릭터, 영화음악, 그리고 영화주제가로 변경되었다.

자연스러운 프랑스화는 파크의 레스토랑과 메뉴의 개선을 업그레이드시켰다. 그리고 파리인들은 이 테마파크에서 고급 와인과 높은 가격을 지불하면서 진정한 프랑스 음식을 즐길 수 있게 되었다.

Disneyland Paris는 지속적으로 개선되고 있으며 그들의 제품군을 확장시키고 있다. 최근에는 Disney 직원과 방문자들을 수용하기 위해 발트, 유럽(Vald' Europe)에 작은 마을을 건설하는 것을 계획하였다. 그러나 이는 주로 매력적이고 적당한 가격의 주택에 친숙한 프랑스 가족들을 끌어들이기 위하여 건설된 것이기도 하다. 마을 광장은 투스카니주에 있는 루카의 유명한 광장을 모방한 것이며, 집들은 런던에 있는 리젼트 파크의 집을 모델로 하였다. 거리는 나무와 꽃들로 잘 조성되어 있다. 마을과 집은 현대적 설비와 편리함을 겸비한 전통적인 유럽 마을의 Disney 버전이다.

그러한 노력에도 불구하고 성공은 그리 쉽지 않아 보인다. 그리고 비록 프랑스에서의 경험이 2005년에 개장한 Disneyland Hong Kong의 형성에 많은 도움이 되었음에도 불구하고 중국에서는 프랑스와는 다른 새로운 많은 문제에 봉착하게 되었다. 모든 사람들이 Mickey를 사랑하지만 돈과 관련하여서는 사람들은 이성적인 고객이 될 것이다.

Sources: Poger Cohen, "Euro Disney '93: $90 Million Loss," *New York Times,* November 11, 1993, p. D4; Nathaniel C. Nash, "Euro Disney Reports Its First Profits," *New York Times,* July 26, 1995, p.D3; David Churchill, "Disney Shows how It is Done," *The Sunday Times,* January 13, 2002. Damian Barr, "Buyers Flock to Disney's Copycat' New Town at Val d'Europe, Paris," *The Times,* March 28, 2008.

서론

마케팅 기법이 훌륭하다면 특정지역에 국한되지 않고 어디에서든지 적용될 수 있다. 소비자행동을 이해하는 것은 고객의 권리를 다루고, 고객 충성도를 높이는 품질로 이

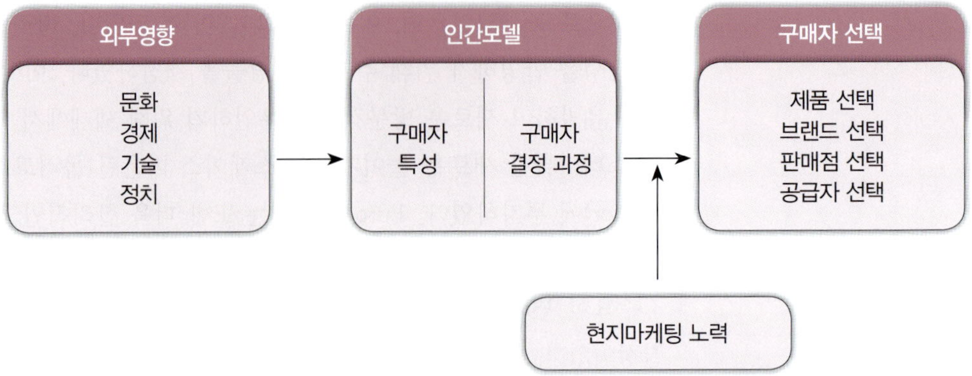

그림 7.1 현지 구매자 행동에 영향을 미치는 주요 요인들

어져야 한다. 또한 현지시장에서는 현지의 사용조건에 적합하고 현지에서 경쟁우위를 가질 수 있는 제품과 서비스를 제공하여야 한다. 소비자의 상황을 공감하여야 하고 그들과 대립해서는 안 된다. "우리가 제공하는 것들이 그들이 얻는 것이다."라고 말하는 본사와 싸워야 한다. 위에서 언급했듯이, "자국에서 충분히 반응이 좋았기 때문에, 이곳에서도 좋을 것이다"라는 자민족 중심적인 완고한 마음가짐과 싸워야 한다.

제3장에서 보았듯이 현지인들이 원하는 대로만 한다거나 자국의 기업이 가지고 있는 유산과 자부심을 무시하는 등 현지의 문화적 규범에 적응하기 위해 무조건적인 노력을 기울여야 할 필요는 없다. 그러한 규칙을 어기는 것이 좋을 때도 있다. 성공한 외국 기업들은 "문화 민감도(cultural sensitivity)"를 지나치게 중시하는 것을 경고한다. 우수한 가치를 고객들에게 제공하는 것은 미국에서 만큼이나 아시아, 라틴아메리카, 그리고 유럽시장에서의 성공을 위해 필수적이다.

궁극적으로 "가치"의 정도가 결정되는 것은 어떤 사용조건과 기능이 진정으로 요구되는지, 그리고 성과에 대한 문화에 따라 다른 기대에 달려있다.

〈그림 7.1〉의 다이어그램은 현지시장에서 구매자행동을 예측할 때 평가되어야 할 다양한 요소들을 보여주고 있다. 문화 외에도 경제, 기술, 그리고 정책을 포함하여 다른 외부 요인들 또한 중요하다. 그리고 이러한 요인들은 구매자들이 구매 결정을 하는데 있어 전체적인 흐름을 결정한다.

〈그림 7.1〉의 오른쪽 구매자 부분의 박스는 어떻게 고객들에게 실제적으로 접근할 수 있는 지에 대한 현지마케팅 전문가의 분석에 근거한 인간의 심리학, 인구통계학, 그리고 사회학적 모델과 관련된다. 성격, 나이, 결혼여부, 그리고 생명주기 단계와 같은 구매자 특성들은 행동의 내부적 결정요인들이고 현지시장을 세분화할 때 유용할 것이다. 구매자의 의사결정 과정은 구매자가 정보를 처리하는 단계와 최종구매결정을 하는 단계로 나뉜다. 사람들의 의사 결정 과정은 시장과 문화마다 다르기 때문에 이러한 것들은 현지마케팅 전문가에게 중요한 문제이다. 이러한 단계들에서 마케팅노력들은 구체적으로 결실을 맺게 되고 기업의 마케팅노력의 결과에 민감하게 영향을 미친다. 마지막으로 구매결정이 이루어지는 과정에서 회사가 지배 가능한 마케팅 요인들(제품 디

자인, 가격, 판촉, 그리고 유통을 포함하여)은 소비자의 선택에 중요한 영향요인으로 작용하게 된다.

이 장은 현지구매자의 의사결정을 직접적으로 설명하고 현지마케팅 전문가에게 시장세분화와 포지셔닝 결정의 바탕이 되는 〈그림 7.1〉의 중간 박스의 "인간 모형(models of man)"에 초점을 맞추고 있다. 본 장은 구매자 의사결정 과정의 일반적인 단계와 각 단계에서 현지의 경제적 그리고 문화적 환경이 어떻게 사람들의 행동 방식을 변화시키는지를 논의한다. 또한 현지시장조사 그리고 쟁점들을 검토하고 현지구매자 행동 조사에 따르는 여러 가지 위험과 필수적인 접근법 등을 논한다. 다음으로 이 장에서는 새로운 외국 브랜드가 현지시장으로 진입할 때 기존의 세분화시장과 브랜드 포지셔닝에 어떻게 영향을 미칠 수 있는지를 설명할 것이다. 또한 현지시장의 인식변화에 따라서 어떻게 현지의 표적세분화시장과 제품포지셔닝을 하여야 할지에 대해서도 설명한다.

본 장에서는 중요한 세 가지 다른 시장환경(성숙, 새로운 성장, 그리고 신흥시장)을 구분하고 각 시장환경에 따라서 어떻게 현지의 구매자 상황과 시장 전략이 바뀌게 되는지를 살펴보고자 한다.

구매자 의사결정

현지 구매자행동을 분석할 때 모든 시장에 적용될 수 있는 구매자행동에 대한 하나의 원리만이 존재한다고 보는 것이 일반적이다. 이는 대부분의 사람들이 이유를 가지고 행동한다고 보기 때문이다. 소비자들은 행동과 바람직한 결과 사이의 연관성을 인지한다. 구매자들은 제품이나 서비스를 이유 없이 선택하지 않는다. 심지어 대부분의 운명론적 문화에서 조차도 그러하다. 다시 말해 구매자들은 목표지향적(goal oriented)이다.

따라서 현지시장에 있는 사람들이 노력하여 성취하려는 것이 무엇인가를 발견한다면 그들의 행동을 더욱 정확히 이해할 수 있다. 현지마케팅 전문가는 그들이 무엇을 왜 구매하는지를 물음으로서 또는 특정 제품의 구매 또는 특정 브랜드의 선택을 관찰함으로써 무엇이 구매자들에게 동기부여를 하는지를 찾기 위한 시도를 하여야 한다. 이러한 조사의 결과로서 발견되는 숨겨진 동기요인(hidden motivator)은 연구자들을 흥미롭게 한다.

목표지향성을 고려할 때 소비자를 의식 있는 의사결정자로서 바라보는 관점은 매우 유용하다. 소비자의 의사결정과정 분석을 위하여 Engel, Kollat, 그리고 Blackwell에 의해 처음 소개된 개별 소비자 의사결정에 대한 플로우차트 모형이 분석을 더욱 용이하게 한다. 저자는 소비자 의사결정 과정을 다섯 가지 순차적인 단계로 구분하였다(〈그림 7.2〉 참조).

이 플로우차트는 국가를 불문하고 소비자들을 이해하는데 적용될 수 있다. 구매자들

Getting the Picture **숨은 동기의 발견**

미국에 본사가 있는 호텔 체인인 Marriott가 사우디아라비아의 Jeddah에서 새로운 호화 호텔을 개장하였을 때, 그곳은 현지의 저명인사와 국제적인 여행객들에게 단기간 내에 명소가 되었다. 거대한 창문과 화려한 출입구는 여행객들과 호텔 손님뿐만 아니라 현지 방문객들의 발길을 끌었다. 매우 많은 사람들로 북적였고, 체크-인 그리고 체크-아웃은 지연되었다. 또한 서비스 카운터 앞에는 긴 줄이 형성되었다. 미국 Marriott 본사의 경영자는 전 세계에 있는 그들의 호텔에 이미 많이 도입되어 있고 손님들이 줄을 기다릴 필요 없이 빠르게 떠날 수 있도록 하는 퀵 체크-아웃 시스템을 설치할 필요가 있다는 것을 인식하였다.

그러나 시스템이 현지 경영진에게 제안되었을 때, 즉각적으로 이의가 제기되었다. 그들은 새로운 Marriott의 고객들이 여유롭게 대화하며 상호 대면시간을 갖기 위해 로비에서 시간을 보내기를 원한다고 설명하였다. 긴 줄은 고객들을 기다리게 하지만 적합한 이유를 제공하였다. 더욱 빠른 체크-아웃 프로세스는 부정적인 편익이 될 수 있기 때문에 이러한 제안은 받아들여지지 않았다.

Sources: Bruce Wolff, Vice President of Distribution Sales, Marriott Hotels.

그림 7.2 소비자 의사결정 과정

Sources: Consumer Behavior, Third Edition by James F. Engel, David Kollat, and Roger D. Blackwell. Copyright © 1978 by The Dryden Press, reproduced by permission of the publisher.

은 니즈나 문제를 드러내고, 그들의 니즈를 만족시키는 대안을 강구하며, 각각의 대안들을 평가하고, 선택하며, 그것에 만족하거나 또는 그렇지 않게 된다. 그러나 현지시장 환경의 다양성으로 이러한 단계들은 변화될 수 있고, 또한 어떻게 프로세스가 시작하고 끝나는지에 대하여 각각 다른 모양으로 나타날 수 있다. 이 플로우차트에 나타나는 요소들 간의 관계는 세계의 모든 국가에 동일하게 적용될 수는 없지만 소비자들의 일반적인 구매행동의 절차를 나타낸다.

문제인식

문제인식(problem recognition)은 개인이 이상과 실제상황 사이에서 차이를 인지할 때 발생하는 것이다. 초래된 긴장은 인지된 필요를 만족시키기 위해 개인으로 하여금 구매결정과정을 시작하게끔 하는 동기를 유발한다. 신제품은 종종 긴장을 유발하고 인지된 "문제(problem)"로 이어진다.

핵심편익(core benefit)이 현지시장에 따라 다를 수 있기 때문에 문제를 발생시키고 필요를 만족시키는 제품이나 서비스의 종류나 정도도 다를 것이다. 구매자는 제공된 제품이 자신의 목적에 부합하지 않는 경우에는 그 제품을 선택군에서 제외하게 될 것이다. 예를 들어, 서구식의 대형가구는 비교적 주거공간이 좁은 아시아의 시장에서는 소비자들에게 부응하지 않을 것이다.

다른 사례에서는 새로운 외국 제품 또는 서비스의 도입은 새로운 가능성에 대한 인지의 증가로 이어진다. "이상적인 상태"는 변화된다; 소비자는 이전에 이용가능 했던 것의 결점에 대해 인지하게 된다; 그리고 제공된 것은 소비자를 "교육"한다. 누군가는 원래 이러한 제공물에 대한 잠재적 욕구가 존재한다고 주장할 수 있겠지만 새로운 진입은 "욕구를 창출해 왔다."

현지마케팅 전문가들이 핵심편익에 대하여 소비자들을 대상으로 교육하는 것은 제품의 수요를 창출하기 위하여 필수적일 수 있다. 그러나 그러한 판촉는 우선 현지시장에 핵심편익이 실현 가능하다는 것이 먼저 보장되어야 한다. 포장도로가 없는 나라에서 "부드러운 승차감(smooth ride)"을 광고하는 것은 효과적이지 못할 수 있다.

이러한 유형의 소비자교육은 신제품 또는 서비스의 기능적 수행기준을 높이는 것뿐만 아니라, 대안들 사이에 더 나은 구별을 하도록 소비자들을 가르치는 것이다. 이러한 것들은 결정과정의 "대안 평가" 단계에서 중요할 뿐만 아니라 문제인식에 대한 자극을 유발한다. 제품 또는 서비스가 무엇을 전달할 수 있는지에 대하여 더욱 상세히 알게 되면—예를 들면, 샴푸, 린스 그리고 컨디셔너가 하나로 결합된 새로운 제품에 대한 기능을 상세히 알게 되면—현지시장에 진입할 때 새로운 선택기준을 마련해야 한다. 새로운 현지시장에 진입할 때 이러한 "기업특유의 우위"는 소비자들이 뒤쳐진 기존 제품을 회피하기 위하여 반드시 인지되어야 할 사항이다. 개방된 무역국가에서 이렇듯 "니즈를 자극" 하는 마케팅에 대하여 현지국에서는 외국기업을 문제해결자로 보기 보다는 문제유발자로 보기도 한다.

조사

프로세스의 다음 단계에서 문제 해결의 대안적 방법을 찾기 위한 소비자들의 제품조사는 제품 카테고리에 대한 소비자들의 관여 수준과 밀접하게 관련되어 있다. 관여 수준이 높은 제품은 많은 경비, 제품에 대한 흥미 또는 인지된 위험(perceived risk) 때문에 소비자들의 제품조사는 이전의 경험과 제품 충성도가 수고를 줄일 수 있을지라도 더욱 광범위하고 더 많은 시간이 소요되는 경향이 있다. 편리하고 습관적인 구매에서는 광범위한 조사나 대안적 평가과정이 거의 없어 구매결정을 하는데 시간은 더 짧아지게 된다.

그러나 소비자조사의 강도는 대안들이 얼마나 획득 가능한 범위에 있는 가에도 달려 있다. 무역거래에서 개방되지 않은 시장의 소비자들은 조사할 수 있는 대안들이 더욱 적고 따라서 대안 선택을 위한 조사에 시간을 들일 가치가 감소한다. 이러한 경우에는 조사를 위한 동기가 낮기 때문에 소비자들로 하여금 제품의 선택에 더욱 많은 노력을 들이게 하기 위하여 신규 시장진입자는 적극적으로 노력하여야 한다. 이러한 시장에서는 종종 혁신에 대한 반감이 있고 소비자들은 스스로 처음 우수성을 인정한 제품에 대하여 독점적 우위를 지속적으로 유지하려는 경향이 있다. 그들이 너무나도 좋아하는 차(tea)가 시장에서 새로운 다양한 제품들 보다 실제로는 좋지 않다는 것과 오래된 수동

SLR카메라가 새로운 자동카메라보다 못하다는 것을 인정하려는 소비자들은 그리 많지 않을 것이다. 이러한 새로운 버전의 소개는 신뢰할 수 있는 설득자들에 의해 많은 설명이 이루어져야할 것이다.

글로벌 브랜드 인지도의 장점 중 하나는 초기에 이러한 불신감을 쉽게 극복할 수 있다는 것이다. 사실상 대부분의 히트제품들은 인터넷검색, 높은 시장점유율 그리고 유명한 브랜드로 이미 잘 알려져 있다. 많은 신흥시장 소비자들은 그러한 브랜드들이 도착하기를 오랫동안 기다려 왔다. 새롭게 도착한 현지마케팅 전문가가 기대할 수 있는 보이지 않는 잠재수요가 존재한다. 그러나 그러한 잠재수요의 현시화가 자동적으로 미래의 마케팅의 성공으로 이어지기를 기대하는 것은 위험하다. 이는 오랫동안 열망해 왔던 제품에 대한 신비로움이 사라지는 즉시 소비자는 제품의 편익에 대한 진지한 평가에 따라서 제품구매를 결정할 것이기 때문이다.

대안의 평가

새로운 제품 또는 서비스가 소비자들에게 이용가능한 대안으로서 고려 상표군(consideration set)에 있다면, 관여도가 높은 제품에 대해서는 과거의 사용경험이 있을 경우에는 다르겠지만 일반적으로 제품을 선택하는데 있어 많은 시간과 노력을 요하게 된다. 이들 제품을 구매하는 당사자는 제품 대안들에 대하여 장단점을 따지며 제품을 평가하게 된다. 특히 제품포지셔닝을 위하여서는 다른 문화권의 사람들이 어떻게 정보를 처리하는지를 아는 것은 중요하다. 소비자들은 이러한 유형의 다속성평가를 활용하는 몇 가지 방법이 존재한다. 예를 들면, 소비자는 덜 중요한 특징을 가진 대안들을 순차적으로 제거하거나(hierarchical), 또는 동시에 모든 기능을 고려할 수 있다(compensatory). 대안의 선택은 관여, 제품 사용경험, 그리고 시간의 제한과 같은 요소들에 의해 좌우된다. 예를 들면, 인터넷 조사에 해박한 소비자들은 다양한 브랜드에 대한 특징과 가격의 비교를 심도 있게 할 수 있다. 선도시장의 소비자들은 상호동시적 평가(compensatory evaluation)를 할 수 있다. 반대로, 후발시장에서는 특히 제품 생명주기의 초기 단계에서는 소비자평가는 순차적인 경향이 있다. 매력적인 원산지 또는 Prada의 의장 또는 Nike의 우수성은 구매에 직접적인 영향을 충분히 미칠 수 있다.

더 많은 속성들이 평가되어질 때 어떠한 속성들이 가중치가 높은 지는 시장에 따라 상당히 다양할 수 있다. 이는 핵심편익이 다양할 수 있기 때문이다. 미국에서 Mercedes가 고급스러운 지위를 이유로 구매될 수 있는 반면, 동유럽에서는 중고 Mercedes는 신뢰성을 이유로 구매되어질 수 있다. Levi's는 미국에서 실용적이고 기능적이라고 여겨지는 반면 독일에서는 이와 반대로 생각되어 질 수 있다.

많은 유사한 제품들이 관심을 끌기 위해 경쟁하는 북미와 같은 시장에서는 단순한 기능적 우위를 얻는 것도 유지하는 것도 쉽지 않다. 이 시점에서 소비자는 브랜드 이미지, 최신 특성들, 그리고 미적 가치관과 같은 무형적인 이익에 초점을 맞출 것이다. 유럽과 일본에서 지프의 성공은 호주에서처럼 기능적 측면이 아니라 높은 지위에 대한 과시욕에 근거한다. 그러나 품질성능은 구매를 위한 필수조건이기 때문에 현지마케팅 전문가는 기능적인 측면도 잊어버려서는 안 된다.

낮은 관여의 제품구매에서 이용가능한 정보의 철저한 평가를 위해 요구되는 시간과 노력은 "두 번째로 가장 낮은 가격의 브랜드를 선택하라"와 같은 단순화된 경험규칙에 의존하는 일반 소비자들에게 부담스럽다는 것이 시장조사로부터 잘 알려져 있다. 이러한 소비자들의 경험규칙은 마케팅 전문가의 예리한 관찰과 외국문화에 대한 이해 없이 알아차리기 어렵다.

선택

어떤 대안을 선택하거나 시도하는데 있어 마지막 선택은 일반적으로 사회 규범과 매장 내 판촉를 포함하는 상황적 요인에 의해 영향을 받는다.

사회 규범

순응에 대한 압력이 강한 비-서구 문화에서는 다속성평가의 영향 보다 사회규범(social norm)의 영향력이 더 강하게 나타난다고 할 수 있다. 사회규범은 Fishbein의 확장 모델에 의해 효과적으로 분석 될 수 있다. 마케팅에 적용하기 위해 간소화된 Fishbein 모델을 〈그림 7.3〉에서 설명하고 있다. Fishbein은 사람의 행위 의도는 대안들의 다속성 평가에서 유래되지만 선택에 영향을 미치는 사회규범에 의해 변경된다는 가설을 세웠다. 다속성 평가는 선호의 순서에 있어 대안의 전체 순위를 결정한다. 〈그림 7.3〉에서 나타나는 것과 같이 사회규범은 두 가지 측면을 포함한다: 사회적 영향력(social force)과 개인의 순응동기.

B=제품속성에 대한 믿음
I=믿음의 중요성
P–O–P=구매시점

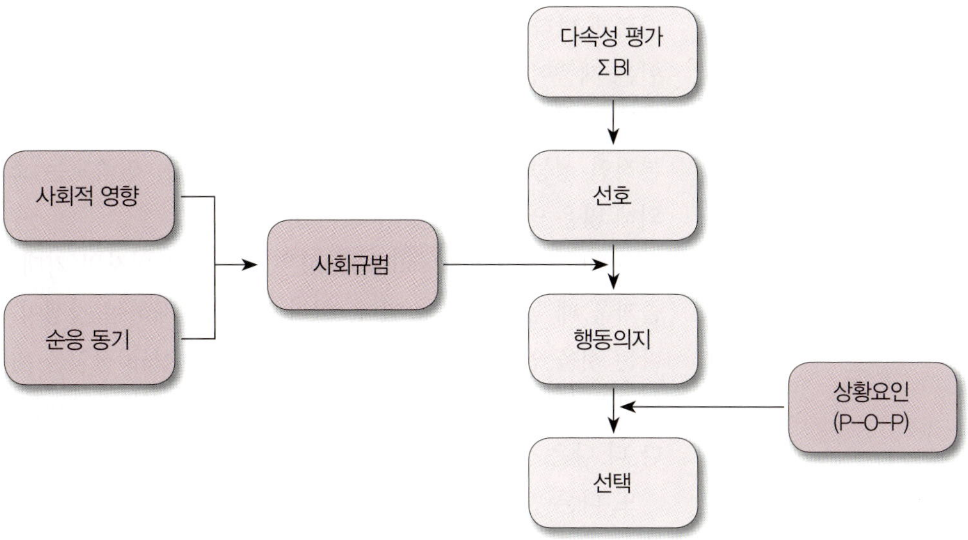

그림 7.3 확장된 Fishbein 모형

Sources: Adapted from M. Fishbein and I. Azjen, *Belief, Attitude, Intention, and Behavior*, p.334

사회적 영향력은 구성원의 가족, 또래집단, 사회계층, 그리고 다른 외부적 세력으로부터의 압력과 규범적 암시를 의미한다. 예를 들면, 독일의 자동차 노동자는 개인적 선호에도 불구하고, 독일 자동차를 사야만 하는 압력에 직면할 것이다.

순응동기(motivation to comply)는 다른 사람이 말하고 생각하는 것을 경청하는 소비자의 의지와 관련이 있다. 이것은 문화의 문제이다. 규범이 강제될 수 있는 고배경, 동질적 문화에서 순응동기는 일반적으로 클 것이다. 대부분의 사람들은 어떤 제품, 특징, 브랜드 그리고 상점들을 "규범적으로 받아들일 수 있는지"를 알게 될 것이며, 규범을 준수하는 것은 가시적인 편익을 제공하게 될 것이다. 적절한 브랜드를 구매하는 것은 멤버십, 초대, 그리고 기회를 제공한다. 이러한 제재는 강제되어질 수 있기 때문에, 다른 사회적 규범에 낮은 순응동기를 나타내는 개인주의는 이러한 문화에서는 비용이 많이 들 것이다. 그러나 불응에 대한 제재가 효율적으로 도입될 수 없는 저배경 문화에서는 당신은 항상 매력이 없는 것이 아닌 "아웃사이더(outsider)"일 뿐이다. 고인이 된 영화배우이자 전형적인 미국의 아웃사이더인 제임스 딘(James Dean)은 일본에서 리바이스 청바지를 광고하였다. 역설적으로 일본에서 리바이스를 입는다는 의미는 그들이 "젊은 반항아(young rebels)"에 속한다는 것을 보여준다.

유교문화에 의해 형성된 사회적 규범에 대한 높은 가치의 부여는 일반적으로 서구문화보다 동양문화가 사회규범으로 부터 더 많은 영향을 받고 있음을 보여준다. 이것은 한국인과 미국인의 구매의도를 비교하는 운동화의 선택에 관한 연구에서 사실임이 입증되었다. 가설로 설정된 것과 같이 한국인들은 미국인들 보다 더욱 또래집단의 영향을 많이 받는 것으로 나타났다.

결과

최근 소비자 만족도조사에서 증명된 구매품에 대한 소비자들의 만족도는 문화에 따라 다르게 나타난다. 이용 및 구매가 이루어질 때 가장 뚜렷하게 나타나는 만족의 결정요인은 제품이나 서비스의 실질적인 성능이다. 그러나 기본적인 기능이 반드시 높은 만족도를 의미하는 것은 아니다. 제품과 서비스의 품질이 높은 경우 소비자 평가에서 기본적인 성능이 반드시 중요한 요인은 아니다. 만족도는 소비자의 기대(expectation)에 의해 많은 영향을 받는다.

고객만족(customer satisfaction)은 제품이 소비자의 기대를 초과할 때 또는 소비자가 즐거울 때 높은 경향이 있다. 현지시장에 존재하는 경쟁이 신제품의 진입에 장애가 된다는 것을 인식하는 것은 중요하다. 이러한 신규 진입을 위해서는 새롭거나 특별한 무언가를 제공하여야만 한다. 이것은 왜 선도시장으로 부터의 진입자들이 다른 기업들보다 더 나은 성공의 기회를 획득할 수 있었는지를 설명한다.

또 다른 만족도 결정요인은 특정 제품군에 대한 이전의 경험이다. 이러한 경험은 제품의 수용 가능한 성능에 대한 기대를 형성하는데 도움을 준다. 최근에 판매를 시작한 경우에 기대는 이전의 경험이 아니라 평판에 근거한다. 신흥시장에서 증명되지 않은 구전과 구두정보는 많은 소비자에게 제품으로부터 얻을 수 있는 즐거움에 대한 비현실적인 기대를 만들기도 한다. 기대가 비현실적으로 높다면 제품의 성능에 대한 불만족이 야기될 수 있다.

사회 인프라 부족은 신흥시장 또는 개발도상국 시장에서 문제가 될 수 있다. 새로운 샴푸에 대한 기대는 샤워가 가능하고 물이 깨끗한 국가에서만 현실화 될 수 있을 것이다. 컴퓨터를 사용하는데 있어 교육시스템이 부족하고 기업경영자의 기술이 부족한 사회에서 PC를 사용하여 생산성을 높이는 것은 비현실적이다.

결국, 소비자는 제품의 핵심편익에 관심을 가지게 되고 사용한 경험이 얼마나 이러한 편익을 실현하는데 도움이 되었는가에 따라서 움직이게 된다. 소비자의 웰빙(well-being)은 모든 마케팅의 목표이며 새로운 현지시장의 마케팅 전문가는 그 지역의 소비자가 직면하는 문제들을 인식하는 것이 중요하다. 많은 경우에 있어 인프라 지원의 부족 때문에 제품이 소비자에게 배송되지 못할 수 있다. 그리고 또 다른 경우에는 신제품이 소비자의 금전적 구매능력을 넘는 경우도 있다. 신제품과 신규브랜드는 더 나은 삶의 질을 가져올 뿐만 아니라 해결되어야만 하는 문제와 만족되어야만 하는 욕구를 새로이 창출할 것이다. 현지시장의 마케팅 전문가는 기업의 제공물이 문제를 해결할 수 있고 니즈를 만족시킬 수 있도록 하여야 한다.

현지 구매자 조사

국내시장과 마찬가지로 외국의 현지 소비자를 잘 이해하기 위해서는 마케팅 조사가 필요하다. 〈표 7.1〉에서는 다양한 지역의 상위 3개 국가들의 마케팅 조사비 지출을 보여주고 있다. 마케팅 조사가 아직 초기 단계에 있는 중국을 제외하고 지출의 순위는 해당 국가의 인구 규모와 관련이 있다. 지역에 따라 편차가 있지만 라틴아메리카의 경우 인구규모에 비하여 낮은 지출을 보이고 있으며, 이는 낮은 GDP로 인한 예산의 부족에 기인한다.

대표적인 마케팅 조사과정은 〈그림 7.4〉에서 볼 수 있다. 마지막 단계인 데이터분석을 제외한 모든 단계는 외국의 마케팅환경에 의해 영향을 받을 수 있다. 이러한 단계들을 차례로 논의하고자 한다.

문제 정의

마케팅 의사결정과 마케팅 조사는 분리하여 다루어야 한다. 시장에서의 의사결정 문제는 감소하는 판매에 있어 무엇을 하여야 하는지를 결정하는 것이고, 마케팅조사의 문제는 고객의 태도와 만족도를 측정 내지는 평가하는 것이다. 비록 동일한 의사결정일

표 7.1 지역별 마케팅 조사비용 지출 상위 3개국(2002, US$ in million)

유럽(Europe)	
영국	1,755
독일	1,490
프랑스	1,260
아시아-태평양(Asia-Pacific)	
일본	1,037
중국	302
호주	272
라틴아메리카(Latin America)	
멕시코	243
브라질	188
콜롬비아	47
북미(North America)	
미국	6,307
캐나다	449
총 합	16,610

Sources: *Marketing News*, July 15, 2004, pp. 12-13.

지라도, 또 다른 시장에서는 동일한 시장조사가 적용되지 않을 수도 있다.

예를 들면, 비록 실질적인 무역장벽이 없고 일본 국내에서의 경쟁이 미미했음에도 불구하고 몇 년 동안 California Almond Growers Exchange라는 회사는 일본시장에 진입하지 못하였다. 아몬드 견과류에 대한 소비자태도 조사를 위하여 California Almond Growers Exchange는 유통경로를 통한 판매추적으로 마케팅조사를 수행하기로 결정하였다. 낮은 매출의 실질적인 원인은 유통 스케일의 왜소함으로 판명되었다. 따라서 15,000명의 판매원이 있고 일본 도처에 백만 개의 영업 지점을 보유한 Coca-Cola Japan과 협력관계를 형성하였고, 현재 Growers Exchange와 Coca-Cola Japan은 성장시장의 70% 이상을 점유하고 있다.

정성적 연구

정성적 연구의 형태는 다양하지만 유명한 포커스그룹(focus group) 토론법은 많은 시장에서 탐색적 조사(exploratory research)를 실행하기 위한 표준이 되었다. 신중하게 선택된 사용자와 제품의 잠재적 구매자를 모집한 회사가 약 8~10인의 개인을 모집하여 특

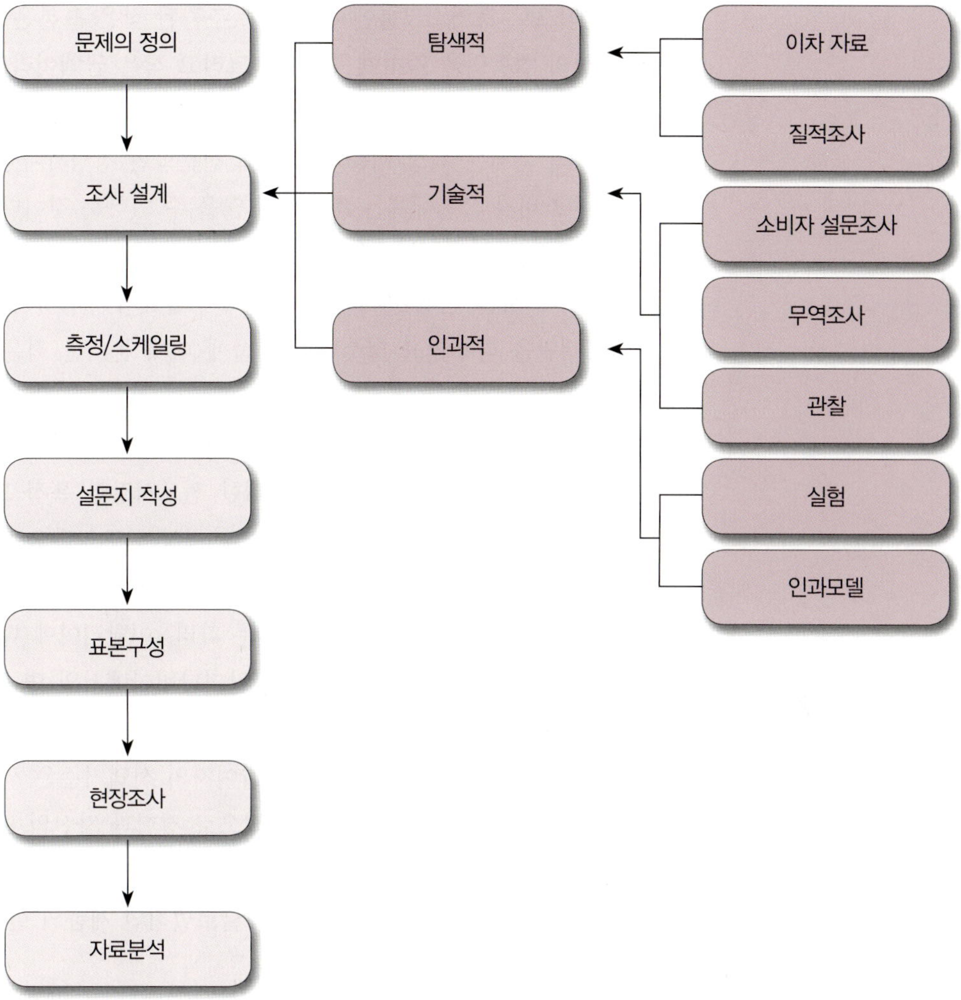

그림 7.4 소비자 조사 단계

정한 제품이나 서비스에 대해 의견을 구한다. 사회자의 질문에 의해 참가자는 디자인이나 색상, 패턴에 대한 의견을 제시하고 번역된 광고문의 모호성을 짚어 바로 잡도록 지적한다. 일반적으로 참가자들의 응답은 비디오로 녹화되며 마케팅 전문가는 나중에 그 비디오를 통하여 이 절차를 다시 볼 수 있다.

외국 시장에서 포커스 그룹은 저렴하고 단기간에 조사를 끝낼 수 있다는 장점을 가지며 현지시장에 쉽게 접근할 수 있다. 하지만 포커스그룹은 비대표적인 샘플(unrepresentative sample)로 구성된다. 이들은 새로운 환경에서 스크리닝 기준들이 부정확하거나 완전히 정확하지 않을 수 있기 때문에 그 집단의 의견은 비대표적일 수 있다. 예를 들어, Aperitif를 만든 이탈리아 제조업체 Campari는 미국에서 구매자 포커스 그룹을 구하려고 했지만, 현지조사 회사의 모집에도 불구하고 어떤 참가자도 찾을 수 없었다. 캄파리(Campari)를 아는 "소비자의 범위"를 좁혀서 포커스그룹을 모집한 후 해당 참가자들을 조사하였으나 이들도 Aperitif에 대해 잘 알지 못하여 어떠한 유용한 정보도 제공할 수 없다는 것에 대해 실망하였다.

일반적으로 포커스그룹에서 작위로 추출된 작은 표본은 모집단의 대표성과 관련하여 가설의 설득력을 약하게 만든다. 그리고 작은 금액이라도 응답자에게 보수를 지급하는 것은 부정적인 감정의 표현을 억제하게 되는 경향이 있음을 간과해서는 안 된다. 또 하나의 문제는 특정 제품과 고객에 전문화된 경영자나 마케팅회사는 특정 제품 외의 다른 소비자 그룹에게는 적합하지 않을 수 있다는 것이다. 어떤 독일 회사가 조사한 5개의 포커스그룹 비디오테이프를 일본 의뢰자에게 보냈다. 이 일본의뢰자는 비디오테이프에서 조사를 진행한 사회자의 태도에 놀랐다. 이 사회자는 생산용 제품과 관련된 기업고객만을 다루었고 청소년과 제품에 대해 논의한 적은 없다고 비디오테이프에서 설명하였다.

이러한 문제는 신중하게 포커스그룹을 구성하는 것으로 극복할 수 있다. 지리적 측면의 대표성은 일반적으로 제품에 대한 선도시장인 특정 도시를 선택하여 해결할 수 있다. 미국에서는 뉴욕, 로스앤젤레스가 항상 선도시장으로 선택될 수 있다. 독일에서는 베를린과 뮌헨을 선도시장으로 볼 수 있다. 영국에 대한 연구에서 런던을 피할 수 없는 것과 같이 프랑스에 대한 연구는 파리, 이탈리아에 대한 연구는 밀라노, 스페인에 대한 연구는 마드리드, 그리고 스칸디나비아에서의 연구는 스톡홀름을 피할 수 없다. 성과를 나타내기 위해 보수는 충분하여야 하지만 조사에 편향을 일으킬 만큼 많이 지급하여서는 안 된다. 포커스그룹 참여자의 선택기준은 시장의 발전수준을 반영하여야 한다. 신흥시장의 소비자는 일반적으로 경험과 자신의 판단에 대한 확신이 없기 때문에 신흥시장에서의 소비자로부터 시장적응에 대한 정보를 얻는 것은 무의미할 수 있다. 반대로 선도시장의 현지사용자는 글로벌적인 제품의 현지적응을 위한 훌륭한 정보를 제공할 수 있다.

소비자 설문조사

비교적 큰($N=5,000$ 이상) 무작위표본 설문조사는 기술적 시장 조사를 위한 표본틀(sampling frame)을 제공한다.

우편조사나 전화조사 또는 개인면접으로 이루어진 설문조사법은 시장세분화, 포지셔닝, 개념 테스트, 소비자의 만족 그리고 제품 경쟁력의 평가를 포함하는 다양한 마케팅목적에 사용되고 있다. 그럼에도 불구하고 몇몇 시장에서는 설문조사법의 문제점이 드러난다.

특정한 설문조사에서 문화적 요소는 많은 영향을 미치는데 직접 문의하는 방식의 설문에서는 특히 더 그러할 수 있다. 고배경 문화에서 공식적인 설문조사를 통하여 소비자에 관한 정보를 획득할 수 있다는 생각은 어리석을 수 있다. 개방형 질문은 원인에 대한 설명을 하기 싫어하는 계층적인 문화에서는 응답자들이 이 항목을 항상 비워놓는 경향을 보인다. 일부 국가에서는 낯선 사람에게 솔직하게 대답하는 것을 회피하는 경향이 있다. 미국인은 낯선 문제이더라도 응답을 적극적으로 해주는 반면, 유럽인은 그들이 해당 제품을 사용해 본 직접적인 경험이 없다는 이유로 설문에 대한 답을 꺼리는

Getting the Picture 정확한 표현

조사자는 매주 토요일에 피조사 가족과 함께 현지 노천시장으로의 쇼핑 여행을 동행하였다. 목표는 거대 지중해 국가에서 도시가족의 다양한 가정용품의 소비패턴을 기록하는 것이었다. 모든 종류의 농산물, 의류 그리고 가전제품이 제공되는 다양한 가판대를 걸음으로써 관찰자는 더 나은 조건으로 거래를 하기 위한 가족의 흥정과 실질적으로 지불된 가격을 충실하게 기록하였다. 집으로 돌아왔을 때 조사자는 남편이 실제로 지불한 가격을 더블-체크하기 위하여 그 남편에게 확인시켰다. 그 결과 남편은 조사자가 기록한 셔츠가격을 2배로 올렸고 그리고 레드와인에 대해서는 자기가 실제로 지급한 가격보다 낮추어 수정하려고 하였다. 그래서 조사자는 "나는 당신이 얼마를 지불했는지를 보았습니다"라고 하자 그 남편은 "당신은 이해하지 못한다"라는 말로 응답하면서, "나는 그렇게 값 싼 셔츠를 입지 않으며 그리고 와인을 구매하는데 많은 돈을 쓰지 않는다"라고 하였다. 이는 조사가 때로는 얼마나 현실과 괴리될 수 있는 지를 보여주는 예가 된다.

Sources: Doctoral researchers in anthropology at the University of California at Berkeley.

경향이 강하다. 특정 자동차 모델의 연비에 대한 "인지도"에 대한 평가를 요구할 때 일본 소비자는 자동차 관련 잡지의 자동차사양을 체크하기 위해 충분한 시간을 요청할 것이다.

개별면접법은 응답자가 조사자를 만족시키기 위한 답변을 왜곡하는 요구특성(demand characteristics)이 있기 때문에 결과적으로 편향된 반응을 초래할 수 있는 경향이 있다. 이러한 요구에 대한 압력은 국가별로 상이하다. 서구 사람들은 추측된 설문 의도에 따라 비위를 맞추거나 거절할 수 있다. 어디에서나 응답자는 어느 정도 성실히 대답할 것이고 때로는 가장 편한 방법을 선택할 것이다. 또는 그들은 거짓말을 할 수도 있다. 예를 들면, 응답자는 사회적으로 바람직한 이미지를 보여주려는 경향이 있을 수 있다.

설문조사의 한 가지 단점은 조사에 대한 응답자의 태도이다. 서구 뿐만 아니라 동양 사회에서도 자신이 설문조사에 이용된다는 불쾌감으로 인하여 설문에 성실히 응하려고 하지 않는 경향이 있다. 더 위험한 경우는 응답자들이 결과를 왜곡하기 위해 조사에 참여하는 것이다. 비협조 문제를 해결하고 공식적으로 설문지를 통하여 현지시장에서의 일반적인 태도를 정확하게 이해하기 위해 기업은 리서치회사의 선택에 신중하여야 한다. 또 하나의 좋은 방법은 가능하다면 시험적으로 일부를 인터뷰하고 그 결과를 우선적으로 평가하여 본 설문을 하는 것이 바람직할 수 있다.

무역 조사

시장에서의 소비자를 이해하기 위하여 신속저렴하고 가장 일반적으로 사용되는 방법은 유통경로와 무역관련 단체 사람들을 인터뷰하는 무역 조사(trade surveys)이다. 이들은 시장의 기본적인 상황, 구매자의 성향, 구매과정의 특성, 그리고 구매자 정보를 제공한다. 그들은 가격과 제품등에 대한 객관적인 질문에는 답할 수 있지만 이러한 문제에 대하여 분석적인 추론을 주기는 어려울 것이다. 하지만 이들은 이후에 추가적 시장

조사를 위해서 필요한 기초 정보수집과 분석을 위한 단서를 제공한다.

미국에서 소비자에 대한 정보를 획득하기 위해 중개인(middlemen)을 활용하는 것은 일반적으로 도매업자와 소매업자의 판매와 스캐너기록으로 제한된다. 비즈니스 고객(business customers)에 관한 공식적인 연구방법이 제한되어 있음으로 인해 기업 간 거래 영역에서는 중개인에게 더 많은 관심을 가져야 한다. 많은 다른 나라에서도 중개인은 중요한 역할을 하며 때로는 유일한 정보의 근원일 수도 있다.

미국보다 사회적 유동성과 다양성이 낮은 국가에서 거래에 대한 중요한 정보는 주로 주된 정보창구 역할을 하는 대표적인 정보제공자를 활용하는 것이 일반적이다. 문화적인 동질성이 강한 국가에서는 정보제공자가 대부분의 사람들의 생각을 대표할 수 있기 때문에 소수의 핵심정보원을 통해 해당국가의 전반적인 정보를 획득할 수 있다. 더욱이 사회적인 안정성은 중개인이 오랫동안의 특정영역에서 오랫동안 경험을 가질 수 있게 하고 이러한 경험은 해당 산업영역에서는 대표성을 확보하는데 상당한 기여를 하게 된다. 이와 반대로 미국에서는 소비자들이 다양하기 때문에 아무도 중개인이 전체 소비자를 대표할 수 없다. 그리고 그들은 자주 직장을 바꾸기 때문에 거래에서 경험을 쌓을 기회가 줄어들게 된다.

중개인을 인터뷰 하는 것은 무역에 관한 데이터를 얻는 하나의 방편일 뿐임을 기억하여야 한다. 고객들을 관찰하고 그들과 직접적으로 대화하며, 매장의 배치와 분위기를 점검하는 것 그리고 소매 및 매출과 관련된 정보를 수집하는 것은 시장정보를 생성하는 또 다른 방법이다.

관찰 연구

기존 제품을 구매하고 이용하는 소비자들에 대한 직접 관찰(direct observation)에 의한 연구는 매우 유익할 수 있다. 특히 성숙시장에서 기존 제품에 대한 연구는 고객선호에 중요한 단서를 제공한다. 접근이 자유롭고 고객들이 제품에 대한 확실한 정보를 가지고 있는 경우에는 다양한 제품의 판매기록은 사실상 고객선호를 이해하는 지름길과 같다. 제품구매는 소비자들의 선호를 반영하는 척도가 될 수 있다.

베스트셀링 제품과 그렇지 못한 제품을 분석하여 현지마케팅 전문가는 제품의 어떠한 특성이 시장에서 가치를 가지는 지 그리고 어떠한 특성이 가치를 가지지 않는지를 확인하여야 한다. 이러한 점이 명백함에도 불구하고 서구의 마케팅 전문가는 이러한 점을 활용하는데 느렸으며, 일본인들은 민첩하였다. 서구시장에서 일본인들의 성공은 전통적인 관점의 시장조사에 기반하지 않았다. 대신 그들은 서구 시장에서 성공한 제품을 분석함으로써 고객의 요구에 대처하였다.

예를 들면 차에 딸 때의 방식은 디자인에 직접적인 영향을 미친다. 일본의 소형자동차는 원래 남성고객을 위해 만들어진 자동차였으나, 서구에서는 여성고객층에서 선호되었는데 여성고객들이 치마를 입을 때 남성 고객처럼 쉽게 한 다리를 넣고 운전석에 앉은 후 다른 쪽 다리를 당길 수 없었기 때문에 일본 자동차기업은 여성고객이 먼저 운전석에 앉고 그 다음에 양 다리를 당길 수 있도록 자동차문을 크게 만들어야 된다는 사실을 알게 되었다. 이러한 새로운 디자인은 Toyota의 엔지니어가 LA를 여행하면서 현지의 소비자가 자동차에 타고 내리는 모습을 관찰하였을 때 개발되었다. 유사한 경우는 트렁크의 낮아진 문턱, 자동차의 커피컵 홀더, 패스트백 도어의 높이에도 적용되었다.

이러한 접근법은 매우 성공적이었다. 어느 성공적인 미국인 비즈니스맨이 한 때 말했듯이, 일본기업들은 미국인 소비자들을 압도하여 왔다고 할 정도로 소비자들의 행동패턴을 중시하였다. 일반적으로 현재의 제품들은 고객의 선호를 반영한다고 할 수 있다. 이런 가정은 오직 진입장벽이 없는 성숙시장에서만 유지될 수 있을 것이다. 무역장벽 때문에 고객들이 제품을 체험할 수 없는 곳에서 고객선호는 제품에 제대로 반영될 수 없을 것이다. 이러한 현상은 경제발전이 뒤쳐진 국가에서도 나타나는 현상이다.

설명적 조사

설명적 시장조사(explanatory marketing research)의 목적은 소비자의 태도와 선호 뿐만 아니라 소비자가 특정 제품에 대해 왜 이러한 태도를 가지는가? 또는 왜 소비자들은 특정 브랜드를 좋아하는가? 라는 문제를 설명하는 것이다. 설명적 조사법의 목표는 가격 또는 광고 같은 마케팅 변수가 소비자태도, 브랜드 선호 그리고 구매와 같은 변수에 영향을 미치는지 여부 또는 어느 정도까지 영향을 미칠 수 있는지를 결정하는 것이다. 전형적인 조사방법은 실험방법(experimental method)과 인과모형(causal models)등을 사용하여 설계될 수 있다. 시장조사를 통해서 밝히려는 문제는 주로 가격 수준의 조정, 광고효과 테스트 그리고 애프터서비스와 소비자 만족과 관련된 문제들이다. 이러한 시장조사의 기본적인 목적은 마케팅활동들이 마케팅의 성과에 어느 정도 영향을 미치는지에 대한 정보를 제공하는데 있다.

새로운 외국 시장에서는 이러한 종류의 섬세한 시장조사는 사실상 의미가 없다. 이러한 시장은 초기단계의 신속하고도 큰 틀에서의 오차범위를 인정하며 접근하여야 하므로 구체적이고도 통계적으로 입증된 방식의 마케팅전략을 수행하기에는 한계가 있다. 하지만 일부 광고 등의 마케팅영역에서는 현지 소비자들의 반응을 신속하게 확인할 수 있으며 이러한 경우에는 개척시장에서도 시장조사가 필요할 수는 있다. 예를 들면, 대체 광고문구가 있는 스토리 보드 테스트는 비싸지 않고 현지 소비자들의 반응을 신속히 확인할 수 있다.

측정과 척도

측정오류(Measurement and Scaling)는 어느 조사에서나 발생할 수 있으며, 외국 문화를 다룰 때 문제가 더욱 복잡해진다.

등가성 문제

2개국 이상에서 마케팅조사를 하는 경우에 다음과 같은 네 가지 측면에서 측정의 등가성 문제가 발생한다.

1. 구성개념의 등가성(construct equivalence): 구성개념의 등가성은 측정을 위한 변수들이 외국에서 같은 의미를 가지는가 하는 문제를 다루게 된다. 예를 들어, 미국인들은 자기의 차를 "사랑할" 수 있다는데 대하여 일본인들은 이렇게 말하지 않을 것이다. 해결 방법: 직접적인 의미를 가지는 동의어를 사용하여 번역함.
2. 번역의 등가성(translation equivalence): 번역의 등가성은 다른 언어에서 동등한 단어가 없음으로 발생하는 문제를 말한다. 예를 들면, "독단적(assertive)"이라는 용어와 "공격적(aggressive)"이라는 용어는 그다지 구분되어 사용되고 있지 않으나 이는 분명히 의미상의 차이가 있는 표현이다. 해결 방법: 명확한 단어를 사용.
3. 기준치의 등가성(calibration equivalence): 기준치의 등가성은 범주의 구분(cutoffs)를 비교하는 경우에 발생하는 등가성의 문제이다. 공식적인 환율을 통하여 소득을 단순 환산하는 경우에 한 국가에서는 높은 소득을 의미하지만 다른 국가에서는 거의 최저생계 수준의 소득을 의미할 수 있다. 예를 들면 통화가치가 강한 국가에서의 최저생계 수준의 소득이라고 할지라도 환율의 차이에 의하여 다른 국가에서는 상당수준의 구매력을 갖춘 것으로 볼 수 있을 것이다.
4. 점수 등가성(score equivalence): 어느 한 국가의 "5점"이 다른 국가의 "5점"과 같은 양적지표를 나타내는 가에 대한 평가가 필요하다. 해결 방법: 이것이 국가 간의 수준을 비교하는 것을 어렵게 만들더라도, 국가의 평균 점수로부터 편차를 이용하여 조정.

태도 조사

태도 조사에서는 등가성 문제가 특히 중요하다. 태도 조사는 한 시장의 소비자가 제품이나 서비스를 어떻게 생각하는지, 무엇을 생각하고 있는지 그리고 제품을 어떻게 평가하고 있는지를 밝혀내는데 필요하다. 이 조사는 대표적인 표본 그리고 하나 또는 그 이상의 태도척도(attitude scale)를 포함하는 설문조사를 통하여 이루어진다.

어떤 제품이나 회사에 대한 소비자 개인의 느낌을 측정하는 태도척도(attitute scaling)에서는 아주 기본적인 사항도 문제가 될 수 있다. 척도에 따른 측정을 위하여 숫자를 사용하는 것은 서로 다른 문화에서 다른 의미를 가지는 숫자로 인해 문화적인 문제를 초래할 수 있다(예를 들어, 숫자 4가 일부 중국인들에게 부정적인 암시를 전한다. 13은 서구 사람들에게 그러하다). 그것은 감정 또는 가치에 대한 측정지표로서 숫자의 유효성에 대한 의문을 제기한다.

척도와 관련하여 기술적인 문제가 몇 가지가 있다. 태도 그리고 선호와 같은 감정을 측정하는 경우에 그 개념은 국가나 문화에 따라 같지 않을 수 있다. 어떠한 경우에서는 대응하는 단어가 존재하지 않을 수도 있다. 예를 들어, "assertive"라는 단어는 영어에서 부정적인 의미를 가지는 개념인데 이에 대응하는 단어를 가진 언어는 많지 않다. 또 하나의 예로서 같은 단어이지만 문화에 따라 의미가 다를 수 있다. "사랑"은 아시아 국가에서 "책임"의 의미를 가지고 있으며, 자기중심적인 서구 문화보다 더 강한 의미를 가진다.

설문지 구성

특히 다른 나라에서 사용되는 버전으로 번역된 경우 소비자조사에서 사용하는 설문지는 조심스럽게 사전테스트를 수행해야 한다. 문화적 배경이 다르기 때문에 번역 상 옳더라도 전달되는 의미에는 항상 오해를 불러일으키는 경우가 빈번하다.

현지시장 조사자는 먼저 현지어로 원본설문지를 번역하게 한 후 다른 번역자에게 다시 현지어로 번역된 설문지를 원본설문지 언어로 역번역하게 한다. 이러한 역번역 과정에서 차이가 나타나는 부분은 응답자들에 대한 사전테스트와 토의를 통하여 극복하여야 하고 또한 반복되는 역번역(back translation)을 통하여 해결될 수 있다. 번역된 설문지는 문장의 표현에 있어서 예의를 갖추는 법과 다른 문장구조로 인하여 그 길이가 달라지는 것이 일반적이다.

정형화된 질문, 예를 들면, "most", "shopping", "household" 등의 단어의 의미가 문화규범과 가족의 경제상황에 따라 다르기 때문에 이러한 단어로 구성된 질문은 모호한 의미를 전달할 수 있다. 이런 차이는 설문지를 주의 깊게 설계하고 치밀한 사전테스트에 의하여 극복될 수 있을 것이다.

표본추출

포괄적이고 신뢰할 수 있는 표본추출틀(sampling frame)의 부족은 많은 국가에서 시장조사에 장애가 된다. 전화보급률이 낮은 경우에는 전화번호부가 별로 유용하지 않다. 또한 사람들이 휴대폰을 주로 사용하는 경우에는 전화번호부가 큰 의미가 없다.

그러나 수용할 수 있는 표본추출틀을 얻는 문제는 직접 마케팅 및 서베이 리서치(survey research) 목적을 위해 리스트 개발에 특화된 서비스기업의 출현으로 점차 해결되고 있다. 글로벌 직접 마케팅이 점점 중요해짐에 따라서 많은 해외국가에서 제휴, 현지 사업가와의 합작투자를 이용하여 여러 해외국가에서 리스트를 개발하는데 투자하려는 미국의 마케팅리서치기업이 증가하고 있다. 이러한 리스트를 이용하는 시장조사자들은 조사와 관련한 지리적 위치를 선정할 수 있고, 수입, 가족규모에 따른 기본적인 표적 세분화 기준을 이용하여 발전된 리스트를 맞춤식으로 획득할 수 있다. 중국과 같은 신흥시장은 해당사항이 없을 수도 있겠지만, 아시아, 라틴아메리카의 많은 다른 국가들의 소비자들은 글로벌 시장 조사자들이 접근할 수 있게 되었다.

국제 표본추출에 있어 하나의 문제는 표본추출의 등가성 문제이다. 표본추출의 등가성(sampling equivalence)은 다른 국가에서의 표본이 비교 가능한지에 대한 문제이다.

이것은 표본이 다른 국가들에 대해 각각 대표적인지 또는 표본이 동일한 사회경제적 특성을 가지고 있는지에 대한 문제와는 다르다. 예를 들면, 조사자는 각 국가의 제품에 대하여 주요한 의사결정자에 대한 표본으로부터 응답을 얻기를 원할 수 있다. 그러나 만약 다른 국가에서 주요한 의사결정자가 다른 경우에 조사자는 각 국가에서 동일한 대표집단을 선택하여서는 안 된다. 따라서 표본추출의 등가성을 확보하기 위하여 조사는 먼저 정확한 표본의 구성원을 식별하여야 할 필요가 있으며, 그 다음에 다른 국가에서 다른 구성원을 포함하는 집단을 선택하여 표본으로 삼아야 한다. 이렇게 하게 되면 비록 국가 간의 조사결과를 비교하기는 어렵겠지만, 최소한 개별국가 내에서의 표적그룹은 조사할 수 있게 된다.

현장 조사

조사과정에서 현장 조사를 할 때 일반적으로 해외진출기업은 시장조사 기업과 함께 작업할 것이다. 조사기업에 대한 선택은 다국적기업의 지사와 현지기업 두 가지의 선택이 있다. 국가 간의 특성에 관한 비교를 원하는 경우 다국적기업이 장점을 갖는다. 그러나 현지기업은 보통 현지상황을 더욱 잘 이해하고 있다. 많은 사례에서 독립적인 현지기업은 국제 네트워크의 일부가 되어 많은 다른 국가에서 함께 조사하고 심각한 조정의 문제없이 국가 간 비교 가능한 결과를 제공할 수 있다.

특히, 유료로 진행되는 면접조사에서는 면접관이 성의 없이 작성된 결과치를 제공할 수 있어 이에 대한 주의가 요망된다. 그러나 많은 국가의 조사환경은 그 과정을 관리하는 것을 어렵게 한다. 예를 들면, 미국에서는 응답자의 명확한 허락 없이 후원사의 대표가 전화면접을 청취하거나 녹음하는 것은 합법적인 일이 아니다. 인터뷰가 행해진 사실을 확인하기 위하여 다시 전화하는 것이 필요할 수도 있는데 이는 물론 응답자의 동의가 필요한 부분이다.

대부분 선진시장에서 ACNielsen과 같은 대형 조사기업은 자국에서도 그러하듯이 효율적 현지조사를 수행하는 지사를 보유하고 있다. 가장 큰 기업들의 예가 〈표 7.2〉에 나타나 있다.

회계기업은 또한 데이터의 원천이 될 수 있다. 법무법인 또는 산업별 조사기업으로서 Ernst & Young은 서비스 분야에서 상당한 양의 국제시장 조사를 수행한다. 전문화가 필요한 이유는 시장조사기업은 특정산업에 익숙해지기 위하여 상당한 시간을 투자하여야 하며 그에 대한 보상은 획득한 지식을 가능한 한 많은 고객에 대하여 정보를 제공할 수 있을 때 극대화된다. 이는 특정기업에게 맞춤식으로 제공된 정보를 다른 기업에게 그대로 제공한다는 의미는 아니고 특정 산업에서 획득한 공통정보 위에 각 기업별 특수성을 반영하여 의뢰기업에게 최상의 정보를 제공하는 것을 의미한다.

마지막으로, 성장시장의 발생으로 과학적인 시장조사가 많은 국가에서 요구될 것이다. 소비자들은 성향이 더욱 복잡해지기 때문에 반드시 그들의 선호를 추적할 수 있는 기술이 개발되고 활용되어야 한다.

표 7.2 2002년 선정된 상위 글로벌 조사기관

2002	2001	조직	본사	모기업	자회사 또는 지사가 설립되어 있는 국가 수[1]	정규직 근로자[2]	글로벌 조사 수입[3] (US$ in million)	2001년 이후 비율 변화[4]	자국 외부지역에서의 글로벌 조사 수익 비율
1	1	VNU NV	하를럼	네덜란드	81	32,625	$2,814.0	1.2%	99.0%*
2	2	IMS Health Inc.	페어필드, 코네티컷	미국	75	5,900	1,219.4	3.9	60.0
3	3	The Kantar Group	페어필드, 코네티컷	영국	62	6,000	1,033.2	20.7	69.7*
4	4	TNS (Formerly Taylor Nelson Resources Inc.	런던	영국	54	9,063	908.3	0.2	80.6
5	5	Information Resources Inc.	시카고	미국	20	3,600	554.8	20.2	25.8
6	6	GfK Group	뉘른베르크	독일	51	4,879	528.9	4.2	63.5
7	8	Ipsos Group SA	파리	프랑스	35	3,828	509.0	14.0	83.1
8	7	NFOWorldGroup Inc.	그리니치, 코네티컷	미국	40	3,900	466.1	3.0	63.9
9	10	Westat Inc.	록빌, 메릴랜드	미국	1	1,600	341.9	17.9	
10	9	Nop World	런던	영국	6	1,648	320.0	211.3	70.3

Source: Jack Honomichl, ...
[1] 해외지사에 지분을 가지고 있는 회사 포함.
[2] 비조사 직원을 포함
[3] 비조사 활동에 의한 수입이 월등히 많음. 이 정보는 개별기업정보 사항임.
[4] 인수 및 매각에 의한 수입을 제외한 성장률. 성장률을 자국화폐에 기준하여 환율 참조.
* Estimated by Top 25.

현지시장 세분화

시장세분에 관한 가장 기본적인 문제는 회사의 제품이나 서비스에 대하여 잠재수요가 집중되어 있는 동종 구매자 그룹을 발견하는 것이다. 모든 시장에서 각기 다른 세분화시장이 존재한다. 사람의 생활방식, 활용수준, 인구 그리고 태도도 다르다. 따라서 마케팅의 목적을 달성하기 위하여 표적세분화시장을 찾아내기 위해서는 아래와 같은 특성에 따라 시장조사가 이루어져야 한다.

1. 차별 가능성(무엇이 그들을 구별하는가?)
2. 측정 가능성(어느 정도의 소비자가 각각의 세분화시장에 포함되는가?)
3. 도달 가능성(어떻게 각각의 세분화시장과 소통하고 접촉할 것인가?)

4. 구매 가능성(그들이 그것을 구입할 여유가 되는가?)
5. 구매 의향성(그들이 그것을 원하는가?)

신흥시장과 저개발 국가의 시장에서 마지막 특성을 제외한 다른 요구들을 모두 만족시키는 것은 어렵다. 더욱이 이러한 시장에서 유효수효의 부족으로 인하여 잠재적 구매자의 선호는 약하며 제품사용 경험의 부족으로 인하여 세분화시장을 확인하는 조사는 매우 어려울 수 있다.

세분화 기준

시장을 세분화하기 위해서는 여러 가지의 기준이 동원된다. 글로벌 또는 국내시장에서 가장 유용한 세분화 기준은 아래의 세 가지 조건을 갖추어야 한다.

1. 기준은 세분화시장의 구매자 행동, 경쟁 브랜드업체의 선택, 소비수준에 영향을 미치는 요인을 인식하는데 도움이 되어야 한다. 이러한 관점에서 “정치적 성향”은 “어린이의 수” 보다 비효과적인 기준일 수 있다.
2. 기준은 세분화시장의 규모를 계산할 수 있도록 객관적으로 측정가능한 데이터이어야 한다. 이러한 관점에서 “생활방식”은 “교육의 수준” 보다 덜 유용하다.
3. 기준은 적절한 정보매체를 선택하는데 도움이 되어야 한다. 마케팅 전문가는 이러한 정보매체를 통해 세분화시장과 소통 할 수 있다. 예를 들면 “사회 계급” 보다 “청소년”은 효과적인 기준이 될 수 있다.

현실적으로 기업들은 여러 가지 기준을 혼합하여 사용하는 경향이 있다. 시장세분화를 위해 가장 많이 사용된 기준은 아래와 같다.

경제

현지시장의 세분화를 위해 가장 많이 사용된 기준은 경제발전의 정도이다. 세제, 비누, 치약과 같은 저가 소비자 생필품에도 1인당 GDP는 중요한 기준이 될 수 있다. 이유는 패키지 규모가 줄어들어야만 하고, 유통 경로가 다르고, 일부 커뮤니케이션 미디어가 이용가능하지 않은 곳에서는 마케팅 믹스를 글로벌화 하는 것이 어렵기 때문이다.

인구 통계

외국에서 나이와 가족구성은 현지의 세분화시장을 결정함에 있어 중요한 역할을 한다. 소비재에 있어 나이, 가족의 규모는 소비수준과 관련된 아주 중요한 결정요인이다. 경제적인 요인의 경우에는 공개자료를 활용하는 것이 유용하다. 그렇지만 인구통계적인 요인은 경쟁브랜드의 선택에는 영향을 미치지 않으며, 오히려 소비수준을 결정하는데 도움이 된다.

가치

현지시장 세분화에서 문화와 관련하여 많이 사용되는 기준은 가치관에 기반을 둔 세분화이다. 개인적인 가치관은 매우 근본적 성향을 띠기 때문에 파생된 세분화시장은 국가에 따라 비슷한 양상을 나타난다. 다른 것은 각 세분화시장의 비율이다. 가치관에 기반을 둔 세분화시장의 일반적인 리스트는 Roper's Worldwide Global Consumer Surveys에서 제시한 것과 같다.

- 노력가(12%): 물질과 전문적인 목표를 강조한다. 아시아의 개발도상국에서 가장 일반적이다.
- 독실한 사람(22%): 종교와 전통을 강조한다. 아시아와 서유럽국가의 선진국에서 거의 일반적이지 않다.
- 이타주의자(18%): 사회와 복지문제를 강조한다. 라틴아메리카와 러시아에서 더욱 일반적이다.
- 친밀한 사람(15%): 가족과 개인적인 관계를 강조한다. 미국에서 더욱 일반적이다.
- 쾌락주의자(12%): 쾌락과 재미를 강조한다. 아시아의 선진국에서 가장 일반적이다.
- 창의주의자(10%): 지식과 기술을 강조한다. 서유럽국가에서 더욱 일반적이다.

가치관에 기반을 둔 세분화시장은 시간이 흐름에 따라 안정적인 특징이 있다. 또한 이런 세분화시장은 다양한 제품에 적용할 수 있으나, 매우 기본적이고 개인적인 특성을 반영하기 때문에 효과적으로 적용하기 위해서는 제품특성을 잘 반영하는 가치기준을 적용할 필요가 있다.

민족적 배경

세계화 과정에서 점점 더 중요해지고 있는 문화적인 요소로서 민족적 배경을 들 수 있다. 사람들은 더 좋은 직장과 생활조건을 찾기 위해 자국을 떠나고 있다. 그들은 이주한 새로운 국가에서 자국의 문화를 형성한다. 더 많은 이민자가 진입하고, 경제가 발전함에 따라 특정 민족적 배경을 가진 집단은 별도의 세분화시장으로서 표적화될 만큼 성장하게 된다. 예를 들면, 미국에서 많은 기업들은 히스패닉계 인구를 하나의 세분화 대상으로 간주한다. 민족집단의 성장으로 그들의 영향은 사회의 다른 부분에도 영향을 미친다. 그리고 멕시코의 플라우타스(flautas), 한국의 김치, 모로코의 쿠스쿠스, 그리고 인도 냄비와 같은 것들과 우리는 친숙하게 된다. 이러한 영향은 조금씩 더욱 확산되어 우리가 먹는 음식뿐만 아니라 우리가 보고 듣는 것에도 변화를 일으키게 된다.

또래 집단

비록 미디어에서 국적과 문화를 언급하지 않고, 글로벌한 사람들의 세분화시장 출현을 보도하고 있지만 사람들은 여전히 그들의 또래집단에 대해 관심이 있다. Benetton, Nike, British Airways, Levi's 같은 세계적인 유명 기업들은 판촉를 통하여 고객들이 여전히 그들이 속한 집단의 유형이 무엇인지에 대해 인지하기를 원하며 그들의 브랜드에 이러한 소속감이 반영되기를 원한다는 것을 발견하였다. 글로벌 세분화시장은 여전히 소속된 집단으로 파악된다. Benetton의 표적은 X세대이고, 나이키의 러너(runner)는 "반항아"이고, Levi's의 표적은 해외 국가에서의 미국인 워너비(wannabe)이다. 그리고 영국 항공은 전 세계의 앵글로색슨 사업가들을 표적으로 한다. 이러한 세분화시장은 더 이상 국경에 의해 제한되지 않으나 그럼에도 그들은 강한 집단정체성을 가지고 있다. 더하여, 글로벌 또래집단은 자신들의 실질적인 구매력을 넘어서 대체 경쟁제품들 간에 선택을 위한 고민을 하고 있다.

생활방식

경제가 발전함에 따라 소비자들은 단순한 생활필수품을 구입할 뿐아니라 소비를 통하여 자신의 라이프스타일을 구현하고자 한다. 소비자는 제품이나 브랜드를 선택함으로써 그들이 원하는 삶을 실현하려고 한다. 소비자는 까다롭고 변화무쌍하며 시장은 성숙 단계로 나아가고 있다. 경제적 또는 인구통계학적인 요소가 아닌 그들의 AIOs(attitudes, interests, and opinions)는 그들이 무엇을 선택할 것인지를 결정한다.

라이프스타일에 의한 세분화는 가치에 기반을 둔 세분화와 유사한 경향이 있으나 가치기반의 세분화보다는 더욱 소비패턴에 치중한다고 할 수 있다. 1994년 유럽시장에서 시장조사 업체인 RISC는 아래와 같은 6개의 범-유럽인의 라이프스타일 세분화시장을 개발하였다.

전통주의자	18%
가족 중심 주의자	14%
이성주의자	23%
쾌락주의자	17%
노력가	15%
유행선도자	13%

이러한 라이프스타일에 의한 세분화는 특정 제품과 구체적으로 연관성을 가지고 있지 않기 때문에 항상 특정한 제품선택으로 이어지지는 않는다. 라이프스타일에 의한 세분화는 대부분 다른 세분화기준들과 복합적으로 시장조사에 사용되고 있다.

편익

현지시장세분화에 있어서 제품의 특성을 더욱 잘 반영하기 위해서는 소비자들이 추구하는 제품의 편익을 고려하는 것이다. 일반적으로 고객들은 각기 다른 편익을 추구한다. 그러나 현지 세분화시장은 대략 동일한 편익에 근거하고 있음을 알 수 있다. Anita Roddick의 Body Shop은 개인 생활용품에 "친환경(green)"적인 제품을 기대하는 편익을 제공함으로서 글로벌 세분화시장을 확보하고 있다. 편익에 의하여 세분화시장을 구획할 경우에는 현지시장에 대한 더욱 더 강도 높은 조사와 소비자들에 대한 행동분석 및 이러한 제품들에 대한 철저한 이해가 요구된다. 이러한 제품편익에 의한 시장세분화는 소비자들이 출시되는 제품에 대한 이해가 없는 경우에는 적용되기 어려운 세분화기준이 된다. 흔히, Body Shop, Swatch Watches, PC 소프트웨어 그리고 휴대폰의 경우와 같이 제품이 시장에 도입될 때까지 소비자가 편익을 파악조차도 못하는 경우도 있다.

현지 제품포지셔닝

제품포지셔닝(product positioning)이란 마케팅 전문가에 의하여 제품의 특징과 편익 그리고 브랜드 이미지를 잠재적인 소비자에게 전달하는 행위이다. 제품 혹은 브랜드의 포지셔닝이란 브랜드가 소비자의 사고에 자리하는 위치 즉 브랜드에 대한 소비자의 인식이다. 마케팅 전문가에 의해 계획된 인식위치가 있지만 소비자는 마케팅 전문가에 의하여 의도된 위치를 인정하지 않을 수도 있다. 예를 들면, Ford의 마케팅 전문가는 사람들에게 강력하고 스포티하며 안정적인 디자인을 각인시키려고 하지만 몇몇의 소비자는 SUV를 트럭같이 생겼으며 안정적이지 않다고 인식한다.

현지의 제품포지셔닝은 다른 시장의 포지셔닝과 다르지 않다. 회사는 소비자가 원하는 욕구가 무엇인지 그리고 경쟁에서 승리하기 위하여 이러한 욕구를 제품에 어떻게 반영하여야 하는지를 고민하여야 한다. 그러나 제품의 현지적응에는 한계가 있다. 글로벌마케팅에서 현지마케팅 전문가들은 제품의 현지적응의 정도를 현지 소비자가 어느 정도 수용하는 가에 따라서 그 적응수위를 결정한다. 현지마케팅 전문가들은 글로벌제품의 유출효과와 조정효과를 최대한 활용함으로서 제품전략의 비용을 절감하고자 한다. 사실 제품특징과 소비자들간의 소통은 일정부분 한계가 존재한다. 따라서 현지 제품전략을 구사하기 위해서는 현지 제품포지셔닝이 얼마나 제품의 선택에 영향을 미치는지를 미리 조사할 필요가 있다.

제품 공간

브랜드 포지셔닝을 설명하기 위하여 마케팅 전문가는 소위 인지지도(perceptual map)를 이용한다. 아래에서 우리는 몇 가지의 인지지도를 살펴볼 것이다. 이러한 2차원 지도는 각각의 중요한 속성에 경쟁 브랜드에 대한 소비자평가에 기초한 각 브랜드의 위치를 보여준다. 제품 공간은 소비자의 선호를 나타낸다.

자동차에 관한 제품공간의 예는 〈그림 7.5〉에 나타나 있다. 인지지도에서 간격은 그들이 경쟁하는 정도를 반영한다. 다양한 분포의 형태로 나타나는 축(Axe)은 사람들이 중요하다고 생각하는 정도이다. 예를 들면, 링컨(Lincoln)은 "지위에 대한 느낌(has a touch of class)" 부분에서 점수가 높고 "노년층에 부응(appeals to older people)" 부분에

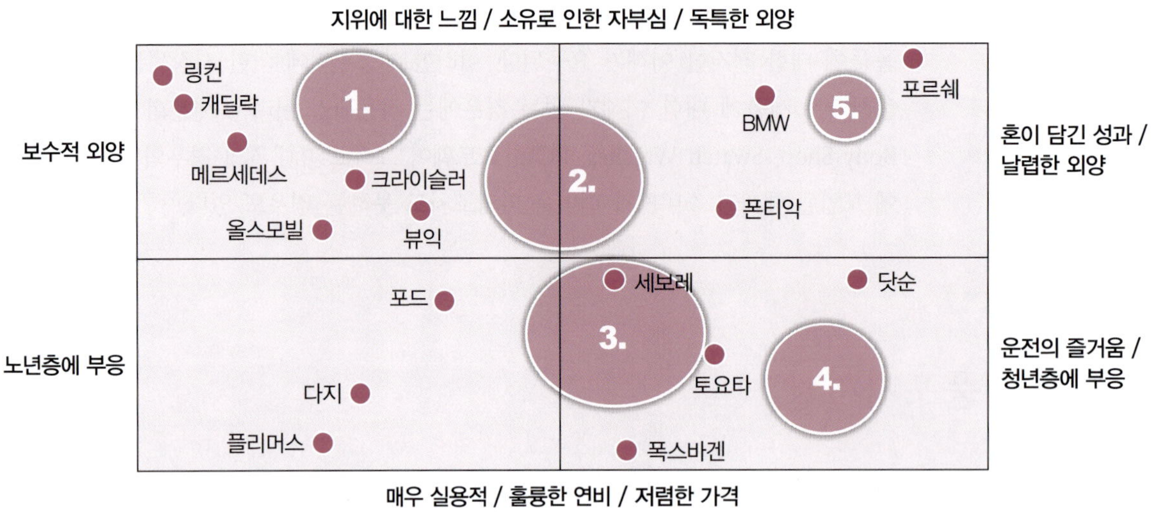

그림 7.5 자동차 브랜드의 시장 포지셔닝 지도

Sources: John Koten, "Car Makers Use 'Image' Map as Tools to Position Products," *The Wall Street Journal*, March 22, 1984, p. 31. Copyright ©Dow Jones & Company, Inc. Reproduced with permission of Dow Jones & Co. Inc. in the format Texbook via Copyright Clearance Center.

서 또한 점수가 높다. 이 인지지도는 이상적인 포인트 써클을 통해 시장세분화에 대한 선호를 제시한다. 서클의 크기는 세분화시장의 규모를 반영한다. 써클의 위치는 이 세분화시장에서 어떠한 특징이 중요한가를 보여주는 것이다. 예를 들면, 상대적으로 작은 세분화시장 5는 "지위에 대한 느낌(has a touch of class)"와 "날렵하게 보이는(sporty looking)" 차량을 선호하는 그룹이다.

전략적 의미

〈그림 7.5〉 안에서의 제조회사간 거리는 경쟁의 정도를 반영한다. 예를 들면, 링컨은 메르세데스 보다는 캐딜락과 더 많은 경쟁을 하지만 폭스바겐과는 전혀 경쟁하지 않는다. 마찬가지로 세분화시장에 가까이 위치한 차량은 더 나은 위치를 점유한다. 링컨은 가장 큰 세분화시장 1에서보다 상대적으로 작은 세분화시장 4에서 더욱 잘 판매될 수 있을 것이다.

이러한 인식도에 대한 전략적인 해석이 경영자들에게 유효한 정보로 작동하기 위해서는 이들 조사결과들에 대한 신뢰성 및 "타당성"을 필요로 한다. 시장조사가 늘 그러하듯이, 경영자는 확실한 제품포지셔닝 기술을 통해 수집된 데이터 분석에 근거하여 판단하고 전략을 수립하여야 한다.

제품포지셔닝에 의하여 전통적으로 신규진입자들은 기존의 고객 인지지도에 적절한 공간을 찾아내 진입전략을 수립하였으며, 이것은 오늘날에도 여전히 인지지도의 사용 목적이기도 하다. 인지지도를 잘 활용하기 위해서는 기존의 경쟁포지션과 소비자의 이상점을 확인하여야 한다. 이상적 포지션은 경쟁자가 없는 포지션이면서도 잠재적 표적 세분화시장에 근접한 "홀(hole)"을 표적으로 한다.

〈그림 7.5〉는 1970년대 중반의 미국 자동차시장을 반영한다. 일본 토요타와 닷슨(Datsun—지금의 Nissan)은 시장에서 세 번째로 큰 세분화시장에 가까이 위치한다. 이 세분화시장은 연비와 스포티한 운전을 즐길 수 있는 자동차를 원한다. 그러나 이들 자동차 제조업체들이 미국의 제조업체에 비해 상대적으로 더 나은 포지셔닝이 이루어졌음에도 불구하고, 여전히 세분화시장 3의 하방우편의 공간에 다른 일본자동차 제조업체인 혼다가 진입할 여지를 남겨 놓고 있다.

미스포지셔닝의 극복

표준화된 글로벌 제품 또는 브랜드의 결점은 일반적으로 특정 외국시장에서 요구되는 선호에 효과적으로 적응하지 못한다는 것이다. 마케팅 관점에서 이것은 선호 또는 인지공간에서 소비자의 이상점과 기업의 제품에 대한 인식이 서로 일치되지 못하는 것을 의미한다. 이러한 경우에는 현지시장의 특수성을 반영하여 적절한 대응정책을 실시할 필요가 있다.

한편 소비자가 그들의 욕구를 반영하는 대체품이 있음에도 불구하고 왜 미스포지셔닝된 제품을 구매하는가? 가장 먼저 생각해볼 수 있는 이유는 저렴한 가격 때문일 수 있다. 저렴한 가격을 제시함으로서 기업들은 소비자들이 원하지 않음에도 불구하고 살아남을 수 있는 기회가 생기며 이는 전 세계적으로 만연한 "특별할인" 행사를 통하여 이루어진다. 그러나 많은 마케팅 전문가들은 소비자에게 할인된 가격을 제공하여 원하지 않는 제품을 판매함으로서 빈번한 소비자불만을 야기해 왔다는 것을 보고하고 있다.

미스포지셔닝된 제품을 구매하는 또 다른 원인은 소비자들이 브랜드 이미지에 이끌리어 미스포지셔닝의 문제는 크게 중요하지 않게 여기는데 있다. 일반적으로 현지 제품과 서비스는 현지시장에 가장 잘 적응할 수 있지만, 강한 브랜드 가치를 가진 세계적인 기업은 현지기업들이 제공할 수 없는 부가가치를 제공할 수 있다. 글로벌 브랜드의 유명세는 인지된 위험과 인지부조화 및 소비자가 잘못된 물건을 구매했다는 불신을 누그러뜨릴 수 있을 것이다.

제품 공간의 변화

제품공간 그래프는 특정시점에서 현지시장의 포지셔닝을 의미한다. 그것은 제품시장에서 정적인 형태로 나타나지만, 실제에 있어서는 신제품, 브랜드 특히 글로벌 브랜드가 시장에 진입함으로서 이러한 소비자들의 인지지도는 변화한다고 보아야 한다.

또한 새로운 "자극"이 도입되면 소비자들의 인식된 제품공간이 바뀌게 된다. 이 공간은 느슨해지거나 밀도가 높아지게 되고 새로운 기준이 더해질 수도 있다. 휴대폰을 예로 들면, 현재 우리가 휴대폰에 대해 가질 수 있는 가장 중요한 기능은 예전에 원했던

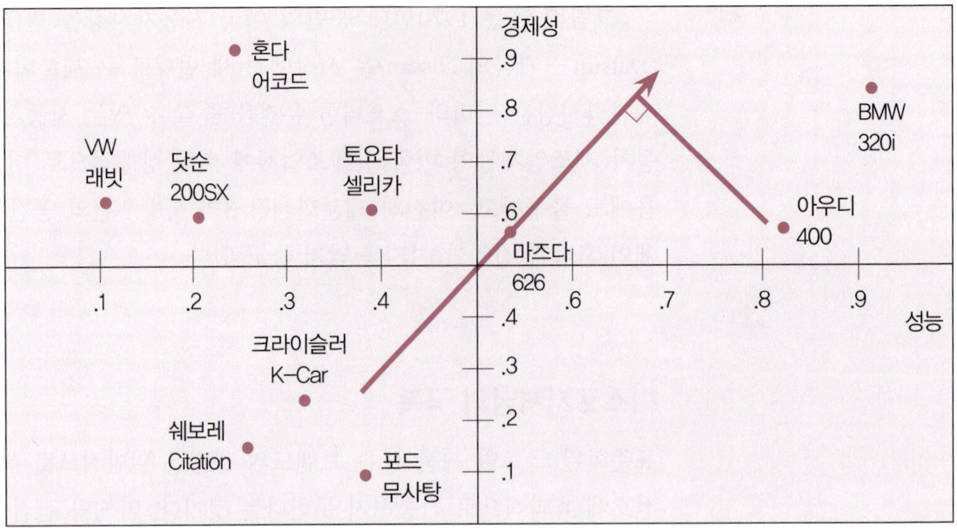

그림 7.6 혼다 어코드의 제품공간 이동

Sources: Johny K. Johansson and Hans B. Thorelli, "International Product Positioning," Journal of International Business Studies 16, no. 3 (Fall 1985), pp.57-75. Reprinted by permission of the *Journal of International Business Studies.*

기능과는 다르다. 예를 들어 과거 휴대폰에 대한 평가는 크기와 배터리의 수명이었겠지만 요즘은 해상도와 인터넷의 연결 속도가 평가기준이 될 수 있다.

새로운 제품이 중요한 특성을 제공할 때 제품공간을 정의하는 범위가 확장될 것이다. 글로벌 제품이 이러한 새로운 기술을 반영하여 새로운 기능을 많이 탑재함으로 이러한 제품공간의 확대가 빈번히 발생하고 있다.

제품공간의 확장을 잘 보여 줄 수 있는 하나의 사례는 1976년에 혼다의 어코드가 미국 자동차시장에 진입한 사례이다. 〈그림 7.6〉은 혼다 어코드와 다른 여러 경쟁 브랜드들의 포지셔닝을 보여 주고 있다. 어코드는 유일한 혼합적인 특성을 제공하고 있었고 심지어 다른 일본의 경쟁자보다 더 경제적이다. 전체 순위 벡터에서 나타나 있듯이 BMW는 선호되는 제품이었지만 가격은 다른 자동차보다 많이 비싸다. 한편 미국 자동차는 큰 리베이트 없이는 세분화시장에서 경쟁력을 가지지 못할 것이다.

새로운 진입자는 또한 새로운 기능을 제공할 것이다. 이것은 새롭고 중요한 속성이 추가되었다는 것을 의미한다. 새로운 기능을 제공하지 않은 제품은 소비자의 환기상표군(evoked sets)에서 벗어날 것이다. 오래된 브랜드는 종종 잘못 포지셔닝 된다. 그들은 더 이상 적절한 환기상표군이 아니다. Starbucks가 동일한 선택권과 제품을 제공하지 못하는 현지의 카페 또는 신흥시장에 진입할 때, 어떠한 일들이 발생하였는지를 살펴보는 것은 하나의 사례가 될 수 있다.

기술의 진보로 인하여 자동차의 경우 연비효율성을 위해 편의성을 포기하지 않아도 되고 가벼운 중량을 가지는 동시에 안정성도 확보할 수 있다. 그리고 소음 없는 에어컨도 가능하다. 제품의 혁신이 반드시 글로벌 제품에 한정된다는 법칙은 없지만 글로벌 제품은 표준화와 규모의 경제에 의하여 새로운 제품혁신이 더욱 용이하고 합리적인 가격으로 소비자에게 다가갈 수 있는 우위를 점하고 있다.

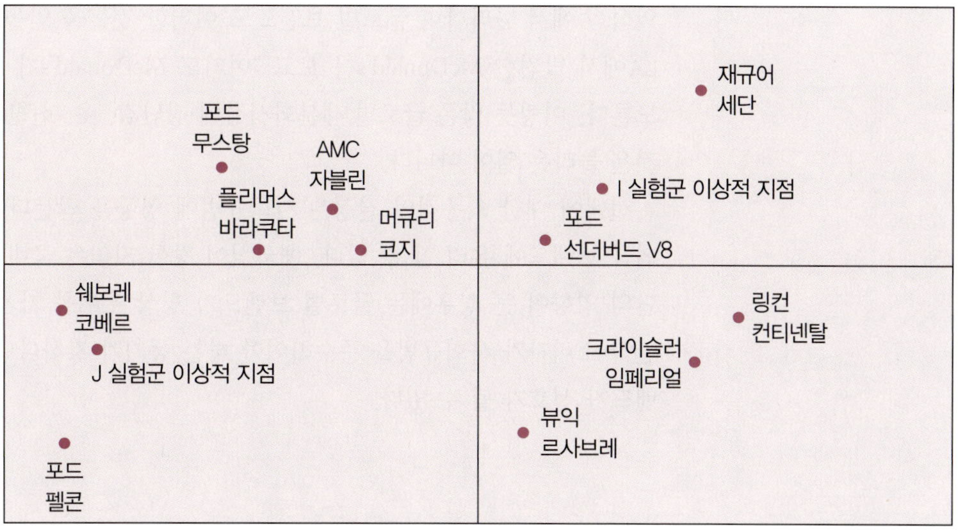

그림 7.7 이상적 공간과 인지영역의 예

Sources: Paul E. Green and Donald S. Tull, Research for Marketing Decisions, 3rd ed. (Englewood Cliffs, NJ: Prentice Hall, 1975), p. 611. © 1975. Adapted by permission of prentice Hall, Inc., Upper Saddle River. NJ.

미국의 자동차시장은 좋은 사례를 제시한다. 〈그림 7.7〉은 1970년의 석유 파동 이전인 1968년의 시장 상황을 보여준다. 이 그림에서 갤런 당 마일 또는 경제적 요인은 구매 기준이 되지 않았다. 이것은 〈그림 7.5〉에서 나타난 것과 다르다. 〈그림 7.6〉에서는 "경제성 요인"이 일본 자동차가 신속히 발전하고 있는 신흥시장에 진입하게 되는 주요한 원인이라는 것을 반영하고 있다.

고객 선호 변화

마지막으로 새로운 글로벌 브랜드의 진입은 고객의 인식 뿐만 아니라 소비자의 기호를 변화시킬 수도 있다. 글로벌 커뮤니케이션이 발전할수록 고객욕구도 변화해 왔다. 전통적으로 소비자의 취향은 브랜드나 소비자들이 지각하고 구매할 수 있는 제품에 의해 형성되어 왔다. 글로벌통신의 발전으로 이제 많은 부문에서 변화가 일어나고 있다. 글로벌 미디어와 특정 이벤트에 대한 후원은 실제 제품을 보기 전에 소비자에게 브랜드를 잘 알릴 수 있도록 하였다. 예를 들면 1998년 슈퍼볼(Superbowl) 기간 동안 TV광고는 150만 시청자에게 방송되었다. 1998년 월드컵 때는 한 달에 약 250만 명의 시청자에게 제품광고가 이루어졌다. Mars's candy bar 운동화의 표적시장 전략으로 인하여 모든 시청자들은 아니었지만 그중 많은 시청자들에게 Mars's candy bar 운동화가 알려졌다. 제품이나 서비스보다 브랜드는 무역의 장애를 쉽게 뛰어넘을 수 있다. 이것은 보호된 시장에서 브랜드 제품에 대한 억제된 수요가 있을 경우에 브랜드 제품의 글로벌 커뮤니케이션을 통해 현지소비자들의 구매행동을 유도할 수 있음을 의미한다.

젊은 소비자에게 Coca-Cola 그리고 McDonald's와 같은 브랜드는 현지 브랜드처럼 익숙하다. 전통과 친숙함으로부터 얻은 현지 브랜드의 우위는 즉각적인 인식과 잠재의식 속에서 나타나며 글로벌 브랜드도 이러한 것들을 얻을 수 있다. 홍콩의 어린이가 LA에서 발견한 McDonald's를 보고 "여기도 McDonald's가 있네!"라고 반가워 할 지도 모른다. 이렇듯 많은 글로벌 세분화시장에 장난감, 옷, 신발 등의 소비제품이 포함되는 것은 놀라운 일이 아니다.

선택에 대한 최종적인 결정은 사회규범에 영향을 받는다. 이런 규범들은 국내 혹은 외국 브랜드에 유리 할 수 있다. 애국심이 강한 지역은 국내브랜드가 유리하다. 또래집단의 영향이 큰 경우에는 글로벌 브랜드가 항상 우위를 가지게 된다. 어느 경우이던지 만약 소비자가 사회규범을 준수하여야 하는 동기가 강하다면 사회규범에 의해 특정 브랜드가 선호가 될 수 있다.

세 가지의 현지시장 환경

〈표 7.3〉에서 언급한 "시장환경"은 다른 소비자행동과 다른 마케팅 효율성을 창출하는 현지 구매자환경을 의미한다. 시장환경을 세 가지로 크게 나누어 보는 것은 매우 유용하다. 이 세 가지의 환경에는 신흥시장, 새로운 성장시장, 그리고 성숙시장이 포함된다.

표 7.3 세 가지 시장환경

특성	시장환경		
	신흥(emerging)	신성장(new growth)	성숙(mature)
라이프스타일 단계	도입	성장	성숙
관세장벽	높음	중간	낮음
비관세장벽	높음	높음	중간
국내경쟁	약함	강해지고 있음	강함
해외경쟁자	약함	강함	강함
금융기관	약함	보호	강함
소비자시장	초기	강함	포화
산업용품 시장	강해지고 있음	강함	강함
정치적 위험	높음	중간	낮음
유통	약함	복잡함	현대적
미디어 광고	약함	강함	매장내 판촉

마케팅 환경

신흥시장은 제품의 낮은 침투 수준, 허약한 시장구조, 약한 구매력을 가지는 소비자 그리고 약한 국내 경쟁자 등의 특성을 나타낸다. 따라서 높은 관세에도 외국 제품들은 잠재적으로 침투할 수 있을 것이다.

반면에 신흥공업국(NIEs)에서의 새로운 성장시장은 강한 구매력과 많은 수요를 창출한다. 소비자는 생필품 이외의 제품을 구매할 수 있고 브랜드도 중요하다. 높은 성장 때문에 많은 국내 기업과 외국 경쟁자들은 시장의 진입장벽에 직면하게 된다. 이러한 시장은 마케팅 인프라가 빠르게 구축되는 특징을 가진다.

가장 성숙된 시장은 첨단기술을 요구하는 특성을 가지지만 성장은 비교적 더딘 편이다. 이런 시장에서의 소비자의 특성은 소비자만족을 강조하는 국내 및 글로벌 기업에 의하여 진입경쟁이 까다로울 수 있다. 일부 성숙시장들은 여전히 무역장벽에 의하여 보호되고 있지만 소비자는 세계적으로 가장 좋은 제품을 선택할 수 있고 충분한 정보를 동원하여 구매를 결정하는 패턴을 나타낸다.

많은 유사점이 있지만 신흥공업국에서의 새로운 성장시장은 성숙시장에서의 전형적인 성장패턴과 다르다. 전자는 제품을 혁신하고 선진기술에 의하여 발전되는 반면에, 후자는 경제의 양적 팽창을 통하여 성장하며 제품혁신을 많이 요구하지 않는다.

마케팅 업무

다양한 마케팅기능을 수행하기 위한 업무는 위에서 언급한 세 가지 환경에서 서로 다르다. 〈표 7.4〉는 환경에 따른 현지마케팅 전략을 나타낸다. 신흥시장에서 현지마케팅 전문가의 노력은 시장을 확대하고 유통기능을 확보하기 위한 마케팅 인프라(marketing infrastructure)의 개발에 중점을 두는 경향이 있다. 소비자 수요에 대한 분석은 진입의 가능성을 평가하기 위해 현지의 방문을 통해 이루어져야 하는데, 여기서 중요한 쟁점은 기업이 먼저 진입해야 하는지 아니면 경쟁기업이 먼저 진출하여 인프라가 확보될 때까지 기다려야 하는 지를 결정해야 한다. 조사내용의 예로서 "1인당 가처분소득의 수준이 마케팅 전문가가 시장활동을 충분히 수행할 수 있을 정도로 충분한지"를 들 수 있다. 또한 선택된 현지시장에 제품이 성공적으로 진입한 후에 다른 시장에 전파될 수 있는 체계를 구축하는 것이 중요하다.

새로운 성장시장에서의 현지마케팅 전문가의 전형적인 전략은 시장의 발전을 위해 노력하는 것이 될 것이다. 이러한 시장발전에 대한 노력으로 시장규모가 커지면 제품라인의 생산에 있어 규모의 경제를 실현시킬 것이다. 시장조사의 중요한 목적은 인구통계학적인 하위집단의 디자인에 관한 주요한 요구사항을 밝히고 현지방문을 통해 현지의 유통경로를 확보하는 것이다. 이미지, 비싼 가격, 특별한 서비스는 제공된 고급제품을 차별화하는데 활용될 수 있다.

성숙시장에서 현지마케팅 전문가의 전략의 초점은 시장점유율을 확보하는 것이다.

표 7.4 주요한 마케팅 차원

업무	시장환경		
	신흥(emerging)	신성장(new growth)	성숙(mature)
마케팅 분석:			
연구 초점(Research focus)	가능성(Feasibility)	경제력(Economics)	세분화(Segmentation)
일차자료의 원천(Primary data sources)	방문(Visit)	중간상인(Middlemen)	응답자(Respondents)
소비자 분석(Customer analysis)	필요(Needs)	열망(Aspirations)	만족(Satisfaction)
세분화기준(Segmentation base)	소득(Income)	인구통계(Demographics)	라이프스타일(Life style)
마케팅전략:			
전략적 초점(Strategic focus)	마케팅 인트라 (Marketing infrastructure)	시장 개발 (Market development)	시장점유율(Market share)
경쟁적 초점(Competitive focus)	선도/추종(Lead/follow)	국내/해외(Domestic/foreign)	강점/약점(Strength/Weaknesses)
제품 라인(Product line)	저가(Low end)	제한적(Limited)	다양함(Wide)
제품 디자인(Product design)	기본형(Basic)	진화형(Advanced)	수용형(Adapted)
신제품 도입(New Product intro)	희박(Rare)	선택적(Selective)	신속(Fast)
가격(Pricing)	저렴(Affordable)	지위(Status)	가치(Value)
광고(Advertising)	인지(Awareness)	이미지(Image)	부가가치(Value-added)
유통(Distribution)	구축(Build-up)	침투(Penetrate)	편리함(Convenience)
판매촉진(Promotion)	인지(Awareness)	시도(Trial)	가치(value)
서비스(Service)	부가적 사항(Extra)	요구사항(Desired)	필수적 사항(required)

이러한 성숙시장에서는 마케팅활동의 수정이 필요하여 적절한 시장조사, 시장의 발전에 대한 신제품의 소개 그리고 가격대비하여 높은 제품수준 등이 갖추어질 때 까다로운 소비자를 사로잡을 수 있다.

국가 시장

성숙시장은 서유럽 국가, 북미 그리고 일본, 호주 그리고 뉴질랜드를 포함한다. 신흥공업국의 성장 시장은 네 마리의 용이라고 불린 홍콩, 한국, 싱가포르 그리고 대만, 그리고 여타의 지역에서 빠르게 성장하는 시장, 예를 들면 칠레, 라틴아메리카, 아세안(ASEAN) 국가, 중동 국가, 이스라엘 그리고 남아프리카로 구성되어 있다. 또한 성장시장에 가난한 서유럽 국가, 예를 들면 그리스, 포르투갈이 포함된다.

신흥시장은 러시아, 중국 그리고 새롭게 민주화된 국가, 그리고 다른 개발도상국을 포함한다. 대부분의 신흥시장은 중앙집권의 역사가 있었고 그러한 역사는 지금까지도 그들의 자유시장에 대한 인식에 영향을 미친다.

이러한 구분은 기업 혹은 글로벌 기업에 의하여 반드시 그대로 사용되지 않을 수 있다. 예를 들면, 신흥시장은 어떤 때에는 서유럽 국가 이외의 모든 시장을 언급한다. 또한, 중국과 같은 신흥국가는 빠른 성장을 보여 주고 있다. 더욱이, 선진 기술 공업국의 성숙시장에서도 첨단기술영역에서는 아직도 빠르게 성장하는 성장시장이 존재한다. 제품수명주기(PLC)이론은 마케팅환경을 분류하는 도구로 사용될 수 있으며, 이는 제품전략이나 마케팅전략 측면에서 유용하다.

GLOBAL MARKETING

요약

현지 진입자로서 합리적인 구매자행동에 대한 글로벌마케팅 전문가의 여러 이론들은 일단 유보하여야 한다. 즉 기존의 선입견이나 이론들은 일단 접어놓고 완전히 새로운 시각과 열린 마음으로 시장을 바라보아야 한다. 대부분의 경우 고객들은 특정 구매를 하는 경우에 반드시 그에 상응하는 이유가 있지만 이들 이유를 밝히기는 그다지 쉽지 않다. 해외의 새로운 고객들을 이해하는 것은 종종 완전한 이방인을 알게 되는 것과 같다.

마케팅 전문가는 소비자들이 제품평가로부터 구매결정에 이르기까지 어떠한 의사결정과정을 거치는지를 이해하는 것이 필요하다. 이러한 결정과정의 각 단계에서 다른 현지시장들 간의 환경적 차이는 어떻게 소비자들이 행동하고 다음에 무엇을 선택할 것인지에 대한 예측에 영향을 미치게 된다. 해외의 소비자를 이해하기 위해서는 어떻게 사람들이 구매결정 하는지 뿐만 아니라 어떻게 현지 또래 집단과 다른 사회적 영향요인이 의사결정 과정에 영향을 미치는지에 대한 과정을 이해해야 한다.

현지시장에서의 시장조사도 제공된 제품과 서비스 이상으로 현지상황에 적응될 필요가 있다. 이것은 일반적인 조사 방법 예를 들어 포커스그룹(focus group), 서베이(survey), 인터뷰(interviews) 등이 사람 대 사람의 상호작용을 수반하기 때문이다. 따라서 문화와 언어가 이러한 현지시장 조사에도 영향을 미친다. 역번역된 설문은 필수적이지만 충분한 해결조건은 아니다. 측정과 척도, 표본에서의 등가성을 보장할 수 있도록 하는 노력이 이루어져야만 한다. 경제발전과 성장 때문에 현지시장 조사는 더욱 복잡하고 깊이도 더해가고 있다. 이것은 응답자가 제품과 서비스에 더욱 친숙해지기 때문이다. 밀도있는 시장조사는 소비자들이 더욱 복잡해지고 까다로워지기 때문에 선택이 아닌 필수로 자리매김하고 있다.

현지의 표적화된 세분화시장을 찾기 위하여 다양한 기준을 적용할 수 있다. 일반적인 데이터는 보통 현지시장의 표적고객군을 발견하기 위하여 손쉽게 획득할 수 있다. 이러한 일반적인 데이터는 보통 현지시장의 광범위한 소비자그룹에 대하여 이용가능하다. 그러나 이들 자료를 분석하기 위해서는 표적군에서의 기업들간의 경쟁과 기업의 경쟁력을 고려하여야 한다. 이러한 분석의 이유 중에 하나는 시장점유율을 추정하여 마케팅전략에 활용함에 있다.

현지 제품포지셔닝은 글로벌 브랜드에 대한 등장에 대하여 현지시장이 어떻게 반응할 것인가를 전제로 이루어진다. 새로운 기능을 도입하여 제품공간을 이전시키는 것을 포함하여 몇 가지 시나리오가 가능하다. 글로벌마케팅 전문가는 표준화된 제품이 브랜드를 미스포지셔닝으로 이끌 수 있는 위험을 평가하여야만 하며, 그들의 브랜드 경쟁력이 어느 정도 이러한 미스포지셔닝을 상쇄할 수 있는 지를 분석하여야 한다. 만약에 이러한 상쇄작용이 미약하다면 가격을 인하함으로서 이러한 효과를 유도할 수도 있을 것이다. 일반적으로 수출제품은 당연히 현지의 선호도에 따라서 포지셔닝의 변화가 필요할 것이다. 오늘날 제품과 서비스의 현지적응화는 필수적으로 검토되어야 하는 해외마케팅전략이다.

현지마케팅을 효율적으로 하기 위해서 현지국가들을 3개의 카테고리로 즉, 기본적으로 성숙시장인 선진국가, 강력한 성장시장인 신흥공업국가, 점진적인 신흥시장인 개발도상국 등으로 나누는 것이 유용하다.

CHAPTER 8

성숙시장에서의 현지마케팅

이 장을 읽은 후 다음이 가능해야 한다.

1. “고객이 왕”인 성숙시장에서 까다로운 고객과 고도화된 마케팅 도구와 기술에 대하여 분석하여야 한다.
2. 소비자들이 그들의 문화적 뿌리가 강하기 때문에 성숙시장의 고유한 특성을 잘 이해하여야 한다.
3. 성숙시장 간의 표면적 유사성에도 불구하고, 미세하게 조정된 세분화와 포지셔닝 전략이 필연적으로 현지특성을 반영하여야 한다.
4. 범지역적인 제품과 프로그램의 개발을 장려하고 지역 세분화시장의 중요한 결정요인으로서 무역블록을 이용하여야 한다.
5. 여러 시장에서 유사한 구체적인 세분화시장을 확인하여 지역 전략을 개발하여야 한다.

이전 장에서 살펴본 바와 같이, 특정 지역 또는 국가에서의 효율적 마케팅이 반드시 다른 곳에서도 효율적 마케팅이 되는 것은 아니다. 각 국가들마다 저마다의 특별한 성격을 가지고 있기 때문에, 현지마케팅이 어느 곳에서나 정확하게 표준화될 수 없다. 이 장에서는 성숙시장들 간의 유사성과 상이함을 다룰 것이다.

브릴라: 글로벌 파스타 파우어하우스

Barilla Holding Societa Per Azioni는 이탈리아의 파스타 생산업체이며 조달업체이다. Barilla는 파스타의 선도시장인 이탈리아의 파스타시장을 지배하고 있다. 또한 나머지 유럽시장을 지배하고 있으며, 북미시장에서는 최고의 파스타 판매업체이다.

식품회사 Kraft가 Barilla의 2001년 매출액의 약 5배나 되는 연간 8억 5000만 달러의 광고비용을 지출한 미국과 같은 성숙시장에서 Barilla가 가족 소유 이탈리아 회사로서 성공한 것은 놀라운 일이다. 그러나 경쟁적이고 포화된 미국시장에서의 그들의 성공은 훌륭하면서도 전통적인 마케팅노력으로 성취되었다: 고품질 제품에 대한 강력한 광고와 폭넓은 유통범위를 지원하였다.

파르마에 근거지를 둔 Barilla는 1877년 지역의 소규모 파스타 생산회사로 출발하였다. 수 년 이상 그들은 흥망성쇠를 반복하였다. 1970년대 Barilla는 매각되었다가 가족에 의해 다시 사들여졌다. 새로운 포장기술의 채택과 그들의 광고에 유명 인사들(영화제작자 Federico Fellini, 오페라 스타 Placido Domingo, 테니스 챔피언 Steffi Graf 등)을 투입함으로써, 1990년대 Barilla는 시장점유율 41%로 이탈리아 시장의 선도기업이 되었다. Barilla의 회장 Guido Barilla가 없었더라면 미국시장에서의 성공은 없었을 것이다. 그는 1980년대에 보스턴 대학에 다녔고 수년간 미국에서 전문점과 이탈리아 레스토랑에 파스타를 판매하였다.

그의 가족과 혼인한 P&G의 전 이사의 권유로 Guido는 1996년에 Barilla 스파게티와 Fettuccine를 미국에 수출하기 시작했다. 3년 만에 Barilla는 미국에서 유력한 파스타 판매업자가 되었다. 2002년까지 미국의 10억 달러 시장 중 15%의 점유율을 달성하였는데, 이 수치는 가장 가까운 경쟁사인 Ronzoni의 두 배 정도의 규모였다.

이러한 성공 뒤의 비결은 혁신적인 마케팅에 있었다. 전통적인 관점에서 미국인 고객들은 식품가격을 의식하는 경향이 있었고, 품질이 더 좋다하더라도 더 높은 가격을 지불하도록 납득시키기 어려웠다. 그러나 Barilla는 굴지의 일본 간장 제조회사 Kikkoman이 미국시장에서 성공적으로 품질과 가격을 유지한 사례를 연구하였다. 그 후 Guido는 품질과 가격을 타협하지 않는 대신에 미국인 소비자들에게 파스타의 품질을 알리기로 결심했다. Barilla는 특히, 최대의 목표가 되는 고객(주부)들을 위해 낮 시간 TV광고에 상당한 투자를 감행하였다.

Barilla는 미국에서의 최초 판매를 고품질의 파스타에 대한 수요가 있는 고급 이탈리아 레스토랑을 통하여 시작하였다. 대부분의 레스토랑에서는 경쟁이 극심한 외식산업으로부터 재료를 조달하고 있었다. 요리사들이 그들의 파스타를 요구하게 함으로써, Barilla의 "pull" 전략은 푸드서비스 중개인들이 바릴라의 제품을 제공할 수 밖에 없게끔 하였다.

또한 Barilla는 입점비(slotting fee)가 재고품목 당 백만 달러 이상일 수 있는 미국의 일반적인 관행 때문에, 슈퍼마켓의 선반공간을 다수 사들였다. Barilla는 청색박스에 육안으로 볼 수 있는 줄(row)과 다양한 파스타를 판매하는 것으로 잘 알려져 있다. 대부분의 미국인들이 즐겨찾는 스파게티와 마카로니에 국한되지 않고 링귀니(Linguine), 스파게티니(Spaghettini), 토르텔리니(Tortellini), 펜네(Penne) 등의 다양한 제품들을 제공하였다. 또한 Barilla는 전 세계 시장에 제품을 공급하는 Wall-Mart 및 Costco와 같은 최초의 파스타 제조업체가 되었다.

2004년 초 미국에서 Barilla의 매출은 위협받기 시작하였다. 미국 소비자들이 빵, 파스타, 밥과 같은 탄수화물 식품을 기피하고 Atkins Diet를 받아들이기 시작하였다. Barilla는 Young & Rubicam이 유행시킨 이탈리아인들의 유산을 이용한 광고를 통하여 맞불공세를 펼쳤다. Barilla의 소스, 신선한 재료 및 고품질의 파스타에 중점을 둔 광고 활동에 8백만 달러를 쏟아 부었다. 광고에서는 앳킨스 다이어트를 언급하지 않고 어떠한 방어책도 제시하지 않았다. 상기의 유행 다이어트와 일시적인 식품 트렌드에 대한 이탈리아 회사의 포지셔닝은 성공적인 시도였다.

Barilla의 기업특유우위는 미국지역 시장에 영향을 끼쳤다. 그들은 거대한 미국시장에 식품을 조달하기 위해 미국스타일의 공급망 관리를 채택해야만 했다. 한결같은 품질, 더 많은 수요를 이끌어내는 광고, 지역 소매업계 및 문화유산에 대한 이해를 통하여 Barilla는 포화된 성숙시장에서 지배력을 강화하였다.

1992년까지 Barilla의 해외 영업률은 10%에 불과했다. 그러나 2004년까지 Barilla 판매의 절반 이상이 이탈리아 밖에서 이루어졌다. 이제는 10억의 중국시장을 고려하고 있다.

Sources: "Barilla Holding Societa per Azioni," *Hoovers Online,* Internet Online, Available from **http://premium.hoovers.com/subscribe/co/factsheet.xhtml?COID=91684;** Deborah Orr, "A Passion for Pasta," *Forbes,* November 25, 2002; Sonia Reyes, "Atkins-Defying Barilla Touts Sauces Via TV Push," *Brand Week,* April 12, 2004; "Academia Barilla Opens As World's Foremost Center of Excellence for All Things Concerning Italian Gastronomy; State-of-the Art International Center to Celebrate, Promote and Safeguard Italian Food and Culture," *PR Newswire,* May 4, 2004; "Italian Barilla Posts 4.4 Billion Euro Turnover 2003," *ANSA Emg;osj Cpr[prate Servoce.* March 18, 2004; **www.barillagroup.com**

서론

상이한 환경의 현지마케팅을 다루는 3개의 장 중에서 이번 첫 번째 장에서는 성숙시장에 초점을 맞출 것이다. 많은 표준 마케팅기법이 이러한 시장에 적용 가능하기 때문에, 주안점은 현지상황과 다양한 시장 간의 차이를 파악하는 노하우를 습득하는 것이 될 것이다. 새로운 성장시장과 신흥시장, 특히 신흥민주국가들은 상당히 다르며, 제9장과 제10장에서 다루어질 것이다.

이 장은 성숙시장에서의 현지마케팅에 대한 일반적인 논의로 시작할 것이다. 그리고 네 가지의 특별한 사례들이 살펴보게 된다.—범유럽 마케팅, 일본에서의 마케팅 및 호주와 뉴질랜드에서의 마케팅 그 다음으로 북미시장에서의 마케팅.

성숙시장에서의 현지마케팅

우리는 먼저 성숙한 해외시장에서 전통적인 마케팅 노하우를 실행하고 수행하는데 있어서 특징적인 사안을 살펴볼 것이다.

시장세분화

성숙시장의 중요한 특성은 시장세분화(market segmentation)가 필수적이라는 점이다. 성숙시장에서 고객들은 품질에 예민하고 기호는 까다로워지고 있다; 그들은 다양하고 특유한 취향을 충족시키고 싶어 한다. 제품과 서비스에서의 작은 차이를 고객들은 민감하게 느낀다. 그런 이유로 협소한 틈새시장(niche market)을 표적으로 하는 회사가 증가하게 된다. 새로운 미디어(위성 TV와 인터넷과 같은)에 더하여 직접 마케팅기술(전자상거래와 카탈로그 판매)은 제조업자들이 협소한 소비자 세분화시장을 표적으로 하는데 도움을 준다.

성숙시장의 분화(fragmentation)는 해외 진입자들에게 기회를 제공한다. 아직 충족되지 않은 시장은 진입자들에게 새로운 기회를 제공한다. 유럽, 북미, 그리고 일본의 거대한 인구는 틈새가 작더라도 충분한 소비시장임을 의미할 수 있다. 문제는 해외 진입자들이 이러한 틈새를 발견하여야만 한다는 것이다. 이러한 시장에서 틀에 박힌 설명은 오해의 소지가 있으며, 일반적인 통념은 피해야 한다.

이에 대해 많은 사례가 존재한다. Baskin-Robbins는 "일본인들이 아이스크림을 서서 먹지 않는다"는 통념에도 불구하고 일본에서 매우 잘 해왔다. 다른 사람들에게는 그렇지 않더라도 현재 10대들에게는 그러하다. 이탈리아 디자이너 Armani는 "미국 남성들이 스타일리시하게 보이는 것을 원치 않는다"는 통념에도 불구하고 미국에서 크게 성공하였다. 회사원들은 작업 중이 아니라면, 근무시간 이후에 Armani 정장을 입는다. "유럽인들은 일본의 경차를 운전하는 것을 힘들어 한다"는 통념에도 일본 자동차는 유럽에서 매우 위협적인 존재이다. 모든 유럽 사람들이 Arnold Schwarzenegger처럼 운전하지는 않는다. 그리고 은행업과 같은 고루하고 성숙한 산업에서 조차도 세분화가 필요하다.

제품포지셔닝

제품 또는 서비스로부터 기대되는 성향 및 특별한 지위의 창출을 의도하는 제품포지셔닝은 시장세분화와 밀접한 관련이 있다. 성숙시장에서 성공적인 제품은 "특별한 것"을 제공해야만 한다.

전통적으로 이러한 "특별한 것"은 경쟁하는 제품이 가질 수 없는—경제 이론에서의 "제품차별화"—기능이나 특성을 수반한다. 이러한 특성들은 차별화 또는 우수한 기술적 표준 또는 특허에 의해 보호된다. 예를 들면, Mercedes는 그들의 특별한 스플리트형 뒷축 디자인으로 부드러운 승차감을 제공하였다. Saab는 소수의 전륜구동 자동차중 하나였으며, 일부의 스포츠자동차들은 독특하고 즉각적으로 반응하는 랙 & 피니언(Rack-and-Pinion) 스티어링 기둥을 특색으로 하고 있다. 시간이 지나면서 기술이 확산되어지고 자동차 제조업체들이 최고의 기술을 채택함에 따라 이러한 차별적 우위는 사라지게 되었다. 확산의 속도는 시간이 흐름에 따라 더욱 빨라졌다.—측면 에어백(side air bags), ABS(anti-lock brake system)과 4륜 구동은 다른 제조물 또는 모델에서 빠르게 모방되었다. 오늘날의 기업들이 포지셔닝을 통하여 분석해야하는 제품들은 자동차뿐만 아니라 다른 제품들에도 확산되고 있다. 일부 치약브랜드들은 특별한 미백방식, 충치 예방 성분 또는 투명한 젤을 제공하였지만, 대부분 브랜드들은 이러한 특성들이 결합된 제품을 공급하였다. 성숙시장에서 포지셔닝은 종종 고객인지와 경쟁력 있는 모방이 중요시된다. 또한 이미지, 브랜드명, 그리고 원산지와 같은 요인들이 성숙시장의 중요한 고려사항이 된다.

강한 브랜드 이미지(brand image)는 지위에 대한 편익과 고객의 존재감을 고양시킬 뿐만 아니라 제품이 잘 작동할 것이라는 믿음을 제공한다. 수년 간 출현한 글로벌 브랜드명은 상당한 자산 또는 "브랜드 자산(brand equity)"을 의미한다(더 많은 내용들이 글로벌 브랜딩을 다루는 제13장에서 논의될 것이다).

해외 제조제품의 "메이드 인" 라벨은 같은 방법으로 원산지효과(country-of-origin effect)를 발생시킬 수 있다. 제2장에서 살펴보았듯이, 독일과 같이 고품질의 제조업으로 잘 알려진 국가에서 제조된 제품은 기업에게 사실상 국가특유우위의 이점을 제공할 수 있다. Volkswagen이 1970년대 후반에 미국에서 Rabbit 모델의 생산을 시작하였을 때, 일부 미국인 고객들은 독일에서 완성된 제품을 구매하기 위하여 몰려들었다. 프랑스 향수제품은 1980년대에 높게 평가되었다. 일본 화장품 기업 Shiseido는 새로운 향수제품 라인을 갖추기 위해 파리의 Serge Lutens을 고용하였다. 매우 성공한 스위스의 손목시계 제조업체인 Swatch는 "Swiss design"이 스타일링에 별로였던 그들의 초기 제품군을 보완하기 위해 이탈리아 디자이너를 고용하였다. 기업들은 원산지효과가 유용한 마케팅 도구일 수 있다는 것을 인지하고 있다.

더 많은 국가에서 고품질의 제품을 생산하기 위한 기술과 노하우가 개발되고 있기 때문에, 이러한 원산지효과가 변화할 수 있다는 것을 예측할 수 있다. 이러한 변화의 과정은 시장에서의 성공에 영향을 미친다. 예를 들어, 일본의 자동차 제조업체 Honda는 오하이오에서 조립된 Accord를 다시 일본으로 성공적으로 출시하였다. 이것은 두 가지 결과를 낳았다. 첫째는 미국인 구매자에게 오하이오에서 만들어진 Honda가 일본에서 만들어진 것 못지 않게 좋다는 것을 확신시킨 것이다. 두 번째는 소비자들이 신뢰할 수 있는 자동차를 제조하는 미국인의 능력에 대한 인지도를 재평가하게 하였다.

제3세계 국가의 많은 진입자들은 최저가 그리고 저렴한 제품으로써 성숙시장으로의 진입을 시도하고 있다. 이러한 것들이 그들에게 불가피한 것일 수도 있지만, 장기적으로는 그러한 전략은 지속되기 어렵다. 전 세계적으로 산업의 발전이 진전됨에 따라 또 다른 후발 국가들이 이러한 저임금의 생산에 참여하게 되고 이는 결국 가격경쟁력을 심화시키게 된다. 의류산업에서 홍콩은 제일 먼저 필리핀으로 대체되었고, 현재 파키스탄, 터키 및 중국으로 대체되어 오고 있다. 해결책은 시장에서 더 고급제품에 대한 포지셔닝으로 업그레이드하는 것이다. 홍콩은 현재 의류에 있어 고품질의 제조업자이다.

마케팅 전술

제품 정책

성숙시장에서 기업들의 제품전략은 일반적으로 다음의 두 가지 전략 중 하나를 따른다. 우세한 시장지배자가 다양한 범위의 모델 또는 버전과 함께 전체 제품군을 관리하고 시장을 공략하는 경우가 있으며, 다른 대안은 특정한 틈새시장(일반적으로 더 간단한 제품군을 통하여 높은 이윤 마진을 창출할 수 있는 최고급품 틈새시장)에 주력하는 경우이다. 어떤 경우에서나 성숙시장에서의 고객들은 까다롭기 때문에 진보된 디자인, 화려한 포장, 고객서비스 그리고 다른 부가가치를 더해주는 개성과 특성이 소비자의 선택에 있어서 중요한 역할을 한다.

이러한 성숙시장에서는 신제품 개발과 혁신이 경쟁구도에 상당한 영향을 미친다. 그것이 신제품이든지 또는 수정된 제품이든지 또는 단순히 새로운 크기의 포장이나 색상이든지, 기업은 시장의 특정한 고객층에 흥미를 불러일으킬 수 있는 표면상의 차별화를 추구하는 경향이 있다. 시장의 저가품은 일반적으로 박리다매의 형태로 경쟁하는 저비용생산자들에게 매력적이며 이들은 저비용을 실현하기 위해 표준화된 제품들을 생산한다.

많은 제3세계 국가들은 성숙시장에서 저비용의 "미투(me-too)제품"을 판매하는 경향이 있다. "미투제품"은 단순히 다른 제품을 모방한 것이며 종종 사양을 더욱 단순화함으로서 가격경쟁력을 확보하기도 한다. "미투제품" 성공의 핵심은 시장의 가격민감성에 있다. 이전에 소비에트 연방에 속해 있던 벨라루스의 트럭은 할인된 가격에 판매될 수 있다; 여기서 중요한 요인은 얼마나 할인을 하여야 하느냐 인데 이러한 할인의 폭은 대체로 시장조사를 통하여 조사할 수 있다. 하지만 완전히 신제품의 경우에는 더 높은 이윤을 창출할 수도 있기 때문에 이러한 조사에 신중을 기하여야 한다.

현지시장에 신제품을 판매하는 글로벌마케팅 전문가는 경쟁이 거의 없거나 경쟁하지 않아도 되는 이점을 가진다. 이전에 아직 손대지 않은 세분화시장으로 먼저 진입하는 것은 제1장에서 논의했던 선발자우위를 누리게 한다. 브랜드명의 인지는 초기 진입자들이 훨씬 수월하게 획득할 수 있다. 마찬가지로 고객충성도와 유통망도 더욱 개발하기 쉽다. 즉, 유통접근성은 후발주자들에게 더욱 제한되는 경향이 있다. 또한 제품에 대한 보완도 훨씬 빨리 이루어질 수 있으며 혁신자 그리고 개척자로서의 명성은 광고에 이용될 수 있다. 이상과 같은 특성들은 해외진출기업으로 하여금 기업특유업우위로서 시장에서 강력한 지위를 확보하게 한다.

이와 관련한 실제 사례들은 상당히 많은 경우에 발견된다. 다른 일본 가전업체들의 모방에도 불구하고, 전 세계적으로 Walkman은 Sony의 대표적인 히트제품이 되었다. Swatch의 리더십에 도전하기 위한 Fossil, Seiko, Timex 그리고 더 작은 경쟁자들에 의한 공격에도 불구하고, Swatch는 여전히 패션 속목시계의 리더이다. Schick는 세계의 리더인 Gillette 보다 이전에 일본에 진입하여 여전히 면도날 업계의 리더이다.

가격책정

성숙시장에서 표적 포지션을 선택하는 측면에서 가격책정을 생각하는 것이 일반적이다. 가격을 일시적으로 줄임으로써, 저가격의 진입자들과 여전히 경쟁하는 동안 브랜드는 더 높은 포지션에서 유지될 수 있다. 제3세계의 저가격 진입자들은 현지시장에서 기존의 경쟁자들의 저가격에 의한 방어전략에 직면할 수 있다.

성숙시장에서 가격은 소비자들에게 중요한 요인이 아닐 수 있다고 생각될 수도 있지만, 성숙시장에서의 가격경쟁은 종종 매우 격심하며, 가격책정과 할인은 매우 중요한 경쟁수단이 된다. 할인된 가격은 또한 비행기 티켓의 경우와 같이 수요변동을 합리적으로 조정하기도 한다.

많은 성숙시장에서는 고객별로 가격을 차별하는 정책을 규제하기도 한다. 이러한 규제의 목적은 비용에 기인하지 않은 가격차별정책을 지양하기 위함이고, 글로벌마케팅 전문가들이 항상 현지가격을 완전하게 통제할 수 있는 것은 아니다. 많은 국가에서 생산자들은 단지 적정가격만을 제시할 수 있을 뿐이고 가격의 조정은 소매업자가 자율적으로 실시하도록 규제하고 있다. 많은 글로벌 기업들은 포지셔닝의 목적으로 시장별로 비슷한 가격을 유지하고자 하지만 미국과 같은 국가에서는 실제로 부과된 가격이 얼마인지는 알기 쉽지 않다. 브랜드내 경쟁이 치열한 미국에서는 동일한 Sony 모델이라도 매출점포에 따라서 판매가격이 주별로 다르며 심지어는 같은 제품이 유통경로에 따라서 가격이 다른 경우도 있다. 이러한 가격을 통한 경쟁은 국가간에도 발생하며, 제14장과 15장에서 설명할 회색무역(grey trade)과도 연관이 있다.

제조업자가 현지가격을 항상 관리할 수 없는 또 다른 이유는 정부가 때때로 규정, 부가가치세, 특별소비세 등을 통하여 개입하기 때문이다. 이러한 현상은 특히 의약품의 가격책정과 관련하여 많이 발생하고 있는데, 많은 국가에서 의사의 처방이 필요 없는 약품과 일반 의약품에 대하여 강력한 통제를 유지하고 있기 때문에 의약품보험보상규정이 국가별로 상당히 다를 수 있다.

유통

성숙시장에서의 유통시스템은 일반적으로 잘 발달되어 있고, 신흥국가에서처럼 인프라의 문제는 거의 존재하지 않는다. 그러나 다른 문제점이 존재한다: 적절한 유통체계에 진입하는 것은 종종 비용이 많이 들고 때로는 불가능하다.

예를 들면, 성숙시장에서는 점포의 선반에 새로운 외국제품을 추가하기 위해서는 딜러 마진(dealer margin), 적기인도 및 광범위한 판촉지원 이상의 노력이 필요하다. 또한 “입점비(slotting fees)”와 같은 비용을 직접 지급해야하는 경우도 있으며, 짧은 면책기간이 부여될 수도 있다. 만약에 브랜드가 단기간에 이익을 낸다면 의외의 성공을 가져다 줄 수 있지만, 마케팅의 실행에 있어서 작은 실수는 진입전략 전체를 실패로 만들 수 있다.

백화점을 통한 진입 또한 쉬운 일이 아니다. 일본 기업 Kao는 거대한 독일 백화점의 플로어(floor)에 그들의 화장품 라인을 입점하기 위하여 시도하였으나, 수 년간 성공적이지 못한 시간을 보냈다. 그리고 대안적 유통경로를 활용하려고 한 향수판매점들도 똑같은 어려움에 직면하였다. 자동차산업에서 딜러서비스와 훈련된 수리공의 필요성이 진입을 매우 어렵게 만드는 경우 많은 기업들은 네트워크의 개발에 수년의 시간을 보냈다. 독일의 자동차 제조업체 BMW는 독립된 딜러로서 역할을 할 수 있는 자회사를 설립할 필요가 있음을 발견하였다. 그 이전에는 동경 중심의 일반적인 딜러의 쇼룸(show room)에 자동차를 진열하였다. 일본인들이 도심지역의 외곽에서 자동차를 구매하기 시작했기 때문에 동경 교외의 더 큰 쇼룸을 보유한 새로운 딜러들이 자리 잡을 수 있었다.

또 다른 유통전략은 "피기백킹(piggybacking)"이다. 피기백킹 방식에서는 기존에 개발되었던 경쟁업체들의 유통경로를 수수료나 커미션을 지불하면서 제품을 유통하게 된다. Toyota 트럭은 독일에서 Volkswagen 딜러를 활용하여 판매될 수 있고, Nissan은 일본에서 Volkswagen의 차를 판매할 수도 있다. 현재 항공사들의 국제적인 동맹은 경쟁사들간에 좌석을 서로 공유하여 예약을 받고 있다. 제약회사들은 종종 의료기구를 생산하는 기업과 협력하여 유통체계를 구축하기도 한다. 자동차경쟁사들의 제품을 대단위로 취급하는 딜러와 다양한 브랜드를 취급하는 유통혁명등은 이제 다른 성숙시장으로 전파되고 있다. 이러한 변화로 인하여 해외마케팅 전문가들에게는 더욱 더 나은 시장접근의 기회를 부여할 수 있다.

판촉

시장점유율이 성공의 기준이 되는 성숙시장에서는 무료샘플, 쿠폰, 구매시점 광고와 같은 판촉전략이 충성고객의 습관적인 선택을 깨뜨리기 위해 이용되었다. 자사의 브랜드가 경쟁사보다 우수하다는 것을 알리기 위하여 마케팅 커뮤니케이션의 중요성이 한층 증대된다. 이것은 종종 직설적인 파격광고로 이어지곤 한다. 미국에서의 엄청난 양의 대중매체, 그리고 제품 다양성의 확산 때문에, 마케팅 커뮤니케이션은 고객들이 광고에 노출되어 있는 짧은 시간내에 효과적으로 이루어져야 한다.

광고는 또한 긍정적 이미지, 높은 인지도, 강력한 지위의 호소 등을 창출함으로써 브랜드에 가치를 더하는데 도움을 준다. 이러한 목적으로 의도된 광고는 이미지에 의존하는 소비본능의 자극으로 이어진다. 이러한 커뮤니케이션은 유럽, 그리고 특히 일본에서 선호되는 경향이 있다. 유통경로 구성원들이 필요한 제품정보를 제공할 수 있거나 또는 소비자들이 점포의 제품들을 살펴볼 수 있는 시간이 있을 때, 한층 더 소프트한 광고는 더욱 효과적이다.

성숙시장에서 다양한 미디어의 이용은 잠재적 구매자에 다가가기 위한 최선의 미디어 수단이며 명확한 표적 세분화전략을 필요로 하게 된다. 이러한 미디어는 인쇄매체 수단뿐만 아니라 방송매체를 포함한다.

고객만족

많은 성숙시장에서 치열한 경쟁은 고객만족(customer satisfaction: CS)에 대한 경영자들의 관심을 유발하였으며 기존 고객들이 충성도를 유지하게 하기 위한 노력을 기울이게 하였다.

보통, 이러한 시장에서 고객만족을 위하여 두 가지의 측면이 고려되어야 한다. 먼저, 넓은 의미에서 기능수행 요인들을 포함하는 제품품질(신뢰성, 유연성 등)이다. 두 번째는 고객들을 기쁘게 하는 감정적 요인들이다. 감정적 요인에서는 개인적인 관심과 애프터 세일즈, 서비스 요인(배송, 보증과 같은)들이 중요해진다. 또한 고객만족은 기업이 기술적 기능 또는 개인 서비스를 제공하는 정도로 측정될 수 있는 "감동지수(surprise quotient)"와의 함수관계에 있다고 볼 수 있다.

기능품질의 결여가 만족에 부정적으로 영향을 미치는 동안 경영자들은 완벽한 기능성만으로 고객의 만족감을 도출할 수는 없다. 반복되는 거래, 고객 충성도(customer loyalty) 그리고 긍정적인 입소문들을 만들어 내는 진정한 만족(real satisfaction)은 특별한 감정적 요인들로부터 비롯된다. 이러한 관계들은 〈그림 8.1〉에서 설명된다. 자동차에 대한 고객들의 일반적인 경험은 품질이 만족에 영향을 미치는 양태를 설명하는데 이용될 수 있다. 자동차가 아침에 움직이지 않거나 또는 핸들이 덜걱거릴 때 기능품질은 낮다. 이러한 유형의 고장은 불만족(그래프 좌측 하단)으로 이어질 것이다.

기능적 품질이 저조할 경우에 만족에 상당한 영향을 미치지만 그렇다고 하여 기능적 품질이 지극히 향상된다고 하여도 만족은 이에 비례하여 증폭되지 않음을 그림에서 알 수 있다. 반대로 감성적 품질은 하방경직성을 나타내고 있고 상방증폭성을 띠고 있다. 이는 감성적품질의 약간의 개선은 고객의 만족에 상당히 큰 폭으로 영향을 미침을 의

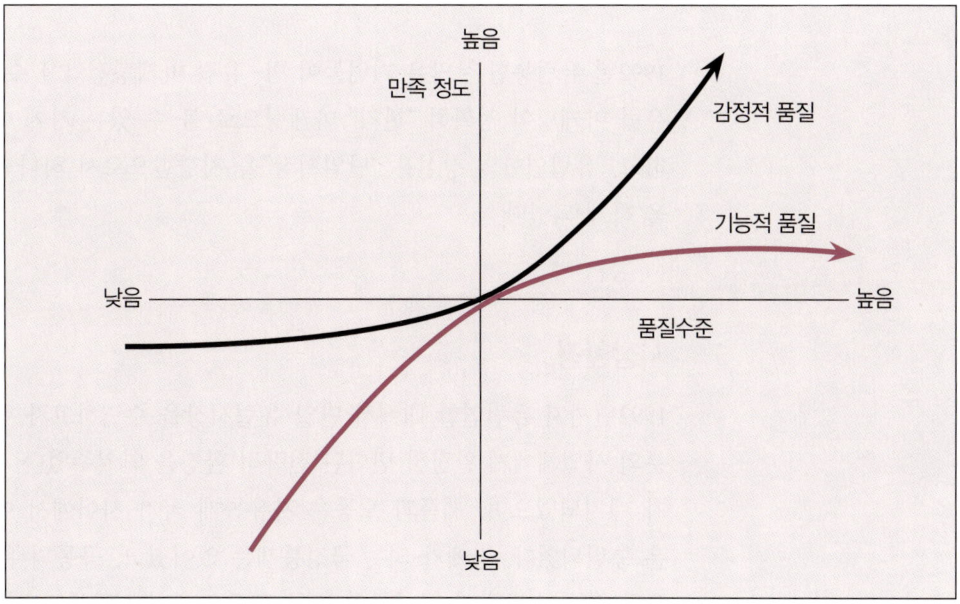

그림 8.1 소비자만족과 두 종류의 품질

미한다.

높은 수준의 만족을 이끌어내기 위하여, 고객에게 확실히 기대하지 않았던 무언가를 제공할 필요가 있다. ―"감동" 지수를 높이는 것. 이것은 서비스가 명시적으로 제한되었을 때, 추가로 태워주거나 또는 서비스가 완료된 이후에 재떨이를 청소하는 것과 같이 단순한 것들과 관련된다. 또한 운전자가 더욱 몸을 편히 움직일 수 있는 공간, 투명한 계기판 그리고 프로그램을 쉽게 조작할 수 있는 라디오와 같이 부수적으로 기능하는 것들이 감동을 증폭시킬 수 있다. 기능적인 측면에서 반드시 필요한 것은 아닐지라도 이러한 것들은 종종 운전자를 행복하게 만든다. 이러한 것들이 감정적 품질을 높이게 되어 만족도를 높이게 된다.

성숙시장과 치열한 글로벌 경쟁이 있는 선진국에서 고객들의 기대는 지속적으로 높아지고 있다. 그리고 그들은 언제나 경쟁력 있는 가격으로 더 높은 품질의 제품과 개선된 서비스를 요구한다. 이것은 오늘날의 성숙시장에서 성공하기 위하여 현지마케팅 전문가가 실현해야 하는 마케팅에서의 과제이다.

지금까지 우리는 성숙한 현지시장에 대한 기본적인 전략을 다루었다. 한편, 지역 마케팅 전문가는 특별한 시장환경에 적절한 전략들은 수립하여야 한다. 다음으로 네 가지 사례 즉, 범-유럽 마케팅, 일본에서의 마케팅 및 호주와 뉴질랜드에서의 마케팅 그리고 북미시장에서의 마케팅 사례들을 살펴보고자 한다. 이들 사례분석의 기본적인 틀은 외국 무역협정을 포함한 시장환경, 경쟁상황, 시장세분화, 제품포지셔닝, 그리고 마케팅전략(제품, 가격책정, 유통 및 판촉) 등으로 구성된다.

클로즈 업: 범-유럽 마케팅

1992년 유럽통합은 많은 기업들이 범-유럽 마케팅전략을 수립하도록 자극하였다. 범-유럽 마케팅이 정확히 "현지" 마케팅으로 볼 수 있는 가에 대한 의문이 있음에도 불구하고, 유럽연합의 창설은 "단일시장"을 지향함으로서 하나의 현지시장으로 묶는 역할을 하게 되었다.

시장환경

1992년까지 유럽연합 내에서 단일 유럽시장을 수립하고자 했던 1986년의 결정은 대부분의 사업체에게 완전히 변화된 전략적 환경을 안겨주었다. 관세장벽이 무너지고 관세가 폐지되었으며, 제품과 노동은 자유롭게 국가 사이에서 이동하게 되었다. 제품표준은 통일되었다. 장애가 되는 국경통제는 없어졌고, 공통의 유럽 여권이 만들어졌다. 상용차량은 이전에 각 국가들이 그들 고유의 운송서류들과 기준으로 운용되었지만 이제는 유럽전역에 걸친 운송에 단일 선적서류를 요구한다. 이를 통해 결과적으로 절약된

Getting the Picture 유럽의 중심: 러시아로부터 EU

유럽연합 도처에서 사업을 수행하고 일자리와 삶을 가능하게 한다는 기대는 과거 소비에트 블록의 회원국들을 유럽연합 회원국이 되게 하였다. 유럽연합의 확장은 각 국가가 다양한 정치적, 법적, 그리고 경제적 기준들을 유럽연합 기준에 맞추어야 하였기 때문에 회원국들은 동시에 가입될 수 없었고 국가별로 시차를 두고 가입하였다.

2004년에 가입한 국가로서는 중앙 유럽국가들인 폴란드, 체코 공화국, 슬로바키아, 그리고 발틱 3국: 에스토니아, 라트비아, 그리고 리투아니아 이다. 그 다음으로 루마니아가 예상되고 그리고 유럽연합의 회원국 충족요건에는 아직 못 미치는 불가리아가 있다. 이것은 전쟁으로 피폐해진 이전 유고슬라비아 국가들과 알바니아에 대해서도 적용이 된다. 이러한 과거 소비에트의 위성국가들은 사회주의의 멍에를 벗어던졌다. 그리고 개인의 자유를 보장하고 자유시장 시스템을 발전시키는 방향으로 실질적으로 변화하여 왔다. 이들 국가들은 세계 2차 대전 끝에 사회주의 진영에 가담하였기 때문에, 여전히 자본주의적이고 민주주의적인 유산을 가지고 있었다. 사실, 폴란드의 강한 무역동맹은 공산주의와 어떠한 유대를 갖지 않는 민주주의 지도자를 자유로이 선출하는데 기여하였다. 강한 민주화 운동과 함께 폴란드는 중공업에서 벗어나 서비스부문 특히, 비즈니스 서비스와 부동산으로 그들의 경제를 재구성하는데 상당한 진척을 보였다. 폴란드에서 1999년 까지 비농업 고용은 61%에 달하였다. 그리고 제조부문의 민영화는 민간 부문의 GDP에 대한 기여를 지속적으로 증가시켰다. 또한 철의 장막의 제거는 급격한 생산성 성장과 결과적으로 해외직접투자의 증가에 기여하였다. 헝가리에서 해외직접투자는 2000년 말까지 20억 USD였으며 이는 국가 GDP의 약 46%에 달하였다. 이러한 생산능력의 많은 부분은 유럽연합 회원국과의 무역을 통해 확보되었다. 예를 들어 유럽연합은 체코공화국의 수출의 69%, 수입의 62%를 차지하는 거대한 무역 파트너이다. 무엇보다도 주목할 만한 것은 소기업들의 성장이었다. 1999년에 59,408개의 기업이 슬로바키아에서 성장하였다.

변화는 불가리아와 루마니아에서 다소 느리고 불규칙적으로 이루어졌다. 그러나 양 국가는 서비스 부문의 성장과 서방세계와의 무역을 증가시킨 구조적 개혁의 중심국이 되어왔다. 양 국가의 주목할 점은 비효율적인 공기업의 민영화를 지속하고 새로운 투자를 자극한 것이다. 양 국가는 2007년 1월에 조건부로 EU가입이 허가되었다.

가입국들은 유럽연합의 이익을 한껏 누리기를 희망하였다.—재통합, 안정, 번영. 분명히 유럽연합 확장은 유럽의 일부를 통합할 것이며 민주주의와 협력에 전념하는 많은 국가들에 의해 안정적인 시장을 창출할 것이다. 더 나아가, 확장은 무역과 투자를 더욱 장려하여 모두의 번영에 기여할 것이다.

Sources: Allan Hall, "Some Europeans Migrate to New Places to Seek Employment," Evening Standard, September 12, 2001; Gideon Rachman, "Europe's Magnetic Attraction," The Economist, May 17, 2001.

금액은 약 58억 달러로 추정되었다. 국가의 가격 통제는 사라졌고, 이는 가격경쟁력이 중요한 거대하고 단일화된 시장을 공략하는데 도움을 주었다. 지급을 간소화하고 가격을 균등하게 하는 단일 통화인 유로화는 1999년에 도입되었다.

유럽연합은 같은 시기에 새로운 국가들, 특히 이전에 소비에트의 통제 하에 있던 국가들을 포함시키기 위해 많은 노력을 하였으며 이에 완전히 통합된 시장으로 확장되었다. 최초의 6개국(프랑스, 독일, 이탈리아 그리고 베네룩스 국가들)은 1973년에 아일랜드, 덴마크, 영국을 추가하여 9개국이 되었다. 1981년에 그리스가 뒤를 이었고, 1986년에는 포르투갈과 스페인이 뒤따랐다. 오스트리아, 스웨덴 및 핀란드의 가입으로 1995년에 15개의 회원국을 형성하였다. 그리고 2004년 5월 1일, 새로운 회원국이 추가되었다: 발틱 3국(에스토니아, 라트비아, 리투아니아), 중앙유럽 5개국(헝가리, 폴란드, 체코공화국, 슬로바키아 그리고 슬로베니아) 그리고 2개의 작은 지중해의 섬나라(사이프러스와 몰타).

경쟁

통합으로 인하여 거대한 유럽기업들의 경영방식은 국가별 개별운영에서 국가간 통합 및 조정의 역할을 강조하는 형태로 변해가고 있다. 새로운 마케팅원칙은 이전에 국가간에 다르게 운용되던 제품의 디자인이나 브랜드의 관리 등이 이제는 더욱 더 중앙통제를 받는 방식으로 바뀌게 되었다. 이는 또한 현지국의 작은 공장들은 전체적인 틀에서 폐쇄될 수 있고 더욱 효율적이고 거대한 규모의 유닛(공장)들이 생겨날 수 있음을 의미한다. 수십 년 동안, 심지어 수백 년 동안, 국가 간의 이질성으로 인하여 이러한 통일적인 관리는 쉽지 않았다.

한편 많은 비-유럽기업들도 오래된 유럽의 전통적인 관행과 부담으로부터 벗어날 수 있게 되었다. EU에 근거를 둔 생산업체들은 세계적인 브랜드인지도를 확보하게 되었으며 프랑스에서의 전자산업은 더 이상 국가의 보호를 받지 못하게 되었고 이탈리아에서는 낮은 임금을 활용할 수 있게 되었다.

작은 유럽기업 뿐만 아니라 많은 거대 기업들도 유럽통합시장의 출범에 의하여 외국진입자들로부터의 시장잠식 위협을 상호간의 통합에 의하여 대응할 수 있게 되었다. 또한 이러한 추세를 반영하여 인수와 합병이 도처에서 이루어졌다. 벨기에의 유력한 두 양조업체인 Stella Artois와 Jupiler는 합병하였다. 그리고 네덜란드의 Heineken은 Amstel을 사들였다. 거대 가전기기 제조업체인 독일의 Siemens는 컴퓨터 제조사인 Nixdorff를 사들였다. 거대한 규모의 송전사업체인 Asea는 스위스의 경쟁자인 Brown- Borveri를 사들였다. 런던의 Virgin Records는 프랑스 소매회사인 FNAC를 사들였다. 인수가 실패하거나 허용되지 않을 경우, 제휴가 이루어지기도 하였다. 독일의 Lufthansa는 United Airlines과 항로 및 상용 고객을 공유하는데 합의하였으며, 스위스 Swiss Air, Caledonia 그리고 SAS는 상호협력에 동의하였다.

사실상 기업수준에서 볼때 유럽기업들에게 유용한 전략은 덩치를 키우고 범유럽시장을 장악하는 것일 수도 있다. 새로운 합병은 프랑스와 독일 같은 거대한 시장을 장악함으로써 시작되고 있다. 즉 이 시장들은 범-유럽화로 나아가는데 요구되는 재정적, 경영적 자원을 좀 더 풍부히 보유하고 있을 가능성이 있다. "기업의 합병 붐"은 1999년 공동화폐인 유로화가 도입됨으로써 더욱 활발하게 이루어졌다.

일본기업들은 적극적인 유럽 자회사가 필요한지, 그리고 어디에 위치시킬 것인지를 결정하기 위하여 노력해왔다. Toyota가 브뤼셀에서 확장된 입지를 구축하는 동안, 니산은 항구와 창고시설에 가까워 범-유럽 접근성에 더 나은 암스테르담에 유럽본사를 설립하였다. 그러나 대부분의 일본기업은 언어와 간소한 지역관습으로 인해 영국에 유럽본사를 설립해오고 있다.

유럽내에서 미국인들은 경영관리책임을 한 곳으로 집중시키기 시작했다. Ford는 일부의 의사결정권을 여러 국가에서 런던 외곽의 대거넘에 있는 유럽본사로 가져왔다. 제품 디자인 책임은 집중되었고, 범-유럽 디자인 팀들은 대거넘으로 소집되었다. 재정통제와 미시건의 디어본 본사로의 리포팅은 미국에서 온 새로운 유럽 수장에 의해 더 엄격해졌다. 이에 따라 쾰른에 있는 Ford Weake AG 회장은 설 자리를 잃게 되었다.

Getting the Picture 크다고 좋은가?

1991년 1월 유럽에 전자상거래의 출현은 기업들 사이의 심화된 범-유럽 합병을 위한 기초를 마련하였다. 호텔 체인과 자동차에서부터 출판사와 주식시장까지 게임의 규칙은 "더 큰 것이 더 나은 것이다"였다. 기업들은 동등한 규모의 이전 경쟁자들과의 제휴 및 전면적인 합병을 통하여 범-유럽화로 나아가고 있다. 1998년 첫 번째 3/4 분기에만 유럽의 합병과 인수는 대략 동등한 규모의 기업들 사이에서 전에 없이 높은 퍼센티지인 대략 1/3에 해당하는 6,430억 달러에 달하였다. 일부 회원국가들이 유로 존의 외부에 있음에도 국경을 넘나드는 제휴는 그러한 국가들을 포함하였다.

제약기업들의 합병은 전문의약품에 대한 국가배상정책의 통일화와 미국기업들의 경쟁압력에 대응하여 매우 적극적으로 이루어졌다. 독일의 거대 화학기업인 Hoechst는 프랑스의 Rhone—Poulenc과 그들의 의약품과 농산물운영을 합병하였다. 그리고 의약품 제조업체인 영국의 Zeneca는 350억 달러로 평가된 가장 큰 합병중 하나로 스웨덴의 Astra를 사들였다. 2004년에 2개의 거대 프랑스 의약품 제조업체인 Aventis와 Sanofi-Synthelabors는 또 다른 거대 제약기업인 스위스의 Novartis에 의한 기업인수를 두려워한 정부에 의해 강제적인 합병이 이루어졌다. 그러나 규모가 더 큰 것이 항상 더 나은 것일까? 이러한 결합을 방해하는 하나의 문제는 다른 기업문화를 통합시키는 데는 한계가 있다는 점이다. 이러한 한계는 또한 누가 경영의 주도권을 장악할 것인지에 대한 긴장관계에서 발생한다. 영국의 대규모 제약기업들인 Glaxo Wellcome과 Smith-Kline Beecham 사이의 합병은 두명의 CEO중에서 누가 합병된 사업체를 운영할 것인지에 관한 이견으로 실패로 돌아갈 뻔 했다. 2000년 이후 이 기업은 하이픈 없이 GlaxoSmithKline로 알려져 있다.

Sources: Anne Swardson, "Discord in europe's Unity," Washington Post, October 13, 1998, p. C1; Alan Cowell, "Zeneca Buying Astra as Europe Consolidates," New York Times, December 10, 1998, pp. C1, C2; Robert Stevens, "Glaxo Wellcome-SmithKline Beecham Merger Creates World's Largest Drug Company," www.wsws.org, January 22, 2000.

전자 측정장비와 컴퓨터 제어장비 제조업자인 Honeywell은 유럽내부로 의사결정권을 집중하기보다는 각각의 국가 조직이 특정기능을 이끄는 분산된 본사(distributed headquarter) 모델을 채택하기로 결정하였다. 프랑스의 유닛은 R&D에 집중할 것이며, 영국은 마케팅, 독일은 기존 고객 지원과 서비스 기능을 담당하게 될 것이다. 이러한 개편은 일부 저항에 부닥쳤다. 이러한 기능분산을 원하지 않는 뒤셀도르프의 독일 자회사의 엔지니어들은 Xerox로 이직을 하게 되었다.

시장세분화

대부분의 기업들이 범-유럽 전략을 위한 조직적 능력을 발전시켰기 때문에 비즈니스 세분화와 포지셔닝은 이러한 추세에 맞추어 이루어졌다. 유럽전역을 고려한 세분화와 표적화가 이루어졌다. 범-유럽 제품 디자인과 마케팅 커뮤니케이션으로 모든 국가에서 시너지효과를 발생하도록 하였다.

세계에서 가장 큰 트럭 제조사 중 하나인, Volvo Truck의 경험은 많은 시사점을 준다. 통합 이전에는 유럽시장에 대한 세분화는 현지화되어 왔고 각 국가에서 구체화되었다. 그것은 해당 국가의 고객을 위한 세분화 설계를 개발하려는 각 국가의 마케팅 경영자에게 결정권을 부여함으로 이루어졌다. 각 국가는 특수한 교통규정과 운송법을 가지고 있기 때문에, 어디에서나 적용되는 세분화 설계는 유효할 수 없었다. 여러 국가에 걸쳐 유일한 공통적인 기준은 적재량이었다(16톤 이상의 대형 트럭, 10톤에서 16톤 사이의 중형트럭, 그리고 10톤 이하의 소형트럭). 이러한 구분은 Volvo의 제조공장에 의해 구분된 기준이었을 뿐 특별한 마케팅전략상의 의미를 가지는 것은 아니었다.

단일시장의 성립후 더 큰 시장지향성을 고려하여 볼보는 여러 국가에 걸쳐 이용될 수 있는 면밀한 세분화설계를 위한 조사를 의뢰하였다. 이러한 조사는 운송수요의 전형적인 톤수 뿐만 아니라 이용상황, 운송유형, 운송성과의 평가기준의 차이 등을 고려하여 상이한 고객의 세분화시장을 파악하는데 도움을 주었다. 트럭이용 환경은 유럽의 좁은 거리에서 유용한 특정 기능을 고려하였고 또한 도시와 장거리 운송 사이에서 구분되었다. 제품의 선적유형을 고려하여 적재기능을 다양화하였다. 속력 대비 연료효율과 같은 성과기준을 파악하여 제품을 공급함으로써 판매원들에게 다양한 엔진옵션을 제공할 수 있게 하였다. 이러한 세분화 기준은 다른 지역에서 어떻게 적용되는지를 판매경영자에게 교육하였고 지역별로 공통적으로 적용할 수 있도록 하였다.

한 조사자는 6개의 기본적인 세분화시장과 함께 유럽연합의 확장에 따라 추가된 4개의 그룹을 확인하였다. 〈표 8.2〉에서 볼 수 있듯이, 이러한 국가들의 군집은 그들 스스로 전체 유럽연합 지역에 걸친 운영을 하지 않아도 될 만큼의 규모의 경제를 확보하는 단위별 거대시장을 형성하였다. 다른 조사자는 지리적 그리고 문화, 언어적 관련성을 뛰어넘어 유럽연합의 새로운 세분화 가능성을 제공하였다. 예를 들어, 유럽에서 요구르트 시장에 대한 연구에서 4개의 별개의 세분화시장을 확인하였다. 이 세분화시장은 요구르트를 가장 많이 소비하고 더 큰 가게에서 구매하는 젊은이들과 고소득 소비자들

표 8.2 유럽지역의 주요 6개 세분화시장과 잠재적 세분화시장

군집 1.	United Kingdom and Irish Republic (total population 60.350 million)
군집 2.	France, French-speaking Belgium, and Switzerland (total population 54.518 million)
군집 3.	Iberian Peninsular (total population 56.363 million)
군집 4.	Italy and Italian-speaking Switzerland (total population 71.498 million)
군집 5.	South Mediterranean, including Greece, Southern Italy, and Island of Sardinia (total population 31.252 million)
군집 6.	Northern Europe and Scandinavian Peninsular including the northern part of Germany, Flemish-speaking Belgium, the Netherlands, Denmarks, Sweden, Norway, and Finland (total population 57.618 million; if former East Germany is added to this cluster, the total population 63.771 million)
군집 7.	East European countries: present Czechoslovakia, Hungary, and Poland (total population 63.771 million)
군집 8.	Balkan states: Turkey, Albania, Bulgaria, old Yugoslav Republics, Romania, Moldova, Cyprus, and Malta (total population 113.142 million)
군집 9.	Black Sea region: Russian Federation, Ukraraine and Caucasian states (Armenia, Azerbaijan, Georgia) (total population 205.729 million)
군집 10.	Baltic region: Lithuania, Estonia, Bylerus, and Latvia (total population 17.767 million)

Sources: Tevfik Dalgic, "Euromarketing: Charting the Map for Globalization," International Marketing Review 9, no. 5 (1992), p. 37. Reprinted with permission from *International Marketing Review.*

로 구성되어 있었다. 또한 이 연구에서는 건강에 좋은 “저지방” 요구르트의 편익 뿐 아니라 식도락의 즐거움을 추구하는 세분화시장을 발견하고 이들은 모든 네 가지의 세분화시장에 모두 적용됨으로 매스마케팅(mass-marketing)의 가능성을 제공하였다.

제품포지셔닝

고객들에게 초점이 맞추어진 범-유럽시장세분화는 유럽의 단일시장 형성으로 인하여 더욱 유효한 전략이 되었다. 제품의 포지셔닝도 이러한 단일시장의 형성으로 새로운 국면을 맞게 된다. 유럽시장의 단일화로 각 국가별로 다른 이미지를 유지하는 정책은 의미를 잃게 되었다. 프랑스 와인이 높은 품격과 함께 비싼 제품으로 인식되었으나 이제는 대부분의 유럽소비자들은 프랑스와인을 마셔봄으로써 그 가치를 평가함에 있어 프랑스의 소비자들과 비슷한 경로를 통하여 제품에 대한 태도를 형성하게 된다. 독일은 Carlsberg, Budweiser, Molson 그리고 다른 외국의 맥주와 경쟁으로 인해 인공첨가물의 사용을 허용하였다.

통합 이전에 Swatch와 같은 제품은 각 유럽국가에서 다른 이미지를 가지고 있었다. 지금은 이러한 국가간 인식차이가 줄어들고 국경을 초월하는 소비자 세분화시장을 형성하고 있다. 범-유럽 마케팅에서 제품포지셔닝은 국가를 기준으로 하지 않고 이제는 고객을 대상으로 이루어진 세분화시장을 목표로 함으로써 이루어진다. Swatch는 업무용 및 오락용으로 출시되고 있으며 상류층과 10대를 표적으로 한다. 이러한 표적세분화시장은 더 이상 국경을 기준으로 하지 않는다.

그러나 범-유럽 전략의 대응은 모든 산업에서 모든 기업들에게 있어 반드시 유효한 방법이라고 할 수는 없다. 주어진 기업의 상황과 산업환경을 고려할 때 틈새전략이 유

표 8.3 세 가지 전략적 대안

옵션(Options)	전략	비고
시장후퇴 (Market retreat)	• 범-유럽 기업에게 시장양보(예, Nabisco) • 다른 시장 개척(예, Nokia Data)	• 시장 교착상태를 벗어남
범-유럽 경쟁 (Pan-European Competition)	• 진정한 범-유럽시장의 발견(예, Perrier) • 기존의 국가시장에 침투(예, Pilkington) • 범-유럽 포트폴리오 실시(예, BSN) • 범-유럽 기업과 협력 및 동맹(예, Carnaud-Metal box, European Retailers Association)	• 진정한 범유럽 고객군은 부재 • 과도한 시간투자 • 희박한 성공 • 위험하고 복잡하지만 1992년도 이후에 중요성이 증가
틈새전략 (Niche position)	• 인수합병을 통한 국내지위 강화(예, Mannesmann-VDO) • 새로운 유럽지역 탐색 • 제한적 범위의 시장군 탐색(예, Campbells Biscuits) • 틈새시장 유지 및 규모의 경제 실현(예, Electrolux) • 범-유럽 기업에게 OEM 제공	• 국가별 차이가 미미하면 표준화제품에 취약 • 정보접근성 • 범위의 경제효과 축적 • 조직의 복잡성 • 범-유럽 OEM 공급에 취약

Sources: Chris Halliburton and Reinhard Hünerberg, "Executive Insights: Pan-European Marketing-Myth of Reality?" *Journal of International Marketing* 1, no. 3 (1993), p. 85. Reprinted by permission of Michian State University Press.

효할 수도 있다. 관련 연구에 따르면 세 가지 종류의 전략적 대안이 있을 수 있다. 〈표 8.3〉에서 연구는 세 가지의 실행 가능한 전략적 대안을 보여준다. 일부 기업들은 실제로 시장으로부터의 후퇴를 통해 이익을 얻을 수 있으며, 이때 기존 브랜드와 기업 자산을 현금화 하거나 다른 곳에 자금을 할당 할 수 있을 것이다. 일반적으로 범–유럽 접근법에 대한 대안은 틈새를 찾아내거나 또는 새로운 전략을 시행하는 것이다. 유럽의 통합은 정치, 국경 측면에서의 통합이라기보다는 경제적인 통합이라고 볼 수 있으며 여전히 국가별 문화적인 특성은 존재한다. 따라서 개별국가의 소비자들을 목표로 하는 경우에도 여전히 시장진입의 기회는 있다고 볼 수 있다.

마케팅전략

제품 정책

유럽 마케팅 전문가들의 마케팅믹스(marketing mix)는 범–유럽 전략이 실행됨에 따라 통일된 방향으로 전개되었다. 많은 기업들이 범–유럽 제품과 브랜드를 개발하기 위해 노력했다. 가장 최초의 사례 중 하나는 개발과정과 성공기록을 다른 유사한 제품에 대하여 모델로서 활용할 수 있는 P&G의 “Vizir”라는 새로운 액체세제 브랜드였다. Vizir의 선도국가는 가장 큰 시장규모와 시장테스트 결과가 좋았던 독일시장이었다. 여러 유럽국가에서 선발된 글로벌 제품관리팀이 구성되었다. 동 제품은 여러 국가에서 초기 도입의 어려움과 국가 간의 상이한 접근법에도 불구하고 대부분의 국가에서 성공적으로 이루어졌다.

오늘날 이러한 유로–브랜드(Euro-brand)들은 일반적이며, 또한 글로벌화 되었다. 그리고 다른 언어 때문에 브랜드명이 달라질 수 있음에도(직물 섬유유연제에 따라붙은 브랜드명이 적어도 다섯 가지가 된다), 제품 그 자체는 여러 국가에 걸쳐 동일할 수 있다. 유럽에서 대부분의 포장된 제품은 적어도 네 가지의 언어(영어, 프랑스어, 독일어, 스페인어)로 표기된다. 내구재에 대한 유로–디자인 또한 공통성을 갖고 있다. 프랑스의 Thomson, 이탈리아의 Olivetti와 스웨덴의 Electrolux는 일차적으로 유럽시장을 목표로 하여 가전기기와 사무제품을 오랫동안 디자인해 왔다. 현재 다른 기업들도 이러한 전례를 따르고 있다. 파이오니어(Pioneer)는 보르도 공장에서 유로 디자인으로 확성기를 생산하고 있다. Sony는 더욱 슬림하고 긴 모양 그리고 덜 화려한 색상으로 범 유럽시장을 위하여 디자인을 통일화시켰다. 유럽에서 Mercedes 제품라인은 미국에서 보다 더 많은 모델을 가지게 되었고 중간 범위의 고객층에서 더욱 세밀한 차별화전략을 추구하고 있다. 일본의 카메라기업들은 유럽고객들이 요구하는 일부 기능을 추가하고 다른 기능들을 제거함으로서 그들의 고유한 유럽 제품라인을 형성하였다.

가격책정

다른 전략적 마케팅믹스의 결정도 새로운 유럽시장에 적응하고 있다. 범–유럽 가격책정으로 단일 유로 통화(euro currency)가 도입되었고 기업들이 각 지역에 걸쳐 일관성 있는 유로가격을 정하는 것은 복잡한 문제이다. 일부 산업에서 기업들은 1999년 까지 유로화로 가격을 책정할 필요가 있었고 이미 유로가격을 형성시켜가고 있었다. 동종제품과 브랜드에서의 가격차별은 타 국가에서의 소비자유입을 방지하기 위하여 최소화하였다.(이른바 회색시장 문제는 제14장과 15장에서 좀 더 자세히 다루어질 것이다). 그러나 현지시장의 격리수준이 높은 경우에는 유통업자에게 고수익을 안겨주는 가격차별화 관행은 쉽게 변할 수 없었다. 예를 들어, 제약회사들은 많은 시장에서 정부의 환자의료비환급 등으로 인한 가격통제상황에 놓여있다. 하지만 이러한 통제 때문에 의약품이 일부 국가에서 상대적으로 싼 가격에 구매될 수 있다면, 더 높은 가격에 재판매하려는 외국 제약기업에 의한 대량구매를 금지할 적절한 방법을 찾기란 어려울 것이다. 가격책정의 문제는 제14장 "글로벌 가격책정(global pricing)"에서 더욱 자세히 논의할 것이다.

유통

제조업자들의 판매 네트워크는 더욱 정비되고, 소매 및 도매 유통은 지역에 기반한 작은 단위형태로부터 북미에서 볼 수 있는 거대한 통합된 조직으로 변모하고 있다. 프랑스 대형 슈퍼마켓 체인점인 Carrefour는 Standa의 이탈리아 기반의 Euromercatos와 함께 유럽연합 전체로 확장하였다. 영국의 의류 체인점인 Marks & Spencer는 범-유럽에 시장입지를 구축하고 있다. 벨기에의 Delhaize 슈퍼마켓 체인은 새로운 상점에 대한 투자 뿐만 아니라 인수와 합병을 통하여 확장을 시도하고 있다. 독일의 Kaufhof 백화점 체인 또한 범-유럽 전략을 개발하고 있다.

이러한 유통의 확장추세는 유럽에 근거를 두고 있지 않은 유통업체에 의하여서도 활발하게 추진되었는데 그 예로서 Wal-Mart를 들 수 있고 Wal-Mart는 유럽연합에 진입하기 위하여 적극적인 노력을 기울여 왔다.

이러한 새로운 거대 유통유닛은 제조업자들로 하여금 범-유럽 전략을 시행하게 하였다. 제조업자와 거대 유통업자에 의하여 간소화된 유통구조는 상대적으로 유통비용을 절약하는데 도움을 주는 것은 유럽시장에서는 비교적 생소할지라도 미국의 시장에서는 이미 알려져 있다. 마케팅적인 관점에서 본다면 이러한 대형화된 유통구조는 관계마케팅을 필요로 하는 단계에 진입해 있다는 것을 의미하기도 한다.

판촉

미국의 CBS, NBC, ABC 또는 FOX에 비견될 만한 범-유럽 네트워크가 존재하지 않음에도 불구하고, 또 하나의 눈에 띄는 발전은 과거 폐쇄되어 있던 국경을 가로질러 전파를 보내는 위성의 이점을 활용한 범-유럽 TV 광고가 더욱 일반화되고 있다는 점이다. TV 방송에서 국유화가 축소되고 상업방송이 확대됨으로써 노르웨이와 스웨덴과 같이 국가통제 아래에 있었던 시장들도 오랫동안 상업 TV를 보유해온 영국, 프랑스, 이탈리아처럼 동일한 매스미디어 메시지에 노출되었다. 광고에서 언어의 차이는 목소리 더빙을 통해서 언어가 다른 국가에서도 광고메시지를 이해할 수 있게끔 하였다. 이러한 방식의 광고로 인해 혼다의 경우에는 유럽 전지역에서 동일한 광고를 효율적으로 수행할 수 있었다. Coca-Cola는 메시지를 전달하는데 많은 단어를 필요로 하지 않았고, 일부의 경우 미국식 영어를 그대로 사용하였다. 위성의 경우에는 제한적인 수의 단어를 사용하였으며 대체로 영어를 통하여 광고가 이루어졌다. 같은 주제로 많은 국가에서 광고되기 위하여 미국의 Clairol은 동일한 Clairol 샴푸를 유럽의 각 지역에서 사용하는 여성들을 빠르게 포착하여 동일한 광고메시지를 유럽의 모든 국가에서 적용할 수 있는 전략을 사용하였다.

클로즈 업: 일본에서의 마케팅

일본의 시장은 특별히 다루어져야 할 충분한 이유들이 많다. 2000년대 그들의 지속적인 경기침체에도 불구하고, 일본은 세계에서 주요한 시장 중 하나로 남아있다. 또한, 해외에서 그들의 기업들과 제품의 경쟁력은 자국 시장의 상황을 이해하는데 유용하다. 일본은 그들의 다국적기업들이 기술을 자국에서 개발하여 적용하고 뒤에 외국으로 진출하는 근거지이기도 하다.

시장환경

일본은 캘리포니아 크기의 지역에 1억 2천만의 인구가 집중되어 있는 나라이다. 그들의 경제적 성과는 1990년대까지 지난 40년간 경이적이었다. 1인당 소득수준은 세계에서 가장 빈곤 수준에서 2003년 공식 환율에 의해 34,500달러(PPP 기준)에 이를 정도로 성장하였으며, 이후 비슷한 수준을 유지하였다(2007년 수치는 33,800달러). 일본시장은 여전히 다양한 제품과 서비스 그리고 외국기업들에게 커다란 잠재력을 보유하고 있다: 하지만 일본에서 성공하는 것은 매우 어렵다는 것을 간과해서는 안 된다.

일본의 경제는 1950년대 초반 한국전쟁 동안 미국이 일본의 산업에 수백만 달러를 쏟아 부음으로써 도약하였다. 전쟁 이후 일본에서의 소비자들과 외국에서의 소비자들은 이러한 일본의 대량생산과 생산자들 간의 경쟁으로 인하여 수혜를 입게 되었다. 외국으로부터의 일본시장 진입자들이 대부분 어려운 일본어와 복잡한 사업방식들로 인하여 많은 어려움을 겪는 사이에 일본의 소비자들은 외국공급자들 대부분 외면하게 되었다. 경쟁이라고는 단지 국내공급자들끼리 하는 것이 고작이었고 이는 중세 일본에서의 영주들 간의 경쟁을 연상시킬 정도였다.

1990년대 10년간의 경기침체와 뉴 밀레니엄으로 들어서면서 일본의 생산자들 뿐만 아니라 소비자들은 곤경에 처하게 된다. 1980년대 새로운 "넘버 원(number one)"으로 일컬어지던 일본의 국내시장은 연간 1%~2%의 성장률에 그쳤다. 문제는 부동산의 가치폭등과 미래수익에 대한 과장된 기대로 인한 공장 및 장비에 대한 과도한 투자에서 발생하였다. 1990년대 초반 약간의 금리 상승 이후에 경기침체가 시작되자마자 국내 경제의 경기침체는 소비자의 신뢰에 큰 충격을 주게 되었다. 강력한 사회복지시스템의 부재와 늘어나는 노령인구로 인하여 개인과 가계는 지출대신에 저축으로 불확실한 미래에 대비하게 된다. 그러나 경제학에서 볼 수 있는 "다수의 오류" 이론에 의해 예측할 수 있는 것처럼, 한 가족에게는 올바른 선택이라고 할지라도 모두가 같은 패턴을 따르게 되면 전체적인 관점에서는 시장실패로 이어질 수 있다. 즉, 일본의 경우에는 우선 소매업이 침체되고, 주문들이 취소되며, 공급자들이 생산을 축소하며 생산품은 재고로 남게 되어 경기가 현저히 저하되는 현상으로 이어지게 되었다. 이러한 상황에서 정부의 어떤 경기부양정책도 효과를 볼 수 없는 어려운 경제침체기를 맞이하였다.

이러한 상황이 호전될 것이라는 것도 명확하지 않았다. 다양한 소매업자들의 마케팅 노력들—낮은 가격, 특별거래, 판촉캠페인—은 수요창출에 거의 영향을 미치지 못하였다. 2001년 후반에 이르러 황태자와 마사코 공주가 첫 딸을 가지면서 낙관론이 대두되기도 하였으나, 그 효과는 장난감과 기념품 교역에 제한되고 말았다. 신용카드의 사용이 서서히 증가하다가 이제는 직불카드와 칩이 내장된 스마트카드의 사용이 더욱 일반화되었다. 휴대전화 문자메시지는 젊은이들에게 인기를 끌었으며, 미니디스크와 같은 전자장비에 대한 열기는 그대로 유지되었다. 일본의 인구증가가 미미함으로 인하여 1인당 국민소득은 경기둔화에도 불구하고 유지되었다. 이러한 소득수준의 유지는 일본이 여전히 최고급품과 해외명품의 주요시장임을 시사한다. 그러나 전반적으로 뉴 밀레니엄의 시작에 있어 일본시장은 정체되어 있었다. 하지만 요즈음은 경제가 회복세를 나타냄으로 소비자의 구매력이 증가하고 있다.

외국무역협정

일본은 역사적으로 외부세계와 접촉을 꺼리는 전통으로 인하여 외국과의 무역협정의 체결에는 그다지 적극적이지 않았다. 이러한 고립된 역사의 배경에는 일본의 지리적 문화적 고립을 들 수 있다. 호주와 뉴질랜드를 제외하고 일본은 다른 선진국에서 꽤 멀리 떨어져 있다. 언어와 관습은 매우 특이하며 심지어 다른 아시아인들조차도 배우고 이해하기 힘들어 한다.

이로 인해 일본은 다른 나라와의 무역 블럭을 형성하기 어려웠으며 경제적 아웃사이더로서 대외경제정책을 견지해오고 있다. 더욱이 일본은 통상산업성에 의하여 국가의 산업을 보호하기 위한 보호주의의 정책을 실시하고 있으며 이를 뒷받침하기 위해 관세를 통한 국내시장보호에 적극적이었다.

비관세장벽에서는 아직도 미지수이지만 오늘날 일본시장에서의 관세장벽은 상당히 완화되었다. 일본은 외국자본의 투자를 용이하게 하였으며 소비자들은 기꺼이 외국제품을 구매하는 분위기이다. 높은 소득, 높은 생산성의 노동자, 최첨단 기술 및 수출시장에서의 성공으로 인하여 국내시장 보호의 필요성이 사라지게 되었다. 미국과 유럽의 무역파트너 국가들에 의하여 보호주의 무역에 대한 비난여론 등도 일본시장의 문턱을 낮추는데 일조하였다. 그러나 일본시장에서의 마케팅은 여전히 복잡하고 까다로우며, 유통시스템은 복잡하고 비용이 많이 드는 것으로 알려져 있다.

경쟁

일본 국내시장의 폐쇄성으로 인하여 일반적으로 자국시장 내에서의 경쟁까지 제한적일 것으로 볼 수 있다. 어느 정도 까지는 이러한 경쟁부재를 부인할 수는 없을 것 같다. 정부는 치열한 가격경쟁에 의하여 중소기업들이 피해를 입는 것을 방지하기 위하여 적정가격에 대한 지침을 제공하여 왔다. 특히, 이른바 브랜드 내(intrabrand)의 가격경쟁은 억제되어 일본의 모든 상점에서 Sony Walkman은 동일한 가격으로 판매되도록 하였다.

그러나 제조업자들 간의 경쟁인 브랜드 간(interbrand)의 각축은 매우 치열하다. Bushido 또는 중세일본의 전통 "영웅"과 그들의 사무라이 정신이 깃들인 경쟁이 이루어진다. 즉 기업들은 고객들에 대한 제품의 혁신, 품질 및 서비스 면에서 다른 기업들과 경쟁한다. 이렇게 치열한 국내 경쟁자들 간의 경쟁은 일본의 선도적 기업들로 하여금 품질관리 서클(quality circle)과 "통합 품질관리" 기술을 발전시키는 결과를 가져왔다. 점진적으로, 일본의 소비자들은 기능성, 신뢰성을 당연시 하였고, 경쟁의 초점은 디자인, 브랜드 이미지 및 다른 "무형자산"들로 옮겨가게 되었다. 대부분의 상점에서 동일한 브랜드에 대해서는 동일한 가격을 제시함으로써 가격은 더 이상 고객들의 고려대상이 아니었다.

Getting the Picture TOYS "R"의 귀환

어린이들 제품의 "카테고리 킬러(category killer)"인 미국의 Toys "R" Us는 그들의 첫 번째 창고형 장난감 할인가게를 1991년 12월 일본에서 개장하였다. 낮은 가격, 다양한 구색, 그리고 "help yourself" 스타일의 판촉은 일본의 지속된 경제슬럼프 때문에 점점 인기를 모으게 되었다. 그러나 가장 기본적인 것만을 제공하는 정책은 최근 재평가되어 오고 있다.

시장이 포화상태에 이름으로써, 새로운 고객을 통한 성장은 제한되었고, 기업수익의 향상은 판매수준의 증가 뿐아니라 서비스의 개선도 동시에 이루어질 때 가능하다는 것을 발견하였다. 2001년 4월에는 13개의 일본 직판점에서 "영업사원" 시스템을 도입하였다. 사원들은 어떻게 장난감을 작동하는지 설명하였고, 고객들에게 도움이 필요하다면 고객들에게 무엇이 필요한지 물었고, 진열대에 새로운 아이템을 제시하였다. 이러한 혁신은 과거에 효율성의 명분으로 해고된 Toys "R" Us 가게의 판매원들이 아닌 대부분의 고객들은 실감할 수 없는 것처럼 보일 수 있다. 일본의 고객들은 가격을 알아보기 위하여 그들 스스로 제품의 바코드를 스캔해야만 했다. 그러나 불만을 느낀 쇼핑객들은 1998년의 판매에 있어서 총체적인 난국을 야기하였다. 현지 자회사는 변화를 추구하였다. 이에 마지 못해 본사는 허가를 했으며, 판매와 이익, 그리고 서비스는 일본시장에서 다시 상승하였다.

다른 일본기업들로부터의 심한 경쟁은 지속적으로 자회사의 생존을 어렵게 만들었다. 그러나 그들의 파트너인 McDonald's Japan은 Toys "R" Us와 McDonald's의 입지를 결합함으로서 이러한 경쟁을 극복하고 있다.

Sources: Michael Chadwick and Jeong-Soe Wong, "Toys "R" Us Japan," Case report, Georgetown University, 1994; Fumiko Murakami and Wataru Yoshida, "Toys "R" Us Recasts Sales Approach," The Nikkei Weekly, November 26, 2001; William Spain, "Expect More Good News from McDonald's," www.MarketWatch.com, April 18, 2008.

이러한 일반적인 추세는 경기침체와 함께 변하였다. 규제완화와 함께 할인매장과 "카테고리 킬러(category killer)"가 교외 입지로 진입하였다. 관세감소와 특정 무역장벽의 제거는 외국기업들의 진입을 더욱 쉽게 허용하였다. 전형적인 서구시장과 같이 소비자들 사이에서는 가격과 가치에 대한 새로운 인식이 형성되었다. 따라서 일본의 소비자 시장은 다른 성숙시장과 더욱 유사하게 되었고 새로운 차별화 전략이 필요하게 되었고 낮은 가격책정만으로는 일본시장에서 성공하기가 어렵게 되었다.

시장세분화

일본의 고객은 까다로움으로 인해 새로이 진출한 외국마케팅 전문가들에게는 힘겨운 존재들이다. 예를 들어, 일본의 소비자들은 수입제품이 뭔가 특별한 것을 제공해야 한다는 관념에 오랫동안 사로잡혀 있다. 일본의 소비자들은 외국제품을 분해하여 조립하는 역디자인 방식에 의하여 수입품과 유사한 제품을 만들 수 있다면 일본제품을 선택할 것이다.

사실, 일본의 소비자들은 세계에서 가장 상대하기 힘든 소비자들이다. 그러나 이것은 경제침체와 함께 다소 변화되었다. 비록 여전히 일본인들이 고품질의 제품을 찾고 있지만 이제는 서서히 가족이 함께 교외의 할인상점을 가는데 익숙해지고 있다. 효율적인 냉장고 및 냉동고와 함께 가정에서 개선된 보관조건은 더 많은 수량을 구매할 수 있게 만들었다. 응축된 세제와 진공 팩과 같은 포장의 혁신은 일본에서의 극심한 공간문제를 해결하는데 기여하고 있다. 지프와 4륜 구동 오프로드 차량들이 인기를 얻고 있으며, 가족구매를 위하여 편리하게 구매제품을 실어 나를 수 있는 차량을 보유하고 있다. 일본인들은 여가와 쇼핑행동과 그들의 작업습관에 있어서 서구인들과 더욱 유사하게 되었다.

각 제품 카테고리에서 현재 (1) 상류층 세분화시장; (2) 경험과 신뢰를 통해 구매하는 중간층; 그리고 (3) 더 값 싼 수입품과 제품을 찾아 가격에 따라 구매하는 사람들이 존재한다. 일본 세분화시장은 다른 성숙시장과 더욱 유사하게 변모하였다. 일본의 고객들이 항상 품질, 서비스 및 최신기술과 디자인의 측면에서 까다로운 반면에 할인된 가격에 대해서도 민감하게 반응하고 있다. 즉 일본에서 값싼 물건(bargain)은 더 이상 경멸적인 단어가 아니다.

제품포지셔닝

일본 소비자들의 가처분소득이 증가했을 때, 상당한 양의 신분 지향적 소비가 있었다. 잘 알려진 글로벌 브랜드명은 명품 범주에 포함되어 높은 가격 프리미엄을 누렸다.

아직도 이러한 행동의 여파가 있긴 하지만, 현재 상황은 많이 변화되었다. 재정적으로 아직 여유가 많지 않은 소비자들은 제품을 평가하고 가격을 비교하는데 많은 시간을 할애한다. 그들은 "밸류 컨셔스(value conscious)"라고 불리기도 하는데 반드시 최상의 제품요건들을 필수적으로 요구하지 않는다. 브랜드와 최신기술에 의한 최상의 제품에 초점을 맞추기 보다는 이제 많은 소비자들은 그들이 진정으로 필요로 하는 것과 가격 사이에서 서로 균형을 맞추는 것을 배우고 있다고 볼 수 있다.

하지만 그렇다고 하여 저질의 제품을 거부감 없이 받아 들인다는 것은 아니다. 품질은 제품평가의 결정적 요소에 포함되지 않게 되었으며, 일본인들에게 품질은 단순히 제품이 고장 없이 약속된 기능을 이행하는 것을 의미하게 되었다. 제품의 특성과 가격이 서로 상쇄효과를 가지기는 해도 품질에 대한 엄격함은 여전한 것으로 보는 것이 옳을 것이다.

마케팅전략

제품 정책

일본고객들의 요구에 맞추어 제품과 서비스를 충족시키는 것은 중요한 문제이고 앞으로도 최우선시 되어야 한다. 일본에서는 제품의 질과 화려함이 수요창출의 근간이었다. 예를 들어, 이탈리아식의 디자인과 프랑스 특수식품 및 미국 스포츠의류 등과 함께 서구의 명품 브랜드와 특별한 문화 품목들은 일본인들의 소비에 있어 중요한 위치를 차지하고 있다. 이러한 추세는 소득감소와 외국제품이 종종 낮은 소매가격으로 진입함으로써 더 이상 일반적인 현상이 아니게 되었다. 하지만 서구제품의 품질수준은 여전히 일본의 소비자들에게 중요하다.

포장 또한 지속적으로 중요한 요인으로 작용했다. 일본의 문화가 상세한 것까지 주의를 기울이듯이, 일본인들은 포장에 있어서 무결점을 요구한다. 화장실 비누, 오디오테이프 및 CD와 같은 일상적인 제품조차도 포장에 있어서의 불완전성은 문제시 된다. 라벨 위치의 변동, 포장 재료의 흠집 및 어필하지 못하는 색상의 조합은 낮은 품질의 제품이라는 신호로 받아들여진다. 상점에 진열된 의류는 더블 스티칭, 색상의 깊이와 가변성 그리고 균등한 커팅까지도 꼼꼼히 보는 쇼핑객들의 만족을 이끌어내야 한다. 일본에서는 금속을 플라스틱으로 대체하거나 또는 정위치에 있지 않은 라벨은 비록 비용절감의 효과는 있을지는 몰라도 고객의 불만거리가 될 수 있다.

가격책정

유통시스템이 개방됨에 따라 수입품들은 일본의 국내 기업들에게 더 강한 경쟁을 유발하였다. 이러한 격화된 경쟁은 일본 고객들의 가격민감성을 상당히 고조시키는 결과를 초래하였다. 외국에서 수입되는 제품은 일반적으로 국내제품보다 더욱 저가로 유통되었고 국내의 소매가격에 압력을 가하였다. 이러한 수입품들 중 일부는 소매업자들의 개인 브랜드이다. 이런 이유로 소비자들은 새로운 할인아울렛 뿐만 아니라 기존 소매점에서도 저가의 제품을 구입하게 되었다. 오늘날 일본의 소비자들은 강한 브랜드 간(interbrand) 가격경쟁으로 인해 이익을 얻고 있으며 낮은 가격이 항상 낮은 품질을 의미하는 것이 아니라는 것을 수입제품으로 인해 학습해 오고 있다.

전통적인 소매전문점이 프리미엄 브랜드 가격을 유지하려고 노력한 반면에, 할인전문점은 할인된 가격에 브랜드제품의 판매를 시작하였다. 그리고 다량의 브랜드제품들은 해외에서 직접 수입되었다. 이전에는 동일 브랜드에서의 가격경쟁은 없었으나 이제는 수입된 동일브랜드의 가격차이가 할인점들 간에 발생하고 있으며 이는 지출의 여력이 많은 소비자들도 가격에 민감하게 반응하도록 하였다.

유통

미일 구조개선협의(Structural Impediments Initiative: SII) 및 일본의 유통시스템을 개방시키려는 서구의 노력으로 인하여 대형매장 제한법의 완화, 국내 마케팅 전문가들에 대한 압력을 포함하여 어느 정도의 성공을 가져왔다.

일본 유통(Japanese distribution) 시스템은 전통적으로 매우 층화되고 복잡한 연유로 외국기업들에게 많은 주목을 받아오고 있다. 서구의 도 · 소매 중개인들은 통합된 기능을 수행하는 거대한 규모의 유닛으로 조정되어 있는 반면, 일본의 시스템은 각각 소량의 제품을 다루는 작은 층, 전문화된 유닛으로 이루어져 있다. 일본에서는 제품이 많은 중간상인의 손을 거치면서 수수료와 커미션은 점증하게 된다. 일본에서의 도매상과 소매상의 비율은 4:1인 반면 미국에서는 2:1에 불과하다. 이는 중간단계의 도매상들이 소매상보다 많다는 의미이다.

일본에서 현지마케팅 전문가들에게 시스템에 관한 비용은 문제의 일부에 불과하다. 중간도매상들 간의 빈번하고 정기적인 접촉으로 인하여 동일한 판매방식과 변화에 대한 거부감을 유발하기도 한다. 각 중간도매상이 고객으로 다루어지기도 한다. 신규진입한 업체가 기존의 일본기업의 동종의 제품과 경쟁관계에 있는 경우에는 이러한 유통시스템을 비집고 들어가기는 쉽지 않다. 아직도 일본에서는 소매상이 외국의 신규진입자들이나 경쟁사의 제품을 진열하는 경우에는 기존의 거래관계까지 단절시키는 위험을 감수해야 한다. 이러한 축출에 대한 압력은 상당한 수준으로 행사된다. 이러한 관행은 이제 일본에서 줄어들고 있기는 하지만 얼마 전까지만 해도 상당히 광범위한 현상이었다.

새로운 유통경로를 만드는 것은 가능하지만 매우 많은 투자를 필요로 한다. 이는 기존의 중간상인들로 하여금 기존의 사업관계를 정리해야 할 뿐 아니라 새로이 구축된 중간상들의 유통능력은 그다지 만족할 수준이 못되는 경우가 많다. 새로운 교육훈련비의 투입과 전시공간에 대한 조사, 그리고 유통관련 투자가 대규모로 필요하게 될지도 모른다.

판촉

직접적인 표현을 삼가는 일본인들의 속성으로 인하여 일본에서의 광고는 대체로 강력한 메시지를 전달하기에는 한계가 있어 왔다. 광고에서 때로는 브랜드명이 언급되지 않고 빗대어 언급하거나 우회적으로 표현된다. 광고는 때로는 매출의 수단으로 여겨지기 보다는 “예술”로 여겨지기도 한다. 이는 전형적인 일본 구매자들은 제품구매에 있어서 더욱 신중하고 더 많은 시간을 소요하기 때문이라고도 볼 수 있다. 직장 동료들이나 학교에서의 급우들이 오랜 기간 동안 제품의 인식형성에 영향을 미치는 요소들이었다. 또한 제품판매원들이 제품에 대하여 전문적인 지식을 갖추고 유통체계를 형성하고 있는 점 또한 광고가 그다지 판매촉진에 있어서 즉각적인 효과를 나타내지 못하게 하는데 일조하였다. 오히려 광고의 초점은 관심을 끌만한 이미지의 창출과 오락에 두는 경향이 있다.

일상적인 제품에는 해당사항이 없겠지만 고가의 제품에 대해서는 광고가 이제 더욱 중요한 기능을 하게 되었고, 광고기법도 미국스타일의 "고유 판매 제안" 접근법으로 전환되어 왔다. 이유는 소비자들이 어려운 경제적 환경에 처함으로서 구매자가 더욱 비싼 브랜드 제품을 구매하는데 있어 특정한 동기와 설득을 필요로 하게 되었기 때문이다. 이미지, 지위 및 "오락" 등은 더 이상 소비자들의 구매욕구를 자극하기에는 충분하지 않게 되었다. 따라서 일본에서 광고의 행태는 분명히 판매촉진을 위한 기능적 광고로 진화하고 있으며, 더욱 적극적으로 낮은 가격으로 판촉하는 것이 필요하게 되었다. 경제적 필요성은 광고의 예술성이 더욱 빛나게 하는 역할을 하게 되었다.

매장공간의 부족은 직접적으로 판촉 노력에 영향을 준다. 더 작은 포장, 소수의 유닛 및 더 빠른 재고품의 순환을 필요로 하게 되었다. P&G가 구매시점 광고와 딜러 리베이트(dealer rebate)를 이용하여 일본에 Cheer 세재 브랜드를 도입하였을 때, 소비자들이 종종 품절로 인해 구매에 어려움을 겪을 정도였다. 이는 재고공간의 부족에 의하여 고객들의 구매에 즉시로 대응할 만한 재고를 확보하지 못한 결과였다. 일본에서는 이제 집과 자동차 그리고 냉장고 크기의 확대로 인하여 재고 공간이 어느 정도 개선되기는 했지만 여전히 서구시장에서보다는 상대적으로 작은 공간으로 인하여 제품가격의 상승으로 이어지고 있다.

클로즈 업: 북미에서의 마케팅

북미시장은 여러 측면에서 거대한 잠재력을 가지고 있다고 볼 수 있다. 2007년 미국은 2억 9840만 명 그리고 캐나다는 3310만 명의 인구를 보유하고 있다. 현행 환율에 따라 이 지역은 1인당 국민 소득이 세계에서 가장 높은 지역들 중 하나이다. 2007년 미국의 1인당 국민 소득은 46,000달러이고 캐나다는 38,200달러이다. 다양한 민족으로 이루어진 인구구성으로 인하여 다양한 제품에 대하여 표적고객군을 인종별로 형성할 여지가 많다. 미주시장은 철강, 일부 농업 및 의류를 제외하고 세계에서 가장 개방된 시장이다. 또한 많은 제품에 있어 세계에서 가장 경쟁이 치열한 시장으로 자리매김하고 있다. 즉, "당신이 그곳에서 성공할 수 있다면, 어디에서도 성공할 수 있다"는 Frank Sinatra의 노래 "New York, New York"의 문구가 상당한 설득력을 가질 수 있다.

시장환경

2008년 현재 미국에서 시장환경의 가장 지배적인 특징은 9/11 테러의 여파, 이라크 전쟁, 달러화의 약세 및 경기침체의 위협일 것이다. 강화된 보안, 폭 넓어진 감시범위 및 국경감시 절차는 관광객, 무역, 여행의 감소 및 증가된 거래비용으로 이어졌다. 글로벌 마케팅을 위한 이러한 장애물들은 점차적으로 감소되고 가까운 미래에 점진적으로 제거될 것으로 기대되고 있다.

북미에서의 마케팅은 대부분의 교과서에서 많이 언급되고 있어서 여기서 모든 면을 다 언급할 필요는 없을 것이다. 다만, 여기서는 네 가지 측면에서 북미마케팅의 특성을 언급하고자 한다.

- 인종적 다양성
- 종교, 그리고 교회 및 주(State)의 분리
- 분산된 경제활동
- 현지마케팅 규정

위의 네 가지 특성은 북미에서 반드시 고유하다고 할 수는 없어도 이러한 특성들이 하나의 조합을 이룰 때는 상당히 독특한 마케팅환경을 창출할 수 있다.

인종적 다양성

이 지역에서의 가장 근본적인 문화적인 특성을 꼽는다면 인종의 다양성이라 할 수 있다. 그러나 미국의 "용광로(melting pot)"와 캐나다의 다양성에 관하여는 차이점이 있다.

미국에서의 "자유의 요람(cradle of freedom)"에 대한 전통은 여전히 자유의 여신상에 의해 상징화된다. 외국으로부터 새롭게 이주해오는 자들은 매년 증가하고 있다: 2002년에만 합법적 이민자의 수가 1,063,732명 이었다(불법 이민자들의 수도 추가되어야 한다). 다수의 이민자들에 대하여 이러한 자유를 숭상하는 미국인들의 문화적인 규범은 정착에 도움을 줄 수 있다. 그러나 여전히 미국문화의 핵심은 다양성 속의 융합임으로 인하여 이들도 결국은 진정한 미국인으로 동화되어 간다. 한때는 이러한 동화현상을 거부하며 자기들 고유의 문화를 고집하려는 움직임이 있었으나 결국은 이들도 강한 미국 주류세력들의 융합흐름에 따르게 되었다. 이러한 경향이 미국인들의 탁월한 해외 현지문화 적응능력을 설명하는 근거가 될지도 모른다.

캐나다인들도 일부 개척자적인 특성을 가지고 있을지라도, 그들의 영국식 뿌리와 문화적 독자성, 과거의 관습 및 그리고 언어적 자부심으로 인해 여전히 유럽고유의 방식을 고수하고 있다. 캐나다에서는 민족적 소집단들은 여전히 강력하고 그들의 문화적 전통성을 지키고 있다. 퀘벡 사람들은 이 사례에서 가장 두드러진다. 밴쿠버에서 있었던 유소년 축구리그에서는 여전히 이탈리아 팀과 영국 팀 간 경기를 볼 수 있다. 제3장에서 언급된 표현을 빌리자면, 캐나다에서 민족과 다양한 문화에 대한 접근방식은 미국보다 더욱 "고배경"적이다. 즉 더욱 복잡하고 간접적인 표현 방식으로 나타난다고 할 수 있다.

종교

북미에서 교회와 주는 법에 의해 분리되어 있다. 정부는 개인이나 기업이 종교의 자유로 인하여 하는 행위를 적극적으로 보호하는 입장이다. 종교분파에 따라서 그들 나름의 휴일과 특별한 관습을 가지고 있지만 이러한 종교적인 관습이나 규율로 인하여 상업행위를 규제하는 것은 불가능하다. 미국에서 주류상점을 제외하고는 연중무휴로 영업을 할 수 있다.

대부분의 외국인들에게는 이러한 무제한적인 상업우대정책은 극심한 물질주의의 영향으로 보일는지 모른다. 어떠한 외국파견근무자는 미국생활 과정에서 쇼핑의 편의성에 익숙하여 자국으로 돌아갔을 때는 상대적인 엄격한 상업규제를 실감하게 되고 이에 대한 불편을 호소하기도 한다. 많은 종교에서 무역 또는 마케팅은 종종 부도덕한 것으로 생각된다. 종교가 주와 별개가 아닌 경우에 종교는 무역규정에 직접적으로 영향을 미친다. 사실은 대부분의 국가에서 소매유통은 미국보다 영업시간, 설립요건, 경쟁 및 새로운 상점입지의 측면에서 더욱 규제가 심하다고 할 수 있다. 미국의 마케팅에서 솔직히 두려워할 것은 아무 것도 없다.

탈집중화

대부분의 국가들은 중앙정부를 갖추고 있으며 기업의 본사는 대체로 중앙정부 근처에 위치하고 있다. 현재 유럽에서, 런던은 영국의 중심이고 파리는 프랑스 그리고 베를린은 통일 독일의 중심이다. 일본에서 대부분의 대기업 본사는 수도인 동경 또는 오사카에서 찾을 수 있다. 반대로, 북미에서의 기업들은 전 지역 및 작은 도시에까지 퍼져있다. 중장비 회사 Caterpillar는 일리노이 주의 소도시 피오리아에 본사를 두고 있다. 미국의 수도 워싱턴 DC에는 매우 소수의 대기업이 존재 한다(로비스트와 상공업협의체들을 제외하고). 미국의 50개 주와 캐나다의 9개 주는 모두 연방 정부로부터 독립적인 권한을 가진다. 미국에서 중요한 경제활동과 마케팅의 중심은 뉴욕, LA, 시카고, 아틀란타를 포함한 15~20개의 대도시에 위치한 "현물시장"에서 일어나고 있다.

대부분의 외국시장에서는 중심부에 있는 고객들의 트렌드를 읽어야 시장을 이해할 수 있는 반면, 미국시장에서는 뉴욕이나 LA의 소비자들의 취향을 그다지 고려하지 않아도 된다. 몇몇의 외국진입자들은 이러한 미국의 주요시장에서의 트렌드로부터 나머지 지역의 트렌드를 이해하려고 하지만 이는 오히려 그릇된 시장예측을 하게 한다. 이러한 현상은 동경나 멕시코시티에서는 적용되지 않을런지는 몰라도 미국에서는 적어도 주요도시의 취향이 나머지 도시에 전파되는 파급력이 그다지 크다고 할 수 없다.

규정

북미시장에 진입하는 외국기업에게 있어 특히 어려운 점은 중앙정부와 지방정부 간의 규제차이가 많다는 것이다. 퀘벡 주의 프랑스어는 캐나다에서 표준화된 마케팅 프로그램에 많은 어려움을 야기하고 포장은 영어와 프랑스어 이중으로 하게 된다. 심지어 브랜드명 조차도 언어의 상이성에 영향을 받고 있다. P&G의 Pert 샴푸는 퀘벡에서는 Pret로 통한다. 미국의 50개 주는 프랜차이징 계약, 재판매 가격유지, 환경오염 통제, 에너지, 운송, 은행업 및 산업안전을 포함한 비즈니스에 영향을 미치는 일부 중요한 영역에 대하여 독립적인 재판관할권을 가지고 있다. 따라서 제품적응, 애프터 세일즈, 서비스, 포장 및 창고업의 문제는 때로는 상당히 복잡해질 수 있다.

다른 성숙시장에서처럼 소비자를 보호하기 위하여 북미시장에서는 엄격한 규정을 시행하고 있다. 광고에서 하는 약속들은 반드시 지켜져야만 한다. 제품의 테스트 데이터는 객관적인 검증을 위하여 제공되어져야 하고, 다양한 미디어에서 제시된 시청률은 독립 대행사에 의해 확인될 수 있다. 그리고 미국의 많은 변호사들은 이러한 규정들을 항상 감시하고 있어 규정위반은 실로 불가능할 정도이다.

이러한 기본적인 차이점들은 북미에서 어떻게 마케팅이 행하여지고 있는지에 대한 특징들을 설명하는데 도움을 준다.

외국 무역협정

1994년의 북미자유무역협정(NAFTA)은 캐나다, 미국 및 멕시코 간 무역을 증대시켰다. 그러나 캐나다와 미국시장은 자유무역협정 이전에 이미 매우 밀접하였고, 때로는 치열하게 경쟁하였다. 예를 들어, 퍼시픽 노스웨스트의 연어잡이 산업과 임산업은 미국과 캐나다기업 사이의 오랜 다툼의 역사를 가지고 있다.

또한 상호유대 관계도 긴밀한데, 예를 들면 Seagrams나 전기통신사 Nortel과 같은 거대한 캐나다 다국적기업들은 미국을 그들의 가장 큰 시장으로 보고 있다. 그리고 미국의 다국적기업들은 캐나다시장에 오랫동안 조립 및 생산시설을 두고 있다. 1998년 Honda의 미니밴 Odyssey는 미국과 유럽에 수출하기 위한 캐나다의 온타리오 공장에서 생산되었다. 미국시장으로 향하는 유럽의 자동차와 일본의 TV는 종종 특혜 관세율을 받기 위해 캐나다 국경을 통하여 들어오기도 한다. 사실상, 미국시장에 진입하려는 외국기업들은 종종 핼리팩스의 탁월한 항구시설을 이용하기 위하여 캐나다 동해의 세인트로렌스 수로와 서해의 밴쿠버를 통하여 들어오기도 한다. 캐나다가 북유럽과 북아시아보다 미국과 더 가깝다는 점을 잊어서는 안 된다.

경쟁

대부분의 평가에 따르면 미국은 세계에서 가장 경쟁이 치열한 시장 중 하나이다. 그 거대한 잠재력은 많은 다국적기업들을 유입시켰고, 이들은 다른 나라와 비교할 때 여러 측면에서 상대적으로 낮은 무역장벽의 혜택을 누렸다. 그러나 미국시장에서는 경쟁 때문에 성공이 쉽지 않다. 많은 외국기업들에게 찾기 힘든 성공 사례가 존재한다. Mercedes와 BMW는 Peugeot와 Rover와는 달리 성공하였다. Reebok이 초기의 성공을 유지하기 어려웠고, Adidas와 Puma는 힘들게 기반을 구축하였다. Body Shop과 Benetong은 미국 경영에 있어 큰 어려움을 겪었다. 반면에 Sony와 Honda는 북미에서 꾸준히 강한 모습을 보였다. 그러나 Mitsubishi, Nissan, Mazda 등은 그렇지 못했다.

이러한 실패에는 많은 이유가 있을 수 있지만, 한 가지 분명한 점은 북미의 문화적 다양성 때문에 마케팅활동이 매우 복잡한 구조에 봉착했다는 점이다. 미국과 캐나다의 다양성은 다양한 고객의 선호도 뿐만 아니라 마케팅커뮤니케이션의 복잡성과 관련된다. 단순한 메시지는 잘 못 이해될 수 있으며, 다른 나라에서 보다 고객들 간에 공유하는 본질적인 가치의 기준이 훨씬 다양할 수 있다. 이러한 점들이 미국시장에서 경쟁할려는 기업들에게 마케팅비용을 과다 지출하게 할 수 있다. 외국에서 진입하는 신규진입자들은 이러한 막대한 양의 광고비 지출로 인하여 많은 고통을 겪을 수 있다.

시장세분화

북미시장은 성숙한 시장이고 또한 넓이가 거대함으로 인하여 시장세분화(market segmentation)는 자연스러운 것이다. 미국시장에서 시장세분화를 위하여 문화적 정체성을 활용할 수 있다. 대도시에서 히스패닉계의 고객을 표적으로 하여 유니비전(Univision)을 활용하여 스페인어로 광고할 수 있고, 아프리카계 고객을 표적으로 하기 위하여 저녁 방송의 주요시간대에 아프리카계 배우가 출연하는 드라마에 광고를 실시할 수도 있다.

제품포지셔닝

다양성으로 인하여 미국문화는 저배경 문화의 특성을 가지고 한편으로는 활기 있는 행동양식을 나타내게 한다. 만약에 아무 말도 하지 않으면 어떠한 의미를 나타낼 수 없다. 만약에 한번 듣고 이해할 수 없을 경우에는 재차 물어서 진의를 확인하는 것이 필요하다. 대중 소비자를 대상으로 하는 제품을 판매하는 경우에는 명확한 어조로 정확히 표현하는 것이 의미전달을 위해서 필요하다. 이러한 저배경 문화에서는 공유된 문화적인 무언가가 존재하지 않기 때문에 상대에게 전달할 사항은 묵시적인 방법보다 명시적인 방법이 훨씬 효율적이다. 반대로 캐나다 시장에서는 문화적인 차이를 매우 민감하게 고려하여 접근하여야 한다. 하지만, 개인 소비자들은 그들 또는 그들의 조상들이 캐나다로 이주할 때 저울질했던 것처럼, 다양한 기준과 이익의 상쇄에 근거한 합리적인 구매를 위한 판단을 한다.

Getting the Picture 왜 미국인은 가격에 민감한가?

John Kenneth Galbraith는 1960년대에 풍요로운 사회(The Affluent Society)를 출간하였다. 그의 주장은 사람들이 유복한 사회에서는 가격이 크게 문제가 되지 않는다는 것이었다. 이것은 많은 외국 연구자들에게 젖과 꿀이 흐르는 땅인 미국에서 가격이 중요한 문제가 아니라는 추정을 하게 했다. 그들 중 많은 사람들은 사실, 미국은 세계에서 가장 가격에 민감한 소비자들로 가득하다는 것을 발견하였을 때 놀라게 되었다. 예를 들어, 일본인들은 오랫동안 미국인들이 왜 그토록 가격에 민감한지를 의아하게 생각해왔다.

설명은 간단하다. 그것은 브랜드 내 경쟁(intrabrand competition)을 수행해야 하기 때문이다. 브랜드 내 경쟁은 같은 브랜드 하에서 제품들 간의 경쟁을 의미한다.

미국시장에서 제시된 소매가격은 보통 강제되어질 수 없다. 제시된 가격보다 낮은 가격으로 제품을 판매한다고 하여도 제품공급을 중단할 수 없다. 이러한 규칙은 연방정부에서 항상 감시하고 있어 이를 어기는 경우에는 제제를 받게 된다. 예를 들어 커피제조기를 판매하는 소매상은 어떠한 가격에 동 제품을 판매하던지 그것은 자율에 맡겨져야 한다.

유통비용 절감에 성공한 소매업자가 브라운 커피제조기를 저렴한 가격에 팔려고 하는 경우 이를 제재하기 위하여 공급자가 부당한 핑계를 들어 제품공급을 중단할 수 없으며 이러한 시도는 연방정부에 의하여 강력하게 규제되고 있다.

이러한 결과로 백화점 소매에서 95달러에 보급된 브라운 자동 커피제조기는 교외의 창고에서 49.95달러의 인하된 가격으로 판매될 수 있다. 포그 코트(fog coats)는 직판점에서 40% 할인된 가격으로 판매된다. 그리고 이러한 것들은 복제품이 아닌 진품이다. 미국의 소비자들이 가격에 이처럼 민감한 것은 가격의 인하정도가 만만치 않기 때문이기도 하다. 미국의 소매업자들은 소비자들에게 다른 가게에서 더 싼 가격의 제품을 발견하면 그 차액을 지급하겠다는 조건을 제시함으로서 고객을 유치하기에 이르렀다.

시장 전략

제품 정책

시장의 규모, 부유함(affluence) 및 다양성으로 인해 북미시장은 어지러울 정도로 많은 제품과 서비스들이 경쟁하고 있다. 강력한 구매력과 문화적 다양성은 다양한 제품구색과 다양한 민속음식점의 출현을 설명할 수 있는 근거가 된다. 이러한 특성들은 미국이 패스트푸드의 천국이 되게 하였다. 미국 개척자들은 비생산적인 일에 시간을 쓰고 있을 여유가 없었을 것이다. 즉석 제공의 음식이 필요했고 또한 다양한 인종들의 구미를 공통적으로 만족시키는 최소한의 음식을 제공할 필요가 있었을 것이다.

가격책정

북미시장은 국내공급자 뿐 아니라 외국진입자들이 경쟁함으로써 제품의 질적인 측면과 가격 등에서 소비자들은 반사이익을 얻고 있다. 예를 들어 가격대 품질의 수준은 고객들에게 상당한 만족을 줄 정도이다. 또한 캐나다의 여행객들은 때때로 자국에서의 제품보다 미국 현지시장에서 가격이 더욱 저렴하다는 것을 발견한다. 이것은 북미자유무역협정의 영향이기도 하다.

무역규제로부터의 해방은 여러 측면에서 제품의 가격에 영향을 미치고 있다. 재판매가격유지는 대개 로빈슨-패트맨 법(Robinson-Patman Act)에 의하면 불법이다. 저가에 판매한다는 이유로 제품을 공급하지 않으면 동 법에 의하여 불법이 된다. 브랜드간 경쟁 및 브랜드내에서의 경쟁을 제한하는 것은 미국에서 허용되지 않는다. 미국에서 동일한 Ralph Lauren 안경테는 두 개의 다른 매장에서 50%나 차이 나는 가격에 판매될 수 있다.

유통

거대한 북미대륙과 넓게 퍼져있는 인구는 대형매장을 필요로 하게 되고 전국단위의 대규모 운송체계를 갖추어야 한다. 효율적인 운송 고속도로의 건설, 자동차의 보유, 국가방송네트워크, 포장의 기술적인 발전 및 플라스틱 포장과 냉장고를 포함한 저장기술의 발전으로 대형 슈퍼마켓이 출현하였고 이는 전국적인 유통망을 형성하게 하였다.

이것은 또한 유통경로가 다양한 다른 시장에서 보다 미국에서 더욱 효율적일 수 있다. 더욱 층화된 유통시스템에 익숙해 있는 외국진입자는 미국내의 대규모 유통업체와 연결만 된다면 의외로 쉽게 미국 전 지역으로의 판매망을 확대할 수 있다는 것에 놀랄 것이다. 하지만 그러한 유통계약을 체결하는 것은 매우 힘든 과정이다. 반대로 외국의 시장에서는 층화된 유통구조로 인하여 현지의 유통업자와의 거래가 없이는 시장에서 성공하기 어려울 것이다. 그래서 미국의 유통업자들은 아마도 외국시장에서 성공하기 어려울지 모른다.

판촉

원칙적으로 북미의 통신매체들은 다른 곳의 매체와 크게 다르지는 않지만, 광고의 활용 및 상업적 활용에 있어서는 크게 차이가 있다. 미국은 캐나다를 포함한 다른 국가들보다 1인당 광고비용을 더 많이 지출하고 있다. 광고의 홍수로 인하여 특정 광고가 주목을 받는 것은 그다지 쉽지 않다. 그럼에도 불구하고, 광고활동은 미국시장에 침투하고자 하는 소비자제품에 있어 절대적으로 필요하다.—특히, TV 광고는 시장에서 광고메시지를 효율적으로 전달하는 "훌륭한 무기"로서 역할을 한다. 보통 외국의 브랜드들은 미국에서 광고하기 위하여 그들이 자국에서 지출하는 비용의 5~10배의 비용을 지출해야 한다. 대형시장을 쟁취하기 위해서는 만만치 않은 광고비를 지출할 각오를 하여야 한다.

북미 시장에서 다양한 미디어 선택을 할 수 있다는 것은 북미시장의 다양성에 연유한다. 케이블 TV는 대부분의 지역에 75개 또는 그 이상의 채널을 제공한다. TV 방송프로그램 편성은 상당히 다양하며 다수의 프로그램들은 특정한 소수의 집단에 제공된다. 대부분의 다른 국가들과는 달리, 정부소유의 공영방송국이 없으며, 이는 국민이 정부로부터 지나친 간섭을 받지 않을려는 사회적인 분위기를 반영한 것이다. 이와 동시에 국민들에게 강제적으로 요구되는 어떤 신념이나 행동방식은 없지만 개인은 자신의 행동과 생각에 책임을 져야 한다는 인식을 공유하고 있다.

GLOBAL MARKETING

요약

선진국의 성숙시장에서 현지마케팅은 "첨단마케팅"이 되어야만 한다. 물론 여기에는 선진국 시장들 간의 약간의 차이점은 고려되어야 할 것이다. 서유럽의 3대 국가, 북미, 일본, 호주 및 뉴질랜드에서는 마케팅 전문가가 고려해야만 하는 상당한 차이점들이 존재한다. 이 장에서는 최대한 확실히 드러나는 차이점을 살펴보았다. 하지만 해당시장을 완전히 이해하기에는 턱 없이 부족하다. 현지마케팅 전문가는 보다 더 효과적으로 행동하기 위하여 현지마케팅 무대에 특화된 감각을 발전시켜야 한다.

시장세분화는 대개의 성숙시장에서 "반드시 해야 하는" 것이고, 이러한 개방시장에서는 경쟁의 정도는 첨예하다고 할 수 있다. 새로운 진입자들은 종종 그들 제품에 대한 포지셔닝을 시장 중심부가 아닌 특수한 지역에 적용하는 틈새 전략을 사용하는 것이 필요하다. 진입자가 특정 선도시장에서 강력한 핵심 브랜드인 경우조차도 성숙시장들 간의 호환성의 부족으로 인하여 진입시장에 대한 틈새를 공략할 필요가 있을 수 있다. 반면에 신제품인 경우, 진입자는 새로운 시장을 개척할 때 발생하는 선발자 우위로 인하여 틈새시장 공략의 필요성이 상대적으로 줄어든다고 할 수 있다.

CHAPTER
9

새로운 성장시장에서의 현지마케팅

이 장을 읽은 후 다음이 가능해야 한다.

1. 아시아, 라틴아메리카 그리고 다른 지역의 새로운 성장시장이 어떻게 글로벌 기업들의 성장의 새로운 원천이 되어왔는지를 이해할 수 있어야 한다.
2. 많은 국가들이 세계적 혼란을 어떻게 이겨냈으며 또한 장기적인 관점에서의 잠재력을 유지한 시장 및 생산자로서 세계시장에서 어떠한 지위에 있는가를 분석할 수 있어야 한다.
3. 독립시장은 단일 표적시장으로 하기에는 너무 작지만 무역블록은 표적으로 하기에 충분한 시장크기를 갖추고 있으므로 이들에 대한 이해가 필요하다.
4. 새로운 제품개발에 대한 스트레스가 적고 기존제품에 대한 더욱 포괄적인 시장개척이 가능한 신흥공업국에서 새로운 성장시장에 대한 마케팅 프로그램을 개발하여야 한다.
5. 상대적으로 신흥시장에서는 표준화된 글로벌 제품과 브랜드가 초기단계에서 성공할 수 있지만, 고객들이 적응과 맞춤화를 요구하는 성숙시장의 변덕스러운 고객들과 더욱 유사해지고 있는 만큼 이에 대한 대비도 할 수 있는 능력을 갖추어야 한다.

제9장은 글로벌시장의 참여자로서 신흥국들의 출현과 그들의 시장에 진출하기 위한 제반 환경을 다루고 있다. 이 장은 글로벌마케팅 전문가들이 신흥시장에서 어떻게 마케팅기회를 포착할 수 있을 것인지에 초점을 맞추고 있다. 이들 신흥시장은 선진국의 다국적기업에게 아웃소싱을 입지로서도 상당한 역할을 한다. 이들 신흥국에 자리하고 있는 외주기업들은 기술이전으로 인하여 상당한 기술력을 가지고 있으며 향후에 언제든지 선진국 기업을 수출시장 뿐 아니라 선진국의 국내시장에서 조차 위협할 수 있는 경쟁자가 될 수도 있다.

이 장에서 다루는 것은 시장세분화, 제품포지셔닝, 그리고 마케팅믹스를 수반하는 전통적인 마케팅 모듈과 전략들이다. 이 장은 먼저 일반적인 수준에서 새로운 성장시장들을 다룰 것이며 나아가 라틴아메리카, 아시아, 인도의 세 가지 특별한 사례를 보다 자세히 다룰 것이다.

소니를 제친 삼성

지난 20년간 일본기업들은 전자제품분야에서 최고의 자리를 지켜왔다. 먼저 독일과 영국기업들을 시작으로 미국기업들까지 정복한 Sony를 포함한 일본 브랜드들은 세계의 라디오, TV, 스테레오 기기 시장을 점령하기 위하여 트랜지스터 기술을 발명하였다. Trinitron color tube, Walkman, Discman, Playstation2와 같은 제품개발은 우세를 견고히 하는데 도움을 주었다. 거대하고 까다로우며 통찰력 있는 자국의 소비자들로 인해 세기말까지 일본의 소비자 가전산업은 글로벌 소비자 가전시장에서 사실상 경쟁자가 존재하지 않았다.

그러나 이웃의 한국에서도 전자제품 산업은 급성장하고 있었다. 일본의 해외직접투자를 통한 저가 제조시장이 커져가고 있는 무렵 한국은 매장의 주문자상표부착생산의 기초 공급자가 되었고 곧 세계 속의 브랜드로 성장하였다. 1993년 Samsung의 새 회장인 이건희는 일본 브랜드에 필적하여 한국적인 브랜드로 소비자들에게 다가가야 할 때가 왔다고 선언했다. 이러한 전략은 미국시장에서 TV로 명성을 쌓은 LG에 의해 이미 시작되었다. 이건희 회장은 불가능할 것 같은 방향을 제시했는데, Samsung이 언젠가는 세계에서 인정받는 최고의 경쟁사인 Sony를 따라 잡는다는 것이었다.

제조기업이 기업 대 기업에서 기업 대 소비자 구도로 전환하는 것은 쉽지 않은 일이다. IBM의 경우는 2004년 말 그들의 PC사업 부문을 기업 대 소비자 구도로 전환하지 않고 중국기업인 Lenovo로 이전하였다. HP는 몇 년 동안 어려움을 겪은 이후에 결국 소비자들에게 매력적인 제품을 개발하는데 성공한 것처럼 보인다. 반면에 최초의 휴대전화 개발업체 중 하나인 Ericsson은 소비자들을 이해하지 못하였고 Sony와의 합작투자를 통하여 Sony-Ericsson으로 방향을 수정하였다. 하지만 Samsung은 해결책을 찾은 것처럼 보였다. 국제적인 브랜드 인지도에서 혜성처럼 나타난 Samsung은 연간 브랜드 인지도가 2001년에는 42위로 Sony의 20위를 뒤쫓았으며 2005년에는 마침내 Sony의 28위를 제치고 20위로 올라섰다.

몇 가지의 요인들이 이러한 성공을 일구어 내는 역할을 하였다. 첫째, Samsung은 그들의 핵심 비즈니스와 제조기량의 일관성을 고수하였다. 또한 R&D와 반도체에 투자하였다. Sony는 대조적으로 업계에서 "컨텐츠(contents)"라고 불리는 영화, 음악, 엔터테인먼트 사업에 뛰어들었다. Samsung은 글로벌 성장시장인 휴대폰시장에 중점을 두었고, Samsung의 기술전문가들은 한국의 험준한 산악지역에 라디오신호를 보내는 문제를 해결하는 것이 중요하다는 것을 알게 되었다. 대조적으로 일본 휴대전화 기업들은 까다로운 규정과 트랜스미션에 대한 세 가지의 다른 기준으로 인해 어려움을 겪었다.

마케팅 측면에서, Samsung은 좀 더 소비자에 다가서는 새로운 마케팅전략으로 전환하였다. 기술 마케팅이 전공인 한국계 미국인인 Eric Kim이 2000년에 Samsung에 고용되었다. 그의 브랜드에 대한 경험으로 Samsung은 브랜드 인지도를 높여야 한다는 것을 실감하였고 대내외적으로 인지도 상승의 중요성을 주장하였다. 기술력에 대한 중요성이 강조되는 Samsung의 기업문화에서 브랜드인지도의 이득을 역설하기 위해서는 객관적인 정보를 바탕으로 해야 한다는 것을 Eric Kim은 실감하였다. 사내 의사결정지원 데이터뱅크를 개설하여 과거의 지출내역을 볼 수 있도록 하였고 최종 투자패턴의 예상되는 결과를 예측 가능하게 했다. M-net program 이라고 불리는 데이터뱅크는 Samsung으로 하여금 기술위주의 마케팅전략을 소비자인지도 향상을 위한 브랜드 정책과 병행하여 추진하는 전략이 필요하다는 것을 입증하였다.

Sources: www.Interbrand.com/best_brands; John Quelch and Anna Harrington, "Samsung Electronics Company: Global Marketing Operations," Harvard Business School, case 9-504-051, April 3, 2007; Marcel Corstjens and Jeffrey Merrihue, "Optimal Marketing," *Harvard Business Review,* October 2003, pp. 2-9.

서론

새로운 성장시장들은 다양한 국가들로 이루어져 있다. 동남아시아와 라틴아메리카 국가들에 더하여 일부 지중해 국가들, 남아프리카 그리고 현재 일부 중앙 유럽국가들까지 포함할 수 있다. 이 장에서는 아시아(제10장에서 다루게 될 중국과 베트남은 제외) 국가들, 라틴아메리카, 인도에 대해서 중점적으로 다룰 것이다.

경제가 빠르게 성장하고 있는 신흥공업국(NIEs)의 현지마케팅 전문가들은 성숙시장에서의 초기 마케팅 전문가들과 다르지 않은 상황에 직면한다. 몇몇 국가(홍콩, 이스라엘—약700만/싱가포르—460만)는 인구가 작은 시장을 보유하고 있고, 다른 국가들은 유럽인구의 규모에 해당하거나, 칠레인구(1660만)와 한국인구(4820만)의 범위 사이에 있다.

인도의 11억이 넘는 인구는 하나의 독자적인 시장을 형성하였다. 인도시장의 최근 혁신적인 성장이 인도를 신흥시장으로의 면모를 갖추도록 만들었다. 또한 공산국가인 중국에 비해 상대적으로 민주주의 전통이 강한 인도시장의 환경이 신흥공업국가들과 비슷한 시장환경이 되도록 하였다.

두 종류의 시장

글로벌마케팅의 목적상 성장국가를 두 가지 종류로 분류하는 것이 유용하다. 첫째, 상대적으로 자원이 풍부하지만 독재 정치세력과 식민지배를 받아온 사람들로 구성된 국가들이다. 이에 해당하는 국가는 라틴아메리카와 남아프리카 국가들이 있다. 천연자원으로 창출된 부의 균등한 분배에 의해 이들 국가에서 소비자수요는 더욱 촉진되었다. 이들 국가의 소비자들은 이전에는 경험할 수 없었던 시장경제의 부요함을 누리게 되었다. 하지만 미래에도 이러한 긍정적인 측면이 계속될 것인지에 대해서는 군사독재의 출현, 부의 불균등 등의 문제로 매우 조심스럽다.

또 다른 종류의 새로운 성장시장은 최근 해외직접투자를 통해 서구의 자본주의를 받아들인 국가들이다. 천연자원이 아닌 저렴한 노동력으로 이익을 취할 수 있는 다국적 수출기업들이 이들 국가들의 산업개발에 주된 역할을 하게 된다. 이들 국가에는 몇몇의 아시아 국가들이 있고 의심의 여지는 있지만 이스라엘도 여기에 포함시킬 수 있을 것으로 보인다. 이들 국가들은 미래의 세계경제의 핵심세력들이고 또한 미래에도 긍정적인 발전을 계속할 것으로 보인다.

뉴밀레니엄 시대의 세계적인 금융혼란, 반글로벌화의 추세, 그리고 테러리스트들의 활동이 이러한 낙관적인 예측을 어둡게 하고 있다. 또한 라틴아메리카와 아시아시장은 근본적으로 차이를 두고 접근해야 한다. 라틴아메리카 시장은 소비자 내구재와 가족들의 삶의 질적향상에 영향을 미치는 것을 중시하지만, 동남아시아에서는 개인적인 소비욕구의 충족과 과시욕을 위해 서구의 고급제품들과 브랜드제품 구입에 초점이 맞추어져 있다.

이들 국가 사이의 경제적, 정치-역사적인 차이는 일반적으로 그들 고유의 정치적, 문화적인 차이점에 기반을 둔다. 라틴아메리카의 가톨릭주의는 통치자에 대한 복종과 일상생활의 규율에 중점을 두는데 비해 불교문화의 아시아 국가들은 운명론과 개인 초월적 인생의 가치에 중점을 두고 있다. 기독교인들이 원죄를 설교할 때, 불교에서는 명상과 해탈을 가르친다. 이러한 차이점들이 단순한 것처럼 보이지만, 왜 소비자요구가 성장시장에서 다른 패턴을 보이는지에 대한 설명이 될 수 있음으로 현지마케팅 활동시에 유념할 필요가 있다.

이러한 기본적인 차이에도 불구하고 새로운 성장시장 사이에는 마케팅에 있어 여러 유사점들이 존재한다. 이들 국가에서의 시장은 일반적으로 제품수명주기의 성장단계에 있으며 이것은 다른 다국적기업들이 투자하기에 좋은 환경을 제공한다. 음식, 가정용품, 의류와 같은 몇몇 시장들에서는 이미 시장이 성숙상태에 도달했을 수 있다. 그러나 이들 시장에는 다양한 신제품과 보다 국제적인 제품에 대한 수요가 잠재하고 있다. 레저제품과 서비스, 서양가구, 냉동식품 등을 포함한 다른 제품시장들은 도입 혹은 초기 단계일 수 있다. 하지만 소득이 증가함에 따라 이들 국가의 국민들은 좀 더 성숙된 시장경제에서 제공하는 다양성과 경험을 요구하게 될 것이다.

무역블록의 역할

다수의 새로운 성장시장에서 무역블록(trade blocs)의 회원국 지위는 아주 중요한 역할을 한다. 이에는 두 가지 이유가 있다. 첫째, 외국 투자자자들에게 그 국가를 더욱 매력적으로 보이게 한다. 이는 제조공장들이 그곳에 들어올 수 있고 다른 가입국으로 수출시 특혜를 받을 수 있기 때문이다. 예로서 아세안(ASEAN) 가입으로 인한 말레이시아와 태국은 외국기업들의 유치를 통하여 경제성장에 큰 도움을 받게 되었다. 특히, 아세안에 가입함으로써 다국적기업이 부품을 국가간 이동하는데 상당한 이점을 제공할 수 있게 되었다. 인도네시아에 있는 Toyota 자동차 공장은 다른 아세안 국가들에 수출했을 뿐만 아니라 부품들과 공급제품들을 다른 아세안 국가들의 자회사로부터 받기도 한다. 다른 아세안 국가들 사이에서 엔진, 변속기와 부품들의 제조를 분업화함으로써 Toyota는 기본 관세율의 반값으로 물건을 보낼 수 있는 이점을 획득하기 위해 노력하고 있다.

새로운 성장국가들에게 무역블록이 중요한 두 번째 이유는, 확대된 시장 잠재력이다. 남미공동시장(Mercosur)의 회원국은 브라질, 파라과이 그리고 우루과이를 포함해 2억 이상의 큰 시장이며 또한 규모를 확장하기 위하여 4100만의 인구를 가진 아르헨티나의 가입을 허용하였다. 많은 인구를 확보할 경우 시장진입과 외국인 투자를 더욱 쉽게 끌어들일 수 있다. 반대로, 지리적으로 인접한 국가들 사이에 무역블록을 형성하지 않는다면 이는 상당한 상호손실을 초래할 수 있다. 예를 들어, 중동에서 이스라엘과 거래하지 않는 아랍국가들은 이스라엘의 경제와 상호작용할 수 있는 가능성을 어렵게 하고 결국 더 많은 정치적인 위험을 감수해야 될 수도 있다.

무역블록 회원국이 되면 이에 따른 경제성장효과는 확실히 증가할 것이다. 새로운 성장은 대게 무역블록이 형성되었을 때 발생한다. 또한 국가블록의 미래를 보장하기 위해서는 성장이 반드시 선행되어야 한다. 만약 해당 국가의 경제가 약하다면, 국내산업은 새로운 진입자들을 경계하려고 할 것임으로 기존의 무역 블럭 회원국들은 이러한 국가들을 신규회원으로 받아들이기를 꺼려할 수 있다. 아프리카의 국가들은 이러한 문제들로 인하여 새로운 회원의 신규가입을 통하여 시장의 규모를 확대하는데 상당한 어려움이 있다.

시장세분화

이들 국가의 시장세분화는 주로 핵심 중산층(core middle class)이 급격히 증대해 왔다는 점에서 제10장에서 언급할 개발도상국들과는 차별화된다. 신흥공업국가에서 소비능력을 가진 이러한 주류 소비자들의 등장은 세분화 기술을 직접적으로 적용할 수 있다는 것을 의미한다. 다시 말해, 이들 소비자들은 다양성을 요구하며 이러한 다양성을 충족시키는 제품에 대하여 기꺼이 구매할 준비가 되어있다. 어떤 경우에는 인구통계, 소득, 지역과 같은 기본적인 정보가 정확하지 않을 수도 있다. 이는 은둔생활을 하는 가족들, 탈세욕구, 증가하는 대중유동성 때문으로 볼 수 있다. 하지만 경제성장의 지속으로 소비자 세분화는 소비활동, 즉 '필요'에 의한 것 뿐만이 아닌 '원하는 것'에 의해 정의될 수 있다. 주요 정보의 수집과 개인적인 관찰 및 인터뷰에 의한 일차적인 자료를 확보하기 위한 노력이 중요하다.

제품포지셔닝

새로운 성장시장에서는 잘 알려진 브랜드명(brand names)에 대한 관심이 큰 것을 알 수 있다. 이들 국가에서는 해외여행이나 글로벌 커뮤니케이션 네트워크를 통해 외국제품에 대해 잘 알고 있다. 글로벌 브랜드는 우수하며 기업들은 눈에 띄는 옥외광고 그리고 대중교통을 이용한 광고와 주의를 환기하기 위한 판촉를 적극적으로 한다. 하지만 이들 국가의 소비자들을 다루기 쉽다는 뜻은 아니다. 오히려 그들은 때때로 그들 스스로 욕망을 과감히 추구하기도 한다. 좀 더 기본적이고 필수적인 제품과 서비스(음식, 가정용품, 자동차)에 대한 품질과 성능에 대한 요구는 발전된 시장에 비해 결코 뒤처지지 않을 수 있음을 유의해야 한다.

이러한 국가들은 그들의 성장을 가속화하기 위하여 종종 외국기술과 자본을 이용한다. 이것은 외국의 진입자들이 현지기업에 제공할 수 있는 실질적인 혜택임으로 인해 외국진입자들에게 상당한 협상우위를 제공하는 근거가 된다. 성숙된 시장과는 달리 국산품들은 기능적인 측면이 뛰어나더라도 소비자인식은 부정적일 수도 있다. 신식민주의적(neocolonial) 태도로 인해 아르헨티나에서는 유럽제품, 한국에서는 일본제품, 홍콩과 싱가포르에서는 영국의 특정 제품이 매우 선호된다. 하지만 제품에 대한 태도가 특정국가들 자체에 대한 선호로 반드시 이어지는 것은 아니다. 제품에 대한 원산지효과는 국가 간의 기술의 격차와 경제개발 과정에서 주고받은 영향력 등에 의하여 발생하는 것이며 이는 기술선도국에서 후발국으로 제품을 수출을 하는 배경이 된다.

마케팅 전술

새로운 성장시장에서 마케팅 믹스는 종종 성숙시장의 전술로부터 많은 시사점으로 찾을 수 있으며, 필요한 경우 최소한의 수정을 가하는 방식으로 구성하면 효율적이다.

제품

제품이 잘 작동하도록 하기 위한 기본적인 현지화가 이러한 시장에서는 필수적이다. 그리고 소비자들은 다른 곳에서처럼 더욱 많은 요구를 할 수 있다. 하지만 특정 세분화시장에서 "외국제품"에 대한 특정한 선호가 있을 수 있기 때문에 "비적응(no adaptation)" 선택은 심각하게 고려해봐야 할 사항이다. 이러한 경우에는 브랜드명이 뒷받침되는 것이 중요하다; 이들 시장에서의 평범한 제품들은 현지국의 다양한 제품들과 경쟁할 때 거의 승산이 없음을 인식해야 한다.

가격책정

가격책정은 중요하다. 하지만 발전된 시장에서의 수요, 비용 그리고 경쟁 조건에 대하여 고려하는 사항들은 동일하게 반영될 수 있다. 만약 독특한 판매방식이 높은 수준의 포지셔닝을 이끌 수만 있다면 높은 가격을 받을 수 있을 것이다. 이들 시장은 성장하고 있고 사람들은 돈을 쓸 준비가 되어 있다. 동시에 가격이 너무 경직되어서는 안된다. 거대하고 충성도 높은 추종자들을 규합하여 브랜드 프랜차이즈를 형성하는 것도 효과적인 전술이 될 수 있다.

유통

유통과 서비스 활동은 잠재적이고 장기적인 편익을 고려하여야 한다. 유통은 그 어느 곳에서 보다도 중요하며 이윤창출과 서비스 지원을 위하여 중요하다. 성장시장으로의 진출은 일반적으로 직판장의 수, 세분화시장의 범위 그리고 경쟁위협에 대한 대응의 증가로 인해 만만치 않은 비용의 지출을 수반한다. 이들 시장은 아직 고수익시장이 아니다. 상류층 틈새시장의 호화로운 소비를 제외하고는 이 시장은 진입이후에도 현금흐름을 크게 호전시킬 정도로 시장여건이 호의적은 것은 아니다.

판촉

제품과 서비스들은 미래의 잠재적인 이익을 창출하기 위한 판촉전술을 구사하여야 한다. 이를 위해 강한 브랜드이미지를 창출하는 것이 중요하다. 공산품에 대한 소비자들 사이의 정보를 공유하고 신뢰를 형성하는 것도 마찬가지로 중요하다. 해외진출 영업직원들은 현지의 국내생산자에게 득이 될 수 있는 거래기밀을 알려주지 않기 위해 주의를 기울일 필요가 있다. 신흥공업국들은 세계무역기구의 영향력에 의해 변화되어 가고 있음에도 국제 저작권법과 특허권에 둔감한 것으로 알려져 있다. 미국의 거대 PC 소프트웨어업체인 Microsoft는 한국, 홍콩과 싱가포르에 진입하는 것을 회피하려는 정책을 고수해왔으며, 이는 이들 국가들의 저작권 침해 관행 때문이었다.

그럼에도 불구하고, 미국, 캐나다와 같은 매력적인 시장에서 자유무역이 정치적인 쟁점이 되고 있는 시점에서 신흥공업국들은 글로벌 무역시스템의 순응하기 위하여 이러한 불공정행위를 제재할 필요가 있다는 것을 인식하게 될 것이다. 따라서 판촉지원과 지역 대표자와의 결속, 그리고 현지인들과의 신뢰와 공유에 대한 개방적인 마인드가 과거 어느 때보다 필요한 시점이다.

클로즈 업: 라틴아메리카에서의 마케팅

앞에서 언급했던 일반적인 고려사항들은 신흥공업국을 공략하려는 현지마케팅 전문가들에게 중요한 시사점을 제공한다. 하지만 현지의 상황에 대한 더 세부적인 사항들을 고려하여 현지 사정에 맞는 마케팅전략을 형성하고 실행함이 요구된다. 세 개의 주요 성장지역을 더 자세히 분석하면, 첫째로 라틴아메리카, 그리고 아시아의 새로운 성장시장, 마지막으로 인도시장을 들 수 있다.

라틴아메리카는 세계의 성장시장 중 하나로 부상하고 있다. 이것은 다국적기업들이 진입하는 것을 의미하고 또한 현지기업들은 이러한 다국적기업과 글로벌 경쟁을 치러야 함을 뜻한다.

지역 무역블록의 형성과 정치적인 민주화 그리고 국가채무 부담으로부터의 탈피 등으로 이 지역 국가들은 상당한 경제성장을 이룩하게 되었다. 이들 국가에 진출하려는 마케팅 전문가들은 특별히 문화적인 면을(종교와 민족유산) 유의하여야 하고, 또한 이러한 문화적인 특수성은 마케팅 소통전략에도 영향을 미친다. 또한 소득의 심각한 불균형은 시장세분화에 있어서 중요한 고려요소가 되어야 한다.

시장환경

라틴아메리카는 멕시코에서부터 중남미, 남미 최남단 케이프 혼까지 뻗어있다. 인디언 원주민, 스페인과 포르투갈의 식민지배, 그리고 로마 가톨릭의 문화적 유산들로 결속되어 있다. 포르투갈어를 사용하는 인구 1억 8700만을 보유한 가장 큰 국가인 브라질을 제외한 나머지 국가들은 스페인어를 사용한다. 이 지역의 총 인구는 5억 6000만이며 멕시코는 그 중 1억 700만 명을 차지하고 있다. 1인당 소득은 아직도 상대적으로 낮다.

라틴아메리카는 고도로 발달된 잉카, 아즈텍 문명의 후손들과 유럽의 정복자들 대부

표 9.1 라틴아메리카 지역의 1인당 GDP(2007, in U.S.$, PPP), 세계 GDP 순위와 인구

	1인당 GDP	세계 GDP 순위	인구
멕시코	12,775	60	106,535,000
칠레	13,936	54	16,598,074
아르헨티나	13,308	57	41,000,000
베네수엘라	12,166	62	28,272,666
브라질	9,695	78	186,576,380
엘살바도르	5,842	95	6,857,000
페루	7,803	83	27,903,000
과테말라	4,699	107	13,354,000
콜롬비아	6,724	92	44,082,284
에콰도르	7,195	88	13,341,000
온두라스	4,082	113	7,106,000
볼리비아	4,013	116	9,525,000
니카라과	2,617	127	5,603,000

Sources: Data from www.worldbank.org; www.imf.org

분이 스페인계와 포르투갈 계통이며, 또한 독일, 이탈리아, 영국인들과 같은 다양한 인종이 공존하는 곳이다. 또한 아프리카인, 아시아인, 폴리네시안의 영향이 산재하고 있으며, 페루와 브라질에서 자리 잡고 사는 일본인들도 존재한다. 이 같이 다양한 영향력과 사회계층으로 연결된 문화적인 유산들은 쉽게 융화되기 어렵다. 정치적, 사회적, 경제적 엘리트, 그리고 대부분의 인디언 유산의 무지하고 가난한 소작농 사이의 사회적 불균형이 존재한다. 이러한 사회는 극도로 부유한 자와 가난한 자, 두 가지 계층으로 분류된다. 이러한 현상은 정치적-군사적인 불안, 혁명의 역사와 쿠데타, 그리고 현 상황에 대한 변화를 요구하는 테러리즘을 야기하였다. 경제성장으로 인하여 이러한 사회적 폭력성과 이질성은 어느 정도 해결되는 기미가 보이고 있지만 아직도 중산층의 일부에서는 이러한 성향을 여전히 가지고 있다.

로마 가톨릭은 아직도 중요한 종교적 세력(religious influence)이다. 그것은 원래 소수 독재정치를 지원하는 것으로부터 사회정의 운동을 지원하는 축으로 바뀌게 되었다. 개신교에는 미국의 TV 복음전도의 영향을 강하게 받은 복음전도 운동이 있었다. 개신교를 통한 변화에 힘입어 라틴아메리카의 산업화와 도시화, 민주주의를 향한 개혁은 지속적으로 이어지고 있다.

대체적으로 남미지역은 가난하다. 최소한 50%의 부를 남미 전역에 있는 20%의 부유층들이 지배하고 있다. 대부분 국가인구의 10~20%만이 선진국에 버금가는 풍족한 소비능력을 가지고 있다. 다시 말해, 이러한 국가들은 농경사회에서 산업사회로 옮겨가는 단계를 밟고 있는 국가들이다. 베네수엘라는 특별한 경우로 볼 수 있는데 Hugo Chavez 대통령은 석유와 상승하는 유가를 통해 국가의 부를 증가시켰다.

외국무역협정

일부 지역무역협정은 라틴아메리카의 전역으로 마케팅 역량을 강화시키는데 직접적인 영향을 미친다. 이들 주요 협정은 다음과 같다.

LAIA: 라틴아메리카 통합연합

이 협정은 모든 남미국가와 멕시코를 포함하며, 이전의 자유무역협정인 중남미자유무역연합(LAFTA)를 확장하여 제품의 자유로운 이동 및 공동관세율을 비회원국에도 적용하는 관세동맹으로 발전한 것이다.

ANCOM: 안데스 공동시장

1993년 2월, 볼리비아, 콜롬비아, 에콰도르, 그리고 베네수엘라는 공동시장을 운영하였다. 안데스 공동시장이 지향하는 바는 관세인하, 지역 내 무역의 증가, 생산요소의 자유로운 이동, 외국인들에게 호감을 살 수 있는 정치적인 환경들이다. 페루도 안데스 공동시장에 가세하였다.

Mercosur: 남미 공동시장

아르헨티나, 브라질, 파라과이, 우루과이로 구성된 공동시장으로 아르헨티나와 브라질이 중심적 역할을 수행하고 있다. 이들 그룹은 아마도 라틴아메리카에서 가장 강한 그룹일 것이다. 이들 가입국들은 공동 대외관세(1998년까지도 20%의 상대적으로 높은 평균수치)와 지역 내 무역에서는 관세를 인하하기로 동의하였다. 대내관세를 조정함에 있어서 시간적으로 이견이(1995년을 예로 들면, 우루과이는 950개의 제품들을 공동성명에서 제외했다) 있었지만 고도의 성장을 기록한 대내 무역에 있어서 강력한 모멘텀을 가져다주었다. 예를 들어, 브라질의 신발산업은 아르헨티나의 값싼 가죽 공급을 통해 이익을 창출한 반면에, 아르헨티나의 밀의 수입으로 브라질의 밀 생산은 협정 이전 수준과 비교하여 1/3 수준으로 산업구조가 조정되었다.

NAFTA: 북미자유무역협정

1994년 북미자유무역협정(NAFTA)의 비준으로 멕시코는 북미지역권으로 더 가까워졌다. 이것은 라틴아메리카 지역으로부터 멕시코가 분리되는 단계로 보기 보다는 마케팅의 관점에서 멕시코가 북미에서의 비즈니스를 위하여 더 넓은 남미시장으로의 자연스러운 진입관문이 되고 있다고 보아야 할 것이다. 이러한 현상은 만약에 칠레가 북미자유무역협정에 가입하게 된다면 더욱 광범위해질 수 있을 것으로 보인다.

FTAA: 미주자유무역지역지대

1994년 아메리카 대륙의 34개 참여국들이 아메리카 대륙의 자유무역지대를 건설하는데 동의하였다. 글로벌 무역촉진을 위한 세계무역기구의 도하 라운드에 의해 동협정의 타결이 늦추어졌음에도 불구하고 관세와 다른 무역에 대한 장애물들을 감소시키기 위한 노력으로 평가될 수 있다.

시장세분화

라틴아메리카의 시장세분화는 종종 나이와 소득수준을 결합한 도시 대 농촌지역의 인구와 같은 단순한 구분에 기초한다. 일반적으로 80%의 구매력은 도시에서 20%는 농촌지역으로 발생한다.

라틴아메리카의 도시소비자시장은 젊고 스타일에 민감한 세분화시장을 확보하고 있다. 약 56%의 라틴아메리카 인구가 24세 이하이다. 대다수의 젊은 청년층들이 부모님들과 함께 살며 고급 또는 준고급 제품들을 소비한다. 청년시장은 그들의 부모와 다른 그룹의 소비자 그룹으로 일반적인 소비패턴의 형성에 큰 영향을 미친다.

라틴아메리카 농촌시장은 빈곤으로 인한 문화적 유산 그리고 운명론적인 종교에 의해 전통에 얽매인 가족을 중시하는 소비자 세분화시장을 형성하였다. 권한은 "마치즈모" 문화의 영향으로 아버지에게 집중되고 있다. 운명과 기회에 모든 것을 맡기려는 경향이 아직도 존재하며 미래는 피할 수 없는 그리고 내일이 될 때까지 내버려두고, 모든 것들은 스스로 알아서 해결되기를 염원하고 기다린다. 그러나 이러한 전통적인 소비자태도는 변하기 시작하였으며, 글로벌마케팅 전문가는 이러한 전통적인 가치관을 예상하고 제품납기를 제때에 지키지 않는다면 많은 손실을 감수해야 할 수도 있다.

제품포지셔닝

기업들이 목표로 하는 풍요로운 도시 구매자들은 좀 더 성숙된 시장에서 쓰이는 전략을 적용할 수 있다. 도시 세분화시장은 많은 부분의 소득을 그들 가족들의 삶의 질을 향상시키기 위하여 가전기기, TV, VCR 등에 지출하고 사회적인 지위를 의식하고 소비

Getting the Picture 브라질산 폭스바겐

라틴아메리카의 전통적인 소득 불균형을 고려할 때, 1인당 소득이 낮을 수 있음에도 불구하고, 모든 주요 라틴아메리카 도시에서 높은 가격의 수입차를 발견할 수 있을 것이다. 사실, 아르헨티나의 통화는 2001년 말까지 불안정하게 됨으로서, 새로운 메르세데스와 다른 고급차의 판매가 급증하였다. 이는 부유한 고객들이 페소(Peso)화가 평가절하되기 이전에 구매를 시도하였기 때문이다. 그러나 보통의 상황은 다르다. 높은 관세와 높은 운송비용 때문에 라틴아메리카에서의 자동차가 대부분 고급 수입품이 아니다. 오히려, 현지 조립공장을 지은 다국적 자동차 제조업체에 의해 만들어진 소형차들이 대부분이다. 남미산업의 구심점은 라틴아메리카에서 가장 큰 자동차 시장을 형성한 브라질을 중심으로 형성되고 있다. 상파울루와 남부의 벨루오리존치 주변에 집중되어 있는 다국적 자동차 제조업자의 공장은 브라질 자국시장, 다른 라틴아메리카 국가들 그리고 해외수출을 위한 목적으로 자동차를 조립한다.

따라서 라틴아메리카의 자동차시장은 잘 알려진 브랜드라고 할지라도 현지에서 생산된 자동차들이 경쟁하고 있다. 1999년 라틴아메리카 시장은 다음과 같이 나누어진다.

Volkswagen	23%
Fiat	22
GM	21
Ford	11
Renault	7
Other	16

일본자동차가 빠져있는 것이 특이한 점이다. 이는 그들이 후발주자이며, 초기투자는 북미뿐만 아니라 남미시장을 목표로 생산할 수 있는 멕시코에서 이루어졌기 때문이다. 그 이후 시장은 개방되었고, 그들과 한국의 자동차 제조업체들은 남미시장에서 기회를 엿보고 있다.

라틴아메리카의 성장하는 국가들로 인해, 새로운 자동차에 대해 소비자들은 점점 세련된 고객성향을 추구하게 되었고, 수입차와 경쟁하는 구도를 형성하고 있다. 2000년에 GM과 Fiat는 금융합작에 동의하였다(GM은 24억 달러에 Fiat의 지분 20%를 사들였다. 반면에 Fiat는 GM의 지분 5.1%를 가져가는데 동의하였다). 그리고 공동구매 및 엔진과 트랜스미션을 결합하는데 동의하였다. 2개의 자동차 제조업체는 라틴아메리카에 새로운 공장의 건설을 완료하였다. 현재 그들의 작고 저렴한 자동차—Chevrolet의 Corsa 그리고 Fiat의 Palio와 Uno—가 판매부문의 리더이지만 합작공장은 더욱 큰 규모의 자동차와 소형트럭을 제조하기 위한 것이다. GM 브라질의 디자인 총 감독자인 David Rand는 다음과 같이 언급하였다: "브라질 자동차 시장은 다른 라틴아메리카 시장과 다르다. 2007년에 브라질 정부는 2008년 1월 1일부터 시행된 모든 디젤 연료에 강제적으로 2%의 바이오디젤을 넣도록 하는 제도를 도입하였다. 브라질은 거대한 대두생산자이며, 대두는 전국의 50개 이상의 공장에서 바이오연료를 생산하기 위해 이용되고 있다" 강제적인 규정은 브라질 시장을 목표로 한 자동차들이 더욱 하이브리드 엔진에 대한 필요성을 느끼게 하였고, 브라질에서는 이러한 환경자동차 시장을 선점해야 한다는 시사점을 제공하고 있다.

Sources: ADavid Phillips, "GM, Fiat Marriage Spells Profits," Detroit News, November 22, 2000; Christine Tierney, "Volkswagen," BusinessWeek, July 23, 2001; "Brazil Requiring 2% Biodiesel Blend Starting 1 Jan 08." Green Car Congress, December 28, 2007.

를 하는 중산층으로 주로 구성된다. 글로벌 브랜드와 제품들은 중산층의 사람들이 동경하는 특성들을 갖추고 있다. 브라질의 Prosdocimo는 가전기기 사업에서 다년간 선도적인 경쟁자였다. 지금은 유럽의 Electrolux에게 매각되어 브라질 시장의 영향력이 증가하였고, 그들의 제품들은 업그레이드되어 왔다. 또한 이 업체의 브랜드명은 더 높은 인지도를 확보한 Electrolux로 바뀌었다.

엄청난 규모의 저소득층을 표적으로 하는 마케팅 전문가들은 여러 가지의 난관에 시달린다. 성공적인 매스마케팅은 창조적인 패키징, 신제품의 점진적인 출시, 새로운 제품을 출시하기 전에 하나의 제품을 시장에 확실하게 확립하는 전략구사, 그리고 광고에 대한 많은 지출 등을 통하여 달성되어질 수 있다.

기업들은 중산층시장 뿐 아니라 시골지역을 대상으로 하는 다양한 소비자층을 공략할 필요가 있다. 이를 위하여 면대면 인터뷰와 관찰이 제품과 판촉을 위한 반응을 평가하는데 필수적이다. 종교적, 정치적, 민족적, 그리고 문화적 문제를 잘 관찰하는 것은 매우 중요하다. 문화적인 특이성—특정 색깔, 꽃 그리고 동물의 상징과 같은 것들—은 광고와 판촉에서 적극적으로 고려되어야 한다. 일부 농촌 지역의 소비자들은 선진 세계와의 광범위한 접촉이 이루어지지 않았다는 사실도 마케팅과정에서 참작되어야 할 사항이다.

마케팅전략

제품 정책

1990년대 라틴아메리카 시장이 성장하는 동안, 국내 또는 국외의 제품 및 서비스도 꾸준히 업그레이드되었다. 이러한 제품의 개선은 두 가지의 이유로 인하여 촉진되었다. 첫 번째는 해외 생산자들과 국내생산자들의 경쟁이고, 두 번째는 라틴아메리카 국가들 간의 역내 무역협정이 이행되면서 주변국들 간에 수출이 활발히 이루어졌기 때문이다.

전형적인 예는 맥주산업이다. 국제적인 맥주업체인 런던의 SAB밀러와 캐나다의 Labatt는 라틴아메리카를 성장시장으로 주목하고 있다. 이들 국가에서의 투자로 인하여 지역시장에 대한 공급량을 증가를 유도했을 뿐 아니라 현지의 맥주 제조업자들과의 경쟁도 한층 치열하게 되었다. 당연한 결과로 이러한 일반적인 새로운 성장시장은 맥주소비가 급격히 늘어나면서 수요도 증가하였다. 1990년 라틴아메리카의 연간 1인당 맥주 소비량은 37리터였고 2006년에는 50리터에 가까워졌다. 이 시장에서 브라질이 선호하는 Brahma는 메르코수르(Mercosur) 맥주시장에서 50%에 가까운 점유율을 보였다.

포장과 사용설명서에 스페인어를 사용하는 것과 같은 명확한 현지화가 필요한 부분을 제외하고는 제품의 현지화 적응이 상당히 제한될 수 있다. 라틴아메리카의 사람들은 유럽 또는 미주 지역의 경영자들이 예측할 수 있는 것보다 더욱 형식적이고 진지할 수 있다. 예를 들어, 미국의 저가 백화점인 J.C Penny가 1996년 칠레에 진입하였고, 마이애미와 멕시코와 같은 열대지역 시장에서 인기있는 화려한 색상의 비싼 제품군을 제공하였다. 이러한 전략의 결과는 실망으로 이어졌고 결국 미국인 경영자를 현지의 재능 있는 인재로 대체함과 동시에 덜 비싸고 더욱 기능적인 제품으로 전략을 바꾸게 되었다. 또한 칠레의 성장하는 임산부시장을 표적으로 하여 공략한 결과 판매는 개선되었고, 곧 Penny는 두 번째 점포를 개장할 수 있을 정도로 성장하였다.

그러나 전반적으로 연예와 오락 프로그램을 통한 광고가 선행된 제품에 대하여 수요가 집중되는 현상을 보이고 있다. 시간이 흐름에 따라 라틴아메리카 시장은 더욱 성숙시장에 가까워 지고 소비자들도 까다로워짐에 따라 그들의 구체적인 취향에 대하여 더욱 구체적인 표적화가 필요할 것이다. 이 시장은 어느 정도까지는 현지의 기업들에 의해 수요가 만족되어질 수 있지만, 점점 더 지역화가 확대됨에 따라 글로벌마케팅 전문가들에게도 더욱 큰 고객군으로 다가오게 될 것이다.

가격책정

라틴아메리카의 전통적인 소득불균형이 유지된다면, 글로벌 진입자들은 저소득계층의 소비자군은 현지기업들의 고객으로 양보하고 좀 더 고소득층을 표적으로 하기 위해 도시시장을 공략할 필요가 있다. 이것은 외국기업들이 제품가격을 약간 올려 준중상층의 이미지를 통해 경제적인 향상을 지향하는 가정들에게 매력적으로 다가갈 필요가 있다는 것을 의미한다. 그러나 외국기업들은 너무 높은 스키밍 가격은 피하고 대신에 최고가에서 중간 범위 가격으로 가격범위를 확장하는 것이 유용할 것으로 보인다.

중위 소득계층의 다수의 중산층이 남미시장에서 실질적인 성장기회를 제공할 것이 예상되고 또한 남미시장에서 중소 규모의 생산자들이 이들 중산층에게 다가가는 전략으로서 성장하고 있다는 것은 놀라운 일이 아니다. Wal-Mart의 할인약국과 Home Depot의 전문매장(카테고리 킬러)과 같은 미국의 양대 유통업체들의 저렴한 가격은 새로운 중산층을 표적으로 하여 성공을 거두었다. 하지만 현지의 생산자들과 소매업자들도 중산층공략에 매우 적극적이고 업체간 경쟁이 매우 치열하다. 라틴아메리카 전역에서 오랫동안 영업해 온 Sears는 1980년대 초반에 칠레에서 철수해야만 했다. 지역 체인인 Sodimac Homecenter가 지역시장에 맞춘 경쟁력 있는 가격의 물품들을 시장에 제공했기 때문이다.

남미공동시장 통화계획이 세워졌으며, 만약 이것이 적용된다면 가격에 직접적인 영향을 미칠 것이다. 이러한 공동통화계획은 각국의 시장에서 가격을 통일화할 필요가 있었기 때문이다. 유럽의 경우에서 보았듯이 통화통일은 대부분의 국가에서 가격이 하방통일성을 갖게 될 것이다.

유통

라틴아메리카에서의 유통은 거대하고 통합된 단위로 변모하고 있으며 유럽과 미국시장에서 일반적인 체인컨셉트에 가까워지고 있다. 예를 들어 레저제품과 가정용품까지 겸비한 하이퍼마켓이라 불리는 대형 슈퍼마켓이 급속히 성장하고 있다. 프랑스의 하이퍼마켓 체인인 Carrefour가 라틴아메리카에서 광대한 영업망을 확보하고 있다.

초기에 공급망을 구축하는데 있어서는 장벽이 있을 수 있다. 서서히 개선되고 있지만 빈약한 인프라와 법적보호의 부재로 문제가 발생하고 있다. 1990년대 초반 Amway의 경험은 확실한 사례로 남아있다.

외국기업들은 제품판매에 있어 라틴아메리카에서 설립된 유통업자, 즉, 팔기 쉬운 제품만 취급하며 제품에 전문성이 부족한 업체들에게 의존하는 것은 큰 실수라는 것을 발견하였다. 북미 기업들은 현지의 우량파트너들과 손잡고 합작투자를 통해 남미 현지 시장에 진출할 필요가 있다. 필라델피아 의료기 업체인 AMSCO와 같은 일부 기업들은 중개인에게 그들의 시장을 분석하도록 맡기지 않았다. 대신에 직접 고객을 조사하고 분석하여 시장에 접근하였다.

Tropicana Dole Beverages International은 현재 PepsiCo의 계열사인데 순수 오렌지주스 브랜드로 남미 시장에 진출했다. Tropicana는 아르헨티나의 거대 유제품 기업이자 고급제품과 브랜드 충성도가 높은 고객을 보유한 La Serenisima와 합자투자를 하였다. Tropicana는 아르헨티나로 진출에 성공했는데, 이는 든든한 경제력과 풍부한 고객 그리고 프리미엄 주스시장 경쟁자들의 부재에 기인한다고 볼 수 있다. 아르헨티나는 또한 남미공동시장으로 진출하기 위한 출발점으로 이용될 수 있다.

판촉

일반적으로 라틴아메리카는 월드 클래스의 브랜드와 제품에 대한 지식과 인지의 측면에서 매우 진보한 시장이다. 세계적인 브랜드 기업들은 브랜드인지도를 끌어올리고 시장입지를 창출하기 위하여 많은 투자를 하였다.

라틴아메리카 도시 소비자들 사이에서 성인들은 광고에서 상세한 제품정보를 원하며 이미지 위주의 광고는 거부하려 한다는 것이 조사 결과에서 나타나고 있다. 그들은 광고에서 말하고자 하는 바를 바로 이해하기를 원했다. 제품 사용 시범과 사용 성공사례를 판촉하는 것이 효과적일 수 있다.

TV 광고는 흔히 3대에 걸친 가정을 기반으로 한 가족들의 삶을 위주로 이루어진다. 여성들은 전통적으로 가족을 위해 음식을 장만하고 가정을 꾸리는 역할을 반영하여 광고를 함으로서 시청자로 하여금 편안함을 자아내도록 구성된다. 히스패닉의 문화는 낙관적이고 즐겁다. 그리고 히스패닉들은 그들의 다채롭고 활기 넘치는 모습을 담은 광고에 가장 호의적으로 반응한다.

TV의 주간연속극을 후원하는 것은 광고주들에게 모든 연령층의 여성 소비자들에게 다가갈 수 있도록 한다. 남성 소비자들에게 있어서는 영화나 스포츠 이벤트를 후원하는 것이 유익하다. 유명 연예인이나 운동선수를 내세우는 것은 엄청난 효과가 있다. 브라질의 커피제조사 Cacique de Alimentor의 축구스타를 염두에 두고 이름을 정한 Cafe Pele는 아주 성공적인 사례다. Pele가 축구경기가 끝난 후 Gatorade를 마시는 Gatorade TV 광고에서는 아무런 말이 필요 없었다. 매출은 상승했고 전 지역으로 뻗어나가며 성공을 거두었다.

시외지역 마케팅에서는 소비자들의 인식을 환기시키는데 초점을 맞추었다. 이를 위한 광고에서는 제품의 사용법과 기능을 그림을 통해 쉽게 설명하려고 노력하였다. 브라질 광고에서는 지역에서 유행하는 댄스음악에 의지하고 있다. 포장모양과 디자인은 매우 중요하다. 쉽게 기억되는 음악을 동반한 포스터의 반복을 통하여 제품과 제품명을 기억하게 하는 것이 유용하다.

판촉에서는 할인쿠폰이 소매업자들에 의하여 그다지 환영을 받지 못함으로 신제품을 출시함에 있어서 쿠폰을 사용하기에는 한계가 있다. 오히려 마케팅기업들은 오가는 사람들에게 음악을 틀어주거나 무료샘플을 제공하기 위하여 밴이나 사운드 트럭과 같은 창조적인 판촉도구들을 이용하여 왔다.

주요 국가 시장

라틴아메리카는 4개의 주요한 시장을 가지고 있다. 아르헨티나, 칠레, 브라질, 그리고 멕시코가 그들인데 그중에서 칠레는 1인당 가장 높은 GDP를 보유하고 있다. 마케팅을 위해 필요한 사항은 아래에 정리하였다.

아르헨티나

2002년 초 아르헨티나의 통화위기는 4100만의 인구를 가지고 라틴아메리카에서 가장 높았던 생활수준을 누렸던 국가를 혼란에 빠트렸다. 10년간의 성장과 번영은 달러에 연동되어진 페소의 환율로 인한 것이었고 1990년대 말 달러가 대부분의 통화와 대비해 강세를 보이면서 아르헨티나의 수출품은 환율상승으로 인하여 경쟁력을 잃게 되었다. 수입이 급격히 증가한 반면에 수출은 감소되었고, 무역불균형은 점점 심해지게 되었고 무역수지 불균형은 달러로 차입한 막대한 외화로 메꾸어졌다. 이런 와중에 정부가 달러에 연동된 환율을 폐지하자 아르헨티나의 화폐가치는 걷잡을 수 없이 추락하게 되었고 막대한 외채부담은 국가부도위기로 치달았다. 놀랍게도 이러한 국가위기는 고통스웠지만 놀랄 정도로 빨리 극복되었다. 380억 달러의 채무불이행으로 외국인 투자자들이 뿔뿔이 흩어지는 결과를 초래했다. 그러나 국내 경제회복의 기반은 마련되었다. 낮은 페소의 환율에서 경제가 안정되면서, 국가는 성장의 길로 돌아왔다. 그리고 급증한 수출은 라틴아메리카에서 새로운 성공 스토리 중 하나가 되었다.

세계2차대전 이후에 아르헨티나는 1인당 소득기준으로 세계 10대 강국이었다. 정치적인 문제가 그러한 상황을 바꾸어 놓았지만 지금 아르헨티나는 다시 과거의 영광으로 돌아오고 있다. 아르헨티나는 잘 조직된 산업체계와 농업으로 라틴아메리카의 혼란을 견뎌내었으며 자유시장경제체제를 유지할 수 있는 기반을 갖추고 있다.

증가된 소비력은 소비자시장에서 판매를 증가시키는데 기여하였다. 그들의 유럽적 유산과 과거의 풍요로움으로 인해 아르헨티나 소비자들은 세련된 서구 제품과 글로벌 브랜드에 익숙해 있다.

부에노스아이레스 광역권의 1200만 인구는 기타 국가들과 함께 남미공동시장을 이끌고 있다. 아르헨티나 시장은 매우 경쟁적이다. 탄산음료시장이 하나의 사례이다. Pepsi와 Coca-Cola의 소비자들에게 예리하게 파고드는 브랜드 경쟁은 매우 치열하다.

둘 다 젊은 층을 표적으로 하고 있으며 자판기와 록 콘서트 후원 및 각종 특별 행사로서 판매경쟁을 하고 있다. 극심한 인플레이션과 가격통제 기간 동안 파산할 위기에 몰렸던 Pepsi는 최근에 아르헨티나에 다시 진출하였고 39%의 시장 점유율을 보였다. 이에 대응하기 위하여 Coca-Cola는 공급체계의 재구성을 통하여 슈퍼마켓 체인과 바, 식당, 그리고 다른 유통업자들에게 더 가까이 다가섰다.

브라질

브라질은 1억 8,700만의 인구를 보유한 라틴아메리카에서 가장 큰 국가이다. Lula 대통령 정권하에서, 내부투자와 자본이동의 제한이 없어지면서 급진적인 인플레이션이 멈추었고 브라질은 라틴아메리카의 성장 엔진으로 다시 부상하였다. 브라질은 남미 경제 산출의 3분의 1을 창출하고 있으며 라틴 지역 수출에 있어 주요한 소비자이기도 하다.

2002년 아르헨티나의 통화 평가절하가 브라질을 매력적으로 생각하는 외국인 투자자들의 관심을 돌려 세우며 브라질을 위협하였다. 그러나 브라질은 이러한 외부충격에 반응하지 않고 국제통화기금(IMF)의 처방에 따라 통화가치를 이전과 같이 유지하여 외국인투자자들에게 환율의 손실을 막아주었다. 이러한 조치들은 브라질의 수출품들의 가격경쟁력을 떨어뜨리는 효과를 가져오게 되었다. 하지만, 여전히 원자재 특히 광물 뿐만 아니라 석유와 농업에 의한 거대한 부를 소유하고 있기 때문에 원자재 가격의 상승으로 경제는 새로운 성장을 이어갈 수 있었다. 중국과 미국과의 무역 경쟁속에서도 장기적인 앞날은 밝아 보인다. 1998년에는 아르헨티나 기업들과 이루어진 합작투자만 해도 300개 이상이나 되었다. 그리고 브라질 수출의 70% 이상은 Volkswagen, Fiat, GM, Honda, 그리고 Toyota의 브라질 공장에서 생산된 자동차를 포함하여 공산품으로 이루어져 있다.

칠레

1650만 인구의 칠레는 아마도 라틴아메리카 성장의 대표적인 사례라고 할 수 있으며 칠레의 소비시장은 급속히 발전하고 있다. 새로운 쇼핑몰들이 대도시를 중심으로 생겨나고 있으며, 많은 고객들이 방문하고 있다. 새로운 쇼핑몰들은 5900만 달러의 호화쇼핑몰부터 새로운 가게의 1/3이 외국체인인 칠레의 가장 첫 번째 아울렛으로 구성되어 있다. 칠레에서는 많은 쇼핑몰들이 새로이 생기고 있으며, 소비자들이 쇼핑몰을 방문하는 주된 동기는 미국과 약간 다르다. 연구에 따르면 45%에 달하는 미국인들은 쇼핑몰의 분위기를 보는 반면 칠레인들의 대부분은 특정물건을 구매하는데 더욱 신경을 쓰는 것으로 밝혀졌다.

라틴아메리카의 여타의 지역에서 신용카드 발급요건을 완화함으로써 소비를 촉진하였듯이 칠레에서도 신용카드 발급을 위한 한달 최소소득을 1000달러에서 500달러로 인하함으로써 소비자들의 지출을 촉진하고 있다.

멕시코

1억 700만의 인구를 보유한 멕시코는 라틴아메리카에서 브라질 다음으로 두 번째로 큰 시장이다.

정치적 문제와 민족적 소란에도 불구하고 북미자유무역협정의 가입이 외국인 투자자들에게 어려움 속에서도 투자를 할 수 있는 동기를 부여하고 있다. 미국, 일본, 유럽의 여러 기업들은 과거 라틴아메리카에 공급할 물자를 생산하는 공장을 멕시코에 세웠다. 북미자유무역협정의 출현으로 이들 공장의 생산품이 북미시장까지 공급될 만큼 생산능력이 증가하였다. 미국에서 가족들을 위해 일하고 있는 멕시코 노동자들이 송금하는 달러로 멕시코 경제 또한 나아지게 되었다.

멕시코시티 광역권은 2000만 인구로 글로벌 브랜드와 상류층 소비재시장을 형성하고 있다. 수도권에 정치와 경제가 집중되어 있는 여느 국가들과 같이, 멕시코시티는 국가의 유행 중심지임과 동시에 세계주의적인 관점에서는 비정형적인 마케팅환경을 가지는 면도 있다. 한 예로 24시간 홈쇼핑 네트워크가 1993년 초반 멕시코시티에 도입되었고 세계의 주요 유통업자들이 이러한 네트워크를 활용하고 있다. 일부 마케팅 기업들은 성숙된 시장에서 공통적으로 쓰이는 통합적인 마케팅 접근방식을 통해 소비자에게 다가가서 성공을 거두었다. 예를 들어 시리얼 제조회사 켈로그는 공중파의 영향을 크게 받는 영양 및 섬유에 관한 회의를 후원하였다. 이것은 시리얼 박스에 표기된 재료와 영양가의 메시지를 소개하는 시너지효과를 거두었다.

범 지역적 마케팅

몇몇의 관찰자들은 라틴아메리카는 대륙전체를 겨냥한 전략을 적용해야 성공하는 범 지역적인 시장이라고 주장하였다. McCann-Erickson, DDB Needham과 같은 광고 대행사들은 라틴아메리카에서 지역화와 통합이 증가하는 추세에 있다고 보고 있다. 이 같은 현상들이 더욱 더 범 지역적 광고와 미디어에 의한 구매를 이끌 것이라고 예측하고 있다. 하지만 광고는 여전히 부실한 현지의 미디어인프라 때문에 여전히 매우 현지화 되어있다. 미국기업의 라틴아메리카 사례를 살펴보면서 글로벌마케팅 전문가들의 남미진출 전략을 살펴볼 필요가 있다.

라틴아메리카의 버거킹

패스트푸드 체인인 버거킹은 최근 멕시코, 브라질, 칠레, 페루, 아르헨티나, 콜롬비아, 그리고 푸에르토리코에 진출하였다. 이러한 확장은 합작투자와 프랜차이즈 협정, 그리고 Coca-Cola와 같은 미국기업과 손을 잡는 형태로 시작되었다. 버거킹은 5백만 달러를 광고에 투자하여 그 이름을 현지에 알리고 있다.

동기업이 라틴아메리카 진출에 두고 있는 목표는 "생각은 글로벌하게, 행동은 지역적으로"이다. 마이애미에 라틴아메리카 영업부 본사를 열고 리우데자네이루, 멕시코시

Getting the Picture 범남미 전략

라틴아메리카 TV 시장은 가파른 성장세를 유지하였고 넓은 지역간 네트워크가 형성되었기 때문에 마케팅 전문가들은 범지역광고를 실시하기 시작하였다. 이러한 방식은 피자에서 천연가스 까지 적용되기 시작했다.

2000년 8월 베네수엘라의 미디어 대기업인 Cisneros Group은 라틴아메리카, 스페인, 그리고 포르투갈의 4,000만에 달하는 시청자를 목표로 범-라틴아메리카 엔터테인먼트와 뉴스 TV 네트워크를 시작하였다. 스페인어로된 채널은 위성과 케이블에 의해 전달되었고 모든 연령의 라틴아메리카 시청자들을 대상으로 연속극, 쇼, 유머, 그리고 뉴스 등을 구성하였다. 이러한 편성에 광고업자들이 합류함으로써, 라틴아메리카로 부터의 TV 수익은 2010년 까지 총 410억 달러로 3배가 늘어날 것으로 예측되었다.

이러한 유통경로를 통하여 광고를 실시한 제품들은 Coke, Sony, Volkswagen, 그리고 Goodyear를 포함한 주요한 글로벌 브랜드였다. 2000년에 중앙아메리카 시장에 진출한 TelePizza, the Spanish fast-food company와 같은 더욱 이국적인 브랜드도 이러한 추세에 동승하였다. TelePizza는 유럽의 전화주문 피자사업 모델로 거대한 성공을 하였고, 한해에 적어도 새로운 3개의 국가에 확장하려는 계획을 세웠다. 라틴아메리카에서 계획은 스페인 전기통신그룹 Telefonica SA의 파트너인 Gutierrez 그룹을 통해 과테말라의 근거지로부터 남쪽으로 확장하는 것이다.

그러나 범-지역 전략들이 더욱 현지화하는 것보다 언제나 성공적이지 않다. 유명한 TV station Music Television, a.k.a. MTV는 멕시코에서 티에라 델 푸에고까지 전체 지역에 제공하는 단일 스테이션으로서 오랫동안 라틴아메리카 시장에서 활동하였다. 그러나 1996년에 이들은 지역을 북쪽과 남쪽 부분으로 쪼개기로 결정하였으며, 2001년에는 국가의 프로그래밍을 국가별로 현지화하는 다음 단계를 취하였다. 새로운 포맷은 다국적 메가스타보다는 현지의 배우들을 기용하는데 더욱 적극적이었다. 이것은 현지 아티스트들에게 있어 은총이자 저주가 될 수 있다. 이전에 방송시간에 접근이 거부되었던 칠레 아티스트들은 현지 방송에 의하여 더욱 많이 캐스팅됨으로 이득을 보았으나 또 다른 면에서는 그들은 칠레 외부의 관중들에게는 접근할 수 있는 기회를 봉쇄당한 것과도 같은 상황이 되었다.

그러면 북쪽에 있는 음악팬들은 RIcky Martin, Marc Anthony 또는 Jennifer Lopez의 음악을 들을 수 없다는 것을 의미하는 것일까? 확신할 수는 없다. 지구에서 스페인어 사용인구가 늘어난다면 미래에 그들은 우리에게 그들의 문화—Daddy Yankee, Camila, 그리고 Juanes와 같은 연기자—를 더욱 풍부하게 제공할 수 있을 것이다.

Sources: "Pan-Latin American TV Channel Launched," National Post, August 29, 2000; "Latin American TV Market Poised for Tremendous Growth," Multichannel News International, July 2000; "TelePizzato Enter Central America," Expansion, October 25, 2000; "Regional MTV Station is a Mixed Blessing for Chile," Santiago Times, April 4, 2001; www.billboard.com.

티, 상파울로에 법인 사무실을 설립하였다.

하지만 유럽연합과 같이 국경을 넘나드는 하나의 독립된 시장으로 라틴아메리카 시장을 잘못 이해해서는 안 된다. 플로리다 경제발전 그룹(Florida economic development group)의 Manuel Mencia는 라틴아메리카 이외의 사람들은 라틴아메리카가 분리되어야 이유가 통합되어야 하는 이유보다 더 강하다는 것을 종종 무시하고 있다고 주장한다. 한편 마케팅 전문가들은 현지화하는데 있어 현지의 문화를 이해하는 것이 중요하다는 것도 동시에 기억해야 한다.

클로즈 업: 새로운 아시아 성장시장에서의 마케팅

1997년 태국의 바트화가 평가절하되어 세계적인 금융위기가 발생할 때까지 동남아시아 시장은 세계에서 가장 빠른 경제성장을 보여주었다. 현지의 연간 성장률은 5~10% 사이였고 성숙시장의 성장률 2~4%를 웃돌았다. 투자자본이 빠져나감으로써 환율이 급작스럽게 하락하여 성장률은 급격히 떨어졌고, 1998년까지 경제전망은 부정적이었다. 하지만 중국이 새로이 부상함으로써 이 지역의 회복과 경제발전의 지속을 기대할 수 있었다.

중점적인 관심대상 국가들은 한국, 대만, 홍콩, 그리고 최초 아세안(ASEAN) 가입국(인도네시아, 말레이시아, 필리핀, 싱가포르, 태국)들이다. 인도는 따로 다루어 질 것이며 중국과 베트남은 제10장에서 논의할 것이다.

시장환경

새로운 아시아 성장시장 국가들은 인도네시아의 2억 3200만명 인구에서 싱가포르의 470만명까지 규모가 다양하다. 대만과 한국은 단일민족 국가들이며 나머지 말레이시아, 싱가포르, 중국, 인도는 다인종 국가들이다. 홍콩의 도시환경에서부터 싱가포르, 인도네시아, 필리핀의 많은 섬들까지 지형 또한 다양하다. 인도네시아는 13,700개로 파악된 섬을 보유하고 있으며 2억이 넘는 세계에서 가장 많은 무슬림 인구를 보유하고 있다. 또한 인도네시아는 250개에 달하는 방언을 사용한다. 그들의 경제적 성과 또한 다르다. 오랫동안 개발되어온 한국, 대만, 홍콩, 싱가포르의 "4마리 용"과 태국, 인도네시아, 필리핀과 같은 새롭게 부상하고 있는 국가들을 주목할 만하다. 2007년에는 홍콩과 싱가포르가 연간 1인당 소득이 세계 10위권 내에 드는 경이적인 기록을 세우기도 했다.

이들 국가들의 한 가지 공통된 점은 일본과 불가분의 관계라는 것이다. 대부분의 국가들이 세계 2차 대전 때 일본에게 점령을 당했으며 한국은 이전부터 침략을 받기도 했었다. 그와 동시에 이들 국가의 최근 경제개발유형은 일본의 모델인 수출주도형 모델을 따라가고 있다. 일본의 다국적기업들은 아시아 국가들을 중심으로 하여 인도네시아의 목재와 석유, 말레이시아와 태국에서는 자동차부품과 컴퓨터칩 생산까지 투자하고 있다.

외국무역협정

몇몇의 외국무역협정은 범지역적인 마케팅전략을 구사하는데 훌륭한 환경을 제공하고 있다.

Getting the Picture 아시아 시장의 부활

1990년대 말 금융위기 전야에서 아시아의 전망에 대하여 대부분의 분석가들은 회복의 엔진 역할을 일본으로부터 기대하였다. 하지만 일본이 침체의 지속적 늪에 빠져 있는 한 한 순간에 높은 성장을 기대하기 어려울 것이다. 이러한 기대와 현실 속에서 논쟁이 가열되었다.

이러한 논쟁은 아마도 일리가 있지만 전체적인 관점에서 그다지 설득력이 없어 보인다. 실제에는 일본의 침체에도 불구하고 다른 나라들은 경제회복의 활로를 찾아가고 있다. 인도네시아와 태국을 제외하고, 대부분의 국가들은 뉴 밀레니엄의 시작 이래로 연간 약 5%의 속도로 성장해 왔다. 1990년 중반의 7%보다는 낮기는 하지만 여전히 대부분의 다른 국가들 보다 더 나은 상황이다.

이러한 회복의 기폭제가 된 것은 중국 경제의 강력한 부상과 그 유출효과였다. 연간 거의 10%의 비율로 증가하는 중국과 함께 다른 국가들이 중국과의 무역을 위해 일본에서 발길을 돌리기 시작했다. 홍콩은 대중국투자의 관문으로서 상당한 무역이익을 누렸다. 중국의 다른 도시들이 부상하여 상대적으로 홍콩은 그 기능이 축소된 면은 있으나 여전히 홍콩은 강력한 경제권을 형성하고 있다. 싱가포르와 중국과의 결속 또한 건재하지만 싱가포르의 강점은 서구와의 밀접한 결속이었다. 미국이 흔들린다면 싱가포르 또한 활로를 잃을 수 있다.

한때, 호랑이라 불리었던 한국과 대만 역시 강한 중국에 의해 도움을 받았다. 한국은 여전히 중국에 상당한 투자를 하고 있다. 그리고 2001년 중국과 대만은 세계무역기구에 가입하였으며, 대만은 아직도 중국 본토와 오래된 분쟁에 매몰되어 있는 것처럼 보인다. 그리고 일본기업들 조차 중국을 유망한 투자처로서 지목하고 적극적인 투자활동을 벌이고 있다. 일본인들과 미국인들은 사실, 중국에서 가장 큰 투자자이다. 중국경제는 세계무역기구 가입을 계기로 더욱 개방적으로 변모했기 때문에 앞으로 더욱 강력한 성장엔진으로서 그들의 역할을 기대할 수 있다.

중국은 아시아 여타의 국가들도 다시금 정상적인 경제궤도로 이끌고 있으며 아시아의 경제는 전체적으로 개발과 성장의 다음 단계로 이동할 준비를 하고 있다.

Sources: Brian Barry, "The Faltering Firefighter," The Economist, July 6, 2000; "Ad Agencies' Hopes Still Buoyant across Asia Despite Slower Growth," Asian Wall Street Journal Weekly, January 8, 2001; Philip Kotler and Hermawan Kartajaya, Repositioning Asia: From Bubble to Sustainable Economy (Singapore: Wiley and Sons, Asia, 2000); "Global slowdown tests China's goals," www.atimes.com, April 4, 2008.

아세안

아세안(ASEAN)은 1967년에 생겨났다. 인도네시아, 말레이시아, 필리핀, 싱가포르, 태국이 포함되어 있으며 1967년에는 브루나이가, 1995년에는 베트남이 1997년에는 미얀마와 라오스, 1999년에는 캄보디아가 합류하였다. 기본적으로는 정치적인 화합을 도모하고, 자유무역지역을 지향하고 있다.

AFTA: 아세안(ASEAN) 자유무역 지역

1992년에 아세안(ASEAN) 가입국들은 좀 더 공식적으로 아세안무역협정을 구체화하기 위해 AFTA를 결성했다. 유럽연합과 같은 공동체를 모방하였으며, 주요 성과로 가입국들 간에 5%가 넘지 않는 관세율 특혜와, 비관세 장벽 축소, 공동 관세율 적용 등을 이끌어내었다. AFTA의 성장은 유럽연합과 남미의 메르코수르(Mercosur)와 같은 공동시장을 구축하는 데 중요한 밑거름이 되었고, 범-아프타 제품들의 마케팅 캠페인을 가능케 하였다.

APEC: 아시아 태평양 경제협력체

APEC은 큰 연합체이며 태평양 지역의 캐나다, 칠레, 호주 등이 이에 포함되어 있다.

ARF: 아세안(ASEAN) 지역 포럼

아세안 지역 포럼(ARF)은 아세안에서 러시아와 캄보디아까지 확장된 그룹이다. 이 넓은 그룹은 정치적, 경제적으로 지역을 확장하기 위한 잠정적인 노력을 의미한다. 그리고 1990년대 말 혼란으로 인해 약화되었다.

새로운 무역협정이 협의되고 있으며 특히 아세안 그룹과의 새로운 협의가 진행 중이다. 중국의 거대한 규모와 눈부신 성장으로, 전문가들은 다음 협정은 아세안–중국 자유무역지역이 될 것이라 예측하고 있다. 일본이 그 뒤를 잇고 있는데 아세안–일본 포괄적 경제협력이 그것이다. 한국과의 협정도 아세안 플러스 3의 무역지역을 형성하고 있다. 인도도 아세안에 관심이 있긴 하나 시간을 두고 지켜봐야 할 사항이다.

시장세분화

아시아 성장시장에서 급격한 경제적 부흥으로 태국에서는 폭넓은 중산층의 출현을 이끌었다. 아시아시장 인구와 성장률에 있어서 다양하다. GDP가 세계 25위인 한국은 4800만 대부분이 중산층으로 분류된다. 인도네시아의 2억 3200만 중 중산층은 15%가 되지 않는다. 중산층의 대부분은 도시지역에 살고 있다. 사실, 글로벌 기업의 시장중심은 방콕, 자카르타, 마닐라, 서울과 같은 광역도시 지역이다.

경제적인 관점에서 어떤식으로 합리화 된다고 할지라도 시골지역을 회피하는 경제활동은 때로는 정치적인 문제를 야기한다. 특히 사회주의적 성향을 가진 정부 아래에서 다국적기업은 이러한 경제학적인 합리적인 행동은 환영받지 못할 수 있다. 지금까지 아시아의 성장시장은 서구 제국주의 정부가 이끌어 왔다. 하지만 1990년대 말 금융위기가 이것을 바꾸어 놓았다. 예를 들어, 1998년에 말레이시아는 자유스런 자본흐름의 문을 닫았다. 근본적으로 말레이시아의 성장을 도와 준 외화자본과 관계를 끊는 것이었다. 자유자본의 흐름이 다시 회복되려면 다국적기업들은 경제적인 합리성에도 주의를 기울일 뿐만 아니라, 세계은행이 이들에게 제시한 것처럼 이들 국가의 사회적 문제에 까지 신경을 써야 될 것으로 예측된다.

이들 대부분의 시장에서는 문화적, 민족적, 그리고 종교적 차원에서부터 세분화가 시작되어야 한다. 이들 국가들 간의 문화적 차이는 매우 다양하다. 홍콩과 싱가포르에 사는 사람들은 기본적으로 중국인이지만 세계인이기도 하다. 대만과 한국은 꽤 통합된 국가문화를 가지고 있으며, 반면에 필리핀의 서구 가톨릭과의 오랜 관계와 최근 더욱 강해진 미국과의 결속은 매우 특별한 문화를 형성하였다. 남아시아는 일반적으로 중국, 인도, 그리고 토착 문화들로 구성되어 있다.

제품포지셔닝

이들 시장에서 제품을 포지셔닝함에 있어서 가장 눈에 띄는 점은 소수의 일부 부유층에서 구매되는 최상위제품 예를 들면, Gucci, Chanel, Dunhill과 같은 글로벌 고급 브랜드를 소비하는 계층이다. 금융위기 이전에는 프리미엄 가격과 지위와 같은 매력을 유지하는 것에 대해 큰 문제가 없었다. 이들 국가는 경제발전 단계로 볼 때 비교적 새로운 군으로 분류된다. 불교의 영향으로 쾌락주의에 대한 저항이 있긴 하였지만, 자기가 가진 것을 과시하는 것은 자연스러워졌다. 2008년에 아시아로 들어온 수입품중에서 37%가 유럽의 고급제품 이었다는 것은 놀라운 것이 아니다.

글로벌 인지도에 대한 아시아 시장의 욕구는 다국적기업에게 더욱 표준화된 제품을 판매하는 전략을 구사하도록 하였다. Lux soap에 더해 Unilever는 Lipton 차와 Persil 합성세제, Pampers 기저귀와 Pantene 샴푸, 그리고 Whisper 생리대 등이 표준화된 글로벌 캠페인을 이용하여 소개되었다.

하지만 Toyota, Unilever, P&G는 저가공급의 요구에 따라서 현지시장에 적합하게 리모델링된 저가의 제품을 판매하는 전략을 구사하였다. 기업들은 또한 현지 브랜드의 이름을 따서 지역 특성을 살리고 저가 제품시장을 공략했다. 그리고 국가들의 고유한 특성 때문에 좀 더 구체적인 현지화 적응방안이 필요했다. 예를 들어, 미국의 Motorola는 글로벌 캠페인을 내세워 한국의 휴대전화 시장에서 기술적 리더로서 자리를 잡으려 했다. 하지만 "모두가 꿈꾸는 것"이라는 어필은 넘어야 할 산이 많은 한국에서는 이미 지나간 기술이었고 Samsung은 예상보다 빠른 속도로 이들을 앞질러 나갔다. 1995년 Samsung의 국내 Anycall 브랜드는 확고하게 Motorola를 앞질렀다.

시장 전략

제품 정책

글로벌 성숙시장의 추종자로서 이러한 시장들의 제품 정책으로서는 표준화정책이 자연스러울 수 있다. 그러나 이들 시장에서도 지역의 특성이 반영되어야 하는 점들이 있는 만큼 이에 따른 현지화가 필요할 수 있다.

제품디자인 각 가정은 주로 공간이 협소하여 공급되는 제품이 다시 현지화될 필요가 있다. 더하여 일본 소비자들은 얇고 튼튼한 디자인을 선호하며 이러한 특성을 무엇보다 중요하다고 생각한다. 기본적으로 아시아인들은 소유물에 대하여 압도적인 지위를 행사하지 못한다. 이에 반해, 서구에서는 소유물에 대하여 절대적인 권리를 행사하여 소유물의 쓸모에 따라서 폐기를 훨씬 쉽게 하는 편이다. 이러한 의식은 제품의 특성에도 반영되어 맵씨있고 외장처리가 잘된 제품을 선호하는 양상을 띤다. 일본시장과 일본제품들이 좋은 실례를 보여준다. 일본 기업들이 아시아시장에서 국가특유우위를 보유하게 된 하나의 이유는 단순히 그들의 자국시장이 그들의 이웃 국가들과 유사하기 때문이라고 봐도 무방하다.

제품라인 아시아 소비자들은 서구의 개인주의와 달리 조화로움을 우선적인 가치로 한다. 예를 들어, 의상에서 아시아 소비자들은 자신이 입은 의상이 주변과 조화로움을 나타내기를 원한다. 이러한 양태는 아시아시장이 집단적인 가치가 중요시되고 동양의 전통적인 사고방식에 기인하기도 한고 또한 서구식의 명확하고 특정적인 착용방식에 대한 의문에서 출발하기도 한다. 의류업체는 이러한 동서구의 차이를 극복하기 위하여 머리부터 발끝까지 일체가 되는 조화로운 의상체계를 개발하고 한 점포에서 이러한 의상을 세트로 제공하는 전략을 펴기도 한다. 뉴욕의 디자이너 안나 수이는 아시아 여성들에게 특별히 맞춤 제작된 전체 앙상블을 개발하였다.

풀-라인(full-line) 정책 일본의 전자제품, 카메라, 자동차 제조업자들은 오랫동안 풀-라인 정책을 구사하였다. 서구의 시장에서 이 같은 정책은 당신이 브랜드를 구매하는 즉시, 당신의 니즈가 변화하거나 소득이 상승하더라도 그 제품을 계속 사용할 수 있도록 하는 브랜드 충성도와 연결된다. 아시아에서는 브랜드가 당신이 누구인지를 규정하는 기능을 한다. 이 같은 현상은 서구에서도 마찬가지이다. 특히 10대 시장에서 그러한 경향이 강하다. 그러나 아시아처럼 개인주의가 발달하지 않은 곳에서는 한 사람의 물질적 소유물이 그 사람의 가치를 의미한다. 제품라인이 서로 보완적이고 또한 업그레이드를 브랜드내에서 할 수 있다면 마케팅성과가 더 좋게 나타나며 가격경쟁력도 개선될 것이다.

한국에서 네덜란드의 Philips는 유럽의 독특한 디자인과 잘 알려진 브랜드명으로 가전기기, 최신 TV, 비디오와 같은 제품라인으로 연결된 소형 전자기기를 판매하고 있다. 국내의 거대 기업인 Samsung과 LG의 존재에도 불구하고 Philips는 경쟁자들 보다 약 10~15%의 프리미엄 가격을 부과하였다.

신제품 먼저 살펴봐야 할 것은, 아시아시장을 위해 특별히 디자인된 신제품의 도입에 대하여 몇 가지 주목할 만한 이유가 있다. 구매자들은 기본적으로 외국의 성숙시장에서 팔리고 있는 제품을 구매하기를 원한다. 아시아시장은 선도시장이라기 보다는 일정부분 구매에서 따라하는 습성을 가지는 후발시장이다. 이러한 시장에서의 조화로운 제품구색에 대한 요구는 단일제품이 진입하면 그만큼 실패할 가능성이 크다는 것을 의미한다. 또한 소비자들은 아직 구매패턴에서 성숙하지 못한 특성을 가지고 있어서 다른 시장에서의 추천이나 강력한 광고 없이는 스스로 혼자 구매결정을 내리는 데는 한계가 있다.

그러나 아시아국가들은 다음 장에서 다루어지는 신흥시장에 대한 선도시장(leading markets)으로서의 역할을 할 수 있다. 이것은 글로벌마케팅 기업들이 중국, 러시아, 그리고 다른 신흥시장에서 발판을 마련하기 위해 아시아 시장에서 최저가 제품라인을 시험해 볼 수 있음을 의미한다. 특히, 새롭게 성장하는 아시아 시장에서 상위층 및 중산층의 경험은 신흥시장, 특히 문화적, 민족적 세분화의 기준이 유사하게 나타나는 중국과 같은 신흥시장으로 이전될 수 있다. 즉 시계와 카메라와 같은 일부 제품에서 홍콩, 싱가포르, 서울은 서구기업의 아시아 진출을 위한 테스트마켓으로서 일본과 같은 역할을 수행할 수 있다.

가격책정

다른 지역처럼 아시아에서 글로벌마케팅 전문가들은 고가의 스키밍가격 전략(skimming price strategy)과 저가의 침투가격 전략(penetration price strategy) 사이에서 선택을 두고 고민한다. 지금까지 살펴보았듯이 시장에 진입하는 글로벌 브랜드의 자연스러운 포지셔닝은 상류층을 대상으로 하는 스키밍 전략이다. 하지만 더 넓은 고객층으로 침투하기 위해서는 더 낮은 가격이 필수적이다. 최고급 브랜드명의 강점을 상실하지 않고 합리적인 가격을 책정하기 위하여 기업들은 위에서 언급한 최저가 대체 제품을 개발할 수 있다. 더하여 일부 기업들은 현지 브랜드와 함께 현지 제조업자를 인수할 수도 있다.

이러한 전략들은 아시아에서 특별히 새롭지 않은 가격책정이다. 하지만 로열티를 잃지 않으면서 가격대를 조정하는 것은 쉽지 않은 일이다. 서구에서는 브랜드에 대한 가격 수준을 낮추기도 한다. 그러나 아시아에서 이러한 가격인하는 브랜드 충성도와 브랜드관리에 있어서 어려움을 야기할 수 있다.

아시아 지역에서의 가격책정은 밀무역의 위험도 감수해야 한다. 대다수의 시장들이 글로벌 브랜드에 대한 해적행위를 하는 것이 현실이다. 경제적인 성장을 달성한 국가에서는 이러한 위험이 덜하지만 후진국에서는 효율적인 저작권 보호의 부족과 기술의 확산에 대한 국가정책의 편향성으로 이러한 관행을 완전히 제거하는 것은 쉽지 않은 일이다. 따라서 다국적기업들이 아시아에서 가격책정을 할 때, 특히 글로벌 기준에 의하여 판매되는 버전들에 대해서는 다른 세계시장과는 완전히 다른 시장환경으로 인식하고 마케팅에 임해야 한다.

유통

아시아 시장의 경제성장에서 가장 눈에 띄는 것은 도시 소매지역의 역동성이라는데 대부분 동의한다. 현대적인 백화점들은 홍콩, 싱가포르, 방콕, 쿠알라룸푸르와 같은 활력이 넘치는 쇼핑지역에서 번창하고 있다. 하이퍼마켓은 타이페이에서 거대한 군중들을 끌어들이고 있으며 미네소타 주의 Mall of America처럼 마닐라에 있는 쇼핑몰들은 아이스링크, 영화관, 어린이 놀이시설을 겸비한 엔터테인먼트 센터가 되었다.

그러나 거대도시의 외곽 지역에 세워진 이러한 쇼핑몰들은 교통인프라의 미비로 인하여 상당한 어려움을 겪고 있는 것이 현실이다. 말레이시아, 필리핀, 인도네시아와 같이 거대하고 연결되어 있지 않은 군도에서는 유통비용이 많이 들고 열대기후의 불확실성과 기후패턴을 동반하는 곳에서는 운송이 원활하지 못할 수 있다. 인근의 과밀화된 거대도시에서는 교통개선에 예산이 그다지 투입되지 못하고 있으며 심지어는 과거부

Getting the Picture 한국에서의 마케팅

모든 신흥공업국들이 마케팅환경이 동일한 것은 아니다. 대만과 같은 국가는 높은 무역 관세와 어떻게 비즈니스를 수행해야 하는지에 대한 규정이 거의 없는 반면에 한국의 관세는 상대적으로 낮은 편이다. 그러나 한국은 마케팅 규정에 관하여는 아시아에서 가장 규제가 심한 국가의 하나라고 알려지고 있다. 예를 들어, 판촉은 여러 측면에서 심하게 규제되고 있다. 가격인하는 1년에 도합 60일을 초과해서는 안된다. 또한 각각의 가격인하 기간은 제조업자는 15일, 소매업자는 7일로 제한된다. 업체당 최대 1년에 4번의 판촉를 할 수 있다. 가격인하는 복잡한 방식에 따라서 제품가치와 관련 되어져야 한다. 상업 TV가 이용 가능하지만 1995년 까지 광고 산업은 엄격하게 지역단위로 이루어졌다. TV 시간 구매의 자유화와 케이블과 위성 TV의 도래는 현지 광고대행사들 간의 경쟁을 촉발하였다.

한국에서의 판촉활동은 상당히 제한적이기 때문에 유통은 현지마케팅 믹스의 중요한 요소로서 부각되고 있다. 예를 들어, 가게는 외국인들에게 300스퀘어 피트로 제한되었고, 이는 대략 Seven-Eleven 가게의 평균 규모였다. 1993년 7월 1일 자유화 정책이 시행 되었다. WTO 회원국이 되기 위한 한국의 조치로서 이러한 유통에 대한 제한이 풀릴 것으로 예상됨에 따라 한국의 기업들은 외국의 유통기업이 들어오기 전에 한국시장을 선점하기 위하여 대대적으로 판매점을 건설하였다. 이에 대부분의 외국기업들은 규제를 우회하기 위해 현지파트너를 필요로 하는 합작투자를 통하여 진입하였다. 미국의 저장고 소매업자인 Price Club/Costco는 신세계와 합작하였고 그들의 낮은 가격은 시장에 대변혁을 일으키고 있다.

한국은 타이완보다 일찍 1995년에 WTO 가입함으로 타이완보다 먼저 관세인하 조치를 취하였다. 2002년에 대만은 최종적으로 WTO 가입이 허용되었고, 관세장벽은 낮아졌다. 그러나 한국에서는 여전히 비관세장벽이 있는 것이 현실이고 WTO 회원국으로서 이러한 비관세장벽을 제거하겠다고 약속하고 있지만 이 또한 100% 믿기는 어려울 것이다. 이러한 한국시장에서의 어려움은 WTO의 다자간 틀에서보다는 개별국가간 조정을 통하여 해결 수도 있을 것이다.

Sources: Boddy, 1994; Taylor, 1994; Balbina Y. Hwang, PhD, "Round One of the U.S.-ROK FTA Talks Sails Through," The Heritage Foundation, WebMemo #1129, June 15, 2006.

터 수송수단이 되어온 인력거도 볼 수 있다. 그러나 홍콩과 싱가포르 같은 아시아의 수도는 솟구치는 고층 빌딩의 번화가와 넓고 깨끗한 거리 그리고 글로벌 시장으로서 급격히 현대화되어 가고 있다. 한때 세계에서 가장 높은 빌딩이었던 쿠알라룸푸르에 위치한 Petrona Twin Towers(450미터)는 타이완에 건설된 508미터의 101 Tower 때문에 세계 최고층이라는 명성을 잃게 되었는데 이에 대하여 일부에서 타이완의 101 Tower 꼭대기에 세운 높은 첨탑이 건물의 높이를 부풀리게 되었다고 주장하고 있다. 2008년에는 첨탑 없이 492미터에 달하는 두드러진 현대적 디자인으로 건축된 상해 Financial Center가 개장하였다. 물론 2008년에 거의 완공된 Burj Dubai는 800미터가 넘는 엄청난 높이를 자랑하기도 한다.

판촉

대체로, 다국적기업들은 아시아시장에서 판촉함에 있어서 자신들의 판촉 메시지를 그다지 수정하지 않고 적용했다. 이는 제품 정책에서 언급되었듯이 아시아시장에서는 주로 고가제품의 특정 소비자군들을 표적으로 하기 때문이었다. 그들은 오히려 글로벌 브랜드의 명성을 보고 제품을 구매하는 층이라 할 수 있다. 그러나 메시지의 포지셔닝, 독특한 판매포인트, 브랜드명과 슬로건이 수정없이 적용될 수 있었음에도 불구하고, 기업들은 현지의 언어에 적응하여야만 하였고, 많은 경우에 현지의 스포츠 영웅과 TV

스타를 포함하는 현지의 지지층을 이용해야 했다.

많은 현지인들이 영어를 사용하는 필리핀에서 글로벌 캠페인은 태글리쉬(영어와 필리핀어가 합쳐진)를 사용한다. Unilever와 P&G는 글로벌 광고캠페인에서 태그로그(Tagalog)와 현지의 영화, 현지인을 이용하여 가정주부들에게 접근하였는데 그들의 많은 부분은 문맹이었다.

모든 판촉도구들이 수정없이 확장 적용될 수 없다. 예를 들어, 일본에서 널리 채택되어 사용되는 일본 자동차기업들의 방문판매는 사생활 침해를 매우 싫어하는 대만에서는 이용될 수 없다. 동시에 가족이 의사결정 단위이기 때문에 딜레마가 발생할 수 있다. 해결책은 어린이들에게 장난감을 부인들에게는 꽃을 선물하고 좋은 분위기를 위한 소프트 뮤직, 깨끗한 유리창, 카펫, 편안한 의자를 제공하여 가족구성원 전체를 쇼룸으로 끌어들이는 것이 필요하다.

주요 국가 시장

한국

아시아의 신흥공업국이며 아시아의 "네 마리의 용" 중 하나인 한국은 4800만의 인구를 보유하고 있으며, 1인당 소득은 일부 유럽의 국가들과 동등한 수준이다. 한편 많은 제품에 있어 한국은 하나의 독립된 시장을 형성하고 있다.

한국 경제는 상당한 영향력을 유지하는 가족소유의 기업그룹인 '재벌'이라 불리는 거대한 대기업이 지배하고 있다. 전자부문의 Samsung과 LG, 자동차의 Hyundai와 같은 세계 일류 제조업으로 구성되는 약 30여개의 재벌이 존재한다. 그들은 함께 한국 경제의 약 40%를 차지하고 있으며 새로운 진입자들은 종종 그들과 거래하여야만 한다. 그렇지 않으면, 다양한 유형의 장애물과 맞닥뜨리게 된다. 가족 중심의 구조는 편중된 부의 분배와 부패를 초래할 수 있다. 이 장의 서두에서 언급한 Samsung의 회장인 이건희는 2008년 탈세혐의로 기소되었고 전격적으로 사퇴하기도 하였다.

한국에서는 고급제품과 서구제품을 흠모하는 경향이 강하게 남아있다. 예를 들어 KFC와 Pizza Hut을 포함한 외국 패스트푸드 레스토랑은 매우 성공적이다. 소형 가전기기의 판매는 Daewoo, Samsung, LG와 같은 한국의 거대기업과의 경쟁에 있어 Philips와 프랑스의 Moulinex 같은 외국 제조업체들이 경쟁관계를 유지하고 있다.

소매 부문에서 프랑스의 Carrefour, 중형 전자장비 부문에서 독일의 Siemens, 그리고 많은 일본기업들은 사업과 유통에서 규제가 점점 완화되고 있는 한국에서 활발히 활동하고 있다. 한국은 매우 강한 국내경쟁자들 때문에 쉬운 시장이 아니다. 그러나 그들의 해외직접투자—Nokia, 나이키 그리고 다른 기업들—에 대한 개방성은 인접한 일본 보다 더욱 유망한 시장이 되게 하였다. 북한과의 정치적 문제 그리고 기업윤리에 대한 내부문제에도 불구하고, 장기적으로 볼 때 한국은 강력한 성장시장으로 나아갈 것으로 보인다.

대만

대만의 2300만 인구에게 무엇보다도 중요한 문제는 하나의 중국이라는 방식으로 대만을 통합하기를 원하는 중국 본토와의 관계이다. 이러한 정치적인 역학관계를 분석하여 대만시장에 진출하는 것은 부분적으로 가능할 수 있다. 대만은 비교적 늦은 세계무역기구에 가입하였기 때문에 비교적 높은 관세율로 자국시장을 보호하여 왔고 또한 중소기업들은 숙련된 노동자들을 활용하여 수출시장에 효율적으로 진출하였다. 국가경제가 발전함에 따라서 이러한 숙련노동자들에 대한 저임금과 낮은 복지로 인하여 제품가격경쟁력을 유지하려는 데는 상당한 국내적인 노동 불안이 있었다. 하지만 대체로 현지정부에 의하여 해결되는 추세를 보여 왔으며, 또한 외국 진입자들에게 시장진입의 기회가 주어졌다. 많은 다국적기업들이 대만에서 활동하고 있다. 유통규제 완화는 외국소매업자들의 진입을 촉진하였고 현재 대만에서는 다수의 일본계 7-eleven 편의점, 네덜란드의 Makro 같은 대형할인 매장, 홍콩의 Wellcome supermarket 체인과 다른 외국 체인들을 볼 수 있게 되었다.

대만은 아시아를 표적으로 하는 신제품의 테스트시장으로서 소비자들은 특별히 까다로운 것으로 알려지고 있다. 예를 들어, P&G는 그들의 Pantene Pro-V 샴푸와 컨디셔너 제품의 도입을 위하여 대만을 선도국가로 지목하였다. 대만에서의 성공 이후에 제품은 아시아-태평양 지역 국가들에 성공적으로 출시되었다.

홍콩

홍콩의 7백만 거주자들은 오랫동안 동아시아 사람들 중에서 가장 부유하였다. 그리고 그들의 중앙 허브 입지는 아시아에 진출하려는 많은 기업들에게 자연스러운 거점 역할을 하였다. 홍콩의 국제적인 성향 때문에 홍콩은 전형적인 아시아시장이 아니고 미국의 뉴욕과 같다. 홍콩은 여전히 선도시장과 아시아 국가들의 유행을 이끌고 있다.

1997년의 영국 식민지에서 중국 특수행정지역으로의 전환에도 불구하고 지금까지 이러한 홍콩의 아시아시장에서의 기능은 여전히 유지되고 있다. 일부 기업들의 본사가 홍콩에서 싱가포르로 이동하였고, 일부 사람들이 홍콩을 떠나거나 1997년 이전에 다른 장소로 자원을 이동시켰음에도 불구하고 도시는 여전히 강력하고 활기가 넘친다. 비교적으로 작은 인구 때문에 독자적인 시장으로서 매력을 감소시키지만 Vuitton, Hermes, Armani, Cartier와 같은 최고급 제품들은 홍콩에서 매우 성공적인 비즈니스를 하고 있다.

범-지역 마케팅

아시아 시장은 문화적인 유사점과 비슷한 발전과정으로 인해 자연스럽게 범 지역적 (pan-regional) 전략이 적합하게 되었다. 지금은 일본보다는 중국이 중심에 있다. 그러나 이 지역에서의 경제발전의 차이는 표준화된 제품과 커뮤니케이션 전략의 실행을 종종 어렵게 하고 있다. 서울, 홍콩, 상해에서 잘 팔리는 제품들이 말레이시아, 태국, 그리고 중국 농촌 지역의 사람들에게는 호응받지 못할 수 있다. 또한 우리가 살펴보았듯이 종교적인 요인들이 통일된 광고와 기타 표준화된 커뮤니케이션의 방식을 제한하고 있다.

그러나 무역블록들은 범 지역적 전략을 구사하기에 좋은 토양을 제공한다. 에이펙(APEC) 그룹이 효율적인 시장 영역이 되기에는 너무 느슨하고 이질적 이었음에도 불구하고, 1992년 AFTA 무역 협정의 확장 이후의 아세안(ASEAN)은 낮은 내부관세와 외국자본의 수용을 통해 자연스러운 지역시장으로 구성되었다. 범-아프타(pan-AFTA) 전략은 향후에 매우 실행가능한 대안으로 예측되어진다.

아시아 시장에서 지역시장 간의 운송거리 때문에 원자재, 공장, 그리고 숙련된 노동력이 결합되어 있는 지역허브로 산업활동이 집중되는 경향이 있다. 이들 성장 삼각지대는 홍콩과 남중국 일대 그리고 싱가포르 일대, 한국, 일본의 규슈, 중국의 북동해안 사이, 그리고 일부 다른 몇몇 장소에서 찾을 수 있다. 이러한 산업밀집지역은 국가의 개발계획과도 일정부분 연계되어 있으며 선도시장으로서의 역할을 수행한다.

클로즈 업: 인도에서의 마케팅

1947년 이래로 영국의 식민통치를 끝낸 인도는 세계에서 가장 거대한 민주국가가 되었다. 종교적 그리고 인종적 탄압 속에서도 국가 지도자들은 제3세계에서 일어날 법한 군사 쿠테타 없이 민주적인 방법으로 선거에 당선되었다.

시장환경

인도는 지금 11억의 인구가 살고 있다. 오랫동안 빈곤한 국가에 속해 있었지만, 최근에는 정치적 투쟁과 사회주의가 좀 더 개방된 경제를 이끌어 내었고 또한 높은 교육을 받은 엘리트들이 경제적 성장의 발판을 마련해주고 있다. 거대 다국적기업들의 아웃소싱이 증가함에 따라 전자, 텔레커뮤니케이션, 특히 컴퓨터 소프트웨어 분야에서 괄목한 만한 성장을 이룩하고 있다.

2005~2006년 동안 인도의 GDP는 9%의 성장을 보였고 2006~2007년에는 9.4%를 보였다. 다음 5년간은 7~8%의 지속된 성장을 보일 것으로 전망된다. 하지만 급속도로 불어나는 인구 때문에 1인당 소득은 아직도 낮다. 2003년에는 구매력평가지수(PPP) 기준으로 1인당 소득이 2,880달러를 기록했고 2007년에는 2,659달러로 사실상의 하락세를 보였다. 중국과 비교해 1가구당 1자녀 정책을 펴지 않는 인도는 아직도 거대한 규모의 빈곤 인구가 있다. 하지만 GDP의 급성장은 인도가 빠르게 성장하는 소비자 제품시

장이라는 것을 보여준다. 기업의 엘리트들은 인도기업들이 국제적으로 성장하는데 동력이 되고 있다.

역사

인도의 교육시스템은 다른 국가들이 동경하는 영어로 구성되어 있고, 앞서가는 교육은 영국식민지배의 산물이다. 과거 수많은 엘리트들은 자신들의 재능을 국가를 위해 발휘하지 못하고 서구로 이민을 택할 수밖에 없었다. 이러한 서구 국가들에서 인도의 이민자들은 여전히 상류층 소득규모의 소수 민족계층을 형성하고 있다. 1990년에 인도인들은 미국 인구 중에서 가장 높은 평균소득을 보유한 민족 세분화시장이었다. 인도의 사회주의정책과 정부통제는 민영화와 자유시장으로 바뀌었고 이에 따라 다양한 인도시민은 국내에서 기회를 발견하게 되었고 선진국가의 교육을 받은 엘리트들이 돌아오기 시작하였다.

인도의 산업은 영국의 식민지배 하에서 크게 발전되지 않았다. 인도의 천연광물, 진귀한 보석, 직물, 차, 이국적인 음식들은 착취되었다. 영국이 인도의 독립을 인정하면서 인도는 무슬림 파키스탄과 지금의 인도로 나뉘었다. 그 후 30년 동안 양쪽의 공공부문과 민간부문들이 부패와 관료정치의 비효율성으로 국가의 정치경제기능은 크게 원활하지 못하였다.

국내제품들은 품질이 조악하여 이를 판매하기 위한 광고는 단지 제품의 존재 만을 고객들에게 알리기 위한 목적으로 이루어질 정도였다. 품질과 관련하여 가장 문제가 되는 것은 제품의 내구성이 있는 가에 대한 관심이었으며, 인도 소비자들은 선택의 폭이 좁았다. 30년 동안 외국 제품이 인도로 반입되는 경로는 대부분 이민자들이 보내는 외국의 우수한 제품들이 거의 전부였다.

이 기간 동안 제품의 흐름 뿐만 아니라 인도로의 기술이전도 제한적이었다. 민간기업들은 그들이 30년간 사업을 해왔다는 사실과 그들이 지역에서 공급을 독점하고 있다는 광고를 하였다. 정부가 지원하는 무기와 원자력 관련 R&D를 제외하고 어떠한 종류의 리서치나 새로운 기술의 개발도 없었다. 놀랍게도 인도시장의 제품들은 1950년에서 1980년 까지 거의 변하지 않았다.

외국직접투자 효과

1980년부터 인도는 외국인 투자와 제휴 그리고 기술이전을 허용하였다. 외국기업들에게는 합작투자와 더불어 26%가 넘지 않는 지분을 허락했다. 인도로 진입한 최초의 협력자들 사이에서 일본의 오토바이 제조사 야마하, 가와사키, 그리고 혼다는 국내 자동차 제조업체들과 경쟁을 하여야 했다. 나중에 일본 전자기업들도 진입을 시작하였다. 시장점유율을 유지하기 위하여 거의 모든 국내기업들은 다국적기업들과 손잡기 시작했다. 이 시기에 시장에서의 성공의 기준은 누가 최고의 국제 협력자들과 손잡고 있었느냐가 관건이었다. 제품들은 비쌌으며, 외국기업들은 그들에게 돌아오는 이익을 보장하는데 더 큰 관심을 가졌으며 인도에 이전하는 기술도 인도수준에서는 앞선 것이었는

Getting the Picture 인도의 소프트웨어

인도는 언제나 역설적인 면이 많은 국가로 존재해왔다. 거대한 인구의 가난한 국가는 세계에서 가장 높은 교육을 받은 경영자와 엔지니어를 보유하고 있다. 정치적 혼란과 민족 갈등이 넘쳐나고 있지만 그들은 세계에서 가장 거대한 자유민주 국가이기도 하다. 아시아의 일부로서 그들의 적극적이고 논쟁적인 사람들은 동양의 부드러움 및 평온과는 전혀 달라 보인다.

인도의 거대한 새로운 산업은 컴퓨터 소프트웨어 개발이다. 인도는 언제나 발전된 기술에 매우 빨리 적응해 왔다. 가장 재주가 뛰어난 시민들의 많은 수가 서구의 더 나은 환경으로 떠났다는 사실은 인도가 그들의 진정한 잠재력을 발휘하는 것을 막아왔다. 그러나 경제적 자유와 개방을 향한 인도의 점진적인 변혁은 재능있는 사람들이 머무르도록 하였고 제한적이지만 자국으로 돌아오도록 유도하였다. 인도 남부의 방갈로르는 기후와 생활조건 면에서 소프트웨어 엔지니어들과 소프트웨어 산업이 꽃을 피운 캘리포니아의 실리콘 밸리와 매우 유사하다.

많은 새로운 소프트웨어 기업들은 해외로 부터의 해외직접투자에 의해 자금을 조달했다. 전형적인 기업구성은 공급업자와 다른 곳에 있는 거대한 다국적기업 본사의 자회사 형태로 존재한다. 여전히 방갈로르가 인도의 실리콘 밸리임을 보여주는 현지의 사업가들이 많이 있다. 인도시장은 범위를 확장하여 거대한 세계시장으로 확장되고 있다. 그리고 그들의 과거 식민지배 역사를 바탕으로 이제는 영국의 강력한 산업구성원이 되고 있다. 전자 및 컴퓨터 소프트웨어 수출 판촉 위원회(Electronics and Computer Software Exports Promotion Council)는 범-유럽 전략을 개발하고 있으며, 정보기술 아웃소싱과 관련하여 2001년 6월에 암스테르담에서 "Indiasoft" 전시회를 조직하였다.

성장하는 소프트웨어 산업은 그들의 역설적인 면을 여실히 나타내주고 있다. 방갈로르의 유선 하이테크놀로지 사무실 빌딩을 짓기 위한 기초공사 작업장에서 발생하는 파편을 불도저에 의하여 정리하는 것이 아니라 머리에 바구니를 이고 그것을 치우는 사리(sari)를 입은 여성이 대신하는 모습은 인도시장의 역설적인 면을 나타내준다.

Sources: "India: ESC Plans Wider Reach in Europe," Business Line, June 4, 2001; Brooke Unger, "The Plot Thickens," The Economist, May 31, 2001.

지 몰라도 국제적인 기준에 보면 평범한 기술들이었다.

1990년대 초반 자유화의 진전으로 인도는 외국인지분에 대하여 최대 한도를 철폐하였다. 사회주의 정권 때 떠났다가 다시 돌아온 Coca-Cola, GE, 그리고 다른 서구 기업들은 인도의 경제성장의 큰 발판이 되었다. 인도에서 아직 존재하고 있는 인종과 종교의 탄압에 의한 정치적 위험에도 불구하고 인도는 빠른 경제성장으로 국내 기업들에게 활력을 불어넣었다. 연간 7~9%의 성장률—중국보다는 낮지만—은 성숙시장 평균을 훨씬 상회하는 수치이다.

새천년에 인도경제는 서구 다국적기업들의 아웃소싱에 의하여 추진력을 얻었다. 인도는 영어를 구사하는 노동인력을 활용하여 부품생산, 콜센터서비스, 고객서비스업 등을 유치하여 경제발전의 성장동력으로 활용했다. 이러한 아웃소싱에 의하여 성장의 기반을 마련한 기업들은 점진적으로 더욱 발전된 기술산업으로 진화하였다.

기업가정신은 인도의 기업들이 그들의 영향력을 다른 제품범주까지 확장하도록 도왔다. 2008년 초 인도의 Tata 자동차는 Ford가 휘청거리고 있을 때 Ford가 소유하고 있던 Jaguar와 Land Rover를 인수했고, 세계에서 가장 작은 또는 가장 싼 Tata Nano를 출시하기도 하였다. 귀엽고 사자코 같은 해치백은 5명이 편하게 탑승할 수 있고 65마일까지 달릴 수 있어 대중들의 여행에 혁명적인 것이었다. 그래서 대중의 차라고 불려 졌으며 100,000 루피로서 Lexus의 DVD재생기 가격과 같은(약 2500달러) 세계에서 가장 싼 자동차였다.

소비자제품에서 다국적기업의 브랜드와 유통업체들이 인도로 들어오기 시작하면서 현지 인도 기업들은 소비자들이 그들의 제품에 적응하여야 한다는 사고에서 벗어나서 인도 소비자들의 니즈에 제품이 부합하여야 한다는 마케팅태도를 가지게 되었다. 경쟁이 가속화되면서 국내기업들의 마케팅정책들도 더욱 적극적으로 변하기 시작했다. 경쟁은 제품의 특징, 품질, 이미지, 가격 등에서 이루어졌다.

시장세분화

1980년대 인도시장은 두 가지의 세분화시장으로 나뉘어지기 시작하였다.—빈곤층의 농촌 인구와 부유한 도심지역의 중산층—새로운 기회들이 시외지역 사람들을 도심으로 끌어들이면서 도시지역은 거대한 시장을 형성하였고, 시외의 작은 도시들은 성장하여 대도시로 변모하여갔다. 이러한 흐름은 1990년대의 추가적인 시장개방으로 더욱 촉진되었다. 인도 중산층의 가처분소득은 상당히 증가하였다. 빠른 경제성장 뿐만 아니라 가족계획의 추세도 변하여 핵가족화되기 시작하였다. 전통적인 생활방식이 바뀌고 있고 차가운 시리얼을 아침식사로 먹기 시작했다.

인도에서 구매력을 가진 대다수가 도심지역에 있음에도 70%의 인도 인구는 농촌 지역에 거주하며 제품과 서비스에 대한 요구가 증가하고 있다. 그들은 놀랍게도 원하는 브랜드명과 제품, 서비스들을 숙지하고 있으며 무시할 수 없는 큰 시장으로 성장하고 있다. 보고서에 따르면 도심지역의 인구 중 소수이긴 하지만 새로운 상위계층이 나타나기 시작하였다. 이 조사에 따르면 중산층의 구조는 시장에서의 소비자층인 개인가정들, 개인제품을 원하는 싱글과 젊은이들, 신분과 안정을 추구하는 전문직들이다. 인도 소비자들도 다른 나라의 소비자패턴과 비슷한 양상을 보이고 있다.

제품포지셔닝

신제품과 서비스에 대한 경험으로 구매에 대한 관심이 증대하였다. 과거의 인도의 소비자들은 제품의 내구성을 보았으나 이제는 재력과 신분을 나타내기 위해 소비한다. 소비자들의 제품에 대한 요구도 다양해지고 있다. 초창기의 고급제품들도 이제는 필수품이 되었다. 케이블TV가 인도의 가정으로 공급되었고 어떤 가구에서는 한대 이상의 자동차를 보유하게 되었다. 외제차들도 국내 차들과의 경쟁에 나섰다.

하지만 과거 서구기업들이 인도에 진출하였을 때 많은 어려움이 있었다는 점을 기억하여 할 것 같다. 이는 과대평가된 규모와 시장에 대한 너무 큰 기대 때문에 발생하였다. 중산층은 규모면에서 클지 모르나 소득은 항상 넉넉하지 못했다. 무엇보다도 가장 큰 문제는 글로벌 브랜드들의 가격책정이 그들의 가격을 유지하며 현지화하지 못했다

은 기존의 전통적인 질서에 맞선 일종의 반항행위로 여겨지며, 또한 이러한 의식은 여전히 사람들의 사고방식을 지배하고 있다. 하지만 이런 상황에서도 고객에게 좋은 제품과 좋은 서비스를 제공한다는 마케팅의 기본은 여전히 적용된다. 마케팅이 효과적으로 작용하기 위해서는 자유시장체제의 작동방식 즉, 생산자들 간의 관계 및 중간업자, 소비자와의 관계에 대한 많은 기초 교육이 선행되어야 한다. 마케팅은 자유시장의 일부이기에 마케팅 경영자는 자유시장을 알리고 선도하는 역할을 하게 된다.

빈국에서의 마케팅 득인가, 실인가?

세계적 기업이 제3세계에서 노동을 착취하고, 제3세계의 국민들에게 헛된 희망을 심어주고 좌절하게 만든다는 반글로벌주의자들의 비판에도 불구하고, 세계적 기업들은 빈곤국에서 새로운 사업 기회를 얻기 위한 노력을 계속했다. HP나 Unilever, Citi Bank와 같은 회사들은 아프리카, 아시아, 중앙 유럽, 라틴아메리카, 중동의 개발도상국과 같은 시장에 진입했다.

개발도상국 전문 마케팅 컨설턴트의 조력으로 이러한 회사들은 새롭게 성장한 시장을 쫓고 있다. 믿기 어렵겠지만, 이들 시장은 급격한 성장에도 40억 명 이상의 사람들이 연간 1500달러 미만의 수입으로 생계를 이어나가고 있다. 다국적기업과 그들의 컨설턴트는 그들이 제공하는 합리적인 가격과, 높은 품질의 제품들로 인해 잠재고객의 범주에 있지 않은 사람들까지 삶의 질이 높아지고 있다고 한다. 기업들은 그들의 제품을 마케팅 하는 혁신적인 방법을 개발하고 있다. 예를 들면, 대량구매의 경우에는 할부기간을 보다 연장하여 주거나, 전화나 TV를 통한 방법으로 지역사회 시장에 접근하는 것이다. Unilever의 인도 자회사인 Hindustan Lever Ltd.는 소득이 적은 인도인들을 위해서 세제나 생활용품 등을 일회용 분량으로 판매하고 있다. 이러한 판매가 빠른 속도로 효과를 거두고, 큰 용량의 제품들과 비슷한 수익율을 보이자 Unilever는 브라질에서도 같은 방법으로 시장점유를 이어나가고 있다.

이러한 시도는 전혀 새로운 것이라 할 수 없다. 질레트는 이미 가난한 나라에서 하나의 날만을 가진 면도기를 판매해왔다. 성숙시장은 포화상태에 이르렀고 훨씬 경쟁이 심하기 때문에 가난한 나라의 시장이 더욱 주목받고 있다. 이러한 시도들은 '피라미드의 바닥부터 팔기', '벼룩시장에 팔기'(아직 소비자시장이라고 보기엔 개발이 덜 된) 또는 B2~4B(4억 명을 대상으로 한 비즈니스) 등으로 다양하게 표현되고 있다. 이것은 반글로벌화를 주장하는 사람들이 대응하고자 하는 시장이기도 하다.

글로벌화를 반대하는 단체들은 이들 국가의 시장에 개인 위생용품과 같은 소비재가 도입되기 이전에 선행되어야 할 것이 너무나도 많다고 주장한다. 소비지상주의는 가정이나 개인의 니즈(needs)와는 상관없는 소비습관을 양산하는데, 많은 개발도상국들은 가장 기본적인 교육이나 의료기준 조차도 열악한 상황에 있다. 이들 40억 인구는 하루에 4달러 미만을 벌고, 외진 곳에 거주하며, 물, 전기, 도로와 같은 공공재의 혜택을 누리지 못하고 있다. 통신매체의 증대 또한 이런 부정적인 측면을 확대시키고 있다. 피라미드의 가장 밑바닥에 해당되는 극빈층의 사람들은 마케팅 전문가들에 의해서 TV에 노출되기 전까지는 자신들이 더 나은 삶을 살 수 있을 거라는 기대를 하지 않았다. 개발도상국들은 선진국에 비해 약 두배 가량 높은 경제성장률을 보이고 있음에도 개발도상국의 소비자들은 다른 소득없이 최소한의 생계만을 겨우 이어나가고 있는 농부들이 적지 않다.

그렇기 때문에 당연히 많은 주민들이 여전히 외국인과 외국기업들을 불신하고 회의적인 태도로 대하고 있다. 그래서 HP는 세네갈의 지역회사인 Joko Inc.와 파트너십을 체결하여 세네갈에 인터넷을 공급하는 방법을 선택했다. 지역사회의 구성원들이 컴퓨터 센터를 소유하고 스스로 관리할 수 있게 된 이후로 지역사회의 반응도 긍정적으로 돌아서게 되었다.

언제나 그렇듯, 자유시장의 방식은 빈곤층에 대한 복지를 주장하는 사람들에 의한 저항에 직면하게 된다. 물론 복지라는 것은 이러한 사람들이 항상 생색내듯이 하는 주장인 점들을 감안하면 현지의 소비자들을 잘 교육하여 현실에 제공되는 정보들을 정확히 파악하게 하는 것도 때로는 좋은 접근방식이 될 수 있다.

누구라도 가난한 어머니가 그녀의 자식을 잘 돌볼 수 있기를 바랄 것이다. 뿐만 아니라 그녀 그 자신까지도 말이다. 또한 누구든 그들의 선택과 그에 수반하는 희생에 대해서 알고 있어야 한다. 요는 이러한 것들이 개인의 권리를 침해하지 않고 어떻게 완성될 수 있느냐는 것이다. 반글로벌 단체는 글로벌마케팅 전문가들이 소비자 개개인으로 하여금 온전히 선택과 결정을 내리도록 하는 것에 대해 최소한의 공공감독이 필요하다고 역설한다. 결국에는 이 두 가지의 시각이 균형을 이룰 필요가 있다. 이것은 개개인으로 하여금 그가 열망하던 제품을 자유롭게 저항감 없이 선택할 수 있도록 도와줄 수 있다. 결국 자유시장 체제에서 할 수 있는 가장 윤리적인 선택은 '균형'을 이룬 소비자시장을 형성하는 것이다.

Sources: Dana James, "B2-4B Spells Profits," *Marketing News*, November 5, 2001, pp. 1, 11-12; Naomi Klein, *No Logo* (London: Flamingo, 2000). C. K. Prahalad, *The Fortune at the Bottom of the Pyramid* (Philadelphia: Wharton School Publishing, 2004).

서론

이 장에서 정의하는 신흥시장이란 러시아와 구 공산권의 신흥민주국가, 중국, 중동, 그리고 개발도상국들이다. 아프리카(나이지리아, 잠비아, 탄자니아), 아시아(파키스탄, 베트남), 중미(니카라과, 과테말라)와 같은 가난한 나라들이 개발도상국으로 분류된다. 이 국가들은 주로 낮은 1인당 소득 수준을 보이는 것으로 알려져 있지만 신흥민주국가들과 같은 맥락에서 논의되고 있는데, 그 이유는 심각한 마케팅 인프라의 부재라는 문제를 공통적으로 안고 있기 때문이다.

우선 이 장에서는 먼저 개발도상국들이 겪고 있는 일반적인 문제들에 대해 간략히 논의한 후 신흥민주국가(특히 러시아와 중앙아시아)들이 겪는 문제 또한 다루게 된다. 그리고 중국과 중동에서의 마케팅 사례들을 살펴보게 될 것이다.

개발도상국에서의 현지마케팅

개발도상국에서는 그 나름대로의 마케팅상의 어려움이 있다. 이들 국가에서는 주로 좋지 못한 경제상황으로 인해 생기는 문제가 대부분인데 낮은 학력, 높은 문맹률, 대중들의 무관심과 연관이 있다. 서방 선진국에서의 마케팅은 주로 두터운 중산층을 대상으로 하지만, 일반적으로 중산층이 거의 없다시피 한 개발도상국에서는 새로운 방식의 마케팅이 필요하다. 이런 이유로 개발도상국에서의 현지마케팅은 기업들에게 있어 특별한 도전이 되고 있다.

개발도상국 시장은 불확실성을 특징으로 하고 있다. 그러므로 "현지시장 환경조사"야 말로 현지마케팅 전문가들에게 있어 중요한 임무가 되고 있다. 급격한 정치적 변화는 높은 재무리스크로 이어지며, 화폐교환성 문제, 암시장, 환율변동 등의 문제들 또한 수입감소로 직결되는 요인이다. 관세율 변동이나 다른 무역규제 조치에 대비하고 끊임없이 시장을 주시해야 한다. 이런 문제들로 인하여 현지마케팅 전문가는 세계은행이나 국제통화기금(IMF)와 같은 국제대출기구(international lending agencies)의 도움을 적극

표 10.1 아프리카 지역의 1인당 GDP(2007, in U.S.$, PPP), 세계 GDP 순위와 인구

국가	1인당 GDP	세계 GDP 순위	인구
나이지리아	2,035	137	148,093,000
에티오피아	806	166	77,127,000
콩고	309	119	62,636,000
남아프리카공화국	9,761	76	47,850,700
탄자니아	1,256	156	40,454,000
케냐	1,699	145	37,538,000
우간다	939	163	30,884,000
가나	1,426	150	23,478,000
모잠비크	830	165	21,397,000
짐바브웨	188	176	13,349,000
이집트	5,491	97	75,498,000

적으로 구해야 한다.

과거 개발도상국 시장은 많은 소비자들이 쉽게 접근할 수 없는 시장이었기 때문에 비교적 단조로운 양상을 보였다. 그리고 제품다양성의 부족은 마케팅 인프라를 더욱 악화시키게 되었다. 유통경로는 미미했으며, 생산성은 낮았고, 대중매체 또한 그 보급이 제한되어 있다. 그렇기 때문에 마케팅연구는 구매자에 집중하기보다는 다양한 마케팅활동의 실행여건에 더욱 집중하게 되었다. Nestle가 아프리카 대륙에서 자신들의 유아용품을 판매하면서 겪은 사례는 이런 점을 잘 나타내고 있다. 엄마들(소비자들)은 제품에 만족했지만, 아프리카의 식수 부족문제는 유아들에게 위협적이었다. 아프리카가 특별히 어려운 시장(사례)인 이유는, 정치적 문제와 동시에 아주 빈약한 인프라를 갖추고 있기 때문이다. 아프리카는 많은 광물과 원자재를 보유하고 있지만, 식민지배를 겪으며 희생당했고 시장을 지원할 수 있는 인프라가 절대적으로 부족하다. 식민지 해방 이후 정치적 독립을 이루었지만 여전히 아프리카의 많은 나라들은 다루기 힘든 부족간의 문제로 정치적, 경제적 시스템을 체계화 하는데 어려움을 겪고 있다. 이러한 문제점들은 〈표 10.1〉에 나타나듯이 빈약한 경제지표에 반영되고 있다. 이와 더불어 주변국가들과 무역연합에 성공한 나라는 아프리카 어디에서도 찾아볼 수 없다. 남아공에서는 아파르트헤이트(Apartheid–남아공의 인종차별정책)의 종료 이후로 높은 1인당 소득을 올릴 수 있었던 점을 감안한다면 사회구성에서의 차별문제는 아프리카 국가들이 부흥하는 것을 막는 가장 큰 걸림돌로 여겨진다.

시장세분화

이들 시장에서 대표적인 세분화 항목은 소득수준이다. 불평등한 소득분배 때문에 상류층을 대상으로 한 고급제품 시장은 높은 잠재성을 가지고 있다. 하지만 실질적인 소득 수준과 같은 수치를 더욱 효과적으로 활용하려면 가구 1세대 당 임금이나 연봉과 같은 조건뿐만 아니라 전환 가능한 통화나 시장의 개방성과 같은 조건도 조사해야 한다. 예를 들어, 우간다의 정부관료들은 지역의 중소기업가들에 비해서 적은 소득을 얻겠지만, 훨씬 더 쉽게 교환가능 화폐에 접근할 수 있다. 반면 중소기업가들은 외국화폐를 다루는 증권거래소나 암시장에서 프리미엄을 지불하고 경화(hard currency)를 획득하는 경우가 많다.

소득수준이 밝혀지게 되면 기초적인 인구통계에 따라 시장을 분할할 수 있게 된다. 하지만 낮은 민감도를 가진 소비자들로 인해 지리적인 분포 외에는 어떠한 다른 기준도 큰 의미가 없을 수 있다. 소비자의 발견은 우선 소득수준이 일정하게 확보되고 난 다음에 고민해야 하는 사항이다. 일반적으로 소비자들은 대도시의 주변에 위치한다고 보고 현지마케팅의 첫 단추를 끼면 큰 무리는 없을 것이다.

한편 수준 있는 취향을 가진 소비자들의 출현에 대해 항상 대비해야 한다. 대부분의 시장에서 소시민들은 제품의 기능적인 부분 뿐만 아니라 심리적인 만족에 대한 열망을 가지고 있기 때문이다. 때문에 저가의 제품들까지도 현지 취향을 맞추는데 투자를 아끼지 말아야 한다.

게다가, 이런 시장에서의 일반적인 예상과는 반대로, 제품의 높은 가격이 시장에서의 성공을 방해하는 요인이 되지 않을 수도 있다. 예를 들어, 소비자들이 여러 종류의 많은 제품을 사는 대신 사치품을 구입할 수도 있다는 것이다. 따라서 높은 가격이 곧 고급제품일 것이라는 인식을 가진 시장에서 낮은 가격은 오히려 결점이 될 수 있다.

신흥민주국가에서는 상류층에 대해서 파악하는 것(상류층을 겨냥하고, 시장의 틈새를 공략하는 것)이 도움이 될 수 있다. 사치품에 대한 지나친 호감은 유난히 개발도상국 시장에서만 나타나는 경향이 있는데, 결국엔 서서히 시장이 성장세로 돌아서면 소비자들은 그들의 개인 기호에 따른 합리적인 소비를 하게 된다.

제품포지셔닝

개발도상국 시장환경에서는 제품정책이 마케팅에서 가장 중요한 문제가 된다. 시장 소비자들의 요구하는 제품의 기본에 충실할 것, 내수제품에서 대안을 찾기 힘든 제품일 것, 기존의 제품라인과 달리 더 간단하고 표준화된 특징을 가지고 있어야 한다. 이러한 특징들은 서비스를 간소화한 직영판매점을 통해서 가능한데, 기업이 직접 판매에 나서는 것이므로 소비자들의 신뢰도가 높고, 제품의 표준화를 통해서 소비자들이 요구하는 다양한 서비스를 대체하는 방식이었다. GM이 이 전략을 사용한 것으로 유명하다. GM은 필리핀과 같이 비포장도로가 일반적인 동남아시아 시장을 위해서 특별히 개발된 차량을 출시했는데 차대는 몇몇 철제 바(bar)를 조립하기만 하면 되는 간단한 것이었다. 엔진과 트랜스미션은 시트, 캐노피와 함께 프레임에 고정된 형태였다. 이 자동차는 저렴하고, 비포장도로를 잘 달리며, 수리비 또한 적게 들었기 때문에 현지시장에 완벽하게 맞아 떨어지는 조건을 갖춘 자동차로 널리 호평을 받았다(이후 소득이 오르고 포장도로가 늘어나면서 말레이시아 같은 시장에서는 이웃 나라인 태국이나 인도네시아와 같은 곳에서 만들어진 정교한 일본 자동차들과 현지 내수자동차 회사인 Proton의 판매가 늘어나게 되었다).

가격책정

개발도상국에서의 가격책정은 지불가능성과 고가 포지셔닝(positioning) 사이의 적절한 균형점에서 형성된다. 그러므로 기업들은 높은 수준의 가격책정으로 빠른 자본회수를 목표로 하거나, 낮은 가격 수준의 가격책정으로 적극적인 시장공략을 노리기도 한다. 이러한 적극적인 가격책정은 소비자들의 구매력을 높이는 요인이 될 수 있지만, 동시에 이익을 줄이는 것이 되므로 때로는 비효율적일 수도 있다. 때문에 중산층을 겨냥하여 우선은 높은 가격을 유지하고 그래도 유지되는 고객들을 대상으로 고객충성도를 높이는 전략을 구사해 볼 수 있다.

구매력의 부족으로 인하여 표준화된 제품을 제공함과 동시에 파이낸싱을 제공할 수도 있다. 또한 공동주택에 세탁기를 판다고 가정하면, 몇몇 가족들이 공동으로 비용을 부담하여 구입하도록 할 수 있다. Unilever의 저용량 샴푸는 가격이 저렴하여 이런 시장들에서 아주 인기가 많다. 더 작은 양의 청량음료나 통조림, 담배(물론 단 한 개비의 담배를 팔거나 사는 것은 아주 드문 일이다), 맥주 등도 마찬가지로 인기가 많다. 소매상들의 신용판매가 널리 퍼져있고 이는 제조업체나 유통업체들도 신용을 제공해야하는 분위기를 이끌어내고 있다.

유통

유통은 개발도상국의 현지마케팅 전문가들이 직접 마주하는 가장 핵심적인 문제이다. 사실 효율적인 제품유통의 방안이 마련되어지지 않는다면, 이러한 개발도상국 시장으로의 진입은 좌절될 가능성이 높고 현지시장의 개발도 뒤쳐질 가능성이 커진다. 소도시의 시골 사람들에게 접근하기 위해서는 다양한 물건을 파는 구멍가게에 의존해야만 한다. 저렴한 노동력과 개인서비스가 개발도상국에서는 가능하다. 수송시스템이 제대로 갖춰져 있지 않은 곳에서는 저렴한 국내 노동력을 사용하는 대체경로를 탐색하기도 한다.

예컨데, 통신 시스템이 갖춰지지 않은 곳에서는 자전거나 오토바이를 이용한 우편배달부를 이용한다. 포장(고속화)도로가 부족한 곳에서는 강을 이용한 교통 시스템과 직접 배달시스템이 개발되고 있다. 교통이 불편한 곳에서는 장거리의 경우 택시를 이용하기도 한다. 개발도상국 시장에서의 개인서비스란 많은 사람들을 위한 편의재 개념이기도 하지만, 다국적기업의 국외거주자 간부를 포함한 사회 상류층에게도 필요하다.

마케팅 조직 및 통제는 해외사업을 하는데 있어서 아주 어려운 문제이고, 이는 마케팅환경과는 무관한 것이다. 개발도상국에서의 마케팅이 어려운 이유는 지역 전문인력이 다른 시장보다 훨씬 적기 때문이다.

판촉

개발도상국에서의 판촉은 방송매체의 부족으로 인해 초기에 어려움을 겪게 된다. 만약 방송매체의 보급이 이루어지면 광고를 통해 얻을 수 있는 효과는 상당한데, 이는 다른 광고가 적기 때문에 소비자들이 비교적 단일 정보에 노출되기 때문이다. 물론 옥외광고에서는 이것이 적용되지 않겠지만, 일반적으로 옥외광고의 효과는 브랜드 인지도를 높이고, 이미지를 확고하게 다지는 데 있다. 또한 개발도상국에서는 문자 그대로 '백문이 불여일견'이라는 점을 염두에 두어야 한다. 따라서 제품 시연이나 샘플을 제공하는 것이 더욱 효과적인 광고가 될 수 있다.

클로즈 업: 러시아와 신흥민주국가에서의 마케팅

베를린 장벽 붕괴 이후로 소련은 서서히 붕괴되었다. 1991년 소련은 러시아와 11개의 독립 국가로 분리되었다(에스토니아, 라트비아, 리투아니아는 이미 독립 국가임을 선언한 후였다). 이들 국가 중 벨로루시, 몰도바, 우크라이나는 지리학적으로 중앙유럽에 속했고, 아르메니아, 아제르바이잔, 조지아, 카자흐스탄, 키르기스스탄, 타지키스탄, 투르크메니스탄, 우즈베키스탄의 여덟 국가는 중앙아시아에 속했다. 이들 국가는 신흥민주국가(NDCs)라 불린다. 이런 신흥민주국가들은 자유시장 경제체제와 세계시장에 적응하는 법을 배우고 있다. 소련의 총 인구는 1989년 1월에 286,717,000에 달했는데 이 중 1억 4천 7백만 명의 인구가 러시아로 편입되었다(이는 2007년 1억 4천 500만으로 감소했다).

마케팅의 관점에서 보면, 이들 신흥민주국가들은 다른 개발도상국들과는 분리해서 볼 필요가 있다.

1. **기본적인 니즈(needs)의 충족.** 신흥민주국가들은 서구 선진국들과 비교했을 때는 적은 1인당 소득을 보이고 있지만, 이들 국가들은 정부의 계획에 의해서 기본적인 니즈가 충족되어 왔다. 이 국가의 소비자들은 가뭄이나 정치적 탄압이 있었던 시기를 제외하고 굶주린 적이 없으며, 의류나 신발, 집, 비누와 세제 같은 기본적인 것들을 구매할 수 있었다. 그리고 비교적 최근에는 자동차와 오토바이까지도 갖추고 있다. 대부분의 제품은 자국에서 생산된 것들이었으며, 국제적인 수준에는 미치지 못했지만, 이들 소비자들은 대체로 제품에 만족하는 편이었다. 또한 가장 중요한 것은 중국과 러시아와 같은 신흥민주국가들은 아주 많은 인구를 가진 국가라는 점이다.
2. **교육과 사회적 통제.** 신흥민주국가에서는 국민들에게 기본적인 교육기회를 제공하였고 강력한 사회적 통제를 통해서 기본적인 생활을 보장해왔다. 그리고 동시에 자의던 아니던 자유시장경제체제와 자본주의에 대한 혐오감을 가지도록 세뇌받았다. 이들 국가의 국민들은 문맹이 아니고, 식견을 가진 사람이 많으며, 그들이 과거 이뤘던 것에 대한 자부심을 가지고 있다. 따라서 그들은 개개인의 권리의 증진과 함께 더 나은 미래를 이룰 수 있을 것이라는 기대를 품고 있다.
3. **자유시장경제체제가 아니다.** 이들은 자유시장경제체제와 그에 수반되는 것들에 대하여 이해하는데 어려움을 겪는다. 마르크스주의자들이 논하는 노동가치의 개념에 익숙한 사람들은 시장에서 소비자가 생산자보다 앞선다는 사실을 상상할 수도 없기 때문이다. 일례로 러시아에서는 소매점의 점원들에게 고객들을 존중하여야 한다는 관점을 이해시키기가 쉽지 않다. 소비자들의 입장에서는 세 개의 다른 커피 브랜드 중 하나를 선택하는 것이 새롭고 충격적인 경험이었다.

이런 요인들은 신흥민주국가의 마케팅 경영자들에게 새로운 임무를 부여했다. 신흥민주국가의 시장은 개발도상국의 시장과 몇몇 유사한 부분이 있지만 더욱 복잡하다. 특히 마케팅 인프라가 취약하고, 유통경로가 매우 적고 제공되는 서비스는 부실하다. 통신매체는 여전히 중앙정부에 의해 통제되고 있으며 광고도 못마땅하게 여겨지곤 했다. 소비자들의 구매력은 크지 않았고, 일부 특권층을 제외하면 외화를 보유하기도 어려웠다.

시장환경

신흥민주국가의 경제는 개발도상국의 그것과 많은 부분에서 닮아 있다. 법률제도나 금융시스템이 뒤처져 있고, 정치적으로 불안하며, 해외제품에 대한 구매력이 일반적으로 낮다. 개발도상국에서의 사례와 마찬가지로 이런 시장이 발전하기 위해서는 국제기구의 도움이 절실하다.

UN이나 세계은행, IMF와 같은 국제기구는 신흥민주국가의 시장에서 중요한 역할을 담당한다. 이런 국제기구들은 자본대여, 기술적 지원, 경제계획 수립에 도움을 주어서 동유럽 국가들이 자유시장경제체제로 전환할 수 있도록 지원한다. 또한 유사한 국제기구로는 중앙 유럽 국가들을 지원하기 위해 EU에서 만든 ERBD를 들 수 있다. 이런 국제기구들은 해외 투자자들을 유치하는데 아주 중요한데, 유치된 투자금은 도로건설, 전력공급, 전화설치 등의 인프라를 확충하고 공장을 확충하는데 쓰이게 된다. 마케팅의 시각에서 보면 이런 것들은 더 나은 시장환경을 조성하는데 도움을 주는 것으로 볼 수 있다. 제품과 서비스 시장은 아직 기반을 다지고 있는데, 예를 들자면 텔레커뮤니케이션 산업은 세계은행과 같은 국제기구로부터 대출에 의존하고 있다. 또한 이런 나라들에 미치는 '마더 러시아(Mother Russia)'의 영향력은 여전히 대단하다. 1990년대의 러시아 경제는 불안을 겪었지만 2000년대 들어서 안정화 되었다. 1990년대에 해외자본으로부터 많은 투자를 받아 몇 년간 눈부신 경제발전을 이룩했지만, 1998년에 기업들의 줄도산, 정부의 세금수입 급감, 아시아 발 경제위기에 따른 러시아 루블화의 평가절하 등으로 어려움을 겪었다. 이로 인해 러시아는 대외부채 상환을 못하게 되자, 해외투자자들은 러시아 시장을 이탈하기 시작했다.

이런 상황(루블화 평가절하와 은행 도산 등)은 Vladimir Putin에게 더욱 힘을 실어주었다. Putin은 경제안정화 및 성장을 위한 모든 지표상승에 기여했다. 그 결과 실질 GDP는 2000년에는 8%가 넘는 성장을 이룩했고, 2000년에 4970달러였던 1인당 GDP는 2003년에는 8920달러, 2007년에는 14692달러의 성장세를 기록했다. 소련붕괴 이후 지도자를 잃은 중유럽의 구 소비에트연방 국가들은 이전에 비해 상대적으로 무력해지기는 했지만 희망이 사라진 것은 아니었다.

수십 년간 지속되어 온 전체주의 덕분에 소련의 경제는 중공업(특히 에너지, 원자재, 국방관련 분야) 분야에만 편향된 발전을 지속했고, 소비재나 농업은 등한시 되는 형태를 띠고 있었다. 이런 중앙집중 경제계획은 대부분의 산업에서 비효율적인 자본사용이

Getting the Picture 개선된 러시아제

1990년대 러시아 사람들은 서구에서 만들어진 음식, 영화, 음악을 구입하기 위해서 몰려 들곤 했다. 다국적 회사들의 제품 포장지에 영어가 적혀 있으면 그 어떤 물건이라도 팔 수 있던 시절이었다. 하지만 최근에는 러시아어로 표기되어 있는 제품이 인기를 끌면서 러시아 브랜드를 소유한 외국기업들은 그들이 러시아 브랜드를 소유하고 있다는 사실도 알리기 꺼려한다.

오히려 순수한 러시아 브랜드로 인식되기를 바라는 것이다. 이런 현상은 블라디미르 Putin 러시아 대통령으로부터 시작된 국수주의에 기인한 것으로 "made in Russia"의 라벨이 붙은 제품이 더욱 잘 팔리고 있다. 러시아 토종 불곰을 모델로 한 맥주 광고가 성행하고, kerchiefed babushkas가 러시아 록밴드의 새 뮤직 비디오에서 주연을 맡는다. 러시아 교회를 상징하는 양파 모양의 지붕을 본 딴 로고가 초콜릿 바나 경단의 포장지에 장식용으로 사용되기도 한다.

재계에 세계화의 열풍이 불어 닥친 지금, 이런 러시아화 열풍은 러시아가 어떻게 그들만의 독자적인 방법으로 세계화의 흐름에 대응하는지를 잘 나타내고 있다. 시장 조사에 따르면 이런 극적인 변화는 그간 약 70년간의 공산주의의 부족함을 깨닫고 서구 문물을 받아들인 결과라고 한다. Comcon에 따르면 1998년 이전에는 오직 러시아 인구의 48%만이 자국 생산품을 구입한다고 하였다. 1999년에는 이 수치가 90%로 뛰어올랐는데, 이는 루블화 평가절하 덕분에 많은 수입품들이 러시아인들에게는 터무니없이 비싼 가격을 형성하고 있었기 때문이기도 하다.

분명히 가격은 러시아 시장에서 중요한 고려사항이다. 러시아의 평균임금은 한달에 100$ 미만인데 이는 소득의 불균등으로 인하여 발생한 것이다. 원산지효과에 의한 자국산 선호현상은 이러한 가격요인이 일부 작용한 것으로도 추측할 수 있다. 그러나 러시아기업 뿐 아니라 외국기업들도 이러한 자국산 선호현상에 편성하려는 노력을 기울이고 있다.

예를 들어 브리티쉬-아메리칸 토바코는 러시아의 값싼 담배시장을 공략하기 위하여 러시아어로 Muzhik 라는 담배를 출시하였는데 전통적인 농부의 이미지를 줄려고 했는데 실제로는 '남자중의 남자'라는 강한 뜻이 있어 담배향을 순하게 했을 때는 Muzhik Light 라고 해야 했다. 하지만 이는 광고의 의도를 왜곡할 가능성을 초래하였다.

Sources: Susan B. Glasser, "Patriotism Selling like Hot Cakes," Washington Post, May 9, 2001, p. C1; Anatoly Tyokin and Dina Vishnya, "What's in a Name Is Hit-and-Miss Game," st. Petersburg Times, August 14, 2001,p.A1

란 결과로 이어졌는데, 이는 당시 러시아 시장가격의 흐름이 수익을 낼 수 없는 구조로 형성되게 하였다. 소매와 서비스 부문은 2000년까지 10년간 약 36~55% 성장을 기록했음에도 불구하고 여전히 경제 대부분을 차지하는 것은 공업생산이라는 점을 주목할 필요가 있다.

Putin은 상의하달식의 정치와 독재적인 방법을 선호했음에도 불구하고 러시아 경제를 안정시켰다. 실제로 1998년 금융위기를 겪고 난 후 연 평균 7%의 경제성장률을 기록할 정도였다. 고유가와 루블화 평가절하라는 위기가 있었지만 자국 내 소비자들의 끊임없는 수요가 높은 경제성장률을 견인하는 원동력이었다. 개개인의 수입은 연 12% 이상이 증가했고, 중산층은 지속적으로 늘어갔다. 원유수출로 인한 소득은 러시아의 외환보유고를 1999년 120억 달러에서 2007년 4700억 달러로 늘렸는데, 이는 전 세계에서 세 번째로 큰 규모이다. 또한 해외직접투자 금액이 2005년 146억 달러에서 2007년 450억 달러까지 증가하였는데 이는 투자자들의 Putin에 대한 신뢰를 잘 보여주는 것이다. 국영기업들의 설비가 낡고 노후화 되었기에 개선이 필요하게 되면서 이러한 외국인 투자는 경제발전에 더욱 중요한 역할을 하였다.

최근의 러시아의 성공에도 불구하고 몇몇 심각한 문제점이 있다. 원유, 천연가스,

철, 목재 등은 수출물동량의 80%를 차지하고, 정부 세수의 30%를 차지하고 있는데, 이로 인해 러시아는 세계 원자재가격 변동에 취약한 경제구조가 되었다. 이에 따라 2006년 러시아는 WTO에 가입하기를 희망했지만 이는 보류되다가 2011년 가입하였다. 러시아로의 수출은 루블화 평가절하 위험을 빠르게 가속시키는 결과를 낳았는데, 낮아진 루블화의 가치는 러시아 소비자들의 구매력 하락으로 이어졌고 많은 서구의 회사들의 판매가 빠른 속도로 하락세로 돌아서는 결과를 낳았다. 한편 러시아의 회사들은 마케팅 방법에 대해서 연구를 하고 있고, 빠른 속도로 이를 국내시장 공략에 적용시키고 있다("개선된 러시아제" 참조).

조악한 인프라을 갖춘 이전의 소비에트 시장은 붕괴되었지만, 원유와 가스 가격의 상승에 힘입어 새로운 인프라와 주택공급을 위한 충분한 재원을 확보할 수 있었다. 하지만 이런 결과들을 생활수준의 향상으로 구체화 하기에는 이르다. 평균적인 러시아 국민들은 여전히 최악의 주택상황 및 교통불편을 겪고 있다. 이런 문제들은 러시아가 세계에서 가장 우울하고, 짧은 기대수명을 가진 나라 중의 하나라는 사실과 연관이 있어 보인다. 러시아 여성들의 기대수명은 73세이지만, 남성들의 기대수명은 60세에 불과하다. 2007년 현재를 기점으로 해마다 러시아의 인구는 감소하고 있다.

정치적 그리고 법적 위험

신흥민주국가 시장에서의 경제전망은 정치적, 법적 요소들이 고려되어야 한다. 공산주의 체제 하에서는 사유재산이 금지되기 때문에, 자유시장을 형성하고, 또 유지하기 위해 요구되는 법률제도가 존재하지 않는다. 이는 기초적인 마케팅활동을 위한 법적기반이 약함을 의미한다.

마케팅은 일반적으로 제품과 서비스를 돈(또는 다른 제품이나 서비스)과 교환하는 것을 의미한다. 이런 거래가 이루어지면, 판매자에서 구매자에게로 제품의 소유권이 이전된다. 각각의 거래당사자들은 제품의 사용, 채무의 이행, 인도기간, 권리반환 그리고 부수적인 것들에 대해서 명시적, 묵시적 계약에 따른 중요한 권리를 갖게 된다. 이러한 상거래를 위한 법적 제도는 신흥민주국가에서 아직 정착되지 못했으며, 거래의 법적구속력을 보장하는 기능이 미약하다.

수출통제(Exports Control)는 마케팅 전문가들에게 정치적-법적 난관이 될 수 있다. 냉전기간 동안에는 적대국과의 무역을 제한할 필요가 있었는데, 특히 기술집약적인 제품의 경우엔 더욱 심한 제한을 받았다. 서구에서는 공산주의 국가나 인도와 같은 다른 비동맹 국가로의 수출을 통제하는 것이 일반적인 일이었다.

이러한 통제체제를 관리하는 것은 대(對) 공산권수출통제위원회인 코콤(COCOM)의 몫이었다. 그러나 베를린장벽 붕괴이후 수출통제에 대한 필요성이 줄어들었고, 이에 따라 코콤(COCOM)은 1994년 봄, 해체 수순을 밟게 되었다. 물론 이후에도 적대국으로의 무기체제 확산을 통제할 필요성은 있었기에, 이것이 수출통제 그 자체의 종말을 의미하는 것은 아니었다. 새로운 국제 통제체제가 미국을 포함한 다른 여러 나라들

Getting the Picture 이전이 낳았는가?

소비에트의 찬란했던 과거가 저물고, 이제 러시아, 그리고 이전 소비에트 연방에 속했던 몇몇 아시아의 국가들은 자유시장에 대한 대비를 못한 채로 새로운 시장환경을 맞이하게 되었다. 일례로 중앙계획경제가 와해된 후에 카자흐스탄의 산업생산은 심각하게 감소했지만 원유수출부문에 있어서는 큰 성공을 거두었다. 안타까운 점은 원유생산 시설에서 일하는 근로자는 극소수에 불과하며, 카자흐스탄의 인구 대부분이 농업에 종사하고 있으며, 특히 서비스부문은 아직 시작단계에 있다는 것이다. 그럼에도 2000년 말 카자흐스탄의 실질 GDP는 약 10%의 성장률을 보였고, 경제의 다각화를 위한 지속적인 노력으로 변신을 꾀하고 있다.

예로부터 "마더 러시아"의 곡창지대 역할을 해온 우크라이나는 소련으로부터의 독립 이후 그들의 주산업인 집단농장이 쓸모 없어지게 되었고, 이러한 충격의 여파로부터 살아남기 위한 노력을 해야 했다. 이들의 구식기술 및 비효율적인 생산방법으로는 도저히 서구와 경쟁을 펼칠 수가 없었다. 중공업 중심 경제구조를 재건하기 위한 정부관료들의 노력에도 불구하고 민영화와 해외 자본유입은 중앙유럽의 구소련 국가들 중 가장 느린 속도로 진행되었다. 과잉규제, 높은 세금, 걷잡을 수 없는 체제 붕괴와 같은 문제는 우크라이나의 비즈니스 환경이 국제시장에서의 경쟁력을 잃게 만들었다. 이러한 상황은 2007년 우크라이나의 구매력을 기준으로 한 1인당 GDP를 6941달러에 그치게 만드는 요인이 되었고, 이는 카자흐스탄의 11086달러에 비해서도 훨씬 낮은 수치였다.

국제적으로 경쟁력을 갖춘 국가들은 저마다 공장설비에 투자를 아끼지 않았다. 구 소비에트 산하의 아시아 국가들(아르메니아, 조지아, 아제르바이잔, 카자흐스탄, 키르기스탄, 타지키스탄, 투르크메니스탄, 우즈베키스탄)뿐만 아니라 유럽 국가들(벨로루시, 우크라이나, 몰도바)은 이러한 국제적인 경쟁력을 갖추기 위해 발 빠르게 움직일 필요가 있었다. 그 결과 과거의 하이퍼인플레이션과 식량부족 문제는 사라졌고, 대신 통화안정과 경제성장 같은 긍정적인 변화가 나타나게 되었다. 하지만 여전히 권력과 부를 가진 보수층 세력들이 집권하고 있는데, 이러한 집권층을 해체하는 것은 비축된 핵탄두를 줄이는 것 만큼이나 어려운 일이다. 한편 이들 정부는 사유재산 인정 및 기업가의 활동을 자유화 하는 등 자본주의의 개념을 받아들였고, 이는 경제 전반에서의 경쟁을 부추겨 가격을 낮추고, 삶의 질을 향상시켰다. 지속적 장기성장은 해외 자본을 얼마나 유치하느냐에 달려있고 해외자본은 이지역의 경제를 구조적으로 바꾸어 놓을 것이다.

Sources: Lucas, 2001; "Now for a Challenge or Two," The Economist, January 3, 2002; Susan B. Glasser, "Patriotism Selling like Hot Cakes," Washington Post, May 9, 2001, p.C1.

에 의해서 설립되었고, 기술집약적 제품을 판매하는 마케팅 전문가들은 신흥민주국가 시장에 진출할 때 여전히 통제를 받고 있다.

오랜 경험이 있는 다국적기업들마저도 이러한 수출 통제를 피할 수 없는 상황에 놓이곤 한다. 1998년 IBM은 연방정부의 승인을 받지 않고 슈퍼컴퓨터를 러시아에 팔았다는 이유로 유죄 판결과 벌금형을 선고받았다. 이 거래는 1996년 말에서 1997년 초 사이에 이루어졌는데, 중개상이 독일의 IBM 자회사로부터 암스테르담까지의 운반을 도맡았다. 이후 다시 유럽 대륙을 가로질러 러시아로 운반되었는데, 그 최종목적지는 러시아의 핵무기 연구 시설인 아르자마스-16(Arzamas-16)이었다. 러시아의 관료들은 거래에 문제가 없었으며 이미 완료된 것이라고 주장했다. 미 정부는 러시아에 컴퓨터를 반환해줄 것을 요청했으나 러시아정부는 이를 거절했다.

'정치적인 위험'은 갑작스런 정권교체로 인하여 해외 투자자들의 투자환경 변화, 사유재산 규제의 가능성이 발생할 때 최고조에 달한다. 현지마케팅 전문가들은 이러한 돌발적인 위험상황을 항상 염두에 두고 경영을 하여야 한다. 따라서 내부사정에 정통한 관계자와 접촉하여 관계를 쌓아 이러한 변화들을 모니터링할 수 있도록 하는 것이

Getting the Picture 러시아에서 미국 표준

뉴저지에 기반을 둔 다국적기업인 아메리칸 스탠다드(American Standard)는 세계에서 가장 큰 욕실제품 제조사이며, 많은 나라에서 강력한 시장 점유율을 확보하고 있다. 하지만 이들의 러시아 시장진입은 성공하지 못했다.

1991년 러시아의 초기 시장조사에서는 당시에 건축시장의 회복은 시간이 많이 걸리며 또한 외주업체들이 접근하기 쉽지 않다는 것이 밝혀졌다. 그래서 아메리칸 스탠다드는 모스크바의 오래된 아파트와 상트페테르부르크에 입점하는 서구기업들의 사무실을 재건축 및 개조하는 건축업자들을 대상으로 하여 시장에 접근하기로 결정하였다.

아메리카 스탠다드는 러시아의 개인건축 사업자들이 공사대금을 절약하기 위해 낮은 품질의 제품에 관심이 있을 것이라고 생각했다. 그래서 경쟁력 있는 가격으로 저렴한 제품을 시장에 출시했다. 하지만 시장의 반응은 냉혹했다. 건축업자들은 최고급 제품을 원했기 때문에 아메리칸 스탠다드의 경쟁사인 유럽 회사들로 발걸음을 돌렸다. 이들에게는 가격이 중요한 것이 아니었던 것이다. 건축업자들은 서구의 기업들이 그들의 사무실에 큰돈을 기꺼이 투자하리라 믿었고, 이러한 믿음은 맞아 떨어졌다. 1994년 모스크바의 중심부는 세계에서 가장 비싼 비즈니스 구역이 되었다. 작은 사무실의 한 달 임대료가 15000달러에서 20000달러에 육박할 정도로 전례 없이 비쌌다.

Sources: Lloyd, 1994; Personal interview with Eric Crabtree, vice president and director, CMT Moscow, Construction Marketing and Trading, Inc., Washington, DC, October 20, 1994

중요하다. 이것이 단지 현지 자회사나 지점장의 업무로만 여겨져서는 안 된다. 마케팅은 회사와 외부 세계를 이어주는 역할을 하기에 마케팅 전문가들은 새로이 일어나는 변화에 대해서 꾸준히 관찰하고, 판매자와 유통 경로를 통하여 새로운 정보를 수집하여야 한다.

정치는 신흥민주국가의 국민들이 자유시장 체제를 대하는 태도에도 영향을 미친다. 마르크스 중심의 경제교육은 자유시장 체제에 대한 불신을 조장해왔다. 또한 소비에트의 성공—스푸트니크(인공위성), 강력한 군대 확립, 고등교육의 성공, 뛰어난 스포츠팀—으로 공산주의에 대한 자긍심을 유발할 수 있었다. 베를린 장벽붕괴는 경제실패로부터 촉발되었지만 경제학은 이들에게 삶의 모든 기준이 될 수 없었다. 이들에게 있어 마케팅은 달갑지 않은 행위로 여겨지고 이해하기 힘든 것이다. 이를 테면 '강매(hard sell)'과 같은 판촉활동은 노년층 뿐만 아니라 다른 연령층에서도 역효과가 날 수 있다.

시장세분화

신흥민주국가의 현지마케팅 전문가들은 각국의 소수민족을 고려하여 민족적 시장을 세분화(ethnic market segmentation)하는 관점에서 시장을 파악하고자 한다. 이를 테면 슬로바키아에 거주하는 헝가리 사람들은 루마니아(라트비아)와 비슷한 성향의 소비를 한다. 구소련의 여러 국가들이 분리되었지만, 여전히 러시아엔 중유럽국가 출신의 소수민족들이 거주하고 있다.

신흥민주국가에 시장경제 체제가 정착함에 따라 소비자들의 취향도 서구화되고 있다. 한 연구에 따르면, 10대 소비자들은 이러한 소비의 서구화 현상이 더욱 현저히 나타나고 있다고 보고되고 있다. 러시아의 시장세분화에 대한 다른 연구에서는 러시아

표 10.2 러시아 시장의 사이코그래픽 세분화

	쿱시 (상인)	코삭스	학생	사업가	러시아 정신
전체 남성 비율(%)	30%	10%	10%	25%	25%
전체 여성 비율(%)	45%	10%	5%	10%	30%
두드러진 특성	의존적, 민족적, 실용적, 가치 추구	야망적, 독립적, 민족적, 지위추구	수동적, 소극적, 일상적, 실용적	야망적, 서구적, 분주함, 지위에 민감	수동적, 타인추종, 희망적
잠재적 선호	자동차: Volkswagen	BMW	2CV	Mercedes	Lada
	담배: Chesterfield	Dunhill	Marlboro	Winston	Marlboro
	술: Stolichnaya	Remy Martin	스미로노프병에 담긴 현지 보드카	Johnnie Walker	Smirnoff

Sources: The Russian Consumer, 1992; Elliot,1992.

남녀 소비자들의 절반 이상이 독립적이고, 진취적이고, 자립적인 것으로 나타나 모든 특징이 공산주의 시절과는 다른 성향의 소비자로 분류되고 있다고 밝히고 있다. 〈표 10.2〉에서 알 수 있듯이 1억 4천 7백만 명의 러시아 소비자들은 다섯 가지 세분화시장으로 분류된다. 그중 몇몇 세분화시장에서는 확실히 서구의 제품들이 선호된다. 소매상들은 시장경제 체제가 진행됨에 따라 그들의 제품 경쟁력의 향상이 실질 구매증가로 이어지기를 기대한다.

러시아의 통계청인 고스콤스타트(Goscomstat)에 따르면, 2000년대로 접어들면서 러시아 인구의 25%가 빈곤하고, 인구의 35%만이 음식과 간단한 의류 등으로 기본적인 생계를 유지하고 있었으며, 나머지 35%의 인구는 꾸준히 소득이 증가하고 있는 중산층에 해당하며, 5%의 인구가 유럽 상류층의 소비를 훨씬 뛰어넘는 소비를 하는 부유층에 해당된다. 다른 통계자료에도 나오듯이 러시아 대도시의 중산층의 구매력은 빠른 속도로 증가하고 있다. 특히 수도 모스크바의 중산층은 인구의 12.5%에 불과하지만 이들은 총 소비자 지출의 60~70%를 차지한다. 이들의 94%가 주기적으로 패스트푸드점에서 식사를 하며(일반 인구는 40%), 63%는 고급식당에서 식사를 하고(일반 인구는 16%), 대략 85%가 자가용을 소유하고 있다(일반 인구는 31.8%).

제품포지셔닝

신흥민주국가의 마케팅 전문가들은 자사 제품을 어떻게 포지셔닝(Positioning) 할 것인지에 대한 고민을 하고 있다. 수입, 사용환경, 소비자의 필요와 같은 지표들은 이런 시장에서 가장 낮은 가격의, 그야말로 가장 기본적인 제품을 공급하는 것이 가장 적합하다는 것을 잘 나타내고 있다. 물론 저가제품 시장으로의 진입한다는 것은 현지업체와 직접적으로 경쟁을 피할 수 없다는 것을 의미하므로 더 나은 제품을 출시해 시장의 선도자가 되는 것도 노려볼 수도 있다. 몇몇 상류층의 소비자들은 하이엔드(High-end) 제품들을 선호하기 때문이다.

시장 전략

제품 정책

신흥민주국가의 소비자들은 자국제품에 대해 양면적인 태도를 보이는 경향이 있다. 그들은 새로 출시한 해외제품이 자국제품보다 더 좋다는 사실을 알고 있으며, 그러면서도 그들이 오랫동안 사용해온 자국제품을 쉽사리 버리지 못한다. 이런 현상은 단지 과거 자국 제품을 사용했던 기억에 대한 향수나 자국제품 사랑과 같은 감정적인 결정에 의한 것만은 아니다. 만약 자국제품이 팔리지 않는다면 공장이 문을 닫게 되고, 그에 따라 자신들이 직업을 잃게 될 수도 있으리란 것을 그들은 알고 있다. 무엇보다도 러시아 사람들이 자국제품을 선택하는 가장 확실한 이유는 다른 나라들과 마찬가지로 자국제품이 적절한 품질을 갖추고 있고 감정적 만족까지 충족하기 때문이다. 또한 러시아 기업들은 해외시장 수출을 위한 일부제품에 대해서는 충분한 경쟁력을 갖추고 있기에 러시아의 자국 제품소비는 두드러진다.

가격책정

글로벌 브랜드는 지역 브랜드에 비해서 상대적으로 높은 가격을 책정할 수 있다. 하지만 대다수의 서구기업에게 가장 중요한 것은 이미 존재하는 시장에 대하여 가장 훌륭한 고객만을 목표로 하여 높은 가격을 책정할 것이 아니라, 뛰어난 신제품을 도입해 시장을 개발하고 나아가 시장을 선도하는 것이다. 그러므로 좋은 가격책정 전략이란 낮은 가격으로 시장에 진입해 합리적인 가격수준을 유지하면서 시험사용을 유도하여 지속적인 사용을 이끌어 낼 수 있도록 하는 전략이다.

이런 시장에서 기업들은 단기적 성과보다 장기적 시장확보를 더욱 중시하고, 시장 선도 기업들은 저가의 진입가격을 책정하는 것이 필요하다. 1998년 루블화의 가치하락으로 러시아 수출에서 벌어들인 루블화가 미 달러화의 절반 가치 수준에도 못 미치게 되자, 이를 만회하기 위해 많은 기업들이 러시아로 수출하는 물건의 가격인상을 통하여 단기적인 수익을 고려할 필요성을 느꼈다. 다행히 많은 동유럽 국가들의 상황은 이보다 양호하여 선도기업들은 시장에서 철수하기 보다는 그대로 잔류하기로 결정하였다.

유통

신흥민주국가의 현지마케팅 전문가들이 공통적으로 겪는 가장 큰 문제점은 제 기능을 하지 못하는 유통시스템이라고 할 수 있다. 신흥민주국가의 경제는 외부의 경쟁자들로

부터 단절되어 있기 때문에 이들의 배송과 서비스는 그야말로 비효율적이며, 이런 시스템은 여전히 개선되어야 할 부분이다. 마르크스주의자들은 생산만이 가치 있는 일이라고 여겼기 때문에 유통은 무가치한 일들 중 하나로 여겨져 그리 주목을 받을 수 없었다. 또한 소비재보다 공산품이 우선순위로 여겨져 왔기 때문에 유통물류, 통신미디어, 운송 지불수단 등 모든 소비재 마케팅 인프라는 취약한 상태에 있다.

빈약한 인프라 마케팅 인프라가 부족하다는 것은 신흥민주국가 시장으로 진입하기가 어렵다는 것을 의미한다. 중개상의 역할이 미약하거나 없기 때문에 현지마케팅 전문가는 중간상에 의존할 수가 없다. 때문에 판매증대를 위해서는 현지화를 할 필요성이 커지게 된다. 예를 들어, 전력의 공급이 부족하거나 정전이 발생하는 경우, 전력기구들은 이러한 사태를 대비하여 완충 배터리를 사용하는 방식으로 새롭게 디자인되기도 한다. 유사한 맥락에서 디지털 알람시계나, 방송 채널 기억기능을 가진 라디오, 프리셋 타이머 내장형 커피 제조기, 보온기능을 가진 밥솥 등의 모든 제품들이 새롭게 디자인되어야 할 수도 있다.

현지의 유통업자들이 할 수 있는 것과 할 수 없는 것에 대해서 조사하는 것은 중요하다. 만약 현지유통업자의 기능을 기대할 수 없다면, 제품과 서비스를 판매하기 위하여 완전히 새로운 유통 경로를 만들어야 하는데, 이를 위해서 무엇이 필요한지 파악하는 것도 중요해진다. P&G가 러시아에서 겪은 사례는 많은 시사점을 준다.

이러한 현지마케팅 활동을 위하여 제품의 현지화와 더불어 현지에 적합한 서비스를 제공하기 위한 독립적인 기능을 본사의 가치사슬 구조에 새로이 추가해야 한다. 예를 들어 서구 기업들의 경우, 진공청소기와 같은 가전제품들을 수출하기 위해 현지국의 독립적인 유통업자들의 기능을 흡수할 수 있다. 하지만 신흥민주국가 시장에서 그러한 업체를 찾아 유통을 맡기는 것 자체도 노하우(know-how)가 필요한 일이기에 널리 사용되지는 못하고 있다. 그래서 서구기업들은 현지 직원 교육과 서비스 네트워크 확충을 위해 노력하고 있다.

2000년 초에, 러시아에서는 서구풍의 쇼핑몰, 음식점, 슈퍼마켓 등이 앞 다투어 개업하기 시작했다. 러시아의 통신사인 Interfax에 따르면 140만 명이 거주하는 Yekaterinburg의 우랄시에는 2001년 6개월 동안에만 무려 다섯 개의 복합 쇼핑몰이 문을 열었다고 한다. 더치식 스파(Spar) 전문점은 러시아 전역에 30개가 넘는 체인점을 보유하고 있고, 터키의 소매업체인 Ramenka는 최근 모스크바에 4번째 지점을 열었다. 독일의 Metro AG와 프랑스의 Auchan은 모두 유통단지를 입점시키기 위해 부지를 조사하고 확보해 두었다. 스웨덴의 가구회사 IKEA는 모스크바의 세 지점에서 폭발적인 인기를 누리고 있는데 이것은 IKEA가 합리적인 가격의 DIY제품에 서구의 세련된 스타일을 더한 덕분인 것으로 분석된다.

마케팅 교육 신흥민주국가의 마케팅 경영자는 사내훈련, 중개상 교육, 기초적인 마케팅원리 및 관습에 대한 이해, 효율적인 유통경로와 제품의 판매, 서비스 등 폭넓은 지식이 있어야 한다. 또한 현지 경쟁사 이외에도 실질적, 잠재적 소비자군(secondary audience)들도 신흥민주국가의 마케팅 경영자가 고려해야 할 대상이다. 또한 정부의 여러 부처들도 자유시장에 대해 많은 것을 알지 못 하기 때문에 이들을 위한 교육의 일환으로 시장진입 전 최초 협상과정에서 정보를 제공하지만 완벽한 이해를 돕기엔 부족하다. 따라서 정부 부처들의 관료들 또한 경영자의 지속적인 관리대상이 된다.

대체로 이러한 교육의 목적은 자유시장 체제에서 마케팅의 역할에 대한 시연의 차원이므로 서구의 자유시장에서 당연히 받아들여지는 관습이나 원칙에 대해 정교한 설명이 필요하다. 그러므로 이러한 것들에 대해 교육하기 전에 기초적인 시스템에 대한 설명이 선행되어야 하는 것은 당연한 일이다.

마케팅 전문가는 우선 유통망 내의 중개상에게 제품의 기능이나 서비스에 대한 설명을 해야 한다. 많은 제품들은 신흥민주국가들의 시장에서 경쟁상대조차 없는 생소한 것이기 때문에 기능이나 서비스에 대한 설명이 반드시 필요하다. 또한 고객들의 피드백, 제품정보 제공방법, 사후 지원과 같은 서구시장에서 정착된 것들을 어떻게 현지시장에 적용시킬 것인가에 대한 것을 생각해야 한다.

신흥민주국가시장의 마케팅 전문가는 자유시장의 출현에 따라 시장에서 유통시설이 담당하는 역할 또한 변했다는 것을 설명할 수 있어야 한다. 자유시장에서의 유통이란 물건을 빠르게 운송하는 것뿐만 아니라 수요변화에 대한 빠른 대응, 경쟁자들의 행보 관찰과 같은 것을 포함하는데, 이런 것들을 더욱 효율적으로 이해할 수 있도록 도움을 줄 필요가 있다. 공급자와 소비자가 포로로 여겨지던 시대는 지났고, 지금은 오직 최고만이 살아남는 시대가 도래했다. 마케팅 전문가는 자유시장에서는 설비비용의 제한과 수입 범위 안에서 비용을 지출해야 한다는 것을 알려 주어야 한다. 이런 것들은 중개상들에게 새로운 도전의 기회가 될 것이다.

서비스 훈련 앞에서 살펴본 자유시장에 대한 새로운 개념은 많은 소비자들에게 생소하게 느껴질 지도 모른다. 그들은 과거 배우고 겪었던 많은 것들과는 전혀 다른 시스템에 적응하고 있다. 중개상들 또한 마찬가지이다. 그들에겐 오랫동안 적합하다고 여겨왔던 것들이 몸에 베어있기 때문에 새로운 방식을 받아들이기가 어려울지도 모른다. 그러므로 왜 그러한 변화가 필요한지에 대해 설명할 수 있는 '선생님'으로서의 역할이 중요하다. 물론 가장 좋은 '선생님'은 시장과 경쟁자들이지만 마케팅 경영자의 입장에선 시장에서 문제점이 발생할 때까지 기다릴 수만은 없는 일이다. 다행히도 이전의 체제가 얼마나 엉망이었는지 지켜봐 온 사람들은 이러한 변화를 기꺼이 받아들이고 시도할 것이다. 일례로 동유럽시장에서 성공한 서구의 화장품 회사의 마케팅 전문가는 매장의 판매직원들을 직접 훈련시켰는데 그 내용은 어떻게 고객을 맞이하고, 그 과정에서 어떻게 스스로를 통제할 것인지에 대한 것이었다.

사실, 현지마케팅 전문가들에게 다음과 같은 것들이 필요하다.

1. 매장직원을 위하여 어떻게 고객을 응접하는 지에 초점을 맞춘 훈련 프로그램.

2. 고객들에게 제품과 서비스에 대해서 소개하고, 중개상들로 하여금 제품에 따라 적합한 운송수단, 저장, 보관 등의 절차를 찾아낼 수 있도록 도와주는 팜플렛과 제품 설명서.
3. 과잉 저장으로 재고가 쌓이는 문제를 방지하기 위해, 제품의 운송경로와 저장위치를 추적하기 위한 시스템을 중개상이 개발할 수 있도록 돕는 것.
4. 중개상의 요구가 반영된 제품의 디자인 및 포장의 현지화전략. 이는 이미 존재하는 제품의 디자인 및 포장의 개선과 같은 특별한 요구로 이어지기도 한다.
5. 유통경로의 구성원들을 위해 제작한 비디오 테이프나 다른 교육자료 배포. 이는 자유시장에서 왜 고객이 중요하며, 또한 왜 마케팅이 제조업만큼이나 중요한지에 대한 내용을 담고 있다.

판촉

신흥민주국가 시장에서 마케팅 판촉수단은 수정될 필요가 있다. TV나 잡지, 신문과 같은 일반적인 광고매체의 이용이 가능해졌지만, 여전히 한정된 전달범위를 가지고 있기 때문이다. 또한 이들 시장은 비성숙시장이기 때문에, 많은 제품들이 생소한 것으로 여겨질 수 있으므로 기능에 대한 설명과 같은 간단한 것에 세심한 주의가 필요하다. 10단 자전거를 한 번도 보지 못한 사람은 이 자전거가 그들의 나라에서 30년간 이용되어 온 고물자전거에 비해서 더 나은 이유와 비싼 가격을 매길 수밖에 없는 정당한 이유에 대한 설명이 필요하다. 물론 이를 받아들이는 대중들이 영리하다면 광고문구를 만들기도 쉬울 것이다. 다행히도 평균적인 러시아 사람들은 정보처리에 능하다.

광고에 대한 신뢰성 부족도 문제가 된다. 이전의 전체주의 국가의 사람들은 대중매체나 공식 발표에 대한 불신을 가져왔는데, 이런 관습들이 지금껏 이어져 마케팅 기획에도 방해가 되고 있다. 이런 불신은 적어도 새로운 제품이나 서비스의 측면에서 이익이 발생하기까지 광고의 효과를 감소시킨다. 이와 대조적으로 입소문이 대중매체보다 오히려 더 효과적이고 신뢰를 얻는 경우도 있다. 하지만 부정적인 면도 존재한다. 폴란드에서는 P&G의 Head & Shoulders 샴푸가 탈모를 일으킨다는 루머가 돌았는데 이는 단순한 악의적 루머로 밝혀졌다. 일부 시장에서는 자국 기업들의 우위가 사라지는 것을 막기 위해서 이런 식의 "불공정한" 속임수를 쓴다.

신흥민주국가가 정치적, 경제적, 사회적 혁명을 겪는다면 정치체제는 물론이고 오랫동안 이어져왔던 전통까지 무너지게 된다. 이들에게 필요한 것은 자유시장 체제라는 것이 무엇을 의미하는지에 대한 정확한 설명일 수도 있다. 오랫동안 유지되어 온 체제를 바꾸기 위해서는 개방된 매체가 필요하고, 과거의 체제에 대해 보내왔던 무조건적인 신뢰 또한 재고되어야 한다. 미국이 꾸준히 고집해 온 거래의 투명성 확보는 많은 신흥민주국가들이 붕괴된 원인에 해당하는 복잡한 네트워크와 폐쇄된 시스템, 그리고 흔했던 착취와 같은 것들을 뿌리 뽑는데 도움을 줄 수 있다. 이런 미국의 마케팅방식은 민주주의를 널리 퍼뜨리는 매개체 역할을 하는 셈이다.

그러나 미국의 이러한 공격적인 광고방식이 신흥민주국가에서 적용되면 역효과가 나타나기도 한다. 한편으로는 냉소주의와 의심이 문제되기도 하고, 다른 한편으로는 소비자 대다수가 미국식 "과장광고"에 익숙하지 않기 때문에, "최고", 또는 "가장 좋은"과 같은 표현을 액면 그대로 받아들일지도 모른다. 이런 잠재적인 위험성(downside risk)은 신제품이 소개되고 수준높은 품질에 익숙해지면 점점 줄어들 것으로 예상된다. 현지마케팅 전문가는 신흥민주국가의 소비자들이 명백히 과장된 미국식 광고를 문자 그대로 받아들이지 않도록 주의해야 한다.

클로즈 업: 중국에서의 마케팅

중국은 여러 가지 측면의 특수성을 가진 거대한 신흥시장이다. 중국은 신흥민주국가와 유사한 신흥성장시장이라고 볼 수 있는데, 다른 점은 아직 민주화가 되지 않았고, 지역 특성에서 기인한 문제가 존재하는 시장이라는 점이다. 이는 중국의 정치적 유산에 기인한 것인데, 앞에서 살펴 본 신흥민주국가의 시장에 관하여 논의된 여러 특성들이 중국에 대해서도 상당부분 적용이 가능하다. 다만 중국시장만이 가지는 몇몇 특징들을 추가로 참고한다면 중국에서의 마케팅 환경에 대해서 잘 파악할 수 있다.

시장환경

중국은 약 13억의 인구로 세계에서 가장 많은 인구를 가진 나라로 1990년대부터 점차적인 경제개방을 통해 주목할 만한 성장을 기록했다. 1990년대 중국은 매년 두 배씩의 경제성장을 했고, 지금은 많이 느려진 추세지만 여전히 연간 8%를 기록하고 있다. 2003년에는 구매력평가지수인 PPP를 기준으로 한 연구에서 밝혀진 바에 따르면, 경제규모면에서 중국은 일본을 앞지르고 세계에서는 미국 다음의 경제대국으로 발돋움했다. 2007년 중국의 1인당 GDP는 5292달러를 기록했는데, 이는 중국과 더불어 고속성장 중인 인도의 2배에 달하는 수치다. 인도의 인구가 계속 증가하는 동안 중국은 산아제한 정책을 도입해 1가구 1자녀를 유지하도록 했다. 이에 따라 인구증가는 멈추게 되었고, 경제성장을 통한 GDP 증가분을 인구증가분이 잠식하지 않게 되었다.

많은 인구에 경제성장까지 어우러지면서 중국은 기계 및 생산설비, 기술, 통신설비, 항공기, 원유, 원자재와 같은 산업재의 거대한 수입처로 부상했다. 중국 정부는 농업 관련 기술에서부터 비료, 산업 원자재, 에너지기술과 장비, 운송수단, 통신, 산업개혁 프로그램에 이르기까지 수입을 확대했다. 또한 2001년 12월 중국이 세계무역기구의 회원국이 됨에 따라 관세인하가 이루어졌고, 이로 인해 소비재수입은 더욱 늘어날 것으로 전망된다. 또한 중국은 2003년 미국을 상대로 연간 무역흑자가 1240억 달러에 달했고, 2007년에는 총 2662억 달러의 무역흑자를 거두었다. 이런 중국의 성장은 수출기반

Getting the Picture 중국의 재도약?

WTO 가입을 위해서 중국은 서서히 관세를 낮추고, 비관세장벽을 다른 WTO 가입국과 비슷한 수준으로 낮출 것을 약속했다. 전문가들은 이와 같은 조치가 이루어지려면 많은 시간이 필요할 것이라고 전망했지만, 이와 같은 약속의 효과는 엄청난 것이었다. 관세인하의 효과가 나타나게 되면, 수입 판매업체들이 이전에 비해서 더욱 경쟁력을 갖게 되기 때문이다. 이것은 중국내 지역사업자들 간의 합병이 차례로 일어나고, 지역시장에서 국가시장으로의 성장을 이끌 수 있다. 맥주시장을 예로 들면, 미국의 가장 큰 맥주 양조업체인 앤호이저부시(Anheuser-Busch)는 앞으로 내셔널 브랜드(National Brand)가 더욱 더 늘어날 것으로 전망하고, 지역 정부가 힘을 잃을 것으로 내다보았다. 또한 이러한 변화로 상표보호, 상관습, 조세행정, 노무관리와 같은 규칙이 더욱 획일적이고 투명하게 적용되고, 지역 규제기관이 토착 기업들을 보호하도록 정치적 압력을 넣는 일도 훨씬 줄어들게 될 것이다.

앤호이저부시와 다른 맥주 수입회사에게 중요한 또 다른 한 가지는 WTO 규칙에 의해서 정부소유의 유통업자나 소매업자들의 독점을 막을 수 있다는 것이다. 이러한 것은 유통경로를 개발할 뿐만 아니라, 푸시 마케팅(Push Marketing) 전략을 전개하기 쉽도록 하며, 브랜드제품들을 판촉할 수 있는 유통경로를 만들어준다. 앤호이저부시의 아시아-태평양 총괄이사인 필립 데이비스는 "기업의 소유주에게 동기를 부여하고 장려하는 것보다 정부 관계자를 설득하는 것이 훨씬 효율적이다"고 말한다.

Sources: "Anheuser-Busch Sees China WTO Entry Benefits as a 'Very Long-Term Process," AFX-Asia, November 12, 2001; "Penetrating the Great Wall," 1998.

의 정책으로 가능하였다.

풍부한 천연자원과 숙련된 노동력을 충분히 쓸 수 있다는 중국의 장점 덕분에 중국경제의 영향력은 아시아 전체의 성장을 촉진하는 원동력이 되었다. 강력한 중앙집중적 공산주의 정부는 홍콩에 대해서 간섭하지 않는 정책을 시행했고, 이에 따라 홍콩은 새로운 특별 행정구역으로 선포되었다.

중국시장의 빠른 구매력 성장과 중국의 잠재력은 중국을 더욱 매력적인 시장으로 만들었다. 1992년 1인당 수입은 224달러에 불과했으나 2007년에는 5292달러로 증가했다. 경제성장으로 인하여 서구의 제품에 대한 엄청난 잠재적인 수요가 현실화 되었다. 이러한 징후는 중국 사진필름시장에서의 우위를 점하기 위한 Kodak과 Fuji의 분쟁에서 나타나기도 하였다.

해외진입

세계무역기구 가입이 이루어졌음에도 중국 정부는 여전히 세계에서 가장 진입장벽이 높은 나라 중의 하나이다. 이들은 수입허가 규제, 보호관세, 외환관리, 정부가 통제하는 무역회사 등 다양한 방법을 통해 수입을 통제해 왔다. 하지만 최근에는 관세를 낮추고 특정 조건에서는 외국인이 내수 시장에 직접투자를 할 수 있도록 했으며, 중국기업과의 합작투자를 통해 시장진입이 쉽게 이루어질 수 있는 등 전반적인 규제가 완화되는 추세를 보이고 있다. GM은 중국에만 8개의 합작투자회사를 두고 있을 뿐만 아니라, 2개의 완전소유자회사를 보유하고 있으며 그 중 대표적으로 중국 풀-사이즈 세단 시장에서 큰 성공을 거두고 있는 뷰익을 꼽을 수 있다.

수입허가규제

MOFTEC(The Ministry of Foreign Trade and Economic Cooperation)는 중국의 수입허가 체계를 관할하는 주요 정부기관이다. 중국은 무분별한 수입으로 인한 외화유출을 막기 위해 사치재와 소비재의 수입을 제한하는 중앙집권적인 체제를 유지해왔다. 외환보유액이 증가하자 이러한 규제는 완화되었지만 여전히 중앙정부가 관련 분야 일체를 관리하고 있다. 중국은 WTO 가입을 위해 수입허가규제를 서서히 완화해왔다. 하지만 수출부문에서 큰 성공을 거두었음에도 중국은 여전히 자국으로 수입되는 물건에 대해 경계의 눈초리를 보내고 있다. 관세를 내렸지만 사치품에 대한 관세는 매우 높은 수준이고, 2006년에 추가적으로 인상되었다는 점은 이를 잘 나타내고 있다.

보호관세

1986년에서 1998년까지 중국은 관세율을 꾸준히 조정해 왔고, 이는 현재까지 이어지고 있다. 이전의 20%에 달하는 관세율은 선진국 평균인 5%와 개발도상국 평균인 13%에 비해 무척이나 높은 것이었다. 중국 정부는 WTO 가입 이후 이와 같은 높은 관세율을 낮출 것을 약속했다.

외환통제

2006년 4월 중국은 새로운 환율체제를 도입했다. 중국의 중앙은행은 외화계좌에 대한 규제의 완화, 서비스 거래에 있어 외화지급에 대한 승인절차의 단순화, 그리고 개인의 외국환 구입 절차를 간소화하였다. 중국의 수출은 매우 성공적이었기 때문에 중국에는 외화가 넘쳐났고, 이를 해외에 재투자할 수 있는 방법을 찾을 필요가 있었다. 이는 또한 중국주식에 대한 포트폴리오 투자 및 중국으로의 해외직접투자가 촉진되는 기폭제가 되었다.

이러한 변화는 공인은행에서 자국 기관과 개인들이 해외투자를 할 때 중국의 화폐인 인민폐로 직접 투자하는 것이 가능하도록 하였다. 외환스왑시장에서 인민폐의 공식환율은 시장주도적인 형태로 변화하게 되었다. 환율은 달러당 약 7위안 정도로 안정적으로 유지되었다. 또한 이러한 변화 덕에 국내기관 및 개인이 보유한 외환을 자금운용회사나 증권투자회사 등을 통해 해외 주식 및 증권에 투자할 수 있게 되었다.

경제특구

수출품제조 부문에서 해외투자를 유치하기 위해서 중국에는 여러 경제특구(SEZs)를 두고 있는데, 대표적으로 광동성의 남부지방에 속하는 심천, 주해, 산두, 복건성의 하문, 해남성의 해남 등이 있다. 이 다섯 개의 지역 이외에도 상해의 푸둥 지방과 같은 공업지역들이 경제특구와 유사한 특혜를 받고 있다. 투자의 유인을 위해서 경제특구의 법인세는 15%로 다른 지역의 33%에 비해 낮다. 또한 경제특구 내의 기업들은 특정 세금을 면제받기도 한다.

이런 경제특구 덕분에 해외제조업체들의 공장들이 들어서게 되었고, 이는 중국인들

Getting the Picture 중국의 불법 복제

지난 1995 봄, 미 무역대표부는 대단한 외교적 승리를 이끌어 내는 듯 보였다. 중국 정부에게 저작권 및 상표침해에 대한 강력한 단속을 약속받은 것이다. 베이징이나 상해에서는 서구의 인기있는 비디오테이프나 CD를 복사해서 길거리나 소매점에서 팔아왔는데, 남는 복제품들은 홍콩이나 호치민과 같은 동남아시아의 도시에서 유통되었다.

하지만 이러한 협정조차도 쏟아지는 해적판 제품들을 막기엔 역부족이었다. 2001년 중국이 WTO에 가입했을 때도 많은 전문가들은 이러한 협정의 효과에 대해 회의적인 반응을 보였는데, 정가의 제품들이 지역의 복제품들과 경쟁하기 위해서는 많은 애로사항이 있었던 것이다. 표준 중국어나 광둥어를 사용하는 아티스트들이 서구의 아티스트들에 비해 인기가 훨씬 높았으며, 그들의 CD(대부분은 해적판)는 정가에 팔리고 있는 서구의 CD에 비해 훨씬 저렴한 가격으로 팔리고 있었다. 또 다른 문제는 복제품 제조공장 및 판매점의 숫자였는데, 복제품 제조공장은 쉽게 차릴 수 있고 복제품을 제조하거나 판매는 젊은 사람들이 하였다. 그렇기 때문에 수많은 중국의 복제품 판매자들에게 WTO의 규정에 따른 제재조치를 취하기란 여간 어려운 일이 아니었다.

결국 전문가들의 우려가 옳았다는 것이 증명된 셈이다. 2008년에도 미국 정부는 여전히 중국을 해적판 제품에 대한 최우선감시국가로 지정하였다. 저작권 침해행위는 여전히 이루어지고 있으며, 상해나 사이공, 싱가포르를 방문하는 관광객들은 25달러짜리 Rolex 시계나, 2달러짜리 복제 DVD나 CD, Tiffany의 가짜 장신구 등을 파는 노천시장에 쉽게 접근할 수 있다.

Sources: New York Times, Februrary 27, 1995, pp. D1, D6, and May 17, 1995, pp. D1, D5; "Business Beams on IPR Breakthrough," South China Morning Post, March 17, 1995, p. 7; "U.S. Chides China, Russia for Piracy in Annual List," www.reuters.com, April 25, 2008

에게 일자리를 제공했다. 생산된 제품들은 재수출되었고, 이는 중국 정부가 경화(hard currency)를 모을 수 있도록 했지만, 이와 동시에 해외제품들의 중국진출을 의미하기도 하는 것이었다. 물론 경제특구로 수입된 물건들은 경제특구 밖으로 반출할 수 없었지만, 많은 제품들이 중국시장으로 밀반입되어 복제되고 판매되었다. 중국 정부는 이러한 밀무역과 회색무역, 그리고 성행하는 저작권 침해 시도들을 통제하는데 어려움을 겪었고, 이것은 저작권을 가진 유통업자 스스로가 모조품과 해적판들과 경쟁해야 한다는 것을 의미했다.

WTO 효과

중국의 무역체제에 대한 개선이 점차 이루어지고 있고, WTO 가입과 더불어 중앙정부에 의해 관리되던 무역회사들이 자율권은 점차 개선되었다. 해외자본이 투입된 회사들은 자동적으로 해외무역에 대한 권리를 승인 받았다. 중국의 해외 무역체제는 큰 변혁을 맞이하고 있었는데, 대부분이 WTO의 기준을 만족하기 위해 계획된 것이었다.

WTO에 가입함에 따라 중국시장 진입을 위한 가장 좋은 방법은 중국기업과 제휴를 맺어 합작 투자의 방법으로 진입하는 것이었다. 이 방법은 시장진입을 쉽게 할 뿐만 아니라 언어적, 문화적 장벽을 극복할 수 있도록 해 주었다. 또한 WTO 기준을 충족하기 위하여 중국 정부는 제조 분야에 외국인들의 직접적인 투자를 유도하기 위한 인센티브를 제공하기도 했다. 사실상 모든 제조업 자회사들은 중국파트너를 가지고 있다. 중국시장에서 성공적인 한국의 삼성전자는 현지화를 위해 오랜 시간 공을 들여왔다. 이웃

나라인 대한민국 기업이라는 점만으로는 중국에서 성공하기 위한 충분한 요인이 되지 못했기 때문이다. 삼성전자는 중국에서 수익을 내기 위해서 연구 및 제품의 디자인을 담당하는 부서를 따로 설립하기까지 했다. 한국과 중국에서 제품의 디자인 차이는 적지만 중국에서의 인건비는 훨씬 저렴하다.

중국은 여전히 해외자본 유치에 목말라 있으며 비록 대부분이 수출 제조업에 집중되어 있지만, 해외직접투자에 대해서도 아주 개방적인 태도를 취하고 있다. 중국은 수익을 내기가 어려운 시장이지만 삼성의 경우는 예외라고 볼 수 있다. 많은 서구의 기업들이 중국시장에서 실패를 맛보았기 때문에, 2004년 주요 잡지에서는 중국투자를 가리켜 "The China Trap"이라 일컬었다. 또한 WTO와 한 약속과 몇몇 단호한 조치에도 불구하고, 중국 정부는 저작권 문제에 대해 어떠한 세부적인 조치도 취하지 않고 있다.

홍콩의 역할

홍콩 반환문제는 중국의 세계무대 데뷔를 엉망으로 만들 수도 있었던 사건이었다. 하지만 다행히 그렇게 되지는 않았다. 1997년 영국에서 중국으로 반환된 홍콩은 그다지 중국의 경제정책에 영향을 받지 않고 기존의 시스템을 유지 할 수 있었다. 많은 유럽과 미국의 회사들이 홍콩을 통해 중국으로 진출했는데, 그것은 홍콩의 회사들이 서구의 상관습뿐만 아니라 중국의 언어 및 문화까지 수용하고 있었기 때문이다. 현재는 중국시장에 진입하는 대부분의 기업들이 상해, 북경, 광주, 심천을 통해 직접 진입하고 있다. 일반적으로 이러한 경제특구에서의 무역박람회, 전시회, 기술세미나가 본토 소비자들과 무역 중개상의 관심을 불러 모을 수 있기 때문이다.

중국으로의 진입이 가능해지면서 홍콩의 역할은 점차 변화했다. 먼저, 홍콩은 본토의 언어나 문화, 관습 등을 익히기 위한 교두보의 역할을 담당해왔는데, 해외기업들이 중국시장에 발을 내디딜 수 있도록 돕고, 수출 지향적인 제조회사를 위한 합작투자업체를 찾을 수 있도록 돕는 역할을 수행하였다. 이런 역할들은 이제 본토의 기업과 무역업자들 그리고 중개상들에 의해 대체되었다. 이런 홍콩을 통하지 않고 중국으로의 직접진입은 홍콩이 교두보의 이외에 다른 역할을 할 수 있는 길을 찾아야 한다는 것을 의미했다. 홍콩 정부는 이러한 변화를 감지하고, 기업을 유인하기 위해 발 빠르게 움직였다. 홍콩은 현재 아시아 최대의 교육, 금융 중심지이자 컨벤션 도시이며, 큰 공항을 가진 거대한 물류의 중심지이다. 또한 홍콩은 관광지로도 주가를 높이고 있는데 Walt Disney와 합작투자를 통해 홍콩에 Disneyland를 열었다.

중국 본토의 지배를 받게 된 이후로, 홍콩에는 신흥 중산층들이 대거 이주해 왔다. 이는 홍콩이 가깝고, 본토에 비해 자유로운 분위기를 띠었기 때문인데 이런 홍콩의 매력에 빠진 것은 신흥 중산층뿐만이 아니었다. 많은 본토 중국인들이 그들의 가족들과 함께 휴가를 보내기 위해 홍콩을 방문했다. 그리고 마카오는 신흥부자들에게 더욱 매력적인 곳인데, 주강의 서쪽에 위치한 또 다른 특별 행정구역인 마카오는 2006년 라스베이거스의 수입을 능가하는 도시가 되었다.

라크 침공, 레바논 내전, 팔레스타인-이스라엘 분쟁) 때문에 인구구성에서 여초현상을 보이고 있다. 또한 전체 인구의 약 70% 이상이 30대 이하로 매우 젊은 소비층을 이룬다. 사우디아라비아나 쿠웨이트 같은 나라에서는 여성차별이 매우 심하나 나머지 국가에서는 여성의 권리가 잘 보호되고 있으며, 특히 대학교나 전문직 분야에서 여성의 활약이 두드러진다. 마지막으로 중동은 다른 문화권과 마찬가지로 소비재 분야에서는 여성이 대부분의 결정권을 갖는다.

제품포지셔닝

중동의 중산층 소비자들의 대부분은 브랜드와 그 브랜드가 차지하는 위상에 아주 민감하며, 이러한 성향은 제품을 구입하는 데에도 영향을 미친다. 이들은 덜 알려진 브랜드의 저품질 제품을 구입하느니 차라리 신제품이 출시되기를 기다리거나, 아예 구매를 포기해버리기도 한다. 외국 브랜드들의 제품들은 높은 관세와 세금 때문에 비싼 가격을 형성하고 있지만, 소비자들을 만족시키기에 충분한 특징을 가지고 있다. 중동 지역에 만연한 불평등한 부의 분배 때문에 부유한 소비자들의 수가 한정적이고, 명품 시장에서의 경쟁이 매우 치열하다.

사람들이 하이엔드 제품을 원하는 이유는 높은 가격만큼 높은 품질을 보여줄 것이라 기대하기 때문이다. 중동의 소비자들은 유럽이나 미국의 소비자들이 주로 사용하는 제품과 동일한 제품을 구입하기를 원하는 경향이 있다. 청소년이나 젊은 전문직 층에서는 Benetton, IKEA, Sony, Nokia, Coca-Cola와 같이 유명한 브랜드들의 인기가 폭발적이다.

이런 하이엔드 제품의 소비자들은 남녀노소를 불문하고 최신 브랜드의 최신 제품을 구입하기 위해서라면 비싼 가격도 마다하지 않는다. 오히려 높은 가격이 판매를 촉진하는 유인책이 될 수 있다. 이들에게 비싼 가격은 그다지 문제가 되지 못한다. 두바이의 호텔은 1박에만 5000달러의 숙박료를 지불해야 하는 상황이 이들 지역의 소비패턴을 대변한다.

유통

중동에서의 소매업은 아주 긴 역사를 지니고 있다. 이들의 국제 거래활동은 기원전으로 거슬러 올라간다. 중국에서 유럽을 잇는 실크로드는 중동을 지나가는데, 오랫동안 이러한 유통인프라는 낙타를 이용한 육로나 바다항로에 의지해왔다. 물론 오늘날에는 유통과 소매가 더욱 현대적으로 변했다.

아부다비, 두바이, 쿠웨이트, 사우디아라비아, 레바논, 터키 그리고 테헤란의 쇼핑몰에는 최신 제품들이 가득하고, 두바이의 맞은편에 위치한 이란의 자유항 키시섬에서는 Gucci와 같은 고가품을 쉽게 구할 수 있다. 또한 이 지역은 세계에서 가장 분주한 항구와 공항을 가지고 있으며, 전화의 보급률이 높고, 도로와 운송체계는 매우 훌륭하다.

25년 전 아부다비의 포장도로는 100km에도 못 미치는 수준이었지만 현재는 6차선의 고속도로의 중심지 역할을 하고 있다.

판촉

중동 사회에서 가족의 구성은 대가족의 형태를 띤다. 이처럼 중동문화권에서는 대가족이 중요한 가치를 가지고 있기 때문에 제품의 홍보나 판촉을 할 때에는 그러한 가치를 존중하여야 한다. Hofstede의 문화모형에 따르면 이슬람 문화권은 권력 간격이 넓고, 고배경의 문화이다. 이는 중동문화권에서는 가정이나 또래의 표준에 의해 가치관이 형성된다는 의미이다. 따라서 감정에 호소하는 것이 전문적인 설명보다 더 강력한 효과를 거둘 수 있으며, 또한 이러한 표현방식은 일반적인 대중의 정서에 부합함으로 반감을 덜 산다.

서구의 핵가족을 주 고객층으로 삼은 제품들은 아부다비나 두바이, 바레인, 이집트, 레바논, 모로코, 카타르, 튀니지나 터키와 같은 나라들에서 볼 수 있다. 하지만 이들보다 더 보수적인 이란, 쿠웨이트, 사우디아라비아, 예멘과 같은 나라에서는 서구식 제품은 찾아보기가 힘들고, 불경한 것으로 여겨지는 서구식 광고들은 외면받기 쉽다. 일반적으로 중동에서는 여성이 남성과 함께 걷지 않으며, 여성과의 신체접촉을 보여주는 상업광고는 금지된다. 무슬림 여성들은 얼굴의 일부만을 드러낼 수 있으며, 몸이 드러나거나 달라 붙는 옷은 입을 수 없다.

미디어 분야에서는 아동이나 청소년, 스포츠, 여성 전문잡지나 신문이 인기가 많다. 카타르의 알 자지라, 레바논의 시아파 정당조직의 방송국인 알-마나라, 아라비아, 두바이 방송국이 주로 선호되는 채널이다. 위성안테나의 사용이 금지되어 있지만, 많은 중동인들은 유럽, 아시아, 그리고 미국으로부터 위성 TV 프로그램을 수신하는데, 특히 CNN과 BBC같은 채널은 많은 사람들의 사랑을 받고 있다. 레바논, 카타르, 터키, UAE와 같은 나라에서 소비자들은 자유롭게 인터넷과 전자매체를 접할 수 있지만, 이란, 쿠웨이트, 사우디아라비아의 소비자들은 이런 접근이 제한적이다.

GLOBAL MARKETING

요약

개발도상국은 가용수입이 적고, 교육수준이 낮은 특징을 가지고 있다. 이들 시장의 시장 잠재력은 대체로 낮은 편이며, 이들 국가에서의 무역은 무역전문기업이나 세계은행 또는 IMF와 같은 국제금융기구의 도움을 필요로 한다. 또한 개발도상국의 현지마케팅 전문가들은 연계무역의 제안도 염두에 둔 마케팅전략을 수립하여야 한다.

우선, 개발도상국에서는 보다 효율적인 마케팅 인프라를 구축할 필요가 있는데, 특히 효율적인 유통망을 확보하는 것이 중요하다. 이를 달성하기 위해서는 단지 자본을 투입하거나 노하우를 활용하는 것 이상의 무언가가 필요한데, 현지마케팅 전문가들은 소비자뿐만 아니라 중간상들을 교육하는 일종의 교육자로 거듭나야 한다.

신흥민주국가 시장은 개발도상국 시장과는 다르다. 이들의 정부는 오랫동안 남부럽지 않은 생활환경 및 기초교육을 제공하는데 힘써 온 대신, 소비보다 생산을 강조해왔고, 자본주의에 대한 적대적인 정책을 견지해왔다. 이러한 배경은 신흥민주국가 시장이 이질적이고, 어떤 면에서는 진입하기조차 어려운 시장이 되게 하였다. 서구 시장체제의 근간인 소비자 주권이라는 것은 노동을 최고의 가치로 여겨온 이들에게는 낯선 것이었다. 생산자가 소비자들을 만족시켜야 한다는 것은 받아들이기 어려운 명제였고, 소매점의 직원들에게 서비스에 대한 개념을 심어주는 것조차 힘들었다. 따라서 신흥민주국가의 현지마케팅 전문가는 자유시장을 막 받아들이기 시작한 이들에게 마케팅에 대한 개념을 전수하기 위해 힘써야 한다.

그나마 다행인 것은 신흥민주국가 경제에서의 소비자심리는 경제발전이 지속됨에 따라 급속히 변화하고 제 기능을 발휘하고 있다는 것이다. 새로운 제품이 쏟아지면서 소비자들의 기호와 시장을 대하는 태도가 변했고, 전통적인 관습들은 새로운 라이프스타일의 등장으로 오랫동안 뒷전으로 밀려나고 있다. 정치적인 상황이 급변하지만 않는다면, 신흥민주국가의 소비자들은 보다 성숙한 시장의 소비자들이 그랬던 것처럼 서서히 변화할 것이다.

PART 4

글로벌 매니지먼트

기업이 해외시장 진출에 성공하고 나면 진출기업들 간에 서로 역작용이나 상쇄효과 등이 나타나지 않도록 하는 것이 중요하다. 이를 위해서는 글로벌 네트워크를 구축하여 이들 기업들을 효율적으로 조정하고 통합하는 노력이 필요하다. 예를 들면 자회사들 간의 불필요한 중복 광고 또는 중복 생산시설 등은 최적의 수준으로 관리하는 것이 필요하다. 수요측면에서는 글로벌 통신의 발달은 브랜드의 긍정적인 파급효과를 발휘할 수 있다.

제4부는 마케팅관리의 글로벌화를 다루고 있다. 제11장에서는 기업의 전략적인 틀과 글로벌 시장세분화 및 포지셔닝 전략을 연계하여 기술하고 있다. 제12장에서는 글로벌 제품과 서비스를 논의하면서 제품표준화의 장단점 등에 관하여 기술하고 제품과 서비스의 차이점에 대해서도 논의한다. 제13장에서는 글로벌 브랜드를 다루고 있으며, 제14장에서는 글로벌 가격정책을 다루면서 환율과 회색무역, 그리고 이전가격의 문제들을 살펴보게 된다. 제15장에서는 국제물류를 주제로 하여 인터넷을 통한 물류정보의 교환 및 국제유통채널에 관하여 살펴본다. 마지막으로 제16장에서는 국제광고 및 판매촉진에 관하여 기술하고 국제표준광고의 장단점 등에 대해서 살펴볼 것이다.

CHAPTER 11

글로벌마케팅 전략

이 장에서 논의될 사항은 다음과 같다.

1. 글로벌 전략을 실행할 때 마케팅방향을 새로운 관점에서 수립하여야 하고, 글로벌 전략에서 불가피하게 수반되는 상의하달식의 전략수립과정이 어떻게 현지고객관점과 조화를 이루게 할 수 있는지에 대하여 살펴본다.
2. 시장과 제품에 대한 기업의 글로벌 포트폴리오(global portfolio)를 계획할 수 있어야 하며, 이에 따른 국가 간의 마케팅자원의 배분을 어떻게 할 것인가에 대한 논의를 하고자 한다.
3. 글로벌 세분화 데이터를 해석할 수 있어야 하고, 표준화된 마케팅이 적용될 수 있는 유사한 국가 군집을 추출할 수 있어야 한다.
4. 현지시장에서 불가피한 미스포지셔닝(mispositioning)을 극복하기 위하여 표준화된 제품에 대한 현지화와 적응과정을 수행할 수 있어야 한다.
5. 경쟁상황과 제품수명주기의 단계에 따라 세계적인 제품이라도 표적세분화시장과 브랜드 포지션이 각 국가에서 어떻게 달라져야 하는 지에 대하여 이해하여야 한다.

자국에서의 마케팅 관리와 마찬가지로 글로벌마케팅 전략은 기업의 전체적인 글로벌 전략에 적합해야 한다. 국가 및 제품에서의 전체적인 자원배분을 하고자 할 때는 글로벌마케팅 전략의 첫 번째 단계이기도 한 표적세분화시장을 확보하고 제품포지셔닝을 우선적으로 수행하여야 한다. 이러한 작업은 자국에서 수행할 때보다 훨씬 더 방대한 자료분석이 필요할 것이다. 글로벌마케팅 전문가는 어느 국가에서나 동일한 표적세분화시장 전략을 수행 할 것인지, 그리고 동일한 포지셔닝 전략을 이용할 것인지를 결정해야 한다. 이에 대한 기본적인 대안들은 각 시장에서의 경쟁상황과 시장의 유사성 정도에 따라 다를 것이다.

따라서 적절한 글로벌 전략을 수립하기 위해서는 많은 양의 자료에 근거하여 조사와 분석을 수행하여야 한다. 이 장에서는 이러한 글로벌마케팅 전략수립의 과정을 살펴보고자 한다.

진정한 글로벌 기업이란?

이 책의 제1장에서 보았듯이, 대다수의 전형적인 "글로벌 기업"들은 실제로 다수의 국가에서 마케팅을 하기 보다는 제한된 국가 즉, 하나 또는 두 개의 지역시장에서 마케팅을 하며 이들 범위를 벗어나서 마케팅을 하는 경우는 그다지 흔하지 않다.

"글로벌 기업"의 정의는 소위 트라이어드(triad) 지역으로 불리어지는 북미, 유럽, 그리고 아시아 태평양으로 부터 각각 적어도 20%를 그리고 특정지역에서 50% 이상의 수입이 집중되지 않은 기업을 의미하며, Rugman(2005)의 2001년 데이터를 이용한 연구는 『Fortune』 선정 글로벌 500대 기업들 중 오직 9개의 기업만이 진정한 "글로벌 기업"로서 적합함을 발견하였다. 이러한 기업들은 아래와 같다.

북미: IBM, Intel, Coca-Cola.
유럽: Philips(네덜란드 가전기업), Nokia(핀란드), LVMH(프랑스 명품).
아시아: Sony, Canon, Flextronics(싱가포르 가전 부품 제조업체)

당신이 아마도 글로벌 기업으로 생각했던 기업이 있을 수 있다. 예를 들어, Toyota는 어떨지 생각해 본 적이 있는가? Rugman에 의하면, Toyota는 그들 판매의 49.2%를 아시아에서 36.6%를 북미에서 기록하였으며, 유럽에서는 7.7%만을 기록한 사실상 2개 지역(bi-regional) 기업이다. 또 다른 2개 지역 기업인 Unilever는 그들 수익의 38.7%를 유럽에서, 26.6%를 북미에서 기록하였으나 아시아에서는 15.4%의 수익을 기록하였다. Nike의 경우에도 아시아에서 12.9%의 판매를 기록하고 있지만 북미에서 58.2%의 판매를 기록하고 있으며, 기본적으로 자국 지역에 기반을 두고 있다. 그러면 선도적인 글로벌 광고주인 P&G는 어떠한가? P&G 역시 사실상 자국에 기반한 기업으로, 북미에서 그들 판매의 55%를 기록하고 있다.

물론 이러한 분류에 대해 다툼이 있을 수도 있다. 어째서 20% 이상 50% 이하라는 기준을 두는가? 왜 오직 트라이어드 지역(triad region)에 대해 초점을 맞추는가? 이러한 것들은 상당히 자의적인 것처럼 보인다. 아무튼, McDonald's가 아시아에서 그들 판매의 14.8%를 얻은 것은 여전히 수익에서 상당히 많은 부분—사실상 2001년 22.1억 달러—을 차지하고 있으며, McDonald's는 아시아 시장에서 분명한 존재감을 과시하고 있다.

현지마케팅의 목적을 위하여 현지시장에서의 위치를 확보하는 것은 중요한 사안이다. P&G가 아시아에서 "단지" 10%의 수익만을 기록했다고 할지라도 아시아에서 최상의 전략을 수립할 수 있다는 것만으로도 P&G에게 가치있는 일이다. 오직 10%에 해당하는 수익이 2001년에 39.2억 달러나 되었으며 이는 적극적인 전략을 구사하기에 충분하다. Rugman의 견해에 따르면 기업이 "글로벌 전략"을 수립할 때, 모든 주요시장을 전체적으로 동등하게 고려하는 것이 중요하다. 그러나 만약 기업이 해외시장 보다 훨씬 큰 자국시장을 보유하고 있다면, 어떻게 글로벌 균형을 실현해야 할지는 명확하지 않다. 거대한 기업들을 포함하고 전략적으로 중요한 지역은 더 많은 마케팅 자원을 투입하게 될 것이다. 그러나 새롭게 성장하는 시장—중국과 인도의 시장이 개방되었을 때처럼—에서 기회가 나타났을 때, 현지시장에서 비교적 낮은 판매를 보이고 있는 회사라면 그러한 기회를 따라잡는데 뒤쳐질 것이라고 의심할 수 있다. 2개 지역(bi-region) 기업인 Unilever는 인도시장에 매우 빠르게 진입하였고, 자국 지역에 기반한 P&G의 진입 이전에 선발자 지위를 확보하였다. Unilever는 아시아에서 P&G보다 훨씬 더 큰 시장판매액을 실현하고 있지 않았고 자국과의 관계도 P&G보다 결속력이 약하였다.

진정한 글로벌 기업은 분명히 드물다. 그러나 마케팅활동의 유연함을 위해서 "글로벌 기업으로 나아가는 것"은 자국에 머무는 것보다는 나을 것이다.

Sources: Alan M. Rugman, *The Regional Multinationals: MNEs and "Global" Strategic Mnagement. Combridge: Combridge* University Press, 2005. Pankaj Ghemawat, *Redefining Global Strategy: Crossing Borders in a World Where Differences Still Matter.* Boston: Harvard Business School Press, 2007.

서론

조직화된 글로벌마케팅 전략을 개발시키기 위한 첫 번째 단계는 일반적으로 특정 국가와 특정 제품 라인을 선택하는 일이다. 글로벌 전략의 조정은 현지시장의 상황을 반영하여야 하고 또한 모든 국가에서의 마케팅자원을 상호 조정하여야 하기 때문에 특정국가에 완전히 치중할 수 없다. 일반적으로 다국적 제품은 각국의 수요상황이 다르기 때문에 글로벌 표준화 정책을 시행할 수 없다. 하지만 본질적으로 글로벌제품인 경우 예를 들어 컴퓨터 반도체 등의 제품은 글로벌 조정정책에 의하여 상당한 효과를 볼 수 있을 것이다. 또한 이러한 조정정책이 유효할 수 있다. 예를 들어, 지역시장이나 광역국가 시장에서 소비자들의 기호가 비슷할 경우에는 소비자그룹 간 조정이 유리할 수 있다. 또한 외국의 시장에서도 일부 소비자군들은 서로 성향이 비슷한 경우 이들 집단간 조정은 효율적인 선택이 될 수 있다.

이 장의 목적은 기업들이 진입한 국가들에서 어떻게 표준화되고 조정된 세분화와 포지셔닝 전략을 개발할 수 있는 지를 논의하기 위한 것이다. 우선 그러한 글로벌 전략들 국내의 전략과 어떻게 다른 지를 살펴본다. 그 다음으로 이 장은 제품과 시장에 대한 기업의 포트폴리오와 시장이 어떻게 관리되는지, 그리고 자원배분으로 글로벌마케팅의 틀이 어떻게 바뀔 수 있는지 등을 살펴보고자 한다. 글로벌 시장세분화를 위한 기본원칙의 제시는 국가 수준의 거시적 세분화가 "국가 내의" 미시적 세분화에 선행한다는 점에서 두 단계의 접근법으로 구분될 수 있다. 이 장은 비슷한 시장을 그룹화하고 표준화된 전략이 성공할 수 있는 국가 세분화시장을 발견하는 기술을 소개하고자 한다. 이후, 다각화전략과 집중전략의 장단점에 대한 분석과 함께 표적화전략을 논의하고자 한다. 그리고 이 장에서는 세 가지 전략 요소—세분화, 표적화, 그리고 포지셔닝—가 최대한의 이익을 위해 어떻게 서로 조화를 이루어야 하는 지를 논의할 것이고, 글로벌마케팅 계획을 수립하기 위한 단계적 지침을 제시한다.

글로벌마케팅 전문가의 사고방식

제1장에서 보았듯이 반글로벌화에 대한 움직임은 글로벌 브랜드와 제품에 대한 공격에 초점을 맞추고 있다. 이에 대한 대응으로서 많은 글로벌 기업들은 그들의 글로벌마케팅 방침을 더욱 현지화된 전략으로 전환하여 왔다. 마케팅전략에 대한 글로벌조정은 기업에게 상당한 이익을 가져올 수 있다. 하나의 캠페인이 더 많은 장소에서 이용될 수 있고 국가들 사이의 통일된 메시지는 유출효과를 강화할 것이기 때문에 마케팅 비용은 감소한다. 글로벌마케팅은 현지의 민감도를 감안하여 실행하였을 때, 글로벌화의 이익을 최대화 할 수 있을 것이다. 그러나 글로벌마케팅 전문가들은 몇 가지 오해에 빠져 현실적인 판단감각을 잃는 경우가 있다. 다음에서 열거되는 몇가지 사항을 중심으로 글로벌마케팅 전문가들이 범할 수 있는 실수를 열거하고자 한다.

판매지향성

"좋은" 마케팅은 "고객지향성"을 가지고 있어야만 한다. 이러한 것들은 글로벌마케팅 전문가들이 숙지하여야 하지만 그렇지 못한 듯하다. 대체로 기업들이 국제시장을 진출하는 경우에 "판매지향적" 자세를 가진다. 글로벌마케팅 전문가는 해외 소비자들이 진정으로 바라는 것을 알아내는 것이 아니라 기존제품을 판매하는데 열중하고 있다. 글로벌마케팅 전문가는 시장이 제품을 선호할 것인지 그리고 얼마나 많은 단위로 판매될 수 있는지에 대한 계획을 가지고 있다. 그러나 해외시장을 위한 새로운 제품을 개발하려는 노력은 존재하지 않는다. 일반적으로 글로벌마케팅 전문가들은 만들어진 것을 어떻게 파는가에 더욱 관심이 많고, 해외고객이 어떤 제품을 원하는지에 대해서까지 관심을 가지지 않는 경향이 많다.

이러한 고객지향성의 부족은 글로벌마케팅에서 자연스럽게 나타난다. 신제품을 개발하는 것은 어렵고 실패의 위험이 뒤따르기 때문에 고객지향성을 갖춘 신제품을 공급하는 것은 쉽지 않다. 따라서 글로벌마케팅 전문가는 일반적으로 그들의 계획을 제품이 자국 또는 선도시장에서 성공할 때까지 연기한다. 신제품을 국내시장에 출시하는 경우에는 많은 조사를 하는 반면 해외시장에서는 보통 깊이 있게 수행되지 않는다.

한편, 해당 시장의 선호도를 평가한 이후에 완전히 새로운 제품을 해외시장에 도입한 사례가 있다. 일본의 일부 기업은 이러한 몇몇 사례를 보여준다. 랩탑(laptop) 컴퓨터를 처음으로 소개한 Toshiba는 미국시장을 겨냥하여 디자인을 고안하였다. Sony의 스포티한 Walkman 디자인은 서구의 소비자들을 대상으로 하였다. 서구와 미국기업들 또한 이러한 해외시장용 제품개발전략을 시행하였다. Ford와 GM은 주로 유럽시장을 위해 디자인된 자동차로 유럽시장에서 상당한 호응을 받았다. 또한 오늘날에는 하나의 디자인을 통해 모든 사람을 만족시키려는 제품과 서비스를 개발하는 기업들이 나타나고 있다.

과거의 글로벌마케팅에서는 이러한 현지맞춤형 제품을 기대할 수 없었다. 대체로 글로벌 제품과 서비스에서 선도적인 브랜드—Nike, Starbucks, McDonald's, Coca-Cola, Wal-mart 등—는 자국에서 외부로 확장할 때 거의 완전한 형태의 기존 브랜드를 고수하였다. 아주 최근까지도 이러한 브랜드들은 현지화보다는 글로벌 조정에 더욱 치중하였고, 이에 따라 반세계화 운동의 주된 공격대상이 되어왔다.

표준화

비슷한 이유로 글로벌마케팅 전문가들의 사고방식은 표준화된 제품을 파는 것에 익숙해져 있다. 1983년 「하버드 비즈니스 리뷰(Harvard Business Review)」에 기고된 논문에서 Theodore Levitt은 기술과 커뮤니케이션의 진보로 글로벌 시장이 동질화되고 있다고 언급하였다. 어느 곳에서나 사람들은 같은 것을 원한다. 다국적 시장은 글로벌 시장으로 변화하였다. Levitt이 주장했듯이 기업들은 이러한 소비자들의 동질화현상이 기업들로 하여금 첨단기술의 제품을 저가에 공급할 수 있게 되었다.

Levitt의 논문이 대단히 논란이 되었음에도 불구하고, 이러한 주장은 글로벌마케팅 전략으로 점진적으로 채택되었다. 글로벌화에 의한 규모의 우위를 얻기 위하여, 표준화는 반세계화의 도전을 받는 최근까지 주된 전략방향이 되었다. 표준화는 글로벌 제품과 브랜드 뿐만 아니라 광고, 가격, 그리고 다른 마케팅믹스의 요소들을 적용하는데도 적용된다. 예를 들어, 글로벌 TV 상업광고는 전 세계에 방영될 수 있다는 이유만으로 과감한 투자가 이루어지고 있다. 이해하기 어려운 단어들을 피하고 오직 음악만을 이용하여 TV광고를 할 수 있게 해준다. 비용을 더 절감하기 위해서 광고대행사는 일부 전형적인 “평균적 남성이나 여성”을 채택한다. 호주에서는 이러한 표준화 광고가 효과적인 시장이다.

표준화는 브랜드를 전략적으로 사용하는데 있어서 중요한 역할을 한다. 오늘날 브랜드명의 선택과 이용은 일반적으로 엄격하게 통제 된다. Pepsi-Cola에서부터 Sony, Elecrolux 까지 글로벌 기업들은 브랜드명이 어떠한 색과 폰트이며, 로고 크기 등이 어떻게 나타나야만 하는지에 대한 엄격한 지침을 가지고 있다. 또한 기업의 최고경영진은 세계적으로 판촉하거나 지역적으로 판촉할 브랜드명을 어떻게 선택할 지를 고민하고 또한 국가별로 유지하거나 폐기할 브랜드를 결정한다.

해외여행을 통해 알 수 있듯이, 글로벌 표준화는 해외국가들을 자국처럼 보이게 하거나 적어도 더욱 유사하게 만들었고 또한 사람들의 행동, 습관, 그리고 취향을 더욱 비슷하게 만들었다. Starbucks가 큰 종이 머그잔으로 커피를 제공했을 때, 사람들은 더 이상 컵을 사용하지 않았다. 제품들이 사람들의 활동성을 반영하여 디자인 됨으로써 걷는 동안에도 먹는 것을 학습하게 되었다. 지금 전 세계의 자동차 운전자들은 신호가 바뀌는 것도 잊은 채 커피를 마시고 전화를 하게 되었다. 미래의 흐름으로서 표준화에 대해 다룬 레빗의 1983년 논문은 당시에는 잘못된 것처럼 보였을 지도 모르지만 글로벌 기업들의 마케팅 노력은 확실히 그것을 현실화시켜 왔으며 반글로벌화에 대한 움직임을 더욱 강하게 만들고 있다.

조정

글로벌마케팅 사고방식은 일반적인 "고객지향"과는 또 다른 이유에서 차이가 있다. 글로벌마케팅 노력은 국가들에 걸친 조정된 노력으로 정의된다. 조정은 한 국가에서 실시되는 정책이 다른 국가에서의 상황에 맞추어 실시되는 것을 의미한다. 다른 제품과 마케팅활동에 걸친 조정은 표준화되어 있는 경우 더 효율적이기 때문에 표준화는 조정을 위한 전제조건이 될 수 있다. 하지만 국가간 조정은 자신이 제공받는 제품이 다른 국가의 상황에 연계되어 있다는 느낌을 갖는 특정 국가의 소비자들에게는 달갑지 않을 수 있다.

현실적으로 현지의 소비자들은 이러한 것들을 의심할 수 있지만, 많은 경우에 그들은 국가 간의 조정사실을 알지 못할 것이다. Microsoft의 Windows'98의 출시 연기는 동시 출시를 위하여 30개의 언어를 조정하는데 따른 어려움 때문이었다. 제품의 글로벌 출시를 통한 기업 축제행사들이 예정대로 개최되었다. 하지만 실제 출시는 다른 국가와 동시에 충분한 자원이 확보되는 경우에 가능하였다. 미국과 유럽에서 1998년 중반에 출시된 후, 중국에서의 출시는 9월 2일, 태국은 10월 28일에 출시가 이루어졌으며, 그 외의 몇 몇 국가들은 99년까지 윈도 98을 구할 수 없었다.

중앙집중화

글로벌경영에서 고객지향성이 부족한 결정적인 이유는 대부분 기업들의 글로벌마케팅 체계가 분명히 중앙집중적인 의사결정구조를 가지기 때문이다. 글로벌마케팅 전략을 실행하기 위하여 본사는 현지 자회사의 권한을 줄여야만 한다. 본사에서 결정한 사항은 해외에서 시행되어야 한다. 경영환경이 최상의 상황에 있더라도 여러 국가에 걸친 제품 팀, 선진국가로부터의 전략적 투입물의 이전, 그리고 자회사에 대한 글로벌 지침 등으로 인하여 글로벌마케팅 노력은 상의하달 방식으로 이루어지게 된다.

예를 들어, Microsoft의 소프트웨어 출시 시기는 워싱턴 주에 있는 레드먼드의 본사에 의해 주의 깊게 관리되었다. Disney 영화와 비디오의 출시일자는 올랜도 본사에서 정한다. 현지적응력의 부족은 항상 상위경영자의 의사결정이 필요하기 때문만은 아니다. Volvo 자동차는 그들의 미국 딜러들의 호소에도 불구하고 최근까지 컵 홀더(cup holder) 기능을 포함시키지 않았다. 스웨덴의 Volvo 엔지니어들은 좀 더 심각한 설계문제로 매우 바빴기 때문이다.

글로벌마케팅은 대체로 의사결정의 중앙집중화를 수반한다. 이것은 결국 자회사에 대한 더 낮은 자율권을 의미한다. 현지 고객들, 경영진, 그리고 고용인에게 영향을 미치는 경제적 결정은 더 이상 현지시장에서 이루어지지 않고 본사에서 이루어진다. 이러한 결정을 하는 경영자들은 특유한 전통을 가진 특정한 글로벌 조직문화에서 나온다. 글로벌 전략의 시행이 물론 손익계산의 기본원리에 따라서 이루어지지만 글로벌 기업의 조직전통이 더욱 적극적인 영향을 미친다는 것은 부인할 수 없다. 따라서 글로벌 기업들은 현지화의 주장을 펼쳐온 활동가그룹들의 현지화 전략을 그다지 수용하지 못하고 있다.

새로운 글로벌 사고방식

이러한 것들이 글로벌마케팅 전문가들에게 의미하는 것은 그들이 글로벌마케팅에 대하여 다시 생각해 보아야 한다는 것이다. 확실히, 1980년대와 1990년대에 Levitt의 "글로벌 요구사항"은 세계는 글로벌제품을 기다려 왔으며, 어디에서나 사람들은 그러한 제품들을 구입하고 싶어 했다는 것을 시사하고 있다. 뉴 밀레니엄에 재개된 현지화에 대한 강조와 함께 전략들의 글로벌조정에 대한 현지의 민감성에 대해 균형이 맞추어질 필요가 있다. 오늘날, 글로벌화가 여전히 국제비즈니스를 추동하는 지배적인 요인일 수 있는 반면에, 현지의 차이점을 고려하여 조정전략으로서 균형도 중요하다. 이 장에서는 어떻게 올바른 균형을 형성할 것인지에 대해서 살펴 본다.

글로벌 시장계획

어떠한 글로벌마케팅 전략도 기업의 총체적인 시장계획에 의한 통제가 필요하다. 글로벌 시장계획의 기본적인 업무는 생산되는 제품과 판매시장에 대하여 이윤을 최대화하기 위하여 여러 국가에 걸쳐 어떻게 효율적으로 배분하느냐의 문제를 해결하는 것이다. 신제품 도입, 디자인 채택, 광고지출, 유통지원 및 판촉비용 등과 같은 마케팅예산이 자회사와 그들 제품라인의 각 제품들에 어떻게 분배되어져야 하는 지에 대한 전략적 지침을 제공하여야 한다. 최적의 할당은 모든 시장과 모든 제품에 걸쳐 한계이익이 동일한 경우에 달성된다. 그러나 이것은 실제 마케팅에서 그리 쉬운 일이 아니다.

최적의 분배를 위하여 다국적기업은 여러 국가에 걸친 시장들의 각 제품에 대한 판매, 비용, 그리고 예측된 수익성에 관한 데이터가 필요하다. 이는 대부분의 기업들에게 상당한 투자를 필요로 한다. (이를 시도해 온 기업으로서는 아래에서 논의할 한국의 Samsung을 들 수 있다). 전통적인 다국적기업에서는 각 국가에서의 마케팅관리는 분권화하는 것이었다. 현지국 자회사들은 종종 독립적인 수익기반으로 본사와 관계없이 관리되었다. 이것은 기본적으로 현지국의 경영자들이 특정시장에서 높은 판매와 수익을 가져오는 제품에 역점을 둔 자신의 사업체를 운영할 수 있음을 의미한다. 매출원가는 현지화와 적응비용 및 공장비용에 기초하여 본사에 의해 설정된 이전가격(transfer price)으로 결정될 수 있다. 현지 자회사에서는 다른 국가에서 제조된 제품을 수입하여 판매할 수 있기 때문에 제조와 판매가 반드시 결합될 필요는 없으며 이러한 두 조직은 분리되어 운영됨으로 인해 현지 자회사는 더욱 독립적으로 운영될 수 있다.

분권화는 관리를 단순화하고 현지의 동기요인을 유지하는데 도움을 주기 때문에 오늘날 많은 기업들은 꽤 높은 분권화 수준에서 운영되고 있다. 특히, 제조와 마케팅 간의 분리는 계속되어 오고 있고, 오히려 확대되어 왔다. 관세장벽과 운송비용이 낮아짐으로 중국과 인도 등 신흥시장은 새로운 시장으로 부상하게 되었고, 기업들은 이러한 시장들의 기회를 포착하기 위해 이들 시장으로의 빠른 이전을 추진하였다. 이로 인해 제조와 판매는 더욱 더 분리되는 현상을 나타나게 되었고, 또한 부수적으로 제품에 대한 소비자인식에서 메이드 인 라벨의 역할을 낮추는 효과를 유발하게 되었다.

그러나 마케팅에 대한 글로벌조정의 필요성이 증가함에 따라, 분권화된 운영은 더욱 상위하달식의 통제로 바뀌어 왔다. 글로벌제품의 최초 공개를 조율할 것인지, 경쟁자의 글로벌 광고 캠페인과 맞붙을 것인지, 글로벌 고객들에게 어디에서나 동일한 서비스를 제공할 것인지 결정함에 있어 현지 자회사의 독립성은 장애요인이 된다. 글로벌마케팅의 조정정책은 더욱 강력한 상의하달식의 중앙집중화와 기업전반에 걸친 자원할당 계획을 필요로 한다. 일반적인 해결책은 포트폴리오 접근법이라 불려온 방법을 사용하는 것이다.

보스턴 컨설팅 그룹 포트폴리오 매트릭스

가장 초기의 포트폴리오 접근법의 사례는 아마도 보스턴 컨설팅 그룹(Boston Consulting Group, BCG)의 성장-점유율(growth-share) 매트릭스라 할 수 있다. 이것은 시장이 아닌 제품들 간의 효율적인 자원배분에 이용되어 왔다. 그러나 시장으로 쉽게 확대 적용될 수 있다. 매트릭스는 시장성장과 시장점유율에 기초하여 기업의 제품을 네 가지 카테고리로 세분하고 있다. 매트릭스는 예상에 따라 "스타(stars), 현금젖소(cash cow), 개(dog), 물음표(question marks)"의 네 가지 범주를 환기시키는 명칭으로 가장 잘 알려져 왔다. 전형적인 매트릭스는 〈그림 11.1〉에 나타나 있다.

BCG에 따르면, 제품 간의 자원 분배는 이 매트릭스로 내에서 자연스럽게 이루어질 수 있다. 비교적 느리게 성장하는 시장에서의 현금젖소(cash cow)는 높은 시장점유율과 성장률을 나타내는 시장으로 이익을 전달함으로서 미래의 전략적인 현금젖소 시장

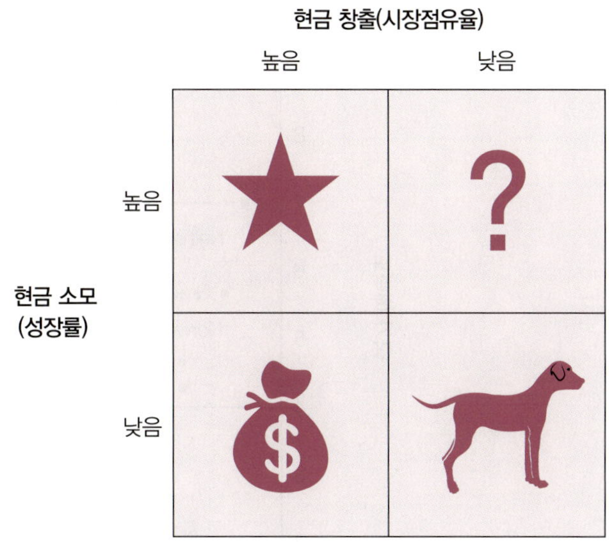

그림 11.1 BCG 성장-점유율 매트릭스

을 확보하게 된다. 이러한 미래의 현금젖소 시장은 그림에서 스타시장으로 나타나 있으며 특정 기업의 자금이 집중투자되는 영역이다. 물론 이러한 영역은 제품과 시장에 모두 적용되는 개념이다. 물음표(question mark) 영역에 있는 제품들은 기업의 역량이 배분되어야 하는지에 대한 의문을 갖게 하는 곳이다. 이런 이유로 '물음표'로 표시되었다. 이들은 빠르게 성장하는 시장에서는 긍정적일 수 있다. 하지만 그들의 점유율은 비교적 약하며 스타(Stars)가 되기 위하여 많은 지원이 필요한 영역이다. 마지막으로 개(dog)는 느리게 성장하는 시장에서의 낮은 점유율을 보유한 제품들이며, 거의 지원의 대상이 되지 못하고 기업의 전략자원의 배분에서 제외된다.

GE/맥킨지 매트릭스

BCG 매트릭스는 몇 가지 확장모델로 이어졌다. 가장 유명한 모델 중의 하나는 제너럴 일렉트릭 컴퍼니(General Electric Company)와 컨설팅 기업인 Mckinsey가 함께 개발된 GE/Mckinsey 매트릭스이다. 이 모델은 성장 이외의 시장매력도를 고려하고 그리고 시장점유율 이외에 경쟁력을 고려한 분석을 수행하였다. 글로벌마케팅과 관련된 이익을 분석하기 위하여, 시장매력도와 관련하여서는 시장의 규모와 높은 관세와 같은 진입장벽을 고려하여야 한다. 또한 시장경쟁력을 분석하기 위해서는 글로벌시장에서 브랜드 강점을 포함하여 측정하여야 한다. 기본적으로 자원분배는 기업의 경쟁력이 높고 매력적인 시장과 제품에 대하여 마케팅자원을 집중하여야 한다.

BCG와 GE/ Mckinsey 매트릭스 둘 다 제품 및 시장들 간 자금분배에 주로 초점을 맞추고 있다. 이러한 각각의 제품과 시장 사이에서 자금의 분배에 대한 이론들은 그다지 복잡하다고 할 수 없다. 하지만 제품과 시장을 동시에 고려하여 자원배분전략을 구사하는 것은 상당히 복잡한 분석을 요하게 된다.

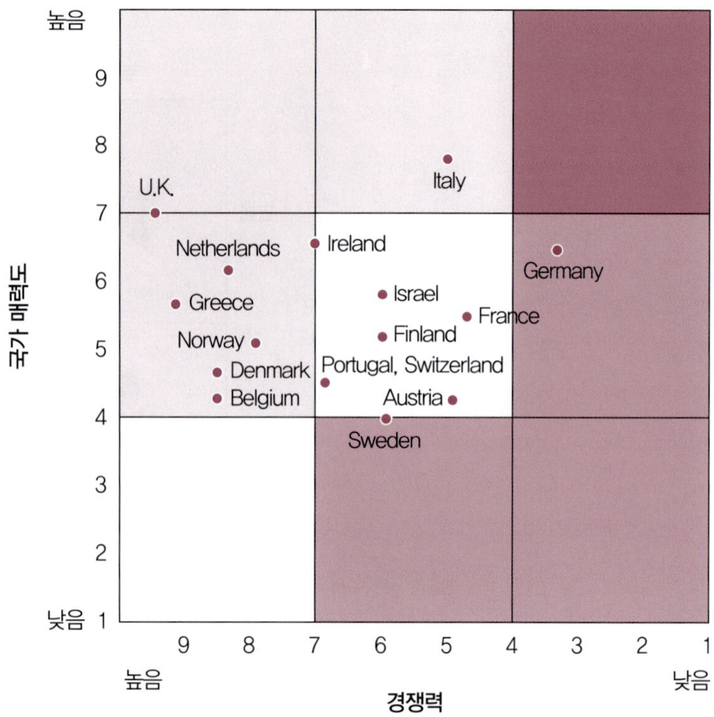

그림 11.2 Ford 트럭의 유럽국가 매트릭스

Sources: International Marketing, 9e, by Philip Cateora. Copyright © 1996 by The McGraw-Hill Companys, Inc. Reprinted with Permission.

Ford 국가 매트릭스

몇몇 국가 시장에 대한 매트릭스의 적용에 대하여 초창기에 가장 잘 알려진 사례 중 하나는 Ford Motor Company가 그들의 트랙터 사업분야를 위해 개발한 것이다. 유럽 국가들에 대한 매트릭스의 결과는 〈그림 11.2〉에 나타나 있다.

기본적으로 매트릭스는 매트릭스의 상단 왼쪽 부분에 있는 영국, 아일랜드, 그리스와 같은 "스타 국가들(Star countries)" 그리고 현금의 흐름이 스타시장을 향하여 투입되는 "현금젖소 국가들(Cash Cow countries)"을 확인할 수 있다. 독일은 평균적인 매력도와 비교적 약한 경쟁력을 나타내는 "물음표(question mark)" 국가이다. 스웨덴은 낮은 매력도와 약한 경쟁력을 가진 "개 국가(Dog country)"이다. 독일과 스웨덴에서는 마케팅자원의 투입을 소극적으로 할 것이다. .

Ford 트랙터 사례에서 국가매력도를 분석함에는 시장크기, 시정성장률, 정부규제, 경제 · 정치적 안전성이 고려될 수 있다. 한편, 경쟁력은 분석함에 있어서는 시장점유율, 제품적합도, 이윤마진율, 시장지원 정도 등을 살펴보면 현지시장에서의 경쟁력을 가늠해 볼 수 있을 것이다.

글로벌 자원 할당

여러 제품과 여러 시장으로 분석을 확대하는 것은 모든 제품과 시장에 걸쳐 주어진 제품이 주어진 시장에서 어떤 성과를 내고 있는지에 대한 자료를 필요로 한다. 각 시장, 국가에서의 기업제품에 대한 시장매력도와 경쟁강점에 관한 분석이 필요하다. 기업은 단지 하나의 제품을 모든 국가에 마케팅하거나 또는 모든 제품을 하나의 국가시장에 마케팅하는 것이 아니라, 주어진 제품–시장 조합을 적절히 선택하여 자원을 할당할 수 있다. P&G와 같은 기업은 Head & Shoulders 샴푸를 모든 시장이 아니라 중국에 추가적으로 진출하는데 마케팅자원을 분배할 수 있다. 그리고 또한 세제가 아닌 샴푸와 향수에 대하여 중국 자회사에 추가자금을 할당할 수도 있다. 최적의 시장–제품조합을 구성하기 위해서는 상당한 양의 데이터를 요구한다. 대부분의 기업들은 과거의 판매와 시장성장률에 대한 지표를 통해 이러한 작업을 수행하고 있다. 이러한 지표에 따라 성장이 예고되는 시장에서는 더욱 많은 예산을 배분하고 저성장 지역에는 마케팅자원을 줄이게 된다.

과도한 데이터요건 때문에 국가와 제품에 대한 글로벌 포트폴리오를 활용하여 완전한 분석을 시도하는 기업은 거의 없다. 하나의 예외가 한국의 가전기업 Samsung이다. Samsung은 반도체와 가전기기에서부터 휴대전화 HDTV 까지 많은 제품들을 제조하고 있다. 그들의 제품은 세계 대부분의 주요시장에서 출시되고 있으며, Samsung은 아시아와 유럽, 미국 전역에 걸쳐 잘 알려져 있다. Samsung은 한국과는 큰 연고를 갖지 않는 글로벌 브랜드이며 매우 강한 엔지니어링 역량을 보유하고 있다. 기업의 엔지니어링 기반문화는 최적분배에 대한 수치적 계산을 기초로 하여 복잡한 포트폴리오 분석을 가능하게 했고, 또한 이러한 경영방식이 경영진에 의해 수용되게 하였다.

글로벌 시장계획에 대한 Samsung의 접근법은 M-Net 시스템이라 불리는 의사결정 지원 모델에 기초하고 있다. M-Net에 대한 접근법은 주요 제품과 시장을 대상으로 뿐만 아니라 국가매력도와 경쟁강점의 단순한 평가를 넘어서고 있다. 한 국가에서 출시된 각 제품에 대해, 제품 카테고리 별로 미래 시장판매는 트렌드 분석, 유추 또는 다른 수립된 방법에 의해 예측되어진다. 다음으로 이러한 접근법에 의하여 해당 국가에서의 잠재적 판매에 대한 측정도구를 개발하기 위하여 국가규정, 관세 그리고 다른 진입장벽, 정치적 안정성 및 다른 요인들의 역할을 평가한다. 경쟁적 강점은 현재의 시장점유율 및 국내외 경쟁의 상대적 경쟁력에 대한 함수이다. 또한 시장점유율의 증가를 실현하기 위한 잠재적인 용이성(혹은 장애)을 포함한 분석을 하였다. Samsung은 시장점유율을 확보하고 이러한 시장점유율이 미래에 어떻게 변화할 수 있는 지에 대한 가능성을 평가하기 위하여, 가격민감도, 광고반응 및 유사한 시장특성에 관한 데이터를 수집하고 분석하였다. 그 결과 Samsung의 접근법을 이용한 효율적 자원할당을 통해 기업이 "도그(dog)" 혹은 "물음표(question mark)"로 분류가 될지 모르는 제품과 국가에 더 많은 지원을 할 수 있게 하여 선제적인 마케팅대응을 할 수 있었다.

증가하는 시장점유율로부터 발생하는 추가 수익을 산출하기 위해서 이 모델은 특정 국가에서 전체산업수요 증가분을 계산하고 이에 대하여 시장점유율을 곱하여 계산하게 된다. 다음으로, 어떤 특정한 마케팅 노력(광고나 프로모션 등)의 비용을 평가하고, 점진적으로 증가한 비용부분을 빼면 순이익의 증가분을 계산할 수 있다. 이러한 계

표 11.1 전통적 · 사실기반 자원분배

전통적 접근법	사실기반 접근법
1. 점진적 마케팅 예산의 증액	1. 국가-제품 데이터의 M-Net 인터넷망 축적
2. 본능, 전통, 불완전에 의존	2. M-Net 사용에 의한 최적의 국가-제품 조합 구성
3. 거대시장으로의 무리한 진출	3. 가상현실 시나리오에 의하여 마케팅 자원의 효율적 배분
4. 과대 · 과소 투자의 빈발	4. 현장담당자와 본부 사이의 조율된 마케팅 자원 배분
5. 주먹구구식 마케팅 예산 배분	5. 사실에 근거한 자원배분 자료를 현장관리자에게 제시
6. 전체 마케팅 예산 증대에 대한 최고경영자의 저항	6. 시나리오 관리는 마케팅 자원의 투자에 대한 확신으로 이어짐

산방식은 대안적인 마케팅믹스가 최적의 분배를 찾기 위하여 각각의 다른 국가에서 각 제품의 잠재적 수익의 증가를 산출하기 위하여 사용된다. 이러한 분석은 모든 국가-제품 쌍에 대하여 반복적으로 시행된다.

Samsung에 의해 사용된 M-Net 접근법은 경제학자의 교과서적인 해결책을 실행으로 옮긴 하나의 사례이다. 당연히 실제로 경영적 판단에 기한 해결책도 실행으로 옮겨져야 할 필요가 있다. 그리고 국가 간의 유출효과에 대한 가능성(예를 들어, 영화 매트릭스 3부작에 나온 Samsung 휴대전화)은 많은 주관적 평가를 필요로 한다. Samsung은 많은 양의 내부적 논의와 해당 경영자들과 현지국가 자회사들의 심도 있는 토론에 의한 마케팅자원의 할당전략이 더욱 신뢰를 얻게 된다는 것을 알게 되었다.

Samsung은 소비자 가전부문에서 가장 가치 있는 브랜드명이었던 Sony를 몰아내고 최근 새로운 유력 기업으로 부상하였다. Interbrand의 2007년 순위에서 Samsung은 21위, Sony는 25위를 기록하였다. 심층적인 M-Net 분석과 자원 배분의 결과로 일어나는 혁신경영은 이러한 성과에 확실히 기여를 하였다.

전통적으로 분권화된 접근법과 데이터에 기반한 접근법 간 차이점은 〈표 11.1〉에 요약되어 있다.

요약하면:

- 글로벌마케팅에서 이익을 실현하기 위하여 기업은 전 세계에 걸쳐 그들의 마케팅을 조율하고 통제하여야 한다. 이러한 전략적 통제를 통하여 자원은 가장 유망한 제품과 시장으로 할당되어야 한다.
- 제품과 시장에 관한 양적 데이터는 어떻게 마케팅 자원이 할당되어져야 하는지를 결정하는데 필요하다. 기초적인 데이터는 기업 제품라인에서 각각의 제품과 각각의 해당 시장에서의 국가-시장매력도와 경쟁강점에 대한 측정을 가능하게 한다.
- 글로벌마케팅의 실행은 현지의 다양성을 수용하여야 하고 사람을 다루는 기술과 경영에서의 유연성을 요구한다. 수치적 계산에 의한 자원할당은 이러한 현지다양성을 수용하기 위하여 선행되어야 한다.

글로벌 시장세분화

Samsung의 사례가 시사하듯, 자원할당은 종종 특정 국가 시장뿐만 아니라 더 큰 지역 시장에서도 이루어진다. 이러한 지역들은 때때로 무역블록—NAFTA, EU, Mercosur 등—으로 간략히 설명될 수 있다. 하지만 단순한 블록보다는 시장과 마케팅의 측면에서 유사한 특성을 가지는 국가들을 그룹화 하는 것이 효율적이다. 또한 Ghemawat에 의해 제안된 준글로벌화(semiglobalization) 접근법은 국가들 사이의 문화, 지리 그리고 일반적인 유사성을 기준으로 한다. 국가들 간 유사한 그룹을 찾기 위하여 기업들은 글로벌 시장세분화의 첫 번째 단계인 거시 세분화(macrosegmentation)를 하게 된다.

글로벌 시장세분화는 일반적으로 두 단계의 절차를 거치게 된다. 첫 번째 단계에서 국가들은 사회경제적 그리고 문화적 특성이 유사한 국가들의 군집을 발견하기 위하여 더욱 일반적인 기준을 이용하여 그룹화 한다. 이 단계는 무엇보다도 기업에게 좋은 시장 기회를 제시하지 못하는 국가들을 선별하는데 도움을 준다. 또한 이 단계에서는 모든 제품에 걸쳐 적용가능한 일반적인 기준을 적용하기 때문에 다수의 제품라인을 보유한 기업에게 유용할 수 있다. 가장 중요한 것은 거시 세분화(macrosegmentation)로 불리는 이러한 군집화 기술은 일반적 특성을 통하여 더욱 동질적인 국가군을 분류함으로서 마케팅전략의 표준화와 국가간 조정에 상당한 기여를 한다는 점이다.

두 번째 단계인 미시 세분화(microsegmentation) 단계에서는 시장조사를 통하여 군집에 속한 각 국가의 잠재고객에 대한 데이터를 수집하게 된다. 이 단계는 현지시장 세분화 분석에서 일반적으로 수행되는 것과 비슷하나 차이점이 존재한다. 수집된 데이터는 제품사용 패턴, 기대하는 편익, 가격 민감도, 미디어 사용 그리고 쇼핑 행동과 관련된 변수를 포함한다. 또한, 개인의 사회인구통계학, 소득 등의 변수에 관하여 데이터를 수집한다. 이 단계에서의 통계분석은 특정국에서의 소비자들의 행동패턴을 특성화하기 위한 요인을 도출하는데 주안점을 둔다. 이러한 요인에 의하여 추정된 소비자들 그룹에 대하여 크기와 잠재적인 수요를 발견하게 되고 최종적으로 이러한 소비자들에게 접근하기 위한 방법을 모색하게 된다.

예를 들어, 미시 세분화에서 대부분 국가의 맥주 시장에서 찾을 수 있는 일반적인 세분화시장은 "헤비 유저(heavy user)" 세분화시장(하루에 3병 이상의 맥주를 소비하는 사람들로 정의된다)이다. 확실히 이러한 세분화시장은 종종 맥주 양조업체에게 매력적인 표적세분화시장이 된다. 그러나 특정 세분화시장에 속하는 맥주 소비자의 비율은 다양할 수 있다(예를 들어, 독일과 미국에서 맥주 소비자들은 더 높은 비율을 보인다. 반면에 이탈리아와 프랑스의 맥주 소비자의 비율은 훨씬 더 작다). 이러한 국가적 차이점은 국가 간의 조정효과를 감소시키게 된다. 또한, 맥주의 헤비 유저에게 접근하기 위한 방법은 이론적으로—예를 들어, 스포츠 행사의 후원—동일한 것으로 보일 수 있지만, 이 또한 어떠한 스포츠가 인기가 있는 지는 국가마다 다양할 수 있다. 따라서 조율된 마케팅 커뮤니케이션 믹스 또한 유용하지 않을 수 있다.

이러한 유형의 분석은 마케팅 믹스에서 다른 변수들로 확장될 수 있다. 예를 들어, 하나의 군집의 모든 국가들에 가격에 민감한 세분화시장이 존재한다면, 이에 따라서 각 국가의 해당 세분화시장의 잠재적 고객의 비율을 평가할 수 있다. 이러한 비율이 어디에서나 높다면 조정된 저가격 전략이 요구될 수 있다. 만약 가격에 민감한 세분화시장이 오직 하나 또는 두 개의 국가에서만 크게 나타난다면 조정된 저가전략으로 인해 가격민감성이 덜한 시장에서는 품질 인식과 브랜드 이미지를 약화시킬 수 있기 때문에 비효율적일 수 있다.

다음에서 거시 세분화에 의한 군집화 과정을 좀 더욱 자세히 살펴볼 것이다. 그리고 이의 실례를 살펴본다.

거시 세분화

거시 세분화는 마케팅목적에 부합하는 공통의 특성에 기초하여 국가를 군집화 하는 것이다. 고려할 수 있는 200개 이상의 독립적인 국가시장을 군집화 할 때 종종 기존의 무역블록 혹은 지리적 근접성으로 분류를 시작할 수 있다. EU, NAFTA, ASEAN, 또는 동남아시아, 오세아니아 및 중동과 같은 지리적 영역은 이미 독립적인 조직 단위로 취급되어 진다. 또한 이러한 지역에서의 시장데이터는 비교적 쉽게 확보할 수 있다.

거시 세분화에서 일반적으로 이용되는 변수들은 인구규모와 특성에 관한 사회인구통계학적 데이터, 가처분소득 수준, 교육배경, 주요 언어 및 개발 수준의 지표, 인프라, GNP 성장률, 정치적 동맹관계 등을 포함한다. 변수들의 선택은 많은 국가에 걸쳐 비교할 만한 데이터가 부족할 가능성에 대비하여야 하며, 적절한 변수는 일반적으로 다양한 제품들에 걸쳐 다르게 나타날 것이다. 이용된 데이터 소스는 개별적인 국가의 매력도를 평가할 때 사용한 것과 동일하다.

국가들의 지역적 군집(거시 세분화)을 발견하기 위하여, 군집 분석(cluster analysis)과 같은 전산화된 기술의 이용이 가능하다. 군집화 지도는 어느 국가가 유사한지, 어느 국가가 멀리 떨어져 있는 지에 대한 관계를 그림으로 나타낼 수 있다. 한 번에 두 가지 이상의 기준을 포함하기 위하여, 국가들을 군집화하기 전에 요인분석을 수행하는 것이 일반적이다. 요인분석에 의하여 다수의 기준을 몇 개의 공통된 요인으로 압축하면 해석의 편의성을 확보하는 측면은 있지만, 해석기준의 섬세함은 줄어들 것이다.

국가 군집화 지도의 예는 〈표 11.2〉에 나타나있다. 표에서 볼 수 있듯이, 이러한 단계에서의 군집화는 보통 UN의 정치분석에서 일반적으로 채택된 동-서(East-West)와 북-남(North-South) 카테고리와 유사한 것으로 보인다. 비록 그러한 군집화가 최종적인 시장분석에서 정확하게 사용되어야 하겠지만 대체로 매우 광범위한 지표들은 시장의 강점과 자국시장과의 사회경제적 밀접함을 나타내는데 도움을 준다.

이러한 적용사례로서 Cavusgil은 여러 국가들을 대상으로 다수의 시장들을 군집화하였다. 이러한 시장군집화를 하기 위하여 여섯 가지 변수들(인구성장, 중위연령, 가구당 자녀수, 유아 사망률, 기대수명과 1인당 GNP, 등의 변수들은 출간된 UN 데이터에

표 11.2 2차원 국가 군집화 지도

요인 번호	요인 명칭과 세부 기준의 수	세부 기준의 예
Ⅰ.	경제개발수준 (47)	GDIP, 라디오의 보급, 항공여객의 양
Ⅱ.	인구 규모 (31)	전체 중년인구
Ⅲ.	개인소득수준 (32)	1인당 소득, 1인당 신문구독률, 출생률(부정적 영향)
Ⅳ.	캐나다-캐나다의 최상위조건 (12)	신문발간율, 방문객, 지리적 분포
Ⅴ.	언어 (10)	영어사용군
Ⅵ.	사적요인 (11)	소비재의 브랜드와 산업매출, 가톨릭 신도의 수
Ⅶ.	국제교류 (22)	국제기구의 가입여부, 해외관광객의 수, 도쿄행 항공료
Ⅷ.	무역역량 (12)	수출액, 청교도의 수
Ⅸ.	가격안정성 (10)	일조량, 주요도시의 온도, 가격지수(부정적)
Ⅹ.	사망률 (5)	영아사망률, 무슬림의 수

Sources: Charles Ramond, "A Two Dimensional Country Clustering Map,"The Art of Using Science in Marketing. New York: Harper & Row, 1974.

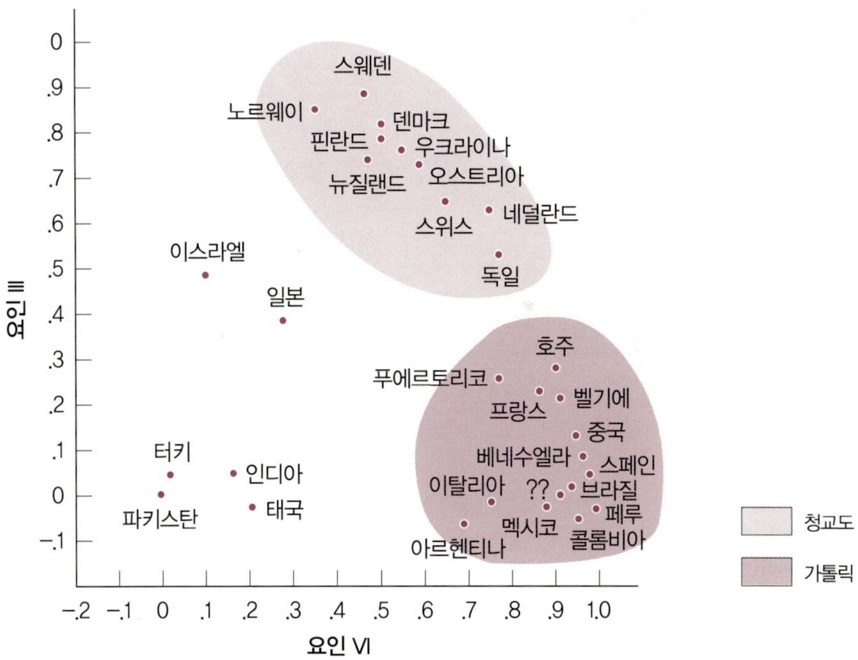

서 모두 이용 가능하다)을 사용하였다. 이후 그는 군집에 이름을 명명하고 그들의 구분되는 특성을 설명하였다. 마지막으로 마케팅에 대한 시사점을 개략적으로 서술하였다. 결과는 〈표 11.3〉에 제시되어 있다. 표를 통하여 이러한 개괄적인 국가유사성의 분석도 국가매력도를 판단하고 시장기회를 알아내며, 새로운 마케팅 기회를 발견하는데 유용하다.

거시 세분화에서 폭넓은 경제적 지표의 사용은 이러한 지표들이 실제 구매자행동과

표 11.3 세계시장의 시장지향적 군집화

군집	인구 구성	마케팅 함의
의존적 사회		
아프리카, 아시아, 일부 남아메리카 국가들	• 인구성장률: 3% • 중위연령: 16 • 자녀수: 5+ • 영아사망률: 100% • 기대수명: 40년 • 1인당 GNP: $300 이하	• 식품, 의복, 주택 · 교육 · 의료와 연관된 상품 및 서비스 수요 • 자원채취 및 농경관련 투자 • 정부관련 수요가 대종 • 빈약한 인프라와 교외시장에의 접근성 미비
노력 사회		
대부분 남미국가, 일부 아시아 국가(태국, 필리핀), 일부 아프리카 국가	• 인구성장률: 1.5~2.5% • 중위연령: 20 • 자녀수: 4+ • 영아사망률: 5~10% • 기대수명: 60년 • 1인당 GNP: $900 이하	• 건설 장비, 기계, 화학 등 인프라 관련 프로젝트 위주 • 기술과 턴키 사업기회가 풍부 • 소수의 지주회사와 독립무역 단체들이 막대한 영향력을 행사 • 도시화는 진행되었지만 다중소비시장은 미형성
성장사회		
브라질, 베네수엘라, 포르투갈, 멕시코, 터키, 한국	• 인구성장률: 1.5% 이하 • 중위연령: 30+ • 자녀수: 2 • 장수국가 • 1인당 GNP: $8,000 초과	• 산업화와 서비스산업의 중요성 증가 • 개인기업이 국영기업보다 더 중요한 위치를 점함 • 합작투자와 기술협정이 유리 • 대중시장의 성장
사치 · 여가 사회		
미국, 캐나다, 일본, 영국, 호주	• 매우 낮은 인구증가율 • 중위연령: 30+ • 장수국가 • 1인당 GNP: $8,000 초과	• 가처분 소득의 증가와 신용의 확산 • 경제의 재조정 • 성숙시장 • 치열한 경쟁 • 인구집중지로부터 분산
복지국가		
독일, 스위스, 룩셈부르크, 네덜란드	• 인구 감소 • 중위연령: 37 • 자녀수: 2명 미만 • 최장수국 • 1인당 GNP: $10,000 초과	• 서비스경제와 첨단기술 분야의 발전 • 고도로 분화된 시장 • 분배와 광고소통의 효율성 증대

Sources: S. Tamer Cavusgil, 1990, pp. 206-7. Reprinted with permission of author.

시장반응을 예측하기에 너무나 일반적이라고 주장하는 마케팅 전문가에 의해 그 실효성에 의문이 제기되었다. 폭넓은 경제, 사회 그리고 정치적 기준에 기초한 국가 군집화의 정확도를 검증하기 위한 노력으로 세가지 제품(color TVs, VCRs, CD players)에 대한 제품 확산 패턴을 조사한 연구가 있다. 만약 군집이 유용하다면, 군집 내의 국가들에 대해 유사한 그리고 군집들에 마다 다른 신제품의 침투율을 예측할 수 있어야 하지만, 연구에서는 이러한 예측의 일관성을 발견할 수 없었다. 새로운 제품의 확산추세는

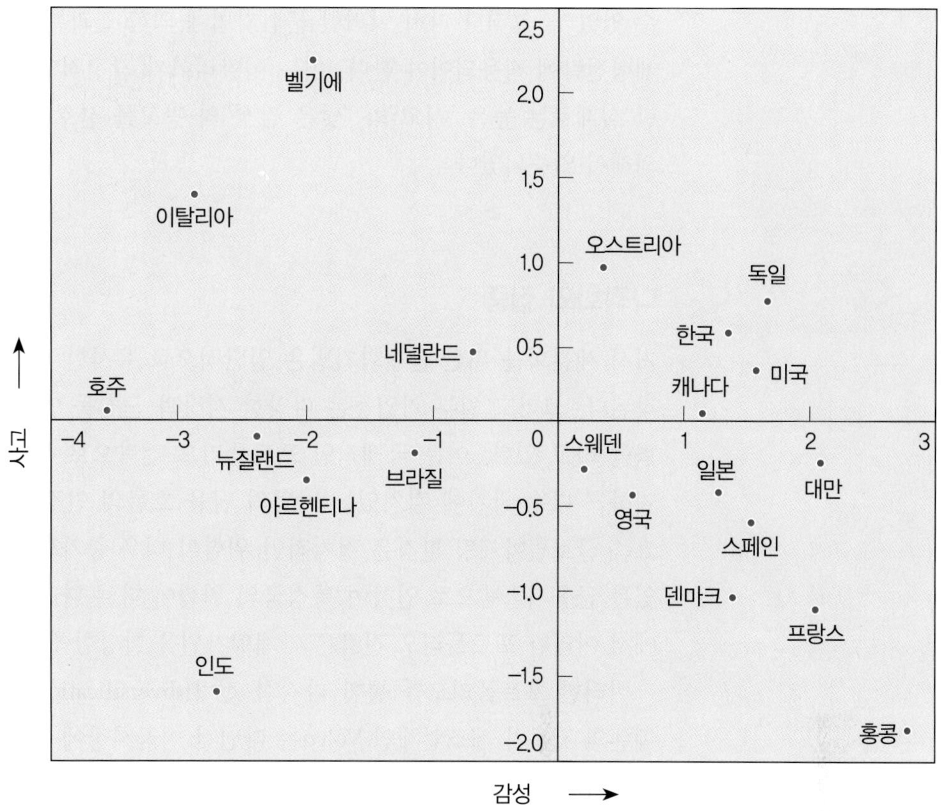

그림 11.3 "사고(Think)"와 "감성(Feel)" 국가 군집

Sources: Fred Zandpour and Katrin R. Harich, "Think and Feel Country Clusters: A New Approach to International Advertising Standardization,"International Journal of Advertising 15 (1996), p. 341. Reproduced with kind permission of the World Advertising Reserch Center (www.warc.com)

동일한 군집 안에서 다양하였고, 다른 군집의 일부 국가들끼리는 유사한 패턴을 나타내었다. 또한 군집은 여전히 다른 방면에서 유용할 수 있다. 특히, 다른 연구들에서의 연구자들은 국가들의 군집들이 마케팅조사, 포장의 통일, 물류의 단순화 그리고 유사한 판촉를 통한 규모의 경제를 얻는데 유용할 수 있다고 제안하고 있다. 이러한 군집화의 유용성은 경영전반에 걸친 다양한 측면을 고려하여 분석하는 태도가 필요하다.

세분화의 목적에 따라 좀 더 구체적이고도 개별적인 변수들이 거시 세분화에서 이용되어 왔다. 글로벌 광고캠페인에 대한 반응을 조사한 연구에서, 두 명의 연구자는 "사고(think)"와 "감성(feel)" 변수에 기초하여 국가들을 군집화하였다. "사고" 변수는 "좌뇌"의 비판적 추리를 기초로 하여 커뮤니케이션에 접근하는 성향과 문화적 및 규제적 변수들을 포함한다. 예를 들어, 위험에 대한 회피경향과 광고컨텐츠에 대한 강한 규제가 존재하는 국가들은 "사고" 차원에서 높은 점수가 매겨진다.

"감성" 차원은 특정국가의 소비자들이 얼마나 충동적이고, 흥미를 원하며 제품과 사람이 감성적으로 관련되는 정도를 포착하였다. 국가들의 매핑(mapping)의 결과(그림 11.3 참조)에 근거하여, 연구자들은 광고의 호소력이 합리적인 주장과 논리적이어야 하는 부류와 그리고 호소가 주로 감정적이고 극적이어야 하는 경우의 군집들을 정의할 수 있었다. 그러나 다시 이러한 군집기법에 의한 결과는 경영적인 판단을 거쳐 실제 마케팅전략에 적용되어야 한다. 이는 이탈리아가 감정적인 소비자들일 것 같이 여겨졌지만 실제로는 높은 "사고"와 "낮은 감성"의 광고를 선호하는 것으로 나타났다는 사실에 의해서 입증되었다.

다각화와 집중

거시 세분화를 위한 군집화기법은 일반적으로 유사한 시장들에 대한 발견으로부터 시작된다. 그리고 일부 기업들은 다양한 시장과 군집들 안에 포함되기 위해 의도적인 노력을 하고 있다. 이는 국제적인 포트폴리오 전략으로 특정국가에서 막대한 손해를 방지하고 다수 국가에 걸쳐있는 기업의 금융 흐름의 안정성을 확보하는 역할을 하였다. 요즘 글로벌마케팅 환경은 정치적인 위험이 더욱 증가되고 있고, 세계적으로 통합되고 있는 금융시스템으로 인하여 특정국의 위험이 다른 나라로 빠르게 확산되고 있는 실정에서 이러한 포트폴리오 전략은 마케팅자원을 할당함에 있어서도 적용되고 있다.

이러한 포트폴리오를 통한 다각화 전략(diversification strategies)의 예는 흔하다. 스웨덴의 자동차 제조업체인 Volvo는 다년간 미국시장에 대한 관여를 전체 생산량의 25%로 제한하였다. 최고 경영진과의 개별 면담에서, Toyota의 간부들은 그들의 수출이 자국시장 수요의 50% 이상을 차지할 때 불안함을 느낀다고 말하였다. 최근에는 일본의 수출업자가 자동차뿐만 아니라 가전제품에서도 그들의 미국시장 점유율을 제한하는 경향을 보인다. 미국시장에 대한 과도한 의존은 미국의 향후 자유무역 기조의 변화에 따라 상당한 충격을 받게 될 것이 분명하다.

그러나 진입하는 일부의 시장 혹은 지역으로부터 강력한 다각화의 이익이 존재할 수

표 11.4 시장 포트폴리오 선택에 영향을 미치는 시장 요인들

요인(Factors)	다각화일 경우(IF)	집중화일 경우(IF)
성장률	낮음	높음
수요안정성	낮음	높음
경쟁낙오	단기	장기
유출효과	높음	낮음
제품 적응 필요성	낮음	높음
판촉 필요성	낮음	높음
한계판매	감소	증가
통제 필요성	낮음	높음
진입장벽	낮음	높음

Sources: Journal of Marketing by Ayal and Zif. Copyright © 1979 by the American Marketing Association in the format Textbook via Copyright Clearance Center.

있음에도 불구하고, 동일한 군집 내의 몇몇 유사한 시장에 집중하여 마케팅자원을 할당하는 경우가 있다. 집중전략(focus strategy)과 함께 이러한 시장들은 더욱 많은 관심을 받을 수 있고 시장지위는 강화될 수 있다. 국가들이 비교적 유사하기 때문에 유출효과가 더욱 쉽게 공유될 수 있고 제품라인은 동일한 패턴을 나타낸다. 좋은 광고는 유사한 국가에서 그대로 재시행하여도 효과적일 것이다. 다각화 전략과 집중화 전략 사이에서 기업들이 최대의 이익을 내기 위한 의사결정모형을 〈표 11.4〉에서 설명하고 있다.

표에서 볼 수 있듯이 고성장 시장(high-growth markets)에서는 집중적인 마케팅 지원을 요구한다. 현지시장에서 고객맞춤화를 실현하여야 하는 경우에는 이러한 집중전략이 유효할 것이다. "한계판매(marginal sales)"란 단위당 사용되는 마케팅비용에 대하여 증가하는 매출액을 의미하는데 이러한 한계판매량이 높은 상태라면 마케팅비용을 추가로 지출하는데 대하여 상당한 효율성을 보장받을 수 있으므로 마케팅자원의 집중적인 투자가 필요하다. 하지만 이러한 한계판매가 저조한 상태라면 다각화 전략이 더욱 유리할 것이다.

실증연구에서 일반적으로 다각화된 전략은 해외에서 더 많은 판매를 이끄는 경향이 있는 반면 집중화전략은 더 높은 수익성으로 이어지는 경향이 보고되고 있다. 수익성의 한 가지 중요한 결정요인은 기업의 비용효율성을 더욱 높이기 위하여 집중화된 전략을 얼마나 실행할 수 있느냐이다. 다각화를 목표로 하는 기업들은 판매목적과 시장의 확대를 비용효율적인 판매보다 더욱 중요하게 생각한다. 기업이 어떠한 전략을 취하던 간에 글로벌마케팅 기업은 국가 간 적극적인 조정을 시도한 경우에는 성공적인 기업성과를 이룩한 반면 그러하지 못한 경우에는 저조한 경영실적을 보인 것 만은 분명하게 입증되어 오고 있다.

사례 예증

두 단계의 세분화 과정이 어떻게 실제 적용되는지 살펴보기 위하여 소비자용 제품을 생산하는 기업의 범-유럽 세분화 계획을 연구한 사례가 있다. 해당 사례기업은 초기에 유럽에서 세분화를 하지 않았고, 일부 브랜드들의 성과는 저조하였다. 또한 하나 혹은 두개의 국가에서 성공적이었음에도 불구하고 일부 새로운 제품들은 다른 유럽국가에 소개되었을 때 별로 성공적이 못했다. 이 기업은 각 국가에서 수용 가능한 표적세분화 시장이 모두 동일한 형태와 규모가 아니라는 것을 인지하고 범-유럽 세분화에서 심층적인 분석을 수행하기로 결정하였다.

기업은 먼저 일부 제품 그리고 기업의 특정 데이터와 연동하여 시장규모 및 인구통계학과 관련된 경제 데이터를 이용하여 EU 국가들을 군집화 하였다. 이 단계는 두 가지의 거시 세분화 결과로 도출되었는데, 하나는 가장 큰 5개의 국가들(독일, 영국, 프랑스, 이탈리아 그리고 스페인)이며 나머지는 "그 외" 국가이다. 5개의 가장 큰 국가들이 인구의 80%를 차지하고 있기 때문에 사례기업은 해당 군집에 초점을 맞추기로 결정하였다.

두 번째 단계에서 5개 국가들의 유사성과 차이점을 확인하기 위하여 시장조사가 수행되었다. 기업은 "혁신성"의 개념을 설문조사 하기로 하였다. 혁신성에 관련한 과거의 문헌 연구를 통하여 각국에서 신제품의 성공에 중요한 소비자집단으로서 개척자와 초기수용자들이 나타날 것이라는 가설을 설정하였다. 이 연구에서는 이러한 "혁신자" 세분화시장을 발견하였고, 각국에서 이러한 세분화시장의 규모를 측정함으로써 이들 국가를 하나의 군집으로 분류할 수 있을 지에 대하여 분석하였다.

이 분석에서 경영자가 직면한 중요한 문제는 어떤 기준으로 "혁신적" 세분화시장을 나눌 수 있는지에 관한 것이다. 즉, 만약 그들이 7점을 기준으로 한 혁신척도에서 5점보다 높은 점수를 획득한다고 하더라도 그들을 "혁신적"이라고 단정지을 만한 명확한 근거는 없다. 그러나 과거의 연구에서 개척자와 초기수용자들은 모든 인구의 약 16%가 되는 것으로 밝혀졌다. 연구자들은 5개 국가에 관한 데이터를 공동으로 수집하고 관리하였다. 그리고 모든 5개 국가로 부터 전체 응답자의 16%를 "혁신자"로 분류하고 이들이 획득한 점수를 하한선을 혁신적 세분화시장으로 분류하는데 활용하였다. 또한 그들은 어느 국가에 이러한 혁신적 응답자들이 있는지 확인하였고 모든 국가들이 혁신자 군집을 동일한 비율로 가지고 있는지 여부를 밝혀낼 수 있었다.

동 사례분석에서는 소비자들 사이의 혁신성은 5개의 국가들 사이에서 상당히 다르다는 것을 발견하였다. 일부 국가들은 다른 국가들 보다 훨씬 더 많은 혁신자들을 보유하고 있었다. 이것은 만약 모든 국가에서 "혁신자들"이 표적된다면 그 전략은 어느 나라에서는 효과적이겠지만 다른 나라에서는 그렇지 않다는 것을 의미한다. 이러한 분석을 토대로 연구진은 일부 국가에서 새로운 제품판매가 활성화 되지 못한 이유를 발견할 수 있었다. 그들의 초기 제품 출시는 혁신자 비율이 큰 영국에서 이루어졌다. 연이은 여타 국가에서의 제품의 출시는 유사한 제품형식 및 마케팅 믹스로서 시도되었고, 해당 시장에서는 혁신자들이 거의 없었기 때문에 기대한 만큼의 성과를 거두지는 못하였다. 이 기업에게는 표준화된 범-유럽 전략은 적용할 수 없었다. 하지만, 이후 동 세분화시장을 전략적으로 공략하여 평균 50%까지 신제품 출시의 효과를 증가시킬 수 있었다고 평가되었다.

세분화시장 표적화

기업이 어느 국가의 세분화시장을 표적화할 것인지를 결정하기 위해서는 몇 가지 요인을 고려해야 한다. 군집화가 올바르게 행해졌다면 군집화를 위한 제반요소들은 이미 표적세분화시장에 반영되어 있을 것이다. 한편 표적세분화시장은 실제로 "접근가능" 해야만 한다. 그리고 표적세분화시장 속의 소비자들은 기꺼이 해당 제품을 구매할 의사를 가지고 있어야 하며 이를 구매할 수 있는 재정적인 능력을 갖추고 있어야 한다. 미시 세분화 단계를 거치면서 각 세분화시장 별로 소비자들의 구매력을 파악하게 되

Getting the Picture RED BULL의 움직이는 표적

Red Bull 에너지 음료는 스포츠 열성팬들, 과로한 도시인들 그리고 클러버들의 스타일리시한 토닉음료로 최신 유행을 만들어내고 있다. 오스트리아의 것으로 인식되고 있으나, 실제는 Yoovidhya 가족에 의해 1981년에 개발된 태국 브랜드이다. Dietrich Mateschitz는 현재 오스트리아의 가장 부유한 사업가로 일컬어지고 있다. 그는 아시아 여행에서 RED BULL을 마셨고, 유럽으로 제품을 수입하기로 결정하였다.

1980년대 그리고 1990년대 초에 기계시설 운영자와 늦은 밤까지 야근하는 노동자를 표적으로 아시아에 출시된 Red Bull과 다른 에너지음료는 매우 흔한 것처럼 보였다. 그들의 주요한 표적이된 추종자 그룹은 긴 시간의 작업을 마무리 하면서 새로운 활력 또는 추가적인 자양강장제를 필요로 하는 C와 D시장이었다. 태국, 필리핀, 말레이시아와 인도네시아는 졸리는 트럭 운전자를 대상으로 하는 Red Bull의 TV 상업광고를 방송하였다. 광고에서 사람들의 각성, 경계, 그리고 안전을 유지하는 Red Bull의 능력이 강조되었다. 다른 상업광고에서는 다음 라운드를 시작하려고 할 때, Red Bull을 필요로 하는 복서를 방영하기도 하였다.

아시아에서 유럽으로의 시장이동으로 인해, Red Bull의 표적 시장은 극적으로 바뀌게 되었다. 먼저 노동자에서 운동선수로 전환하였고, 다음으로 파티를 즐기는 군중과 바-호퍼(bar-hopper)로 전환되었다. Red Bull이 80년대 후반 독일에서 출시되었을 때, 밤샘의 광란 그리고 파티현장과 동일시 되었다. 이것은 Red Bull이 단번에 "근사한" 것이 되게 하였다. 한때 Red Bull은 독일에서 판매금지되었다. Red Bull의 글로벌 태그라인인 "Red Bull이 당신에게 날개를 달아줄 것이다."는 에너지 음료 이상의 제품으로 다양한 용도로 소비자에게 인지되었다.

최신 유행의 지위를 얻기 위하여, Red Bull은 아시아의 노동자에서 유럽과 미국 전역의 트렌디한 젊은이들과 성인들로 표적시장을 전환하였다. 그리고 모든 성공적인 글로벌 브랜드처럼, Red Bull은 더욱 새로운 표적시장을 염두에 두고 아시아로 다시 흘러들어갔다. Red Bull vodkas는 상해, 쿠알라룸푸르, 마닐라 그리고 방콕의 음료 목록의 일부가 되었다.

Sources: Boonsong Kositchotethana, "Austrian Marketing Mogul Puts Stamp on Thailand's Original Red Bull Drink," Bangkok Post Thailand, August 29, 2003; Abram Sauer, "Red Bull all the Rage," *Brand Features-Brand Channel*, Online Internet, available from http://www.brandchannel.com/feature_profile.asp?pr_id=44[2004]; www.epinions.com; *Speed-in-a-Can: The Red Bull Story*, Plan B_White papers, Online Internet, available from http://www.plan-b.biz/pdf/Speed_In_a_Can.pdf[2004].

고 이에 따라서 세분화시장별로 잠재적인 판매량을 예측하는 것이 가능하다. 그러나 표적을 결정하기 위해서, 기업은 각 국가 및 세분화시장 별로 표적화를 통하여 성취할 수 있는 이익과 성과를 평가하여야 한다. 표적세분화시장을 결정하기 위한 이러한 분석은 각 국가의 세분화시장에서 경쟁의 정도와 기업의 경쟁력을 파악하여야 가능할 것이다. 현지시장에서 효율적으로 선택된 세분화시장의 소비자들은 자국의 소비자들과는 다른 특성을 가질 수 있으며, 판매제품에 대한 다른 차원에서의 매력을 가질 수 있다는 것을 인식할 필요가 있다.

경쟁분석

경쟁분석(competitive analysis)은 제2장과 제4장에서 제시된 원칙과 방법들을 활용하여 시행할 수 있다. 경쟁의 정도를 분석하기 위하여 기업들은 그들이 표적으로 하는 시장에서 어떤 기업이 현지시장에서 경쟁상대가 되는지를 알아내는 것만으로는 부족하다. 수출기업은 그들의 시장지위와 선택된 세분화시장의 현지우위를 유지할 수 있도록 하기 위한 자원배분전략을 수행하여야 한다. 1970년대 일본 자동차 제조업체들이 미국

자동차 시장을 공략하였을 때, 그들은 미국 자동차 제조업체들 사이에서 그다지 관심의 대상이 아니었던 소형자동차 세분화시장을 표적으로 하였다. 반면에, 1990년대 중반 이후, SUV 세분화시장이 강력하게 부상하였을 때는 일본은 미국자동차에게 도전하지 않기로 하였다. 이는 1970년대에는 미국이 일본에게 시장침식을 당하는 결과를 초래하였고, 이어 1990년대는 일본이 표적화에 있어서 오류를 범하는 아이러니를 초래하게 되었다.

경쟁분석에서 고려되어야 할 다른 요인들이 존재한다. 하나는 고객들이 자국 브랜드에 대해 어느 정도의 충성도를 가지고 있는가 하는 것이다. 브랜드충성도를 기대할 수 있는 현지기업은 수치상에서 나타나는 경쟁 정도 보다 훨씬 더 강력한 경쟁자가 될 수 있다. 예를 들어, 자신들 지역의 맥주를 선호하는 독일시장에서 거대 다국적 맥주회사인 Heineken이 시장을 확대한 것은 독일 맥주시장에서 매우 이례적인 사례가 될 수 있다. 독일 현지인들은 특정 브랜드에 대한 대단히 높은 충성도를 보인다. 예를 들어 쾰른시민들은 작은 주스 크기의 잔에 제공되어 잔이 비워지기 전까지 김이 빠지지 않아 신선함을 유지할 수 있는 생맥주인 “Kölsch”를 여전히 선호한다.

또한 기업은 이미 제2장에서 논의된 기업특유우위와 국가특유우위 요소를 잘 조합하여 그들이 목표하고 있는 세분화시장에서 경쟁력을 높여 갈 수 있는 전략을 구사하여야 한다. 예를 들어, Heineken이 독일 맥주시장에서 헤비 유저(heavy user) 세분화시장에서는 경쟁력을 가질 수 없다고 할지라도 대도시에서는 높은 브랜드인지도를 이용하여 경쟁력을 높여 갈 수 있을 것이다.

수익성 분석

각 국가와 세분화시장으로 부터 계획한 판매와 수익을 예측하기 전에 제4장에서 논의한 방법을 사용하여 경쟁적 우위가 시장점유율로 나타나야 한다. 글로벌 세분화에서 이것은 선택된 군집 또는 군집들의 모든 국가에 걸쳐 수행되어야 할 필요가 있다. 이는 양적인 예측과 경영자의 질적인 판단을 결합하여야 가능함으로 글로벌 기업이 현지에서 수행해야 하는 어려운 일 중에 하나이다. 최근의 연구에서는 경영자들이 스프레드시트 분석과 대안적 전략 시나리오를 통해 시장점유율을 추정할 수 있다고 보고하고 있다. 이러한 접근법의 이점은 대안적 전략의 성과를 스프레드시트로 시뮬레이션 할 수 있다는 것과 가정상황에서 적용되는 해결책의 민감도도 함께 분석될 수 있다는 점이다.

물론 표적화를 위한 결정은 예측된 수익뿐만 아니라 그러한 수익을 얻는데 소요되는 비용 또한 고려해야 할 필요가 있다. 이는 표준화 대 조정 마케팅전략에 대한 각각의 유효성에 대한 분석을 필요로 한다. 비록 글로벌 조정에서 국가 간 브랜드 유출효과를 조정이익으로 볼 수 있으나 이 보다도 더 큰 이익은 비용절감의 효과에서 발생한다. 동일한 제품을 여러 현지국가의 사정에 맞게 변형하다 보면 생산비가 증가하게 되고 이는 결국 규모의 경제를 획득하는데 지장을 초래한다. 광고캠페인은 다른 국가들의 유사한 세분화시장에서 사용할 수 있을 때 더욱 비용 효율적일 수 있다. 많은 시장으로 접근할 수 있는 통합된 유통경로는 운송비용을 감소시키는데 이용될 수 있다. 표준화 제품의 부품에 대한 중앙집중적 구매는 공급비용을 줄일 수 있다. 이처럼 마케팅 전략의 글로벌조정은 종종 비용 측면에서 큰 역할을 한다.

그러나 이러한 조정전략의 시행은 제품 및 마케팅믹스의 일정부분이 지역시장에서 최적으로 작동되지 않음을 의미한다. 마케팅의 완전한 표준화와 현지적응 사이에서 어느쪽에 초점을 맞출 것인지는 아마도 글로벌마케팅에서 어렵고도 중요한 문제이다. 현지국 시장에서 어느 세분화시장을 표적으로 할 것인지 그리고 이러한 작업을 어떻게 수행해 나갈 것인지를 결정하는 것은 여러 대안을 두고 비용과 편익분석을 필요로 한다. 초기의 다국적기업들이 자회사에게 전략을 현지화 하도록 하고, 그들을 독립된 수익단위로 운영한 것은 놀라운 일이 아니다. 또한 이들 다국적기업이 현지화와 조정 사이에서 적절한 균형을 이루는 것은 매우 어려운 현실이기도 하다. 그러나 기술과 글로벌 커뮤니케이션의 발달이 글로벌조정을 점점 실현가능한 수단이 되게 하고 있다. 따라서 글로벌 기업들은 현지시장에서 적극적으로 비용절감을 하기 위한 노력을 하여야 하고 이를 기반으로 글로벌경쟁력을 확보하기 위해서 적극 나서야 한다.

이에 대한 좋은 사례는 바로 Dell의 중국 진입사례를 들 수 있다. Dell은 세계에서 선도적인 PC 제조업체 중 하나이며, 직접 구축한 판매비즈니스 모델에 의한 마케팅으로 유명하다. 이는 개인 고객들조차 전화나 인터넷을 통해 Dell 판매원과 직접적으로 거래한다는 것을 의미한다. 또한 Dell의 계약단위당 거래금액이 상당히 큰 편이어서 이러한 직접 판매모델은 B2B 사무용품 시장에서도 매우 성공적이었다. 그러나 중국본토 시장에서 사무용품 세분화시장은 많은 국가소유 사업체와 관련되어 있었고, 높은 수준의 연락망과 개인적 관계가 중요하였다. 면대면 접촉은 Dell 모델에서 채택된 커뮤니케이션 미디어인 이메일과 인터넷 커넥션으로 대신 할 수 없는 특수한 면이 있었다. 더하여 직접판매 모델은 제품을 실제로 보거나 만지지 않고 구매함으로 인하여 구매자 관리에 각별한 주의가 요구되었다. Dell 컴퓨터는 중국에 직접 공장을 설립하여 소비자들에게 가까이 다가가면서도 여타의 국가에서 행했던 표준화정책과 저가정책을 수행하였다. Dell은 이렇듯 직접고객과의 접촉을 더욱 줄이면서도 소통은 더욱 원활하게 할 수 있는 마케팅전략을 수행함으로서 가격인하에 성공하고 중국시장 진출에도 성공하였다.

글로벌 제품포지셔닝

세분화 및 표적화에서와 같이 글로벌 포지셔닝에서 중요한 문제는 포지션이 모든 국가에 어느 정도 동일하게 적용되어야 하는가이다. 많은 글로벌 브랜드는 전 세계적으로 더욱 유사한 이미지를 창출하기 위하여 노력하였다. Coca-Cola는 어디에서나 흥미롭고, 생기 있고, 젊다. 그들의 "언제나(always)"라는 슬로건은 어디에서나 볼 수 있다. Sony는 "혁신적인(innovative)"이며 어디에서나 더 높은 가격이 매겨지며, 심지어 자국인 일본에서 조차 그러하다. 그러나 MaDonald's는 그들의 미국식 패스트푸드 이미지를 일부 유럽시장에서 현지화된 메뉴, 식당 내부장식의 변경, 그리고 더욱 편안한 의자를 제공하는 등 더욱 현지에 적응하여 현지 포지션을 실행하였다. 한편 세계의 모든 곳에서 동일한 세분화시장이 표적화 된다고 할지라도 포지셔닝은 다를 수 있다. 대표적인 사례는 Levi's 청바지이다. 전 세계 젊은이들을 표적으로 하였으나 자국인 미국에서는 유쾌하고 실용적인 것으로 포지셔닝 되었고, 반면 해외에서는 오리지널 진이라는 이미지로 포지셔닝 되었다.

포지셔닝의 핵심문제

포지셔닝 전략의 선택에 있어서 두 가지 사항이 중요한 역할을 하게 된다. 즉 하나는 시장이 얼마나 글로벌화 되어 있느냐 이고 또 다른 사항은 시장이 제품수명주기상에서 어느 단계에 있느냐 하는 문제이다.

글로벌 시장에서 고객들이 찾는 제품의 속성과 이익은 유사하다. 제1장에서 보았듯이 기술 시장은 이러한 유사성이 더 강하게 나타나는 경향이 있다. 특히 B2B 기술시장에서 이러한 특성이 여러 시장에 걸쳐 매우 유사하게 나타나는 경향이 있다. 예를 들어 휴대전화기 부문에서는 빠른 기술진보로 인하여 제품이 하루가 다르게 시장에 출시되고 있지만 소비자들이 추구하는 중요한 제품특성은 거의 공통적으로 나타나는 경향이 있다. 이러한 경우 글로벌 시장에서는 동일한 포지셔닝이 가능하고 또한 바람직할 수 있다. 동일한 포지셔닝을 함으로써 제품, 브랜드, 마케팅광고 및 유통경로가 국가별로 비슷해지고 국가 간 유출효과를 증진시킬 수 있고 비용절감의 효과를 누릴 수 있다.

음식이나 의류와 같이 다국가적인 속성을 가지는 제품시장에서는 각국의 소비자들은 상당히 다른 시각으로 동일한 제품을 인식하게 된다. 그들은 실용성 보다는 멋을 추구할 수 있고 식성에 있어서도 짠 것 보다는 단 것을 기름진 음식 보다는 담백한 음식을 선호할 수 있다. 그러나 세분화를 논의하는 과정에서 알 수 있었듯이 이러한 상이성에도 불구하고 정도의 차이는 있을지 몰라도 국가간에 여전히 동일한 속성을 띠는 소비자 세분화시장은 얼마던지 있을 수 있다. 이러한 다국가제품 시장에서는 앞의 McDonald's와 Levi's에서 보았듯이 국가별로 동일한 제품포지셔닝은 유용하지 못 할 것이다.

글로벌 포지셔닝의 결정에서 두 번째 주요한 요인은 제품수명주기 단계이다. 일반적으로 다른 국가 시장은 제품수명주기의 다른 단계에 있다. 따라서 제품수명주기에 대한 고려 없이 획일화된 제품포지셔닝은 시장실패로 이어지게 된다.

대체로 제품포지셔닝(product positioning)은 제품수명주기의 성숙단계에서 특히 중요하다. 어쩌면 포지셔닝은 너무 이른 초기의 단계에서는 불가능할 것이다. 도입단계에서 소비자들은 아직 제품의 속성을 이해하고 선호할 만큼 제품에 대하여 충분히 학습하지 못했기 때문이다. 이것은 왜 선발자가 잠재고객들을 교육하고 최초의 혁신자로서의 우위를 창출하게 되는지에 대한 근거를 제공한다. 이러한 포지셔닝전략은 선도국 시장이 성숙되어 가고 판매실적이 저조해지기 시작할 때 나타나는 전형적인 글로벌마

Getting the Picture 고연비 차량의 포지셔닝

Chevy Suburban은 1936년 과거 Chevrolet의 픽업 트럭 중 하나이다. 그리고 미국의 SUV에서 여전히 가장 인기 있는 브랜드 중 하나이다. Suburban은 파워풀한 Vortec V8 엔진, 새로운 2WD Z71 스포티 모델, 그리고 그들의 등급에서 타의 추종을 불허하는 홀링(hauling) 능력을 특징으로 한다. Suburban은 131.6 입방 피트의 공간을 가지고 있고 이는 사용자의 모든 물건을 저장할 공간이 있음을 의미한다. 그러나 정규운전에서 1갤런(gallon) 당 10마일(mile)이 안되는 낮은 연비는 약점이다. 뉴 밀레니엄으로의 전환점에서 문제는 모든 새로운 경쟁자에 대항하여 어떻게 살아남을 수 있는가 하는 것이었다. "Suburban"이라는 네임 태그는 새로운 SUV 경쟁자(Amigo, Aviator, Sidekick, Hummer, Blazer, Discovery, Defender, Escape, Excursion, Expedition, Explore, Forester, Freeland, Mountain eer, Navigator, Scout, Tracker, Trooper, Wrangler, Escalade, Sportage, Terracross)들과 비교할 때, 너무 구식이고 지루한 것으로 여겨졌다.

Chevy Suburban은 심도 있는 연구를 통하여 해결책을 밝혀 내었다. 12개의 SUV 모델 중에 Chevy Suburban은 "연대성"의 측면에서 다른 브랜드들(Jeep를 제외하고) 이상으로 평가되었다. "연대성"은 Chevy Suburban의 이름을 떠올리게 해주고 브랜드명이 어떻게 개인적으로 소비자들과 친밀감이 있는지에 대한 정서적 의미(연혁, 친밀감, 심상, 아이디어)의 양으로 설명된다. Suburban은 오랜 역사와 전통을 가지고 있으며, 현재 성인이된 미국인들이 작은 아이들이었을 무렵부터 브랜드에 대한 인식을 심어 왔다. 이러한 전통적 테마는 신규 진입자와의 경쟁에서 포지셔닝과 판촉캠페인을 용이하게 하였다.

그러나 그러한 미국의 전통적 이미지는 비효율적 연비로 인하여 해외시장에서는 많은 어려움을 겪었다. 그 결과, Suburban의 판매는 미국에서 지속적으로 증가한 반면에 다른 곳에서의 판매는 신통치 않았다. 그러나 특수목적용에서는 Suburban이 선호되었다. 예를 들어, 중동에서 이라크 전쟁을 취재하는 기자들은 군용 차량을 따라 Suburban에서 그라네이드 폭격을 피하며 사막지형을 지나다녔다. 라틴아메리카에서 SUV는 VIP, 고위관리, 연예인 또는 다른 중요한 공인들에게 선호된다. 그 이유는 개인 맞춤화된 특성들 때문이다: 장갑이 강화되고 방탄이 되는 Suburban. 이러한 맞춤 제작된 Suburban은 또한 외국에서 은밀한 작전을 수행하기 위하여 미국의 중앙정보부(Central Intelligence Agency, CIA) 차량으로 선호되고 있다.

이 사례에서 거대시장에서 발견되는 틈새시장을 살펴볼 수 있다.

Sources: Jeremy Cato, "Suburban is solid, stalwart and, surprisingly, nimble: Quadrasteer turns the new Suburban into a very nimble machine," *The Standard (Ontario)*, May 8, 2003, p. D1; www.chevrolet.com; "Taxonomy of Sport Utility Vehicle Names," Igor Naming and Branding Agency, Online Internet, Available from http://www.igorinternational.com/suv-names-taxonomy.html [2004].

케팅 전략이라고 할 수 있다. 비슷한 이유로 선도시장에서 성장한 기업은 후발시장에 진출하는 경우에는 그다지 적극적인 포지셔닝전략을 필요로 하지 않을 것이다. 전형적인 사례는 가정 인터넷 접속의 초기공급자였던 America Online(AOL)이다. 낮은 이용가격으로 인터넷 접속을 제공하고 채팅방과 같은 기능을 제공함으로써, AOL은 인터넷을 이용하여 사람들을 교육하였을 뿐만 아니라 그들의 웹사이트로 사용자들을 결속시켰다. 해외로 진출하면서 그들은 현지의 공급자와 제휴를 맺기 위하여 선도적인 미국시장에서 자신들의 선발자우위를 이용하였다. 유일한 현지화 노력으로서 그들은 인터넷 이용자들이 미국기업에 의한 서비스 보다는 현지기업에 의해 제공되는 서비스를 선호한다는 점을 감안하여 AOL이란 브랜드로 미국기업의 이미지를 최소화하려고 했던 점이다.

제품수명주기의 후단계에서는 고객들이 제품의 특성을 잘 이해하는 경향이 있다; 그들은 기존 브랜드에 대해 선호와 충성도를 형성하고 이미지를 굳혀 가게 된다. 기업은 경쟁에 있어 그들 브랜드의 강점이 무엇인지를 정확하게 알아야할 필요가 있고 또한 포지셔닝은 더욱 더 중요하게 된다. 통일된 포지셔닝의 유출효과와 비용절감 때문에 제품수명주기의 성숙단계에 있는 클러스트의 모든 국가들에 대해서는 통일화된 글로벌 포지셔닝 전략을 실행할 필요가 있다. 하지만 제품의 사용조건이 전혀 다른 곳에서 시장이 성숙하였다는 사실로만 소비자들을 동일한 시각에서 접근하여야 한다는 것은 아니다.

글로벌 STP 전략

어떠한 조건에 따라 글로벌마케팅 전문가들은 어떠한 유형의 STP(segmentation-targeting-positioning)전략을 채택하는가? 물론, 표적화된 시장과 세분화된 시장들의 유사성 및 포지셔닝의 통일성에 따라서 여러가지 전략적 대안들이 존재한다.

그러나 개략적으로 네 가지의 일반적인 상황으로 구분할 수 있다. 유사한 세분화시장과 유사한 포지셔닝; 유사한 세분화시장 그러나 상이한 포지셔닝; 상이한 세분화시장 그러나 유사한 포지셔닝; 상이한 세분화시장과 상이한 포지셔닝.

Getting the Picture KEEGAN의 포지셔닝 전략

제품과 판촉의 두 가지 중요한 마케팅믹스에 초점을 맞춤으로써, Keegan은 기업이 이용할 수 있는 네 가지 기본적인 포지셔닝을 확인하였다.

첫 번째 전략은 제품–커뮤니케이션 확장으로 단순히 기존 제품군과 진입한 국가로 광고 어필을 확장한다. 이러한 접근법은 낮은 비용을 수반하지만 자연스럽게 다국가(multidomestic) 시장에서는 적용될 수 없을 것이다. 콜라는 소비자선호와 경쟁적 조건이 국가들에 걸쳐 유사한 경향이 있기 때문에 이 전략은 Coca–Cola와 같은 기업에게 적합하다.

두 번째 대안은 제품 확장–커뮤니케이션 적응이다. 이것은 글로벌 제품을 재포지셔닝 하는 것을 수반한다. 선도적인 자동 일안식 카메라 제조사인 Minolta Maxxum은 좋은 사례이다. 일본과 유럽에서 그들은 진지한 아마추어들을 위한 카메라를 공급하였다(기술에 흥미를 가지는 젊은 성인들). 하지만 미국에서는 카메라의 어필은 가족들과 고연령의 성인들을 포함하는 더 넓은 그룹의 사람들을 위한 것이다.

세 번째 전략인 제품 적응–커뮤니케이션 확장은 제품의 사용법은 변화하지만 메시지는 동일할 수 있을 때 효율적이다. 유명한 Exxon의 슬로건인 "당신의 탱크에 호랑이를 넣어라"는 다년간 전 세계에서 성공적이었다. 그러나 가솔린 그 자체는 기후, 계절, 그리고 다양한 국가의 성능 요구조건의 차이를 수용하기 위하여 첨가물을 이용하여 현지화 되었다.

네 번째 전략적 대안은 전면적 적응이다. 이는 제품현지화와 커뮤니케이션 적응을 모두 수반한다. 이탈리아 의류 제조업체인 Benetton은 동남아시아 시장에서 이러한 전략을 이용하여 왔다. 사람들의 신체 비율이 전 세계의 사람들과 동일하지 않고 색상의 선호하는 범위와 강도 또한 다르기 때문에 디자인은 수정되어져야만 하였다. 또한 Benetton의 정치적인 의도가 담긴 광고로서 유럽전역으로의 확장은 실효를 거두지 못했고 이탈리아의 이미지를 고양하는 방식으로 광고 메시지를 수정하여야 하였다.

Sources: Keegan, 1969.

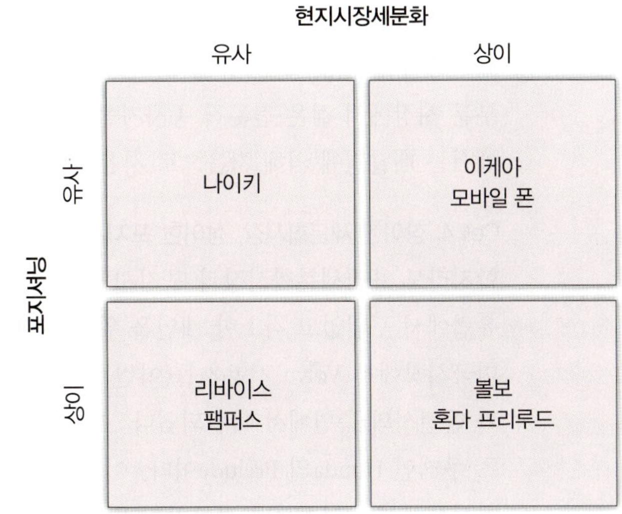

그림 11.4 글로벌 제품의 세분화 및 포지셔닝 사례

〈그림 11.4〉의 교차 분류는 네 가지의 대안을 제시하고 실례를 제공하고 있다.

표에서 두 가지의 대안 시장세분화의 사례는 두 가지 포지셔닝 대안에서 분류되고 있다. 유사한 세분화시장은 기본적으로 보편적이고, 여러 국가에 걸쳐 동일한—"10대" 혹은 "젊은 전문직 종사자"– 세분화시장으로 대표된다. 상이한 세분화시장은 각각의 국가에 걸쳐 독특한 것이다(예를 들어 A국의 "대학생들", 그리고 B국의 "아이들이 있는 가족들"). 제품포지셔닝 차원에서 유사한 것(similar)은 국가에 걸쳐 통일된 포지셔닝을 나타낸다. 반면에, 상이한 것(different)은 포지셔닝 테마가 국가에 걸쳐 다르게 적용된 것을 나타내고 있다.

Cell 1: 유사한 세분화시장, 유사한 포지셔닝. 진정한 글로벌 전략. 이 셀(cell)의 전형적인 사례로서, 나이키의 글로벌 브랜드는 부에노스 아이레스, 필라델피아, 서울, 혹은 헬싱키의 거리에서 운동하고 있는 그들이 누구이든 젊은 소년들과 출세지향적인 운동선수에게 어필하였다. 최상의 품질로 포지셔닝하기 위하여 유명한 운동선수들이 광고에 동원되었다.

Cell 2: 유사한 세분화시장, 상이한 포지셔닝. 여기에서 포지셔닝은 현지화되었다. 본 서의 여러 부분에서 언급하였듯이, Levi's 청바지는 많은 국가에서 지위에 대한 상징이다. 반면에 자국인 미국에서는 평범한 일상복으로 취급된다. 또한 제1장에서 보았듯이, 일본에서 P&G Pampers의 성공적인 포지셔닝 메시지는 불편함을 느끼는 어머니들 보다는 행복을 느끼는 아기들에게 초점을 맞추었다.

Cell 3: 상이한 세분화시장, 유사한 포지셔닝. 여기에서 세분화시장이 현지화된다. 그러나 포지셔닝 어필은 동일하게 유지된다. 전 세계에 걸쳐 IKEA는 즉시 이용가능한 자가 조립 키트(kit)로서 동일한 선택사항과 동일한 가구를 제공한다. 그러나 세계의 모든 시장에서 표적세분화시장은 아이가 있는 가족들인데 반하여 미국에서는 1인 가구에 대해 표적화되고 있다. 또한 유럽에서는 신혼부부들이 주된 표적이다. 휴대전화의 경우, 대부분 시장에서 젊은 전문직 종사자들에게 "필수" 제품이었던 휴대전화는 스칸디나비아에서는 배달원에 의해 처음으로 사용되었다.

Cell 4: 상이한 세분화시장, 상이한 포지셔닝. 현지화된 비글로벌 전략. 표준화된 제품이라 할지라도 표적세분화시장과 포지셔닝 어필이 각 국가와 시장별로 다를 수 있다는 것은 유럽에서 꾸밈없고 검소한 개인을 위한 Volvo 자동차의 사례에서 쉽게 찾아볼 수 있다. 미국시장에서 Volvo 사용자들(어린 아이들을 가진 가족들)은 전통적으로 풍부한 소득과 안전성의 측면에서 어필되었다. 이 셀(cell)의 또 다른 사례는 싱글을 위한 소형 스포츠 쿠페인 Honda의 Prelude이다. 이 자동차는 기업의 초기 전략적 의도와는 다르게 북미시장에서는 여성들의 자동차가 되었다.

이러한 사례들은 적절한 세분화 그리고 포지셔닝을 통하여 표적화된 세분화가 보편적이지 않고 심지어 다른 국가들에서 매우 유사하지 않더라도 제품을 표준화하고 포지셔닝하는 것이 가능하다는 것을 보여주고 있다.

많은 요인들이 어떠한 STP 전략이 더 나은지를 결정하는데 영향을 미친다. 기업의 전략선택이 국가와 시장요인에 의해 어떤 영향을 받을 수 있는지에 대한 흥미로운 실증적인 평가에서 연구자들은 몇 가지 중요한 요인들이 기업의 전략적 선택에 영향을 미칠 수 있다는 것을 발견하였다. 셀(cell) 1(유사한 세분화시장, 유사한 포지셔닝) 전략이 유효한 전략이 되기 위해서는 국가들은 거시경제(1인당 GDP, 경제성장률)의 측면에서 유사하여야 한다. 소비자들은 사고방식과 제품 사용의 측면에서 유사해야 하며, 현지 문화와 라이프 스타일도 유사해야 한다.

셀(cell) 2(유사한 세분화시장, 상이한 포지셔닝)가 유효한 전략이 되기 위해서는 거시경제적 요소와 사회 인구통계학적 요인은 유사해야만 한다. 그러나 소비자들은 사고방식, 제품 사용 그리고 현지문화적인 측면에서 다를 때 현지화된 포지셔닝 전략이 유효할 것이다. 셀(cell) 3(상이한 세분화시장, 유사한 포지셔닝) 전략은 제품사용, 소비자태도, 그리고 인구통계학적으로 유사할 때 이점을 가진다. 그러나 현지문화와 경제적 요인의 상이할 때 모두 국가시장에서 동일한 세분화시장을 표적으로 하는 것을 비효율적이다. 마지막으로 셀(cell) 4(상이한 세분화시장, 상이한 포지셔닝) 전략은 시장에서 현지 브랜드의 충성도가 높을 때 다른 조건들과는 상관없이 최선의 선택이 될 수 있다. 이는 진정한 현지화 옵션으로서 어쩌면 가장 이상적일 수 있다.

글로벌마케팅 계획

이 절에서는 잠재적 수익과 글로벌마케팅 전략 비용을 평가하기 위한 단계별 가이드를 제공하고 있다. 이를 위해 기업의 마케팅전략과 관련된 다른 청사진을 참고할 필요가 있고, 특정 제품 또는 서비스에 대해 국가별로 조율된 마케팅전략의 체계적 평가가 필요하다.

계획과정은 다섯 가지 단계로 나뉘고, 이러한 각각의 단계는 아래에서 제시되는 워크시트(worksheet)에 따라 진행될 수 있다.

단계(Step) 1. 주어진 제품 및 서비스의 마케팅을 글로벌화 하는 첫 번째 단계는 산업요인들이 글로벌화에 친화적인지를 평가하는 일이다. 첫 번째 워크시트는 제1장에서 구체화 되어진 관련된 추동요인(시장, 경쟁자, 비용, 기술, 정부)을 평가한다. 체계적인 평가가 워크시트를 따라 이루어지면 이 결과에 기초하여 경영진들은 글로벌화를 계속 추진해 나가야할 지를 결정하기 위한 판단을 해야만 한다.

단계(Step) 2. 만약 글로벌화를 추진하기로 결정한다면, 다음 단계는 다양한 국가의 현지 상황을 평가하는 것이다. 이 단계의 목표는 표준화와 통일화를 불가능하게 하는 현지시장들 사이에 어떠한 차이가 존재하는지, 이에 따라 현지마케팅 전략이 달라져야 할 필요가 있는지를 살펴보는 것이다. 해외시장과 거래가 없는 신생기업들은 이러한 부분에 있어서의 고려사항은 비교적 간단할 수 있다. 하지만 해외입지가 없는 신생기업에게 이 단계는 간단할 수는 있으나 여전히 염두에 두어야 할 사항이다.

단계(Step)2에서 글로벌마케팅에 가장 영향을 미치는 국가간 환경차이는 제7장에서 목록화된 것이다. 특정 국가산업의 중요한 성공요인과 기업의 국가 및 기업특유우위와 비교되었다. 특정 국가가 어느 정도 선도국가인지에 대한 것도 요인으로 고려된다. 해외에 자회사를 가진 기업들은 이 단계에서 현지 자회사가 글로벌화된 전략을 지원할 수 있는지에 대한 가능성을 평가한다. 이 단계는 현지의 경영자들이 직접 평가할 때 가장 정확할 것이다.

단계(Step) 3. 단계(Step) 2로부터 밝혀진 현지시장의 차이점을 전제로 다음 단계는 글로벌 전략을 제안하는 것이다. 해외에 이미 마케팅을 하고 있는 기업은 기존의 마케팅전략과 비교하여 얼마나 달라져야만 하는 가를 파악함으로서 이 단계를 가장 효율적으로 수행할 수 있다. 각 시장별로 많은 차이점이 존재하는 경우에는 적응전략(adaptation)을 기조로 하여야 하고, 반대로 유사성이 지배적이라면 통일화 전략이 채택되어야 할 것이다.

단계(Step) 4. 다음 단계는 제안된 전략을 현지에 적용할 때에 예상되는 효과를 분석하여야 한다. 이것 또한 현지 경영자들의 직접적인 평가가 중요하다. 이 과정에서 주관적으로 평가된다고 하더라도, 특정 평가자의 편향된 의견을 최소화하기 위하여 최소한 하나 이상의 평가정보를 활용할 필요가 있다.

단계(Step) 5. 마지막 단계는 각 현지시장의 긍정적 이익과 부정적인 면을 종합평가하고 중앙집중화된 운영으로부터 절약할 수 있는 잠재적인 비용총계와 연계하여 제안된 글로벌 전략의 편익을 분석하게 된다.

아래에 제시된 워크시트 포맷을 기초로 하여 일반적으로 특정산업 또는 비즈니스에 대한 구체적인 추가사항을 첨삭하여 수정하여 사용할 수 있다. 또한 전형적인 다국적 기업의 전략적 계획 과정은 비즈니스 단위와 총체적인 기업전략과 조율을 거쳐야 한다. 또한 현지 수준에서 더욱 구체화된 마케팅계획이 필요할 수 있다.

글로벌마케팅 기획 과정

1단계

글로벌화를 촉진하는 산업 요인 (1 : 매우 부정적, 5 : 매우 긍정적)					
시장 요인					
공통 니즈	1	2	3	4	5
글로벌 소비자	1	2	3	4	5
글로벌 채널	1	2	3	4	5
마케팅 이전성	1	2	3	4	5
경쟁 요인					
글로벌 경쟁자	1	2	3	4	5
제품차별	1	2	3	4	5
비용 요인					
제품: 규모의 경제	1	2	3	4	5
범위의 경제	1	2	3	4	5
외주: 규모의 경제	1	2	3	4	5
범위의 경제	1	2	3	4	5
마케팅: 규모의 경제	1	2	3	4	5
범위의 경제	1	2	3	4	5
기술 요인					
기술의 중요성	1	2	3	4	5
신기술의 보급률	1	2	3	4	5
신제품의 보급률	1	2	3	4	5
정부 요인					
무역블럭 선호	1	2	3	4	5
국가관세	1	2	3	4	5
비관세장벽	1	2	3	4	5

2단계-A

현지상황분석(A) 제품/시장				
거시 환경	국가 A (1 = 저 . . . 5 = 고)	국가 B	국가 C . . .	차이의 정도 (1, . . . ,5)
개발수준(신생, 신성장, 성숙)	——	——	—— · · ·	——
정치위험(신생, 신성장, 성숙)	——	——	—— · · ·	——
금융기관(미약, 보호, 강함)	——	——	—— · · ·	——
관세장벽(저, 중, 고)	——	——	—— · · ·	——
비관세장벽(저, 중, 고)	——	——	—— · · ·	——
소비자시장의 개발정도(저, 중, 고)	——	——	—— · · ·	——
산업시장의 개발정도(저, 중, 고)	——	——	—— · · ·	——
시장환경				
제품수명주기 단계(도입, 성장, 성숙, 쇠퇴)	——	——	—— · · ·	——
국내경쟁(약, 강)	——	——	—— · · ·	——
외국의 경쟁기업(약, 강)	——	——	—— · · ·	——
유통인프라(약, 강)	——	——	—— · · ·	——
광고매체(약, 강)	——	——	—— · · ·	——

2단계-B

현지상황분석(B) 제품/시장				
진입 모드	국가 A	국가B	국가 C . . .	차이의 정도 (1, . . . ,5)
(수출, 라이센서, 제휴 해외직접투자)	——	——	—— · · ·	——
마케팅 통제	——	——	—— · · ·	——
독립성 정도	——	——	—— · · ·	——
핵심 성공 요인(KSF)				
KSF 1	——	——	—— · · ·	——
KSF 2	——	——	—— · · ·	——
KSF 3	——	——	—— · · ·	——
국가-특유우위(CSA)				
CSA 1	——	——	—— · · ·	——
CSA 2	——	——	—— · · ·	——
CSA 3	——	——	—— · · ·	——

기업–특유우위(FSA)				
FSA 1	——	——	—— · · ·	——
FSA 2	——	——	—— · · ·	——
FSA 3	——	——	—— · · ·	——
전략적 중요성				
현지	——	——	—— · · ·	——
글로벌	——	——	—— · · ·	——
선도시장	——	——	—— · · ·	——

2단계–C

현지상황분석(C) 제품/시장				
현지마케팅 전략	국가 A	국가B	국가 C . . .	차이의 정도 (1, . . . ,5)
목적	——	——	—— · · ·	——
목표 세그먼트	——	——	—— · · ·	——
의도된 포지셔닝	——	——	—— · · ·	——
현지마케팅 믹스				
제품 라인	——	——	—— · · ·	——
신제품	——	——	—— · · ·	——
브랜드 명성	——	——	—— · · ·	——
포장 디자인	——	——	—— · · ·	——
포장 크기	——	——	—— · · ·	——
현지 포지셔닝 가격	——	——	—— · · ·	——
가격경쟁	——	——	—— · · ·	——
제품의 외화표시 가격	——	——	—— · · ·	——
창의적 광고	——	——	—— · · ·	——
광고 매체	——	——	—— · · ·	——
점포내 판매 촉진	——	——	—— · · ·	——
이벤트, 공공성	——	——	—— · · ·	——
유통 채널	——	——	—— · · ·	——
판매 절차	——	——	—— · · ·	——
고객서비스	——	——	—— · · ·	——

수익률				
매매 가격	——	——	—— ···	——
단위당 변동비용	——	——	—— ···	——
이윤마진	——	——	—— ···	——
현지이윤비율	——	——	—— ···	——

3단계

제안된 제품/시장전략 표준화 정도(2단계의 현상태 = ○, 목표 = X		
마케팅전략	현지화	글로벌 표준화
마케팅 목적	.... O	X.....................
목표 세그멘트	O X	
의도된 포지셔닝	O X	
마케팅믹스		
제품 라인	O X	
신제품	O X	
브랜드 인지도	O X	
포장 디자인	O X	
포장 크기	O X	
현지 포지셔닝 가격	O X	
외화로 표시된 가격	O X	
창의적 광고	O X	
광고 매체	OX	
광고 시행	X O	
점포내 판매 촉진		
이벤트, 공공성	O X	
유통 채널	O X	
판매 과정	OX	
고객서비스	OX	

4단계

현지수입과 비용분석(현재성과로부터 변화) 제품/시장				
수입	국가 A	국가 B	국가 C . . .	누적효과(총합)
손실				
현지 포지셔닝 오류	——	——	—— · · ·	——
현지자원의 부족	——	——	—— · · ·	——
이익				
수요 유출효과	——	——	—— · · ·	——
매체 유출효과	——	——	—— · · ·	——
비용 증대				
조정 비용	——	——	—— · · ·	——
비용 감소				
생산비 감소	——	——	—— · · ·	——
외주비용 감소	——	——	—— · · ·	——
마케팅비용 감소	——	——	—— · · ·	——
편익	——	——	—— · · ·	——

5단계

본사비용/편익분석(현재성과로부터 변화)			
수입	현지효과의 힘	본사비용 감소	전체 효과
손실			
현지 포지셔닝 오류	——	——	——
현지자원의 부족	——	——	——
이익			
수요 유출효과	——	——	——
매체 유출효과	——	——	——
비용 증대			
조정 비용	——	——	——
비용 감소			
생산비 감소	——	——	——
외주비용 감소	——	——	——
마케팅 비용 감소	——	——	——
편익	——	——	——

GLOBAL MARKETING

요약

글로벌마케팅 전략을 개발하려는 마케팅 전문가를 위한 첫 번째 임무는 이러한 전략이 국가와 제품들 사이에서 최적의 자원분배로 이어져야 하고, 총체적인 기업의 전략에 적합해야 한다는 것을 인식하는 것이다. 글로벌마케팅은 일반적으로 고객지향적이기보다는 판매지향적인 상의하달식의 활동이다. 하지만 중요한 것은 집중화된 통제와 현지시장에 대한 반응 사이에서 적절한 균형을 맞추는 것이다.

국가 내에서 표적세분화시장을 구분하려고 할 때, 시장에 관한 자료가 많이 축적될수록 국가간 세분화시장의 유사성을 파악함에 있어서 전통적인 마케팅기법이 효율성을 나타낸다. 글로벌 세분화에 대한 전형적인 접근법은 두 단계의 절차로 구성된다. 먼저 거시 세분화 단계에서 군집분석은 종합적 경제 및 사회적 지표에 의하여 유사한 국가 그룹을 분류하게 된다. 두 번째 단계에서 미시세분화 분석은 주어진 군집에서 여러 국가들에 걸쳐 어떠한 세분화시장이 유사한지를 확인하기 위하여 이루어진다.

국가들을 표적화하기 위해서는 각각의 세분화시장에서 경쟁강도와 기업의 경쟁우위 및 열위 등을 분석하여야 한다. 이러한 평가는 기업이 표준화된 글로벌 전략을 통하여 확보할 수 있는 시장점유율의 예측으로 이어질 수 있어야 한다. 다음으로 표적화된 국가에 대하여 어느 정도의 판매량을 기대할 수 있는지에 대한 분석이 필요하다. 이러한 계산의 복잡성 때문에, 사실상 대부분의 기업은 목표판매에 대한 개략적으로 추정한다. 그러나 이러한 기본적인 분석을 통하여 글로벌 전략의 명백한 약점이 발견될 수 있다는 점에서 이러한 정형화된 분석은 여전히 중요하다.

글로벌 제품포지셔닝은 해외의 현지시장이 글로벌 브랜드로서 표준화된 제품을 도입했을 때 어떻게 반응하는지에 대한 분석을 통해 이루어진다. 유사한 세분화시장은 비교적 통일된 포지셔닝으로 접근할 수 있다. 그러나 이러한 일반화는 많은 예외상황을 전제로 한다. 즉 유사한 세분화시장에서 조차도 제품 혹은 포지셔닝에 약간의 조정이 필요할 수 있다. 반대로, 세계적으로 조정된 전략, 표준화된 제품들, 그리고 통일화된 전략들이 국가별 세분화시장이 다른 경우에도 적용될 수 있다.

CHAPTER 12

글로벌 제품과 서비스

이 장에서는 다음과 같은 사항을 목표로 한다.

1. 글로벌 기업의 제품과 서비스의 표준화의 장단점을 이해하여야 한다.
2. 여러 제품과 서비스 중에서 어떤 것이 가장 글로벌 시장에 적합한 것인지를 파악할 수 있어야 한다.
3. 시장 전반에 걸쳐 표준화를 이뤄낼 수 있는 제품과 서비스의 특성이 무엇인지를 파악할 수 있어야 하고 또한 어떠한 특성이 현지시장에 적응되어야 하는지를 평가할 수 있어야 한다.
4. 새롭게 출시된 제품과 서비스의 확산속도를 판단하고, 폭포전략과 스프링클러 전략 중 어떤 전략을 사용해야 하는지 판단할 수 있어야 한다.
5. 글로벌 서비스의 해외시장 진입방식에서 서비스와 관련된 기업특유우위 요인을 가장 잘 유지해 줄 수 있는 진입방식을 선택할 수 있어야 한다.

글로벌 제품 관리에 있어서 가장 먼저 생각해 보아야 할 문제는 “글로벌 표준화가 가능한가?”라는 것이다. 마케팅의 관점에서는 현지화가 잘 되어있는 제품을 판매하는 것이 가장 이상적이겠지만, 대량판매에 있어서는 비용절감을 위하여 글로벌 표준화전략이 선호된다. 또한 이런 글로벌 표준화전략은 수요를 증진시킬 수 있는데 브랜드인지도 제고, 거래편의 증진, 제품이미지 상승, 입소문 효과와 같은 것들이 그것이다. 이 장에서 우리는 표준화, 신제품 개발, 해외서비스 시장 진입전략, 해외시장에서의 서비스 확장 시 서비스 품질유지 방법과 같은 글로벌 제품과 서비스의 전반적인 운영방법에 대해 논하게 될 것이다.

Ford의 글로벌 카를 향한 도전

Ford는 오랫동안 글로벌 스탠더드(Global Standard)에 맞는 자동차를 개발하려고 노력해왔다. 물론 불과 50년 전만 하더라도 이러한 생각은 허황된 것에 불과했다. 유럽인은 유럽산 자동차를, 미국인은 미국산 자동차를, 그리고 일본인은 일본산 자동차를 구매한다는 고정관념이 강했기 때문이다. 오늘날에는 대체로 글로벌시장을 노린 표준화된 자동차들이 많은데 이는 많은 나라의 도로사정이 이전에 비해서 월등히 나아졌고, 각국의 안전 및 환경규제정책이 유사해지면서 판매지역에 따라 차량의 설계를 변경할 필요성이 줄어들고 있으며, 각국의 경제가 성장하면서 소비자들의 구매력이 증가하고, 무역장벽이 낮은 수준에서 유지되고 있기 때문이다. 이런 요인들을 감안할 때 완전한 표준화를 막는 가장 큰 방해요소는 국가별로 천차만별인 연료가격 탓일 가능성이 크다. 하지만 연료 절약형 자동차들뿐만 아니라 연료소비가 많은 대형차들도 많은 나라에서 어렵지 않게 찾아볼 수 있는 것을 감안한다면, 반드시 연료의 가격이 자동차의 판매에 지대한 영향을 미친다고 보기도 어려운 것이 사실이다.

글로벌 자동차를 개발하기 위한 Ford의 첫 번째 시도는 소형차인 Fiesta였다. 독일 쾰른에 있는 공장에서 생산된 Fiesta는 1980년대 초반 "월드 카"로 발돋움했고 유럽에서 라틴아메리카와 아시아시장으로, 그리고 마지막으로 미국시장에 진출하였다. 그러나 Fiesta는 북미 이외의 지역에서의 판매는 성공적이었던 반면 정작 미국시장에서는 교통상황 및 환경에 적합하지 못했던 탓에 저조한 판매고를 올릴 수밖에 없었다. 그래서 Ford는 미국시장의 환경에도 적합한 자동차를 개발하기 위한 끊임없는 노력을 했고 1990년대 초반에는 유럽과 미국시장에서 판매되는 Fiesta의 공통점은 연료주입구 뿐이라는 말이 나올 정도로 많은 부분이 바뀌었다. 이후에도 Fiesta가 쾰른 공장에서 계속 생산되기는 했지만 1993년 Ford는 "월드 카"에 대한 염원을 다른 모델인 몬데오에 넘겼다.

'Mondeo'라는 이름은 서로 다른 언어를 쓰는 지역들 간의 연관성을 감안하여 선택된 것이었다. Fiesta보다 큰 중소형차량인 Mondeo는 유럽의 벨기에 공장, 북미의 미주리 공장, 그리고 멕시코 공장에서 생산되었는데 그 중 멕시코 공장에서는 라틴아메리카와 일부 미국지역의 수요를 담당했다. Ford는 Mondeo의 개발비로만 약 60억 달러 가까이 투자했는데, 1994년 Ford의 발표에 따르면, 전 세계 48개 시장에서 614,000대의 차량주문이 이루어졌고 이는 향후 59개국(좌측, 우측통행 국가를 모두 포함한)에서 연 800,000대까지 증가할 것으로 전망되었다. Fiesta 생산을 통해 얻은 경험으로 Ford는 Mondeo를 생산할 때 모든 시장에서 동일한 차량플랫폼을 사용했고 Mondeo의 4도어 세단버전과 스테이션 웨건버전을 세계 어디서나 구매할 수 있도록 동일하게 출시하였다. 반면 지역별로 달리한 몇 가지 특징도 있었는데 미국 같은 경우에는 더 큰 에어컨을 장착하기 위해 프런트 엔드를 수정한다거나 유럽에서는 배기량에 차이를 두고, 5도어 해치백 버전을 추가하는 식이었다.

1993년 3월에 유럽 15개국에서 동시에 Mondeo의 판매가 시작되었는데 "아름다움과 힘을 동시에 갖춘 자동차"라는 동일한 광고 슬로건을 내걸었다. 독특한 스타일에 스포티함을 더한 자동차인 Mondeo는 1994년에 유럽 올해의 자동차로 선정되었고 1994년 9월 미국 출시 전에 유럽에서만 50만대가 넘게 팔렸다.

이러한 긍정적인 초기 시장반응에도 불구하고 Mondeo는 Fiesta가 부딪혔던 것과 같은 문제에 직면했는데 바로 미국시장에서의 판매부진이었다. 대표적인 문제 중 하나는 차량 세분화시장에 따른 것이었다. 유럽에서는 중소형 세분화시장에 속하는 Nissan의 Primera나 Toyota의 Carina와 경쟁했는데 이들은 모두 미국에는 출시되지 않은 차들이었다. 그러나 미국에서는 중형 세분화시장에서 가장 작은 자동차에 속했고 따라서 가격책정 또한 Honda의 Accord나 Nissan의 Altima, 심지어 Toyota의 Camry와 동급으로 이루어져 이들과 직접 경쟁하게 되었다. 또 다른 문제는 브랜드의 변경문제였다. 전략상 두 개의 브랜드로 출시하기 위해서 Mondeo는 Ford Contour와 Mercury Mystique으로 명명되었는데 이 때문에 둘 중 어느 쪽도 Mondeo의 후광효과를 활용할 수 없었던 것이다. 세 번째 실수는 판매전략의 문제였는데 스타트랙 시리즈의 다큐멘터리를 지원하는 등의 캠페인으로 장년층의 미국의 베이비붐 세대를 겨냥한 것이었다. Mondeo가 유럽에서 젊은 소비자층을 공략해 성공을 거두었던 것을 감안한다면 이러한 판매전략은 분명 미국에서 적용될 수 없었던 전략으로 평가된다. 이로 인해 Ford 딜러의 차고에는 재고가 쌓이게 되었고 Contour는 디투어(detour)로, Mystique은 미스테이크(mistake)로 업계에서 불려졌다.

Ford는 포기하지 않고 "월드 카"를 위한 세 번째 도전으로 Focus를 내놓았다. 1998년 10월 유럽에 출시된 Focus는 Fiesta와 Contour, Mystique을 대체하기 위해 내놓은 전략 소형차였다. Focus는 Fiesta와 동일한 휠베이스를 가졌다는 점에서 소형차로 볼 수도 있었지만 내부공간을 더 넓히기 위해 차의 지붕을 Mondeo만큼이나 높였다. 북미시장을 제외하고 Fiesta와 Mondeo는 여전히 생산되어 판매되고 있었지만, Focus는 "월드 카"를 목표로 제작되었고 Fiesta나 Mondeo가 씁쓸한 실패를 맛보았던 것과는 달리 북미와 그 이외 시장에서도 호평을 얻었고 판매실적 또한 좋았다.

2001년에 Focus는 전 세계에서 895,700대의 판매고를 올렸는데 이는 Focus가 "월드 카"로 도약할 수 있는 가능성을 보여준 것이었다. 그 중 568,000대는 유럽에서 팔렸는데 2001년 독일에서는 가장 신뢰할 만한 차로 선정되었고 이외에도 유럽에서 여러 상을 수상했다. 이러한 성공은 뛰어난 품질과 높은 신뢰성 때문만이 아니라 해치백 스타일의 차량 중에서는 가장 인기 있는 모델이었을 정도로 빼어난 디자인 덕분이기도 했다. 게다가 젊은 고객층을 겨냥한 창의적이고 재미있는 광고도 한 몫 했다. 해치백 스타일의 장점을 보여주기 위해 제작된 TV 광고에서 잘생긴 남자 점원에 눈독을 들인 여자가 그에게 자기 차에 짐을 싣게 하였다. 그가 짐을 싣자 그 여자는 그를 안에 밀어 넣고 문을 닫아버린 다음 그를 트렁크에 싣고 차를 몰아 달아나 버린다는 내용이었다. 불행히도 캐나다 토론토에 사는 한 남자가 그 광고를 보고 분노한 나머지 캐나다 광고심의위원회에 민원을 제기했고 결국 Ford는 그로 인해 그 광고를 방송에서 내리게 되었다.

이러한 여러 굴곡을 겪었음에도 불구하고 Focus는 여전히 시장에서 높은 판매고를 올리고 있으며 전 세계로 그 영역을 넓혀가고 있다.

Sources: Crapo et al., 2001; "New Model from Ford Stable," *The Statesman,* January 13, 2002; "Spoilt for Choice," *Business and Finance,* January 24, 2002; BillVance, "Focus Reduces Weight, Keeps Room," *Design Product News,* February 2000; David Rider, "Ford Fights Council to Reinstate 'Offensive' Ad," *The Ottawa Citizen,* January 16, 2002; "Ford Focus Considered Most Reliable Car in Germany," *Economic News,* February 7, 2002.

서론

제1장에서 살펴보았듯이 글로벌마케팅이란 마케팅활동을 국가간 마케팅자산의 조화로운 조정을 하는 제반활동을 포함한다. 그 말은 한 나라 안에서의 마케팅활동도 글로벌 전략의 관점에서 보아야 한다는 것을 뜻한다. 마케팅 표준화, 여러 국가에 보급된 제품과 광고, 유통, 그리고 마케팅요인들에 있어서 일정정도의 통일성 유지 등도 이러한 글로벌마케팅의 활동의 일부이다. 이 장에서 우리는 글로벌화 된 제품과 서비스 마케팅이라는 말이 함축하는 의미에 대해 다루게 될 것이다.

먼저 몇 가지 용어의 정의에 대해 알아보자. 마케팅 전문가들은 일반적으로 제품과 브랜드에 붙는 "글로벌"이라는 말과 "지역적"이라는 말을 구분하여 사용한다. 글로벌 제품은 보통 모든 시장에서 몇 가지 공통된 특성을 지니도록 표준화되어 있는데 Gillette 면도기, Colgate 치약, Sony TV 세트, Benetton 스웨터 등이 이러한 특성을 가지고 있는 것으로 볼 수 있다. 반면 지역별 제품 및 브랜드는 각각의 지역별로 다른데 Honda의 유럽시장 전략형 승용차 모델인 Concerto, P&G가 유럽에서 내놓은 세제인 Ariel과 Vizir, 멕시코 맥주회사인 Corona의 "범-미주" 시장, 그리고 아시아 시장을 장악한 한국의 인삼차 제조업자들의 경우 등을 예로 들 수 있다. 이러한 지역적 제품들이 점차 세계시장으로 확산되고 소비자들의 제품에 대한 인지도가 높아지게 되면 이런 제품들 역시 글로벌 제품이 될 가능성이 있다. 또한 지역적 제품에 발생하는 마케팅의 문제는 글로벌 제품에 발생하는 문제와 대동소이 하지만 단지 업무에 따른 복잡성의 정도나 규모에서 차이가 있을 뿐이다. 지역시장의 규모가 충분히 커서 표준화로 인한 비용절감이 "최소 효율 규모(minimum efficient scale)"에 도달할 정도라고 가정할 때, 마케팅에서 중요한 문제는 각각의 현지시장들이 표준화된 제품들을 어느 정도까지 수용할 수 있을 것인가라는 점이다. "범-유럽주의"와 "글로벌 표준화"의 문제는 종국적으로 표준화나 현지화와 같은 쟁점으로 이어지게 된다.

이 장에서는 표준화에 대한 찬성과 반대 견해에 대해 논의하고 경영자가 표준화의 이익과 현지화의 필요성 사이에서 어떻게 균형점을 찾는지에 대해서 살펴볼 것이다. 표준화와 현지화 간에 존재하는 차이는 분명하다. 그리고 제품의 표준화를 실시한 기업이 직면하게 될지도 모르는 위험성들에 대해 살펴보게 될 것이다. 다음은 글로벌 제품라인과 관련하여 글로벌 신제품개발과 각 국가별로 상이한 신제품의 확산에 대해 알아볼 것이며, 또한 글로벌 서비스와 제품의 마케팅과는 어떠한 유사점과 차이점을 가지고 있는지에 대해 논의할 것이다. 또한 글로벌화 될 수 있는 서비스는 어떤 것들이 있는지에 대해 알아보고 제품수명주기의 역할에 대하여 살펴볼 것이다. 마지막으로 서비스업의 해외시장 진입방식과 해외진출 시에 서비스의 기업특유우위 요인을 어떻게 유지할 수 있는지에 대해 살펴보게 될 것이다.

표준화의 장단점

대다수 기업들에게 있어서 제품의 표준화란 불가피한 것이다. 각 제품이 유사해짐에 따라 발생하는 원가절감 효과는 소비자들의 취향을 완벽하게 충족할 수 없다는 단점을 상쇄할만한 가치가 있을 수 있다. 한편 대다수의 기업들은 소비자의 요구에 높은 수준으로 부응하는 경우에는 소비자의 만족도는 증가할 것이라는 기대를 가진다. 〈그림 12.1〉을 보면 이 두 가지를 결합한 경우에 결합비용이 최저점인 곳이 최적수준의 표준화를 의미하는 것이다. 실제로 이 최적수준의 표준화를 찾아내기 위해서는 보통 두 가지의 선택 사이에서 최선의 균형을 파악해야 한다.

표준화된 제품과 서비스 전략의 잠재적인 이익을 평가하기 위해서는 먼저 표준화에 대한 장점과 단점을 살펴보고 정리하는 것이 필요하다. 다음에서는 표준화가 갖는 몇 가지 장단점에 대해 알아볼 것이다.

표준화의 장점

비용절감

규모의 경제로 인한 비용절감은 제품의 표준화로부터 얻을 수 있는 가장 큰 이점이다.

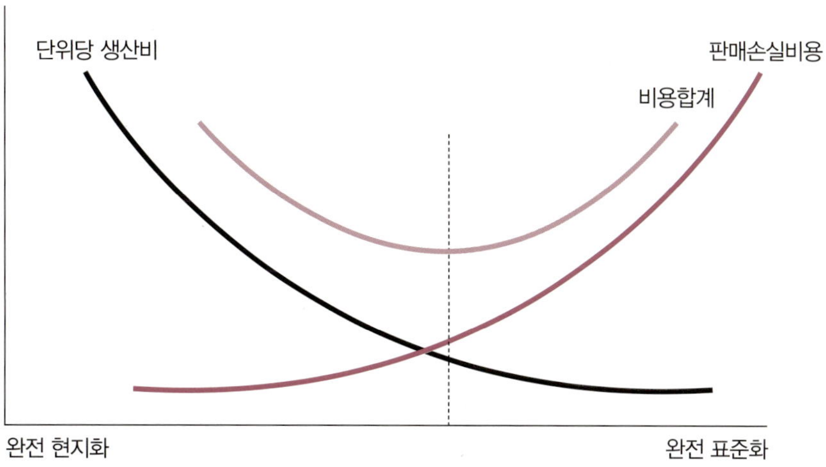

그림 12.1 표준화의 최적수준

Note: 비용합계의 최저점은 반드시 두 비용곡선의 교차점이 아니다.

제품 간의 유사성을 증대시킨 계열생산으로 인해 구매부문 뿐만 아니라 제조분야에 있어서도 뚜렷한 비용절감이 이루어지게 된다. 제품개발 비용을 더 큰 단위의 비슷한 제품군에 분산하여 투자하고 제품의 색깔과 디자인을 약간씩 변경시키는 정도만으로도 여러 가지 제품을 개발하기 위해 드는 노력을 줄일 수 있다. 또한 일괄적으로 대량광고계약 발주하여 광고주로부터 광고비용을 할인받거나 여타 혜택을 얻어낼 수도 있다. 마케팅에는 범위의 경제가 존재하기 때문에 광고 캠페인에 있어서의 글로벌 표준화는 창의적 아이디어를 최대화 할 수 있는 기회가 되는 셈이다. 예를 들어 Benetton이란 브랜드에 대해 고객들이 갖는 선호도가 의류뿐만 아니라 스포츠 용품까지도 폭넓게 옮겨갈 수도 있다는 것이다. 따라서 기업은 진보된 기술과 제품의 새로운 특성을 제품군 전체에 모두 적용할 수 있다. 테니스라켓을 예로 들면 튼튼한 카본 신소재를 고급 테니스라켓 뿐만 아니라 모든 제품에 다 사용할 수 있게 된다.

품질 개선

표준화된 제품이나 서비스는 기능적인 측면에서 더 나은 품질을 제공한다. 표준화된 제품이나 서비스는 규모의 이익으로 발생한 추가적인 자원을 제품개발 및 제품의 디자인에 집중적으로 투입할 수 있기 때문에 더 철저한 사전테스트를 거칠 수 있다는 장점이 있다. 또한 최첨단 생산공정에 대한 투자가 이루어질 수 있고 따라서 더 높은 내구성과 신뢰도를 갖춘 제품의 생산이 가능해진다. 고객맞춤형 생산 제품들은 기업의 위상을 높여주고 개성있는 품질적 특성—예를 들면 고급승용차는 계기판에 더 비싼 나무마감재를 사용할 수도 있다 –을 지니고 있지만 기능성의 측면에서 본다면 표준화된 제품들이 더 나은 경향이 있다.

고객 선호도의 강화

기업은 표준화를 통해서 자사 제품에 대한 소비자의 선호도를 높일 수 있다. 특정 국가에서 어떤 제품을 선호하게 된 소비자는 다른 국가에 가더라도 같은 브랜드의 제품을 기꺼이 구입할 것이다. 예를 들어 여러 나라에서 동일한 카메라를 판매하고 있다면 다른 나라에 가더라도 동일한 제품에 대한 동일한 서비스를 받을 수 있다는 점에서 그 카메라만의 장점이 될 수 있다. 표준화된 광고 메시지와 슬로건은 마케팅 측면에서도 유출효과를 낼 수 있는데, 예를 들어 소비자가 특정 카메라에 대한 똑같은 광고를 국내외에서 반복해서 접하게 되면 그 제품을 구매할 가능성이 증가할 수 있다는 것이다. 프로골프선수인 Tiger Woods를 광고모델로 한 Tag Heuer는 자사의 시계를 착용한 Woods의 모습을 전 세계 공항과 잡지에 싣고 있다.

글로벌 소비자

글로벌 소비자는 어느 나라에서 제품을 구매하든지 동일한 품질과 서비스를 요구하는 경향이 있기 때문에 이는 표준화로 얻을 수 있는 또 다른 이점이다. 소비재의 경우를 예로 들면 전 세계에 걸친 통신, 교통, 여행의 증가는 초콜릿, 손목시계, 의류와 같은 다양한 지역 제품들이 글로벌 시장으로 유입되는데 큰 몫을 했다. 기업 간 거래에 있어서도 기업들의 활동무대가 글로벌 시장으로 옮겨가고 글로벌 시장에 집중됨에 따라 제품요구조건 명세의 표준화가 필수적인 것이 되었다.

글로벌 세분화시장

마지막으로, 표준화는 세계 각국에서 부상하고 있는 글로벌 소비층의 출현에 부합한다. 앞에서 본 것처럼 특정 시장 내에 존재하는 소비자 세분화시장은 여러 시장에서 비슷한 모습을 보이는 경향이 있는데 컴퓨터, 카메라, TV 같은 기술집약적인 제품의 경우에는 이러한 제품들을 원하는 소비자 세분화시장이 여러 나라에 걸쳐 분포하고 있고, 이러한 소비자 세분화시장이 성장하면서 표준화의 잠재적인 이점도 역시 커지게 된다.

표준화의 단점

표적 이탈

표준화된 제품이나 서비스가 가지고 있는 문제점은 모든 국가에서 모든 소비자의 선호도를 만족시킬 수는 없다는 점이다. 모든 국가의 소비자들의 취향과 니즈가 비슷하다면 이러한 것은 전혀 문제가 되지 않겠지만, 소비자들은 광범위한 취향과 각각 다른 니즈를 가지고 있다. 예를 들어 화장지를 대형 묶음으로만 판매한다면 저장 공간이 부족한 소형주택들이 즐비한 지역에서는 성공을 거둘 수 없을 것이다.

표준화는 몇몇 세분화시장의 소비자들까지 모두 포괄할 수 없기 때문에 기업들은 많은 글로벌 제품들을 더 큰 표준화 시장을 겨냥하여 포지셔닝을 하거나(전형적인 미국이나 일본기업의 경우) 혹은 특별한 제품으로 일부 소비자들을 겨냥(유럽기업들에게 더 일반적인 접근법)하고 있다. 따라서 IBM, Microsoft, Xerox, Sony, Panasonic, Toyota는 여러 나라의 핵심 세분화시장을 겨냥한 표준화된 제품을 출시하는 경향이 있고, Mercedes나 Armani), Chanel, Leica 등은 어느 나라에서나 시장의 상위계층을 겨냥한 표준화된 제품을 출시한다.

특이성의 부족

표준화된 제품에는 특이성이 부족하다는 단점도 존재한다. 소비자가 제품을 구매할 때 제품의 맞춤 주문 가능여부나 다른 제품들과 구별되는 특이성을 가장 중요한 요소로 여긴다면 표준화된 제품은 이러한 소비자를 만족시킬 수 없을 것이다. 시장에 비슷한 제품이 넘쳐나는 경향이 있기 때문에 오늘날 제품의 특이성은 소비자들이 제품을 구매할 때 중요시 하는 요소가 되었다. 그와 반대로 경기가 좋지 않을 때에는 이러한 특이성이 소비자들과 동떨어져 사치로 여겨지기도 한다.

무역장벽에 대한 취약성

표준화의 이점을 누리기 위해서는 자유무역체제가 필수적이라고 할 수 있다. 공장이 세계 여러 국가에 흩어져 있을 경우에는 규모의 경제를 실현하기가 어려워지는데 규모의 경제를 실현하기 위한 조건은 특정 국가에 집중된 공장이 최소한의 효율을 내는 규모 이상일 것, 또한 이러한 공장에서 생산된 제품이 전 세계로 수출될 수 있을 것이다. 자국시장 보호를 위해 무역장벽을 세운 나라의 경우에는 현지생산만 할 수 밖에 없기 때문에 표준화로 인한 규모의 경제는 실현될 수 없다. 따라서 이러한 경우에는 표준화된 제품이 시장에서 실패할 가능성이 높기 때문에 현지의 기호에 맞춘 특화된 제품으로 시장을 공략하는 것이 더 나은 선택이 될 수 있다.

뛰어난 현지의 경쟁기업들

표준화는 현지의 경쟁자들이 뛰어난 경쟁력을 갖추고 있거나 강력한 시장 방어를 선보이는 경우 실패할 수도 있다. 현지의 기업들은 현지 소비자들의 기호에 따른 고객 맞춤 제품을 생산하거나, 현지유통업자들과의 친밀한 관계를 유지하고, 차별화 된 서비스를 제공하는 등의 방법으로 글로벌 기업의 시장점유를 방해할 수 있다. 이러한 현지기업들의 대응으로 인해 글로벌 기업이 현지적응실패로 이어진다면 글로벌 전략은 실패하게 되는 것이다.

어떠한 특징을 표준화할 것인가?

현실에서 완전한 표준화가 이루어지는 경우는 드문데 일반적으로 제품의 일부분은 현지시장에 적응할 필요가 있기 때문이다. 예를 들어, 제품에 대한 정보를 표기할 때에는 현지어를 사용해야 한다. 몇몇 글로벌 기업들은 같은 포장 위에 3개 혹은 4개 언어로 제품 정보를 인쇄하는 방법으로 이 문제를 해결했다. 유럽에서 판매되는 개인생활용품들의 포장에는 보통 4개 언어까지 적혀서 판매되는데(예를 들면 영어, 불어, 독어, 스페인어 등), 이는 비슷한 제품을 더 많이 생산할 수 있게 함은 물론이고 규모의 경제를 가능하게 한다.

표준화는 보통 핵심제품을 기반으로 하여 시작되는데 자동차생산에서는 각 모델의 기본 구조를 결정짓는 플랫폼(platform)이 그 역할을 한다. 이러한 플랫폼에 다양한 특성이 더해져서 시장에 판매될 제품이 완성된다. 자동차 특성은 국가별로 동일할 수도 있고 다를 수도 있다. 유럽에서 판매되는 자동차들은 서스펜션이 미국보다 더 단단한 느낌을 주는 경향이 있는데 이는 유럽이 미국에 비해서 도로 사정이 좋지 못하기 때문에 등장하게 된 특징이다. 청량음료의 경우 현지시장에 적응을 위해서 시장별로 더 작은 포장단위를 새로 만든다거나, 음료에 함유된 설탕의 양을 조금씩 조절하는 것 등을 예로 들 수 있다. Coca-Cola가 아시아 시장을 공략하기 위해서 설탕 함유량을 낮추고 용기의 크기를 줄인 것이 일례가 된다.

표준화는 조립을 위한 모듈 디자인과도 관련이 있다. 이는 다양한 특징을 가진 모듈들을 패키지로 만들어 놓고 단지 조립방식만 달리하면 각기 다른 시장에 적합한 제품이 될 수 있도록 하는 것이다. 예를 들면, 대부분의 필름식 카메라는 렌즈, 필름 와인더, 몸체, 플래시, 거리조절용 모터, 초점을 맞추는 여러 가지 전자 칩, 조리개 등 모듈화 된 부품들을 조립하여 완성된다. 이렇게 모듈화 된 부품들 덕분에 기업들은 몇 세대에 걸친 시리즈 제품을 출시할 수 있고, 또한 조립 방식을 약간 바꾸어 다양한 가격의 제품을 출시할 수 있다. 이렇게 함으로써 기업들은 생산에 있어서 유연성을 가질 수 있게 되었고, 각각의 시장에 약간씩 차이나는 제품들을 출시할 수 있게 되었다. 이는 각 시장의 차별화 뿐만 아니라, 회색무역을 막기 위한 역할까지 하면서 표준화의 이점도 유지할 수 있게 한다.

현지화 vs 적응

시장을 선도하는 기업들은 가장 표준화된 제품이나 서비스일지라도 어느 정도의 현지화를 해야만 성공할 수 있다는 사실을 알고 있다. 이는 어느 국가든지 다른 지역에는 없는 독특한 규제가 조금씩은 존재하기 때문이다. 다른 국가에는 없는 특별 규제를 두고 있는 국가에서는 제품에 대한 특정정보를 포장에 표기할 것을 요구하기도 한다. 미국의 경우에는 흡연의 위험성에 대한 경고 문구를 담뱃갑에 표기해야 하는데, 여러 아시아 국가에서는 이러한 것이 의무사항이 아니다. 스웨덴에서는 주행 중에 의무적으로 주차등을 켜두어야 하기 때문에 스웨덴에서 판매되는 자동차들은 시동을 걸 때마다 자동으로 주차등이 켜지게 되어있다. 또한 미국 자동차시장에 진입하는 외국기업들이 특히 혼란스러워 하는 것은 각 주마다 개별적으로 요구하는 사항들이 다르다는 점이다. 예컨대, 캘리포니아는 다른 주들에 비해서 더 엄격한 공해방지 규제를 실시하고 있다.

기본적인 요구사항

이러한 기본 요구사항에 대한 차이가 표준화를 부정하는 것은 아니다. 이런 차이점들을 우선시 한다면 진정한 적응(adaptation)보다는 현지화(localization)와 더욱 관련이 있는데 이는 글로벌마케팅에서는 의미상 차이가 있다. 현지화는 새로운 국가에서 제품이나 서비스가 잘 기능하도록 하기 위해 변화를 추구하는 것이다. 예를 들어, 팩스기가 외국에서 새로운 유형의 전화코드에 연결되도록 하기 위해서 변화를 거친다면 그것은 "현지화"된 것이다. 제품의 적응이란 고객의 취향이나 선호에 맞추기 위해 보다 근본적인 변화가 일어나는 경우를 의미한다. 팩스기가 이탈리아 시장에 맞추어 더 가벼운 수화기를 달고 나올 경우 이는 "적응"한 것이다. 다시 말해서 현지화는 잠재적인 고객들이 그 제품을 거부하는 경우를 피하기 위해 이루어지고, 적응은 고객들이 그 제품을 선택할 긍정적인 이유를 제공하기 위해 이루어지는 것이다. 현지화는 해당 국가의 모든 잠재적 고객에게 이로운 것이고, 적응은 어떤 특정 세분화시장을 겨냥한 것이기에 특정 세분화시장에 해당하는 고객들에게 이로운 것이다. 현지화는 소비자들이 그 제품을 다른 경쟁제품과 대등하게 고려해 보도록 하기 위해 필요한 것이고 적응은 소비자들이 다른 제품보다 그 제품을 더 좋아하도록 만들려고 노력하는 것이다.

현실에서는 현지화와 적응을 명확히 구분하기 어려운 경우가 종종 발생한다. Disney가 프랑스 파리에 Disneyland Paris Theme Park를 건설할 때 사용한 방법은 현지화와 적응 두 가지가 혼합된 것이었다. 그럼에도 불구하고 현지화와 적응을 구분하는 것은 표준화에 대한 장단점을 분석할 때도 매우 유용하다. 심지어 "글로벌하게 표준화된" 제품조차도 때에 따라선 현지화될 필요가 있다. 그럴 경우 기본적으로 핵심적 디자인은 바뀌지 않고, 현지시장의 취향에 맞추어 간단히 재조정되는 정도가 될 것이다.

호환성

현지화는 여러 가지 측면에서 호환성과 비슷한 의미를 지닌다. 호환성이란 해외시장의 다른 환경에서 적응하기 위해 필요한 제품특성의 조정을 의미한다. 예를 들어 유럽과 미국에서의 TV 방송 시스템이 다르기 때문에 VCR은 조정을 거칠 필요가 있고 서구에서 생산된 의류제품은 일본시장에서 판매하기 위해서는 소매를 더 짧게 조절할 필요가 있다. 북유럽인들의 부드러운 머리카락에 적합한 샴푸는 남유럽인들의 굵은 머리카락에 적합한 샴푸와 화학적인 차이점을 지니고 있다. 피부보호용 화장품은 각국 소비자들의 식습관에 맞춘 생명공학적인 차이를 두어야 하는 등, 이외에도 비슷한 사례가 존재한다.

멀티시스템 호환성

오늘날의 많은 제품들이 시작단계에서부터 멀티시스템에 의한 호환성 구축을 통하여 현지화를 이루어 나가고 있다. VCR과 TV 세트는 여러 시스템 환경 속에 맞게 작동하도록 설계되어 있다. 문서편집 소프트웨어는 다양한 양식을 선택할 수 있게 제공되어 프로그램들 간에 파일을 호환해서 사용할 수 있다. 또한 어댑터와 변환기를 기계 내부에 내장하여 팩스기를 전 세계에 휴대하고 다닐 수 있게 되었다.

멀티시스템 호환성은 현지화의 요건을 충족할 수 있도록 도와준다. 일반적으로 제품을 쉽게 완성하기 위해서 모듈화를 이용하는데 이로써 제품생산은 예전에 비해서 조립에 의한 단순공정에 가까워졌고, 오늘날 카메라나 모터사이클을 만드는 것은 모형비행기를 조립하는 일처럼 쉬운 일이 되었다. 그 결과 현지화에 필요한 부품을 따로 분리해내고 그런 부품에 다양한 옵션을 적용시키는 것도 쉬워졌다. 노트북 컴퓨터는 이제 모든 전압에 사용가능한 어댑터를 장착하고 있다. PC는 플로피 디스크와 사운드 카드, CD-ROM, 여타 다른 주변기기를 위한 확장슬롯을 여러 개 가지고 있어서 소비자의 기호에 맞추어 사용할 수 있도록 출시된다. 가구 체인점인 IKEA는 사용자가 자신의 주거환경에 맞추어 가구를 다른 형태로 사용할 수 있도록 모듈 시스템을 제공한다. 멀티시스템에 의한 호환성으로 인해 첨단로봇공학이나 유연한 생산방식의 도입 없이도 다양하고 표준화된 많은 제품군이 출현하게 되었다.

글로벌 표준화의 위험

앞에서 우리는 표준화의 장점과 단점에 대해서 알아보았다. 제품과 서비스의 표준화 전략이 항상 시장에서 성공하는 것은 아니라는 사실은 전혀 놀라운 것이 아니다. 성공사례와 실패사례를 체계적으로 비교한 결과 표준화된 제품들의 실패를 설명해주는 다섯 가지 요인들을 발견할 수 있었다.

1. 불충분한 시장연구
2. 지나친 정도의 표준화
3. 후속조치의 불충분성
4. 근시안적 비전
5. 융통성 없는 정책

불충분한 시장연구

제대로 된 시장연구는 두 가지 측면에서 제품표준화 전략에 도움을 준다. 첫 번째는 소비자들의 공통점을 정확히 파악할 수 있다는 것이며, 둘째로 연구를 진행하는 과정에서 현지 자회사들로부터 도움을 받을 수 있다는 것이다. 이와는 반대로 불충분한 시장연구가 이루어진다면 소비자들 간의 유사점을 확실히 밝혀내기보다는 그저 가정하는 것에 그치는 것이 될 뿐만 아니라 현지 자회사들로 하여금 적극적인 참여를 유도하기 어렵다. Polaroid가 유럽시장에 신제품인 SX-70을 출시했을 때의 경우를 예로 들 수 있다. Polaroid는 미국에서 대성공을 거두었기 때문에 미국에서 사용했던 전략을 그대로 유럽에도 적용하여 미국에서 사용했던 것과 같은 TV광고와 전단지 등을 앞세워 제품판촉에 나섰다. 이에 현지 자회사의 간부가 소비자들이 모르는 사람들이 TV에 나와서 이 제품이 좋다고 말하는 식의 광고는 유럽시장에서 그리 좋은 인상을 주지 못할 것이라고 항의하며 더 많은 시장연구를 할 것을 요구했고 가능하다면 전략을 바꿀 것을 건의하였다. 하지만 본사에서는 이를 거부했고 그 결과 Polaroid는 유럽에서 씁쓸한 실패를 맛볼 수밖에 없었다.

과도한 표준화

여러 가지 기술집약적인 제품들을 기능적으로 표준화하는 것은 쉽지만, 제품포지셔닝

우위를 잃을 수도 있다. 경쟁대비의 위험 때문에 많은 기업들은 그냥 한정된 소비자들에게 제품출시 전, 테스트 마케팅 기회를 제공하고 이들로부터 피드백을 받는 방식을 사용하고 있는데 테스트 마케팅에 참여하는 소비자들은 제품을 일정기간 동안 사용해 본 다음 자신들의 사용경험에 대한 정보를 기업에 제공게 된다. 소프트웨어 개발에서의 테스트 마케팅은 이른바 베타 테스트라고 불리는데 선정된 소비자들이 그 소프트웨어를 일정기간 사용해 본 다음 결함을 발견하여 이를 기업에게 알려주고 기업은 이 정보를 바탕으로 조금 더 안정적인 소프트웨어를 출시할 수 있다. 대표적으로 P&G가 Pampers를 아시아와 유럽시장에 출시했을 때 비슷한 방법을 사용하기도 했다. 이러한 방법은 신흥시장이나 개도국 시장에 진출하는 소비재 기업들이 자주 사용하는데 이를 통해 제품이 어떤 현지적응을 필요로 하는지를 밝혀낼 수 있기 때문이다. 일례로 독일에서 만들어진 전기다리미가 아시아 시장에 처음 들어왔을 때 전기코드가 너무 짧다는 평가를 받았는데, 이는 당시 유럽에서는 집 안에 플러그를 꽂을 전기 소켓이 여러 군데 있었지만 아시아에서는 보통 천장의 전구 소켓에 연결해서 사용해야 하는 정보를 알지 못했던 탓이다.

신제품의 글로벌화

실제로 신제품들이 시장에서 실패할 확률이 놀라울 정도로 높다는 사실을 주지할 필요가 있다. 가장 체계적이고 신중한 제품개발 과정을 거친다 하더라도 그것이 결코 성공을 보장하는 것은 아니다. 때문에 이와 관련한 연구들에서는 신제품 출시를 성공하게 만드는 요인들에 대해 살펴보고 신제품이 성공적으로 새로운 시장에 침투(확산)할 수 있도록 하는 요인들이 무엇인지에 대해 밝히고 있다.

신제품의 성공요인들

새로운 시장에서 신제품의 성공에 영향을 미치는 핵심요인들을 중요한 순서대로 열거하면 다음과 같다.

1. 신제품의 우수성
2. 기업의 노하우와 기술적 측면에서의 시너지 효과
3. 신제품의 혁신성
4. 기업의 시장 지향성
5. 기업의 노하우와 마케팅 측면에서의 시너지 효과

신제품의 성공여부를 결정짓는 가장 중요한 요인은 아마도 신제품이 가지는 우수성일 것이다. 즉, 그 신제품이 시장에 현존하는 경쟁제품에 대해 지니는 우위가 더 분명할수록 그 제품이 성공할 가능성은 높아지게 된다. 두 번째 요인은 기업이 기존에 생산하던 제품이 생산공정에서 신제품과 시너지 효과를 낼 수 있는지의 여부이다. 시너지 효과가 클수록 기업은 더 효율적으로 재화와 서비스를 생산하고, 제품에 대한 지원활동을 할 수 있다. 신제품의 혁신성 정도, 기업의 시장지향성 정도, 그리고 마케팅 측면에서의 시너지 효과(예를 들면 기존의 브랜드를 이용할 수 있는가)는 신제품의 성공여부를 결정짓는 요인이지만 앞서 살펴보았던 요인들에 비해서 상대적으로 중요도가 떨어지는 요인들이다. 부정적 효과를 가져 오는 주된 요인은 경쟁반응의 정도인데, 경쟁기업들의 대응이 빠를수록 신제품이 성공할 가능성은 낮아지게 된다.

이러한 현상들은 여러 나라에 걸쳐 출시된 다양한 신제품을 조사한 결과를 바탕으로 설명되었다. 또한 지역별로 신제품의 성공요인이 다르다는 점도 존재한다. 이 문제에 대해서 많은 연구가 이뤄지지는 않았지만, 명백히 알 수 있는 것은 아시아와 북미지역의 시장 간에는 상당한 차이가 있다는 것이다. 특히 아시아 시장에서 신제품이 성공하기 위해서 가장 중요한 요인은 기술적인 정교함과 마케팅 측면에서의 시너지 효과, 시장지향성, 그리고 고위경영진의 몰입도와 같은 것들이다. 하지만 이러한 요인들은 북미지역의 시장에서도 어느 정도 영향을 미치지만, 아시아 시장에서의 영향력에 비하면 약하다고 할 수 있다. 따라서 아시아에서 신제품이 성공하기 위해서는 기술적 정교함이 필요함은 물론이고, 고위경영진의 마케팅 개입이 필요하다는 점을 인식하여야 한다.

한편, 이런 요인들이 신제품의 성공에 영향을 미치는 것은 사실이지만 실제로 이들은 신제품이 성공할 확률 중 겨우 50% 정도만을 설명하고 있을 뿐이다. 이는 학문적인 측면에서 50%라는 수치는 상당히 높은 정도이지만 경영자의 입장에서 본다면 신제품의 성공을 좌우하는 상당한 요인들을 아직까지도 보이지 않는 그 무엇인가서 찾아야 한다는 것을 의미한다.

확산속도

여러 신흥국가의 시장에서 신제품이 확산되는 속도는 여러 가지 요인들에 의해 결정된다. 글로벌 확산에 있어 중요한 요인들은 다음과 같은 제품과 관련된 요인들이다.

1. **상대적 우위:** 이는 신제품 성공에 있어 가장 주된 요인과도 같은 것이다. (전화모뎀보다 브로드밴드 커넥션이 얼마나 더 빠른지를 생각해보라)
2. **호환성:** 제품이 각 지역에서 인프라나 관습과 같은 요인들과 상충되는 문제없이 사용될 수 있는가? (컴퓨터의 저장공간은 충분하며, 케이블을 사용할 수 있는지 등)
3. **복잡성:** 신제품이 사용하기 쉬운가? (브로드밴드를 어떻게 사용하는가?)
4. **시험가능성:** 신제품을 시험 사용해보기가 용이한가? (때때로 무료시험을 위해 한 달 정도의 기간을 제공하는 경우—모든 것을 꼼꼼히 살펴보려면 많은 시간이 소요됨)
5. **인지가능성:** 인터넷에 얼마나 빨리 접속할 수 있는가?

다른 잠재적 요인들은 문화적 차이(문화가 혁신을 수용하는가?) 그리고 사회적 요인(입소문에 의한 효과가 있는 문화인가?)이다. 이 두 요인들은 각각 혁신성과 모방성에 반영되는데, 이러한 성향들은 제품요인들과 함께 특정 국가의 시장 내에서 확산의 속도와 깊이를 결정짓는다.

같은 제품이라 하더라도 확산속도가 국가에 따라 다를 수 있다는 것을 보여주는 연구결과가 있다. 국가특유의 세 가지 변수들은 혁신성과 모방성에 모두 영향을 미치며 따라서 국가별로 다른 확산 패턴을 만든다. 그러한 변수들 중 하나로 코스모폴리타니즘(cosmopolitanism)이 있다. 코스모폴리타니즘이란 해당국의 문화가 외부의 영향을 얼마나 개방적으로 수용할 수 있느냐의 정도를 나타내는 것이다. 문화가 개방적일수록 혁신성이 높을 것이므로 외부요인을 받아들이는 속도 또한 빠를 것이다. 두 번째 변수는 지리적 이동성인데 이는 모방성에 영향을 미친다(여행을 통해 새로운 사고방식을 가지게 된다). 세 번째 변수는 납득하기 어려운 것일 수도 있겠지만 노동인구 중 여성의 비율이다. 이 비율이 높을수록 혁신성의 정도는 낮아지지만 모방성의 정도는 높아지는데 이는 여성들이 외부의 영향을 많이 받기 때문이다.

이러한 결과는 제품군에 따라서 크게 변동할 수 있다. 이를 더욱 확실히 뒷받침 해주는 추가적인 연구결과들이 나왔는데, 특히 고배경 문화를 지녔으며 문화적 동질성이 높은(예를 들면 아시아 국가들) 경우에 문화적 동질성이 낮고 저배경 문화권인 경우와 비교하여 모방성이 더 높다는 것을 보여준다. 이는 일본처럼 문화적 동질성이 높은 시장에서 신제품의 침투속도가 더욱 빠르다는 것을 의미한다. 또한 제품의 혁신이 처음 일어난 국가보다 그런 신제품이 나중에 도입된 나라에서 신제품 채택과 확산의 속도가 더 빠른 경향이 있다는 점이 밝혀졌으며, 이는 잠재적인 구매자들이 신제품이 먼저 출시된 다른 국가에서 나타난 신제품의 이점을 관찰할 수 있는 기회를 미리 얻을 수 있기 때문이다.

유럽 및 다른 국가들에서 시행된 신제품의 출시에 관한 연구 결과들에 따르면 확산속도는 문화와 혁신성, 경제수준에 따라 달라진다. 그 중 몇몇 연구는 소비자용 내구재가 그 나라의 제품수명주기에서 이륙단계에 이르려면 얼마나 시간이 걸리는지에 대해 관찰하였다. 이륙이란 제품수명주기에서 성장단계가 시작되는 위치로 정의되며, 이는 국가의 매출이 급격히 증가하는 분기점이다. 신제품이 도입된 때로부터 그런 분기점에 도달하기까지 걸리는 시간은 경제수준과 문화, 그리고 그 나라의 혁신성과 같은 변수에 달려 있. 높은 경제적 수준, 낮은 불확실성 회피 성향(Hofstede의 리스크 포용성 측정에 대해서는 제 3장을 참조할 것), 높은 경제적 개방성, 높은 미디어 수준, 높은 이동성 등을 지닌 국가들일수록 신제품 확산의 속도가 더욱 빠르다. 유럽에서는 스칸디나비아 국가들이 중부유럽 국가들에 비해 더 빠른 확산속도를 보여주며 지중해 연안 국가들이 가장 느린 것으로 알려져 있다. 이와는 대조적으로 범유럽시장에서 특정 세분화시장 간의 확산패턴의 유사성을 증명한 연구결과도 있는데, 예를 들어 소비자용 패키지 제품에 대한 수용비율은 프랑스, 독일, 스페인, 영국 등에서 세 개의 세분화시장에 걸쳐서 비슷하게 나타났다(젊은 소비자들, 대지주, 높은 혁신성을 지닌 소비자들).

따라서 이러한 특정 세분화시장을 목표시장으로 한다면 신제품의 마케팅전략은 유사성을 띠게 될 수도 있다.

확산속도의 국가별 차이 때문에 폭포전략이 스프링클러 전략보다 더 나을 수 있다. 이를 뒷받침하는 논리로 확산에 강력한 영향을 미치는 요인은 외국에 출시된 신제품을 접하는데서 비롯되는 전시효과라는 것을 밝힌 여러 연구결과들이 있다. 따라서 신제품은 확산속도가 빠른 나라에 처음 출시되어야 기업의 선도자적 우위를 극대화시킬 수 있으며, 이는 확산속도가 느린 나라에서 확산시키기 위한 기반을 만들어낼 수 있게 한다. 그 결과 신제품 출시가 늦은 나라들에서는 신제품을 받아들이는 속도가 더 빨라질 수 있을 것이며 기업은 초기 마케팅 비용과 투자금액을 더 빨리 회수할 수 있을 것이다.

글로벌 서비스

서비스 산업은 매우 다양한 분야로 구성되는데 호텔 및 기타 숙박업소, 개인과 기업에 대한 서비스를 제공하는 업체, 그리고 수리업, 오락 서비스, 건강, 법률, 기술, 여타 전문 서비스, 교육기관, 금융, 보험, 부동산, 도소매업, 관공서, 교통, 통신, 공공부문 등이 모두 서비스 산업에 포함된다.

서비스의 특징

서비스 산업은 매우 다양하지만 물리적 재화와 구분되는 네 가지 특징을 지니고 있으며 그로 인해 시장진입 형태에 영향을 받게 된다. 서비스의 특징은 다음과 같다.

1. **무형성**: 서비스는 만져볼 수 있는 게 아니다.
2. **이질성**: 서비스가 항상 동일할 수는 없다.
3. **비분리성**: 서비스는 생산과 동시에 소비된다.
4. **소멸성**: 서비스는 저장할 수 없다.

정도의 차이는 있겠지만 서비스업은 모두 이런 특징을 지니고 있다. 예를 들면 식당을 운영하는 것은 이질성, 비분리성, 소멸성의 특징을 잘 나타내고 있으며 비록 음식이나 테이블, 따끈한 쟁반과 같은 것들이 형태로 존재하지만 종업원의 친절도와 같은 무형성 또한 지니고 있다. 반면 음악 CD나 비디오 등은 만질 수 있고 계속 반복하여 재생시킬 수도 있고 저장할 수도 있으며 쉽게 소멸하지도 않지만, 빈 필하모닉의 새해맞이 연주회는 기본적으로 서비스로 간주된다. 마케팅전략상 서비스는 때때로 제품으로 볼 수도 있다. (자동차가 교통수단을 제공하듯 제품도 때때로 서비스로 볼 수 있는 것이다.) 다음에서는 서비스와 제품의 동등성에 대해서 살펴보게 될 것이다.

표 12.1 서비스 산업

회계(Accounting)	장례서비스(Funeral service)
광고업(Advertising)	건강관리(Health care)
은행업(Banking)	보험(Insurance)
방송업(Broadcasting)	기업금융(Investment banking)
컴퓨터 서비스(Computer services)	임대차(Leasing)
컴퓨터 소프트웨어(Computer software)	법률서비스(Legal services)
건설(Construction)	숙박(Lodging)
위탁조사(Contract research)	유지보수 및 수리(Maintenance and repair)
데이터 입력(Data entry)	미디어(Media): 영화(Cinema) 인터넷(The Internet) TV(Television)
데이터 처리(Data processing)	
설계 및 엔지니어링(Design and engineering)	
유통(Distribution) [서비스 유통업자 포함]: 대리인, 브로커, 대표(Agents, brokers, and representatives) 프랜차이징(Franchising) 화물주선인, 통관브로커(Freight forwarder, customs broker) 소매업(Retailing) 쇼핑몰(Shopping malls) 창고업(Warehousing) 도매업(Wholesaling)	예약시스템(Reservation systems)
	외식업(Restaurants)
	로열티 및 라이센싱(Royalties and licensing)
	보안시스템(Security systems)
	관광(Tourism)
교육(Education): 최고경영자 과정(Executive and management dev.) 고등교육기관(Institutions of higher learning) 직업기술교육(Vocational and technical)	원격통신(Telecommunications): 온라인 서비스(Online services) 이동통신(Mobile) 전화(Telephone)
엔터테인먼트(Entertainment): 음악 오디오(Music and other audio) 테마 공원(Theme parks) TV 제작, 영화(TV productions, motion pictures) 스포츠 산업(Spectator sports) 극장, 공연(Theater, live performances)	운송(Transportation)—배달: 급행 배달(Express delivery) 소포 택배(Package delivery)
	운송(Transportation)—상품
	운송(Transportation)—여객
	유틸리티(Utilities)

Sources: Saimee, 1999, p. 326.

제품과의 동등성

마케팅의 관점에서 본다면 물리적 실체가 있는 제품과 그렇지 않은 서비스 간에도 많은 유사점을 찾을 수 있다. 제품에 대한 표준적인 정의 중 하나를 예로 들면 "이로움을 주는 속성들의 묶음"이라는 것인데 이러한 묶음이 반드시 물리적 속성을 지녀야 할 이유는 없다. 따라서 동일한 정의가 보험제품과 같은 무형적 서비스에도 적용될 수 있는 것이다. 제품과 서비스 간에는 본질적 유사성이 높다고 볼 수도 있기 때문에 제품과 서비스 간에는 차이가 없다고 할 수 있을지도 모른다. 따라서 제품은 문제점을 해결해 주는 서비스의 조합이라고 볼 수도 있는 것이다. 예를 들면 책은 스토리텔링 서비스를 대체하고 자동차는 교통서비스를, 현금지급기는 은행창구직원을 대신할 수 있게 되었다.

이러한 동등성으로 인해 제품뿐만 아니라 서비스 역시 위조될 수 있다는 사실은 별로 놀라운 것은 아니다. 대표적으로 PC에서 사용되는 소프트웨어의 해적판 복제와 판매를 들 수 있는데 디스켓을 복제하는 행위는 쉽게 찾아볼 수 있으며 제품패키지에 적혀 있는 저작권에 대한 규정이 실제로 지켜지지 않는 경우도 많다. 한편 소프트웨어의 해적판이 정식출시 이전에 시장에 배포되는 것이 시장침투를 도울 수도 있다는 연구결과가 있는데, 영국에서 널리 사용되는 문서작성용 및 회계업무처리용 소프트웨어의 사용자 7명 중 6명은 해적판 소프트웨어를 이용하며 새로운 소프트웨어를 구입하는 소비자의 80%는 이러한 해적판 사용경험을 토대로 정식 소프트웨어를 구입하게 되었다고 답했다.

마케팅에 영향을 미치는 서비스와 제품 간의 차이점들은 마케팅 표준교재들에서 다루는 전통적인 산업에 관한 논의를 참조하면 쉽게 알 수 있다. 이러한 논의들을 참조하여 핵심서비스와 기본적 서비스 패키지, 그리고 넓은 의미의 서비스를 구분할 수 있다. 〈그림 12.2〉은 이 세 개념들 간의 관계를 보여준다.

핵심서비스란 소비자가 "실제로" 구입하는 것이다. 예를 들어 자가용을 개조하는 사람이 실제로 구입하는 것은 고장이 없는 교통수단이며, 마닐라에 위치한 힐튼호텔에 투숙하는 사람이 실제로 구입하는 것은 하룻밤의 편안함과 믿을 만한 서비스인 것이다. 글로벌서비스 마케팅담당자에게 주어지는 첫 번째 과제는 이러한 서비스의 이점들을 해외시장에 확실히 전달할 수 있도록 하는 것이다. 하지만 이는 해외진출을 위한 필요조건에 불과하며 그 자체로서 성공의 충분조건은 될 수 없다.

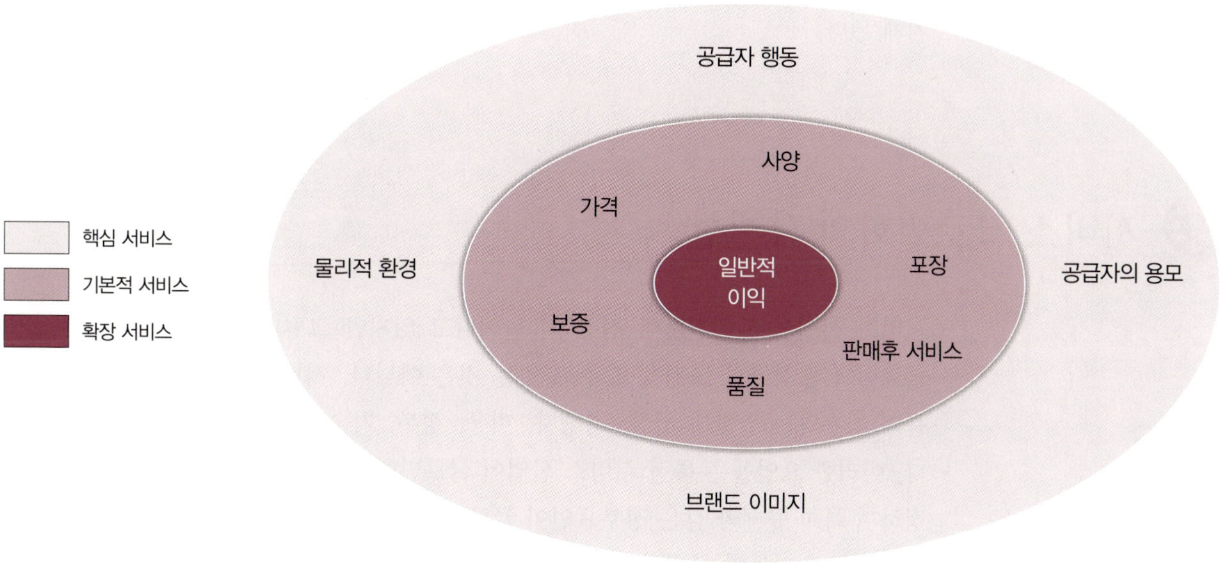

그림 12.2 서비스 "제품"

기본적 서비스 패키지란 고객에게 제공되는 특정한 서비스에 가격, 포장, 품질보증 등 함께 제공된 여러 특징들을 포함하여 일컫는다. 은행이 제공하는 기본적 서비스 패키지는 다양한 "제품"들과 함께 무료 입출금, 예치금에 대한 고이자율 통장 등과 같은 특징을 포함한 것이다. 항공사는 음식, 음료, 면세품 판매, 영화 등 다소 유형적인 기내 서비스를 제공한다. 글로벌 서비스 마케팅 담당자에게 주어지는 두 번째 과제는 전 세계 여러 시장에 적합한 현지화가 이루어진, 반복 가능한 서비스 패키지를 개발하는 것이다. 세계 각국에 있는 클럽 메드(Club Med)의 지점에서 이용가능한 올-인클루시브 베케이션(All-Inclusive Vacations)처럼 복제하기 어려운 혁신적인 서비스 패키지는 고객 충성도를 높이고 경쟁자들에 비해서 우위를 점할 수 있게 한다.

넓은 의미의 서비스란 제품을 살 경우 개인이 받거나 경험하게 되는 이점을 전체적인 관점에서 말하는 것이다. 서비스의 전달과정, 서비스 제공자의 옷차림 및 목소리의 높낮이나 몸짓 등에서 주는 신뢰성과 같은 것들이 모두 이러한 이점에 포함된다. 글로벌 서비스 마케팅 담당자의 세 번째 과제는 이러한 고객지향적인 넓은 의미의 서비스 패키지를 창조해내는 것이다.

이러한 개념들은 물리적 형태를 지닌 제품에도 적용되는 것은 물론이고 표준화된 서비스시장에서 경쟁자들과 차별화 할 수 있다. 또한 이런 특징들은 기업특유우위로 이어질 수 있다. 예를 들어 미용사의 복장이나 미용실의 가구, 흘러나오는 음악, 다른 고객들의 존재 등은 미용의 결과에 대한 만족도에 영향을 미치는 요인이다. 또한 넓은 의미의 서비스가 가지고 있는 이점들은 대부분의 서비스들과 불가분하게 연결되어 있어서 이러한 이점들 없이는 제공되는 서비스들이 다른 곳에서 효율적일 수 없다. 글로벌 서비스 마케팅에서 가장 중요한 것은 핵심편익(core benefit)에 대한 수요를 파악하고 총체적인 서비스 배달 시스템—상호 연결된 활동들, 서비스 배달을 가능케 하는 하드웨어와 소프트웨어 -을 성공적으로 해외에 정착할 수 있을 것인 지의 여부를 파악하는 것이다. 만약 그렇지 못하다면 서비스의 품질과 소비자 만족도가 저하될 위험이 높아지게 된다.

서비스 글로벌화의 잠재성

서비스 산업의 해외진출이 점점 더 늘어나고 있지만 그렇다고 해서 모든 서비스업이 글로벌화에 적합한 조건을 갖추고 있는 것은 아니다. 서비스업 확장의 기본요인은 제품의 경우와 동일한데 시장, 경쟁자, 비용, 정부, 기술적 측면에서의 요인들이 중요하다. 이러한 요인들은 특정 서비스 산업이 글로벌화 될 준비가 되어 있는지의 여부를 결정하며 특히 규제와 같은 정부요인이 글로벌 확장을 가로막는 경우가 많다.

이러한 요인들이 상대적으로 별 문제가 되지 않는다고 할 때, 특정 서비스 산업의 글로벌화 가능성은 서비스업에만 독특하게 존재하는 특징들을 살펴보면 될 것이다.

수명주기 상의 단계

제품수명주기와 마찬가지로 서비스업의 발전은 그 탄생부터 성장과 성숙을 거쳐 쇠퇴하는 주기를 거치게 된다. 일반적으로 마케팅 도표에서 제품수명주기는 S자 형태를 띠는데 성장기는 S자에서 기울기가 가장 급한 부분에 해당하며, 이는 신제품이 선발자 우위를 얻기 위해 해외시장으로 진출하는 시기에 해당된다. 그러나 서비스의 경우 서비스 컨셉트의 해외진출 잠재성이 가장 높은 구간은 성숙기이다.

초기와 성장기에서는 서비스 기업이 이용하는 "생산공정"이 여전히 개발 중인 단계에 머물러 있는 경우가 흔하다. 이 시기에 컨셉트는 여전히 미완성 상태이며 만들어지는 중이다. 성숙기에 이르면 서비스의 소프트웨어와 하드웨어 요소들이 완전히 개발되고 핵심적 구성요소들과 특징들의 표준화가 완전히 이루어진다. 이러한 표준화는 광고나 의료, 패스트푸드 식당, 회계, 호텔 등의 서비스업에 해당되며 이는 서비스의 글로벌 확장을 위한 기반이 된다. 서비스의 기업특유우위는 혁신적인 표준화에서 비롯되는 경우가 많은데 예로서 McDonald's의 청결과 친절도를 보장하기 위한 엄격한 공정과 Hilton Hotel의 고객접대방식에 대한 교육이나 Boston Consulting Group의 성장-점유율 매트릭스 등을 들 수 있다.

인프라 장벽

서비스의 글로벌화는 해외시장에서 서비스가 원활하게 제공되기 위해 필요한 현지의 인프라가 잘 구축되어 있는지의 여부가 중요하다. 원거리 통신수단이 구축되어 있고, 유통인프라가 잘 구축되어 있으며, 숙달된 현지 노동력이 있어야 한다는 것은 여러 서비스 산업이 일반적으로 필요로 하는 조건들이다.

예컨데, 중개업무를 주로 하는 기업은 자사의 서비스 컨셉트가 특정 형태의 규제와 경제적인 환경 하에서만 작동한다면 금융규제와 구성원들이 모두 다른 환경 속에서는 전혀 실효성을 갖지 못 하게 될 수 있다. 이는 콜 옵션이나 풋 옵션 및 다른 파생금융제품들이 거래되려면 선물시장이 있어야 하는 것과 마찬가지이다.

자국 시장의 특이성

서비스의 수출가능성을 막는 또 다른 중요한 요인은 대부분의 서비스 시스템이 자국의 아주 특이한 문제를 해결하는데 특화되어 있다는 것이다. 미국의 수퍼마켓들은 미국인들의 높은 자동차 사용률, 교외지역에서는 넓은 주차공간 확보가 용이하다는 독특한 미국의 환경에 특화된 서비스를 제공한다. 이렇듯 현지에만 존재하는 특이한 요인들과 여타 조건들이 합쳐져 자국에서 제공되는 독특한 서비스의 형태를 결정하게 된다.

서비스 산업의 글로벌화에 필요한 것은 다음과 같다. 첫째로 자국 환경과 상당한 정도의 유사성이 있어야 한다. 둘째로 서비스 컨셉트의 핵심적인 특징을 추출해 낼 수 있어야 한다. 셋째로 그러한 핵심적인 특징의 현지화를 행하되 기업특유우위를 계속 유지하는 것을 잊어서는 안 된다.

서비스의 해외시장 진입

이제 우리는 서비스업의 특성 해외시장진입 모드에 어떻게 영향을 미치는지에 대해 살펴볼 것이다. 이를 위해 먼저 서비스의 국제무역이 어떻게 행해지는 지에 대해 알아보도록 한다.

서비스 해외무역

해외시장의 진입형태를 이해하기 위해서는 서비스 무역이 실제로 어떻게 이루어지는지에 대한 이해가 선행되어야 한다. 관광 수출을 예로 들면 일본인 관광객들이 로마에 내릴 경우, 그들이 지불하는 비용은 현지의 통화로 결제될 것이다. 즉 로마에서 머무르는 동안의 숙박비용이나 식당에서의 음식값, 택시요금, 콜로세움의 입장료, 여타 비슷한 종류의 서비스에 대한 지출은 이탈리아에서 일본으로 수출된 서비스에 대한 대금을 지불하는 것과 마찬가지이다.

Body Shop 프랜차이즈의 확장은 라이센스 형태로 해외시장에 진출하는 사례를 잘 보여주는 사례이다. 즉 멕시코에서 Body Shop 프랜차이즈 계약을 맺으려면 그 사람은 적절한 사업능력과 충분한 자금보유 사실을 입증해야 하며 설립자인 Anita Roddick과 면담을 가져야 할 것이다. 그런 다음 사업체 설립과 운영에 대한 지원을 받고 마침내 Body Shop 제품들의 재고를 쌓고 판매할 수 있을 것이다. Body Shop은 로열티로 판매수익의 일정부분을 지급받게 된다. 계약서에서 달리 특별히 언급되어 있지 않다면 이러한 지급은 영국 파운드화로 이루어지게 될 것이다. 따라서 프랜차이즈 계약자는 멕시코 은행이나 다국적 은행에서 파운드화를 매입하여 이를 영국으로 송금해야 한다. 이는 멕시코의 국제수지 상에서 송금으로 인한 자본유출로 기록되며 영국의 입장에서는 서비스 수출이 되는 셈이다.

또한 컨설팅 서비스에서도 해외직접투자가 필요한 경우가 있다. 출장이 잦아 여러 곳을 다니는 교수가 어느 외국기업의 본부에서 경영자 세미나를 주관한다면 다국적 은행이 발행한 수표를 가지고 돌아와서 자국화폐로 교환할 수 있다. 이것은 그 교수 자국의 입장에서 수출이 발생한 것이기 때문에 관광의 경우와 반대된다(그 관광객들은 서비스를 구입했고 그 교수는 서비스를 판매했다). 하지만 기업에 대한 컨설팅이 지속적으로 발생하는 경우에는 컨설팅기업과 고객들 간의 접촉을 편리하게 하기 위해 사업장을 현지에 마련하는 것이 일반적이다. 따라서 Accenture나 McKinsey와 같은 컨설팅기업들은 세계의 여러 대도시에 지점을 두고 있으며 현지 직원들과 몇몇 본사 관리인들이 주재한다. 이는 서비스 해외직접투자의 한 예이며 현지에서 세금을 납부하지만 컨설팅 자문료의 일부는 자국의 본사로 이전되는데 이는 국제수지표 상의 서비스 수출로 기록된다.

서비스 진입 형태

서비스무역이 어떻게 이루어지는지에 대한 사항은 네 가지의 기본적인 서비스 진입방식을 통해 더욱 쉽게 이해 할 수 있다.

수출

서비스 수출은 제품이 생산되고 선적되어 해외로 수출되는 것과 유사한 형태가 일반적이다. 음악이나 영화를 대표적인 예로 들 수 있는데 오늘날에는 속달우편이나 인터넷 등의 관련기술 발달로 글로벌 통신과 교통이 급속도로 빨라진 덕분에 기술서비스나 소프트웨어, 설계 등에도 적용될 수 있다.

라이센싱

서비스의 제공에 있어서도 현지연관성이 중요하기 때문에 서비스의 표준화, 프랜차이징, 라이센싱과 같은 방법을 사용하는 것이 매우 일반적이다. 패스트푸드 음식점이나 승용차 대여업체, 호텔 체인 등이 그 대표적인 예이다.

라이센싱은 서비스산업에서 가장 명확하고 가시적인 해외시장 진입형태라고 볼 수도 있으며, 많은 다국적기업들이 세계적으로 알려진 브랜드명을 이용해서 해외라이센싱 기반을 구축하고 있다(KFC, Hertz, Hilton 등). 이와는 조금 다르지만 라이센싱과 현지화의 예로서 Playboy 잡지의 세계적 확장방식을 들 수도 있다.

전략적 제휴

기업이 서비스를 제공하기 위해서 현지에 지점을 필요로 하거나 서비스가 복합적이어서 표준화 가능성이 낮을 경우, 해외시장 진입의 방식은 제휴나 혹은 해외직접투자의 형태를 취하게 된다. 서비스업에 대한 정부규제가 엄격한 경우 제휴가 필요하다. 예를 들어 회계, 법률, 의료 서비스업 시장은 대부분의 국가에서 자국 자격증을 요구하기 때문에 외국 기업들에 대해서는 개방되어 있지 않다. 만일 해당 국가가 외국인소유기업의 영업을 전면적으로 허용하고 있지 않다면 외국기업들은 단순히 지점을 개설하여 현지전문가를 고용하는 것만으로는 영업이 불가능하며 현지의 파트너를 필요로 하게 될 수도 있다. 기업이 성숙한 시장에서의 활동 경험이 부족할 때에도 이런 전략적 제휴는 도움이 될 수 있다.

해외직접투자

외국인 소유기업의 활동이 허용된다면 복합 서비스를 제공하는 서비스 기업은 해외직접투자를 행하는 경향이 있다. 그 이유는 수직적 통합이 필요한 서비스의 품질을 더욱 쉽게 관리할 수 있기 때문이다. 이 경우에도 현지직원들이 서비스 제공자의 역할을 한다는 점은 동일하고 더욱 양질의 서비스를 제공하기 위해 별도의 훈련이 필요할 수도 있다. 은행의 경우 정부가 오랜 기간 동안 대형외국은행의 진입을 막기 위해 각종 규제를 해왔지만 금융시장에 대한 규제철폐와 자유화로 인하여 이제 해외의 여러 도시에서 시티뱅크(Citibank) 지점을 찾는 것은 어려운 일이 아니다.

진입과 퇴출 장벽

제품과 마찬가지로 서비스업의 해외시장 진입방식은 진입장벽과 그 기업의 전략적 목표에 의해 결정된다. 서비스업의 해외시장 진입장벽은 일반적으로 제품부문에서의 장벽보다 더 높은 경향이 있다. 그 이유는 서비스의 무형성에 수반되는 통제의 불확실성과 이로 인해 서비스산업에 대한 정부의 규제와 기업의 품질관리 문제가 발생할 수 있기 때문이다. 384개의 기업을 대상으로 한 연구에서 대표적인 해외시장 진입장벽 다섯 가지를 보여주었는데 이는 〈표 12.2〉에 나타나 있다.

기업의 진입방식에 대한 전략적인 한계를 다룬 한 연구에서 가용자원의 제한이라는 요인이 지속적으로 해외시장진입에서의 수직적 통합을 어렵게 한다는 점을 발견하였다. 이러한 제한요인은 서비스산업의 경우에는 자본에 의한 제약이라기보다는 인적자원의 현지 가용성이 낮다는 점에 있다. 제품의 경우와는 달리 서비스업의 해외직접투자는 상대적으로 큰 비용이 들지 않는다. 서비스업의 해외직접투자에서 필요한 것은 단순히 사무실과 사무용품들 그리고 약간의 집기들이다. 이는 또한 퇴거장벽이 상대적으로 낮다는 점을 의미하기도 하며 해외직접투자에 수반되는 위험이 제품에 비해 아주 낮다는 점을 의미한다. 그러나 현지직원들을 훈련시키고 서비스 품질의 손상 없이 서비스를 효율적으로 이전해 제공할 수 있도록 하는 것은 결코 쉽지 않은 일이다.

표 12.2 서비스 해외확장 진입장벽

문제	빈도
1. 현지국의 제한 및 규제	21.6%
2. 품질유지 및 고객서비스	19.5
3. 문화적 차이	13.8
4. 인력	13.0
5. 물류	8.3

현지의 서비스 품질에 대한 통제

서비스의 품질은 일반적으로 서비스 제공자와 소비자의 상호작용이 이루어지는 순간 소비자가 갖게 되는 태도의 문제이다. 따라서 서비스 마케팅에서는 어떤 점에서 고객이 긍정적 혹은 부정적인 느낌을 가지게 되는지를 이해하는 것이 중요하다. 이것은 서비스가 제공되고 서비스 만족이 이루어지거나 실패하는 "결정적 사건"에 대한 분석을 위한 필수적인 사항이다.

글로벌 서비스에서의 결정적 사건들

"결정적 사건" 혹은 "진실된 순간"이란 "소비자가 서비스와 직접적으로 상호작용하는 시간의 기간"으로 정의된다. 결정적 사건에 대한 장단점을 발견한 다음에는 서비스 접점이 서비스 관련자의 행동과 "서비스 범위(service scape)"라고 불리는 물리적 환경을 모두 감안하여 설계된다.

결정적 사건 혹은 진실된 순간 동안의 서비스 품질은 보통 서비스에 대한 고객의 기대치와 실제로 제공된 서비스에 대한 고객의 인식정도의 차이에 의해 측정된다. 만일 제공된 서비스가 고객의 기대수준에 부합하거나 더 높다면 고객만족이 달성된 것이라고 할 수 있다. 제공된 서비스가 고객의 기대수준을 상회한다면 고객은 긍정적으로 반응할 것이다. 만일 기대수준보다 낮다면 고객은 불만족스러울 것이며 서비스 품질을 낮게 평가할 것이다. 따라서 이러한 "갭(gap) 모델"에 따르면, 서비스 품질은 고객이 만족했는지의 여부가 가장 중요하다.

이러한 갭(gap) 모델을 국제적인 사례에 적용하기 위해서는 서비스 제공자와 고객이 각각 다른 문화권 출신인 것으로 상황을 설정하여 분석하는 것이 필요하다. 이 경우 차이(gap)는 문화적 요인에 근거한 기대를 부분적으로 포함하고 있기 때문에 그렇지 않을 경우보다 차이가 더 클 가능성이 높다. 이 모델에서 세 가지의 다른 기대수준이 존재할 수 있다.

- 바람직한 서비스(desired service)란 가장 높은 수준 혹은 이상적인 수준의 품질이다.
- 적합한 서비스(adequate service)란 이 수준 이하로는 용납할 수 없는 정도의 낮은 서비스 품질의 하한선을 상회하는 구간이다.
- 기대되는 서비스(expected service)란 바람직한 서비스(Desired Service)와 충분한 서비스(Adequate Service) 사이에 위치한다.

이러한 서비스 품질수준 간의 관계는 〈그림 12.3〉에 묘사되어 있다. 인지된 서비스 수행의 정도가 바람직한 서비스와 적합한 서비스 수준의 사이에 머물러 있는 한 차이는 없으며 고객은 만족한다. 만일 서비스 이행의 수준이 충분한 수준 밑으로 하락할 경

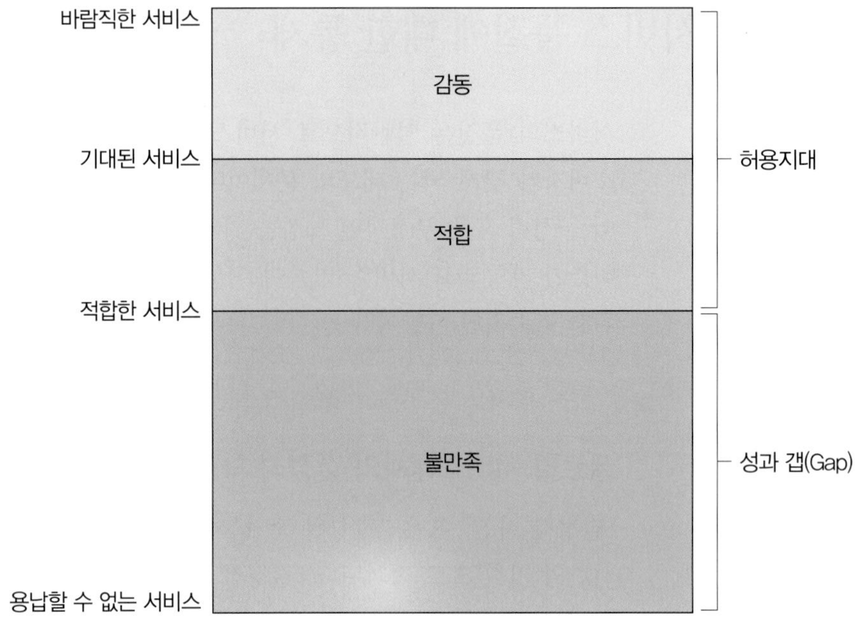

그림 12.3 차이와 허용지대

Sources: Adapted from Stauss and Maung, 1990, p. 333.

우 갭(Gap)이 생기게 되며 고객 불만족이 발생한다. 바람직하고 적합한 서비스 수준 사이는 허용지대(zone of tolerance)이며 고객은 만족하게 된다. 서비스 이행의 수준이 기대를 넘어서게 되면 고객은 감동의 경지에 이르게 된다.

다른 문화 간의 서비스 접점에서 기대수준은 현지국의 문화에 영향을 받게 될 것이다. 고객의 기대수준은 부분적으로는 자신의 문화적 배경과 과거 경험에 의해 이루어지기 때문이다. 프랑스인들은 고급레스토랑에서 어떤 음식을 제공하는지 알고 있다. 그러나 동일한 고객이 프랑스의 McDonald's 점포를 방문한다면 그는 미국의 패스트푸드 체인점이란 것을 감안하여 프랑스인들이 가지고 있는 이미지에 따라 그의 기대수준을 다소 조정할 것이다. McDonald's의 사례의 경우 서비스 기대수준은 하향될 것이며, 따라서 기대와 충분한 서비스(adequate service)의 수준 역시 낮아질 것이고, 허용지대(zone of tolerance)의 범위는 커질 것이다. 그러나 프랑스 다국적기업이 현지 우체국 대신 FedEx를 이용하기로 했을 경우 그런 수준은 높아질 수도 있다. 그럴 경우 기대와 적합한 서비스(adequate service)의 수준은 상향할 것이며 허용지대(zone of tolerance) 영역은 줄어들 것이다.

여기서 알 수 있는 것은 외국의 서비스기업이 특정시장에 진입했을 경우 항상 국내기업과 같은 기준으로 판단을 받는 것이 아니라는 점이다. 그런 기준은 더 높을 수도 있고 더 낮을 수도 있다. 하지만 장기적으로 보면 소비자인식이 점점 현지기업과 비슷하게 조정되기 때문에 이러한 차이점이 계속 유지될 것이라고 볼 수는 없다. 즉 비슷한 기반 위에서 경쟁하게 될 것이다. 한편 단기적으로는 새로 진입한 기업에 대하여 평가유예기간이 주어질 수도 있다.

연구에 따르면 서비스에서 문화적 차이에 따른 예외적인 현상이 나타날 수 있다. 고객들이 서비스 제공자와 자신들 간에 문화적인 차이가 존재한다는 사실을 깨달을 경우 고객들은 그들이 느끼는 성과차이가 단순히 오해에서 기인한 것인지에 대해 묻는 경향이 있다는 것이다. 즉 서비스가 좋지 않다고 인식했을 경우 언어장벽이나 다른 문화적 차이를 그 원인으로 볼 수 있다고 한다. 또한 소비자가 외국인이고 서비스 제공자는 내국인일 경우 서비스로부터 무엇을 기대해야 할지에 대해 소비자는 사실 잘 모를 수 있다. 때문에 소비자가 적합한 서비스(adequate service)의 수준을 계속 떨어뜨리고 허용지대의 영역을 넓혀 열악한 서비스를 받아들일 수도 있음을 알아야 한다. 물론 이런 식의 예의를 바라는 것은 글로벌마케팅 담당자에게는 권할 만한 것이 못 된다.

GLOBAL MARKETING

요약

이 장에서는 표준화된 글로벌 제품에 대해 논의해 보았다. 현지의 인프라에 대한 현지화와 소비자들의 선호에 따른 적응은 신중히 선택되야 하고, 현지화는 항상 필요한 것이지만 적응은 경영자가 결정할 문제이다. 이때 제품 특성이 중요한지, 소비자들의 선호가 국가별로 다양한지 확인하여야 한다. 두 가지 조건을 모두 만족하는 경우에 적응을 피할 이유는 없다.

이 장에서는 또한 신제품 개발과정과 그것이 글로벌 제품에 어떻게 적용되는지에 대해서 알아보았다. 이를 통해 오늘날의 글로벌 제품은 시장전반에 걸친 표준화를 염두에 두고 개발된다는 것을 알 수 있었다. 그리고 세계시장에 확산되는 속도에 대해 살펴보았는데 문화적인 유사성이 높고 신제품의 출시가 늦은 시장이 그 신제품의 원산지 시장에서보다 더욱 빠른 확산속도를 보일 수 있다는 것을 알 수 있었다.

글로벌 서비스는 일반적으로 제품보다 더 복잡하고 소규모로 이루어진다. 서비스의 무형성과 여타 특징들로 인해 서비스는 제품과 다르며 마케팅 담당자가 해외에서 서비스를 재구성하거나 품질수준을 통제하기 어렵다. 그러나 마케팅의 관점에서 보면 제품마케팅에서 이용가능한 여러 가지 표준적인 컨셉트와 분석도구들은 서비스마케팅에서도 이용 가능하다. 한 가지 큰 차이점은 유통측면에서 나타나게 되는데 서비스의 비분리성으로 인해 서비스의 제공과 동시에 고객만족과 품질에 대해 "결정적 순간"이 존재하게 된다. 또한 품질평가에 관련하여 고객의 주관적 판단에 의존하여야 하므로 문화적인 요인이 서비스 품질과 고객의 만족수준을 결정짓는 두드러진 역할을 하게 된다.

글로벌 서비스 확장은 제품의 글로벌화를 촉진한 것과 같은 요인들에 의해 이루어진다. 언제 글로벌화를 추진하는가에 대한 문제는 "서비스 컨셉트가 어떤 것인가"와 관련이 있으며, 또한 동일한 서비스가 해외에서 어떻게 재생산될 수 있는지, 새로운 시장에서 필요한 현지화가 기업특유우위를 해치지 않고 어떻게 이루어질 수 있는지, 그리고 현지에서 필요한 인력을 어떻게 훈련시킬 수 있는지 등에 관한 것이다.

위한 많은 노력을 기울이고 있다. 그 결과 글로벌 브랜딩은 더욱 핵심적이고 중요한 기능을 수행하게 되었다. 경영자들은 고객들이 부정적인 부분을 최소화하고 긍정적인 부분을 부각시키게 끔 유도한다. "글로벌화 된다"는 것이 고객들의 시각에서 긍정적인 브랜드 편익이라고 할 때는 글로벌화에 치중하여야 하지만, 만약 그것이 부정적인 요인이라면 브랜드를 현지화하는 노력을 기울여야 할 것이다. "글로벌"의 의미는 글로벌 브랜드가 전 세계적인 파워를 가진다는 점과 명성에 의한 현지친화력과 친밀성 등을 가진다는 점을 융합했을 때 나타날 수 있는 현상이라고 할 수 있다.

맥주는 맥주다워야 한다?

맥주는 소비자의 주관적 인식이 객관적 사실 이상으로 중요하며 원산지효과는 제품의 선호에 놀라울 정도로 영향을 끼치는 제품이다. 두 개의 사례를 멕시코와 유럽으로부터 정리해 보았다.

1999년에 멕시코산 Corona 맥주는 5,500만 상자를 판매함으로써 미국에서 가장 인기 있는 수입맥주가 되었으며 4,200만 상자의 네덜란드 Heineken 맥주를 손쉽게 앞질렀다. Corona 맥주를 다소 저급의 맥주로 생각하던 멕시코인들에게 미국에서의 성공은 미스터리였다. 그러나 Corona의 CEO인 Carlos Fernandez Gonzales는 마케팅 스마트(marketing smarts)에 대한 믿음을 갖고 있었다.

1970년대 미국시장에 진입한 Corona의 판매는 초기에 부진하였다. 이후 미국의 유통업자들은 두 개의 틈새 세분화시장에 초점을 맞추는 아이디어를 생각해 냈다. 첫 번째는 미국에 살고 있는 수백만의 멕시코인들을 표적으로 하는 것이었다. 다음으로 젊은 미국 맥주 소비자들을 표적화하기로 결정하였으며 그들의 대다수는 Cancun, Mazatlan, Acapulco 등지의 멕시코 해변에서 휴가를 보냈다.

햇볕이 내리쬐는 멕시코 해변에서 봄철 휴가를 즐기고 있는 매력적인 대학생 남녀들을 특징으로 하는 광고와 국내 및 비싼 수입맥주 사이의 프리미엄 가격으로 Corona를 포지셔닝 함으로써 획기적인 판매증대를 이룩할 수 있었다. Corona의 옅은 색상이 "소변 성분" 때문이라는 소문으로 일시적인 판매침체가 발생하기도 하였다. 그러나 Corona는 라임 한 조각을 첨가해 병채로 마실 것을 광고함으로써 이러한 판매정체는 극복될 수 있었다.

Corona는 이스라엘, 러시아, 일본을 포함한 일부 새로운 시장에서 판매량의 상승과 함께 글로벌화로 나아갔다. 그리고 맥주 애호가들의 성지인 독일의 뮌헨 전통 맥주축제 Oktoberfest에서 마케팅을 시도함으로서 유럽시장을 공략하였다. 마케팅 아이디어가 글로벌 시장에서 적용될 수 있다는 점을 입증하기라도 하듯이 미국에서 성공한 열대지방의 해변 광고가 다른 나라에서도 적중하였다.

그러나 일부 맥주 브랜드들이 글로벌화 되어가는 것처럼 보일지라도 소비패턴의 측면에서 맥주는 어떤 소비재들보다도 글로벌화의 진척이 더딘 제품 중 하나인 것 같다. 170개 국가에서 맛을 볼 수 있는 Heineken은 가장 국제적인 맥주라고 주장하지만 그들 판매의 61%는 유럽 내에서 이루어지고 있다. Budweiser는 여전히 수익의 대부분을 자국 시장인 미국에서 벌어들이고 있다. 그리고 2007년 브랜드 순위에서 Budweiser는 'Interbrand'의 세계 상위 100개의 글로벌 브랜드 중 유일한 맥주 제품이었고 Coca-Cola, McDonald's, 말보로보다 한참 뒤의 순위였다.

맥주 소비자들은 하나의 거대한 보편적인 세분화시장을 구성하고 있는 것처럼 보이지만 사실 대부분의 "글로벌" 맥주시장은 분화되어 있고 다국적이다. 주력제품의 글로벌 브랜드로서 Stella Artois, 덴마크의 Carlsberg와 함께 세계에서 가장 거대한 벨기에의 Interbrew(현재 InBev)와 같은 거대기업(behemoths)의 표현으로 이어진 많은 유럽 양조업체의 합병에도 불구하고 이들 브랜드의 글로벌 시장점유율은 여전히 미약하다. 자국 시장의 규모가 글로벌 순위를 결정하는 경향이 있다. 2000년도에 접어들면서 선도 브랜드인 Budweiser는 3.6%의 글로벌 점유율을 나타내었으며 Bud Light는 2.6%를 기록하였다. 3위는 1.8%를 차지한 일본의 Asahi Super Dry였다. Heineken은 글로벌 판매의 1.6%를 차지하면서 6위를 기록하였다.

왜 맥주시장은 더욱 진정한 글로벌화로 나아가지 못하는 것일까? 일부에서는 마케팅노력의 부족을 탓한다. 그리고 훌륭한 마케팅전략을 통하여 판매성공을 이룩한 Corona는 이러한 주장을 일리가 있게 한다. 그러나 소비자와 맥주에 관하여 현지의 취향은 단지 현지만의 것일 수 있다.

Sources: Brian Bremner, "'Made in America'- Isn't the Kiss of Death Anymore," *BusinessWeek*, November 13, 1995; James Sterngold, "The Awakening Chinese Consumer," *New York Times*, October 11, 1992, pp. D1, D4; Rick Wills, "The King of Imported Beers," *New York Times*, May 28, 1999, pp. C1, C2; "The Big Picture," *The Economist*, January 20, 2001, pp. 63-64.

서론

기업의 주된 브랜드들은 수십억 달러의 가치를 가지는 기업의 주요한 자산이다. 한 연구에서 153명의 상급 경영자들이 그들의 주요 브랜드에 책정한 평균값은 53억 달러였다. 〈표 13.1〉은 런던에 소재한 인터브랜드 컨설팅 펌(Interbrand consulting firm)이 2007년 전 세계에서 브랜드 가치가 가장 높은 제품들을 조사한 자료를 보여주고 있다. 이 표에서는 순위는 지역마다 다를 수 있지만 대략적인 브랜드 가치를 나타낸다. 표에서 나타나듯이 리스트의 모든 브랜드들은 세계적으로 표준화된 제품을 판매하는 기업들로부터 추정된 것들임을 알 수 있다.

글로벌 브랜드의 증가하는 영향력 때문에 글로벌 브랜드 관리는 마케팅관리상 중요한 위치로 자리매김하게 하였다. 1995년 한 연구에서는 전 세계에서 가장 효율적으로 글로벌 브랜드를 관리하는 10개의 기업을 추천하였는데 글로벌마케팅 전문가로서 Coca-Cola가 최상위의 브랜드관리 기업으로 선정되었다. 〈그림 13.1〉에서 가장 두드러진 사실은 1위와 2위와의 격차이다. 글로벌 브랜드를 관리하는 일은 기업간 경쟁력을 결정하는 중요한 요소이지만 상당한 사안과 자원의 투자가 요구된다.

표 13.1 세계에서 가장 가치 있는 브랜드

	브랜드명	2007 브랜드 가치 ($ billions)
1.	Coca-Cola	$65.3
2.	Microsoft	$58.7
3.	IBM	$57.1
4.	G.E. (General Electric)	$51.6
5.	Nokia	$33.7
6.	Toyota	$32.1
7.	Intel	$31.0
8.	McDonald's	$29.4
9.	Disney	$29.2
10.	Mercedes	$23.6

Sources: Interbrand.com, "Best Global Brands 2007."

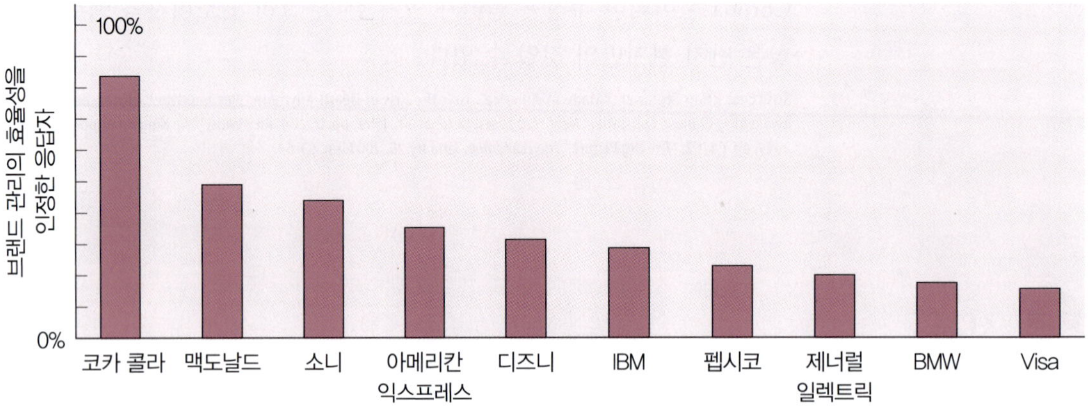

그림 13.1 10개의 가장 효율적인 글로벌 브랜드 관리자

Sources: Elliott, 1995, with data from the "Brands at the Crossroads"study by Bozell Worldwide and Fortune Marketing, New York, 1993.

이 장은 먼저 브랜드란 무엇인지를 정의하고 다른 유형의 브랜드들을 구분하였다. 그리고 국가를 브랜드인식의 대상으로서 논의를 이어가고자 한다. 다음으로 이 장은 지역 브랜드(regional brand) 및 현지 브랜드(local brand)와 글로벌 브랜드(global brand)를 구별 짓고 오늘날 시장에서 브랜드가 왜 그렇게 중요해졌는지를 살펴보고자 한다. 이는 브랜드의 기능 특히 글로벌 브랜드의 역할에 대해서 이해하는데 도움을 줄 것이다. 또한 글로벌 브랜드의 장단점도 살펴보게 될 것이다.

이상과 같은 사항을 설명하고 난 후에 글로벌 브랜드를 어떻게 관리하고 또한 그 가치는 어떻게 평가될 수 있는지를 살펴보게 된다. 이를 통해서 글로벌 브랜드가 최고경영자에게 어떻게 인식되어야 하고 전략적으로 활용될 수 있는 것인지에 대한 함의도 제공하게 된다. 다음으로 이 장은 글로벌 브랜드의 형성과정을 이해하고 기업들이 왜 일반적으로 처음부터 글로벌 브랜드를 창조하기 보다는 폭포 전략(waterfall strategy)에 의하여 점진적으로 브랜드를 확장하는지를 설명한다. 이 장은 또한 현지 브랜드를 인수했을 때 왜 글로벌 브랜드명을 도입하기 보다는 그들의 현지 브랜드를 유지하는 것이 도움이 되는지를 설명하고 있다. 다음으로 다국적기업에서의 전형적인 브랜드 포트폴리오와 브랜드 구성을 살펴본다. 그리고 이 장은 기업들이 글로벌 브랜드명을 어떻게 선택하는지 그리고 필요할 경우 현지 브랜드를 어떻게 글로벌 브랜드명으로 변경해 나가는지에 대해 논의하고 있다. 마지막으로 위조품에 대한 문제와 위조품에 의한 가치의 저하에 대항하여 자사의 글로벌 브랜드를 어떻게 보호할 것인지에 대하여 논의한다.

브랜드 정의

브랜드명은 기본적으로 제품 제조업자나 서비스의 공급업자의 정체를 밝혀주는 상징이다. 이러한 의미로 브랜드는 수 세기 동안 마케팅에서 중요한 기능을 해오고 있다. 예를 들면, 르네상스 시대 이탈리아 예술가들의 서명, 리옹의 4성 레스토랑의 이름, 구 유럽의 지폐에 찍힌 왕가의 얼굴이다. 일찍이 상인들은 신뢰할 수 있고 믿을 만한 이름을 보유하는 하는데 대한 부가가치를 발견하고 권리를 주장하기 시작하였다("Established 1789," "Since 1864," et.). 이는 오랜 전통과 함께 고객의 친숙함과 충성심 그리고 일관된 품질에 대한 자동적인 기대가 따르기 때문이다.

브랜드에는 여러 가지 유형이 존재한다.

- **제품 브랜드(Product brands):** 제품 브랜드는 전통적인 의미의 브랜드를 나타낸다. 이들은 이름이 주어진 제품과 명확하게 연결되도록 제품 또는 서비스를 특정한다. 사례로 Tide 세제, Nokia 휴대폰, Budweiser 맥주, Starbucks 커피, HSBC 은행, BMW 자동차 등이 있다. 이러한 브랜드들은 기업 브랜드와 동일시되지만 그렇지 않은 경우도 있다. 이 장에서의 브랜드에 대한 논의는 명시적인 언급이 없다면 제품 브랜드와 관련된다.
- **기업 브랜드(Corporate brands):** 전체로서 기업을 의미하는 브랜드이다. 예로 항공기 제조업체인 Boeing이 있다. 이러한 브랜드들은 아래에서 정의된 '엄브렐러 브랜드', '보증 브랜드' 또는 '패밀리 브랜드'가 되는 것들이다. 매우 다각화된 기업들은 기업 브랜드를 지나치게 강조하기 보다는 그들의 제품 브랜드들을 더욱 독립적으로 관리하는 경향이 있다. 스위스의 Nestle가 Perrier를 판매하고 있다는 것 또는 네덜란드와 영국의 Unilever가 Ben & Jerry's를 소유하고 있다는 것을 알고 있는 소비자는 거의 없을 것이다.
- **패밀리 브랜드(Family brands):** 패밀리 브랜드명은 제품군의 모든 제품들에 사용되는 이

름이다. 각 제품은 중요한 브랜드명을 특징으로 한다. 예는 Kellogg의 시리얼, Betty Crocker의 제빵제품을 포함하는 식료품과 Nivea의 스킨케어 제품 등이 있다.

- 마스터 브랜드(Master brand): 근본적인 제품에 기초한 주된 고정점(anchoring point)의 역할이 중요한 특정 브랜드명이다. 일례로 Pentium과 Centrino 프로세서를 보유한 Intel이 있다. Microsoft의 Bill Gates가 Microsoft의 마스터 브랜드인 것처럼 사실상 Steve Jobs가 마스터 브랜드라고 주장할 수 있음에도 Apple 컴퓨터는 또 다른 마스터 브랜드 사례의 하나이다.
- 엄브렐러 브랜드(Umbrella brands): 대략 관련이 있는 다양한 제품들을 다루는 브랜드이다. 하나의 예는 Sony의 전자제품, 음악 그리고 영화제품들이다. 국가이미지는 프랑스의 와인, 이탈리아의 정장처럼 엄브렐러 브랜드로서 자연스럽게 이용된다.
- 보증 브랜드(Endorsement brands): 잘 알려진 기업이 주어진 제품 브랜드를 뒷받침하는 브랜드이다. 그들은 일반적으로 "by"라는 단어를 이용하여 인지된다. 예를 들어, Ralph Lauren은 "Polo by Ralph Lauren"을 브랜드 전략으로 채택하였다. iPod과 iPhone은 iMac에서 소문자 첫 글자 'i'를 이용한 기기를 통하여 Apple에 의해 보증 브랜드를 형성하였다. B2B에서는 Honeywell이 "NexWatch by Honeywell"과 같이 그들의 자회사 제품을 보증하기 위한 전략을 이용하였다.
- 하위 브랜드(Sub-brands): 패밀리에 속하거나 보증되거나 또는 엄브렐러 브랜드의 산하에 있는 제품 브랜드이다. 사례는 Honda Accord, Chaps & Polo for Ralph Lauren 그리고 Microsoft's XBOX 등이 있다. Sony와 Apple의 이름이 중시되지 않는 Sony의 PlayStation과 Apple의 "Mac"은 각 기업의 하위 브랜드였지만 스스로의 가치를 보유하고 있다.
- 이중 브랜딩(Dual branding): 이중 브랜딩은 동등한 수준에서 두 개의 브랜드를 동시에 내세우는 것이다. 제품과 네트워크 서비스를 동시에 판매하여야 하는 휴대폰시장의 마케팅에서 일반적인 형태이다(예를 들어 iPhone과 AT&T).
- 구성요소 브랜드(Ingredient brands): 제품의 부품에 대하여 다른 유명한 브랜드를 사용하는 경우에 제품의 인식을 개선할 수 있다. 이러한 경우에 사용하는 방법이 구성요소 브랜드이다. 예를 들면, Mercedes 자동차의 Bosch 구성품, PC의 Intel 구성부품 등이 있다.
- 브랜드 확장(Brand extensions): 좋은 이미지를 가지는 제품은 다른 제품 범주에서도 동일한 브랜드명을 사용할 수 있다. 예컨대 자신들의 브랜드를 가게에서 레코드 라벨과 항공편으로 까지 확장해온 Virgin Group이다. 하지만 모두가 성공하는 것은 아니다. BIC 펜은 BIC 펜티스타킹으로 시장에 진입하려 시도했지만 실패하였다.

이러한 다양한 유형의 브랜드들이 출현한 것은 기업의 해외시장 진출 때문이다. 기업이 새로운 시장에 진출할 때, 그 기업의 브랜드명은 많은 잠재적 고객들에게 낯설게 느껴질 것이다. 따라서 잠재적 고객들에게 자기 기업에 대하여 알리고, 그들의 브랜드를 후원하고 있음을 알리는 것은 중요하다. 기업 광고는 기업 브랜드를 수립하기 위한 과정의 일부이다.

P&G는 그들의 기업 브랜드를 Tide, Head & Shoulders와 다른 브랜드 제품들이 이미 확고한 자리를 잡고 있는 국내보다는 해외시장에서 더욱 적극적으로 홍보하였다.

한편, 소기업들은 이미 자리를 잡은 현지 브랜드와 함께하여 결합된 브랜딩 전략을 통해 현지소비자들의 후원을 이끌어내고자 한다. 이러한 후원은 종종 유통경로에 있는 중간상들과의 잘 확립된 파트너십에 의해서 제공되어 질 수도 있다. 이탈리아의 커피 제조업체 Lavazza는 Whole Foods 브랜드를 이용하여 미국시장으로 유통되어, Whole Foods 브랜드의 강점을 통하여 고객들의 신뢰감을 얻었다.

글로벌, 지역 그리고 현지 브랜드

글로벌 브랜드는 세계의 모든 국가에서 이용가능한 것으로서 정의할 수 있다. 그러나 일부 국가시장(미얀마, 북한)에는 도달하지 못할 수 있기 때문에 일부 연구자들은 글로벌 브랜드는 여러 국가의 주요 시장들에서 높은 판매량을 차지해야 한다고 주장한다. 예를 들어, AC-Nielsen 시장조사 기업은 글로벌 브랜드를 세계의 주요 지역들에서 이용 가능하며 또한 각 지역에서 강력한 시장참여자라고 정의하였다. 또한 기업이 각 지역에서 판매율의 최소 5%를 차지해야 한다는 요구조건을 내세웠다. 이는 매우 엄격한 것이다. 그 결과 포장소비재(consumer packaged goods) 범주에서 43개의 브랜드만이 '글로벌 브랜드'로 분류되었다.

결국, 글로벌 브랜드의 주된 기준은 세계의 대부분 시장에서의 간편한 이용가능성과 인지도라는 것이다. 이러한 기준은 소비자인식(Steenkamp et al., 2003 참조) 또는 브랜드 판매량과 실제적인 지리적 접근성(Interbrand의 '100개의 베스트 글로벌 브랜드')에 근거한 것일 수 있다. 반대로, 현지 브랜드는 인도의 Karma Cola와 같이 일부 현지시장에만 제한적인 접근성을 가진다. 이러한 현지 브랜드는 현지의 소비자들에게는 잘 알려져 있고 선호될 수 있지만, 현지시장 외에서는 유의미한 시장을 확보하고 있지 않다.

다른 분류방식으로서 지역 브랜드를 들 수 있다. 지역 브랜드는 세계의 일정지역에서 알려진 이름을 가지고 있는 제품 브랜드이다. 예를 들어 P&G의 Tide 세제는 유럽에선 Ariel이라고 알려져 있고, Toyota의 고급 브랜드인 Lexus는 일본에서 과거에 Celsior로 소개되었다 현재는 세계적으로 Lexus로 알려지게 되었다.

다음의 리스트는 이러한 세 가지 브랜드들을 요약하고 전형적인 사례를 제시하고 있다.

- **글로벌 브랜드**는 세계의 대부분의 시장에서 이용 가능하고 잘 알려져 있는 브랜드이다(예: Sony, Mercedes-Benz, Microsoft, Coca-Cola).

- **지역 브랜드**는 한 지역에서는 통일되어 있지만 각 지역들끼리는 다른 브랜드이다. (예: 북미에서 P&G의 Pert Plus는 아시아의 Vidal Sasson이다. Acura는 아시아에서 Honda Legend이다).
- **현지 브랜드**는 한 두 곳의 시장에서만 발견되는 브랜드이다(예: 독일의 Jever Pilsener, 영국의 Fortnum & Mason, 미국의 A&W root beer, 일본의 Pocari Sweat).

많은 다국적 대기업들은 현지 브랜드를 사들여 해외로 확장해 나간다. 인수된 브랜드명은 그 자체로 독립적인 입지를 가질 만큼 충분히 강력할 수도 있지만, 최소한 과도기 동안에는 현지 브랜드와 다국적 브랜드의 로고를 추가하는 것 또한 바람직할 수 있다. 이러한 브랜드 병합은 현지 브랜드가 글로벌 명성을 얻기 전에 인지도와 친숙함을 얻는데 도움을 줄 수 있을 것이다. IBM PC가 Lenovo를 인수하는 이러한 전략을 따랐다. 다른 대안으로는 기업을 인수받으며 현지 브랜드를 지원하여 주거나 마스터 브랜드로서 관리될 수 있다. 스웨덴의 가전기기 제조업체인 Electrolux는 강력한 현지 충성도(Loyalty)를 가진 브랜드를 인수했을 때, 최신기술을 제공함과 동시에 현지고객들의 충성도를 유지하기 위하여 이러한 전략을 사용하였다.

브랜드 개념의 확장

이제 우리는 제품과 서비스에 대한 전통적인 의미에서의 브랜드의 개념을 살펴보고자 한다. 그러나 "브랜드"의 개념은 제품과 서비스를 넘어 확장되어 왔으며, 현재에는 유명 연예인, 스포츠팀과 스포츠 스타, 기관, 그리고 심지어는 국가에 대해서도 적용되고 있다. Leonardo DiCaprio, Nicole Kidman과 같은 무비 스타들은 세계적인 연예인들이며, 이들은 글로벌 브랜드로서 간주되어 관리되고 있다. BBC TV도 글로벌 브랜드라고 할 수 있으며, TV에 출연하는 Ophrah Winfrey도 글로벌 브랜드이다. 영국의 축구선수 David Beckham은 오늘날 가장 유명한 글로벌 스포츠 브랜드 중의 하나이다. 축구팀들 중에서는 Real Madrid와 Manchester United는 차순위의 Barcelona와 Liverpool과 치열한 글로벌 브랜드 경쟁을 벌이고 있다. 2007년 Beckham이 LA Galaxy로 이적한 것은 중국의 Lenovo가 IBM의 Thinkpad 브랜드를 사들인 것과 같이 글로벌 브랜드의 인수와 유사하다. Barcelona의 모토인 "Forza Barca"는 진정한 브랜드 슬로건이다.

한편, 선거에 출마하는 정치인들은 스스로의 브랜드를 의식하며 특히 미국에서는 미디어(media clutter)를 통하여 그들의 메시지를 전달하고, TV 광고와 반복되는 "연설문"을 활용하여 브랜드 구축전략을 실행한다. 2003년 미국이 이라크를 침공한 이후 다양한 국가들의 반미주의로 인하여 Bush정부는 "Brand America"를 인식시키기 위하여 이미지 마케팅을 수행하였다.

국가 브랜딩

많은 국가들에서 긍정적인 국가이미지가 관광객을 끌어들이고 제품의 원산지에 대한 인식에도 영향을 미치고 해외직접투자와 정치적 신뢰도에도 영향을 미치는 것으로 보고되고 있다. 신흥국가들은 일간지에 자국이 보유하고 있는 자원을 판촉하여 투자자들을 유치하려고 한다. 그리고 대부분의 국가들은 외교관들에게 국가이미지의 고양을 위해 마케팅 기법을 훈련시키고 있다.

소위 "국가 브랜딩"이고 불리는 개념을 잘 소개하고 있는 책으로서 Simon Anholt의 저서 'Brand New Justice: The Upside of Global Branding(Anholt, 2003)'을 들 수 있다. 제4장에서 살펴보았듯이 Anholt는 국가이미지의 강점과 약점을 확인하는데 사용할 수 있는 국가(또한 도시와 지역에 대한) 프로필을 개발하기 위하여 시장조사 기업인 GMI International과 공동으로 연구하였다. 이 연구에서 한 나라의 이미지를 요약하는 여섯 가지 차원을 확인하였다. 각 차원은 문화와 전통, 수출, 국가통치, 이민과 투자, 사람 그리고 관광으로 밝혀졌다.

이러한 6차원의 기준을 통하여 다른 국가들에 대해 시각적으로 포착하고 이미지를 대조하며 사람들이 어떻게 국가를 다르게 인식하는지에 대하여 국가별 이미지 그리고 동일한 국가에 대해 사람들이 어떻게 달리 인식하고 있는지에 대하여 도해한 다이어그램으로 요약하고 있다. 예를 들어, 육각형 모양의 중심부로 나타나 있는 프랑스에 대한 인식의 차이는 〈그림 13.2〉과 〈그림 13.3〉를 참조하라.

다이어그램에서 한 국가의 프로필이 6개의 차원에서 더 멀리 나아갈수록 등급은 더욱 우호적인 것이 된다. 이렇게 하여 평가된 프로필은 각 국가의 강점과 약점을 평가하는데 유용하다.

국가들 간에 인식이 다르게 나타나고 있어 각국의 프로필을 비교함으로서 국가간의 상이점을 한 눈에 알아볼 수 있다. 일본인은 미국인보다 프랑스인에 대하여 훨씬 우호적인 관점을 가지고 있다. 반면에 미국인들은 문화와 전통에서 다소 긍정적 태도를 보

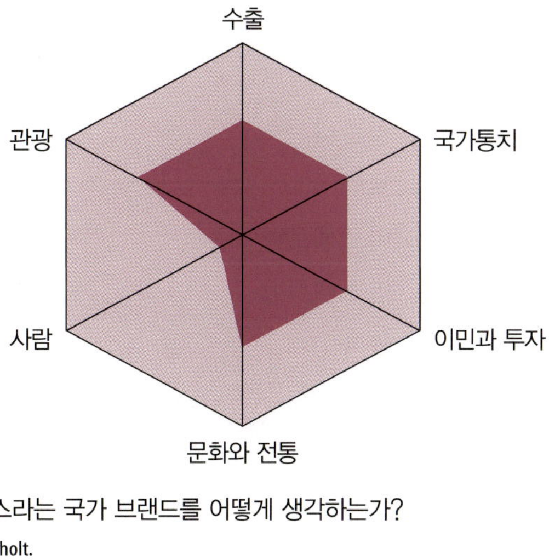

그림 13.2 미국인들은 프랑스라는 국가 브랜드를 어떻게 생각하는가?

Sources: Copyright © 2002 Simon Anholt.

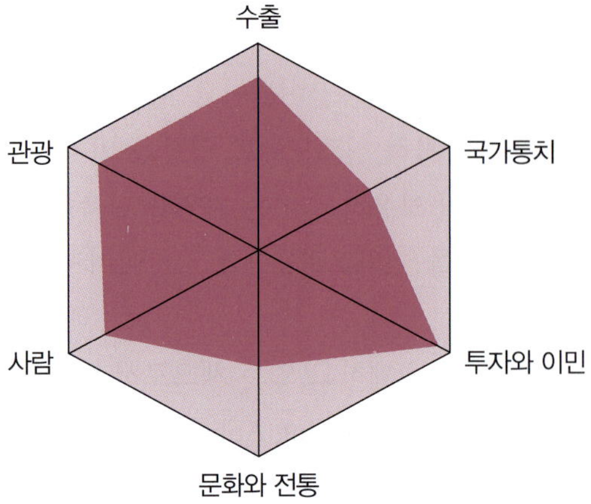

그림 13.3 일본인들은 프랑스 브랜드를 어떻게 생각하는가?

Sources: Copyright © 2002 Simon Anholt.

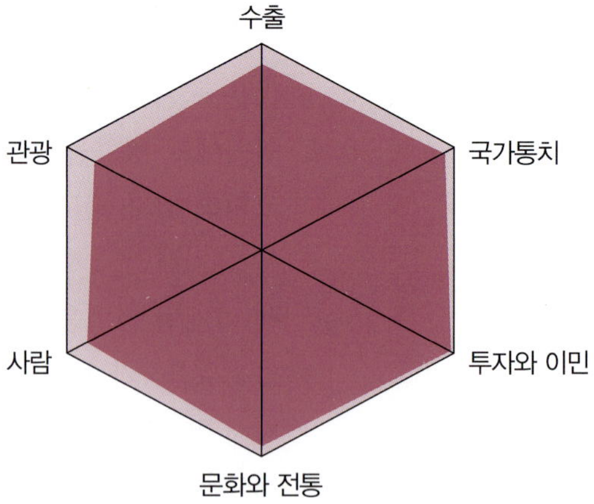

그림 13.4 미국인들은 영국 브랜드를 어떻게 생각하는가?

Sources: Copyright © 2002 Simon Anholt.

였다. 총체적으로는 일본에서 프랑스에 대한 이미지가 더욱 우호적임을 알 수 있고 따라서 일본에서 마케팅하는 경우에 프랑스의 원산지를 강조하는 것이 유리할 것이다. 반대로, 〈그림 13.4〉에 나타난 것처럼 미국인들은 영국산에 대해 훨씬 더 우호적인 태도를 가지고 있음을 알 수 있다.

장소 브랜딩

국가 브랜드의 접근법은 현재 더욱 일반적인 "장소 브랜딩"이라는 개념으로 확장되고 있다. 6개의 영역에서 30개 도시들을 등급화 하였다: 존재감(문화/과학, 그리고 일반 현황에 대한 기여), 장소(물리적 측면), 잠재력(취업/교육기회), 역동성(도시의 생활방식), 사람(환대/다양성), 그리고 전제조건(기본서비스와 쾌적함). 아래에는 2005년 상위 10위 국가를 열거하였다.

1. 영국
2. 파리
3. 시드니
4. 로마
5. 바르셀로나
6. 암스테르담
7. 뉴욕
8. LA
9. 마드리드
10. 베를린

글로벌화와 함께 각 국가 도시들은 여러 측면에서 브랜딩되고 있고 순위가 매겨지는 것을 회피할 수 없는 것이 현실이다.

브랜드는 어떠한 기능을 하는가

브랜드가 왜 중요한지에 대한 몇 가지 이유들이 있다. 이러한 이유들은 브랜드의 역할을 설명하고 있으며 글로벌화와 국가간 경쟁의 증가로 인하여 브랜드 기능들이 점점 더 중요해지고 있다.

위험회피와 신뢰

브랜드가 고객에게 어떠한 영향을 미치는지에 대하여 전통적인 설명은 위험을 감소시키는 역할을 한다고 한다. 강력한 브랜드는 대기업이나 소비자들이 더욱 깊은 신뢰를 보내고 높은 충성도를 나타내는 데에 기여한다. 브랜드는 소비자들이 품질을 평가할 때 하나의 선입견을 제공하고 그 브랜드로부터 획득할 수 있는 편익을 기대하게 하는 역할을 한다. 따라서 브랜드의 일관성(consistency)은 매우 중요하다. McDonald's가 제공하는 식사는 고품질의 것은 아니더라도 소비자들이 기대할 수 있는 품질에 대한 일관성으로 인하여 소비자들의 기대수준에 어긋나는 경우는 거의 없다.

오랜 지속성과 친숙함

브랜드의 역할을 설명하는 또 다른 요소로서 소비자들은 특정 브랜드가 시장에서 오랜 기간동안 지속성을 가지고 성장한다면 이러한 브랜드에 대해서는 나쁜 이미지를 가질 수 없다는 것이다. 브랜드의 지속성은 소비자들에게 상당한 신뢰를 심을 수 있다. 단기적인 판촉에 의하여 유명하게 된 브랜드와 지속적으로 장기간 소개되고 인지하게 된 브랜드 사이에는 필연적인 소비자인식의 차이가 있을 수 밖에 없다. 친숙함의 부재는 브랜드마케팅에서 치명적일 수 있다. 글로벌마케팅 현실에서 고객들은 친숙한 브랜드에 호의적임을 나타내고, 이러한 현상 때문에 종종 글로벌 브랜드가 현지시장의 초기 진입단계에서 어려움을 겪기도 한다.

아이콘화와 경험

브랜드는 경제적 관점의 기능 뿐만 아니라 비경제적인 관점에서의 기능도 고려할 필요가 있다. 오늘날 브랜드는 고객이 의지할 수 있는 단순히 친숙하고 믿을 수 있는 이름

이상의 무엇이다. 브랜드는 단순히 제품의 품질 또는 친숙함을 의미할 뿐만 아니라 또래그룹의 수용성, 관심, 그리고 강화된 자기표현의 기능을 제공하는 아이콘이 되어 왔다. 이들은 사용자에게 독특한 경험을 제공한다는 의미에서 경험적 브랜드(experiential brands)라고 할 수 있다. 아이코닉 브랜드(iconic brands)는 단순히 물리적 제품 이상의 것을 제공한다. 경험적 브랜드인 Harely-Davdison은 단순한 모터사이클 이상의 라이프 스타일을 의미한다. 또는 Body Shop은 환경의식을 구체화하고 있다. 소비자들은 선호하는 브랜드로 친화력이나 친밀감을 증진시키고, 그들 자신의 특별한 인격과 정체성을 실현하기 위하여 브랜드를 이용한다. 브랜드는 믿을 수 있는 제품이나 서비스로 기능적 만족을 제공하는 것에 더하여 감정적인 만족을 제공한다.

아이코닉 브랜드가 소비자들로 하여금 브랜드에 대하여 더욱 높은 애착을 가지게 하는 속성으로 말미암아 브랜드 경영자들은 그들의 브랜드를 아이콘화하여 이에 적절한 포지셔닝을 하려고 노력한다. 또한 아이콘화된 제품들은 새로운 제품범주로 제품영역을 확장하기 훨씬 용이하다. 전형적인 아이콘화 브랜드–구축 전략은 기업소유의 상점들을 개점하는 것이다. Disney, Sony, Virgin, Apple은 이러한 전략을 구사한 선구자들이었고, 다른 기업들도 이러한 전략을 도입하기 시작했다. Harley-Davidson은 현재 의류를 판매하고 있으며 아이콘 브랜드에서 흔한 전문 브랜드 매장을 개점해 왔다.

감정적 추동요인

소비자의 제품선택에서 감정적 요인들의 중요성이 증가하는 이유는 오늘날 고객들은 브랜드에만 근거하여 제품과 서비스를 선택하는 경우가 많기 때문이다. 이는 대개 다음의 두 가지 요인에 기인한다.

1. 많은 시장들이 성숙단계에 접어들었고 일부는 포화단계에 접어들고 있다. 이것은 고객들의 욕구가 물리적이라기 보다는 더욱 감정적(emotional)으로 반응하는 단계에 접어들었음을 의미하기도 한다. 브랜드는 제품 또는 서비스의 기능적 요구사항 이상의 감정적 만족을 제공하여야 하고, 친숙함과 신뢰를 넘어 또래 그룹의 허용, 고조된 자부심, 그리고 어쩌면 지위와 위신까지 제공할 수 있어야 하는 단계에 이르게 되었다.
2. 벤치마킹과 "미투(me-too)" 제품은 기능적 제품차별화로 경쟁우위를 유지하는 것을 어렵게 만들었다. 많은 소비자들은 브랜드 로고에 의하지 않고서는 경쟁제품들과의 차별성을 발견할 수 없게 되었다. 만약 당신이 굉장해 보이는 새로운 차, 새로운 오토바이, 새로운 지갑을 보았다면 당신은 당장 무엇을 찾게 될까? 바로 브랜드이다. 실제 구매에 있어서 브랜드 로고를 보지 않고서는 제품의 우수성을 결정하기 어려울 수 있다. 자연스럽게 브랜드는 많은 관심의 대상이 되고 있다.

일반적으로 말해 감정적 추동요인들의 중요성은 쾌락재 제품(hedonic products)과 실용재 제품(utilitarian products) 사이에서 서로 다르게 나타날 것이다. 실용적 제품은 일반적으로 기능적인 역할만으로 구입하는 일반 가정용 제품(세제, 종이제품, 치약 등)을 포함한다. 이 경우에서의 브랜드는 제품의 선택을 단순히 확인하는 역할만 하는 경향이 있다. 실용적인 제품에서 품질과 가격은 기본적인 결정요인들이다. 반면, 쾌락적 제품은 기능성과 사회적 가치, 지위 등을 포함한 감정적 가치를 위해 구입한다. 이러한 것들에는 의류, 휴대전화, 자동차, 그리고 이와 유사한 제품들이 포함될 수 있다. 이들 제품들은 일반적으로 사용되는 과정에서 다른 사람들의 눈에 잘 띄는 특성을 가지고 있다.

문화적 차이

브랜드의 중요성은 문화에 따라 다른데, 특히 향락적 제품범주의 경우에 그러하다. 이러한 제품들은 상당히 가시적이기 때문에 사회적 그리고 문화적 영향을 많이 받는 경향이 있다. Hofstede의 문화 분류체계(제3장)는 이러한 차이점들의 일부를 설명하는 데 이용될 수 있다. 예를 들어 집단주의 문화에서 선택되는 브랜드는 개인주의적 문화에서 선택되는 브랜드보다 사회적인 영향을 더 많이 받을 가능성이 있다. 권력거리(power distance)가 큰 문화에서는 일류 브랜드가 더욱 선호될 수 있다. 위험회피(risk avoidance)가 큰 문화에서는 잘 알려진 브랜드가 보다 많은 이점을 가질 수 있다.

이러한 차이들에 대한 전형적인 사례들로 집단주의적인 일본, 개인주의적인 미국, 그리고 권력거리가 큰 전통적인 유럽의 사회계층 간에 존재할 수 있는 차이점들을 살펴볼 수 있다(〈표 13.2〉 참조).

표 13.2 브랜드 역할의 문화적 차이

일본	미국	유럽
소비자 이익:		
이미지	위험 감소	
"좋은 느낌"	시간 절약	
감정적	정체성	
"소속"	개인주의	
매매 강점:		
"부가가치" 감정	편의성 확실성	계산된 사회적 가치
사회적 기능:		
또래 인정	또래 추월	지위

〈표 13.2〉에서는 브랜드 선택에 영향을 미치는 몇 가지 주요 요인들에 대한 리스트를 나타내고 있다. 일본에서 브랜드는 더 많은 감정적 가치를 가지며 개인이 어떠한 그룹에 속하는지를 확인하는데 도움을 준다. 반면에 미국에서는 브랜드의 매력도는 경제적인 이유에 근거하며 편리함과 개인적 취향이 훨씬 더 중요하다.

개인에 대한 강조는 유럽에서도 적용된다. 그러나 여기에서는 사회적 영향력과 성취, 그리고 개인의 지위를 브랜드와 연계시키는 특성이 나타났다. 이러한 요인들은 소비자들이 브랜드를 선택할 때 어느 국가에서나 일정부분 항상 나타날 수 있는 현상이지만 표에서 살펴본 것은 국가별로 각 요소별 반응의 정도가 다르다는 점을 나타내고 있다.

요약하자면 브랜드는 어떤 시장에서든 고객에게 일반적으로 세 가지 주요한 기능을 제공한다:

1. 제품 또는 서비스를 평가하기 위한 지침으로서의 기능: 이것은 전통적인 경제적 기능이다.
2. 친화력(affinity)과 자기인식에 영향을 주는 감정적인 측면과 함께 나타나는 아이콘 기능: 이는 소비자들과 고유브랜드 간에서 밀착된 특별한 관계를 형성하게 한다.
3. 또래 사이에서 발견될 수 있는 인정과 소속감 등 사회적 기능: 브랜드는 특히 과시적 소비를 유발한다는 측면에서 사회적 표현기능을 수행할 수 있다.

브랜드 자산

브랜드의 중요성이 증가함으로서 브랜드의 강점을 평가하는 측도로 "브랜드 자산"이라는 개념이 나타나게 되었다. 브랜드 자산을 관리하는 것은 마케팅 경영자들 뿐만 아니라 최고경영진에게도 주요 관심사가 되었다. 브랜드 자산(brand equity)은 기본적으로 강력한 브랜드가 고객과 기업에 제공하는 부가가치로 정의될 수 있다. 브랜딩의 권위자인 David Aaker는 브랜드 자산을 기업이 소비자들에게 제공하는 제품이나 서비스의 가치에 부착되는 브랜드명이나 기업의 상징에 연계되는 자산의 집합으로 정의하였다. 주요한 자산의 범주를 살펴보면;

1. 브랜드명 인지도
2. 브랜드 충성도
3. 지각된 품질
4. 브랜드 연상

브랜드 자산은 고객과 기업 모두에게 이익을 제공한다. 고객의 이익은 친숙한 브랜드를 선택하는데 대한 편안한 감정, 잘 알려진 브랜드를 선택함으로써 오는 안도감, 자신만의 브랜드에 대한 충성도에서 오는 친밀감, 잘 알려진 브랜드를 선택했을 때 동료들로 받는 인정 등과 관련이 있는 "무형의" 이익으로 불리우는 것이다. 기업은 강력하고 충성도가 높은 고객기반을 확보할 수 있는데서 발생하는 이익을 누릴 수 있다. 이러한 이익은 브랜드 자산의 "유형의" 이익이라 할 수 있다.

무형의 자산은 일반적으로 소비자 인지도, 지식, 선호도, 친밀감, 그리고 브랜드의 강점 등과에 같은 요인에 의해 측정된다. 이러한 브랜드 장점에 대한 고객 지향적 측정에 대한 좋은 사례는 Young & Rubicam 광고 대행사와 제휴한 브랜딩 설계 및 조사 전문기업인 Landor Associates에 의해 개발된 것이다. Landor는 브랜드 인지도, 지식, 브랜드의 지명도 및 처음 개발된 경의(esteem) 등을 포함한 설문조사를 통하여 응답자의 점수를 측정하였다.

"차별성(differentiation)"과 "적절성(relevance)"의 측면에서 브랜드에 대한 응답자의 인식은 브랜드의 영향력 또는 지속력(vitality)에 대한 측정을 산출하기 위하여 결합되었다. 브랜드의 총 자산은 지속력과 함께 지명도의 증가로써 평가되었다.

브랜드 평가

브랜드 가치에 대한 "유형적" 개념화는 기업의 인수합병 그리고 기업 소유권 이전 및 매매를 위하여 많은 연구가 이루어졌다. 일반적으로 구매가격은 주로 브랜드 가치 또는 "브랜드 자산"에 의해 결정된다. 또한 강력한 브랜드가 기업이 가진 가장 중요한 자산이 될 수 있다는 사고방식이 점진적으로 힘을 얻게 되었다. 예를 들어, 1998년 영국 Vicker가 독일 Volkswagen에게 Rolls Royce를 매각 할 때 "Rolls Royce"라는 이름 자체는 BMW에 별도로 판매되었는데 이로 인해 Volkswagen이 사기를 당했다는 주장이 제기되기도 하였다. 브랜드 자산의 평가는 대부분의 국가들에서 기업 대차대조표에 여전히 제외되고 있다. 그럼에도 불구하고 브랜드 자산의 등장은 글로벌마케팅 전문가들에게 상당한 영향을 미치게 되었으며 글로벌 브랜드 획득의 동기를 제공하였다.

브랜드 가치는 보통 다양한 요소들의 결합으로 측정된다. 정확한 공식은 분석가들마다 서로 다를 수 있지만("인터브랜드의 브랜드 자산 공식" 참조) 기본적인 접근방식은 유사하다. 기본 개념은 주식평가에서 향후의 기대되는 현금흐름을 이끌어 내는 것과 동일하다. 기본 공식은 브랜드에서 기인할 수 있는 기업의 총 수익의 해당 부분을 확인한다. 다음으로 브랜드 자산은 미래에 유입되는 할인된 브랜드 수익으로써 계산된다.

브랜드 자산평가의 기본 단계는 다음과 같다.

1. 브랜드가 판매되고 있는 시장이나 세분화시장을 확인한다.
2. 브랜드 수익에서 운영비, 세금, 사용자본 비용을 감하여 각 시장에서의 무형의 수익을 평가한다. 이것은 잠재적으로 브랜드 그 자체에 기인하는 순 수익이다.

한 외국계 맥주 제조업체들 중 하나가 되었다. 그 이후로 Wuhan의 맥주생산은 4배 이상 증가하였으며 1년에 약 4백만 배럴에 달하게 되었다. 현지에서 생산한 Budweiser와 Harbin 브랜드는 홍콩과 중국의 북부, 동부, 남부 중국에서 유통되었다. 2004년에 Anheuser-Busch 또한 중국에서 다섯번째로 큰 양조업체로서 1인당 맥주 소비가 중국 평균의 2배에 달하는 중국 북부의 Harbin 브랜드를 인수하였다. Anheuser-Busch는 중국 대륙 전역에 Harbin 브랜드를 진출시켰을 뿐 아니라 2006년부터 미국시장에서 수입 브랜드로서 Harbin을 출시하였다. Anheuser-Busch는 전략적 제휴의 일환으로서 Tsingtao Brewery 지분의 27%를 소유하고 있다. Tsingtao Brewery는 중국에서 가장 큰 양조업체이며 맥주 수출업자이다.

브랜드 포트폴리오

인수와 합병을 통해서 성장하는 다국적기업들은 일정한 시점에서 몇 개의 글로벌 브랜드와 여러 개의 현지 브랜드를 동시에 소유할 수 있다. 〈표 13.3〉은 6개의 주요 다국적기업들이 67개국에서 소유하고 있는 브랜드 포트폴리오(brand portfolio)를 보여주고 있다. 〈표 13.3〉에서는 10% 미만의 브랜드가 진정한 의미에서의 글로벌 브랜드로 간주될 수 있음을 나타내고 있다. 다국적기업에서 나타나는 많은 브랜드 중에서 광범위한 국가에서 적용될 수 있는 브랜드는 사실상 소수에 불과하고, 만약 진정한 글로벌 브랜드라면 세계 어느 국가에서도 해당 브랜드가 쉽게 발견될 수 있을 것이다.

브랜드는 일반적으로 계층적인 방식으로 관리된다. 브랜드 계층구조(brand hierarchy)는 몇 가지 형태를 취할 수 있다. 가장 중요한 글로벌 브랜드는 상위에 위치하고 지역 및 현지 브랜드가 그 뒤를 따른다. 이것은 Nestle와 Sara Lee와 같은 기업들의 전형적인 브랜딩 계획이다. 또 다른 형태의 브랜딩 전략에서는 가장 상위에 글로벌 기업 브랜드가 위치하고 그 다음 수준에 글로벌한 부속 브랜드 모델명이 위치하고 그

표 13.3 67개국의 6개 다국적기업 브랜드

기업	총 브랜드 수	50% 또는 그 이상의 국가에서 출시된 브랜드 (%)	1개 국가에만 출시된 브랜드 (%)
Colgate	163	6 (4%)	59 (36%)
Kraft GF	238	6 (3%)	104 (44%)
Nestle	560	19 (4%)	250 (45%)
P&G	217	18 (8%)	80 (37%)
Quaker	143	2 (1%)	55 (38%)
Unilever	471	17 (4%)	236 (50%)
전체	1,792		

Sources: Betsy V. Boze and Charles R. Patton, "The Future of Consumer Branding as Seen from the Picture Today,"Journal of Consumer Marketing 12, no. 4 (1995), p. 22.

다음 구체화된 세부명칭을 가지는 최하위 수준의 모델명을 구성하는 방법이 있다. 이는 Honda와 Mercedes와 같은 자동차 기업들의 전형적인 계층구조이다. Sony의 경우 계층구조는 기업명으로 시작하고 다양한 부서(소비자 가전, 엔터테인먼트, 비즈니스 시장)를 통하여 구체적인 제품군과 최종적인 모델로 구성된다.

이러한 계층구조는 조직의 상부로 갈수록 더 광범위한 브랜드를 관리하게 된다. 예를 들어 최고경영진은 글로벌 브랜드를 관리하며 이는 회사의 중심브랜드가 된다. 개별시장의 브랜드 경영자는 여전히 마케팅전략의 현지실행을 관리하는 반면에 글로벌 브랜드 경영자는 필연적으로 본사에서 전략적관리를 하게 된다. 상급경영진에 관한 연구에서 153명의 경영진들 중 무려 91%가 앞으로 향후 2년 간 브랜드를 강화하기 위한 "확실한 계획 또는 전략"을 가지고 있다고 언급하였다. 조사된 기업에서 나타나는 이러한 계획의 기본적인 취지는 대체로 유사한 패턴을 보였다. 한편 고객들이 느끼는 브랜드 간 품질과 제품의 성과는 동질화되는 경향이 있는 반면에, 서비스 또는 브랜드 이미지는 상당한 차별성을 나타내는 것으로 나타났다.

다수의 제품과 다수의 브랜드를 보유한 기업에서 글로벌화 전략을 실행하는 것은 그 자체로서 상당히 어려움이 있을 수 있다. 브랜드전략에서 첫 번째로 봉착하게 되는 문제가 현지 브랜드를 대체하느냐 아니면 살려서 글로벌화 하느냐이다.

1. 단순히 현지 브랜드명을 변경함으로써 글로벌화 될 수 있는가? 만약 글로벌 기업이 동일 제품범주에서 현지 브랜드를 보유하고 있다면 그러한 것들은 글로벌화된 이름으로 변경될 수 있다. Nokia라는 이름을 글로벌화하려는 과정에서 핀란드 기

Getting the Picture 상표의 의미

글로벌 브랜드 경영자들은 어디에서나 동일한 브랜드명을 이용하고 싶어하지만 발음의 어려움, 잘못된 연상, 애매모호한 의미 때문에 또는 단순히 이름이 이미 사용되고 있기 때문에 실패한 많은 사례들이 존재한다. Mr. Clean은 프랑스의 Mr.Propre이다. Toyo Kogyo는 서구에서 Mazda가 되었다(이후 일본에서 동일한 이름으로 변경되었다). 그리고 Phillips는 미국에서 Norelco가 되었다. 그러나 문자가 완전히 다른 중국과 같은 국가에 브랜드를 도입할 때 문제는 복잡해진다.

영어와 같은 언어는 알파벳과 단어가 말하는 언어에 대한 소리를 나타내는 표음문자 체계를 가지고 있다. 반면에 중국문자 체계는 아이콘 또는 본래 묘사된 것의 그림으로서 파생된 Kanji 문자에 의해 단어와 개념을 표시하는 표어문자이다. 단어와 소리 사이에 필연적인 연관성이 존재하지 않는다. 그리고 Kanji는 쓰기에 이용된다. 중국의 Kanji 표의문자는 사실 동일한 의미이지만 완전히 다른 발음이 되는 경우가 많다.

이것은 중국에 도입된 서구 브랜드가 두 가지 다른 방법으로 "번역"될 수 있음을 의미한다. 번역은 소리에 또는 의미로 이루어질 수 있다. 정확한 소리를 얻기 위해 선택된 Kanji는 그다지 의미가 없거나 더 나쁜 경우도 있다. Coca-Cola의 사례가 유명하다. 올바른 소리로 선택된 문자들은 사실 그것이 의미하는 것이 무엇이든 간에 "밀랍 올챙이를 깨물어라"로 발음되었다. 더욱 의미 있는 문자들로 전환한 Coca-Cola는 더욱 긍정적인 "좋은 맛을 즐기고 당신을 행복하게 하라"는 의미로 출시되었다. 반면에 발음은 하와이의 풍미를 연상시키는 "Ko-kou-ko-le"로 다소 변경되었다.

Sources: Shi Zhang and Bernd H. Schmitt, "Creating Local Brands in Multilingual International Markets," *Journal of Marketing Research* XXXVIII (August 2001), pp. 313-25; Bernd H. Schmitt and Alex Simonson, Marketing Aesthetics (New York: Free Press, 1997).

업은 인수한 외국기업들에 의해 제조된 모든 통신제품에 그들의 이름을 이용하였다. 반면에 Nestle는 Vittle, Perrier, Ramlosa 등의 유리병 생수제품에 그들 고유의 이름을 유지하기로 하였다. 2006년 Nestle는 소수의 국제적 브랜드에 집중하기 위하여 다수의 현지 생수 브랜드들을 매각하였다. 또한 Nestle Pure Life와 Nestle Aquarel 같은 Nestle브랜드를 도입하였다.

2. 어떤 현지 브랜드를 전환할 것인가? 하나 이상의 현지 브랜드들을 변경시키도록 현지 경영자들을 설득할 수 있을까? 전환되는 현지 브랜드는 글로벌 제품군에 어울리는 제품군을 제공하여야만 한다. 또한 충성도 높은 고객들을 잃게 되거나 현지 경영자들을 좌절시키지 않게 하기 위하여 가급적 현지에서 강력한 브랜드가 아니어야 한다. 그들의 브랜드를 글로벌화 하는데 열중하고 있는 가전기기 제조업체인 Electrolux는 현지 브랜드인 Kelvinator를 전환하려고 하다가 인도 현지시장에서 강력한 저항에 부딪혔다. 반면에 Merrill Lynch는 실패한 Yamaichi Securities의 현지 지점 네트워크를 인수한 이후에 일본에서 자사의 이름을 이용하는데 있어서 거의 문제를 겪지 않았다.

현지 브랜드의 글로벌화

일반적으로 글로벌 브랜드는 그들의 국내시장에서 강력한 브랜드 기반을 가지고 있다. 국내에서 선도적인 주자로서 그들의 입지를 확립하고 이후에 해외시장으로 폭포 전략의 유형으로 확장한다. 이러한 전략은 자국에서의 브랜드 구축경험을 활용하는데 도움을 주며 특히 선도시장으로 진출하는 경우에 적합하다. 또한 브랜드가 미디어 유출효과(media spillsovers)를 통해 이익을 볼 수 있도록 한다. 전형적인 사례는 미국시장에서의 성공을 바탕으로 급격한 해외확장의 기반을 마련한 Starbucks 커피전문체인을 들 수 있다. 미국시장은 선도적인 커피시장으로 볼 수 없지만 Starbucks의 미국 스타일의 분위기와 서비스는 해외로 진출하기 이전에 자국에서 최적의 상태로 업그레이드 되었다. 현재 Starbucks는 젊은이들과 활동적인 사람들을 대상으로 하는 새로운 커피 세분화시장을 개발하면서 런던과 파리 그리고 동경와 상해에서 큰 성공을 거두고 있다.

현지 브랜드의 글로벌 잠재력을 평가하기 위하여 몇 가지 요인들에 의한 체계적인 점검이 필요하다. 먼저 타당성 또는 브랜드 적합성(brand fit)을 평가하기 위한 몇 가지 의문을 던져 볼 수 있다.

1. 브랜드명이 해당 외국에서 공감대를 형성할 수 있을까? 또한 어떠한 의미로 국외시장에 다가갈 수 있는가? 어떠한 것들이 연상될까? 휴대전화의 선도기업인 핀란드의 Nokia는 그들의 이름이 다소 일본어처럼 들릴 수 있다는 사실을 알고 있다. 핀란드어와 일본어는 같은 뿌리에서 파생되었다. 그러나 종종 브랜드명의 단순한

번역으로서는 충분하지 않은 경우가 많다.

2. 만약 이름이 한 국가를 연상시킨다면 긍정적인 효과를 기대할 수 있을까? 연상되는 국가는 선도국가인가? 아니면 후발주자인가? GM의 독일 자회사("Opel")의 이름은 미국의 전통을 가진 Chevrolet보다 선호되고 있다.
3. 다른 국가에서 특정 브랜드의 사용이 합법적인가를 살펴보아야 한다. 네델란드 가전부문 대기업인 Philips는 다른 Philips라는 석유기업으로 인하여 상표권 침해의 문제로 미국시장 진출에 있어서 지속적으로 곤란을 겪어왔다.

만약 이러한 질문들에 대한 응답이 긍정적이라면 강력한 현지 브랜드는 글로벌화의 수순을 밟을 수 있을 것이다. 다음으로 브랜드 포트폴리오를 고려한 글로벌화가 필요하다.

4. 브랜드는 포트폴리오에서 다른 글로벌 브랜드를 보완해야 하는가? 아니면 직접적으로 그들과 경쟁해야 하는가? 한정된 자원과 자기시장잠식 위협 때문에 두 개의 직접적으로 경쟁하는 글로벌 브랜드명을 유지하는 것은 그다지 좋은 전략이고 할 수 없다. 이는 Sony가 CBS의 음반 사업체를 인수한 이후에 Colombia 레코드 레이블을 포기하기로 결정한 이유이기도 하다. 반면에 Sony는 자기시장잠식을 최소화한다는 전제로 Aiwa(Sony의 자회사이며 모기업인 Sony보다 저가의 가전제품 브랜드)를 지원하였다. 또한 브랜드는 Campbell Soup의 인수와 벨기에의 초콜릿 제조판매업자인 Godiva의 글로벌화의 경우에서처럼 단순히 제품군을 확장하는데 도움을 줄 수도 있다.
5. 성장을 위해 지역 브랜드의 생성이 필요한가? 만약 브랜드 포트폴리오에서 직접적인 경쟁상대와 겨루어야 하거나 또는 현지 브랜드가 다른 지역으로 진출할 때 동일한 브랜드를 사용하여야만 하는 경우에 지역 브랜드를 개발하여 사용할 수 있다. 지역 브랜드는 해당 지역에서 강력한 경쟁자로서 부상하는 경우에 적용되며 그 지역에서 기업이 시장방어막을 형성하는데 도움을 줄 수 있다. 예를 들어 Strasbour에 소재한 맥주 제조업체는 자신들의 글로벌 레이블인 "Kronenbourg"와는 별도로 남부 유럽에 "1664"를 출시하였다.

전환 전략

일단 글로벌화하려는 브랜드가 선택되면 '브랜드 전환(brand changeover)' 전략이 채택될 수 있다. 페이드-인/페인드-아웃(fade-in/fade-out)이라는 점진적인 선택은 가장 일반적인 브랜드 전환전략이다. 글로벌 브랜드는 잠시 현지 브랜드와 공존한다. 이후에 어느 쪽의 현지 브랜드는 탈락된다. 수반되는 시간은 수 개월에서 2~3년 정도로 다양할 수 있다. 구매 횟수가 빈번한 제품은 노출에 더 빠르게 스며들기 때문에 보다 짧은 전환시간을 필요로 한다. 이러한 접근방식은 '이중 브랜딩(dual branding)' 전략으로도 불리우고 있다.

- 한 브랜드가 새로운 브랜드를 소개하는 "보증 브랜딩", "…의 제조자로부터(from the makers of…)" 또는 "당신들에게 …을 제공한 친구들로부터(from the folks who brought you…)" 또는 간단히 "…부터(from…)" 또는 "…에 의한(by…)"와 같은 메시지는 새로운 브랜드에 대한 커넥션(connection)과 정통성을 확립한다. 미국에 본사를 둔 과자류 제조업체인 마스(Mars)는 현지의 팰독푸드(Pal Dog Food)를 대체하기 위한 글로벌 페디그리(Pedigree)에 대한 브랜드 전략으로서 "팰에 의한 페디그리(Pedigree by Pal)"를 이용하였다.
- "더블-브랜딩"에서는 두 개의 브랜드를 동시 표시하고 이전 로고를 최대한 살리면서 적정한 시기에 분리시킨다. 이러한 방식은 다소 혼란스러울 수 있으나 충성도 높은 고객들과 유통경로 멤버들을 잃는 것을 피할 수 있다. Whirlpool이 Philips의 백색가전제품 부서를 인수했을 때 Whirlpool과 Philips 양쪽의 이름이 가전기기에 새겨졌다. 그리고 과도기 이후에 Philips의 이름은 제거되었다. Black & Decker는 인수한 G.E.의 가전기기 제품군에 그들의 이름을 배치하기 위하여 동일한 접근법을 이용하였다.

때때로 서머리 액싱(summary axing)이라고 불리는 비점진적 접근법은 현지 브랜드를 아무런 과도기 없이 단절시키고 새로운 브랜드를 도입한다. 관리하기에 더욱 간소할 수 있으나 이러한 접근법은 문제를 발생시킬 수 있다. 1986년 Mars는 유럽시장에서 Treets 브랜드를 단절시키고 동일한 Treest의 슬로건: "입에서는 녹고 손에서는 안녹아요"을 이용하여 M&Ms로 제품을 도입하였다. 성인 고객들 사이에서 반응은 부정적이었다. 그리고 판매와 수익은 타격을 받았다. 이러한 실패를 교훈으로 삼아 Mars는 현지의 Raider 브랜드를 글로벌 브랜드인 Twix로 변경하였을 때 충분한 사전예고(extensive forewarning)를 이용하였다. TV 상업광고에서는 "이제 Raider가 Twix가 되었습니다. 세계의 어디에서나 Twix를 만날 수 있습니다"라고 하여 소비자들의 충분한 사전인지도 확보를 위한 전략을 채택하였다.

현지 브랜드 방어

글로벌 브랜드 뿐만 아니라 현지화된 브랜드도 해외시장 진출의 성공을 견인할 수 있고, 오디오 제품, 신발, 의류, 다른 소비재 등에서 현지 제품들은 잘 알려진 세계 브랜드와 공존할 수 있다.

B2B 시장에서 현지의 판매업자들은 맞춤식 소프트웨어와 현지화 된 제품공급으로 성공할 수 있으며, 글로벌 경쟁자들의 직접적인 표적이 되었음에도 북미와 유럽의 현

Getting the Picture 버드와이저 상표권

포화된 미국시장에 대처하기 위하여 세인트루이스에 본사를 둔 세계에서 가장 큰 양조업체인 맥주 제조업체 Anheuser-Busch는 선도적인 Budweiser 브랜드를 출시하려고 노력하였다. 그러나 유럽에서 Budweiser 상표권은 훨씬 더 작은 맥주 제조업체이며 Budweiser의 오리지널 체코 양조업체인 Budejovicky에 있었다. 이 체코 기업은 자국에서 선도적인 시장점유율을 가지고 있었고 또한 다른 유럽국가로의 수출을 확대하고 있었다.

맥주 마케팅이 매우 브랜드 지향적이었기 때문에 Anheuser-Busch는 세계에서 Budweiser 이름의 권리를 인수하기 위하여 오랫동안 노력을 기울여 왔다. 그러나 이 기업은 체코의 정부소유였고 협상을 거부했다. 그러나 공산주의의 붕괴 이후에 체코가 산업의 민영화와 정부 소유 사업체의 매각을 시작하였을 때 Anheuser-Busch는 이 기회를 놓치지 않기 위하여 다시 이 기업과 기업의 상표권을 사들이기로 결정하였다.

그러나 체코의 경영자들과 노동자들은 미국 대기업에 의해 지배당하려 하지 않았다. 그들은 그들의 경영에 영향을 미치는 어떠한 매각행위도 꺼려했으며 시장에서 축출되는 것을 원하지 않았다. 그리고 그들은 그들의 맥주를 미국의 가볍고 연한 풍미의 맥주로 대체하려는 생각을 좋아하지 않았다.

사람들을 회유하기 위하여 Anheuser-Busch는 양조업체가 위치한 마을인 Ceske Budejovice에 100만 달러의 문화센터를 개장하였고 야구와 농구팀의 창단식을 열었으며 장학금과 영어강좌를 제공하였다. 그러나 도움이 되지 않았다. 52세의 전기기사인 Frantisek Nedorost의 이야기를 들어보자: "나는 우리 회사의 일부를 사들이려는 미국인들에게 전적으로 동의할 수 없다. 나는 미국인들의 문화, 그들의 기업들을 좋아한다. 그러나 나는 미국 맥주가 체코 맥주의 품질에 닿을 수 없다는 것을 알고 있다. 그들의 맥주는 매우 형편없고 매우 빈약하다."

2001년에 이러한 Anheuser-Busch의 노력은 법정 다툼으로 이어졌다. Anheuser-Busch는 대부분의 유럽 국가에서 Budweiser와 Bud 브랜드의 권리를 얻은 반면에 Budejovicky Budvar는 덴마크, 라트비아 핀란드 그리고 대한민국에서 Budweiser 상표의 권리를 쟁취하였다. 2004년 까지 다른 국가들에서 약 40개의 소송이 여전히 계류 중이다.

이름이 그렇게 중요한 문제인가? 충분히 그렇다!

Sources: Perlez, 1995; Koeing; 1995; "Czech brewer favored in 'Budweiser' flight" *Associated Press*, June 29, 2004.

지 맥주업체들은 살아남았다("버드와이저 상표권" 참조).

현지 브랜드는 제품품질을 유지하거나 또는 업그레이드를 하고, 그리고 이후에 현지의 기반에서 해외로 확장함으로서 글로벌 브랜드의 공격을 방어할 수 있다. 오늘날 글로벌 커뮤니케이션의 용이함과 효율적인 운송시스템의 확충으로 현지 브랜드도 이러한 확장전략을 충분히 수행할 수 있는 여건이 마련되고 있다. 특히 경쟁 글로벌 브랜드의 시장으로 역공을 함으로서 반격하는 것은 유효한 전략이 될 수 있다. 전형적인 사례는 유럽에 진입한 Starbucks가 위협을 받았을 때 이탈리아 에스프레소 생산업체인 Illycaffe가 채택한 전략이다. Starbucks는 기본적으로 유럽과 여타의 시장에서 훨씬 덜 위협적이었음에도, Illy는 작은 커피 아울렛을 개장하는 유사한 전략을 채택함으로써 대응하였다. 가족소유 기업으로서 그들의 제한된 자원을 고려할 때 뉴욕, 런던, 그리고 동경, 일부 주요 공항과 같은 장소를 중심으로 그들의 매장을 집중시켜왔다.

글로벌 제품의 동일성은 현지 브랜드에게는 틈새시장을 제공하게 된다. 이러한 틈새는 민족적 색감, 독특함, 현지의 전통을 찾고 있는 소비자들을 대상으로 한다. 예를 들어 여전히 수동 변속기, 필터 없는 담배와 헤어스프레이를 좋아하는 사람들이 존재한다. 현지제품은 글로벌 제품이 적합하지 않은 특별한 상황에서 소비자들에게 다양성을 제공한다. 따라서 글로벌 브랜드가 시장의 많은 부분을 차지하는 반면에 현지의 특수성을 반영한 제품도 그 시장의 일부를 차지할 수 있다.

현지 브랜드의 이점

현지 브랜드가 꼭 약자의 입장에 서는 것은 아니다. 대부분의 상위 브랜드는 현지 브랜드로 구성된다는 연구결과도 있다. 8개의 국가(미국, 영국, 일본을 포함하는)를 다룬 한 연구에서 저자는 상위 150개 브랜드들 중 약 75%가 오직 하나의 국가를 대표하고 있으며 대다수의 브랜드가 글로벌화되어 있지 않다는 것을 발견하였다. 유럽시장에 초점을 맞춘 연구에서도 대다수의 선호되는 브랜드가 사실상 현지의 브랜드라는 것이 밝혀지고 있다. 심지어 저자는 현지 브랜드가 품질에서도 글로벌 브랜드와 동일한 것으로 인식된다는 것을 발견하였다. 과거 연구에서는 글로벌 브랜드가 품질에서 우수하다는 결과를 보고한 것과는 상반되어 흥미로운 사실이다. 현지 브랜드는 소비자들에게 더욱 친숙한 경향이 있으며 브랜드의 친숙함은 품질 인식과도 상관성을 갖는 것으로 나타났다. 현지시장에서 잘 알려지지 않은 브랜드는 심각한 열위에 놓일 수도 있게 된다는 사실을 알 수 있다.

친숙한 현지 브랜드는 다음과 같은 이점을 가질 수 있다.

1. 맞춤화(Customization)
2. 아이콘의 지위(Iconic status)
3. 상이한 규정(Differing regulations)
4. 신뢰(Trust)

현지 브랜드의 성공한 공통적인 이유는 맞춤화(customization)와 관련이 있다. 소비재의 경우 현지에 적응된 포장, 저가의 소량화된 포장, 쉬운 애프터서비스와 같은 특징은 현지 브랜드를 매우 강력한 경쟁자로 만들 수 있다. 맞춤화로 인하여 맞춤식의 고객서비스, 하우스 콜(house call) 그리고 고객에 대한 근접서비스를 제공할 수 있다. 특히 B2B 시장에서, 개인적 관심, 빠른 배송, 즉각적인 애프터서비스는 현지 제품을 선호하게 만드는 중요한 요인들이다. 인도와 같은 저개발 시장에서는 담배 한 갑, 비누 한 조각 또는 면도날을 낱개로 사야하는 소비자 구매력으로서는 사실상 글로벌 브랜드가 수용되기 어려운 면이 있을 것이다.

또한, 현지 브랜드는 현지 지역사회의 명물이자 아이콘이 될 수 있는데 글로벌 브랜드에서는 용이하지 않다. 쾰른의 지역 브랜드로 유명한 Kolsch 맥주처럼 Mozart-kugels는 전형적인 빈의 초콜릿 제품이다. 인도에서 청량음료는 Thums Up Cola가 선호된다. 이러한 현지의 아이콘화된 브랜드는 보통 단순한 브랜드 충성도와 반복되는 구매를 초월하는 신의에 기초로 두고 있다. 반드시 그런 것은 아니지만 현지의 소비자들은 강력한 글로벌 브랜드에 비하여 현지 브랜드에 특별한 감정적인 유대감을 가질 수 있다. 현지시장에서 아이콘화 된 브랜드는 글로벌 확장을 시도하기도 한다. 뉴 잉글랜드의 상징적인 브랜드인 정통 사냥 및 낚시 장비 소매업체인 L.L.Bean과 같은 기업이 현재 글로벌 브랜드로서 성공을 거두고 있다.

국가 마다 상이한 규정 또한 현지 브랜드가 살아남을 수 있는 근거가 된다. 규정의 상이함은 진입장벽을 형성하고 규모경제를 실현하기 어렵게 만든다. 예를 들어 여러 국가들은 각자의 제품표준과 규범을 가지고 수입제품에 대하여 이에 합치하도록 요구하는 경향이 있다. 유럽의 전기 스위치 시장에서 선두주자는 노르웨이의 Elko, 폴란드의 Elda, 핀란드의 Esmi, 스웨덴의 Wibe, 네델란드의 Stago 인데 글로벌 주도권을 가지고 있는 Lexel Group은 현지 제품들을 인수하여 그들의 브랜드명을 유지하면서 현지시장에 진출하였다.

많은 현지 브랜드가 소비자들에 대하여 누리는 가장 큰 이점은 신뢰이다. 이러한 신뢰는 대부분의 현지 브랜드가 글로벌 브랜드보다 시장에서 더 오랜 역사를 가지고 있기 때문에 나타나는 현상이다. 오랫동안 현지시장에서 쌓아온 인지도는 해당 제품범주에서 이들 기업들을 가장 먼저 떠올리게 하는 촉매제가 된다. 새로운 글로벌 브랜드는 현지시장에 완전히 전념하고 있다는 인식을 소비자들에게 각인시키기까지 상당한 시간이 필요하고 이러한 상호유대감과 신뢰가 쌓일 때 성공적인 브랜드가 될 수 있을 것이다. Dell이 중국시장에 진출할 때 그러했듯이, 종종 다국적기업이 현지에 생산공장을 설립하는 것은 현지 국가의 소비자들에게 이러한 신뢰를 심어줄 수 있는 계기를 마련하고 현지시장과의 결속감을 심어줄 수 있다. 같은 이유로 Peugeot와 Renault가 미국의 자동차 시장에서 철수했다는 소식은 미국소비자들에게 부정적인 이미지를 심어줄 수 있다.

위조 제품

위조품(counterfeits) 또는 복제품(knockoffs)은 부주의한 고객들에게 그것들이 진짜라고 믿도록 하기 위하여 디자인되고 브랜드화된 모조품 또는 모방품이다. 위조제품은 "회색무역(gray trade)" 또는 병행무역(parallel trade)과 구분되어져야 한다. 회색무역은 정식의 권한이 없는 중개업자에 의한 정품의 병행유통(parallel distribution)이다. 환율 그리고 가격책정과 관련되는 회색무역은 제14장 "글로벌 가격책정"에서 논의될 것이며 회색유통과 관련하여서는 제15장 "글로벌 유통"에서 논의될 것이다.

문제의 심각성

위조품은 글로벌 시장에서 심각한 문제를 야기할 수 있다. 전문가의 평가에 따르면 위조품에 기인한 글로벌 기업의 손실은 매년 2백억 달러 이상이라고 한다. 위조품은 주로 글로벌 브랜드명을 가진 고급품에서 발생한다. Gucci 지갑, Louis Vuitton 가방, Cartier 손목시계, Porsche 선글라스가 전형적인 사례이다. 그러나 위조 제품은 더 이상 유명한 디자이너의 이름이 붙은 청바지나 손목시계에 국한되지 않는다. 현재 위조되고 있는 품목에는 화학제품, 컴퓨터, 약품, 비료, 살충제, 의료장비, 군용 하드웨어, 식품 뿐만 아니라 항공기와 자동차의 부품까지 포함되고 있다.

위조행위는 이제 글로벌 현상이다. 예를 들어, 2004년 호주에서는 중국에서 멜버른으로 운송된 2대의 컨테이너 속에 20,000개의 모조 브랜드 가죽 핸드백과 지갑, 여행 가방, 모자, 장난감, 그리고 배터리가 발견되었다. 이외에도 위조된 선적제품에는 Nike, Burberry, Adidas, Calvin Klein, Hugo Boss, Timberland도 포함되어 있었다. 프랑스와 이탈리아 항구에서도 위조된 선적화물이 발견되고 있다. 유럽의 세관공무원에 따르면 2003년 이들 항구에서 붙잡힌 위조 제품의 3/4은 중국 본토 또는 홍콩에서 유입된 것으로 밝혀졌다. 영국에서는 이러한 위조품으로 인한 경제적 피해가 매해 64억 파운드로 추정되었다. 또한 영국에서 위조와 해적행위로 인하여 해마다 17억 파운드의 부가가치세가 누락되고 있다. 의류와 신발산업은 연간 수입 중 약 3.2%의 손실을 입었으며, 장난감과 스포츠웨어 산업에서는 11.5%에 이르는 손실을 입고 있다.

한편, 미국에서 연방 공무원들은 2004년 6월 3일 뉴욕에서 수백 만 달러 규모의 핸드백 위조 작업장을 급습하여 14명을 체포하였다. 미국 이민세관집행국의 직원들은 2,400만 달러에 상당하는 위조 핸드백과, 현금 174,000달러, 불명확한 금액을 보유한 11개의 은행 계좌를 압류하였다. 위조 일당은 중국에서 제품을 수입하였고 외국의 길거리 판매인들에게 유통하였다. 위조업자들은 일주일에 평균적으로 25,000에서 40,000개 사이의 제품이 들어있는 2개의 화물 컨테이너를 수입하였고, 각 컨테이너 당 200만 달러에서 400만 달러에 이르는 이윤을 남겼다. 압수된 제품들은 거의 중국에서 제조된 위조 Prada, Louis Vuitton, Coach 가방들이었고 뉴저지의 뉴어크 항으로 들어왔다.

위조업자들은 산업 전반에 걸쳐 퍼져 있다. 해외직접투자가 새로운 국가로 기술과 제조를 이전시킴으로써 이러한 국가들은 위조품을 만드는 기술을 획득하고 있다. 그러나 모든 위조품들이 개발도상국가에서 만들어지는 것은 아니다. 예를 들어 전문가들은 모조품의 20%가 단기 매매의 기회를 노리는 미국생산자들에 의하여 만들어지고 있다고 추정하고 있다.

일부 복제품은 거의 정품과 다름이 없다. 그리고 특히 위조업자들은 현재 동일한 라벨을 정확히 복제하는 방법을 알고 있기 때문에 상표에 의하여 구분하기가 쉽지 않다. 글로벌 브랜드명을 구축하여 자산가치를 증대하려는 글로벌 기업들은 이러한 위조 및 불법복제 행위에 대해 적극적인 관리가 필요하다.

위조품 수요

소비자들은 왜 위조품을 구매하는 것일까? 명품 핸드백은 Louis Vuitton, Chanel,

Prada, Hermes와 같은 기업이 디자인하며 명품은 수백 달러에서 가끔은 수천 달러의 가격을 요구한다. Louis Vuitton 상표 모노그램 있는 Vuitton 또는 틀림없는 자물쇠가 달린 Hermes Birkin을 소유하는 것은 지갑 이상의 것을 소유하는 것이다: 그것은 상류 클럽에 회원자격을 널리 알리기 위한 것이고 당신의 가방에 어울리는 삶을 살고 있다는 것을 세상에 알리기 위한 것이다. 이에 비해 위조품은 값 싼 회원권이다. 영국의 위조방지를 위한 모임(U.K. Anti-Counterfeiting Group)의 최근 조사에 따르면, 런던 소비자의 1/3은 가격과 품질이 적절하다면 위조품을 알고도 구매할 수 있으며 29%는 구매자에게 어떻게 해서든 위험이 없다면 모조품을 구입하겠다고 하였다. 한국에서 서울대학교를 포함한 6개 대학교의 사회학과 교수들이 실시한 2002년 연구에 따르며 3명의 학생 중 2명은 이미테이션 제품을 구입한다고 한다. 한국에서 이용가능한 모조품의 30%는 한국에서 만들어지며 나머지는 중국으로부터 들어온다고 보고되고 있다.

소비자들은 모조품을 어디에서 구매할 수 있을까? 영국에는 Wembley Market, Portobello Road와 같은 시장 존재한다. 미국에는 뉴욕의 커널 가(Canal Street)와 주요

Getting the Picture 회색무역과 위조 제품

위조품에 있어 가장 흔한 제품의 범주 중 하나는 여성들의 핸드백이다. 그것들은 4자리 수의 미화가격으로 주로 거래되어 가격도 만만치 않다. 그것들은 비교적 쉽게 복제되며 복제품을 식별하기 위해서는 진품 브랜드의 세밀한 품질을 발견하는 숙련기술이 필요하다. 가방은 현시성이 매우 높으며 유명세를 탄 제품들은 매우 높은 인지도를 가지고 있으며 널리 유행되고 있다. 위조품을 방지하기 위한 노력에도 불구하고 세계의 주요 도시의 쇼핑 거리에서 볼 수 있는 Louis Vuitton, Prada, Gucci 그리고 Kate Spade는 종종 위조품으로 채워지고 있다.

2007년에는 유명브랜드에 또 다른 위협이 나타났다. 유로와 다른 통화에 대비해 미국 달러의 가치가 가파르게 떨어지면서 브랜드 있는 핸드백이 "회색관광 무역"의 인기 있는 아이템이 되었다. 점점 강력해지는 유로화를 가지고 미국으로 쇼핑여행을 가서 달러로 명품을 구입하는 경우에 국내가격과의 차이로 인하여 상당한 이익을 보게 되는 경우가 많았다. 특히 자국에서는 구입가격범위를 벗어나는 명품 핸드백을 New York의 디자이너 부티크에서 꽤 저렴한 가격에 구매할 수 있었다.

이러한 일부 관광객들은 친구 그리고 친척들에게 핸드백을 구매할 수 있는 정보에 대해 이야기하고 그들의 핸드백도 사다줄 수 있다고 제안한다. 더 나아가 인터넷, eBay 그리고 다른 온라인 옥션 사이트들을 활용하여 그들이 구매한 명품을 할인가격으로 재판매하여 그들의 여비를 충당하기도 하고 때로는 약간의 이윤도 획득하기도 한다.

이 현상은 국경을 넘어 오랫동안 지속되어 왔으며 과거에는 관련된 수량이 다소 작았다. 하지만 2007년 말 추가 시즌 쯤에 이러한 현상이 극에 달한 것처럼 보였다. 많은 유럽인 방문자들은 마음에 드는 명품 핸드백(물론 그것들은 굉장한 크리스마스 선물이 되었다)을 살 생각으로 미국으로 몰려들었다. 판매가 상당히 떨어진 유럽의 소매업자들로 부터의 불만이 제기되면서 브랜드 제조업체들은 통제 불능의 상황이 되었다.

해결책으로서 제조업자들은 1인당 구매할 수 있는 제품의 수를 제한하기 시작하였다. 이는 제품 출시 초기에 제조업자들이 할인행사를 하면서 고객들이 구매할 수 있는 제품의 수를 제한하는 것과 유사할 정도였다. 결국 특단의 대책으로서 단일 구매자가 가게에서 3개 이상의 가방을 구매할 수 없도록 하였다. 제조업체들은 일반적으로 독립 소매업체에 대하여 이러한 규정을 강요할 수 없었던 상황이었지만 다수의 핸드백 브랜드 제조업체들은 이러한 제한이 부과될 수 있는 자신들 소유의 가게를 운영하고 있었다. 이러한 직판운영시스템으로 인하여 유럽에서 미국으로의 쇼핑여행자들은 미국에서의 구매하는 제품이 위조품인지를 염려할 필요가 없다.

Sources: Julie Shapiro, "Fashion's Private Eye Targets Canal St.'s Counterfeits Bags," Downtown Express 20, no. 34, January 11-17, 2008; Eric Wilson, "No More Bags for You!" *The New York Times*, January 10, 2008, pp. E1, 6.

도시들의 거의 모든 거리 코너에 모조품시장이 존재한다. 홍콩과 대만에서는 거의 모든 야시장에 유명한 브랜드를 파는 노점이 있다. 몬트리올에는 위조품을 판매하는 공공시장이나 거리노점들은 없지만 위조 제품들이 주로 가정거실이나 주방에서 입소문을 통하여 매매되고 있다. 몬트리올 사람들은 직접 복제품을 들여오지는 않고 주로 뉴욕이나 토론토를 경유하여 들어오는 여행객들로부터 구입한다.

한편 인터넷은 위조품 무역에서 매력적인 유통경로가 될 수 있다. 많은 인터넷 사이트에서 현재 모조 명품을 팔고 있는 것이 확인된다. 모조품 판매인은 인터넷의 익명성과 개인들 사이의 거래의 용이함, 그리고 거래의 가상성 때문에 사이버공간에서 급속히 늘어나고 있다. 인터넷의 확장과 동시에 이러한 회색무역도 증가할 것으로 예상된다.

위조품에 대항한 활동

위조품에 대항하여 글로벌마케팅 전문가들은 무엇을 할 수 있을까? 위조품을 통제하기 위한 대응책은 "검색과 파괴(search & destroy)"라는 두 가지 측면에서 이루어질 수 있다. 기업들은 위조품을 만드는 제조 공장들을 찾기 위해 노력을 기울였으며 가게에서부터 모조품 진원지를 추적하였다. 이러한 서비스를 제공하는 민간조사팀들이 나타나고 있다.

모조품을 확인하기 위하여 일부 기업들은 다양한 코드화 장비(coding device)를 사용하였다. 청바지 제조업체 Levi Strauss는 특수한 조명 아래에서만 볼 수 있는 미세한 섬유 패턴을 그들의 직물에 직조해 놓았다. 해적 행위를 방지하기 위하여 Microsoft는 홍콩에서 109만 달러 규모의 인쇄매체 캠페인을 시작하였고 Windows 95는 위조품을 추적할 수 있도록 코드화 되었다는 것을 알렸다. 많은 기업들은 이러한 모조품의 출현에 대하여 현지 정부에 호소하고는 있지만, 정부의 대응을 위해서는 우선 관련 자료가 축적되어야 하는 상황이다.

브랜드명에 의존하여 마케팅하는 대부분의 기업들은 이러한 불법거래행위에 대하여 강력하게 대처하고 있다. Cartier는 2,500건의 소송을 하였고 법적대응을 위하여 매년 380만 달러를 쏟아 붓고 있다; Louis Vuitton은 매년 1,000건 이상의 법적대응 사례를 기록하고 있다. Tiffany 또한 웹 사이트가 모조 Tiffany Jewelry를 경매로 처분하도록 허용함으로써 Tiffany의 상표에 대한 침해가 있었다고 주장하며 eBay를 상대로 소송을 제기하였다.

글로벌 위조품 무역으로 인하여 유명브랜드 소유기업들의 이익은 그만큼 피해를 입고 있다. 그러나 많은 노력에도 불구하고 모조품을 만드는 사람들을 완전히 근절되지 않고 있다. 소비자의 수요가 있는 한 모방이라는 "가장 심각한 형태의 유혹"으로부터 벗어나기는 어려울 것 같다.

요약

이 장에서 우리는 글로벌시장에서 브랜딩이 왜 중요한 전략으로 자리 잡았는지를 살펴보았다. 브랜드의 개념은 전통적으로 제품을 구별하는 수단 이상으로 확대되었고, 이제는 제품의 질적 신뢰를 넘어 감성적인 만족을 유도하는 수단으로까지 활용되고 있다. 동시에 브랜드 개념은 기관, 국가, 그리고 개인을 포함하는 더 넓고 다양한 맥락으로 확장되어 왔다. 오늘날 세계무역기구도 축구선수 "Beckham"처럼 하나의 "브랜드"로 보는 시각이 있다.

이 장은 글로벌 브랜드가 브랜드 자산으로서 더 큰 역할을 하게 되었다는 것을 설명하고 자산으로서의 브랜드의 가치를 측정하는 방법도 논의되었다. 또한 이러한 논의를 통해서 왜 브랜드를 글로벌화 하는 것이 필요하며, 글로벌 기업이 어떻게 글로벌 브랜드를 구축해나가야 하는지에 대한 이해를 유도하고 있다. 그리고 인수한 현지 브랜드가 글로벌 브랜드로 대체되어야만 하는지 아니면 현지 브랜드를 그대로 유지할 것인지에 대한 현지화전략을 다루었다. 현지화전략을 채택하는 경우에는 현지 브랜드의 강점으로 인하여 현지 이름을 유지하는 것이 선호될 수 있다. 이 장은 또한 어떤 현지 브랜드가 글로벌 롤아웃(rollout)의 대상이 될 수 있는지에 대한 문제를 살펴보았다.

이 장에서는 기업의 브랜드 포트폴리오 전략에 대해서도 다루었으며, 자회사의 현지 브랜드관리 문제도 논의하였다. 마지막으로 위조품과 위조 브랜드의 위협 및 이로 인한 브랜드 자산의 상실을 방지하기 위한 대책 등을 소개하였다.

CHAPTER 14

글로벌 가격책정

이 장의 목표는 다음과 같다.

1. 지역 및 무역권역에 따른 적합한 가격책정을 개발할 수 있으며 이러한 정책이 왜 필요한지에 대해서 이해할 수 있어야 한다.
2. 환율변동 및 지역별 가격차이를 이용한 회색무역을 막기 위해서 "내로우 밴드(narrow band)" 또는 "가격통로(corridor)"의 범위 안에서 국가별로 다양한 가격수준을 유지할 수 있어야 한다.
3. 지역 조세당국과 마찰없이 시행되는 글로벌 기업의 이전가격 정책이 어떻게 자회사들에게 동기를 부여하며 성과를 측정하는데 사용될 수 있는지를 이해하여야 한다.
4. 특히 국제금융 혼란으로 자국 통화의 가치가 하락할 때, 경화가 부족한 국가가 물물교환 무역을 포함하는 보상무역을 가격옵션으로서 수용할 수 있는지의 여부를 평가할 수 있어야 한다.
5. 경쟁, 가격품질 관계 그리고 제품수명주기 단계와 같은 기본 문제들과 연관 지어 국제가격을 책정 할 수 있어야 한다.

국제시장에서의 가격결정은 국내시장에서의 가격결정보다 어렵고 복잡하다. 국내시장에서 가격수준을 책정하고, 중간상인들의 활동을 촉진하기 위한 리베이트 또는 소비자와의 협상가격을 결정하는 데에는 매우 신중한 분석이 필요하지만 일단 가격이 결정되기만 하면 그 이행은 간단하다. 반면 국제시장에서는 이와 반대 현상이 나타난다. 또한 국내시장의 가격결정은 환율변동, 화폐의 평가절하, 관세로 인한 가격상승, 신용위험, FOB vs CIF 견적, 덤핑관세, 이전가격 그리고 가격조정 등과 같은 국제시장에서의 가격을 결정하는 요소들을 고려해야 하는 부담이 없다. 글로벌마케팅에서는 화폐시세나 대금지급방법, 여신과 같은 것들이 실제 제품의 가격보다 더 중요한 고려사항이 되기도 한다.

능에 예측 불가능한 영향을 행사할 수 있고, 기업이 여러 시장에서 생산을 하고, 조직의 제약요건 때문에 가격과 산출량을 동시에 정할 수 없기 때문이다. 경제학자들이 이러한 단점들을 보완한다고 하더라도 이들의 이론은 기업에서 마케팅실무상 결정하는 가격결정자들에 의해 철저한 외면을 받아왔다. 따라서 대부분 가격결정 메카니즘은 업무의 성격에 따라 다르게 고안된 경험과 상식의 법칙에 더 많은 지배를 받는다.

이러한 실무적인 감각은 글로벌 가격책정에 있어서도 중요하다. 미시경제학의 실용적 가치를 떨어뜨리는 여러 가지 가정들은 국가 간 거래에서 가격결정이론을 다루게 되는 경우에는 더욱 비현실적으로 변질되어 가격이론의 마케팅실무 적용을 더욱 불확실하게 한다. 따라서 다년간 연구되어온 자국시장의 가격결정에 대한 가이드라인을 변경할 필요성이 있고 또한 이에 대한 토론이 필요한 것이다. 다양한 국가들의 법률과 정부권력, 전통적인 시장의 기능 등이 어우러져 새로운 가격결정에 대한 접근법들이 진화해왔다. 이러한 접근법들은 실증적 경험과 이론적 제안이 결합되어 이루어진 것으로 지금도 진화를 거듭하고 있다.

"국내시장에서 얻은 가격결정에 대한 노하우를 글로벌 시장에 적용하는 것은 무의미하다."라는 주장이 아마 옳은 것일지도 모른다. 물론 세분화시장과 제품포지셔닝에 관한 이론들은 해외시장에도 적용할 수 있다. 광고와 판매 캠페인 또한 해외시장에 맞추어 표준화될 수 있는 것들이다. 하지만 글로벌 가격결정에 있어서 요구되는 실용적이고 제도적인 지식은 그 규모나 범위에 있어 완전히 다른 것이다.

글로벌 가격결정의 틀

글로벌 가격결정은 많은 복잡한 문제들을 포함하고 있다. 〈그림 14.1〉에서는 이 책에서 다루어지는 쟁점들을 정리하였다.

수출기업이 직면하게 되는 가격문제와 글로벌 통합 및 조정을 위한 가격결정 문제를 미리 구분하여 접근하는 것이 필요하다. 제5장에서 보았듯이 수출가격 문제는 환율변동 위험과 신용위험과 결부되어 있다. 이러한 문제들로 인하여 현지시장에서 소비자지향적인 할부 정책을 시행하는 경우에 수출기업들에게 재정적인 위험을 가중시키는 결과를 초래한다. 한편 관세 또는 비관세장벽으로 인한 가격상승이 고객들에게 전가되는 것과 같은 문제점이 발생하기도 한다. 포지셔닝 전략에 있어서 높은 '스키밍 가격(high skimming price)'과 '수입품 지위(import status)'의 이미지를 확보하려면 틈새전략이 필요하고 이는 성장을 주도하지 못할 뿐 아니라 경쟁자들에게 항상 노출되어 공격의 대상이 되기도 한다. 한편 낮은 시장진입가격 전략을 택한다는 것은 기업의 입장에서 제품을 원가이하로 판매하는 덤핑으로 인한 고소를 당할 위험을 초래할 수도 있다. 이러한 문제점들은 제5장에서 논의된 바 있다.

글로벌 기업의 가격결정에 영향을 미치는 또 다른 문제점들이 있다. 첫 번째는 어떠

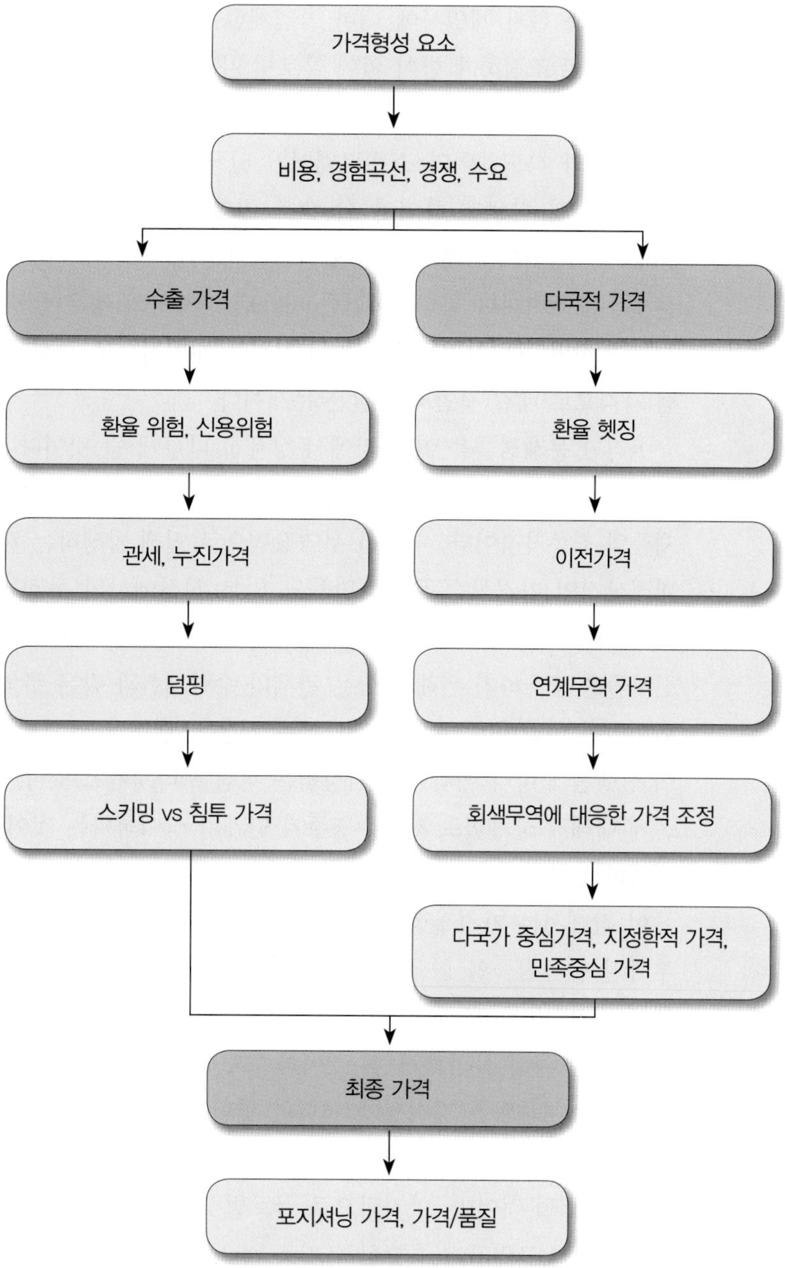

그림 14.1 글로벌 가격책정 틀

한 통화로 가격을 설정할 것인지 또 어떤 헤징전략을 수용할 것인지를 결정하는 것이다. 그 다음으로는 현지 계열사에 제품 및 부품, 물자들을 이전하는데 필요한 이전가격을 결정하는 문제인데 이는 현지 계열사 간 성과평가 측면에서 공정하게 이루어져야 하며, 최적의 네트워크 접근법을 통한 것이어야 하고, 적절한 수익환수 패턴을 유지하여야 한다. 그러나 이전가격을 통해 공정한 소득신고를 회피하는 탈법이 성행하자 이전가격의 문제는 해외 세무당국들의 철저한 감독 아래 놓이게 되었다. 그리고 다양한 국가시장에서 본사가 가격을 조정함으로서 다양한 국가소비자들의 니즈를 충족할 수 있는데, 즉 현지 계열사에 대한 가격제한을 하지 않고 또한 독립유통업자들의 가격을 불법적으로 조정하게 함이 없이 글로벌 가격책정을 실시 할 수 있다.

수출자는 연계무역에 의하여 경화대신 제품으로 대금을 지급받을 수도 있다. "시스템 셀링"과 하드웨어와 소프트웨어가 일체화된 완제품의 가격을 책정하는 경우에 기존의 방식과 다르게 하여야 할 수도 있다. 글로벌 시장에는 "턴키 프로젝트(turnkey projects)" 방식의 거래가 자주 일어나는데 이런 경우에 거래상황에 따른 특수한 마케팅 문제를 검토하여야 한다. 이러한 시스템 마케팅의 경우에 경영자들을 괴롭히는 한 가지 전통적인 골칫거리는 부품들의 가격을 개별적으로 책정할 것인지 또는 하나의 시스템 가격으로 매길 것인지와 같은 문제이다.

이러한 문제점들을 이번 장에서 상세히 다루게 될 것이다. 항상 그렇듯이 어떤 원자재가 그 제품에 사용되었는가에 상관없이 소비자들이 가장 중요하게 여기는 것은 결국 제품의 최종가격이다. 다양한 무역장벽으로 인해 발생하는 시장의 구조적 차이로 인해 비정상적인 가격상승구조를 만들고 일부 시장에서의 독점적 시장점유자는 터무니없는 가격을 매기기도 한다. 이탈리아에서는 Fiat, Alfa Romeo, 그리고 다른 이탈리아 생산자들을 보호하기 위해서 높은 관세와 수량제한과 같은 무역장벽을 통해 해외 자동차 회사들이 이탈리아 시장에 진입하는 것을 오랫동안 금지시켜왔지만 유럽국가의 통합이 진행됨에 따라 이러한 무역장벽은 점점 사라져가고 있다. 또 다른 문제점은 같은 제품에 대해서 국가별로 제품수명주기 단계가 상이하다는 것이다. 인플레이션 및 정부가 시행하는 가격제한 규정은 가격형성에 미치는 또 다른 요인이다.

이 장에서는 가격결정의 기본적인 사항에 대해서 먼저 다룬 후에 밀레니엄 초기에 부각된 문제점들인 환율과 헤징과 같은 외환금융과 관련된 쟁점을 다룰 것이다. 이후 이전가격(transfer pricing), 연계무역(countertrade) 그리고 체계적 가격책정(systems pricing)에 대해 살펴보게 될 것이다. 그 다음에는 가격-품질과의 관계와 제품수명주기이론이 제품의 포지셔닝에 어떠한 역할을 미치는지를 논의하고자 한다. 그리고 글로벌 및 지역의 가격조정에 대한 실현 가능성과 유럽시장에서 발생했던 회색무역 문제를 다루게 될 것이며, 마지막으로 글로벌 기업이 가지는 다중심적(polycentric), 지리적(geocentric) 그리고 민족중심적(ethnocentric)인 가격결정 전략의 장단점에 대하여 다루게 된다.

가격책정의 기초

글로벌 가격결정의 기본원칙은 자국시장에서의 전통적인 가격결정 접근법에서 파생되는 것이다. 글로벌 가격결정의 기본원칙에는 생산비용, 경쟁적인 요소 그리고 수요와 같은 자국시장에서의 고려사항들 이외에도 더 복잡한 분석이 필요하다.

비용의 역할

수출에 있어서 기본적인 가격결정과정은 원가가산가격(cost-plus pricing) 공식을 따른다. 기업은 원가기준가격 결정법에 따라 제품의 생산 및 운송에 들어가는 다양한 비용을 모두 더하여 수출가격을 결정하게 되고 이 값에 가격인상폭을 더해 합리적인 자본회수율의 목표를 달성하게 된다. 이러한 비용의 구성에는 제조비용, 관리비용, 할당된 R&D 지출비용, 판매비용 및 운송료, 관세와 다양한 협력기관에 필요한 비용(제5장 가격 에스컬레이션과 관련된 부분을 참조할 것)들이 모두 포함된다.

제품의 가격결정에 있어서 전부원가계산(full costing) 원리를 적용해야 하는지, 직접원가계산(direct costing) 원리를 적용해야 하는지에 대해 오랜 기간 동안 논쟁이 이어져왔다. 이론적인 관점에서 봤을 때 가장 이상적인 경우는 기업이 한계비용을 측정하고 이에 근거하여 가격결정을 하는 것이다. 실제로 대부분 기업들은 이러한 방법을 모두 사용하거나 관련된 다른 방법들을 결합하여 사용하는 편이다. 물론 기업이 어떤 마케팅전략을 사용하는지, 시장의 상황이 어떠한지에 따라 가격전략은 달라진다. 기존의 제품이 새로운 시장에 진입할 때에는 직접원가를 사용하는 것이 일반적인데 그 이유는 제경비가 이미 자국시장에서 충당되었고 투자비용 또한 회수되었기 때문이다. 만약 제품이 새로운 것이고 기업특유우위에 관련된 것이라면 한계비용은 더욱 중요한 요소가 되고, 제품의 마케팅 성공가능성에 따라 전략이 결정될 것이다. 또한 각각의 이익단위체(profit center)가 책임을 분담하는 분권화된 기업의 경우에는 개별제품 그 자체로 비용을 부담하도록 한 뒤 간접비용과 출자요구사항을 반영하는 경향이 있다.

충분한 자본이 없이 갓 제품수출을 시작하는 기업들은 시장에 대한 정보와 과거의 가격결정에 관련된 자료가 부족하기 때문에 원가기반 가격결정시스템에만 의지하였지만 오늘날 이러한 방식에만 의존하는 경우는 매우 드물다. 즉 제조원가에 기초한 가격결정을 하더라도 시장의 경쟁과 수요를 복합적으로 고려해야할 필요성이 점점 커지고 있다.

경험곡선 가격책정

원가기반 가격산정은 "경험곡선(experience curve)"의 발견 이후에 보다 더 보편적으로 사용되었다. 경험곡선은 보다 많은 제품이 성공적으로 생산될 때 어떻게 단위비용(unit costs)이 떨어지는지를 보여준다. 기업의 고용주들은 경험과 "행동에 의한 학습(learning by doing)"을 통해서 원가절감을 위한 기술과 역량을 개발한다. 따라서 새로운 해외시장으로 진입하려는 기업들은 기술과 역량을 축적하고, 축적된 시장경험을 통해 범위의 경제를 실현할 수 있다.

따라서 새로운 시장으로의 진입은 자국시장 뿐만 아니라 현지시장에서 더 낮은 가격으로 이루어질 수 있다. 늘어난 생산으로 인해서 더 낮은 단위비용이 적용된 시장에서는 예상 이윤이 새로운 고객확보를 위한 할인요금 가격 형태로 고객에게 혜택을 줄 수 있다(제품생산주기 초기에서의 "침투" 비용). 이 경우에 비용하락 측정의 정확도에 따라 추후 공급가격이 오를 수도 있고 그렇지 않을 수도 있다. 만약 경험효과(experience effects)가 예상보다 낮은 경우 가격은 이후에 상승할 것이다. 상당히 저가의 "경쟁적" 진입가격은 한 동안 유지되야 하고 (경쟁 때문에), 경험곡선 효과는 저가에 의한 진입 손실을 보전한다.

경험곡선에 의한 가격결정 전략은 성숙단계의 기존 시장에 진입하는 기업들이 주로 사용하는 방법이다. 이러한 전략은 해외시장에서 침투가격의 경쟁력을 유지하기 위해 많은 일본기업들이 사용하고 있다.

경쟁

가격경쟁분석은 글로벌 및 자국의 경쟁자들이 특정 시장에서 자신들의 제품에 책정한 가격을 비교함으로서 가능하다. 이러한 가격들은 현지시장에서 유보가격(reservation prices)을 형성하는 경향이 있는데 이 유보가격은 소비자들이 그 제품을 구매대상으로 고려하지 않을 정도의 가격의 최고점에 위치하게 된다. 이는 최대지불가격이라고 불리기도 한다. 그러한 분석에 기초하여 제품의 차별적 우위를 제공하여 이에 대한 인지된 가치 가격(perceived value pricing)을 책정할 수 있다. 미국에 기반을 두고 있는 인조섬유 생산 회사인 Dupont은 가격구조를 "제품" 파트와 "프리미엄 차별가격(일반적으로 다른 제품보다 비싼 가격)" 파트로 나누었다. 제품 파트는 근본적인 수요 요소와 관련되지만 반면에 프리미엄 차별화는 경쟁요소에 특별히 영향을 받게 된다.

프리미엄 가격차별(premium price differential)은 기업의 제품이 특정한 강점으로 인해 시장에서 더 높은 가격으로 판매될 수 있게 한다. 이 프리미엄 규모는 브랜드 강점과 직접적으로 관련이 있다. 수년 동안 Sony의 강력한 브랜드는 일본기업이 경쟁사들보다 대략 10% 더 높은 가격의 프리미엄을 획득했다. 최근에는 한국기업 Samsung 경쟁사의 상승으로 이러한 프리미엄은 상쇄되고 있다. 가격 프리미엄의 존재여부를 발견하기 위해서 기업은 현지시장에서 시장조사를 하고, 다양한 제품의 속성이 고객에게 어떠한 기여를 하는지 찾아야 하고 경쟁속성들에 대해서 소비자들이 어떻게 인지하고 있는 지를 평가하여야 한다. Caterpillar는 일본 경쟁기업 Komatsu의 제품들과 경쟁하기 위해 제품들의 가격을 정하는데 이러한 접근법을 사용했다. 전통적으로 자국시장에서 그러한 연구가 포괄적이고 면밀하게 이루어지지만 해외시장에서는 기존 고객들, 유통업자들 그리고 국가 전문가들의 정보를 개략적으로 활용할 수 있다.

수요

일반적으로 수요는 가격을 결정할 때 고려되어야 하며 이는 대부분 기업들이 실제로 사용하고 있는 방식이지만 다양한 지역시장이 가지고 있는 특성들에 주목하여야 한다.

가격탄력성(price elasticities)은 고객들의 가격민감성을 반영하는 경제이론이고 수요곡선상에서 나타난다. 이는 얼마나 많은 고객들이 다양한 가격대로 얼마나 많은 제품을 구매할 의사가 있는지를 말하는 것이다. Dupont 접근방식에서의 수요곡선은 "제품"의 가격, 제품을 사려고 하는 근본적인 의지 그리고 시장 전체의 잠재고객들의 지불능력 등을 반영하였다. 일반적으로 이러한 포괄적 수요평가는 통계적인 분석방법에 의존한다. 특히 제품이 새로운 시장에 진출하는 경우에 이러한 분석은 주관적 판단이 지배적으로 작용할 수 있다.

경영자는 비용의 분석을 기반으로 가격을 정하고, 또한 현지시장에서 수요상태와 경쟁적 상황을 고려하여 가격을 조정하여야 한다. 이것은 일반적으로 기초비용에 변동수익(variable markup)을 더해서 구성하는 가격결정방식으로 나타난다. 경쟁자들보다 훨씬 앞선 경쟁력을 갖춘 경우에는 현지시장의 가격이윤이 더 높을 수 있다. 강력한 경쟁이 존재하는 시장에서는 차별적 프리미엄 가격이 미약하게 나타나고 이에 따라서 이윤이 낮게 나타날 것이다. 변동이익 시스템은 글로벌 가격조정을 원활히 할 수 있기 때문에 대부분의 글로벌 전략을 세우는 기업은 이러한 변동이익에 기초하여 가격을 산정하게 된다.

금융 문제

환율

변동환율(Fluctuating exchange rates)은 해외시장에서의 수익과 가격에 영향을 미치고 현지 계열사의 업무성과에도 심각한 영향을 준다. 정부가 직접적으로 평가절상 및 평가절하를 하는 경우에도 기업의 수익구조는 큰 영향을 받게 된다.

환율변동(exchange rate fluctuations)은 경제이론에서 항상 예측된 방식으로 가격에 영향을 주지는 않는다. 통화가치가 상승한다고 하여 수출경쟁력이 반드시 저하된다고 할 수 없다. 간단한 사례를 통하여 이를 설명할 수 있다.

독일과 일본과의 거래 사례를 살펴보자. 유로화에 비해서 엔화의 가치가 상승한다면 일본에서 독일 자동차의 가격은 저렴해지지만 독일에서는 일본 자동차의 가격이 더욱 상승할 것이라고 이론에서는 설명하고 있다. 기존 재고와 주문과 인도기간 시간차이로 인해서 그 영향은 즉시 발생하지 않지만, 점진적으로 무역수지에 영향을 줄 것이다. 독일 자동차들은 일본에서 더 잘 팔리는 반면에 독일에서 일본 자동차의 시장점유율은 감소할 것이다. 하지만 이러한 환율효과는 자동차 무역에 있어서 양국가 간 가격 탄력성과 그로 인한 국내생산자와 다른 해외생산자들의 이용가능한 대체품들에 달려있다.

가격관리의 관점에서 이 시나리오는 자국통화로 본사가 처음에 설정한 가격이 유지된다는 가정 하에 유효하다. 즉 독일 수출자들은 통화감가상각(currency depreciation)

Getting the Picture 아르헨티나의 환율 고민

아르헨티나의 5번째 대통령인 Eduardo Alberto Duhalde는 2002년 초 페소가치의 평가절하를 통해 역사상 가장 큰 경제적 위기를 피해야 할 것인지의 고민에 직면하게 되었다.

아르헨티나는 1980년대 후반 10년 동안 초인플레이션을 맞이해 재정안정성을 확보하기 위한 수단으로 페소를 미국 달러에 대해 1대 1의 고정환율제를 유지해 왔다. 대부분의 아르헨티나인들은 페소를 벌어들인 반면, 가계 대출부터 기업대출까지 이르는 80%의 부채는 미국 달러화로 매겨졌다. 그래서 고정환율제의 붕괴는 광범위한 파산을 초래할 것으로 보여졌다.

동시에 페소가 평가절상 되어 있다는 광범위한 인식이 있었는데, 이는 아르헨티나의 수출 경쟁력을 잃게 만들었고 이로 인해 4년의 경제 침체기를 초래하였다. 달러화의 강세로 인해 아르헨티나 수출품은 다른 경쟁국들보다 가격경쟁력을 잃게 되었다. 예를 들어 브라질의 변동 환율은 자국 화폐를 페소에 비해 2.5배 저렴하게 하였으며, 이는 브라질 제품이 더 저렴하게 팔릴 수 있게 하였다. 아르헨티나의 고정 환율은 아르헨티나의 수출품 가격을 상승시켰고 수입품의 경우 가격을 하락시켰을 뿐 아니라, 아르헨티나에서의 사업비용을 상승시켰고 많은 회사들이 아르헨티나보다 더 효율적인 곳에서 제품 생산을 하도록 만들었다.

아르헨티나의 업체들은 지불능력을 갖추는데 많은 어려움을 겪었다. 부에노스아이레스에 있는 많은 상인들은 약탈을 겪었고, 외국 수입품은 공급이 감소하고 국산품은 너무 비싸서 지불이 불가능해진 아르헨티나인들에 의한 반달리즘(공공기물 파손)을 겪었다. 몇몇 상점들은 언짢은 고객들의 흥분상태를 가라앉히고 재투자를 유도하기 위하여 제품들을 원가에 팔기도 하였다. 이러한 상황에서 아르헨티나는 세금수입을 증대하고 정부지출을 삭감하는데 어려움을 겪었다. 그리고 늘어난 제품 비용과 줄어드는 가처분소득 때문에 사업체들이 아르헨티나에 재투자할 것 같지 않았다.

결론적으로 2002년 1월, 달러에 대한 고정된 페소환율제가 금지되었고, 2월에 페소는 변동환율제를 택하였다. 이러한 처방은 잘 작동했다. 환율은 곤두박질쳤고, 인플레이션이 급속도록 일어났으나 2002년 중반 경제는 비록 낮은 수준이지만 안정을 되찾았다. 수출실적을 앞세워 2003년 8% 증가된 생산량, 실업감소, 그리고 연말에 4%로 감소된 인플레이션을 통해 경제가 회복되기 시작했다. 페소에 대한 강한 수요로 인해 중앙은행은 2003년에 심지어 환율하락을 막기 위해 심지어 외환시장에 개입하였다.

이러한 성공에도 불구하고, Duhalde는 재선에 실패하였다. 2003년 5월 25일 Carlos Saul Menem이 후보직을 포기하게 됨에 따라 Nestor Kirchner가 대통령 선거에서 이겼다. 그리고 새로운 대통령은 IMF로부터 아르헨티나의 엄청난 부채를 면제받았다. 아르헨티나의 계속된 경기 호전으로 2007년 그의 임기가 다되었을 때 차기 대선에서 이길 수 있게 되었다.

환율은 다국적 가격책정을 혼란스럽게 만들 뿐만 아니라, 엄청난 정치적인 영향을 미치기도 한다.

Sources: Anthony Faiola, "Devaluation Imminent in Argentian," *Washington Post,* January 3, 2002, p. a12; "Austerity, or Bust," *The Economis,* July 19, 2001; Dave Goldiner, "Cristina Fernandez de Kirchner wins Argentina presidency," *Ny Daily News,* October 29, 2007.

이전의 비슷한 유로가격 조건으로 독일의 일본수입자들에게 가격견적을 내야 하고, 유사하게 일본기업도 예전처럼 그들의 독일 자회사들에게 비슷한 엔화가격으로 유지해야 한다. 하지만 어느 경우도 글로벌 운영을 하는 기업들에게 이러한 가정은 현실적이지 않다. 실제로 발생하는 환율과 수출양과는 다음의 관점에서 살펴볼 수 있다.

첫째, 환율이 하락하게 되면 일본기업들은 엔화로 결제되는 수입이 줄어들어서 현지가격을 인상해야 하는 압박을 받게 된다. 하지만 일본은 독일시장의 가격경쟁력을 감안하여 현지의 자동차가격을 쉽사리 인상할 수 없을 것이다. 독일에서 판매된 자동차 수입이 환율하락으로 인하여 이전보다 낮게 되고 판매량이 꾸준함에도 불구하고 엔화로 결제되는 수입은 감소하게 된다.

둘째, 수익성 감소는 일본기업이 부품의 공급루트를 이전하도록 유도할 수 있다. 일본에서 독일로 직접생산 수출보다는 환율의 절상이 그다지 심하지 않은 제3국에서 생산하여 조립한 자동차를 독일로 수출함으로서 환율의 변동효과를 최소화할 수도 있다. 이러한 이유로 일본은 그들의 북미자회사에서 생산한 자동차를 독일로 직접 수출하기도 하였다.

셋째, 환율의 변화가 다소 지속적으로 이어질 것으로 보일 때는 제조업자들은 독일에 직접투자하거나 또는 다른 유로국가에 투자함으로써 환율의 불안정성을 제거할 수 있다. 환율변동이 예측하기 매우 어렵고 영속적이지 않음에도 불구하고 일본은 1990년대 초에 엔화의 변동성을 극복하기 위하여 이러한 해외직접투자 전략을 구사하기도 하였다.

오늘날 상승하는 유로화로 독일기업들은 일본 내에서 가격경쟁 면에서 떨어지고 독일 수출기업들은 경제이론이 예측한 대로 일본시장에서 실패했다. 따라서 그들은 해외에 직접투자 함으로서 이러한 환율변동의 위험성을 제거할 필요가 있게 되었다. 해외자회사에서 생산된 부품들에 의존하는 독일 자동차기업으로서는 그 부품단가를 감소시킬 수 있다. 이러한 추세는 자국의 부품을 대체 가능한 부문에서 최대한 나타나게 되었고 이로 인해 독일 국내의 부가가치 증가분은 감소하게 되었다.

환율상승은 해외에서 더 낮은 가격으로 판매할 수 있게 하며 이는 가격경쟁력으로 이어진다. 한편 환율하락은 회사가 공급루트를 변경할 수 있고 해외제조업체에 투자할 가능성이 존재하므로 현지시장에서 항상 높은 가격과 낮은 경쟁력을 유발하지는 않는다.

글로벌 네트워크 제조업체와 많은 시장을 가지고 있는 기업은 환율의 영향을 적게 받아 왔다. 대체공급지는 환율변동에 의한 피해를 줄이는 것을 도와줄 뿐만 아니라 다양한 판매시장을 확보하고 있으면 환율의 변동이 있을 경우에 다른 시장으로 이동할 수 있는 다양한 선택권을 가지게 된다. 독일에서 일본기업들의 가격경쟁력이 떨어진다면, 일본기업들은 그들의 점유율을 낮추고 대신에 엔화의 환율이 보다 우위인 다른 시장에 집중 할 수 있다. 1990년대 후반 미국 달러화의 강세가 미국시장을 보다 더 매력적으로 만들었고 유로화의 약세는 독일시장의 매력을 감소시키게 되었다.

넓은 시각에서 보면 제품의 시장가격에 대한 환율변동 효과는 경영자의 대처에 의하여 제한적일 수도 있지만, 다른 요인에 의하여서도 가격효과가 제한적일 수 있다. 예를 들어 수출입계약은 수개월 전에 체결될 수 있으며 이런 경우에 환율의 변동에도 불구하고 당사자의 합의가 없는 한 판매가격을 변경할 수 없을 것이다. 우수한 부품 공급자들은 기업의 디자이너나 엔지니어와 사전에 같이 협력할 것을 합의한 경우에 환율의 변동이 있어도 사전 협상가격을 변경할 수 없을 것이다.

판매조직 구성과 해외국가 유통경로를 수립하기 위해서 투자되어야 하는 초기 비용(start-up costs)이 환율이 변함에 따라서 현지가격의 조정이나 유통경로 가격과 견적된 비용의 조정 없이 유통경로 경영자들에게 "불로소득(windfall)" 또는 손실로써 가끔 나타난다. 단기 수익에 있어서 다양한 변동의 위험을 피하기 위해 글로벌 기업은 헤징을 시도한다.

헤징

헤징은 통화가치 변동으로 인한 손실에 대비한 보험과도 같은 것이다. 이러한 헤징은 일반적으로 금융중개인의 도움으로 "선물계약" 또는 "통화스왑"의 형태로 외환을 매입하거나 판매하는 형식을 띠게 된다.

선물계약은 미래의 합의된 시점에서 정해진 환율 하에 해외통화의 특정된 금액의 판매 또는 구매, 또는 미래의 일정 시점에 거래를 할 수 있는 옵션계약을 체결하는 것을 말한다. 스왑은 일정한 기간 동안 다른 나라의 통화와 교환할 수 있게 교환협정을 맺는 것을 말한다. 스왑종료 시점에서 각 당사자는 받았었던 통화를 반환한다. 선물계약은 오늘날 기업이 환율 악화로 인해 손해를 보지 않기 위해서 체결하며 환율하락 위험에 대한 대응책이 되지만 계약을 체결하기 위한 비용은 변동률로 인해 얻어지는 이득을 상쇄하게 된다.

이러한 환율변동에 대한 대책들은 다양한 외환조합으로도 가능하고 헤징은 많은 다국적기업들에 있어서 주요한 국제금융 활동이 되었다. 마케팅 관점에서 가장 이상적인 조치는 매도인에게 환율변동에 대해서 책임을 부과하고 현지통화로 가격을 책정하게 하는 것이다. 그러나 이것은 선국들의 기업들에게는 자주 일어는 것은 아니다. 특히, 미국의 생필품과 산업시장에서 그들의 가격은 "경화(hard currencies)"로 산정되는 경향이 있다. 예를 들어 보잉과 같은 기업은 미국 달러로만 가격을 정하고 고객들에게 환율변동과 현지 통화 가치하락으로 인한 가격상승분을 전가하고 있다.

정부 개입

국가마다 인플레이션율이 다를 수 있는데, 이스라엘과 아르헨티나와 같은 일부 국가들은 과거에 상당히 높은 인플레이션 패턴을 보였었다. 그러한 국가는 가격의 안정화를 위해 금융시스템에 개입함에도 불구하고 통화가치가 지속적으로 떨어지는 경향을 보인다. 이에 대한 일반적인 해결책은 선택적 가격통제(price controls) 정책이다. 글로벌 마케팅 전문가에게 가격통제는 가격이 시장의 요구를 충분히 반영하지 못하고 고정된 것을 의미한다.

가격통제 하에서 가격의 상승은 억제된다. 가격상승 요건을 충족하기 위해서는 가격상승이 비용에 직접적으로 연관되어야 한다. 따라서 모범적인 회계기록을 보유한 기업들은 가격을 수월케 인상할 수 있을 것이다. 그렇지만 인플레이션이 급속히 진행되는 국가에서는 비용의 증가만으로 가격상승을 정당화하기에는 무리가 있다. 그러한 경우 기업은 선물계약과 스왑거래(swap deals)를 통하여 외환을 관리할 필요가 있다. 이러한 쟁점들은 마케팅 문제라기 보다는 금융관리의 영역을 간주된다.

가격결정에 영향을 주는 다른 종류의 정부개입이 있다. 대표적으로 독점금지법이 있는데 이들은 가격고정(price fixing)과 가격차별(price discrimination)을 통제한다. 이러한 독점금지법 관련하여 가격의 변동과 형성과정에 대해서는 법률영역의 고찰이 필요하다. 가격고정과 관련하여 특정국가의 가격 카르텔은 미국처럼 엄격하게 금지되지 않는다(예를 들어, 일본에는 몇몇의 카르텔이 있다). 그러나 시장개방의 추세와 국제자유무역의 흐름에 비추어 이러한 카르텔은 앞으로 점점 설 자리를 잃어 갈 것이다.

가격차별의 관점에서는 가격차별을 금지하는 미국의 로빈슨-패트맨(Robinson-Patman)법이 유일한데 이 법에서는 가격차별을 오직 비용절감의 경우에만 허용하고 있다. 그러나 여러 법들은 특정한 기능과 관련이 없는 할인에 대해서는 의문을 제기한다. 뇌물 수수의 문제는 자주 쟁점화 된다. 특정국에서 기업들에게 허용되는 것과 되지 않는 것에 대한 법률적 조언을 받는 것이 필요하다. 예를 들어, 일본에서 그 나라의 복잡한 네트워크에서 제품을 취급하는 많은 경영자들에게 상당한 리베이트를 주는 것은 관례이다. 해당 시장에 진입을 원하는 새로운 진입자들은 그러한 리베이트를 제공하는 것이 필요할 수 있다.

이전가격 책정

전 세계 무역량의 상당한 부분이 본사와 지사 간 거래에 의해서 이루지는 만큼 이러한 본사와 지사 간 거래되는 제품의 가격이 얼마로 책정되고 또한 어떤 의미를 가지는 가하는 것을 살펴보는 것은 중요하고 글로벌마케팅에서는 이러한 쟁점과 관련된 문제는 이전가격의 문제로 다루어진다.

정의

이전가격이 발생하는 근본적인 이유는 간단하다. 즉 자회사를 통하여 제품을 수출하는 경우에는 관세와 관련 통관수수료를 책정하기 위해서 선적가격이 결정되어야 하기 때문이다. 이러한 이전가격은 해외자회사의 원가회계상 구매지출에 직접적으로 영향을 주기 때문에 자회사의 재정상황에 직접적인 영향을 받는다. 이러한 이전가격은 다국적 기업들 사이에서 다른 국가로 이익을 이전할 수 있도록 하는 가격 메커니즘이 되어왔다. 본사에서 아프리카 국가에 있는 자회사에게 높은 가격으로 제품가격을 산정하는 경우에 이 자회사는 이익을 내기 힘들 것이다. 그리고 가격이 낮게 측정되는 경우 자회사는 높은 이익을 낼 것이다.

수익금액의 자국송출을 목적으로 이전가격을 사용하는 경우에는 현지국 조세당국의 엄격한 감시 하에 놓이게 되었다. 정부의 강력한 규제로 인하여 이제는 이러한 조세회피 목적의 이전가격은 현저히 줄어들었지만 여전히 국제가격 통제의 목적으로 활용되고 있다.

정상가격원칙

이론적 관점에서 이전가격설정은 자회사에게 책정되는 소위 정상가격(arm's-length

Getting the Picture 소득의 이전방법

세금, 이전가격의 덤핑효과, 그리고 회계규정의 투명성 제고 등의 사유로 공공회계법인들은 다국적기업들의 이전가격 설정에 관한 지침을 개발하였다. 다음의 10가지 단계는 일반적으로 권장되는 사항들이다.

1. 연례적인 경영사이클의 초기단계에서 외부 고문을 만나 전략에 대한 의견 합의를 볼 것.
2. 제 3자 거래와 이해관계자간의 거래를 비교할 것. 이에 따라 가격을 조정할 것.
3. 합의된 전략을 시험해보기 위한 재정 모델을 준비할 것.
4. 간부들이 이전가격에 대한 감사절차, 쟁점, 그리고 노출 정도에 대해 이해할 수 있도록 만들 것.
5. 내부 문서를 준비할 것.
6. 대외 문서를 준비할 것.
7. 회사 내에서 현장 조사.
8. 외부 고문에 의하여 이전가격에 대한 감사를 시행할 것.
9. 연말에 목표와 비교하여 평가할 것.
10. 소득 신고서를 준비할 것.

부정행위에 대한 유죄판결을 받는다면 그에 따른 벌금은 상당할 것이다. 2008년 호주에서 스위스 제약사 Roche에 대한 법원의 판결은 참고할만하다. 재판과정에서 신경안정제 바륨 제조업체인 스위스 회사인 Roche가 호주 지사에 과다한 비용을 부담시켰고, 이를 통해 호주 기업에 의해 세금을 감면받았음을 알아냈다.

Roche의 조세 추징액은 이 사건이 일어난 1992년부터 2002년의 기간 동안 59만 달러로 증가되었고, 이는 Garry Downes 판사에 의한 예비판정이었다. 이로 인해 Roche의 호주 지사의 총 이윤이 40% 이상 떨어졌고, Downes 판사는 이러한 감소분은 정상적인 시장가격에서 획득할 수 있는 이윤액이라고 하였다.

재판장은 소비자부문과 소비자진단 부문에서는 Roche의 청구를 받아들였지만 처방조제약 부문에서는 Roche의 이의제기를 기각하였다.

호주 조세법은 납세자들이 국경을 넘는 거래에 대하여 정상적인 시장가격원리를 적용하여 납세할 것을 요구하고 있다.

최종판결에서 이러한 입장이 고수된다면 호주를 상대로 수출입하는 기업들에게 상당한 경고 메시지를 보내는 것이며, 향후에 이루어질 모든 수출입가격 산정은 공정한 시장가격에 의하여 이루어져야 함을 암시하고 이전가격에 대해서는 강력한 제제가 있을 것으로 보인다.

Sources: Davis, 1994; Weekly, 1992; Ari Sharp, "Jeadache for Foreign Investment," **TheAge.com.au**, april 4, 2008.

prices)이라고 불리는 공개시장의 가격이 반영되어야 한다.

정상가격원칙(arm's-length principle)이란 조세와 관련하여 이전가격결정을 할 때 경제협력개발기구(OECD)회원국들과 미국이 동의한 국제표준이 사용되어야 한다는 것이다. 정상가격 범위는 시장가격을 결정하는데 있어서 "신뢰할 수 있는 범위"로써 결정된다. 이러한 정상가격은 "독립적인" 기업들 사이에 무역이 발생할 때의 가격을 말한다. 기업들이 상업과 금융 관계에서 상호 독립적인 경우 이러한 기업들 사이에는 일반적으로 시장가격이 지배하게 될 것이다.

독립기업들이 서로 거래를 할 때 그들의 상업과 금융관계 조건들은(예를 들어, 이전된 제품의 가격 또는 제공된 서비스, 이전 또는 조항의 조건) 통상적으로 시장원리에 의해 결정된다. 그러나 서로 연고가 있는 기업들 간에 거래계약을 하는 경우에는 객관적인 시장의 논리가 작용하기 어려울 것이다.

정상가격 원칙이란 연고기업들 간이라 할지라도 객관적인 시장원리에 의하여 가격의 책정이 이루어지는 것을 말한다. 정상가격 이론은 제품과 서비스가 연고기업들 사이에서 이전되는 경우 "공개시장" 원리에 의한 가격을 적용할 것을 요구한다. 그러나 실무에서 정상가격을 측정하는 것은 수학공식처럼 딱 떨어지는 것이 아니다. 많은 사례에서 이전가격 모델은 가능한 가격의 범위를 제공하는 것으로 나타났다. 연고기업들 간에 책정된 가격들이 정상 범위 내에서 이루어진다면 별다른 조정은 필요하지 않을 것이다. 한편 정상가격원칙은 적용하는데 있어 복잡하고 다양한 사례들이 있다. 정상가격원칙은 고도로 전문화된 제품의 기업간 통합생산, 독특한 무형재, 그리고 또는 전문화된 서비스의 공급을 다루는 다국적기업들에게는 적용하기가 힘들다.

서술된 방법으로 정상가격을 설정하는 것은 구매자에게 자회사 제품의 원가를 고려하여 얼마에 구입하여야 하는지를 가늠케 하고, 자회사의 경영실적을 파악하는데 정확한 정보를 주게 될 것이다. 현실에서는 시장가격에 대응하는 제품이 없어서 이러한 시장가격의 책정이 어려운 경우가 있다. 반면에 한 나라에서 다른 나라로 이익을 이전할 수 있는 이전가격의 사용 또한 쉬운 일은 아니다.

이전가격 책정의 접근법

이전가격의 책정에 있어서 두 개의 주요한 접근법은 시장기반 이전가격과 비용기반 이전가격이다.

어떤 기업들은 비용기반 이전가격을 설정하는데 반해 다른 다국적기업들은 시장기반 이전가격 정책을 선호하기 때문에 다국적기업들이 사용하는 이전가격 책정의 접근법은 다양하다. 이러한 가격책정의 접근법들은 외국 자회사의 재무성과 측정에 큰 영향을 미칠 수 있다. 이전가격을 변경하는 것은 자회사의 손익계산서에 직접적으로 영향을 미치고 이로 인해 현지국에서의 수익과 지급되는 법인세에 영향을 미치게 된다.

시장가격기반 이전가격은 외부시장으로부터 생산 또는 서비스를 제공받는 자회사가 구매할 수 있는 가격이다. 일반적으로, 시장가격은 다른 종류처럼 인위적으로 쉽게 조정할 수 없고 자연스럽게 기업들 간의 업무성과를 반영하기 때문에 가장 이상적인 이전가격이다. 그러나 시장가격에 기반한 이전가격을 책정하기 위한 조건들은 상당히 까다롭다. 한편 이전가격을 산정하기 위한 "완전한" 시장이 없기 때문에 이전가격이 비용에 기초하여 설정될 수 있다. 비용기반 이전가격은 일반적으로 원가에 기반을 두거나, 원가에 이윤을 더하거나 또는 일부 시장가격에 근접해 책정된다.

공공연하게 알려져 있듯이 실제 많은 글로벌 미국기업들은 이전가격을 통해서 수익을 자국으로 송환하는 것을 포기하거나 실제로 시장과 연계한 이전가격을 설정한다. 이러한 추세는 현지 조세당국이 점점 더 공격적으로 이전가격을 감시하고 또한 감시방법도 더욱 정교해지고 있음을 볼 때 더욱 일반화 될 것으로 예측된다. 몇몇 기업들은 한걸음 더 나아가 가격과 품질이 더 좋은 조건이라면 외부시장에서 제품을 구입하도록 하였다. 전 세계적으로 분포하고 있는 Ford 자동차의 자회사들은 이러한 현상을 잘 반영한다. 이러한 옵션들을 실행하기 위해서는 부품 및 품질이 일정한 기준에 충족하는 것인가를 면밀히 분석하는 시스템이 필요할 것이다.

정상 이전가격의 설정을 용이하게 하기 위해서 기능적 분석이 유효하다. 기능적 분석이라 함은 시장가격을 결정하기 위해서 거래가격을 제품의 요소별로 분화하여 가격을 책정하는 방법이다.

기능적 분석의 목적은 제품요소의 기능성, 자산가치 그리고 국제시장에서 경쟁기업과 비교할 때 해당 자회사의 위험요소 등을 모두 반영하기 때문에 기능적 분석은 정상가격책정에 유용하다. 그러나 무엇보다 중요한 것은 기업운영의 특성을 밝힘으로서 기능적 분석은 이전가격을 책정함에 있어서 비슷한 기업들을 비교할 수 있는 기초가 된다는 점이다.

상충되는 목표

본사와 지사 사이에서 자금흐름과 관련하여 이전가격 범위에 영향을 주는 다른 요소들이 있다. 급속한 인플레이션으로 고통을 겪는 국가는 운용자금을 최소한으로 보유하려고 할 것이다. 예를 들어 그 국가에 있는 자회사로 수출되는 중간재의 선적품들은 다른 곳보다 더 높은 가격이 부가될 것이다. 기능적 분석은 이러한 것을 반영하며 기업이 이익의 발생국가를 조정하게 된다. 만약에 한 국가가 통화 부족으로 어려움을 겪는 경우(예를 들어, 달러의 할당), 대금지급은 환전의 확실성이 떨어짐으로 인해 조정가격의 설정이 어려울 수가 있다. 그러한 경우 옵션은 통화스왑, 선물거래, 구상무역 등을 포함한다. 결국, 글로벌 기업은 투자금액들을 회수하기 위해서 그 국가에 의존을 줄이는 시도를 할 것이다. 2002년 아르헨티나는 평가절하를 단행함으로써 해외투자자를 어렵게 만들기도 하였다. 하지만 아르헨티나는 수출활성화를 통하여 경제를 성공적으로 회복시킬 수 있었다.

일반적으로 이전가격은 상충되는 목표들을 고려해서 설정되어야 한다. 예를 들어, 기업은 세금공제 후 수익의 최대화, 수익에 대한 자국송금을 유연하게 유지하는 것, 이익발생의 중심 국가를 설정함에 있어서 최적의 의사결정, 경영성과와 수익성에 대한 정확한 자료를 생성하는 것, 시장점유율을 확대하고 외국시장에서 경쟁력을 유지하는 것 등을 목표로 한다. 이러한 목표들이 해외시장의 가격관리에 있어서 서로 상충하지 않게끔 조화를 이룰 필요가 있다.

이전가격은 현지시장에서 자회사의 경쟁 포지션을 지원하기 위해 역시 사용될 수 있다. 시장 포지션이 다국적기업의 글로벌 포지션을 위해서 전략적으로 중요한 곳에서는 본사가 일부 핵심 제품구성요소 또는 일부를 아주 낮은 가격으로 자회사에게 제공함으로써 가격경쟁력을 유지할 수 있다. 미국시장으로 진입하는 많은 일본기업들이 이러한 전략을 구사하였다. 적어도 초기 단계에서의 미국 영업소들은 자회사의 수익을 확보하기 위하여 일본에서 직접 임금을 받는 직원들을 고용하였다.

이전가격은 자회사의 운영에 많은 영향을 미치고, 이전가격이 현지국가에서의 세금관리에 있어서 중요한 위치를 차지하는 경우에 전반적인 세금 부담과 장기적 세금 부담을 줄이기 위해 적절한 세금관리전략이 필요하다. 특히, 여러 국가에 걸쳐 법인소득세와 관세율은 상당히 다르므로 기업들은 외국에서의 관세 및 현지법인세를 최소하기 위해서 이전가격을 설정할 수도 있다.

연계무역

연계무역(countertrade)은 전부 또는 일부 대금지급이 현금 대신에 상응하는 제품으로 이루어지는 거래방식이다. 이러한 형태의 무역은 바터무역으로도 알려져 있다. 연계무역은 더욱 독창적이고 새로운 형태로 진화해가고 있다. 특히, 외화가 부족하고 충분한 수출능력을 갖지 못하는 개발도상국들이 연계무역을 통하여 경화의 부족을 보완하며 대외무역을 이어가고 있다. 또한 세계적으로 통합된 금융시장이 외화부족국에게 효율적인 대안을 제시하지 못함으로서 연계무역이 이러한 국가들에게는 적절한 대안으로 부상하게 되었다.

연계무역은 다섯 가지로 분류해 볼 수 있다: 물물교환(barter), 보상거래(compensation deals), 대응구매(counterpurchase), 제품환매(product buy-back), 절충교역거래(offset) 등.

물물교환은 연계무역 중에서 가장 오래된 것이다. 물물교환은 두 거래자 사이에서 제품의 직접적인 교환이다. 물물교환거래의 예로서 1970년대에 약 200억 달러에 해당하는 요소와 탄산칼륨에 대해서 슈퍼 인산형 연료전지를 교환하는 것을 합의한 미국의 Occidental Petroleum과 소련 정부 간의 계약을 들 수 있다. 이 계약에서 돈은 거래되지 않았고 제3자도 포함되어 있지 않았다.

물물교환이 경제적인 의미를 띠기 위해서 판매인은 지급으로 받은 제품을 반드시 효용성있게 처분할 수 있어야 한다. Occidental의 사례에서는 그 기업이 제조과정에서 요소와 탄산칼륨을 사용할 수 있었기 때문에 이것은 문제가 되지 않았다. 물물교환에 참여하는 기업을 지원하고 이들의 거래가 원활히 이루어질 수 있도록 하기 위하여 물물교환 중개업자들이 유럽에서 생겨나게 되었다.

보상거래는 제품과 현금 지급방식 모두 포함한다. 한 가지 사례를 들면 GM은 1200만 달러 상당의 기관차를 구 유고슬라비아에 팔았고 현금에 더하여 약 400만 달러에 달하는 유고슬라비아 기계를 현물로 지급 받았다. 현금부분의 도입은 매도인에게 보다 더 매력적인 유인책이 되고 연계무역을 이용하는 대부분 기업들은 사실 적어도 대금 일부분은 현금으로 결제되는 것을 원한다. 물물교환의 경우와 마찬가지로 지급받은 물품 일부는 제3국으로 팔아야 하고 그리고 추가적인 거래비용은 송장가격에 적절히 반영된다.

대응구매는 보상무역의 가장 전형적인 형태라고 할 수 있다. 여기에는 두 가지의 계약이 체결된다. 하나는 현금가로 협의된 가격으로 제품을 판매하는 것과 다른 하나는 최초 협상에서 청구서에 적힌 가격만큼 구매자로부터 각종 제품을 구입하는 것이다. 이러한 대응구매는 구매자로 하여금 사용된 외화를 다시 회수할 수 있는 기회를 제공하고 매도인으 해당 금액만큼 수입할 때까지 외화를 보유하게 된다. 일반적으로 이러한 외화가 다시금 수입국에게 지출되기까지는 약 6개월에서 12개월 정도 걸린다.

제품환매는 두 종류가 있는데 하나는 매도인이 판매된 제품에 대해서 전체 또는 일부 대금에 대해 생산품으로 대체지급 받는 것이다. 다른 방법은 이후에 생산품의 일부를 매도인이 환매하는 것이다. Levi Strauss는 부다페스트 외곽 청바지 공장을 설립하는 것에 대한 대금으로 생산된 청바지를 수령하였다. 또 다른 서구기업은 폴란드에 트랙터 공장을 설립했고 협상조건으로 현지 폴란드인이 생산한 트랙터의 일부를 일정 금액으로 환매하는 것에 동의했다.

절충교역거래에서 판매인은 판매대금의 일부를 상쇄하기 위하여 현지생산이나 현지

Getting the Picture 미국의 콜라와 러시아의 보트카의 교환

연계무역의 한 예는 1972년 Pepsi-Cola가 소련 연방으로 진출한 때로 거슬러 올라간다. 그 시절 소련은 경화에 대한 접근이 어려웠다. 이는 냉전이 소련 연합 외부와의 무역을 극심하게 제한했고, 러시아에 의해 소유되고 있는 막대한 석유가 전략적 제품으로 여겨져 수출되지 않았기 때문이다. 당시 미국 대통령 리차드 닉슨은 Pepsi-Cola의 변호사로 일한 적이 있었는데 Pepsi의 대표 Donald Kendall과 긴밀한 관계를 유지하고 있었다. Kendall은 소련과 미국의 무역 관계는 긴장을 완화시켜주고, Pepsi-Cola를 러시아인들에게 파는 것보다 이러한 비즈니스 관계가 갖는 상징의 중요함을 설득하였다. Pepsi는 소련에서 첫 서구 판매 업체가 될 수 있는 기회를 연계무역을 통하여 이루고 싶어 했다.

Pepsi-Cola의 소련 연합과의 관계는 실질적으로 소련의 대표였던 Nikita Khrushchyov가 모스크바에서 열린 미국 박람회에서 콜라를 마시던 사진이 찍힌 1959년으로 거슬러 올라간다. 그러나 1971년 소련에 체류할 때 Nixon 대통령은 그의 대화상대였던 Leonid Il'ich Brezhnev 대통령에게 Pepsi-Cola가 병 생산 공장을 러시아에 짓고, 러시아에서 콜라를 파는 것을 허용해 줄 것을 제안했다. 제안은 수락되었고, 보상으로 러시아인들은 Pepsi에게 러시아 음료중 하나인 Stolichnaya Vodka의 배타적인 판매권을 제공하였다.

콜라와 보드카를 교환하는 제안은 펩시 이사들에게 거절할 수 없는 제안이었다. 2억 달러의 대응무역 합의는 1972년 미국에서 펩시콜라와 Stolichnaya Vodka 판매권한을 교환하면서 이루어졌다. Pepsi-Cola의 첫 소련 음료회사는 1974년 처음 문을 열었고, 곧 22개의 공장이 생겨났다.

당시 Pepsi의 경영자는 완전 교환 가능한 경화가 부족했던 폐쇄시장에 진입하기 위한 다른 대안이 거의 없었다. 소련의 관료들은 보유외환으로 대금지급을 꺼려했고 따라서 물물교환무역을 대안으로 제시하였다. 다른 물물교환에도 마찬가지이지만 소련과의 거래에서도 교환제품의 가치를 산정하고 등가성을 보장하는 것이 쉬운 일이 아니었다. 이러한 어려움에 더하여 Pepsi는 효율적인 광고를 할 수 없었다. Pepsi는 TV 광고, 라디오 상업광고, 그리고 연예인 또는 유명 운동선수를 이용한 슈퍼 행사와 같은 현대적인 마케팅 기술을 15년 동안 적용할 수 없었다.

하지만 다행스럽게 수입된 소련 위스키 Stolichnaya는 첫 10년 동안 미국에서 가장 잘 팔리는 수입보드카가 되었고, 여전히 보드카 시장에서 상위에 랭크되었다. Pepsi는 첫 판매 이후 10년 동안 1억 잔 이상의 보드카가 팔린 것으로 평가하고 있다.

그러나, 1989년 베를린 장벽이 무너지고, 러시아 시장이 개방되면서, Pepsi의 러시아시장 선점은 오히려 장애요소가 되었다. Pepsi는 선도자 이점을 얻는 대신, 브랜드가 오래되어 보이고, 세계적 선도기업 Coca-Cola가 시장에 들어오면서 구 Pepsi 독점체제가 무너지기 시작했다. 또 다른 미국 대통령 Clinton이 1995년 러시아를 방문했을 때 Pepsi 공장이 아닌 Coca-Cola 공장을 방문한 것 역시 이러한 Pepsi의 쇠락을 부추켰다. 비록 Coca-Cola가 러시아 유통망을 개발하는데 시간이 걸렸지만, Pepsi를 추월하는 것은 시간문제였다. 1994년까지 Pepsi는 러시아에서 Coca-Cola가 38%의 점유율을 가지는데 반해 여전히 60%의 점유율을 가지고 있었다. 그러나 러시아에 5억달러를 투자한 Coca-Cola는 1996년 51%의 점유율을 차지했고, 이에 비해 Pepsi의 점유율은 44%로 하락하였고, 그 이후로 Coca-Cola가 계속 선도기업이 되었다.

주류시장에서 스웨덴의 보드카인 Absolut에게 Stolichnaya가 밀리면서, Pepsi는 콜라와 보드카를 섞는 등 새로운 요리 전략을 구사하며 이전처럼 또 한 번 대통령의 지지를 기대하고 있다.

Sources: Pamela Hollie, "Pepsico Renews Deal with Russians," *New York Times,* May 22, 1985, p. D5; Michael Lelyveld, "Innovation Is the Key to Keep Vodka Flowing to U.S. Shores," *Journal of Commerce,* July 29, 1993, p. 2C; Michael Parks, "For Pepsi, Road to Moscow Was a Trip Back in Time," *Washington Post* July 6, 1988, p. A1.

조달에 투자할 것을 약속한다. 예를 들어, 비행기 산업에서 제조업자가 특정 구성요소, 부품 또는 구매인 국가에 소모품을 조달할 것으로 조건으로 항공기를 판매하는 경우가 있다. 또한 제품을 판매하면서 조립공장의 설립에 투자하는 경우도 있을 수 있다.

비즈니스 평가

연계무역이 유일하게 실현 가능한 대안이라고 판단하는 많은 다국적기업과 수출자들이 있다. 일반적으로 매도인은 현금결제를 더 선호한다. 현지판매에서 경쟁이 그다지 없는 경우에 매도인은 현금결제만 고집할 수 있다. 그렇지만 Coca-Cola와 Ford 자동차는 국제시장의 "현실"을 받아들이고 필요한 경우 연계무역에 동의했다. 심지어 GM은 General Motors Trading Company라는 GM의 연계무역 자회사를 만들었다. 거대 무역 중간상인과의 긴밀한 관계를 유지하는 일본기업은 이러한 측면에서 수출시장에서 우위를 점하는 계기가 되었다.

유럽기업들도 연계중간상들의 전문성과 현지구매자에 대한 접근성을 활용하였다. 1990년대의 글로벌 시장에서 더딘 경제성장과 환율문제로 어려움을 겪었던 러시아와 전 소비에트 연방국가들은 글로벌 무역에서 경쟁력의 부재로 인하여 연계무역을 대안으로 받아들였다. 이후에 유가상승으로 인하여 러시아의 외환문제는 상당한 해결의 실마리를 찾게 된다.

연계무역 옵션은 제공된 제품의 가치를 평가해야하는 것뿐만 아니라 협상과 미래판매에 관련된 추가비용을 반드시 고려해야한다. 그러므로 현금가격 보다 상당히 높게 가격을 책정하는 것이 일반적이다. 높은 판매가격에도 불구하고 연계무역의 경우는 대부분 국내시장의 특수성을 반영하여 구매하는 제품이므로 설령 높은 가격을 지불하더라도 문제가 되지 않는 것이 대부분이다.

연계무역을 결정하기 위하여 매도인은 다음과 같은 사항을 살펴보아야 한다.

1. 연계무역에 의한 대금지급 방법이 유일한 대안인가?
2. 대금대신 수령한 제품을 팔 곳이 있는가?
3. 어떻게 현금지급 비율을 최대화 할 것인가?
4. 송장가격에 추가 거래비용을 감안하였는가?
5. 수령된 제품에 대하여 중요한 수입장벽이 있는가? (자국에서 제품을 처분하는데 예기치 않은 어려움을 겪을 수 있다).
6. 제3국 판매에서 얻은 수입을 자국으로 송환하려고 하는 경우 환율문제는 없는가?

이러한 쟁점들이 긍정적으로 평가되면 연계무역은 유용한 대안이 될 수 있다. 반대로 부정적인 평가가 나오면 기업은 다른 국가로 수출거래를 추진하는 전략이 필요하다.

시스템 가격책정

글로벌 시장에서 가격책정과 관련하여 시스템 가격책정은 빠뜨릴 수 없는 주제이다. 시스템판매 또는 턴키판매는 많은 경우에 기업이 특정 물리적인 제품을 판매하거나 또는 하나의 서비스를 제공할 뿐만 아니라 완전한 "패키지"로 구매자에게 제공하는 개념을 말한다. 저개발 국가에 선진국의 기업이 건설하고 있는 턴키공장의 예를 들자면, 일본에서 제조된 종이와 펄프 공장이 브라질 아마존 강의 마나우스 자유무역지대로 유입된 경우가 있다. Fiat 자동차의 러시아 공장은 또 다른 예이다. 많은 전산처리 시스템은 호환성 때문에 완전한 턴키방식으로 판매되고 있다. 지금은 Siemens가 된 독일 컴퓨터 기업 Nixdorf는 유럽에서 은행업무를 위한 종합정보시스템을 제공하는 전문기업이다. 턴키방식의 경우에는 단순히 하드웨어를 제공하는데 그치지 않고 전체적인 시스템을 운용하는 능력과 의도된 작업성과를 확보하는데 있다. 작업성과는 기업에게 제공되는 부가가치로 측정될 수 있다.

〈그림 14.2〉는 한 기업이 이러한 가격결정 문제를 분석하기 위한 과정을 보여주고 있다. 이 기업은 동남아시아의 통신시장에서 다양한 고객을 상대한다. 판매된 하드웨어는 휴대전화이지만 많은 고객들에게 스위칭 네트워크, 전산화된 회계와 결제시설,

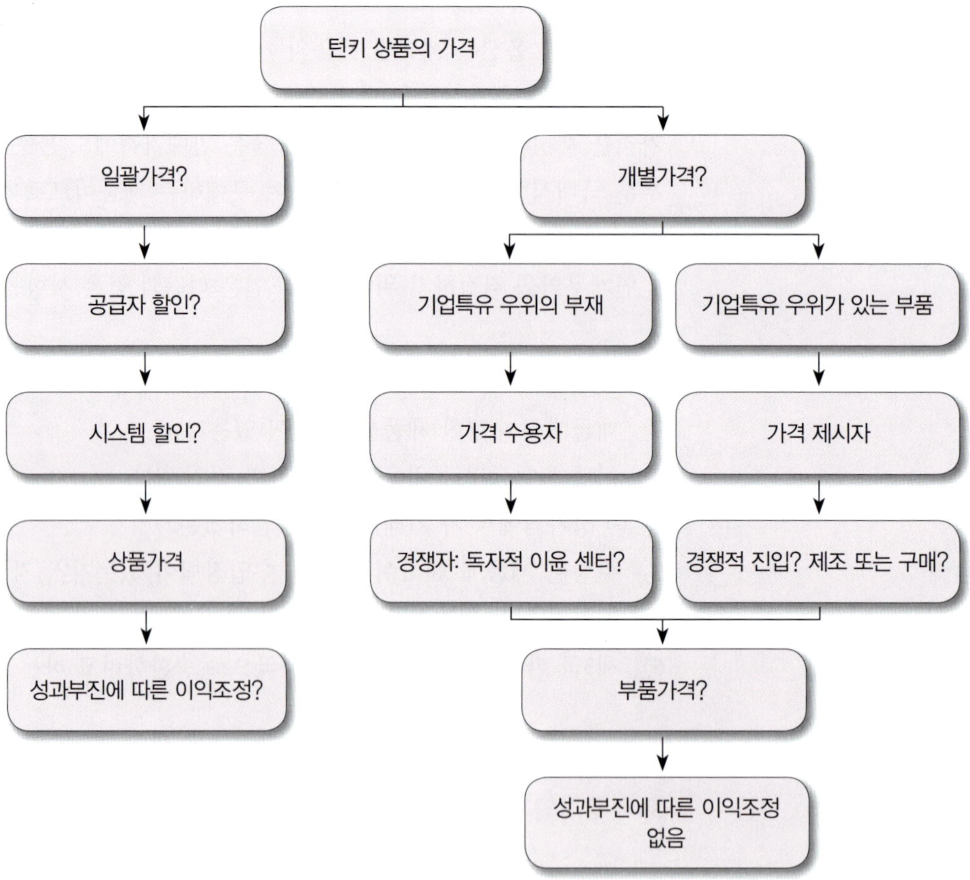

그림 14.2 턴키패키지(Turnkey Package) 가격책정

물리적 시설의 건설 그리고 감독자의 훈련을 포함한 거래를 하고 있다. 동 기업은 스위치 또는 전화기를 생산하지는 않지만 기본적으로 일괄공급체계 시스템을 위한 주요 계약자의 역할을 하고, 초기 타당성 조사수행, 관리 소프트웨어 개발 및 하드웨어 구성요소와 물리적인 시설을 위한 건설하청을 지원한다. 이 기업의 기업특유우위는 미국에서 이러한 시스템의 운영에서 축적된 경험에 있다.

〈그림 14.2〉에서의 최초의 결정은 개별가격 시스템을 제공하는 것과 완전한 일괄공급체계 운영 사이에서 선택을 하여야 한다. 개별옵션은 판매자의 입장에서는 덜 바람직하며 고객이 그 프로젝트의 부분에 사용할 수 있는 일정한 기술을 가지고 있는 경우에만 개별옵션이 사용된다. 매도인들은 이러한 경우에 자신의 기업에게 특유우위가 없는 부분에 구매기업이 참여하여 스스로 그 기능을 담당하도록 한다. 이렇게 함으로써 기술제공기업은 경쟁력이 덜 형성된 부분에서 기술유출을 막고 외부의 판매업자를 활용할 수 있다. 이러한 판매요소의 통제를 위해서는 자신의 경쟁력이 낮은 부문에서는 높은 가격을 책정함으로서 구매자의 구매를 꺼리게 만들고 경쟁력이 있는 부문에서는 공격적인 가격책정으로 구매자를 유인하게 된다. 따라서 시스템의 가격책정 시에 고난도의 기술을 요하는 부문에서는 낮은 가격을 책정하고 전화기나 기타 기본적인 제품은 높은 가격을 책정하여 개별옵션으로 구매자가 조달하도록 하게 한다.

고객이 개별가격으로 사려고 시도하지 않는 경우에 턴키(turnkey system)에 의해서 공급이 될 수 있다. 이러한 경우 기업은 하드웨어 가격에 소프트웨어 및 디자인 비용의 마진을 추가하여 일괄적인 가격을 책정한다. 또한 가능한 경우 매도인은 턴키의 구성용품을 제공하는 제3의 공급자와 협상을 통하여 비용을 줄일 수도 있다. 경우에 따라서는 이러한 할인이 턴키수요자에게도 가격할인효과를 유발할 수 있다. 이러한 할인행사는 턴키수요자로 하여금 턴키 구성품에 대해서 개별옵션을 행사하지 않도록 하는 유인책이 될 수 있다.

전체 시스템을 이전하는 경우에 공급자는 그 시스템의 성과를 보장해야 하는 위치에 놓이게 된다. 사실 성과에 책임을 지기 위해서는 시스템 전체에 대하여 통제를 할 수 있어야 함은 당연하다고 할 것이다. 때로는 국내시장에서 시스템제공자는 시스템의 설치와 성과 그리고 마케팅의 성과까지도 확인한 후에 턴키의 전체대금을 수령하기도 하지만, 국제턴키시스템의 제공에서는 이러한 가격조건은 매우 큰 위험을 내포하고 있어서 이루어지기 어려운 조건이라 할 수 있다.

가격과 포지셔닝

최종가격을 결정하기 이전에 가격과 포지셔닝의 관계에 관한 이해가 필요하다. 가격은 소비자들이 자신들의 구매에 상응하여 지불하는 대가이므로 고객관리 차원에서 중요한 분석대상이 된다. 또한 세계시장 어디를 가든지 가격은 소비자행동의 중요한 고려요소가 된다. 전통적인 마케팅 교재에서 논의되는 가격결정과 관련한 사항들이 논의될 필요가 있다. 그러나 국내시장에서의 가격결정원리는 국제시장으로 확대하는 경우에 효율적으로 적용될 수 없는 부분이 있다. 즉 해외시장에서의 가격결정원리는 그 특수성을 내포하고 있을 수 있으므로 가격을 분석하는데 세심한 주의가 요구된다. 이러한 특수성에는 제품포지셔닝에서 가격과 품질간의 관계, 그리고 스키밍가격 대 침투가격을 결정함에 있어서 제품수명주기론의 함의에 대한 면밀한 고찰 등이 포함된다.

가격-품질 관계

고품질 틈새시장에 있는 제품들로서 포지셔닝 해야 하는 경우에는 해당제품에 대한 가격은 상대적으로 높은 가격으로 책정되어야 한다. 일반적으로 고객들은 고가의 제품은 품질이 우수할 것이라고 생각한다. 이는 일반적으로 고품질의 제품을 생산하기 위해서는 더 많은 비용이 들 것이며, 따라서 그 가격은 더 높을 것이라 생각하기 때문이다. 연구결과에 따르면 제품에 따라 가격과 품질 간의 관계가 다양하며, 표준화된 제품의 경우에는 가격과 품질의 상관성은 상대적으로 적은 것으로 나타났다. 또한 제품이 강력한 브랜드명 또는 매우 긍정적인 원산지국 이미지를 가지는 경우에는 저가일지라도 품질에 대한 부정적인 태도를 상쇄시킬 수 있다.

가격품질 관계는 또한 무역장벽에 의해 보호된 시장에서는 약화된다. 일반적으로 그러한 시장에서는 수입된 제품들이 과도하게 높은 가격(가격상승 현상)을 보이고 수입제품은 반드시 고품질의 제품이 아니더라도 높은 가격을 지불해야 한다는 인식을 갖게 된다. 많은 경우에 실제로 수입제품은 수입자들이 수입할 만한 상당한 이유가 있기 때문에 상당히 높은 품질이 유지되는 것이 일반적이다. 한편, 높은 수입가격에 의하여 제품의 경쟁력을 잃게 되어 국내시장으로의 진입이 봉쇄되는 경우가 있다. 예를 들면, 높은 비관세장벽으로 인해 국내와 수입 분야로 "이원적인" 시장구조를 만들어 수입제품이 일본시장에서 경쟁력을 상실한 경우가 있다. 시장의 대부분은 국내생산자들 중 경쟁력이 우수한 생산자가 차지한 반면에 수입품들은 "지위"를 표출하기 위한 구매동기에 의하여 소규모 소비자층을 점유하게 되었다. 전형적인 사례가 카메라 부분인데 스위스 Leica는 높은 가격대의 일본 경쟁기업 Nikon보다 최고 2.5배로 가격이 책정되었다. 또한 일본 자동차 시장에서는 BMW는 미국 가격의 2배로 가격이 결정되었다. 이러한 가격구조로 인해 이 두 회사는 일본에서 아주 높은 수익성을 올리게 되었다.

이러한 유형의 왜곡된 시장에서는 높은 가격이 반드시 보다 높은 기능적인 품질을 제공한다는 가정이 더 이상 적용되지 아니하고 소비자들도 이러한 사실을 잘 인지하고 있다. 이러한 시장에서 수입품의 소비동기는 사회적 지위의 과시에 있다고 볼 수 있다. 예를 들어, 캐딜락 같은 고가의 서구 럭셔리 자동차는 일본시장에서 판매하기 위해 최근에 우핸들을 장착한 자동차를 생산하고 있다. 일본에서 소비자들은 국내기업이 제공하는 제품을 통해 기능적인 면에서는 더 훌륭한 제품을 구입할 수도 있을 것이다.

제품수명주기 영향

제품수명주기의 초기단계에서 소비자들은 가격부분에 상대적으로 둔감하다고 알려져 있다. 신제품을 개발하기 위해 모험하는 혁신가들과 기업가들은 가격에 대해 너무 걱정하지 않고 새로운 것을 경험하기 위한 열정으로 구매행동을 한다. 그러므로 초기 성장단계에서 수출시장으로 진입하는 기업은 상대적으로 높은 진입가격을 유지할 수 있다.

이 논리는 글로벌 시장에서는 적용가능성이 떨어진다. 진입한 시장에서는 제품의 주기 상으로 초기에 해당하지만 다른 나라의 현지시장에서는 이미 성숙단계에 이르러 있을 수 있고 이 경우 진입시장에서는 여러 성숙시장 국가로부터 진출한 기업들이 높은 생산효율성을 앞세워 가격경쟁을 걸어 올 수 있다. 이러한 경우에 제품수명주기 상에서 설명하는 가격탄력성은 새롭게 조명되어야 하고 가격경쟁력이 시장점유율 중요한 요인이 될 것이다. 또한 수입품의 전시효과(demonstration effect)는 제품의 도입단계를 훨씬 단축시키고 성장단계로 나아가게 할 것이다. 잠재적인 고객들은 TV와 글로벌 미디어를 통한 노출을 통해 새로운 제품을 받아들일 준비를 빠른 속도로 진행하게 된다.

따라서 많은 국가에서 최상의 진입가격결정 전략은 상대적으로 낮은 진입가격 접근법이 될 수 있다. 이것은 또한 Microsoft의 Office 제품, PC 하드웨어의 Compaq, Benz의 새로운 모델, Olympus 카메라 그리고 Xerox 복사기와 같이 다양한 기업들이 최근 몇 년 동안 적용한 해외시장 가격전략이다. 경쟁이 치열하고, 지구촌의 구매자들은 이미 그 제품에 대해 충분히 알고 있으며 생산자들은 매우 낮은 가격을 적용하기 위해 한계비용과 경험곡선 효과를 적용한다. 경쟁자들은 잠재적인 "스타" 카테고리에 분류되기를 원한다면 글로벌 가격전략을 매우 공격적인 관점에서 접근할 것이다. 성숙단계에서 완전히 경쟁력을 확보한 다음에는 수출기업은 스키밍 가격전략을 통하여 진입시장에서 고가를 책정할 수 있지만, 대부분의 경우에 진입단계에서 이러한 스키밍 가격전략은 매우 제한적으로 실시되고 있다.

글로벌 조정

한 기업이 여러 국가에서 생산하고 그 기업의 제품을 많은 국가에서 판매할 때 동일제품이 다양한 가격으로 여러 국가에서 등장 할 수 있다. 이것은 허가받지 않은 중간상인이 환율차이로 인하여 동일제품을 저렴하게 다른 국가에서 구매하는 "병행수입(parallel imports)"으로 인하여 발생할 수 있다. 이러한 형태의 수입들은 "회색무역(gray trade)"이라고도 한다. 기업의 가격책정에 상관없이 환율변동은 국가들 사이에서 가격의 불일치를 초래한다. 어느 한 국가에서 환율로 인해 저렴하게 구매할 수 있을 경우에 다른 국가에서 이 제품들을 할인된 가격으로 판매할 수 있을 것이다. 예를 들어, 1992년에 일본에서 팔린 Mercedes-Benz 승용차의 20%정도가 유럽과 미국에서 병행수입되었던 것으로 나타났다.

많은 제품들의 경우 국가별로 가격을 조정하는 것이 필요하고 또한 회색무역을 통해 나타나는 혼란을 피하기 위한 정책도 실시되고 있다. 글로벌 고객들은 세계의 다른 국가에서 비슷한 제품에 대해 가격차이가 나는 것을 좋아하지 않는다. 만약 그런 경우라면 고객은 가격이 가장 낮은 곳에서 구입하여 비용을 절감하려고 할 것이다. 한편 고객이 제조업자에게 압력을 넣어 가격차별을 유발하여 구매할 수도 있다. 예를 들어, 소비자 제품의 한 선두 제조업체는 유럽시장에서의 거대 소매상으로부터 가장 저렴한 가격으로 출고할 것을 요청받은 경우가 있다. 그 기업은 이 요청을 받아들일 수밖에 없었고 유럽전역에 20%의 판매가격 감소로 인하여 이윤의 손실을 겪게 되었다.

조정된 가격은 분명히 바람직하지만 그렇다고 쉽게 구현되지 않는다. 일반적으로 가격조정은 현지중심적(polycentric), 세계중심적(geocentric) 그리고 자국중심적(ethnocentric) 형태로 나타난다. 또한 기업들은 회색무역에 대항해서 어떻게 대처하여야 할지를 결정하여야 한다.

일반적으로 이러한 병행가격과 회색무역의 문제는 환율변동과 연관성이 있다. McDonald's는 햄버거를 대부분의 광범위한 시장에서 저렴한 가격으로 포지션 하는 것을 시도했지만 실제로 나타나는 가격대는 매우 다양하다. 2007 Big Mac가격이 홍콩에

Getting the Picture iPod의 지수

호주의 가장 큰 은행 중 하나인 Commonwealth Bank는 26개국의 통화와 구매력을 비교하기 위해 Apple의 최신 음악재생기기를 사용했다. Economist 잡지에 의해 20년 전 만들어진 Big Mac 지수를 참조하여 iPod Nano의 가격을 미화로 환산했더니 브라질에서는 iPod을 구매하기 위해 327.71달러를 지출하여 가장 비싸게 나타났고 인도에서는 222.27달러를 소비한다는 것을 밝혔다.

2007년 상위 5개국 가격과 하위 5개국 가격은 다음과 같다.

1. 브라질 322.71달러
2. 인도 222.27달러
3. 스웨덴 213.03달러
4. 덴마크 208.25달러
5. 벨기에 205.81달러

22. 멕시코 154.46달러
23. 미국 149.00달러
24. 일본 147.63달러
25. 홍콩 147.35달러
26. 캐나다 144.20달러

은행의 대변인은 "이러한 결과는 Apple이 세계 각국에 다른 가격을 적용하고 있기 때문이다."라고 언급했다.

한편, 『Economist』 잡지에서 보고된 햄버거 지수는 브라질에서 4.02달러였고, 캐나다의 경우 3.85달러였다. iPod에 비해 비교적 작은 차이를 보인다. 그러나 대체적인 방향에서 두 지수는 일치한다. 두 지수를 보면, 달러에 상대적으로 평가절상되어 있는 스웨덴의 경우 햄버거 지수도 5.53달러로 높은 가격대에 속하며, 반면에 홍콩의 경우 가장 낮은 국가 중 하나에 속한다.

2006년 4/4분기에 iPod은 Big Mac 만큼 팔리지 않았으나 21만대 이상 팔렸으며, 높은 단위당 가격을 생각한다면 이러한 판매량은 상당한 수치라고 할 수 있다. 내구재를 구입할 것인지 아니면 패스트푸드 지출에 관심이 있는 지에 따라 iPod 지수 또는 햄버거 지수를 사용할 수 있을 것이다.

Sources: www.commsec.com.au; www.apple.com; www.usatoday.com; *The Economist,* July 5, 2007.

서는 1.54달러, 중국 본토에서는 1.57달러였는데 스위스에서는 6.25달러였다. 또한 아르헨티나와 브라질과 같은 국가들은 인접한 국가들이었지만 각각 2.6달러와 4.02달러로 차이를 보였다. 이 두 국가의 통화정책은 차이가 있는데 아르헨티나 페소는 변동환율제로 운용된 반면 브라질 화폐는 달러에 대하여 고정환율을 고수하고 있었다. 전 세계적으로 Big Mac가격이 비슷하기 때문에 미국달러에 비해 현지통화가 상대적으로 어떻게 형성되는지가 가격차이의 근본 원인이 되고 있다. 하지만 소비자들에 미치는 영향을 분석하기 위해서는 구매력평가기준에 의하여 중국에서 판매되는 Big Mac의 가격(1.57달러)에 대하여 중국소비자들의 실질 구매능력을 고려하여야 한다. 이러한 환율변동을 고려하여 글로벌 가격을 조정하기 위하여 iPod 지수를 참고할 수도 있다("iPod의 지수" 참조).

회색무역에 대항한 가격책정

회색무역의 문제는 최근에 무역장벽이 제거되었거나 환율의 변동이 급격한 지역 간의 무역에서 특히 심각하다. 한 예로 유럽연합은 유로화를 쓰기 이전에는 회색무역이 심각한 지역 중의 하나였다. 한 보고서에 따르면 회색무역으로 인하여 동일한 소비자 제품에 대해 가격이 30~150% 차이가 발생하기 때문에 쇼핑을 목적으로 다른 국가로 여행하는 사람들에게 커다란 쇼핑차익을 유발하였다.

제15장에서 보게 될 "글로벌 유통(global distribution)"은 회색무역을 조정함으로서 단순히 국가 간의 가격차이를 제거하는 것 이상의 의미를 가진다. 가격차이를 없애는 것은 글로벌 환율의 유동성으로 인해 거의 불가능하다고 할 수 있다. 그럼에도 회색무역을 최소화하기 위해 가격책정이 시행되고 있는 것이 현실이다("회색무역의 감시" 참조).

Getting the Picture 회색무역의 감시

유로존 내에서 자동차 가격의 차이가 두 자리 %로 유지되고 있고, 제조업계에서 신차에 대한 회색무역은 여전히 문제점으로 제기되고 있다(중고차의 해외시장 판매가 활성화되고 있지만, 이는 회사 통제권한 밖이다). 유럽연합이 하나의 통합된 시장이고 국가적 배타행위가 더 이상 행해질 수 없기 때문에, 제조업체가 이용가능한 법적수단이 한정되어 있다. 기업들은 다른 수단을 동원해야 하고, 몇몇 수단들은 공개적으로 이야기하기 꺼려지는 방법들이다. 한 가지 유효성이 증명된 Mercedes 접근법은 어떤 것이 이루어져야 하는지 방법을 제시해준다.

1994년 몇몇 Mercedes의 신차는 리라의 평가절하로 인해 이탈리아에서 독일에 비해 30~40% 저렴한 가격에 팔렸다. 역수입의 증가로 인해 독일 자동차 제조회사들은 극단적인 조치를 취했다. 이탈리아로부터 역수입을 통제하기 위해 중간거래자로부터 수많은 역수입 자동차를 구매했으며, 독일딜러에게 "특별 모델"로 회색무역 수입가격에 제시하기도 했다. 다음으로 본사는 지역고객과 중간거래자의 수요를 더 이상 감당하기 힘들도록 이탈리아 딜러에 제공하는 자동차 대수를 제한했다. 제한된 공급으로 인해 이탈리아 시장에서 가격은 증가하기 시작했고, 개인 사업자에 의해 역수입 되는 몇몇의 경우를 제외하고는 이러한 파이프라인 통제(Pipeline Control)가 잘 작동하였다.

Sources: Assmus and Wiese, 1995; Simon, 1995; Edmund L. Andrews, "Europe to Seek Uniformity in Car Pricing," *New York Times,* February 5, 2002, p. W1; www.autospies.com.

회색무역의 위협 하에서 가격을 조정할 수 있는 네 가지 접근방법들을 소개하였다. 이들은 서로 배타적이지 않고 기업은 이들 접근법들을 서로 배합하여 시행할 수 있다.

경제통제

기업이 현지시장에서 가격을 변경하거나 또는 제품공급을 배급제로 함으로서 가격을 조정할 수 있다. 이러한 예는 독일 자동차산업에서 나타난다("회색무역의 감시" 참조). 이것은 일반적으로 완전소유자회사가 이전가격을 통하여 실시될 때 가장 효율적이다.

집중화

기업은 현지가격에 대해서 가격상한선을 부과할 수 있다. 이러한 가격통제는 소위 거래지역내의 모든 현지가격의 최고와 최소가격 사이의 범위인 가격통로(price corridors)를 형성한다. 가격통로는 개별 국가에 대한 시장 데이터, 국가에서의 가격상승, 환율, 국가들에서의 비용 그리고 경쟁과 유통에 대한 추가 데이터 등을 고려하여 결정하여야 한다.

정형화

현지수준에 맞는 가격을 산출하기 위해 본사는 가격결정과정의 계획과 시행을 표준화할 수 있다.

비정형적 조정

기업은 기업의 가치와 문화를 명시적으로 표현하고, 인적자원 교환 그리고 다른 시장의 경험들을 공유하게 함으로서 다양한 비공식적 조정 메커니즘을 도입할 수 있다.

여기서 언급한 접근법들 중에서 하나를 선택하는 것은 여러 가지의 요소들에 의하여 영향을 받겠지만 그중에서도 중요한 것은 마케팅 표준화 정도와 현지마케팅 자원의 경쟁력이다. 〈그림 14.3〉은 이러한 요소들이 접근법을 선택하는데 어떻게 영향을 주는지

현지마케팅 자원의 경쟁력 \ 마케팅 표준화의 정도	고	저
고	경제통제	비정형적 조정
저	집중화	정형화

그림 14.3 조정된 가격책정 전략

Sources: Reprinted from Assmus and Wiese, 1995;"How to Address the Gray Market Threat Using Price Coordination,"by Gert Assumus and Carsten Wiese, *MIT Sloan Management Review* 36, no. 3 (1995), pp. 31-42, by permission of the publisher.

를 이해하는데 도움을 준다.

몇몇 다른 상황들을 표로부터 평가할 수 있다.

1. 마케팅 표준화가 높을 때 현지가격을 설정하는데 도움을 줄 목표고객군과 마케팅 믹스를 본사가 정확하게 파악할 수 있다.
2. 현지마케팅 자원이 높은 수준일 때 이전가격과 배급제의 실시 등은 현지 최종가격의 설정 없이도 현지 경영자들에게 가격에 대한 명확한 신호를 제공함으로서 경제 통제를 실시하는 것이 유효하다.
3. 현지마케팅 자원이 낮은 수준이라면 중앙집중식의 가격결정으로 현지 가격의 변동 범위를 정하는 것이 적절하다.
4. 표준화가 낮은 경우에는 마케팅이 현지에 적응해야 하는 요소들을 가지고 있음으로 다국적기업의 본사는 가격책정에 있어서 제한적인 역할을 할 수 밖에 없다. 현지 경영자는 본사에 비해 지역 상황에 대해 더 많은 정보를 가질 가능성이 크다.
5. 지역 마케팅 관리체계가 허술한 경우, 가격이 설정될 때 적절한 요인이 고려될 수 있도록 하는 가격책정 절차의 정형화가 도움이 될 것이다.
6. 지역 마케팅자원이 강력한 경우에는 지역 마케팅관리팀에게 폭넓은 자율권을 제공

Getting the Picture 가격조정을 위한 당근과 채찍

글로벌 가격조정에 있어서 참조가격을 설정하는 것은 매우 중요하다. 오라클 자문 위원인 Bryan Thompson은 다음과 같이 말했다. "참조가격은 판매되는 제품 생산라인, 지역 제조업체 그리고/또는 구매가격, 이윤에 대한 예상, 그리고 국제적, 국내적 판매상황과 같은 요소들을 고려해서 결정되어야 한다. 실제로 이러한 개념들이 참조가격 설정에 동원된다. 이러한 작업을 위하여 '가격 싱크 탱크'의 역할이 필요하다. 위원회의 구성원들은 전 세계에서 골고루 선임되어야 하고, 조직 내에서 장기간의 근무경험이 있어야 하며, 지역적, 국제적 수준에서 기업에 대한 폭넓은 이해를 하고 있어야 하며, 또한 마케팅 능력과 회계능력도 동시에 갖추고 있어야 한다."

예로서 곤경에 처한 적이 있던 첨단의료기구 기업을 들어보자. 몇몇의 나라에서는 의사가 의료기를 작동시키기 위한 인력을 확보하지 못한 반면에, 다른 나라에서는 병원의 기기를 운용할 수 있는 충분한 기술진을 확보하고 있었다. 후자의 나라에 대하서는 이전가격을 높게 책정하는데 이는 이들 국가에서는 판매비용이 저렴하기 때문에 가격경쟁력을 어느 정도 유지할 수 있기 때문이다. 그러나 이러한 국가에서의 병원구매 담당자들은 이전가격이 낮은 국가에 있는 자회사에서 직접 기구를 구매함으로써 취득비를 줄일 수 있다.

이러한 문제를 해결하기 위해 본사는 우선 자회사 경영자들과 토의 그룹을 만들었다. 몇 번의 회의를 거친 후 다음의 전략을 내놓게 되었다. 첫 번째, 가장 중요한 3개의 시장이 선도시장으로 지정되었다. 선도시장을 중심으로 가격책정 권한을 현지경영자에게 줌으로써 회색무역을 통하여 가격차액을 남기지 못하도록 하였다. 두 번째, 지역 경영자들의 교육을 통하여 지역시장의 경쟁구도와 이익창출과 관련한 훈련을 실시하였으며 또한 지역경영자들을 국가별로 순환 근무시킴으로서 각 국가시장에 대한 이해를 도왔다. 세 번째, 각 지역 경영자들의 보상체계를 전체 그룹의 업무성과에 비례하여 인센티브를 주는 방식으로 개선하였으며, 이러한 회사의 방침에 어긋나는 경영자들은 해고되었다.

일 년 후, 이러한 문제들은 해결되었으며, 가격은 다국시장을 통하여 효율적으로 조정되어 10% 이상의 수익을 증가시킬 수 있었다.

Sources: Assmus and Wiese, 1995; Bryan Thompson, "A Truly Global Pricing Strategy," Oracle Consultant, July 28, 2006.

Getting the Picture 회색무역의 실리

미국의 노스웨스턴 대학의 Anne Coughlan과 프랑스 INSEAD의 David Soberman 두 연구자들은 회사와 재판매업자의 판매와 수익에 있어 회색무역의 효과를 분석했다. 연구자들은 회색무역이 소비자뿐만 아니라 기업에게도 실질적으로 이익이 된다는 것을 보여줄 수 있었다.

Coughlan과 Soberman은 두 가지 상황 하에서 회색무역이 제조업자와 유통업자들에게 좀 더 나은 수익을 줄 수 있다고 설명하였다. 이러한 두 가지 상황은 소비자의 가격민감도와 관련이 있다.

상황 1. 가격에 둔감한 시장분야가 있어야 한다. 이러한 분야에서, 가격보다는 서비스와 다른 문제가 구매시 고려대상이 된다.

상황 2. 가격에 둔감한 소비자층이 넓어야 한다. 여기서 "넓다"라는 것은 가격에 민감 분야에 대한 상대적인 개념이다. 다시 말해서, 가격을 보고서 구매결정을 내리는 고객의 비중이 전체 고객에서 적어야 한다는 것이다.

연구자들은 병행수입에 의한 저가의 제품들은 저가의 제품을 선호하는 고객층을 시장으로 유도할 수 있다고 한다. 회색무역을 하지 않는 정식의 재판매업자들은 가격-둔감한 고객들에게 집중할 수 있고, 추가서비스, 배달, 그리고 특별 옵션과 같은 가치추가 아이템을 제공할 수 있다. 이러한 정식의 재판매업자들에 대하여 제공된 추가 서비스의 비용이 전체수익을 과도하게 잠식해서는 안 된다고 조언한다.

이러한 논쟁이 해적판의 판매에도 적용될 수 있을 까? 회색무역은 불법복제된 제품의 교역을 의미하지는 않는다. 회색무역업자들은 정품을 제공한다. 컴퓨터 소프트웨어에서 해적행위라고 함은 시장에 조악한 프로그램을 제공하고 때때로 지원 서비스도 없을 뿐 아니라 신뢰할 수 없는 소프트웨어를 제공하는 것을 말한다. 그럼에도 불구하고 Microsoft와 같은 회사는 중국시장에서 윈도우 해적판으로 인하여 중국시장으로의 진출에 도움을 받고 있다고 보고 있다. 예를 들어 고객과 프로그램의 제공자는 윈도우 환경에 익숙해짐으로 인해 나중에 업그레이드가 필요한 경우에는 결국 윈도우 정품을 구매하게 된다고 한다.

Sources: *Harvard Business Review*, September-October 1998, pp. 22-23; Tarun Khanna, *Billions of Entrepreneurs* (Boston: Harvard Business School Press, 2008).

할 수 있는 비정형적 조정이 선호된다. 하지만 그러한 경우에도 가격관리가 효율적으로 이루어지지 않는 경우에는 이러한 자율권을 철회할 수도 있을 것이다("가격조정을 위한 당근과 채찍" 참조).

마지막으로 회색무역이 모든 경우에 부정적이지 않을 수 있다는 점을 유념해야 한다. 회색무역은 더 낮은 가격을 통해서 제품시장을 확대시키는 역할을 할 수도 있다("회색무역의 실리" 참조).

글로벌 가격책정

효율적인 글로벌 가격책정을 위하여 기업은 특정 제품 및 서비스에 대한 가격을 세계적으로 조정하는 것 이외에 아래에 언급되는 세 가지의 가격책정 대안들에 대해서도 고민하게 된다. 이러한 세 가지의 대안들은 현지중심적(polycentric), 세계중심적(geocentric) 그리고 자국중심적(ethnocentric) 가격책정으로 분류할 수 있다.

Getting the Picture 글로벌 서비스의 가격책정

회색무역은 글로벌 서비스 기업에게는 거의 적용되지 않는다. 이는 서비스가 주로 무형이고, 소멸하기 쉬우며, 소비와 생산에서 불가분성의 특성을 갖기 때문이다. 이는 유형의 제품보다 국가별로 다른 가격을 적용하기가 쉬움을 의미한다.

하지만 그럼에도 불구하고 국가별로 가격조정은 필요하다. 통신, 의료 서비스, 그리고 금융고객들에게 시스템을 제공하는 공급자가 행하고 있는 글로벌 가격책정에 관한 흥미로운 기사에서 볼턴 앤 마이어(Bolton and Mayer)은 글로벌 또는 지역적 가격이 어떻게 조정되는지를 보여준다. 중요한 쟁점은 국가에 따라 또는 소비자 세분화시장에 따라 가격 탄력성이 달라지는 가이다. 각국의 자회사에게 현지가격을 독립적으로 정하게 하는 것 보다, 그 회사는 세분화시장별로 조정된 가격을 적용할 수 있을 지를 탐색하였다. 소비자 세분화시장별로 다른 가격탄력성(예를 들어, 병원에 비해 통신 서비스 회사)이 존재함을 발견하였고, 다른 수준의 서비스에서도 각각 상이한 가격 탄력성을 나타낸다는 것을 발견하였다. 그러나 어떤 지역(아시아와 같은)에서는 국가 간 가격 탄력성에서 많은 유사성을 보여주었는데 이들 국가 간 일관된 가격 전략을 구사할 수 있는 조건을 갖추었다는 것을 의미한다.

이러한 관점에서는 국가 간 가격통제를 위해서 현지 자율적인 가격접근법 보다는 중앙통제식의 가격책정이 더 유효하다. 지역 자회사는 통제를 용이하게 하기 위하여 한 국가 내에서 단일 가격 정책을 선택할 가능성이 높다. 이는 다른 고객 집단에서 다른 가격 탄력성이 적용되지 않음을 의미하고, 적용된 지역가격은 최선이 아닐 수 있다는 뜻이다. 가격책정이 더욱 중앙통제적인 경향을 띨수록 현지가격은 전체적인 관점에서 최적의 가격이 될 수 있다.

Sources: Ruth N. Bolton and Matthew B. Myers, "Price-Based Global Market Segmentation for Services," *Jurnal of Marketing 67*, no. 3 (July 2003), pp. 108-28.

현지 중심적 가격책정

현지중심적 조직이라 함은 현지경영에 넓은 재량권을 가지는 기업을 일컫는다. 이러한 기업들은 본사의 제약 없이 현지시장의 실정에 맞게 적절한 수준에서 가격을 재량껏 설정한다. 이러한 경우에 회색무역 등의 요인으로 인하여 국가별로 상당히 다른 가격이 책정될 수 있다. 반면에, 어느 한 국가 내에서 그 제품이 직면하는 특정 조건들에 대해서 실제가격을 조정할 수 있다는 장점도 있다.

가격민감성이 큰 시장이면서 회색무역이 그다지 문제시 되지 않는 시장에서 이러한 방식은 유용하다. 글로벌 서비스시장이 이 경우에 해당할 수 있다(“글로벌 서비스의 가격책정” 참조).

세계중심적 가격책정

세계중심적 가격책정 제도는 글로벌 표준가격을 기준으로 하여 마진을 더하는 방식이다. 이러한 비교가격은 자국시장에서 추출하거나 또는 세계 또는 지역무역블록에서 선도시장의 가격을 기준으로 한다. 이 기본가격은 원가가산방식에 의해서 계산된다. 마진은 각 나라에서 제품이 직면하는 특정 상황에 따라 조정된다. 수요가 강하고 경쟁이 약한 경우 마진은 높아질 것이고 경쟁이 강한 상태인 경우 마진은 낮아질 것이다. 성공적인 궤양치료제를 보유한 스웨덴 제약회사는 유럽시장에서 이러한 접근법을 사용한다. 기업이 경쟁과 수요뿐만 아니라 국가마다 다른 규제방식과 상환방식 조차도 고려해야하기 때문에 국가 간 가격조정은 쉽지 않다. 특히 유럽통합 이후로 국경을 초월한 회색무역의 가능성이 나타남에 따라 가격조정의 어려움이 가중되고 있다. 유럽연합 회원국에 대한 가격일관성은 정기적으로 본사가격을 점검하고 이를 현지의 가격과 비교검토함으로써 유지된다.

세계중심적 가격결정에서 유의해야 할 점은 제품라인별 가격결정 문제이다. 특정 제품라인에서 인정되고 있는 이윤은 경쟁상황의 상이성으로 인하여 다른 제품라인에 대하여는 적절하지 않을 수 있다. 결과적으로 결정된 이윤은 현지시장에서 제품별로 다를 수 있다.

제품라인별 가격책정은 다양한 경쟁조건에 따라서 상당히 많은 영향을 받는다. IBM이 Sun micro systems와 특정국가에서 경쟁할 때 단지 인터넷 서버만이 경쟁품목으로 포함될 수 있다. 따라서 IBM은 이들 국가시장에 대해서 인터넷 서버부문에서만 가격을 인하였다. 이에 따른 문제는 IBM의 다른 제품라인의 가격들이 인하된 서버가격과 비교됨으로써 상대적으로 비싸게 여겨지게끔 한다는 것이었다. 또한 특정라인의 제품가격이 특정 국가에서만 인하되고 다른 시장에서는 가격이 그대로 유지된다면 다국적 중개인은 저가의 시장에서 대량으로 구매하여 다른 시장으로 역수입하게 될 것이다(병행무역의 문제). 이러한 문제를 감안한 IBM의 전략은 치열한 경쟁상황을 대비하여 가격을 인하하기 보다는 마케팅 서비스를 더욱 강화함으로써 가격인하 없이 시장에서 경쟁력을 갖추게 하는 것이었다.

Getting the Picture 휴렛 펙커드의 글로벌 가격정책

1992년, 캘리포니아 주 쿠퍼티노에 기반을 둔 컴퓨터 제조업체인 Hewlett-Packard는 글로벌화 되는 시장을 맞이해서 자사의 국제가격시스템이 더 이상 효과가 없음을 깨달았다. HP의 구 시스템은 두 부분으로 이루어졌다. 첫 번째는 기준가격이었는데 이는 자국에서 소요되는 생산가격에 기초하여 미국달러화로 표시되었으며, 미국시장에서의 가격탄력성을 고려하여 책정하였다. 이러한 기준가격에 더하여 추가되는 부분으로 수출을 통하여 발생하는 가격상승분(예를 들어 관세, 운송비, 현지 판매비용 등)을 추가하였다. 이러한 과정에서 국가 간의 수요의 차이나 제품라인(PC, 노트북, 프린터기 등)의 수요에 대해서는 어떠한 고려도 하지 않았다.

HP의 대변인은 지역 보상체계에 대해 "판매부서는 가격민감 제품에 대하여 가격을 인하함으로서 판매량을 현저히 증가시킬 수 있고 또한 이웃국가의 구매자들까지도 유인할 수 있다. 하지만 이러한 가격책정은 비즈니스의 이익은 무시라고 단지 판매실적을 높이기 위한 수단에 불과하다."라고 하였다. 글로벌 가격책정을 바꾸는 첫 번째 움직임은 각각의 제품부서를 하나의 사업단위체로 구성하여 성과에 대한 책임을 공동으로 부담하도록 하였다. 기준가격은 다양한 나라로 운송하는 과정에서 발생하는 비용을 반영하고 나머지 현지에서의 판매비용과 수익률 등은 현지시장의 경영자들이 현지시장상황(예를 들면 현지 수요, 경쟁상황 등)을 반영하여 결정하도록 하였다. 하지만 본사는 전체적인 관점에서 기업의 이익을 극대화하기 위하여 각 현지시장가격을 최종결정하는 기능을 담당하였다. 국제시장에서의 성과에 대한 책임을 지는 것에서 이전 비용을 고려하였고, 지역 자회사가 그들의 판매비용, 수요조건, 그리고 경쟁상황에 기초하여 최종가격을 결정했다. 그러나 본사는 전 세계적 수행능력을 최적화하기 위하여 현지 자회사의 이견이 있더라도 가격책정을 결정하는 최종권한을 가졌다. 전체적인 수익의 극대화를 달성하기 위하여 본사의 사업단위별 경영자들은 이전가격을 책정하였으며, 현지 경영자들에게 판매유인책을 제공하였다.

Sources: "The Price is Right at Hewlett-Packard," *Financial Executive* 10, no. 1 (Janary-February 1994), pp. 22-25; Gates, 1995.

IBM의 사례와는 달리 또 다른 컴퓨터 제조업체인 HP는 "표준 가산 마진" 접근방식으로부터 더욱 더 글로벌화된 가격책정으로 전환했다("휴렛 펙커드의 글로벌 가격정책" 참조).

자국중심적 가격책정

자국중심적인 가격책정의 경우는 국적을 불문한 모든 고객들에게 비슷한 가격으로 상품을 제공한다. 자국중심주의 가격결정은 일반간접비, 판매비와 연구개발비를 충당할 수 있는 전체비용 방식(full cost formula)에 근거해서 세계표준가격을 산정한다. 이러한 가격접근방식은 기업이 여러 국가에 걸쳐서 표준화되고 균일한 사용패턴을 가진 제품을 판매하는 경우에 적합한 가격결정방식이라 할 수 있다.

또한 이 접근법은 가격단위가 매우 큰 제품의 매매에 적합하다. 예를 들어, 항공기와 컴퓨터를 판매하는 경우에는 국가별로 다른 가격을 책정하기도 어려울 것이고 또한 마진의 변화를 통한 조정된 가격을 적용하기도 어려울 것이다. 위에서 언급한 이유 때문에 IBM도 자국중심적인 가격책정방식을 채택하고 있다. Boeing사도 사용자의 특별요구와 대량구매에 따른 할인 등의 경우를 제외하고는 이러한 일괄적인 가격책정 방식을 채택하고 있으며 때로는 경쟁사인 Airbus 때문에 약간의 가격조정을 시도하고 있다. 국제매매거래가 소량이고 원격지간의 거래인 경우에도 이러한 가격방식이 유효하다. 한편 자국중심의 가격방식은 여러 국가에 걸쳐서 가격이 유사함으로 인해 글로벌 구매자들에게 가격복잡성을 완화시키고 구매계획을 쉽게 세울 수 있는 편의성을 제공한다.

경영상의 트레이드 오프

글로벌 기업의 가격결정에서 자국중심주의는 간편성에 있어서 이점이 있고 본사가 자회사들의 가격을 조정할 수 있는 여건을 제공한다. 자국중심 접근법의 단점은 각 현지시장에 적용되지 않을 수 있고 다국적시장과 각각의 국가에서 서로 다른 경쟁상황에 직면하고 있는 다국적기업에게는 유용하지 않다는 점이다. 현지중심적 접근방식은 현지 경영자들이 현지상황을 통제하고 현지시장에서의 경쟁상황에 민첩하게 반응할 수 있다는 점에서 대부분 현지경영자들에게 지지되는 방식이다. 그럼에도 불구하고 이러한 현지중심적 접근법은 잠재적인 시너지효과와 상호보완적인 비즈니스 관계를 불가능하게 하는 한편, 본사의 통제와 조정을 어렵게 하여 글로벌 관리 측면에서 본다면 최선의 효과를 누리기 어려운 방식이라 할 수 있다. 또한 기업형 중간도매상이 저가의 국가에서 제품을 구입하여 다시 고가의 국가로 제품을 유입시키는 회색무역에 의하여 차익거래의 가능성이 있다. 카메라, 시계, 청바지 그리고 CD와 같은 여러 가지 제품범주들은 병행수입으로 피해를 입을 수 있다. 어떤 의미에서 이러한 병행수입이나 회색무역업자들은 시장별 마케팅을 더욱 유효하게 하고 시장별 가격을 평준화시키는 기능을 하기도 하지만, 다국적기업의 장기적인 유통경로의 구축과 공인된 재판매업자가 그들의 제품판매에 대한 사기를 저하시킬 수 있는 문제점을 가지고 있다.

세계중심적 가격책정이 무역블록에 의한 지역적 가격책정이 형태를 띠는 경우에 자국중심적인 가격책정과 현지중심의 가격책정의 타협점이 될 수 있다. 변동가능한 이윤이나 가격변동폭의 적용은 현지 자회사로 하여금 병행수입과 현지시장 상황의 변동에 민첩하게 대응할 수 있게 한다. 특정한 제품과 국가에 적용된 이윤은 각국의 수요 상황과 다국적기업의 글로벌 전략 아래에 가정된 자회사의 역할에 근거하여 책정될 수 있다. 이러한 방법으로 가격책정에서의 시너지효과를 기대할 수 있으며 본사경영진과 현지경영진 간의 자연스러운 가격조정을 유도할 수 있다.

GLOBAL MARKETING

요약

이번 장에서는 글로벌 가격결정에 관련된 여러 가지의 복잡한 사항들을 다루었는데, 주로 국가 간 시장상황의 차이점으로 인해 글로벌 가격 전략의 고려사항들이 어떻게 달라지는 가를 살펴보았다. 수출확장에 대한 제5장의 논의를 기반으로 이번 장은 경제이론에 기초한 가격결정이론, 마케팅에서의 가격결정이론, 그리고 실무상의 가격결정과정을 살펴보았고, 이전가격과 글로벌 가격통로와 관련된 문제점들에 대해 초점을 맞추었다.

제품이 해외시장에서 판매되는 경우에 제품의 시장가격 결정을 위해 많은 요소를 고려해야 한다. 최종판매가격은 의도된 수준과는 완전히 다를 수 있다. 글로벌마케팅에서 가격은 법률적 한계, 환율변동성, 독립적인 중간상인과 대리점의 수 그리고 현지 자회사 경영자들에게 동기를 부여시킬 필요성 때문에 최종가격을 통제하는 것이 쉽지 않다. 현지 자회사들에게 이전가격은 현지시장에서의 판매에 영향을 줄 뿐 아니라 특히 자회사들의 실적평가에도 영향을 주는 등 여러 가지 기능을 한다. 연계무역은 복잡한 전략적인 분석을 필요로 하고 특히 B2B 형태의 대형시스템 판매의 경우에는 소프트웨어와 하드웨어를 하나의 큰 시스템으로 묶어서 가격을 책정할 것인지 아니면 분리할 것인지를 평가하여야 한다.

제품포지셔닝을 위한 국제 가격결정에 있어서 현지시장에서 소비자들의 가격민감도 뿐 아니라 현지시장에서의 판매제품에 대한 제품수명주기상의 소비자의 태도도 관찰하여야 한다. 또한 회색무역의 존재에도 불구하고 글로벌 소비자들은 여러 나라의 시장에서 동일제품은 동일한 가격을 기대함에 따라 글로벌 기업은 각국 시장에서의 가격을 통제하고 조정할 필요가 있다. 이번 장에서는 EU시장에서의 회색무역문제와 가격결정상의 문제 및 기업들이 회색무역에 대항하기 위해서 사용하는 다양한 제도를 논의하였다. 마지막으로 글로벌 기업이 채택할 수 있는 가격 정책으로서 현지중심적(Polycentric), 세계중심적(Geocentric) 그리고 자국중심적(Ethnocentric) 접근법들을 살펴보았다.

CHAPTER 15

글로벌 유통

이 장을 읽은 후 다음을 이해하여야 한다.

1. 현지시장의 도매 및 소매시장 구조가 국가의 문화와 경제적 수준을 어떻게 반영하는지 뿐만 아니라 새로운 유통경로 방식이 어느 정도 성공할 수 있을 지를 이해하여야 한다.
2. 최초 진입방식과 조화를 이루는 현지 유통경로를 설계하고 현지 경영자들이 이들을 실행하는데 중요한 역할을 수행하도록 하여야 한다.
3. 기업특유우위가 유통경로 설계와 어떠한 연관성이 있는지에 대한 명확한 이해와 함께 전 세계적으로 유통경로를 조화롭게 구성할 수 있어야 한다.
4. 글로벌 물류와 운송이 어떻게 재무성과의 중요한 결정요인이 될 수 있으며 그리고 그 효율성이 어떻게 개선될 수 있는 지를 설명하여야 한다.
5. 유통경로에 대한 밀착관리와 통제로 병행유통과 회색무역으로부터 브랜드를 방어할 수 있어야 한다.

글로벌마케팅 전문가는 제품을 출시할 때 세계적으로 유통경로를 조정하는데 있어 복잡한 문제들에 직면한다. 글로벌 확장이 더욱 진전되는 경우, 시장 진입초기에 이용된 유통업자들과 대리점들은 더 이상 적합하지 않게 되고, 새로운 유통경로들을 찾아야 한다. 대안으로 다른 중개상을 이용할 수 있으며 그들이 수행하는 기능은 현지시장 간에 다를 수 있다. 자국시장에서 성공적인 유통경로 전략이 해외시장에서는 효율적이지 않을 수 있고 심지어 실현가능하지 않을 수도 있다. 다양한 국가 간에 제품을 운송하는 글로벌 물류는 속도와 유연성이 증가했지만, 제조업자뿐만 아니라 유통업자에게도 문제를 발생시키는 회색무역으로 인해 관리하기 더욱 어렵게 되었다. 이처럼 글로벌 유통 합리화를 통하여 시너지 창출 및 비용절감을 이루어내려는 글로벌마케팅 전문가들은 매우 어려운 과제에 직면하고 있다.

미국 Gap에 도전하는 유럽 소매상들

이전에는 생산자가 주로 글로벌화의 주체가 되었지만 이제는 소매상도 글로벌화로 나아가고 있다. 그들은 이러한 과정에서 현재 시장을 지배하고 있는 기업들과 경쟁적 대립관계에 놓이게 되었다.

Gap의 성공적인 유럽진입으로 인하여 의류로서 뿐만 아니라 점포 디자인에서도 아메리칸 패션을 적용하여 다양한 분야에서 서비스를 제공하였다. 유통체인에서 고객들에게 제품을 제시하는 스타일이 미국보다는 유럽시장에서 훨씬 더 중요하다고 결론지었고 Gap 매장들은 이러한 사실들을 적극적으로 접목하였다. 런던에서 Gap의 인테리어는 밝은 색상의 목재 바닥에 크롬 붙박이들이 함께하는 하얀색이다. 영국 소매상들에게 일반적이지 않은 이런 두드러진 디자인은 관심을 받으며 매출을 증대시켰다.

현재 유럽 의류소매상 두 곳은 적진에서 적을 상대하겠다는 전략으로 연 1,820억 달러 규모의 미국 의류시장에서 Gap과 경쟁하고 있다.

유럽 12개 국가에 700개 이상의 매장을 보유한 39억 달러 규모의 스웨덴 체인망 H&M은 2003년 말까지 미국시장에서 85개 이상의 아울렛 매장을 확보하고자 하였다. 스페인의 Zara는 미국에서 자사의 첫 매장을 1998년에 개장하였으며 향후 몇 년 동안 40개 이상의 매장을 개장할 계획이다. 일부 산업분석가들은 이로 인한 치열한 가격경쟁을 예고하였다.

1947년 스톡홀름에서 최초로 설립된 H&M은 지난 30년 간 유럽에서 낮은 가격에 대량으로 판매했던 힙합패션 소매업의 새로운 전략수립에 착수하였다. Gap처럼, Zara와 Benetton, H&M은 자체 의류 브랜드를 독점적으로 판매하였지만, 자신들의 경쟁자와는 달리 가격대를 맞추기 어려운 젊은 스타일에 치중하였다. 엄밀히 말하면 H&M은 70명의 내부 디자이너 팀이 글로벌 트랜드를 반영하여 의류를 디자인하고 판매하는 수직적 소매상이다. 유럽과 아시아 도처의 1,600개 공급업체들을 거느리고 있는 H&M은 몇 주 이내의 짧은 기간 안에 패션쇼장(fashion runways)에 자사의 제품들을 공급하기 위하여 중개상을 거치지 않고 유통하였다. 골드만삭스 런던 지사의 소매 분석가인 Keith Wills는 "Zara는 예외일지 몰라도, H&M은 공급망을 통제하고 변화를 알아차리는데 있어 세계 최고이다."라고 언급하였다.

"가난한 자들의 아르마니(Armani)"라는 별명이 붙은 Zara는 30개국 이상에서 매장을 보유하고 있으며, 그들의 성공은 디자인, 적기생산(just-in time production), 마케팅 그리고 판매를 아우르는 수직통합 비즈니스 모델에 기인하고 있다. Zara는 이질적이며 느리게 움직이는 공급업체 네트워크를 활용하기보다 내부에서 의류의 절반 이상을 만들기 때문에 변화가 심한 패션트랜드에 유연하게 대응할 수 있었다. 그 결과 Zara는 새로운 생산라인을 처음부터 끝까지 3주 이내에 출시할 수 있었는데 반하여 일반적으로 이러한 과정에 소요되는 산업평균은 9개월이다. 이는 새롭게 디자인된 연간 10,000개의 제품들이 한 달 이상 재고로 남아있지 않음을 의미한다. H&M의 신제품들은 6개월 전에 예약되는 반면, Zara는 인기가 없어질 제품 범주를 빠르게 염가로 판매하며, 중위소득 고객을 대상으로 세련된 제품을 저렴한 가격으로 제공할 수 있다. 마케팅 컨설팅 기업인 WSL Strategic Retail의 파트너 Candace Corlett은 "그들은 빠르게 생산하고, 고객들의 반응과 의견을 읽으며, 인기 있는 제품생산을 이어간다"고 말했다.

양사 모두는 1980년대 미국시장으로의 진입에 어려움을 겪었던 Benetton의 경험으로부터 분명하게 배웠다. Benetton은 미국 진출경험에서 "made in Italy"에 더 많은 금액을 기꺼이 지불할 의사가 있는 고객들은 오직 도시지역에만 살고 있으며 보다 나은 품질과 유행을 따르는 컨텐츠는 가격 지향적인 미국 고객들로부터 큰 흥미를 끌지 못한다는 것을 알게 되었다. H&M과 Zara가 알게 된 것은 패션이 당신의 장점일 경우 미국에서는 낮은 가격으로 시장에 접근해야 한다는 것이다. 스타일과 신분을 의식하는 유럽 소비자들과는 달리 미국인들은 매우 실용적이다. "유행하는(in)" 스타일은 곧 "퇴색되는(out)" 스타일이 될 것이기 때문에 구입한 의류를 오랫동안 입지 못할 것이다. 따라서 왜 비싸게 돈을 지불하면서 구입하겠는가?

한편, Gap은 지속적으로 브랜드 가치를 상실했다. Interbrand의 순위에 따르면, 2005년과 2006년 사이에 Gap은 22%의 브랜드 가치를 상실하였으며, 2007년까지 15%의 추가 상실이 있었다. 새로운 전략적 방안을 찾는 것도 어려워 보인다.

Sources: Katherine Hobson, "Stop the Continent-at Your Local Mall," *U.S. News & World Report*, April 9, 2001, p. 47; Marianne Wilson, "Disposable Chic at H&M," *Chain Store Age*, May 1, 2000, p. 64; "About H&M," *Chain Store Age*, May 1, 2000, p. 75; Vlada Tkach, "International Feature: Retail Sans Frontiers," *Investors Chronicle*, June 15, 2001, pp. 80-81; **www.bwnt.businessweek.com**.

서론

제5장 "수출확장"에서는 수출된 제품에 대하여 적절한 유통업자를 찾는 것이 관건이었다. 선택된 유통업자의 역량은 두 가지 이유에서 중요하다. 우선, 유통업자는 새로운 국가시장으로의 통로가 되며, 수출자 자신의 기업에 대한 "얼굴"이며 마케팅노력을 담당할 주체가 되기 때문이다. 또한, 글로벌 전략 대안을 모색하려고 하여도 계약상의 의무 때문에 이후에 유통업자를 변경하는 것이 어렵다.

이번 장에서 논의하게 될 글로벌 유통의 문제는 현지 유통경로에 대한 적극적인 관리를 하려고 할 때에 마케팅 전문가가 직면하게 될 사항들을 이해하는데 있다. 이 장은 새로운 대안을 도입하거나 병행 유통경로를 확보하는 경우에 유통경로의 조정이 어떻게 일어날 수 있는 지를 다루고 있다. 다중 유통경로는 회색무역의 등장으로 인하여 글로벌마케팅 전문가에게는 어쩔 수 없는 현실이 된다. 국가 간의 제품유통에 있어서 운송기술의 발달 그리고 시장경쟁의 격화로 인해 독립적인 글로벌 물류기업들이 기업의 글로벌 전략에 중요한 역할을 담당하게 되었다.

이 장은 경쟁우위 요소로서의 유통에 관한 논의로 시작하고자 한다. 또한 기업이 현지유통을 어떻게 최적화할 것인지에 대한 분석을 이어갈 것이다. 다음으로 국가 간의 도매와 소매에 관하여 논의하고 소매의 글로벌화에 대해서 다룰 것이다. 또한 우리는 글로벌 물류와 글로벌 운송이 어떻게 발전하였는지 살펴보게 될 것이다. 이어서 우리는 회색무역의 문제와 병행유통에 의한 다중유통경로에서 발생하는 위협과 기회를 논의하고, 마지막으로 글로벌 유통경로의 조정의 문제에 대하여 다루고자 한다.

경쟁우위로서의 유통

마케팅 전문가들이 잘 알고 있듯이, 유통은 마케팅 믹스의 주요한 구성요소이며, 이른바 4Ps에서 중심적이고 필수적인 부분이다. 제품이 손에 닿을 수 없다면 그 제품을 구입하는 것은 어렵다. 어느 유통학 교수는 약간의 과장을 곁들여 표현하였는데 "냉장고가 냉장고가 아닌 경우는 언제일까? 냉장고는 피츠버그에 있고 구매자는 댈러스에 있는 때일 거야"라고 할 정도이다. 이러한 지적은 글로벌마케팅에서는 더 강한 의미를 부여할 수 있다. 왜냐하면 냉장고는 한국에서 제조하고 구매자는 프랑스에 있을 수 있기 때문이다.

또한 유통은 경쟁우위가 될 수 있다. 즉, 유통은 마케팅전략에 있어 단순한 구성요소가 아니라, 기업의 결정적인 우위요소로서도 작용을 한다. 청량음료 부문에서 압도적인 우위를 누리고 있는 Coca-Cola와 같은 기업은 그들 성공의 상당 부분이 다양한 매장과 자동판매기기 그리고 다양한 매장 및 이들 매장과의 유연한 계약약정에 기인한 것으로 파악되고 이에 힘입어 대학과 중고등학교에서 유일한 학내 입점 브랜드가 되었다. Starbucks는 도심에서의 모퉁이길 마다 입점하는 전략으로 여러 도시를 공략하고 있다. 10대들의 의류는 쇼핑몰과 도심부에 위치한 복합매장에 위치하는데 이는 이들 쇼핑을 즐기면서 의류를 구매하는 경향이 있기 때문이다. 자동차의 경우에 고객이 자동차 수리를 위하여 기꺼이 수 마일은 더 운전할 수 있을 것으로 여겨지지만 실제로는 이들 제품들도 딜러의 접근성을 고려하여 위치하게 된다.

기업이 마케팅에 성공하기 위하여 글로벌마케팅 전문가들은 유통의 역할을 신중하게 분석하여야 한다. 만약 적극적인 유통전략이 기업성공에 있어 핵심요인이라면 해외시장 진출 시에 현지시장의 인프라가 국내시장에서와 같은 환경인지를 평가하는 것은 매우 중요하다. 예를 들면, Body Shop이 미국시장에 진출했을 때 쇼핑몰에 매장을 열어야만 했다. 하지만 다른 국가에 개장된 Body Shop 매장들은 작은 규모였고, 다른 유사한 매장들과의 경쟁이 별로 없는 시내에 위치한 독립 부티크(boutique) 형태로 개장하였다. 직접적으로 경쟁하는 매장이 가까이 있는 쇼핑몰에서 Body Shop 매장들은 성공할 수 있을까? Body Shop은 그들의 통상적인 전략을 추구해야 하는가? 이것은 어려운 결정이다. 미국에 진출한 Body Shop은 다른 국가에서만큼은 아닐지라도 쇼핑몰에 점포를 개장하여 일부 성공을 거둔 것으로 알려지고 있다.

어떤 제품범주에서 유통이 핵심 성공요인일 경우, 글로벌 확장은 어렵고 비용이 많이 들 수 있다. 성공적인 유통시스템은 해외시장에 그대로 이식하기가 매우 어렵다. 이러한 경우에 유통체계의 글로벌 조정과 통제는 매우 어려워진다. Coca-Cola는 세계 제

2차 대전 이후 많은 국가들이 재건 중이었을 때 해외진출을 하였는데 해외에서 자사의 병입(bottling) 시스템과 유통시스템을 그대로 유지하는데 어려움을 겪었다. 오늘날 성숙시장에서의 상황은 확실히 다르다. 소매에 유리한 위치는 이미 강력한 국내 참가자가 선점했을 수 있다. 좋은 사례는 일본 필름시장에서 Kodak의 진입을 막았던 Fuji의 유통경로전략을 들 수 있다.(제2장에서 보았듯이). Starbucks는 많은 유럽국가에서 매장의 총량을 제한하는 법규에 의하여 자사의 전략을 펼치는데 어려움을 겪었다. Toys "R" Us는 자사의 커다란 창고형 매장에 필요한 공간을 만들기 위해 많은 국가에서 점포의 내부구조를 재조정할 필요가 있었다. 소매상들이 외국시장으로 진출하는 경우에 단지 유통거점을 확보하기 위하여 국내 체인점들을 인수한 경우를 볼 수 있다. 그러나 이러한 경우에도 결국 그들은 기존 현지유통망을 활용하는 경우에 본사의 유통방식을 적용하는데 상당한 어려움이 있다는 것을 발견하게 된다. Wal-Mart의 영국 ASDA 인수 초기에는 성공적인 것으로 입증되었지만, Wertkauf와 Interspar를 통한 독일시장의 진출은 시작부터 큰 어려움에 봉착하였다.

Getting the Picture 운송비는 글로벌화를 위협하는가?

글로벌화를 이끌어온 주요한 요인 중 하나는 글로벌 운송의 지속적인 개선이었다. 이전에 국가 간 지리적 거리를 극복하기 위한 운송비용은 국제적 거래의 큰 장애가 되었고 국가의 경쟁우위 이론에서도 중요하게 다루어지고 있다. 글로벌 커뮤니케이션이 대부분의 시간차를 극복하게 되었고, 운송 기술이 개선되었으며 통합된 해상 운송인이 출현함으로 인하여 경영의 효율성이 달성되었다. 이는 결국 운송비가 전체 마케팅 관련 비용에서 그 비율이 축소되는 결과를 낳게 하였다.

최근 유가의 가파른 상승과 함께 이러한 상황은 더 이상 적용되기는 어려울 것 같다. 운송비용은 현재 증가하였으며 많은 시장에서 제품 소싱(sourcing)의 비용을 상승시키고 있다. 해상운송인은 더 높은 운송료를 청구하고 트럭은 운임을 인상청구하고 있으며, 항공운송 비용은 할당된 물류 예산을 초과하는 수준이 되었기 때문에 저임금 아웃소싱 국가의 공급망과 최종 조립 입지 사이의 거리는 경영수지를 악화시키고 있다. 매우 경쟁적이고 가격에 민감한 환경에서 충분히 가격을 올리는 것이 불가능했던 항공사들은 서비스를 축소하고 항공편을 제한해 왔으며 심지어 파산되는 항공사도 생겨나게 되었다. 이러한 추세가 지속된다면—그리고 대부분의 전문가들은 그렇게 될 것이라는데 동의하였으며 에너지 위기의 끝이 없을 것이라고 보았다—국제무역과 글로벌화는 상당히 침체될 것이다.

특히 큰 타격을 입을 것이 예상되는 영역은 공정무역 제품들과 지구온난화를 최소화하도록 디자인된 친환경 제품들이다. 세계에서 당신이 생산하거나 운반하거나 이용한 모든 것들에는 에너지 비용이 내재되어 있다. 공정무역 제품에서 당신이 원거리의 운송에 따른 증가된 운송비용을 추가한다면 주로 원거리의 성숙시장에서 경쟁하는 제3세계 생산자들은 더욱 어려움을 겪을 것이다. 그리고 만약 당신이 희생하여 공정무역 제품들에 더 많은 금액을 지불한다고 하더라도 이는 당신이 제품의 원거리 운송에 필요한 에너지의 사용을 부추기는 것은 아닌지를 생각해 보아야 한다. 친환경 제품에 대해서 말하자면 많은 친환경 제품들은 소비자들이 소비습관을 바꿈으로써 더 많은 에너지를 절약할 수 있다는 증거들이 제시되고 있다. 옥수수로써 친환경연료를 만드는 제조과정에서 생산된 바이오 에너지보다 더 많은 에너지를 사용해야 한다는 것은 이미 알려져 있다. 이는 또한 세계 식량부족을 더욱 악화시킬 수 있다. 엄밀하게 따져보면 높은 호평을 받은 하이브리드 자동차인 Toyota의 Prius는 상당한 도전을 받고 있다. 이들 하이브리드 자동차에 대한 실험에서 BMW 보다 약간 연비가 우수한 것으로 밝혀졌다. 더욱이 자동차에 충전해야 하는 배터리를 생산하는 에너지를 감안한다면 실제로는 이들 자동차는 연비가 그다지 좋은 것도 아니고 친환경적이지도 않다는 것이 밝혀졌다.

Sources: Mark Clayton, "As Global Food Costs Rise, Are Biofuels to Blame?" *The Christian Science Monitor*, January 28, 2008; "Toyota Prius Proves a Gas Guzzler in a Race with the BMW 520d," *The Sunday Times*, March 16, 2008.

글로벌화로 인하여 제조와 판매지점 간 거리는 증가하였으며 이는 국내시장에서 보다 국제시장에서 물류 및 유통의 중요성을 증가시키게 되었다. 따라서 제품의 특성상 유통이 중요한 성공 요소가 아니라 할지라도 외국시장에 수출하는 경우에는 유통문제는 비즈니스 성공의 매우 중요한 고려요소가 되게 된다. 예를 들어 공급부족, 인도지연, 선적물 유실 그리고 예비부품에 대한 공급의 문제는 해상운송을 통한 수출의 경우에는 다루기 어려워진다. 다행스럽게도 엄청나게 향상된 글로벌 커뮤니케이션 역량(그 중에서도 인터넷을 통한) 및 한층 개선된 기술로 인해 이러한 글로벌 유통의 문제도 이전보다는 훨씬 다루기가 수월해졌다. H&M과 Zara 같은 기업들의 글로벌 성공은 여러 나라의 국경 간 물류를 성공적으로 관리할 수 있는 자신들의 역량에 상당히 기인하고 있다. 한편, 이전에 일부 인터넷 작가들이 주장했던 “거리의 종말(death of distance)”에까지는 아직 이르지 않았다. 즉 제품들은 여전히 운송되어야만 하고 거리가 멀어질수록 무언가 잘못 될 가능성은 높아진다. 그러나 최근의 통신혁명은 물류의 흐름을 더욱 효율적이고 신속하게 바꾸어 놓고 있다.

이러한 유통환경의 변화 속에서 소비자들은 여전히 중요한 관리대상이고 그들의 욕구와 선호를 더욱 세심히 관찰하여야 한다. 새로운 운송수단의 발달과 유가의 등락 등 변화하는 국제운송환경 속에서 국제유통에 대한 체계적인 관리는 매우 중요한 의제가 되고 있다(“운송비는 글로벌화를 위협하는가?” 참조).

현지 유통경로의 합리화

유통네트워크는 설계되고 나면 지속적인 조정과 관리가 필요하다. 경쟁과 대응세력은 자유경쟁시장에서 변화와 조정을 이끄는 자극제가 된다. 글로벌마케팅 전문가는 어느 정도의 현지시장의 유통망을 합리화할 수 있다.

유통업자의 교체

해외시장 진출을 위해 만들어진 유통경로 구성은 시장에서 제품의 유통이 자리 잡고 나면 대부분 조정이 필요하게 된다. 성공이란 필연적으로 스스로 개선시켜야 할 속성을 내재하고 있다. 일단 현지시장에 진출을 성공시킨 수출기업은 그 다음에는 현지의 유통업자가 어느 정도의 마진을 남기게 되는가에 관심을 갖게 되고 이로 인해 현지유통업자를 대신하기 위한 전략을 모색하게 될지 모른다. 그러나 일반적으로 현지유통업자를 대체하는 근본이유는 유통업자들이 수출시장에서 충분한 기능을 하지 못하고 있다는 수출업자들의 판단 때문이다.

제조업자들이 시도하는 대부분의 유통경로 변경은 독립 유통업자와의 공급계약이나 정식 딜러와의 판매계약을 취소하고 새로운 완전소유판매자회사의 설립으로 이어진다. 그러나 이러한 계약의 취소는 종종 당사자 간의 갈등을 수반한다. 제5장에서 살펴본 것처럼, 그러한 갈등이 원만하게 해결될 수 있도록 사전에 신중한 계약을 체결할 필요가 있다. 그리고 제6장에서 살펴본 바와 같이 일부 합작유통계약은 필요할 경우 "결합"을 어떻게 해체할 것인가에 대한 합의사항을 포함시켜 놓을 필요가 있다. 따라서 이러한 경우에는 특별히 "결별 조항(divorce clauses)"을 포함시킬 수 있다.

이해갈등이 발생할 경우, 양 당사자 모두 불편한 관계가 발생할 수 있고 또한 이로 인해 피해를 입을 수 있다. 이는 적절한 해결방법에 대해 다른 국가 사람들 간에 가지고 있는 서로 다른 관점 때문이다. 미국에서는 분쟁초기에 소송으로 진행되는 경우가 매우 빈번하다. 반면, 많은 외국에서는 그러한 절차가 마지막 수단으로 채택되고 있다. 이러한 관점의 차이는 미국과 같은 문화에서는 기업당사자 간의 이해가 쉽게 충돌할 수 있는 것으로 보고 이에 준하여 제조업자와 유통중개상 간의 사업관계를 바라보는데 반하여, 다른 문화에서는 두 당사자 간의 계약관계를 협력의 관점에서 보고 종국적으로는 상호간의 조화로운 이익을 위해 목전의 개인적 이해를 기꺼이 삼가하고 장기적인 이익의 실현을 지향하기 때문에 발생하는 것이다. 이러한 두 가지의 관점이 충돌할 경우 계약당사자들은 종종 글로벌 유통경로 전체에 상당한 타격을 입을 수 있다.

이중 유통

유통경로 계약을 종료시키지 않고서도 유통경로를 변화시킬 수 있다. 즉, 다중유통경로(multiple channel)가 출현하거나 만들어질 수 있다. 예를 들면, 럭키 금성(Goldstar)의 미국 TV시장 진출은 Sears 같은 소매상의 주문자 상표 부착방식(OEM) 계약을 통해 이루어졌다; 이후 럭키금성은 자사의 고유 브랜드명인 Goldstar로 시장에 진출하였고 이로써 Sears와 이중유통(dual distribution) 시스템을 구성하였으며, 최근에는 새로운 브랜드명인 LG로 전환하였다. 종종 제조업자들은 다른 유통경로를 활용하는 경우에는 자사의 제품을 차별화하여 출시하기도 한다. 이탈리아 의류 제조업체 Giorgia Armani는 기존의 Armani의 전문 매장과 백화점보다 더욱 캐주얼한 의류와 낮은 가격의 제품을 제공하는 AX Exchange라는 독립 브랜드로 서구시장의 유통경로에 다수의 매장을 세웠다.

직접 판매로 변경하는 것은 산업용품의 마케팅에서 다국적기업들의 해외유통 문제를 해결할 수 있다. 그러나 소비재를 담당하는 글로벌마케팅 전문가는 현지에서 직접 유통경로를 구성하더라도 결국 최종 소비자와의 연결을 제공하는 도매상 및 소매상의 손을 거치지 않을 수 없게 된다.

도매상의 유형

대부분의 선진국에서 매우 다양한 도매상들을 발견할 수 있으며, 제품의 유통에 필요한 기본 조건을 만족시키는 다양한 형태의 도매상을 찾는 것은 그리 어려운 일이 아니다. 그러나 이런 다양성은 모든 경제가 동일성을 추구하면서 나아가려는 성향과 다르게 각국 기업가들의 공격적 성향과 시장시스템의 특별한 성향을 더욱 반영하고 있다. 일반적으로 완전 서비스 도매상(full-service wholesaler)들은 대부분의 국가에서 쉽게 활용할 수 있는 형태의 도매상이다. 그러나 기존 브랜드 및 체인과의 관계 그리고 그들의 규모로 인해 새로이 진입한 기업제품을 유통하고 싶어 하지 않을 수도 있다. 완전 서비스의 개념은 진출하는 각국에서 신중하게 평가되어야 한다. 완전 서비스는 미국 판매자들에게는 "권리(소유권) 취득"의 의미일 수 있지만, 중동에서는 도매상들이 전액 환불을 기대하며 잘 판매가 되지 않는 제품을 반품하는 것을 허용한다는 뜻이기도 하다. 유럽국가에서 완전 서비스는 서비스 지원을 포함하지 않을 수 있지만, 인도에서는 소매상들이 결함 있는 제품을 제조업자 보다는 도매상에게 넘겨줄 수 있는 것으로 기대한다.

심지어 선진국들의 관행도 상당히 다양할 수 있다. 〈표 15.2〉에서 알 수 있듯이, 일본 같은 국가에서는 팔리지 않은 제품들은 제조업자에게 반품할 수 있는 것이 일반적이다. 이것은 서구국가들의 관행과는 극명하게 대조된다. 유럽국가들은 구매에 대해

표 15.2 도매업체 무역관행의 국제비교

관행	일본	미국	영국	프랑스	독일
반품된 제품	• 미판매 제품의 반품 관행	• 제품 결함이나 손상 이외는 반품 안됨	• 제품 결함이나 손상 이외는 반품 안됨	• 제품 결함이나 손상 이외는 반품 안됨	• 제품 결함이나 손상 이외는 반품 안됨
리베이트 시스템	• 다양하고 복잡한 구조 (양, 특정일자 평가, 판촉) • 장기할인(년, 반 년) • 선택적 공개 환불	• 할인형태의 가격 중시 • 공개규칙 • 장기혜택 가능	• 손상 이외는 반품 안됨 • 공개규칙 • 장기혜택 가능	• 손상 이외는 반품 안됨 • 공개규칙 • 장기혜택 가능	• 손상 이외는 반품 안됨 • 공개규칙 • 장기혜택 가능
가격견적	• 제조업자 추천, 소매가격 유 • 출판물, 약품, 화장품의 전매 가격 허용	• 제조업자 추천, 소매가격 유	• 제조업자 추천, 소매가격 무 • 서적, 약품의 전매 가격 허용	• 제조업자 추천, 소매가격 무 • 서적, 일부 화장품, 스키장비 그리고 일부 소비자가 전 제품의 전매 가격 허용	• 제조업자 추천, 소매가격 무 • 서적, 잡지의 전매 가격 허용
전방통합	• 유(소비자 가전제품, 자동차, 화장품)	• 예외적	• 유(자동차)	• 유(자동차)	• 유(자동차)
다른 것들	• 판매 스태프 공여 • 소량 수시 배달 • 지속적 거래 관계 • 불명확한 계약	• 예외적	• 예외적	• 예외적	• 예외적

Sources: "International Comparison of Wholesale Trade Practices," from Distribution Economics Institute, *Survey on International Comparison on the Distribution Industry*, May 1990.

공개적이고 고정적인 일부 리베이트를 제공하며 미국은 기능적 할인을 허용하는 반면, 일본은 훨씬 더 복잡한 리베이트 시스템을 가지고 있는데, 그러한 리베이트 중의 일부는 공개되지 않으며 우대고객에게만 주어진다. 유럽에서는 원칙적으로 존재하지 않는 권장소매가격이(일반적으로는 가격경쟁이 미국보다 치열하지 않지만) 미국에서는 허용되며, 일본에서는 흔할 뿐만 아니라 일부 제조업자들에 의해 상당히 강하게 강요된다(비협조적인 소매상들에 대한 공급중단 관행이 법정에서 다툼이 되고는 있을지라도). 또한, 일본 제조업자들은 다른 나라보다도 더 높은 수준으로 전방통합(forward integration)에 관여해 왔으며, 유통경로 구성원들에게 더 많은 판매지원을 제공하는 경향이 있다. 따라서 글로벌마케팅 전문가에 의한 이런 국가들 간 유통경로 디자인의 완전한 표준화는 새로운 유통경로를 만들지 않고서는 실현하기가 거의 불가능하다.

국가 간 차이는 하나 또는 두 개의 도매기능에 전문화된 다양한 한정품목 도매상에서 더욱 흔할지 모른다. 예를 들면 미국 경제에서 매우 독특한 기관인 Rack Jobber는 제품을 소매상들의 선반에 직접 배송하는 도매상이다. 해외의 많은 슈퍼마켓들은 이러한 시스템을 가지고 있지 않으며, CD와 여성용 양말류 같은 제품들이 판매되는 체인 드럭스토어(chain drugstore)에 Rack Jobber는 제품을 갖추고 임차한 진열장을 통해 제품을 판매하였는데 이러한 형태의 중간유통은 아직 다른 많은 국가에서는 일반적이지 않다. L'eggs 팬티스타킹 같은 제품들이 해외시장에서 유독 느리게 받아들여지는 이유는 구매자 사이에서 나타난 제품에 대한 저항이 아니었다. 더 큰 장애물은 포장방식과 제품이 유통되는 Rack Jobber의 "문 앞" 배송 서비스 시스템(기업특유우위)에 있었다는 것이다. 같은 맥락에서 볼 때 다른 국가에서 제대로 작동하는 동일한 형태의 유통경로를 확보하지 못하고서는 해외시장의 진입도 매우 어렵다.

소매업

소매상은 최종소비자에게 직접적으로 판매하는 중간상인이다. 그들은 주문, 구색 창출, 제품제공, 재고비축 및 포장, 또한 운송과 자금조달을 포함하는 다른 중개상과 같이 유사한 기능들을 수행한다. 국가 간 소매업은 도매업보다 더 다양하게 영위되고 있다. 이탈리아와 알제리 같은 국가에서의 소매업은 주로 협소한 제품군을 취급하고 대체로 소규모의 전문점으로 운영된다. 반면, 북유럽 국가에서는 많은 매장들이 다양한 구색의 제품을 취급한다. 일본의 거대 백화점 체인 Mitsukoshi는 전 세계 주요 도시에 소매 아울렛을 유지하고 있으며 하루에 평균 100,000명의 소비자들을 끌어들이고 있다. 반면, 중동의 재래시장에서는 찾아올 고객만큼이나 많은 점포들이 시장에 개장하고 있다.

〈표 15.3〉은 일부 국가의 소매기업 수에 대한 현황을 제시하고 있다. 도매업의 경우에서처럼 미국과 독일은 거대 기업으로 통합되어 있음을 알 수 있다. 슬로바키아에서

표 15.3 각국의 소매업체 수, 2004

국가	소매업체 수	인구(백 만)	인구 천 명당 소매업체 수 (no. per thousand people)
호주	177,689	19.91	8.92
뉴질랜드	22,740	3.99	5.07
프랑스	427,352	60.42	7.07
독일	274,195	82.42	3.33
이탈리아	703,570	58.06	12.12
네덜란드	78,935	16.32	4.84
스페인	531,113	40.28	13.19
스웨덴	57,494	8.99	6.40
체코	134,025	10.25	13.08
슬로바키아	4,522	5.42	0.83
영국	200,572	60.27	3.33
미국	628,042	293.03	2.11

Sources: OECD data. http://epp.eurostat.ec.europa.eu.
*Excludes motor vehicles and motorcycle dealers, hotels, and restaurants

는 과거 공산주의에서 낙후했던 유통경로를 그대로 반영하듯 소매업의 현황은 매우 저조하다. 반면, 이탈리아와 스페인 그리고 체코공화국 시장은 다수의 독립 소매상들이 여전히 유통을 담당하고 있다. 이 통계치에 잡힌 소매상들은 기업으로 등록된 자료를 통해 파악된 것이고 실제 운영되는지 여부는 확인되지 않았음을 유의할 필요가 있다. 미국은 인구에 비하여 비정상적으로 많은 인구가 소매업에 종사하고 있다.

소매업과 라이프스타일

소매상들은 개인소비자들과 접촉해야 하기 때문에 매우 많은 소매상들이 필요하며 여러 국가 간에 다양한 차이가 있다는 것은 놀라운 일이 아니다. 소매업은 개별 가구의 변화하는 행동패턴과 라이프스타일의 변화에 민감하게 적응하여야 한다. 쇼핑은 항상 성가시고 힘든 부분도 있지만 때로는 여가활동이 될 수 있으며, 한 국가의 라이프스타일에 영향을 받고 영향을 미치기도 한다. 일반적으로 국가 간의 생활수준이 다를 경우, 소매업의 구조도 서로 상이하다. 그리고 라이프스타일이 비슷할 경우 각 소매업 구조도 동질적으로 되는 경향이 있다. 어떤 의미에서 소매점들은 한 국가 경제성과에 대한 가장 명확한 지표가 될 수 있으며, 또한 한 국민들의 라이프스타일에 대한 가장 유익한 잣대가 된다. 한편 소매업의 구조가 다르다는 것은 소비자들의 생활습관이 다르다는 의미이기도 하며, 하나의 유통방식이 전 세계에 균일하게 적용되기 어렵다는 뜻이다.

Getting the Picture 스페인 패션유통업: ZARA

스페인의 의류 체인인 Zara는 싼 가격으로 유명한 패션제품을 제공한다. 그들은 엄마와 딸, 아버지와 아들, 아이들이 즐겨 찾는 쇼핑공간이 되었다. 스페인 소매업체의 믿기 힘든 성공의 이유는 유니섹스(unisex)의 보편성에서 찾아볼 수 있다. 그리고 Wal-Mart처럼 성공적이면서도 새로운 소매점 모델을 제공하였다.

어떻게 이러한 것들이 가능하였을까? 이 기업도 시작은 순조롭지 않았다. 가족 소유의 Zara는 스페인의 북서쪽 끝의 도시인 La Coruna에서 여성용 란제리를 생산하는 제조업체로서 1963년에 창립되었다. Zara는 1975년까지 매장을 개장하지 않았다. 하지만 이 기업은 현재 44개국에서 600개의 매장을 보유하고 있다. 수년 간 Zara는 점진적으로 생산, 유통 및 판매를 동시에 진행하는 방법을 학습하였고 이러한 동시성은 매우 정확하고 신속하게 실현되었다. 패션의 흐름은 예측이 힘든 것으로 널리 알려져 있기 때문에 Zara의 경영자는 유럽, 미국 그리고 일본과 중국의 패션전시장으로 부터 신속하게 새로운 디자인정보를 수집하였으며, 또한 현지시장의 소비자들로부터의 피드백을 결합하여 대규모 시장을 대상으로 하는 새로운 스타일을 개발하였다. 다음으로 유연하고 빠른 생산 시스템에 의하여 공장들은 새로운 디자인을 빠르게 생산하고 유통할 수 있었다. 그리고 소매점들은 조기에 새로운 디자인을 확보할 수 있었다. 시간이 흐르면서 Zara는 이러한 디자인-생산-매장 사이클을 대부분의 경쟁자들이 필요로 했던 수개월 대신에 몇 주(week)로 감소시킬 수 있었다.

이러한 공정은 다음의 과정을 거치게 된다. 즉 경영자는 현장으로부터의 판매 및 시장데이터를 수집하고 200명 이상의 전문 종사자들로 구성된 스페인의 크리에이티브 팀(creative team)은 유럽, 미국, 아시아의 상점으로 부터의 뉴스(news)와 함께 수집된 정보를 취합한다. 이러한 상호적인 공정은 새로운 디자인을 제시하고 새로운 Zara 스타일을 해석하는데 도움을 준다. 새로운 디자인은 대개 약 4~6주 동안 완성되지만 2주 이내에 완료될 수도 있다. 매장 플로어의 완제품에 대한 디자인을 스타일링 하는 소요시간은 약 15일 정도이다. Zara는 직물 재고를 보유하고 정확히 때에 맞추어 재단하고 염색함으로써 수요패턴 변화에 즉각적으로 대응하였다. 이러한 결과 1주일에 두 번 신제품이 출시되었다. 또한 특정 스타일이 재주문되는 경우는 거의 없었다. 만약 당신이 좋아하는 Zara의 제품을 접할 수 있다면 다시 출시될 가능성이 낮기 때문에 오늘 지금 그 제품을 구매하는 것이 나을 것이다. 이것은 대중적인 스타일이 재주문되고 곧 선반위에 다시 진열하는 Benetton과 같은 경쟁자들과는 다른 유통방식이라고 할 수 있다. Zara는 매년 약 10,000개의 다른 스타일을 생산한다. 그리고 매장 경영자는 일주일에 두 번 제품의 구색을 설정할 수 있다. 그들은 제품의 이미지를 시각적으로 확인하고, 수량과 규모 그리고 색상을 포함하여 각각의 주문을 조율할 수 있는 손바닥 크기의 PC를 통하여 정보를 받는다. 주문은 미리 지정된 시간에 이루어져야 한다. 스페인과 남부 유럽의 가게에서는 수요일 오후 3시 이전 그리고 토요일 저녁 6시 이전, 세계의 나머지 국가들에서는 화요일 오후 3시까지 그리고 금요일 저녁 6시까지 등 주문을 완료하여야 한다. 만약 벨기에의 가게가 수요일의 마감일을 놓쳤다면 운송을 위해 토요일까지 기다려야만 한다.

Zara는 그들이 소유한 22개의 스페인 공장의 네트워크에서 제품의 약 50%를 생산한다. 그리고 모든 재봉 작업은 하청업체를 이용한다. 이러한 공장들은 단일 교대로 작업하며 독립된 수익채산제를 따르고 있다. 그들 제품의 또 다른 50%는 400개의 외부기업들이 생산하는데, 이 외부기업의 70%는 유럽에 위치하고 있다.

Zara는 빠르고 유연한 생산시스템이 발휘할 수 있는 경쟁력이 어느 정도가 되는 지를 나타내는 좋은 예가 된다. 그들의 비즈니스 모델은 Toyota에 의해 개척된 자동차 산업의 적기공급생산(just-in-time)에 기반하고 있다. 소비재 판매 증가율의 둔화에도 불구하고 Zara는 연 25%의 판매성장률(2002~03년도 4분기)을 기록하고 있으며, 또한 지난 수십 년 동안 Toyota가 자동차시장에서 보였던 지속적인 성장세를 이어갈 것으로 기대된다.

Sources: Kasra Ferdows, Jose Machuca, and Michael Lewis, Zara, European Case Clearing House, 2002; Robert Carruthers, "Trendy Euro Chains are Forcing the Pace of Fashion in the U.K." *Rapid Response Retail: Marketing*, April 3, 2003, p.20; John Tagliabue, "A Riva to Gap that Operates Like Dell," New York Times, May 30, 2003, p. W-1.

따라서 대다수 개발도상국의 소매 아울렛의 수는 글로벌화 및 소비재의 다양성 증가와 함께 매년 지속적으로 증가해 왔다. 이와 동시에 선진국에서는 대규모의 소매점 형태가 규모의 경제를 창출함에 따라 일관되게 소매점의 수가 감소하는 패턴을 보였다. 시간이 흐르면서 대형 체인들은 자신들의 운영을 글로벌화 하였고, 경제발전은 소매점들의 통합을 유도하였다("스페인 패션유통업: ZARA" 참조). 한편 글로벌마케팅 전문가는 현지시장의 차이점에 극복해야 하며, 파생되는 유통문제를 해결하는 방법을 모색해야 한다. 예를 들면, 미국에서 약국을 통해 판매되는 표준화된 Gillette 면도날은 이탈리아의 담배가게, 독일의 백화점, 모스크의 거리, 태국의 영화 카운터 그리고 인도의 여행 밴에서 판매된다.

새로운 유통경로의 창출

소매업은 역동적이다. 경제가 성장하고 글로벌 무역이 확장되면서 새로운 대안들이 출현한다. 셀프서비스, 할인, 자동판매기, 통신판매점(mail-order houses)과 패스트푸드 매장(fast-food outlets) 같은 새로운 소매방식이 전 세계적으로 확산되고 있으며, 심지어 최빈개발도상국(least developed countries)들도 이러한 유통경로의 극적인 변화를 경험하고 있다. 오늘날 7-Eleven 같은 편의점, Mcdonald's 및 유사한 종류의 패스트푸드 매장, Tower Records나 Virgin Stores 같은 할인 매장, L.L Bean이나 Eddie Bauer 같은 카탈로그 판매상들은 전 세계 많은 국가에서 찾아볼 수 있다.

물론 가장 눈에 띄는 혁신은 인터넷에서 영향을 받은 전자상거래 유통경로의 출현이다. 월드 와이드 웹(World Wide Web)상에서 빠르고 값싸게 "인터넷 상점"를 개설하고 바로 거래를 개시하는 것은 많은 신생 닷컴기업들에게 매우 매력적인 것이었다. 그 개척자 중의 하나인 Amazon.com은 세계적으로 알려진 브랜드이고, 그 브랜드의 인지도에 힘입어 다양한 제품들을 취급하고 있다. 그러나 이러한 성공에 대한 기대에도 불구하고 다수의 전자상거래를 시도한 제품이 어려움을 겪고 있다. 금융, 여행, 숙박 등의 많은 무형의 서비스들은 웹에 적응을 잘 하고 있는 반면에(제13장에서 보았듯이), 유형의 제품들은 "이전"부터 이어져온 물리적 운송을 여전히 필요로 한다("아마존 닷컴" 참조).

PC 같은 제품에서는 Dell이 개척한 직접판매 모델이 효과적인 유통경로의 기능을 하였다. 물론 컴퓨터와 관련 소프트웨어는 당연히 전자상거래 품목이다. 점차 똑똑해지는 소비자들과 전 세계의 더욱 더 많은 시장들이 성숙단계에 도달하고 있기 때문에, 직접주문, 적기재고관리, 주문제작 및 직접배송이라는 Dell 모델은 대부분의 주요 제조업자들이 매력적인 유통전략이 되었다. 실제 매장에서 판매되고 서비스되는 방식이 직접 유통경로형태로 전환될 수 있었던 것은 오늘날 컴퓨터의 대부분을 구성하는 부품들이 표준화될 수 있었고 이러한 구성품목들의 품질의 신뢰성이 향상되었기 때문이다.

글로벌 소매업

소매업은 지속적으로 글로벌화의 추세를 보여 왔는데 이는 글로벌 시장의 지속적인 성

Getting the Picture 아마존 닷컴

얼마 전까지만 해도 인터넷과 전자상거래는 모든 기존 매장들을 멸종시킬 수 있는 새로운 유통경로로서 광고되었다. 새로운 최첨단의 사례 중에서 아마도 가장 유명한 사례는 온라인 서적판매상 Amazon.com의 사례일 것이다. 90년대 초반으로 거슬러 올라가 Jeff Bezos—Amazon.com의 창립자 및 CEO—는 타고난 감각을 가지고 있었다. 즉 그는 책을 판매하는 가장 효율적인 방법은 월드 와이드 웹과 신생 전자상거래기업의 힘을 활용하는 것이라고 예견하였다. 인쇄된 책들의 거대한 데이터베이스(data base)는 이미 존재하였기 때문에 전자적으로 제목을 업로딩(uploading) 함으로서 어디에서나 소비자들이 그것들을 제공받을 수 있게 만들었다. 소비자들이 책을 얻기 위해서는 독립된 특송 운송업자에게 아웃소싱하여 관리될 수 있었다. 고객들이 책이 도착할 때 까지 이틀 정도 기다려야 한다는 것은 문제가 되지 않았다. 배송지연이 문제가 되는 경우에 Bezos는 할인된 가격으로 책을 제공하였다. 2년 이내에 Amazon.com의 주식자본의 가치는 30억 달러에 달하였다. 기업은 8,000명을 고용하였고 35세의 Bezos는 유명한 Time지의 1999년 올해의 인물이 되었다.

그러나 그들의 예지력있는 아이디어와 인상 깊은 성과에도 불구하고 Amazon.com은 수익을 내는 데는 어려움을 겪었다. 이러한 온라인 거래의 주요한 수익자는 할인된 가격으로 책을 구매할 수 있는 소비자들과 책을 배송하는 특송 운송인들인 것으로 밝혀졌다. 1998년에 기업은 5개의 유통 센터를 건립하기 위하여 3억 달러 이상을 지출하기로 결정하였다. 이전 Wal-Mart의 경영진 Jimmy Wright가 세계 수준의 물류체계를 구축하기 위하여 고용되었다. 이에 따라 전문화된 유통센터(distribution center, DCs)를 만들기 보다는 각각의 유통센터가 모든 제품들을 취급하도록 하는 다수의 종합물류지점들을 구축하였다. Amazon은 가장 최신의 자재운반 기술에 투자하였고 그들의 재고 관리시스템 소프트웨어에 정보를 기억시켰다. 1998년 후반까지 시애틀에 93,000 평방 피트의 건물과 뉴캐슬, 델라웨어에 202,000 평방 피트의 시설이 완공되었다. 수개월 후에 322,560 평방 피트의 매우 자동화된 유통시설이 남부 캘리포니아를 커버하기 위하여 펀리, 네바다에서 개장되었다. 그리고 750,000 평방 피트의 시설이 시카고, 세인트 루이스, 댈러스 그리고 미니애폴리스에 공급하기 위하여 남부 캔자스에서 운영을 시작하였다. 곧 2개 이상의 시설들이 캠벨스빌과 렉싱턴, 켄터키에서 개장하였고 아틀란타 남쪽 20 마일에 임대된 시설은 동남부의 공급을 위하여 개장하였다.

Amazon의 창고는 기업의 웹 사이트에서 접수된 모든 주문을 처리한다. "Amazon은 그들이 접수한 주문의 처리에 최선을 다한다"고 공급망 개발 부서장 Paul Kruese는 언급하였다. 또한 그는 "우리가 내부에서 주문을 모두 처리할 수 있을 때 고객만족을 이루어낼 수 있다"라고 말한다. 따라서 Amazon이 영국 고객들에게 공급하기 위하여 베드퍼드셔에 훨씬 더 현대적인 시설에 투자하는 것은 놀라운 것이 아니다.

그리고 2001년 마지막 분기부터 Amazon.com은 지속적으로 수익을 기록하였으며 세계의 수백만 고객들의 쇼핑센터가 되어 왔다.

Sources: "Q&A: Industrial Space Still Breathing Easy," BusinessWeek, May 21, 2001, p.32B; James A. Cooke, "Clicks and Mortal," *Logistics Management & Distribution Report*, January 31, 2000, p. 36; Faith Keenan, "Logistics Gets a Little Respect," BusinessWeek, November 20, 2000, p. EB 112: Robert Hoff, "Suddenly Amazon's Books Look Better," BusinessWeek, Febrary 21, 2000, p. 78. "Amazon.com Profit Surges," Chicago Tribune, January 31, 2008.

장과 글로벌 기업의 물류와 작업수행 능력의 향상에 기인한다. 〈표 15.4〉는 매출액 기준으로 세계 10대 소매업체를 나타내고 있다. 바코드, 스캐너자료 및 재고관리를 포함하여 구매시점(point-of-purchase) 정보기술의 급격한 전파로 인해 거대 소매상들이 유통경로에서 절대적 역할을 하게 되었다. 미국의 Wal-Mart, 영국의 Tesco, 프랑스의 Carrefour, 벨기에의 Delhaize와 일본의 Ito-Yokado, 그리고 7-Eleven과 같은 선도적 매장들은 공급라인(upstream)을 통합하였으며 해외에 그들의 공급지를 설립하였고 구매시점 기술을 도입하였으며 이로써 그들은 도매상과 제조업자의 기능을 원할히 수행하기 위해 제품과 브랜드의 매출액에 대한 데이터 뱅크를 만들었다. 이러한 거대매장을

표 15.4 세계에서 가장 큰 10개의 소매업체(based on sales in the year 2005)

순위	기업	자국	기본 유형	2005 ($ U.S. Millions)	2002 ($ U.S. Millions)	진출국가 수
1	Wal-Mart Stores, Inc.	미국	슈퍼마켓	312,427	229,617	11
2	Carrefour Group	프랑스	대형시장	92,778	64,762	31
3	The Home Depot, Inc.	미국	주택개선	81,511	58,247	5
4	Metro AG	독일	백화점	69,134	48,124	30
5	Tesco PLC	영국	백화점	68,866	39,517	13
6	The Kroger Co.	미국	슈퍼마켓	60,553	51,760	1
7	Target Corporation	미국	백화점	52,620	42,722	1
8	Costco Companies	미국	창고형 점포	51,862	37,993	8
9	Sears/K-Mart	미국	백화점	49,124	N/A	5
10	Aldi	독일	슈퍼마켓	45,096	N/A	14

Sources: www.nxtbook.com; Retail Forward, Inc. The Top100 Retailers Worldwide 2002, October 6, 2003.

통해서 판매되는 엄청난 양의 판매량과 데이터에 대한 즉각적인 접근으로 인해 공급자들에게 더 큰 협상력을 가질 수 있으며 이는 공급되는 제품의 할인과 양질의 서비스를 유도할 수 있는 기초가 된다. 글로벌 확장은 거대 소매상들이 성장하기 위한 통로가 되고 있다.

소매업체에 의한 글로벌 확장은 점진적인 "폭포 전략"같은 종류의 프로세스를 따르는 경향이 있다. 서로 다른 국가에서 마주하게 되는 소매규정의 다양성과 소비자들 사이의 경제, 문화, 라이프스타일 차이 때문에 폭포 전략을 통하여 기업의 경영자들이 필요한 경험으로부터 배울 수 있다. Wal-Mart에서의 프로세스는 이런 점진적인 진입방식의 예를 보여 주고 있다.

Wal-Mart의 최초 해외진출은 1990년대 초반 캐나다 진출에 의하여 이루어졌다. Wal-Mart는 실적이 형편없었던 체인 매장인 Woolco(이전 Woolworth company)를 낮은 가격에 인수하였다. Wal-Mart의 경영자들은 많은 캐나다 소비자들이 이전부터 미국의 소매점을 이용하기 위하여 미국으로 입국하는 것을 알고 있었기 때문에 그들이 캐나다에 진출하면 어느 정도는 성공할 것이라는 것을 확신하고 있었다. 인수는 성공적으로 완료되었다. Wal-Mart의 비즈니스 모델은 바로 Woolco를 성장 가능한 건강한 조직으로 바꾸는 것이었다. 캐나다 다음으로 Wal-Mart은 멕시코를 진출하려고 하였는데 이는 캐나다 보다 훨씬 위험성이 많은 지역임을 감안하여 현지 유통업체인 Cifra와 50-50의 합작투자를 선택하였다. 연이은 브라질로의 진출 또한 현지 소매상인 Lojas Americana와의 합작투자를 통해 이루어졌다. 일련의 해외투자 경험으로 인해 Wal-Mart는 더욱 자신을 가지게 되었으며, 이에 따라 브라질에서는 Wal-Mart가 지배지분을 60:40의 합작투자기업으로 현지에 진출하였다. 브라질 진출로 Wal-Mart는 남미시장에 대한 더 큰 경험을 할 수 있었고, 이에 힘입어 Wal-Mart는 완전소유자회사를 통한 아르헨티나 진출을 추진하였다.

Wal-Mart의 1996년 중국 진출에서는 Wal-Mart가 취급하는 막대한 양의 제품들이 주로 중국에서 수입하고 있던 제품들이어서 현지시장에 큰 저항감 없이 접근할 수 있었다. 한편, 태국과도 합작투자에 의한 진출을 모색하였으나 중국 중앙정부 고위급 대표와의 합작투자 논의로 인해 태국과의 합작은 철회하고 중국과 합작유통회사를 설립하게 되었다. 중국에서는 현지시장에서 합작파트너와 합작법인을 설립하기 위한 협상보다는 중국법이 허용하는 범위 내에서 중앙정부와 직접적으로 협상하여 각 지역별로 합작유통업체를 설립해야 한다. 중국 최고수뇌부의 승인과 함께 Wal-Mart는 빠르게 중국의 주요 대도시 시장으로 확장할 수 있었다.

1997년 Wal-Mart는 독일 진출을 준비하였다. Wal-Mart는 독일에서 가장 수익성 있는 하이퍼마켓 체인 중의 하나인 Wertkauf 하이퍼마켓 체인의 21개 매장을 인수하였다. Wal-Mart와 유사한 포맷의 Wertkauf의 매장들은 고급 인력과 입지를 특징으로 하며 평균적인 독일의 하이퍼마켓보다 더 큰 규모였다. 그리고 영국시장에 대하여 2년 동안의 대체 진입방식을 평가한 이후 Wal-Mart는 영국의 수퍼마켓 체인 ASDA를 인수하는 방식으로 진출하였다. 마지막으로 2002년 Wal-Mart는 자사의 첫 일본진출 위하여 시장진입방식인 일본 소매상 Seiyu의 지분 37%를 인수하였다.

물론 글로벌 확장이 항상 성공적인 것은 아니다. 프랑스의 Carrefour는 미국 동부해안에 하이퍼마켓 개념을 도입하였지만 지금까지 거의 성공을 거두지 못하고 있다. 일본의 Takashimaya 백화점은 뉴욕시 5번가에 지사를 설립하였지만 이익이 발생하지 않고 있다. 경쟁기업인 Isetan은 남성 및 여성 상류층 의류매장인 Barney's 뉴욕과 합작투자를 하고 Barney's 매장을 동경에 열었지만 그다지 성공적이 못했고 1997년에 결국 철수하였다. 자국에서 성공적인 최고급 슈퍼마켓인 벨기에의 Delhaize는 미국에 진출하였으나 Delhaize의 Food Lion 슈퍼마켓이 미국 남부시장에서 고전을 면치 못하고 있다. 캐나다에서의 성공이 확실해 보였던 Mark & Spencer는 많은 어려움에 맞닥뜨렸고 철수하였다. 그리고 조심스러웠던 Wal-Mart의 전략조차도 모두 잘 되지 않았다("Wal-Mart의 해외시장 진출 실패" 참조).

글로벌 소매상(global retailers)의 출현이 글로벌 제조업자에게 전 세계 유통경로에 대한 허브역할을 해 줄 수도 있지만, 중요한 것은 이들 글로벌 소매상들이 생산자와 최종소비자 사이의 유통구조에서 가장 중요한 기능을 수행하는 축으로 바뀌어가고 있다는 사실이다. 따라서 이들은 대부분 유통경로에서 강력한 유통경로 캡틴(channel captains)이 되려고 하는 경향이 있다는 것을 기억할 필요가 있다. 제조업자(그리고 도매상)가 자신의 요구에 적응해야 할 것이라는 것을 확신한다. 이들 유통경로 캡틴은 제조업자와 도매상으로부터 대우 받고 있는 것이 현실이다. 제조업자(그리고 도매상)들은 이들 글로벌 소매상을 상대하기 위하여 특별한 서비스, 할인, 필요에 의한 즉시공급 등과 같은 강도 높은 혜택을 제공하는 "관계 마케팅"을 하여야 할 정도이다. 이러한 구조 속에

Getting the Picture Wal-Mart의 해외시장 진출 실패

수입 규모에서 전 세계에서 최대인 Wal-Mart는 외국으로 진출하면서 꼭 성공적인 시기만 있었던 것은 아니다. 효율적인 공급망에 의한 기업특유우위, 대량의 제품과 잡화를 보유한 거대한 매장들 그리고 "항시 최저가 판매"라는 경쟁력들이 현지시장에서 항상 작동하지는 않았다. 2005년 현재 11개 국가에 진입해 있다. 라틴아메리카에서는 아르헨티나, 브라질, 멕시코, 푸에르토리코, 아시아에서는 중국, 일본, 한국, 그리고 유럽에서는 영국과 독일에 더하여 자국인 미국과 캐나다에서 운영되고 있다. 그러나 2006년 Wal-Mart는 독일과 한국에서 철수하였으며 2007년까지 일본과 영국에서 철수하는 것을 심각하게 고려하였다.

무엇이 잘못되었던 것일까? 전문가들은 몇 가지 문제에 동의하였다. 독일 소비자들은 매장 입구에서 손님을 맞이하는 직원들을 좋게 받아들이지 않았고, 다른 누군가가 포장을 하기 위하여 자신들의 식료품에 손을 대는 것도 좋아하지 않았다. 노사관계는 취약하였다. Wal-Mart는 독일에서는 의무적인 노동조합을 관리할 능력을 갖추고 있지 못했다. 독일 노동자들은 독일어를 할 수 없는 미국인 상사를 좋은 의미로 받아들이지 않았다. 경쟁자들은 매우 가격 경쟁적이었다. 한편 한국에서도 Wal-Mart은 처음으로 전투적인 노동자들과 시위자에 부딪혀 한국의 Wal-Mart경영을 어렵게 하였다. Wal-Mart는 또한 너무 규모가 커서 고객들이 불편해 하는 사이에 이러한 고객들의 욕구를 충족시키는 고객친화적이고 맞춤형의 한국 경쟁자들이 등장하였다.

일본에서 Wal-Mart는 Seiyu가 운영하는 매장들에서 판매가 저조하였음에도 불구하고 철수하지 않기로 결정하였다. 2008년 Wal-Mart는 체인을 100%지분으로 인수하기로 결정하였다. 그리고 새로운 전략을 수립하였다. "일본은 독일 또는 한국과는 꽤 다르다. 일본 소비자들은 품질에 대해서는 절대로 물러서지 않는 특성을 가지고 있으며 우리는 그들이 기대하는 품질의 제품과 서비스를 제공할 준비가 되어 있다"고 Wal-Mart의 대변인 Kevin Gardner는 언급하였다.

영국에서의 문제는 사뭇 다른 형태로 나타나게 되었다. Wal-Mart의 ASDA 체인의 주요한 경쟁자는 매우 경쟁력 있는 가격과 매우 경쟁력있는 제품구색을 보유하고 있는 Tesco였다. 더하여 "그린 비즈니스(Green Business)의 개념은 미국에서 보다 영국 소비자들에게 더욱 두드러졌다. 그 결과 사람들은 유기농 식품, 공공운송 시스템 그리고 친환경 제품들로 옮겨갔다. 여기에서 ASDA의 미국 이미지는 영국 Tesco의 원조 이미지에 대항하는데 도움이 되지 못하였다.

Sources: Govindarajan and Gupta, 2001; www.wal-martchina.com; Kimberly Morrison, "Wal-Mart to Fully Acquire Japanese Supermarket," *The Morning News (Arkansas)*, March 19, 2008; http://arunkottolll.blogspot.com.

서 제조업체가 경쟁력을 갖기 위해서는 강력한 글로벌 브랜드를 확보할 수 있어야 할 것이다. 아마도 제조업자나 도매업자가 소매업자가 필요한 만큼 소매업자들도 제조업자의 강력한 브랜드 파워가 필요할 것이다.

글로벌 물류

글로벌 물류는 물리적 제품을 제조공장과 다른 국가에 있는 창고로부터 다양한 현지시장 국가까지 이동하기 위하여 필요한 운송 및 저장활동으로 정의할 수 있다. 글로벌 물류는 한 국가 내에서의 유통경로관리도 수반하는 글로벌 유통의 일부이다. 한 국가 내에서의 유통경로를 관리하기 위해서는 현지 자회사, 유통업자, 대리점과의 많은 상호작용이 필요하기 때문에 글로벌 물류와 글로벌 유통을 구분하는 것은 서로의 고유한

특성을 고려하여 접근할 수 있기 때문에 유용하다. 일반적으로 글로벌 물류는 국가 간의 제품의 이동에 초점을 맞추고 있다.

많은 시장들과 관련된 기업의 글로벌 물류기능을 조정하고 합리화하는 공급사슬관리(supply chain management)는 단순한 일이 아니다. 독립 공급업자들의 수는 문제를 복잡하게 만드는 한 요인이다. 오늘날 자동차 조립품에는 다른 국가에 위치한 독립 공급업자들로부터 공급된 부품이 거의 80%를 차지하고 있다. 또한 완제품라인의 일부에 전문화된 제조시설을 다양한 국가에 둘 수 있어서 다양한 국가로부터 부품을 공급받기도 한다. Maximas가 암스테르담에 위치한 유럽 판매자회사에 의해 일본으로부터 수입되는 반면, 프랑스에서 판매되는 Nissan 트럭은 미국 테네시에 위치한 자사 공장에서 생산되며, Micras는 영국의 선덜랜드에서 생산된다. 한편 영국의 Nissan 엔진공장은 자사의 미국과 스페인 공장에 엔진을 공급하고 있다. 마케팅 관점에서 이것이 그다지 중요한 사항이 아닌 것처럼 보일 수 있지만, 이러한 다양한 공급체계는 애프터-세일즈 서비스(after-sales service)와 수리를 위한 부품들이 여러 다른 국가의 공장으로부터 주문되어져야 한다는 것을 의미한다. 글로벌화된 자동차 산업에서 글로벌 물류는 특히 복잡할 수 있고, 유사한 문제들이 글로벌 전략을 실행하려는 대다수의 기업들에서도 나타나고 있다. 다행히 인터넷과 전자상거래의 등장은 공급사슬관리에 상당한 도움을 주고 있다.

경쟁과 기술

기업들이 자사의 글로벌 물류를 리엔지니어링(reengineer)하는 것은 쉬운 일이 아니다. 특히 글로벌화 과정에서 현지에 적합한 해결책에 근거하여 수립된 분권화된 접근이 더욱 바람직하다고 할 수 있는데 이는 현지경영자들이 현지소비자들의 성향과 요구사항을 더 잘 알기 때문이다. 그러나 이것은 회사를 움직이는 경쟁과 기술의 접목이라는 측면에서는 회사의 생존방향과는 역행하는 측면이 있다.

글로벌 경쟁을 효율적으로 수행하기 위해서는 더욱 효율적인 운영, 더 나은 유연성 그리고 신속한 물류대응 시간을 요구한다. 글로벌 운송은 때로는 상당한 비용절감이 가능한 영역이다. 운송서류와 세관신고서를 포함하여 운송을 통합하고, 국경절차의 중복을 제거하며, 제품인도 지점에서 전문화된 장비에 투자하는 것 등을 통해서 경비를 절약할 수 있으며 이들 이외에도 많은 부분에서 비용절감의 여지는 있다. 더욱이 재고관리를 통하여 합리화된 글로벌 물류, 적기실행을 통한 비용절감 그리고 배송시간을 줄임으로써 고객가치를 더할 수 있다.

또한, 새로운 기술—특히 글로벌 커뮤니케이션의 가능성 그리고 전산화된 운영—때문에 더욱 효율적인 물류운영이 가능하게 되었다. 스페인의 의류 기업 Zara는 그들의 발 빠른 시장대응으로 유명하다. Levi's는 브뤼셀의 지역본사와 직접적으로 연결된 여타 유럽지역과 연결된 판매시점 단말기를 이용하고 있다. 그들의 의류에 대한 거래 및 판매는 빠르게 추적될 수 있고, 신규 주문과 수정 주문은 즉시로 공장으로 전송된다.

쇄미디어와 우편직접발송(DM)을 통하여 공개적으로 낮은 가격을 광고한다. 특정 상황을 제외할 경우 이러한 관행이 그 자체로는 불법이 아니지만, 이러한 행위는 기존 거래관계를 어지럽히는 경향이 있으며 이로 인하여 공인 유통업체뿐만 아니라 제조업체와도 다툼이 일어난다.

제14장에서 보았듯이, 회색무역은 서로 다른 국가시장 간의 가격을 동일하게 하는 재정거래 메커니즘으로서의 역할을 할 수도 있다. 다음에서 언급하는 세 가지는 회색무역을 하게 되는 동기가 된다.

1. **큰 가격 차이(Wide price discrepancies).** 국가 시장 간에는 상당한 가격차이가 존재하는 경우가 있는데 환율 변동이 대표적인 원인이다(제14장 참조).
2. **공급부족(Limited availability).** 특정 시장에서 특정 모델 또는 특정 버전에 대한 공급이 부족한 경우에 회색무역이 발생할 수 있다. 수요가 공급을 초과하는 경우에 다른 시장에 비해 현지시장에 더 높은 가격상승에 대한 압박이 있다. 예를 들면, 일본에서 일부 Lexus 모델이 공급되지 않음으로 해서 회색무역을 촉발하기도 했다. Mercedes-Benz와 Porsche의 특정 모델은 미국에서 공급되지 않고 있다. 자동차의 배기가스 통제와 현지인증을 위한 배기시스템의 현지화 요건들은 이러한 회색무역에 대한 제동효과(dampening effect)를 가지고 있지만, 회색무역업자들이 충분한 수익성이 보장되는 경우에는 이러한 현지시장의 통제를 극복하기 위한 투자를 할 것이다. 이로 인해 때때로 구매자는 현지시장의 비정형성으로 인하여 예상치 못한 어려움에 처할 수도 있다.
3. **값 싼 물류(Inexpensive logistics).** 물류산업의 발전으로 운송과 수입은 상대적으로 쉽게 이루어질 수 있다. 글로벌 운송방식이 다양화되고 운송서비스의 확충으로 운송업자와 운송주선업자는 글로벌 물류수요에 충분히 대응할 수 있게 되었다. 이로 인해, 회색무역업자들은 거의 전 세계의 제조업자들과 독립중개상들을 상대로 거래를 할 수 있게 되었다.

〈그림 15.1〉는 회색무역업자들이 일본시계의 글로벌 유통에 잠입하는 몇 가지 방법을 보여주고 있다. 일본기업들은 수입업자들에게 시계를 수출하며, 이들 수입업자들로부터 중개상들이나 소매상들에게 다시 판매된다. 이들은 일본기업이 판촉지원과 판매교육을 제공하는 공인유통경로에 있는 중개상들이고, 또한 이들은 일본 제조업자에게 제품에 대한 서비스지원 등을 요청한다.

〈그림 15.1〉에서 볼 수 있듯이 회색무역은 몇몇의 중개상으로부터 발생할 수 있다. 홍콩 같이 가격경쟁적인 시장에서의 일부 유통업자들은 더욱 수익성이 좋은 시장으로 그들의 선적품 중 일부를 다른 곳으로 판매하여 정식경로를 이탈시킬 수 있다. 그들은 모든 운송비용을 상쇄하는 것보다 높은 가격에 판매할 수 있고, 유럽이나 미국의 비공인(또는 심지어 공인) 유통업자들 또는 소매상들에게 직접 판매할 수 있다. 또한 일본의 중간도매상이 외국으로부터 역수입하여 판매하는 방식에 의하여 수출입의 방향은

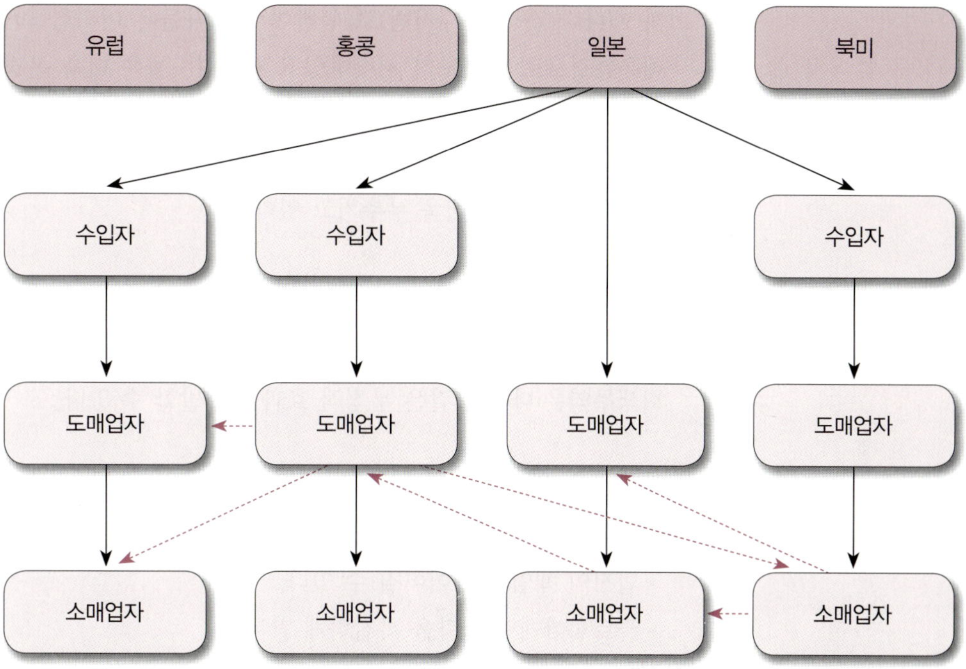

그림 15.1 Seiko의 공인 · 비공인 유통경로

Source: Jack kaikati, "Parallel Importation: A Growing Conflict in International Channels of Distribution," Symposium on Export-Import Interrelationships, Georgetown University, November 14-15, 1985. Unauthorized channels depicted by dotted lines.

반대지만 역시 동일한 개념의 회색무역이 발생할 수 있다. 그리고 수요가 매우 높은 신모델을 얻기 위해, 홍콩 유통업자들은 동경의 소매점이나 때로는 면세점으로 사람을 보내어 구매하거나 프리미엄 가격에 팔리는 손목시계를 들여올 수 있다.

회색무역이 빠르게 확산되면 기업은 유통경로를 관리할 수 없게 된다. 개별 국가시장의 판매통계는 오해의 소지가 있거나 또는 아무런 의미가 없을 것이다. 일본의 시계, 카메라 그리고 전자제품의 제조업체들은 회색무역에 대한 해결책을 시도하고 있다. 자신들의 독립 수입업자와 공인 유통업자들을 면밀히 감시하는 것 이외에도, 모델명을 변경하고, 기능들을 다양하게 결합하며, 일반적으로 지역별로(유럽, 북미, 아시아) 제품스타일을 약간씩 다르게 한다. 이러한 해결책은 소비자의 선호도나 요구를 반영한 것이 아니라 소위 "전체적" 관점에서 지역별 특색과 조화를 이루고자 하는 전략이다.

회색무역은 특정 제품범주의 글로벌 브랜드에서 두드러지게 나타난다. 예컨대, 정부와 보험회사의 환불정책에 따른 국가 간 의약품 가격이 상당히 다르기 때문에 제약부문에서 이러한 회색무역이 성행할 수 있다. 또 다른 회색무역 제품의 범주로서는 카메라를 들 수 있는데, 이는 단위당 가치가 높고 브랜드에 대한 인지도가 잘 형성되어 있기 때문이다. 회색제품의 여부에 대한 확인이 불가능하고 환율변동 때문에 매년 거래액이 다르므로 정확한 수치를 얻기는 어렵다. 전문가들은 총 거래액이 100억 달러는 될 것으로 추정하고 있다. 그러나 법적 소구권(legal recourse)이 불명확하고, 일반 대중이 더 많이 알수록 회색관행은 더욱 확산될 것이라는 두려움 때문에 기업들은 회색무역에 대하여 논의하는 것을 주저하고 있다. 최근 국가 간 의약품 가격 차이(예를 들면, 미국과 캐나다 간의 문제처럼)로 인하여 소비자들은 이러한 회색무역을 더욱 매력적인 구매유통경로로 바라보기 시작하였고 제조업자들은 더욱 곤경에 처하게 되었다. 평균 제조업자들은 최근 매년 약 740만 달러의 판매 손실을 입었을 것으로 추정된다. 한편 사회주의 블록 개방은 저작권 침해뿐만 아니라 회색무역을 더욱 자극하고 있으며 회색무역 거래의 확산을 더욱 부추기고 있다.

회색무역의 영향

회색무역은 다음과 같은 부정적 효과를 유발할 수 있다.

- 브랜드 자산(brand equity)을 약화시킨다.
- 공인 유통경로 구성원과의 관계를 긴장시킨다.
- 법적인 책임으로 이어질 수 있다.
- 글로벌마케팅 전략을 복잡하게 만든다.

회색제품이라고 할지라도 기대되는 수준의 제품성과를 발휘하지 못하였을 경우에는 제품 브랜드에 대한 인식에 나쁜 영향을 줄 수 있다. 예를 들어, 필름이나 배터리 같이 일자표시가 있는 제품들은 그 일자를 변경하거나 흔적을 없애 회색시장에 재판매 할 수 있으며, 구매자는 변질된 사진과 배터리의 결함을 뒤늦게 발견할 수 있다. 또한 유통경로 구성원들은 브랜드 내의 경쟁에 직면할 것이고, 동일한 브랜드가 다른 곳에서

Getting the Picture 일본에서의 회색제품

일본의 악명 높은 엄격한 유통시스템은 일부 제품 범주에서 회색무역의 출현에 의해 1990년대 내내 혼란에 빠졌다. 강력한 엔화와 관세율 인하 및 제반 수입비용의 절감으로 인하여 인하된 수입가격의 효과를 소비자에게 이전하는데 대하여 기존 유통업자들은 소극적이었다. 이에 일본 기업들은 해외에 구매부서를 만들고 제품을 직접 수입하여 일본 시장가격보다 50% 저렴하게 판매하는 직접 수입 유통경로를 구축하였다.

한 가지 사례는 뉴욕과 함부르크에서 직접 수입되는 Steinway 그랜드 피아노였다. Steinway의 연이은 판매 급증은 일본 Steinway의 독점 공인 유통업자들에게 타격을 주었다. 직접 수입품과 경쟁하기 위하여 가격을 줄이기보다 유통업자는 더욱 절묘한 전략을 선택하였다.

피아노의 시리얼 넘버(serial number)를 통하여 확인되는 회색구매된 피아노는 서비스에서 가장 후순위에 두게 하였다. 일반적으로 그랜드 피아노는 튜닝을 제외하고는 거의 서비스를 요구하지 않는다. 그러나 일본의 경우에는 상황이 다르다. 즉 일본의 여름은 습도가 매우 높으며 값 비싼 손질비용을 필요로 했다. 일부 경우에서 그랜드 피아노의 소리에 중요한 공명판(soundboard)은 다시 마감 처리되어야 했다. 또한 초기 1~2년의 훈련기간 동안 피아노를 튜닝하는 것은 스타인웨이의 숙련된 전문가들을 필요로 하였다. 그리고 그들은 이러한 수요에 대응하기에는 부족하였다.

불만스러운 일본의 회색 Steinway 소유주는 서비스지연에 대하여 유통업자를 법원에 제소하였다. 그러나 서비스는 가장 후순위로 배치되었기 때문에 거절된 것은 아님으로 해서 원고가 절대적으로 유리할 수는 없었다. 결국 일본의 유통업자는 이러한 방식으로 회색무역을 통제하는데 일정부분 성공을 거두게 되었다.

Sources: New York Times, June 23, 1995, p. D1; Assmus and Wiese, 1995.

는 더 낮은 가격으로 판매되었다는 사실로부터 유통경로 구성원과의 긴장 관계가 발생하며 그리고 정식의 유통경로 중간상들이 회색수입품에 대한 서비스와 수리를 요청받는 경우도 있을 수 있다. 유통경로 구성원들은 이러한 요구를 거절할 수 있는 법적근거를 찾아야 하며 이에 대한 대응책을 모색하여할 것이다("일본에서의 회색제품" 참조).

일반적으로 법적책임 문제는 제품보증이나 제품의 서비스이행과 관련되어 발생한다. 이러한 제품에 대한 법적책임은 의약품의 경우에는 매우 민감한데 이는 약물에 의한 부작용의 발생은 신체적인 위해를 유발할 수 있기 때문이다. 유통기간이 지나거나 성인용에 적합한 약품은 어린이들의 신체에 심하게 해로울 수 있다.

회색무역은 여러 가지 방식으로 글로벌마케팅 관리에 영향을 미친다. 시장에서의 판매예상은 회색제품이 예기치 않게 유입되는 경우 정확하게 이루어질 수 없다. 필름비디오와 대중음악 분야에서 자주 발생하는 것처럼, 회색무역업자들이 예상보다 빨리 제품을 도입하는 경우, 신제품 도입을 위한 출시 캠페인은 변경되어야만 할 것이다. 제14장 "글로벌 가격 결정"에서 보았듯이, 회색무역은 국가들 간에 통일된 가격형성의 필요성을 야기하였으며 환율등락에 대한 적절한 대처를 통하여 관리할 수 있다.

회색무역과 유통경로의 대응

회색무역에 대응하여 글로벌마케팅 전문가가 유통경로에서 할 수 있는 것은 무엇인가? 회색무역의 거래량을 감소시키고 이로 인한 손실을 줄이기 위한 여러 가지의 조치가 있을 수 있다.

공급 개입

대부분의 기업들은 여러 국가에 있는 현지유통업자들과 상당한 유대와 교류관계를 형성하고 있다. 이러한 유통업자들과의 유대강화를 통해 회색구매자들을 주의 깊게 색출하고 또한 잉여재고품들의 처리에 더욱 철저한 주의를 기울이게 할 수 있다. 수량할인으로 인기 있는 프로그램을 대규모로 주문 후 회색무역업자들에게 여분을 판매하는 딜러들을 저지하기 위한 노력으로, 소프트웨어 제조업체들은 비공인 딜러들에게 제품을 공급하는 모든 유통업자들에 대해서는 거래를 단절할 것임을 선언하기도 하였다. 하지만 이러한 공급업자들에 대한 통제는 그들로 부터의 반발을 유발할 수 있음으로 조심스럽게 이루어져야 한다.

딜러 개입

더욱 과감한 조치는 수입국에 있는 회색무역업자의 매장에서 회색 수입품들을 수색한 후 그들에게 보유하고 있는 재고를 폐기하도록 요청하는 것이다. 때때로 기업들은 직접 매장 내의 회색 제품 파기를 시도한다. 이러한 유형의 "수색파기(search and destroy)" 조치를 취하기 위하여서는 유효기간이나 포장의 불법적 변경과 같이 명백한 법률적인 증거가 요구된다. 또한 이 조치는 위조품을 근절하기 위해서도 사용되기도 한다(제13장 참조).

수요 개입

일부 기업들은 회색제품에서 발생할 수 있는 결점과 보증, 반납 그리고 서비스의 제한에 대하여 잠재적 소비자들에 알리기 위하여 광고와 여타의 판촉수단을 사용한다. Rolex, Seiko, Mercedes, Microsoft, IBM과 같은 기업들은 이러한 수요개입 조치를 취하고 있다. 여기에는 두 가지 문제가 있다. 첫 번째는 공인 딜러를 통해서만 판매된 제품들에 대해 서비스를 제공하는 것은 제조물책임법 내지는 소비자보호법 등과는 위배되는 부분이 있어 현지의 법률을 잘 파악할 필요가 있다. 이러한 제조물에 대한 책임과 서비스 제공에 대한 자의적인 제한은 대부분의 국가에서 받아들여지지 않는다. 두 번째는 기업들이 회색무역에 대한 주의를 촉구함으로서 소비자들이 시중에 유통되는 회색제품에 대해서 부정적인 태도를 갈게하면 결국 자사제품에 대한 판매를 일정부분 위축시키는 효과가 나타날 수 있기 때문에 이러한 조치를 무제한으로 취하는데 한계가 있다.

전략적 공세

더욱 건설적인 해결책은 고객들이 공인된 유통경로를 이용해야 하는 강한 유인책을 실시하는 것이다. 이는 더욱 적극적인 대비책이라 할 수 있다. 제14장에서 본 것처럼, 공격적인 가격인하가 이러한 적극적인 조치라고 할 수 있지만, 이 외에 다른 방안들도 동시에 모색할 필요가 있다. 혁신적인 신용판매, 개선된 서비스 그리고 고객을 지향하는 선제적인 전략을 모색할 수 있다. 중장비 기업 Caterpillar는 공인 딜러가 개별 구매자들의 특별한 요구를 들어줄 수 있는 맞춤형 보증서를 개발하도록 도왔다. 새로운 법적판결이 일부 중간 유통경로 당사자들이 기대하는대로 나온다면 앞으로는 법적소송도 가능한 대안이 될 수 있을 것이다("회색시장의 불법성" 참조).

또한 제조업자들도 회색수입품을 찾아내고, 서비스 책임을 제한할 수 있도록 제품을 지역별로 구분하고, 무역지역(trade area) 사이의 모델, 기능, 그리고 수량을 차별화하여 자신들의 딜러를 지원할 수 있다. 대부분의 일본 카메라 제조업체들은 다른 모델번호를 사용하고 있으며, 아시아, 북미 그리고 유럽 등의 시장에서 기능면에서 약간의 차별화를 실시하고 있다. 광고에서 제품의 기능과 모델번호를 강조함으로써, 회색수입품이 "진품" 모델과 일치하지 않을 경우 구매자에 동시 경보를 알리는 반면, 그들의 글로벌 광고에서는 동일한 브랜드명(Minolta, Canon, Nikon)을 일관성 있게 유지하였다.

다중유통경로

신속해진 글로벌 물류의 속도와 서비스, 단일 유통경로 체제의 실패 그리고 회색무역의 유행을 감안할 때 다중 유통경로가 매우 일반화 되었다. 이러한 다중 유통경로에 때로는 중간상들이 뛰어드는 경우가 있는데 이들은 공격이 최고의 방어라고 생각하는 중개상들

Getting the Picture 회색시장의 불법성

국경 없는 경제 지대가 유럽연합의 창설에 의해 생겨났음에도 불구하고 비회원들과는 여전히 국경이 존재한다. 사실 이러한 국경들은 유럽연합 사법재판소에 의해 관할되고 이전의 랜드마크보다 더욱 두드러지게 되었다. 사법재판소에서는 수입품과 회색제품의 판매는 상표권을 침해할 수 있다는 판결이 있다.

법정에서 몇 년 간 계류되어 온 Levi Strauss와 Tesco 간의 소송에서 Levi's jeans의 제조업체인 Levi Strauss는 영국의 Tesco가 미국, 멕시코, 캐나다로부터 수입한 Levi's 청바지를 유럽시장에서 할인된 가격으로 판매하고 있으면 이는 위법이라고 주장하였다. Tesco는 제품을 더 낮은 가격으로 미국에서 수입하여 유럽시장에서 유럽의 Levi's 정규가격보다 30%까지 낮은 가격으로 재판매하였다. 소송에서 Levi's는 글로벌 유통시스템을 통하여 그들의 제품의 품질을 개선할 수 있었으며, 또한 각 국가별로 배송되는 제품들은 각각 상당히 다른 특성을 가미해왔다고 주장했다. 이 기업은 가격까지 통제할 수는 없다고 할 지라도 최소한 유통경로는 본사가 통제할 수 있다고 주장하였다. 2001년 11월에 유럽 사법재판소는 Tesco가 유럽경제지역 외부로부터 수입된 Levi's 청바지를 팔 수 없다고 규정하였다. 이 지역은 유럽연합 회원국가들, 노르웨이, 아이슬란드 그리고 리히텐슈타인으로 구성된 것으로 정의되었다.

재판관들은 소매업자가 제품을 EU 내에서 합법적으로 정식의 공인중개유통경로를 통하여 구입하였다는 것을 입증하지 못하면 보유하고 있는 제품을 유럽연합 시장내에서는 판매하지 못하도록 하였다. 또한 현재 값 싼 유명 디자이너의 상표가 붙은 제품이 회색시장에서 얻은 것이 아님을 증명하는 것을 판매자의 책임으로 하였다.

소비자단체에서는 유명 브랜드의 시장가격이 상승한 것은 당국의 회색무역에 대한 규제 때문이라고 주장한다. Levi Strauss 등의 상표 소유자들은 이러한 결정을 대대적으로 환영하였다. 과거에 회색 제품들은 결코 불법적인 것이 아니었다. 즉, 유통업자가 유명제품에 대한 대금을 지불하고 나면 설령 이 제품이 특정시장에서 회색유통을 목적으로 한다고 하더라도 제품의 최종적인 처분권은 중간유통상에게 있었다. 물론 다른 소매업자들을 지속적으로 약화시키는 회색중간상들은 적절한 행동을 하도록 유도되기도 하였고 때로는 주문자체를 제조업체에서 수령하지 않는 경우도 있었다. 하지만 법적으로는 어찌할 도리가 없었다.

Levi's-Tesco 판결은 모든 것을 변화시키기 시작하였다. 아마도 글로벌 브랜딩에 대한 중요성이 새롭게 대두되는 상황에서 이 판결은 상표권 소유자는 자신이 생산한 제품에 대해서 어떠한 유통경로를 통해서 유통되어야 하는지도 통제할 수 있는 선례를 남기게 되었다. 향후 회색시장은 암시장(black market)처럼 불법적인 것이 될 수 있을지도 모르는 일이다.

Sources: Craig Smith, "Leader-Parallel Importers Punish Brands for Distribution," *Marketing*, July 19, 2001, p. 21; Kieron Wood, "Levi's to Continue Tesco Legal Action over jeans," *Sunday Business Post*, November 25, 2001.

이다. 공인 중개상들이 제조업체들에게 병행수입을 막는데 도움을 줄 것을 호소하면서, 그들 또한 일부 중개상들을 우회하여 회색유통을 시도하고 있는 현실이다. 이제는 현지 유통업자, 도매상 또는 소매상은 제조업체와 최종소비자 간의 현지유통체제를 우회하여 해외 유통업자에게 직접 주문할 수 있다. 사실 이러한 옵션은 중개상뿐만 아니라 최종소비자도 종종 이용 가능하다. 부정기해운업자(independent carrier)를 통해 제품을 운송하거나 카탈로그 상점에 직접 주문하는 직접 구매(direct buying)가 증가하고 있다.

큰 틀에서 보면 별로 중요하지 않은 것 같이 보이지만 특수한 상황에서는 이러한 대안적인 유통경로는 결정적인 역할을 할 수 있다.

글로벌 유통경로 설계

각 개별 국가에서 설립된 유통경로 구조의 특이성에도 불구하고, 마케팅 믹스(표적 세분화와 바람직한 제품포지셔닝)의 전략적 목표를 확실히 달성하기 위하여 적절한 중간상을 발견하여야 한다. 이를 위해서는 기업의 마케팅 믹스에 알맞은 유통경로 네트워크의 기능을 분석하고 이러한 기능을 수행할 수 있는 현지유통업자를 선택하여야 한다.

기업특유우위의 제고

유통경로 요구사항을 알아내기 위하여 채택될 유통경로가 어떤 기업특유우위를 체화하여야 하는지를 확인하여야 한다. 패스트푸드 프랜차이징의 경우 대답은 명확하다. 프랜차이징 계약의 경우에는 아울렛에 대한 통제가 유통경로의 확실한 요구조건이 되고 이를 만족시키지 않는 경우에 해외로의 진출은 어려울 수 있다. 판매되는 제품은 편리한 장소에 위치한 동질적인 식사(따라서 믿을 수 있는)이다. 그러나 자동차 판매유통경로의 경우에는 다소 명확하지 않을 수 있는 부분이 있다. 일부 자동차 제조업자들은 애프터서비스를 제공하는 강력한 딜러 네트워크 없이는 수출이 어렵다는 것을 알고 있다. MG, Triumph, Rover 같은 영국 자동차들이 미국에서 직면한 문제들은 이용가능한 서비스네트워크가 취약했다는 것이다. 이러한 결점이 판매를 어렵게 만들고 제품에 나쁜 평판을 줄 수 있음으로 해서 서비스 네트워크가 존재하지 않는 국가로는 진출을 꺼려하였다. Toyota 트럭은 강력한 서비스 네트워크가 구축될 때까지 알제리시장 진출을 기다렸다(그 사이에 Mitsubishi trading company는 알제리에 회색무역의 형태로 트럭을 판매하였다).

핵심 성공요인과 기업특유우위(FSAs)는 국가 간에 다르다. 예를 들면, 서구시장에서 편의점을 찾는 많은 고객들은 편의품(포장 식품, 담배, 청량음료 등)을 편리하게 이용하고 싶어 하기 때문에 강력한 접근성을 요구한다. 따라서 이러한 편의점이 고객과 근접하여 위치할 수 없고 점포수도 부족하다면 그 시장에서의 성공을 담보할 수 없다. 한 국가에서 편의품으로 여겨지는 것이 다른 곳에서는 쇼핑 제품(또는 전문품)이 될 수 있다. 예를 들어, Camel 담배를 구매하기 위하여 "상당한 거리를 걸어가는" 것을 마다하지 않는 시장이 실제로 존재할 수 있다.

유통경로의 존재여부

유통경로 네트워크의 중요한 특성을 확인하였다면, 다음 문제는 그 국가의 시장이 필요한 서비스를 제공할 유통경로를 보유하고 있는지를 분석하는 것이다. 이러한 분석을 위하여 다음과 같은 질문을 던져 볼 수 있다. 즉, 재정적으로 강력한 프랜차이즈 가맹점을 찾을 수 있을 것인가? 딜러들은 애프터서비스를 제공할 수 있는가? 디자이너의 상표가 붙은 의류를 상류층 틈새시장으로 판매할 수 있는 부티크가 있는가? 충분한 수량의 냉동주스를 저장할 수 있는 중개상이 있는가?

이에 대한 대답이 "No"인 경우 기업은 이러한 아울렛을 직접 개척할 수 있는지, 그리고 기업이 시장에 물류배송을 위한 전용 네트워크에 투자할 수 있는지 여부를 고려할 필요가 있다. 이것은 일반적으로 대규모 투자를 수반하고 성공에 대한 보장도 없다. 미국시장과 같이 시장이 충분히 크다면 Honda가 모터사이클 부문에서 하였던 것처럼 독자적인 유통경로를 구축하기 위하여 막대한 투자를 할 수 있을 것이다. 그러나 시장이 작고 수익성이 떨어지는 경우에는 이러한 독자적인 유통경로 구축이 상당한 위험을 수반할 수 있어 적절한 대안이 되지 못할 것이다.

유통경로 제휴

필요한 기능을 제공하기 위한 유통경로 구성원을 찾았다고 할지라도 새로운 시장에 진입하는 글로벌 기업이 제공하는 유통수익이 다른 경쟁자들이 제공하는 유통수익보다 크지 않은 경우에는 그들은 쉽사리 신규 진입자와 유통경로 계약을 체결하려고 하지 않을 것이다. 이러한 시장진입단계에서는 시장에서 가장 성과가 좋은 딜러를 확보하고 이들을 계속 묶어둘 수 있는 유인책이 필요하다. 따라서 신규진입자들은 효율적인 유통경로를 확보하기 위하여 상당한 비용이 필요하다.

미국 자동차딜러들이 소형차에 대해서 적극적이지 않았던 이유는 낮은 마진 때문이었다. 이러한 사실을 인식하고 있는 일본 소형차 제조업체들은 해당 사이즈의 자동차에 대하여 기존에 인정되는 것보다 높은 딜러 마진을 제공하였다. 훌륭한 유통업자 및 딜러와 제휴를 하려는 이유는 단순히 판매증진 뿐 아니라 이러한 우수한 중간상들은 해외에 진출하는 기업의 기업특유우위를 지속적으로 유지하게 하면서 현지시장에 정착하게 할 가능성을 매우 높여주기 때문이다.

조정과 통제

훌륭한 유통시스템을 구축함으로서 중앙집권화된 본사에 의한 조정과 통제가 가능하게 된다. 본사는 조정과 통제를 통하여 정시에 선적품이 도착하게 하고, 선적을 유통업자들에게 알리고, 많은 국가에 걸친 중개인들에게 표준화된 광고캠페인을 적용하며, 지난 분기의 판매리포트를 수령하고, 예산상의 판매와 실제 판매량 사이의 편차가 얼마나 있는 지를 일목요연하게 확인할 수 있게끔 보고양식이 갖추어졌는지에 대한 확인 등의 다양한 기능을 수행한다. 이러한 기능들은 글로벌 커뮤니케이션과 LAN 컴퓨터 네트워크가 등장하기 이전에는 쉽지 않은 업무영역이었음을 부인할 수 없다.

GLOBAL MARKETING

요약

이 장에서는 글로벌 유통전략의 다양한 측면을 논의하였다. 먼저 국가의 도매업과 소매업에서의 차이점, 새로운 유통경로의 창조와 합리화를 위한 전략의 고찰, 글로벌 소매업의 출현문제, 경쟁과 기술의 발전으로 인하여 유통경로가 어떻게 속도, 신뢰성 그리고 서비스를 개선하여 왔는지, 병행유통과 이로 인한 회색무역의 증가, 그리고 글로벌 유통경로를 어떻게 조정할 것인가 등의 문제를 논의하였다.

결국 다른 국가들에서의 유통경로 정책이 글로벌 전략을 통해 어느 정도 일관성을 갖출 수 있는 가의 문제는 기업특유우위가 유통경로와 어느 정도 조화를 이루고 있는지와 각국의 유통경로들이 어느 정도 조정될 수 있고 통제될 수 있는지에 달려 있다. 만약 기업특유우위를 잘 살리기 위하여 유통경로가 매우 중요하다면 기업은 이러한 유통경로를 매우 신중히 선택하여야 하며, 선택된 유통경로가 이러한 기업특유우위를 잘 살릴 수 있는 지를 면밀히 분석하여야 한다. 만약 그렇게 할 수 없다면 기업은 직접 유통 네트워크를 설립해야 하거나 그렇지 않으면 진입을 포기하여야 한다. 유통경로 전략은 글로벌 기업의 전체 전략의 일부이고, 각 국가에서의 유통경로에 대한 통제와 조정의 비용이 너무 큰 경우에는 유통방식을 현지화하는 전략이 필요하고 각 시장에서 각기 다른 현지지향형 유통전략을 수립하여야 한다.

CHAPTER 16

글로벌 광고

이 장의 주된 쟁점은 다음과 같다.

1. 국가들이 더욱 부유해짐으로써 새로운 제품과 서비스가 나타나고 고객들은 더 많은 정보를 요구하기 때문에 광고비를 어떻게 지출할 것인지에 대한 연구가 필요하다.
2. 시장이 통합됨으로써 다국적광고보다 비용효율적이고 더욱 효과적인 범 지역적 광고캠페인에 대하여 연구하여야 한다.
3. 통일된 슬로건, 시각화 그리고 이미지 외에 언어 그리고 광고문의 표준화와 번역과정에서 와전될 수 있는 함정을 피하여야 한다.
4. 글로벌 광고대행사가 다국적 네트워크에서 독립적인 현지 광고대행사보다 어떠한 경우에 더 강력한 대안이 될 수 있는가를 평가할 수 있어야 한다.
5. 현지에서 전략을 형성하고 실행하는데 도움을 줄 수 있는 글로벌 광고캠페인을 개발할 수 있어야 한다.

글로벌 판매촉진은 범위가 매장 내 구매시점 광고와 일요신문, 쿠폰, 위성 TV 광고와 심포니 오케스트라, 올림픽과 축구 월드컵 그리고 메이저 테니스 토너먼트와 같은 운동경기 이벤트의 후원 등의 다양한 활동들을 포함한다.

이러한 다양한 도구들은 통합되어야 할 필요가 있으며 최대한의 효과를 위하여 일관된 메시지와 이미지를 투영하여야 한다. 판촉수단이 어디에서나 똑같이 효과적이지 않고 일부는 심지어 특정 국가시장에서는 접근조차 불가능하기 때문에 세계적으로 일관된 메시지로서 광고를 한다는 것은 글로벌마케팅 전문가에게 쉬운 일이 아니다.

글로벌 광고는 판매촉진 활동에서 매우 중요한 부분을 차지한다. 글로벌 판매촉진 그리고 대중관계망(public relations)과 대중성(publicity)도 글로벌 커뮤니케이션의 발전과 새로운 시장의 개방 때문에 강력한 판촉수단이 되어왔다. 한편 국제무역박람회, 직

실행이 경쟁사보다 뛰어나기 때문에 기업특유우위를 가지고 있는 것일까? 만약 그렇다면 컨셉트는 보편적인 호소력을 가지고 있을까? 연료통 안의 호랑이는 굉장한 컨셉트일 수 있다. 미국에서 Budweiser 개구리의 "버드-와이저" 상업광고의 탁월성은 해외에서 느낌까지 정확하게 번역되기 힘든 면이 있다. 또는 청바지 제조업체인 Diesel jeans의 유럽에서의 선정적이고 노골적인 인쇄 광고는 성공으로 이어졌지만 아시아 국가들에서는 성공적일 것 같지는 않다. 물론, 이러한 유형의 주관적인 판단은 현지의 포커스 그룹(Focus Groups)에 의하여 검증되어야 하는 면이 있지만 판촉에 있어서의 경쟁적 우위가 외국으로 당연히 이전될 수 있다는 생각은 위험하다.

3. 우리가 필요로 하는 광고미디어가 현지국가에 존재하는가? 그리고 그러한 것들에 접근할 수 있는가? 이러한 의문점은 미디어가 풍부하고 미디어 업체와 광고업자 및 대행사가 법적으로 독립된 미국에서는 문제가 되지 않는다. 하지만 일부 미디어의 보급이 부족하고 외부인들에 대한 장벽이 있을 수 있는 다른 국가들에서는 어려움을 야기할 수 있다. 예를 들어, 아프리카의 많은 가난한 국가들과 여타의 지역에서 TV의 접근 범위는 여전히 제한적이다. TV광고비용 또한 러시아와 같은 국가에서는 매우 비싸다. 또한 일본의 특정 미디어 매체는 거대한 광고 대행사인 Dentsu를 통해서만 이용 가능하다. 많은 국가들에서 기존의 점유자가 유리한 유통경로를 확보하고 나머지 광고 수단들에 대하여 할당식으로 분배하는 경우도 있다. 한편 유통경로에 대한 정부의 통제는 접근성과 기업의 이익을 제한할 수 있다. 예로서 중국에서는 인터넷 접속과 컨텐츠가 통제되고 있다.
4. 단순히 더 많은 전체 판촉비용을 지출한다는 것만으로 판촉우위를 가질 수 있을까? 예를 들어, 기업 브랜드의 우위가 광고효과를 포화상태에 이르게 함으로써 후발경쟁자들이 웬만큼의 광고투자를 하여도 이러한 브랜드 인식의 구조를 극복할 수 없게 할 수 있다. Nike는 가시성과 "대담한" 효과위주의 대규모 광고전략으로 인하여 비난 받아 왔다. 이렇듯 규모에 의존한 광고효과는 해외로 용이하게 확산될 수 있다. 특히 경쟁자들이 주로 국내기업들일 경우 글로벌 기업들은 더욱 강한 판촉효과를 발휘할 수 있다. 거대한 다국적기업들은 광고에 막대한 투자를 통해 광고수단을 더욱 저렴하게 확보할 수 있으며 투자대비 광고효과도 더욱 높일 수 있는 장점이 있다. 이러한 글로벌 광고는 이웃 국가들에게 유출효과를 발생시킬 수 있다. 이러한 긍정적인 면에도 불구하고 부정적인 면도 있다. 즉 기업의 광고가 너무 글로벌화 되는 경우 종종 반글로벌 정서를 부추길 수 있으며 이로 인해 현지국가의 소비자들에게 브랜드인식을 저하시킬 수 있다.

위에서는 국내 지향적 판촉에서 글로벌 판촉전략으로 전환하는 경우에 고려해야 할 여러 가지 사항을 점검하였다. 어떠한 경쟁우위라고 할지라도 해외로 이전되는 경우에는 이러한 경쟁우위가 현지에서 적용될 수 있고 통제가능한지를 평가하여야 한다. 판촉의 경쟁력은 다른 국가로 이전될 수 있는 경우도 있고 그렇지 못한 경우도 있다. 이는 여러 국가에서 유사한 광고와 판촉활동을 추구하는 것—글로벌 판촉을 수행하는 것—이 바람직하거나 그렇지 않을 수 있다는 것을 의미한다. 글로벌 표준광고의 장점으로서 시청자에게 노출되는 미디어 비용이 줄어들고 같은 메시지와 반복된 광고는 세계적으로 강력한 이미지를 창출할 수 있는 부분이 있을 수 있으나, 다른 국가의 사람들은 특정 광고슬로건에 동일하게 반응하지 않을 수 있음으로 하여 글로벌표준 판촉전략은 역효과를 가져올 수 있다. 또한, 논란이 있을 수 있는 매장 내 판촉활동은 특정 국가에서는 허용되지 않을 수 있다.

이러한 점들을 고려하여 글로벌 광고전략을 살펴보고자 한다. 글로벌 광고의 일반적 전략은 창의적인 광고를 선도시장에서 도입한 다음 후발시장에 점진적으로 적용하면서 현지의 경영자들의 의견을 반영하며 광고를 수정 · 적용해 나가는 방법이다.

글로벌 광고업무

글로벌 광고업무는 상당히 복잡하다. 커뮤니케이션은 각 현지시장에 적절해야하며 전 세계에 걸친 캠페인을 조정하고 지출을 관리해야 한다. 국가마다 사용가능한 미디어가 다르고 또한 현지시장에서의 미디어 효과는 다른 양상을 띠고 나타날 수 있다. 또한 소비자행동은 여러 국가에 걸쳐 다르기 때문에 광고와 메시지에 대한 수용력을 예측하기 힘들게 할 수 있다. 개별 국가에 광고를 맞춤화 하면 비용이 증가하고 관리가 복잡해질 것이다. 이 장에서는 이러한 글로벌 광고에서의 어려운 문제를 극복하고 표준화광고와 현지적응광고 사이에 어떻게 균형을 이룰 수 있는지를 살펴 본다.

글로벌 광고(global advertising)는 많은 국가에 걸쳐 거의 통일된 광고로 정의할 수 있다. 이러한 글로벌 광고는 때때로 글로벌 스케일의 미디어를 필요로 한다. 많은 경우에 완전한 통일성은 국가 사이의 언어, 규제 그리고 미디어 이용 가능성의 차이 때문에 실현될 수 없다. 그러나 제품의 글로벌화처럼 현지화된 광고(localized advertising)는 기본적으로 글로벌 메시지에 기초를 둘 수 있다. 한편 다국적 광고(multidomestic advertising)는 매우 세심하게 현지사정에 맞게 조정된 메시지를 광고하거나 아니면 글로벌 광고메시지를 현지시장에서 창의적으로 적용한 경우의 국제광고이다.

글로벌 광고의 의사결정자가 전통적으로 직면하는 몇 가지 문제들이 존재한다. 즉 광고 예산을 어떻게 국가별로 할당할 것인지, 다양한 시장에서 어떠한 메시지를 채택할 것인지, 그리고 어떠한 미디어를 선택해야 하는지에 관한 것이다.

그러나 이러한 광고관리를 논하기 전에 우선 특정 국가에서의 광고의 목적을 규정할 필요가 있으며, 글로벌 광고를 통하여 기대되는 효과 또한 면밀히 조사하여야 한다. 한편 글로벌 광고관리의 출발점으로서 특정국가의 시장에서 광고의 역할을 잘 숙지하고 어떤 대안 광고미디어가 있는지도 미리 평가하여야 한다.

국제무대에서의 광고

광고량

자본주의 사회 뿐 아니라 사회주의 경제에서도 광고의 역할은 상당히 중요한 것으로 알려지고 있으며, 이러한 광고의 역할이 다른 나라보다 미국에서 더욱 치열하다는 데는 의심의 여지가 없다.

- 광고효과는 국가들마다 다양하다. 광고는 일부 국가에서는 일상화되지 않아서 효율적인 광고수단이 되지 못한다.
- 일반적으로 GDP가 높을수록 1인당 광고지출이 더욱 높다. 사업화된 국가에서 더 많은 예산을 광고에 할당한다.
- 미국에서는 광고가 중요한 매체이며 이는 미국사회가 문화적 다양성으로 인하여 사회적 규범이나 인간관계를 통한 소통보다는 공공방송에 의한 소통이 더욱 효율적이기 때문이다. 이것은 다른 곳에서 보다 미국에서 판매촉진을 하는 경우에 광고에 더욱 많은 비용을 지출해야만 한다는 것을 의미하고, 이는 미국에 진출한 많은 기업이 이미 잘 인식하고 있는 바이다. 예를 들면, 산업제품 제조업체인 독일의 BASF와 Siemens는 미국에서의 기업 광고예산이 다른 국가에서 지출한 예산을 훨씬 앞질렀다.

글로벌 광고경영자들은 또한 각각의 문화와 표적세분화시장이 광고에 대한 다양한 반응을 나타낸다는 사실을 기억할 필요가 있다. 이것은 광고 비즈니스의 성과에도 영향을 미친다. 아시아와 중동의 일부에서 광고 대행사는 우수인력을 고용하는데 어려움이 있었다. 그러나 시간이 흐르면서 이러한 현상은 변화되었고, 자유로운 마케팅 광고는 전통적인 규범과 비효율적인 소통방식을 몰아내었다.

한편 광고에 대한 글로벌 시장의 수용성이 어디에서나 동일하지 않으며 이는 현실이기도 하다. 국가에 걸쳐 균등하게 할당된 글로벌 광고는 자원을 잘 못 할당하는 결과를 초래할 수 있다. 실제로 글로벌 광고비용의 지출과 관련된 원칙은 광고효과의 목표치를 정해두고 지역별로 광고비지출을 달리하면서 같은 정도의 광고효과가 나타나게 하는 것이다. 〈표 16.1〉에서 나타나듯이 광고비가 적은 국가는 그만큼 광고경쟁이 덜하다는 의미이고 이러한 맥락에서 싱가포르와 영국에서보다 이탈리아와 인도가 광고비를 적게 지출하여도 비슷한 정도의 광고효과를 누릴 수 있다는 것을 알 수 있다. 동시에 글로벌마케팅 전문가는 인도와 같은 국가에서 광고비에 대한 시계열 자료를 분석하여 광고비지출의 지렛대로 사용하는 것도 필요하다.

글로벌 광고는 향후 몇 년 동안 강하게 성장할 것으로 예측된다. 2009년까지의 광고비 예산의 지출에 대한 데이터가 〈표 16.2〉에 나타나 있다.

〈표 16.2〉에서 볼 수 있듯이 글로벌 광고지출은 2005년 4,060억 달러에서 2009년 5,060억 달러로 성장한 것으로 분석되었다. 북미의 지출은 지속적으로 증가하는 반면

표 16.1 1인당 광고비 지출(US$)

	2002	2003	2004	2005	2006	2007
세계	49.5	53.4	59.7	62.6	65.8	72
아시아-태평양	15.8	17.2	18.8	19.6	20.2	21.9
중국	4.8	6	6.5	7.5	8.9	11.4
홍콩	272.2	268.5	321.1	357.2	400.4	426.1
인도	1.7	1.9	2.6	3.3	3.7	4.4
일본	262.9	283.7	315.5	315.3	305.7	312.5
싱가포르	225.5	242.2	283.9	259	271	275.9
한국	133.3	144.9	144.4	162.2	182	195.7
대만	84.4	92.1	77.1	82.7	84.9	89
오스트랄라시아	206.4	270.1	340.8	379.5	382.9	455.4
호주	210.9	272.7	343.2	380.6	389	397.6
뉴질랜드	183.7	257.3	328.8	374.3	352.5	356.1
동유럽	25.8	35.1	45.7	57.7	70.9	95.5
체코	97	121.4	146.7	177.8	210.7	238.1
폴란드	64.2	75	89.1	104	129.8	154.9
러시아	15.2	19.9	26.7	34.7	45.6	61.3
라틴아메리카	22.5	22.9	25.6	30.4	34.2	39.4
아르헨티나	13.8	22.3	26	33.7	36.5	44
브라질	18.8	20.5	25.3	34.7	43.6	50.8
칠레	30.6	31.7	37.6	44	51	55.7
멕시코	34.1	31	33.1	35.1	36.9	39.4
중동 · 아프리카	5.2	6	7.4	8.5	10	11.4
이집트	6.4	4.7	6	7.9	11.5	16.4
이스라엘	115.8	106.5	113	116	115.1	122
사우디아라비아	73.1	82.9	104.3	116.5	157.9	174.1
남아프리카 공화국	23.9	37.2	50	55.3	56.7	55.6
UAE	93.9	114.2	153.1	221.7	289.5	330.1
북미	468.4	474.3	516.6	529.7	554.1	589
캐나다	163.7	183.9	210.2	243.1	273.9	283.4
미국	501.6	505.8	549.9	560.8	584.5	619.7
서유럽	158	185.8	215.3	222.7	231.4	251.6
프랑스	166	199	227.5	233.8	239.3	245.8
독일	192.1	218.7	243.7	246.9	254.1	264.5
이탈리아	124.8	154.2	179.8	183.4	188.9	198.8
스페인	124.8	151	180.5	192.2	201.7	214.8
스웨덴	182.2	220.6	248.1	267.4	294.3	299.8
영국	256.9	288.3	345.8	359.9	365.8	376

Sources: Euromonitor; World Association of Newspapers, 2008.

표 16.2 글로벌 및 각 지역 광고지출(2005~2009)

년도	10억$	중앙/동유럽	아시아/태평양 지역 비율	중동/아프리카
2005	406.25	4.7%	21.1%	2.6%
2006	431.56	5.2%	20.9%	3.0%
2007	453.93	6.1%	21.1%	3.3%
2008	482.14	6.2%	21.4%	3.7%
2009	506.12	6.6%	21.4%	4.2%

Sources: Marketing News, July 15, 2007, p. 28.

에 그들의 광고지출 점유율은 42.9%에서 40.3%로 감소하며, 같은 기간 동안 서유럽의 광고점유율은 24.2%에서 22.7%로 감소하였다. 표에서 나타내고 있듯이 비록 더 적은 총액이기는 하지만 증가율면에서는 중앙유럽과 동유럽 그리고 중동 및 아프리카에서 더 강하게 나타났다. 아시아 태평양지역에서 나타나는 상대적으로 느린 성장은 중국과 다른 곳에서의 증가를 상쇄하는 일본의 약세 때문인 것으로 보인다.

미디어 이용

국가별로 어떠한 미디어가 적합한지를 아는 것은 중요하다. 〈표 16.3〉에서는 선택된 국가에서의 6개의 기본적인 미디어 유형(TV, 인쇄, 라디오, 영화 그리고 아웃도어, 온라인)별 지출점유율을 나타내고 있다.

- TV 광고는 동유럽, 라틴아메리카, 사우디아라비아에서 강력하다. 그러나 인쇄미디어와 비교할 때 대부분의 유럽에서 그리 중요하지 않다. 유럽에서는 상업광고 시간을 제한함으로서 TV에 대한 광고지출 비율이 낮은 것으로 추정된다. 동유럽의 수치는 인상적인데 아마도 증가하는 TV 보급률뿐만 아니라 브랜드 인지도와 지위를 구축하려는 새로운 기업의 노력이 반영된 것으로 보인다.
- 라디오(radio)는 비록 크지는 않지만 캐나다, 멕시코, 뉴질랜드, 남아프리카 그리고 심지어 미국에서 조차 여전히 강력한 존재감을 가진 실용적인 미디어이다. 유럽과 다른 시장에서 라디오 상업광고를 제한해 온 정부독점 통제가 완화됨에 따라 일정수준의 라디오 상업광고가 유지되고 있다.
- 인쇄(print) 미디어는 프랑스, 독일, 스웨덴과 같은 국가에서 강력하다. 이는 일반적으로 상업 방송의 사용이 상당히 제한적이기 때문이다.
- 영화(cinema) 광고는 영화가 대중적인 오락거리이며 극장에 대한 접근성이 발달한 아르헨티나와 싱가포르에서 많이 이용되었다. TV 보급률의 증가는 광고매체로서의 영화의 역할을 떨어뜨리고 있다.

표 16.3 각국의 미디어 이용, 2007(광고비 지출 비율)

	TV	라디오	인쇄	영화	옥외	온라인
세계	37.5	8.0	41.0	0.6	6.1	6.9
아시아-태평양	43.0	4.2	35.7	0.8	9.7	6.5
중국	44.0	5.0	35.2	3.6	11.0	1.2
홍콩	35.9	3.5	51.7	0.0	8.1	0.7
인도	43.5	2.6	45.7	1.5	5.6	1.2
일본	44.1	3.8	30.7	0.0	11.1	10.4
싱가포르	37.8	9.8	44.5	0.7	7.2	0.0
한국	33.6	2.8	45.2	0.0	9.1	9.2
대만	40.5	5.5	40.1	0.0	8.5	5.4
오스트랄라시아	33.2	8.9	43.6	0.8	4.0	9.6
호주	33.8	8.5	42.6	0.9	3.9	10.4
뉴질랜드	30.0	11.0	49.0	0.5	4.5	5.0
동유럽	58.6	5.6	23.3	0.5	10.6	1.5
체코	49.0	5.3	38.8	0.3	3.8	2.6
폴란드	51.1	8.9	29.6	1.5	7.3	1.6
러시아	49.5	5.4	23.5	0.3	19.7	1.7
라틴아메리카	59.6	6.8	28.8	0.4	3.4	1.0
아르헨티나	47.3	2.9	41.2	1.5	6.3	0.9
브라질	64.4	4.4	25.0	0.0	4.4	1.8
칠레	49.4	7.5	33.0	0.4	8.8	1.0
멕시코	60.7	12.4	26.9	0.0	0.0	0.0
중동 · 아프리카	42.0	4.9	46.5	0.5	4.2	1.9
이집트	37.5	4.6	57.6	0.3	0.1	0.0
이스라엘	29.4	6.5	47.4	0.5	6.4	9.8
사우디아라비아	62.1	0.7	31.4	0.0	3.3	2.6
남아프리카 공화국	46.3	12.2	36.3	1.1	3.5	0.6
UAE	1.9	0.2	90.4	0.8	4.7	1.9
북미	32.1	11.8	43.1	0.3	3.9	8.9
캐나다	30.6	14.2	41.6	0.0	3.7	9.8
미국	32.2	11.6	43.1	0.3	3.9	8.8
서유럽	32.6	5.6	47.3	0.9	6.9	6.6
프랑스	35.5	8.7	38.2	1.1	12.2	4.4
독일	23.9	4.0	63.6	0.8	4.7	3.1
이탈리아	53.4	6.4	33.0	0.8	3.6	2.8
스페인	46.3	8.8	35.0	0.6	6.4	2.8
스웨덴	22.5	2.9	55.5	0.4	5.6	13.1
영국	26.4	3.5	44.6	1.3	7.8	16.3

Sources: Euromonitor; World Association of Newspapers, 2008.

- 아웃도어(outdoor) 미디어는 일본, 프랑스, 러시아에서는 높게 나타나지만 외견상 일정하지 않은 패턴을 나타내고 있다. 이러한 비정형성은 아웃도어 광고에 대한 각국 규정과 현지법 때문으로 보인다.
- 온라인(online) 광고는 예측할 수 있듯이 인터넷 보급률이 높은 국가들에서 더 높았다. 영국과 스웨덴은 상당히 높은 수치를 나타냈으며 호주, 일본, 이스라엘, 한국에서도 그러하다. 전반적으로 온라인광고 비율은 대부분의 국가와 심지어 미국에서도 적은 편이다. 그러나 인터넷 보급률이 증가함에 따라 증가할 것으로 예측된다.

글로벌 미디어

〈표 16.3〉의 수치를 볼 때 전 세계를 지배하는 압도적인 글로벌 미디어는 존재하지 않는 것으로 보인다. 하지만 이제는 글로벌 미디어 매체의 활용은 점차 증가하고 있다.

- 예를 들어, TV를 통해 CNN은 전 세계의 외딴 구석까지 도달한다. 또한 영국의 Skychannel은 대부분의 EU 국가들에서 볼 수 있다.
- 미국에 기반을 둔『Time』,『Newsweek』,『Cosmopolitan』과『Playboy』와 같은 잡지들은 영어로 된 해외판을 현지국가에 맞추어 편집을 실행하고 있다. 주요시장에서는 더욱 완전한 현지판을 제공하고 있다. 예를 들어 일본에서는 일본어로 번역된 잡지가 제공된다.
- 신문(newspares)의 경우『Financial Times』와『Wall Street Journal』은 세계적으로 보급되고 있다.『Wall Street Journal』은 아시아판과 유럽판을 동시에 보급하고 있다.
- 인터넷과 월드 와이드 웹(WWW)의 출현으로 글로벌 미디어는 급속히 확산되고 있다. 출판업자와 방송사는 글로벌 멀티미디어 환경을 통하여 온라인 서비스를 제공하고 있다. 한편 글로벌 소비자들도 매우 다양한 웹 광고에 노출되고 있다.

웹 광고(Web advertisements)는 여러분이 인터넷이나 웹사이트에 접속했을 때 돌출적으로 나타나는 스크린내 상자모양의 "삽입광고"이다. 이러한 광고의 경우에 마우스로 클릭(click)하여 제품 또는 서비스에 대한 정보를 교환한다는 점에서 상호작용(interactive)적 의사소통이라 할 수 있다.

다음과 같은 몇 가지 유형의 웹 광고가 있다.

- 배너광고(banner ads)는 가장 흔하고 단순한 유형의 광고이다. 가장 큰 형태는 스크린 폭의 약 2/3를 차지하면서 스크린의 꼭대기 또는 밑바닥에 길게 늘여진 박스로서 나타난다.—배너광고는 사각 박스 또는 "버튼"으로서 측면에 위치한 더 작은 것과 함께 사실상 다양한 크기(픽셀로 측정된)로 만들어진다.
- 티커(tickers)는 스크린에서 이동하는 배너광고이다.
- 삽입광고(interstitial ads)는 당신의 요청이 처리되는 시간동안 스크린에 불쑥 나타나

는 광고이다. 사이트를 불러오는 것은 몇 초가 걸릴 수 있는데 이러한 버퍼링 시간을 채우면서 광고가 이루어진다. 이러한 광고를 클릭하면 광고사이트로 이동하게 된다.

- 팝업광고(pop-up ads)는 특정사이트를 접속할 때 나타나는 광고이다. 이러한 광고들은 보통 특정사이트에 자사 기업의 메시지를 전달한다. 그러나 인기사이트의 경우에는 광고를 원하는 독립적인 기업의 팝업광고가 제공되고 있다. Amazon.com에는 여러 기업의 팝업 광고가 나타난다.
- 트랜잭션 광고(transactional ads)는 접속한 웹 페이지를 벗어나지 않고 무언가를 주문하거나 요청할 수 있도록 하는 광고이다. 이용자들이 일반적으로 요청한 사이트에 머물면서 여전히 광고를 검토하고 해당사이트 내에서 추가검색이 가능하다는 점에서 인기를 얻고 있다.
- 로드블럭(roadblock)은 이용자가 그들이 보기를 원하는 스크린에 접근하기 위해 반드시 통과해야만 하는 풀 스크린(full-screen) 광고이다.

Getting the Picture 웹을 통한 광고

다방면의 혁신성으로 인하여 인터넷은 새 천년의 진정한 커뮤니케이션 매체로 묘사되어 왔다. 온라인 광고는 글로벌 소비자에게 도달하기 위한 효율적인 매체로서 기능을 다하고 있다.

웹 광고를 통하여 마케팅 전문가들은 배너광고(banner ads), 팝업창(pop-up windows), "티커(tickers)" 그리고 "로드블럭" 등 다양한 매체를 고안하였다. 예를 들어 항공운임을 살펴보는 웹 이용자는 "Alamo에서부터 자동차를 렌트하면 이틀까지 무료"라고 하는 배너를 볼 수 있다. 그들의 웹 사이트에 뷰어(viewer)를 끌어들이기 위하여 Toyota는 ESPN 스포츠존과 같은 사이트의 배너광고에 사용료를 지불하였다. 웹활용을 위한 또 다른 방법은 컨텐츠 후원이다: Advil은 ESPN 스포츠존의 "Injury Report"를 후원하고 있다.

인터넷 광고의 인기에도 불구하고 일부 마케팅 전문가들(그리고 소비자들)은 그것의 가치에 이의를 제기하였다. 비용은 종종 다른 미디어보다 저렴하지만 효과는 논쟁거리로 남아있다. 예를 들어 500,000명 이상의 웹 서퍼를 끌어들이고 일주일에 2,000만번의 "히트"를 기록한 ESPN 스포츠존의 배너광고는 일년에 약 $300,000의 비용이 들었다. 그러나 웹 서퍼는 이러한 배너광고를 쉽게 무시할 수 있다. 인터넷 광고 효과의 유효성을 측정하는 수단을 개발한다면 이는 미래에 유용하게 활용될 수 있을 것이다. TV 시청률 조사기업인 Nielsen Media Research는 매일의 온라인 활동을 추적할 수 있는 소프트웨어를 9,000명의 소비자들에게 장착함으로써 인터넷 이용자들에 대한 모니터링을 시작하였다. 소비자들이 방문하는 웹 사이트, 그들이 보는 광고 그리고 그들이 그러한 광고를 볼 때 그들의 반응을 추적함으로써 Nielsen은 최초 온라인 소비자행동 데이터소스를 개발하고 있으며 이 조사결과를 고객들에게 판매하고 있다. 2008년에 Nielsen은 또 다른 시청자 조사기업인 IAG를 구매하기 위하여 2억 2,500만 달러를 지불하였다. 약 200,000명의 참여자로 구성된 패널단을 이용하여 IAG는 소비자들이 TV와 온라인 광고를 어떻게 잘 기억하며 그들이 특정 쇼(show)를 얼마나 좋아하는지를 측정하였다. Nielsen은 현재 소비자들이 TV 쇼와 온라인 광고에 어떻게 반응하는지에 대한 데이터를 측정하고 있다.

1998년에 미국 기업들은 신문과 TV에 각각 400억 달러를 지출한 것과 비교하여 온라인 광고에는 15억 달러만을 지출하였다. 그러나 2004년까지 닷컴 기업들의 붕괴가 끝나고 인터넷 광고는 다시 대거 재개되기 시작하였다. 2005년 지출은 125억 달러에 달하였다. 하지만 이후 인터넷 광고는 그다지 성장세를 이어가지는 못하고 있다.

고객들의 반응은 인터넷 광고가 "똑똑함과 재미있는 것"에서 "매우 짜증스러운 것"이라는 다양한 반응을 나타내고 있다.

Sources: "Advertising Age Teams with e-Marketer for Research Report," Advertising Age, May 3, 1999, p. 24; Louis E. Boone and David L. Kurtz, Contemporary Marketing, 10th ed. (New York: Harcourt College Publishers, 2001); John Simon, "Nielsen's New Web Play," Fortune 500, April 8, 2008; http://www.amazon.com

- "리치 미디어(rich media)" 광고는 이동하고 대화하고 발신음이 울리거나 또는 번쩍이는 모든 웹 광고이다. 커뮤니케이션 라인이 향상되고 데스크탑 컴퓨터의 성능이 더욱 강력해지면서 전송시간이 짧아졌고 컴퓨터 속도도 획기적으로 향상됨에 따라 복잡한 형태의 인터넷통신이 가능하게 되었다. 이는 컴퓨터의 처리능력을 더 많이 요구하는 광고도 인터넷을 가능하게 하였다.

웹 광고의 경비효율지표(cost-per-thousand) 수치로 온라인 광고를 전통적 미디어와 대등한 경쟁지위를 형성했다고 말하기에는 너무 이를 수 있다. 그러나 지금까지 웹에 투자되는 광고비는 꾸준히 증가하고 있다("웹을 통한 광고" 참조).

거대 미디어기업은 글로벌 미디어에서의 새로운 방향을 주도하고 있다. 출판 또는 방송에서 비교적 작은 국가단위의 기업들은 자국시장을 넘어 지역적 강점과 글로벌 접근성을 활용하려는 기업에 의하여 합병되거나 인수되었다. 일부 미디어기업은 미국에 기반을 두고있으나 어떤 미디어기업들은 유럽과 호주에 뿌리를 두고 있는 경우도 있다. 〈표 16.4〉는 상위 5개의 글로벌 미디어 대기업의 목록과 그들의 브랜드를 나타내고 있다.

이러한 미디어 대기업들은 항상 많은 변화에 직면한다. 예를 들어 News Corp.은 『Wall Street Journal』을 인수하였다. 반면에 Bertelsman은 『Random House』를 처분하였다. 이러한 통합이 광고업계에 얼마나 많은 영향을 미칠것인지는 아직 명확하지 않다. 일반적으로 글로벌 광고가 기업의 이익창출에 기여한다고 알려져 있다. 이러한 거대한 기업들은 특정 국가 또는 지역에서 현지화될 수 있는 각국의 미디어 유통경로를 소유하고 통제한다. 그러나 미디어의 사용료와 관련한 협상은 본사가 직접 통제할 수 있어야 한다. 이러한 전략은 글로벌 광고비를 절감하는 효과를 가져다 줄 수 있지만 글로벌 광고는 글로벌 미디어로만 이루어지지 않는다. 심지어 가장 글로벌한 광고도 현지의 미디어를 활용하여야 하는 경우가 있다. 12개국 이상의 국가에서 변하지 않고 방송되어온 British Airways의 30초 짜리 글로벌 TV 상업광고는 여전히 이러한 국가들에서 현지미디어의 일정에 맞추어져야 할 필요가 있다. 하지만 글로벌 미디어 대기업의 출현으로 이러한 현지 의존현상은 완화될 것으로 보인다.

표 16.4 글로벌 미디어 대기업, 2006

1. 타임워너(미국, 총수입: 318억 달러; CNN, Cartoon Network)
2. 디즈니(미국, 총수입: 234억 달러; Disney, ABC, ESPN)
3. 비텔스만(독일, 총수입: 163억 달러; BMG Music, Radnom House)
4. 뉴스콤(호주, 총수입: 135억 달러; Times(London), Statr TV, Fox News)
5. 미아코(미국, 총수입: 128억 6천만 달러; MTV, Nickelodeon, Paramount Pictures)

Sources: http://adage.com/datacenter.

전략적 시사점

광고지출과 관련한 글로벌 통계는 다양한 글로벌 시장의 특성에 대한 차이점과 진입장벽에 대한 중요한 지표가 될 수 있다.

1. 광고지출은 한 산업으로 진입하는데 장벽이 될 수 있다. 새로운 시장으로 진입을 시도하는 기업은 성공적으로 진입하기 위하여 기존 기업과 광고비지출을 일정 수준까지 맞추어야 할 필요가 있다. 거대 다국적기업의 막대한 광고비 지출로 인하여 새로이 진입하는 기업들의 경쟁력이 상대적으로 저하될 수 있다.
2. 어떤 국가에서는 이용가능한 미디어의 부족으로 인하여 광고가 제한된 경쟁수단이 된다. 효율적인 광고를 하기 위하여서는 광고수단으로서 매스컴(mass communication)을 필요로 하게 되고 이는 매스미디어(mass media)의 접근성에 영향을 받게 된다.
3. 다양한 미디어를 통해 이루어지는 커뮤니케이션의 목적은 국가마다 다르다. 소위 "광고효과의 위계(hierarchy of effects)"라 불리는 개념은—지식, 태도, 선호, 구매, 고객충성과 브랜드 인식을 통하여 광고의 효과를 추적한다〈그림 16.1 참조〉—광고효과의 단계별 상이성을 설명하는데 이용될 수 있다.

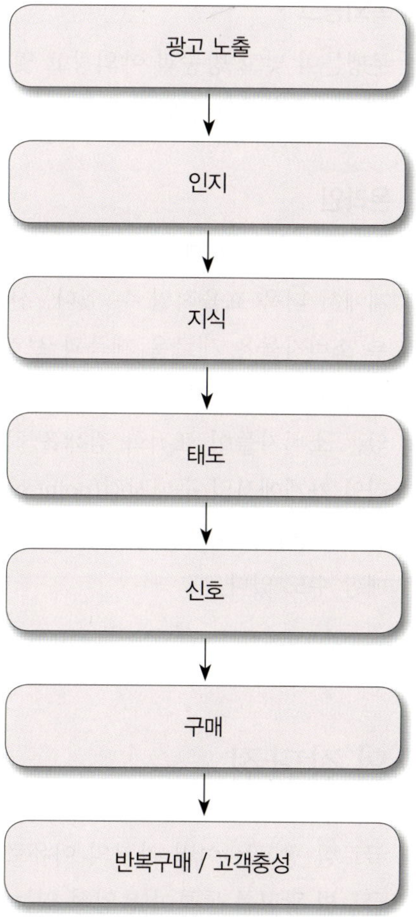

그림 16.1 광고효과의 위계모형

TV

TV는 라틴아메리카와 아시아에서 주된 매스미디어이며 신제품의 인지도를 형성하는데 큰 역할을 하는데 반하여 유럽시장에서는 TV광고의 시간대 경쟁이 치열하여 단순한 인지도 창출을 위한 전략보다는 제품과 브랜드의 지위를 향상시키기 위한 수단으로 활용하는 것이 효율적일 수 있다.

라디오

라디오도 많은 국가에서 중요한 매스미디어로서 기능을 하고 있으며, 브랜드의 인지도 향상에 유용하다. 그러나 미국이나 캐나다에서는 특정 세분화시장(10대와 같은)에 매우 집중되어 있다. 그리고 추상적 목적보다는 직접적인 행동 혹은 구매 단계(trial stage)에 적합한 광고수단이라고 할 수 있다.

신문

신문은 일부 국가들에서 유일한 매스미디어가 될 수 있으며, 보다 직접적인 행동단계와 브랜드에 대한 일반적인 지식과 선호를 자극하기 위한 단계에서 활용될 수 있는 광고매체이다.

옥외광고

문맹률이 낮고 방송과 야외광고 및 영화광고가 더해진 이색광고가 많이 행해지는 국가에서는 옥외광고가 인쇄매체에 의한 광고보다 효율적일 수 있다.

온라인

온라인 광고는 판매촉진과 밀접한 연관성을 가지기 때문에 광고효과 모델의 마지막 단계에서 더욱 효율적일 수 있다. 신흥시장에서 인터넷접속은 개방되어 있기 때문에 일부 소비자들은 새로운 제품과 브랜드를 검색하고 찾는데 온라인을 활용한다. 그러나 성숙시장에서의 이러한 제품검색 행동을 살펴보면 이미 몇 가지 브랜드를 염두에 두고 있는 소비자들이 표적화 검색을 하는 경우가 많다. 이 단계에서 팝업 웹 광고는 오프라인 가게에서의 구매시점(point-of-purchase)의 가격흥정과 비슷한 효과를 나타낸다고 할 수 있다. 소비자들은 그들의 결정을 바꿀 수도 있으며 팝업으로 광고된 브랜드를 구매할 수도 있다.

글로벌 광고의 장단점

글로벌 광고는 여러 가지의 이유로 기업에 이득이 될 수 있고 그렇지 않을 수도 있다. 글로벌 광고를 통하여 통일성 있는 광고를 한다면 비용을 절감할 수 있다.

비용우위

세계적으로 통일된 캠페인을 한다면 대개 이는 비용의 절감으로 이어진다. 한번 개발된 창조적인 광고아이디어는 세계적으로 이용될 수 있다. 즉 개발된 광고메시지를 적은 비용으로 다른 국가에서 적용할 수 있고, 만약에 적합하지 않은 경우에는 약간의 수정을 통하여 현지시장에 접근할 수 있다. 미디어 매체의 접근성의 상이함으로 인하여 다른 국가로 진출하는 경우에 메시지를 수정할 필요가 있을 수도 있다. 하지만 그럴지라도 현지국가의 시장만을 고려하여 광고메시지를 개발하는 경우보다는 광고비가 적게 들 것이다.

글로벌화된 캠페인은 미디어를 확보하는데 비용을 절감할 수 있다. 일부 미디어는 글로벌 서비스 특히 그들의 국제적으로 통용되는 방식을 통하여 인쇄물을 제공한다. 국가별로 표준화된 광고메시지는 시장별로 다른 미디어를 필요로 하지 않는다. 여러 국가에서 동일한 미디어로 광고할 수 있다면 광고효과에서 규모의 경제를 누릴 수 있을 것이다.

글로벌 시장

일반적으로 글로벌 광고는 시장 그 자체가 글로벌 할 때 가장 유용할 것이다. 항공여행이 적절한 사례이다. 국제 항공사는 일반적으로 표준화된 "제품"– 또는 서비스—를 제공한다. 그리고 글로벌 시장에서 승객들을 두고 경쟁한다. 다양한 국제 항공사는 비행 전, 기내 그리고 비행 후 서비스로 나누어 스스로를 차별화하려고 한다. 글로벌 광고는 경쟁력의 중요한 원천이 되었고 기업 경쟁력의 차별화 수단이 되었다. British Airway에서 시도한 1982년의 "맨하탄 착륙(Manhattan Landing)" TV 상업광고는 글로벌 광고 전략의 랜드마크가 되어왔다.

경쟁적인 시장에서 살아남기 위하여 항공사들은 적은 가능성에도 불구하고 글로벌 광고를 위한 치열한 노력을 경주하고 있다. Singapore Airlines은 고객만족을 위한 노력으로 최상의 기내 서비스를 제공하기 위해 노력하였고, 비즈니스 매거진에서 스튜어디스의 매력을 강조하기 위한 글로벌 광고를 실시하였다.

글로벌 제품과 브랜드

글로벌 제품과 브랜드는 글로벌 광고를 필요로 한다는 것은 쉽게 추정할 수 있고, 이러한 추정은 때로는 사실로 입증된다. Swatch watch, Club Med, Benetton 그리고 Reebok의 광고캠페인은 여러 국가에 걸쳐 매우 유사하다. 그러나 글로벌 캠페인은 때때로 현지의 요구에도 적용하여야 한다. 예를 들어, Levi's 청바지와 같은 글로벌 제품과 브랜드는 각 현지시장에서 다르게 어필되는 특정 세분화시장을 표적으로 한다. 이 경우 제품의 표적시장이 다르기 때문에 제품과 브랜드의 포지셔닝이 다양할 수 있다. 하지만

Levi's는 글로벌 브랜드를 적용하다가 실패를 경험하고 현지 적응광고로 선회하였다. 세계적으로 알려진 미국 브랜드명인 Parker Pen은 판매가 몹시 침체된 이후에야 글로벌 광고전략에서 현지국적응 광고전략으로 선회하였다. 현지국의 자회사들은 글로벌 광고전략 시행에 있어서 매우 비협조적이었던 것으로 드러났다.

결점

글로벌 광고에는 장점 만큼의 단점도 상존한다.

비용절감(cost savings)은 현지 자회사 사이의 광고전략이 조정이 종종 복잡하고 관리상의 어려움 때문에 시간이 지연되고 추가비용이 발생할 수 있다는 점에서 상쇄될 수 있다. 또한 글로벌 광고로 인하여 현지 광고대행사는 창의적인 이니셔티브(initiative)가 더 이상 그들에게 존재하지 않기 때문에 참여에 대한 동기요인이 부족하다. 이러한 문제들은 인센티브의 제공, 비용의 인상 등을 통하여 보완 노력을 기울여야 할 것이다.

한편 글로벌 마케터 조차 현지국의 강력한 경쟁자들에 대항하기 위하여 현지화와 적응이 여전히 필요할 수 있다. 그리고 멀리 있으면 비슷해 보여도 가까이 근접하면 특이성이 더욱 부각될 수 있다. 예를 들어, 거시적 관점에서 국가간의 제품수명주기 단계는 비슷해 보일 수 있지만 자세히 들여다보면 그렇지 않을 수 있다. 예를 들어, 호주와 헝가리의 자동차 구매자들 사이의 차이점들은 거의 없어 보이지만, 현장에서 실제 소비자들을 다룰 때는 다른 양상으로 나타날 수 있다.

또한 글로벌 광고는 글로벌 제품과 브랜드에서도 문제가 될 수도 있다. 바람직한 특성이 국가마다 다를 수 있고 이용 환경이 반드시 동일한 것은 아니다. 한국에서 PC 구매자의 요구는 집에서 PC를 사용하지 않을 가능성이 높은 일본소비자들의 요구와 꽤 다를 수 있다.

만약 다음의 네 가지 조건이 만족된다면 세계적으로 통일된 광고는 매우 효율적일 수 있을 것이다.

- 이미지(Image): 전달되는 브랜드의 이미지(예를 들어, 원산지 이미지)는 국가에 걸쳐 동일하다.
- 상징(Symbols): 사용된 상징(특히, 로고)이 국가에 걸쳐 동일한 의미를 전달한다.
- 특성(Features): 바람직한 제품의 특성이 국가별로 동일하다.
- 이용(Usage): 사용조건이 시장에 걸쳐 유사하다.

만약 이러한 네 가지 조건을 모두 충족시킬 수 있다면 앞에서 언급했던 항공사의 사례에서 보았듯이 글로벌 광고는 자연스러운 것이 된다. 하지만 하나라도 충족되지 않을 경우에는—Levi's의 사례에서와 같이—표준화된 제품조차도 현지에 적응된 다국적 광고전략을 수행해야 할 필요가 생긴다. 따라서 위에서 언급한 조건을 충족할 수 없다면 글로벌 광고는 실패할 것이고, 글로벌 광고와 다국적 광고 사이에서 선택의 어려움을 초래할 것이다.

글로벌화 사례

글로벌 광고의 성공적인 사례가 많이 있다. 콜라 브랜드에서 Coca-Cola는 미국에서 광고메시지의 프로토타입(prototypes)을 개발하였다. 그리고 그것들을 해외의 지사에 제공하였다. 현지에서는 언어적인 차이를 고려하여 수정할 수 있게끔 허용하였다. 그러나 그들은 캠페인의 주된 스크립트(script)를 최대한 수용할 것을 요구했다. 그 결과 현지의 사정을 고려한 조정과 전세계적인 규모의 효과 등이 잘 어우러져 성공적인 광고효과를 도출하였다. 이러한 전략은 상당한 시너지효과를 거두었고, 지역의 특성을 무시하지 않고 현지시장의 특성도 효율적으로 흡수하였다. 또 다른 예에서도 글로벌화의 이익을 찾아 볼 수 있다.(“Philips's의 글로벌 광고전략” 참조)

또 다른 글로벌 광고의 예를 들면 Revlon(화장품), Philip Morris Altria(담배), Ralph Lauren Polo와 Chaps brands(남성 의류와 액세서리), Kodak 필름 제품, Yves Saint Laurent과 Dior 같은 고급 패션업체들, 그리고 Sony와 같은 가전기업 등이 있다. 글로벌화된 캠페인이 기대되지만 실제로는 현지화된 광고를 하는 기업들도 있다. “세계적

Getting the Picture | Philips's의 글로벌 광고전략

네덜란드의 다국적기업 Royal Philips Electronics는 전통적으로 글로벌 기업이기 보다는 오히려 다국적기업이었다. 그들의 현지국 자회사는 현지경영자에 의하여 독립적으로 오랫동안 운영되었다. 특히 Philips의 이름을 특정 제품에 이용할 수 없고 Norelco와 Magnavox로 대체되었던 미국에서 더욱 그러하였다. 그러나 최근 완화된 브랜드명 이용의 제한과 함께 기업은 플래그십 브랜드(flagship brand)와 확장된 제품라인에 대하여 세계적으로 조정된 광고로 대규모 판촉공세를 수행해 왔다.

Philips 제품라인은 소비자가전 뿐만 아니라 의료기기, Norelco 전기면도기, 백열전구, 컴퓨터 칩 그리고 커피제조업체를 포함하고 있다. 그들은 제품라인의 엄브렐러 브랜드로서 Philips의 이름을 내세우기 위하여 기업의 오래된 슬로건인 “Let's make things better”을 교체하여 새로운 태그라인(“Sense and Simplicity”)을 개발하였다. 새로운 태그라인은 이러한 이질적인 제품 사이에서 공통적인 특성을 반영하였다. 그것은 소비자들 사이의 흔한 불만이 제품의 복잡성이었다는 것을 반영하여 개발된 것이었다. “소비자들은 세계가 너무 복잡하다고 생각한다”고 기업의 수석 마케팅임원 Andrea Ragnetti는 언급하였다. “그들이 제품 그리고 기업에 대하여 가지는 관계는 매우 복잡하다”

글로벌 캠페인은 “감각과 단순함”의 테마를 추구하기 위하여 인쇄 및 TV 상업광고를 활용하게 된다. 최초의 상업광고는 “나는 인간애를 가진 기술을 보았다” 그리고 “나는 박스에 들어 있는 것처럼 더욱 단순한 기술을 보았다” 같은 문구를 읊조리는 목소리(voice-over)와 함께 몇 개의 화면 밖의 손에 의해 개봉된 하얀색 박스를 묘사하였다. 다른 광고는 Philips를 소비자 가전기업 이상의 기업이라는 인상을 주기 위해 개발되었다. 이러한 이중적인 접근법은 그들의 인지도와 평판이 유럽과 아시아 보다 훨씬 더 낮은 미국에서 기업이 Philips 브랜드를 확립하는데 목적을 두고 있었다. 또한 Magnavox 브랜드를 최저가 가전으로 강등시키고 Philips를 최고가 브랜드로 부상시켰다.

오늘날 긴장되고 복잡한 글로벌 환경에서 “감각과 단순함”이 영향을 미칠 수 있을까? Philips는 그들의 광고전략이 성공하기 위하여 다각도로 노력하고 있다. 그들은 George Clooney, Brad Pitt, Matt Damon, Catherine Zeta-Jones 그리고 Julia Roberts가 주연하고 유럽에서 촬영된 영화 Ocean's Twelve의 “공식 기술공급업자”가 되기 위한 계약을 체결하였다. 이것은 다분히 “감각과 단순함”에 기초한 전략에 다양성을 가미한 것으로 여겨진다.

Sources: Nat Ives, “Philips Widens its Product Range and Wants Consumers to Know,” New York Times, September 17, 2004, p. C4; “Philips Electronics Named 'Official Consumer Electronics Supplier' to New Film,” Business Wire, May 24, 2004.

인 카메라"인 Canon의 AE-1은 일본의 기업들이 해온 것처럼 일본, 유럽, 미국에서 각기 다른 캠페인 전략을 채택하였다. 유럽의 자동차 제조업체는 북미시장에서 판매와 관련하여 상당한 부분은 동일한 전략을 취하였지만 광고와 관련하여서는 북미시장에 특화된 캠페인을 개발하였다.

미국, 독일, 일본에서 실시된 30개의 인쇄 캠페인과 16개의 TV 캠페인들을 횡단분석한 한 연구에서 서구와 동양 시장 사이에서 이루어진 광고 보다 서구 시장내에서 이루어진 광고에서 표준화가 더욱 일반적이라는 사실을 밝혀내었다. 흥미롭게도 제품유형은 표준화의 중요한 요소가 되지 않은 것으로 나타났다. 메시지 표준화는 국가에 상관없이 인쇄광고보다 TV상업광고에서 더욱 일반적인 현상으로 분석되었다. 이는 아마도 TV 상업광고를 제작하는데 있어 상대적으로 더 높은 비용이 소요되기 때문일 것이다.

글로벌 광고가 언제나 옳은 전략은 아니다. 지금까지 세계의 대부분의 광고지출은 현지시장에 맞게 광고를 변화시키기 위한 것이었다. 38개의 유럽과 미국의 다국적기업에 대한 최근 조사에서 오직 3개의 광고만이 완전한 글로벌 표준화를 수행한 것으로 밝혀졌다. 또 다른 3개의 기업은 표준화를 위한 어떤 시도도 하지 않았다. 대다수의 기업들은 어느 정도의 표준화를 수행하였는데 "전략을 표준화하지만 수행하지는 않았다"(23.5%)에서 "제한된 표준화"(31.5%), "대부분의 경우에 표준화를 수행"(29.5%)까지였다. 가장 일반적인 접근법은 표준화된 포지셔닝 테마를 채용하지만 현지의 변화를 허용하는 "유형 표준화(pattern standardization)"이다.

글로벌 광고업체의 결정

광고는 한 국가에서 전통과 문화에 상당한 영향을 받기 때문에 다국적기업에서는 이러한 광고전략을 매우 현지 친화적으로 운용하고 있다. 본사는 주로 예산을 편성하고 광고내용의 포지셔닝은 현지 자회사가 틀을 잡고 본사에 의한 승인으로 이루어진다. 광고의 실행에 있어서 창조적인 메시지의 창안과 미디어의 선택은 광고대행사와 현지 자회사의 결정과 역할이 중요하다.

표준화된 접근법으로 이익을 얻을 수 있는 글로벌 광고업자는 이러한 현지 참여과정을 통하여 글로벌 광고가 더욱 효율적으로 이루어질 수 있도록 하여야 한다. 각국의 포지셔닝 전략은 국가별로 조정이 이루어져야 하고 브랜드 고유의 메시지는 전 세계에 걸쳐 동일하도록 유지하여야 할 필요가 있다. 이것은 글로벌마케팅 전략에서 중요한 축을 형성한다. 실행단계에서는 글로벌 광고 경영자는 국경을 초월하는 메시지에 대한 공감대를 형성하기 위해 자회사와 대행사 네트워크의 현지 인력과 밀접하게 작업해야 할 필요가 있으며 또한 글로벌 광고는 브랜드이 특성을 정확하게 반영하여야 하고, 이를 통해 브랜드파워를 형성하여야 한다. 미디어의 선택과 관련하여서는 대행사의 역할이 중요하며 글로벌 기업은 미디어 할인과 같은 비용요인도 적절히 고려하여야 한다. 이러한 모든 것을 수행하기 위하여 글로벌 광고업자는 다양한 현지의 계열사를 통하여 빠르게 정보를 확산시키고 새로운 정보와 시장조사를 하여야 하고, 변화에 유연하게 대처하기 위하여 개방된 시각과 현지인들의 제안에 대한 개방된 마음가짐을 유지할 필요가 있다. 사실 현지화에 대한 요구의 증가와 함께 오늘날 글로벌 캠페인은 주된 엄브렐러 브랜드 아래에서 현지의 사정에 맞는 브랜드를 유지하고 개별적으로 관리하는 것이 일반적이다.

글로벌 광고의 네 가지 구성요소를 살펴보면:

1. **전략(strategy).** 글로벌 광고는 종종 여러 시장에 걸쳐 유사하게 포지셔닝된 제품과 서비스에 대해서 이루어진다. 즉, 글로벌 광고의 효과는 동일한 소비자군에서 효율적인 경우가 많다. 글로벌 광고를 위해서는 제7장에서 보았듯이 세분화시장 또는 이용조건이 동일해야 할 필요는 없으나 제품이 지향하는 특성은 국가별로 동일해야 한다. 만약 제품의 경쟁적 특성이 국가별로 일관성을 갖지 않으면 긍정적인 광고 유출효과는 발생하지 않을 것이다. 브랜드명은 동일하거나 곧 알아 볼 수 있을 정도로 유사해야 할 필요가 있다.
2. **예산과 조직(budgeting and organization).** 글로벌 광고는 일반적으로 글로벌 네트워크와 광고 대행사의 도움을 받게되고 본사가 통제와 관리를 하게 된다. 시장과 제품 사이의 총 예산의 설정과 이의 효율적인 분배가 필수적이다. 글로벌 광고캠페인에 대한 중앙통제의 필요성 때문에 광고대행사가 직접 해외광고시장으로 진출하게 되었다. 이는 글로벌 광고가 일반화되는 계기가 되었다.
3. **메시지와 창의성(message and creative).** 광고물의 시각화는 글로벌 캠페인의 핵심이 된다. 글로벌 광고는 각 국가별로 광고물의 시각화를 통한 일관성을 가지게 된다. 글로벌 광고의 통일화 정도에서 가장 강한 수준부터 가장 약한 수준까지 3등분 하면 다음과 같이 구분할 수 있다: 동일한 광고(identical ads), 프로토타입(prototype) 광고, 패턴표준화(pattern standardization).
4. **미디어(media).** 글로벌 광고는 글로벌 접근성을 가지고 있는 위성 TV, 매거진과 국제판 신문을 통하여 메시지를 전파한다. 이러한 다국적 매체들에 의한 광고메시지의 전파는 두 가지 측면에서 광고 유출효과를 나타낸다. 첫째는 전파나 광고메시지가 국경을 넘어 타지의 소비자들에게 도달한다는 점이고, 둘째는 외국으로 여행 중인 고객들을 통하여 광고메시지가 확장될 있다는 측면이다.

기본적으로 위의 첫 두 가지 구성요소는 글로벌 광고주에 의해 관리된다. 그리고 나머지 두 가지는 기업 바깥의 글로벌 광고대행사에 의해 관리 된다. 광고주의 업무에 대해서 먼저 살펴보고 다음으로 대행사의 업무에 대해 살펴보고자 한다.

전략

글로벌 시장에서 메시지의 유사성과 미디어의 글로벌 접근을 통하여 대부분의 경영자들은 브랜드 또는 제품의 인지도와 포지셔닝을 강화하고자 한다. 브랜드 이미지(brand

Getting the Picture 최대의 광고주들

광고에 대한 금액 지출은 산업분야별로 상당히 다르다. 화장품과 개인생활용품 기업들은 매출액 대비 가장 높은 광고지출비율을 기록하고 있으며 때때로 30% 보다 높았다. 광고-매출액 비율이 5~10% 범위에 있는 소비자 포장제품 또한 자동차 기업과 더불어 높은 광고비를 지출하는 제품군이다. 15개의 가장 거대한 글로벌 광고주들은 〈표 16.5〉에 나타나 있다.

표에서 순위는 전 세계 광고 지출액을 기초로 하였다. 선두주자인 P&G와 Unilever는 다양한 가전제품에서 치열한 경쟁자이다. 그들은 둘 다 대부분의 시장에서 광고한다(1999년 68개국 그리고 66개국). P&G는 미국에서 광고비가 집중적으로 지출된 반면에 Unilever는 광고비 지출이 세계적으로 골고루 분포된 경향이 있으며, 유럽에서 매우 활동적이다. 스위스의 식품기업 Nestle는 글로벌 전략에서 Unilever와 유사하다. 표에서는 또한 Coca-Cola, L'Oreal 그리고 일부 자동차 기업들과 같은 강력한 글로벌 브랜드의 다른 광고실적을 나타내고 있다.

World Bank에 따르면 전 세계에 208개의 국가가 존재한다. 다국적기업이 상당히 많은 국가들에 진출해 있음에도 아직도 절반에 못 미치는 국가들에만 이들 다국적기업이 진출해 있으며 광고는 이들 국가에서만 이루어진다. 그럼에도 불구하고 이들 글로벌 광고주들은 전 세계의 모든 국가에서 알려져 있다. 분명한 것은 위성TV나 다른 통신수단들의 유출효과에 의하여 세계의 대부분 사람들에게 광고가 도달할 수 있다. 광고는 50% 보다 적은 국가에 방송될지 모른다. 그러나 실제 확산은 그 이상으로 일어나서 전 세계에 가장 먼 곳까지 도달하게 될 것이다. 이점에 대해서는 반글로벌화 활동가들과 친글로벌화 영향세력들의 의견이 일치하고 있다.

image)의 세계적인 확산과 글로벌 브랜드 자산의 형성이 이러한 글로벌 광고활동의 주된 목표가 된다. 글로벌 광고는 여러 국가의 표적시장에 동시에 이루어짐으로써 그로벌 소비자들의 브랜드이미지에 상당히 긍정적으로 작용한다. 해외의 휴양지에서 광고된 브랜드에 노출된 소비자들은 국내에서 브랜드에 노출된 것보다 훨씬 더 강렬한 인상을 받을 수 있다. 글로벌 광고는 호의를 유발하는데 상당한 도움을 준다("최대의 광고주들" 참조).

그러나 글로벌 광고의 효과는 단순한 호의 차원에서 보다는 구매자행동에 더욱 직접적인 영향을 줄 수 있다. 여러 국가에 퍼져있는 글로벌 고객들은 구매위치가 다르다 할지라도 구매의도가 있으면 구매행동으로 이어진다. 말레이시아의 공장을 둘러보고 호놀룰루, 뉴욕 또는 런던의 본사를 통하여 구매할동을 벌일 수 있다. 글로벌 커뮤니케이션(전화, 팩스, 이메일)은 원격구매를 가능하게 만들었다. 해외시장에서 특정 제품의 광고를 접했을 때 더욱 신선한 인상을 받을 수 있고 이는 제품에 대한 신뢰로 이어질 수 있다. 글로벌 소비자들에게 있어 글로벌 광고는 호의뿐 아니라 구매행동을 촉발할 수 있다. 그리고 글로벌 광고에 노출된 소비자는 특정국가 내에서만 접한 광고보다는 훨씬 신뢰감 있고 인상적인 광고효과를 보이게 된다.

한편, 우리가 제15장에서 보았듯이 세계의 많은 사람들은 신용카드를 사용함으로서 카탈로그에 광고된 제품을 전화상으로 원격에서 구매할 수 있다. 이것은 현지화된 광고의 우위가 감소하게 됨을 의미한다. 홍콩에 있는 중국인 고객들은 비자카드로 아웃도어 부츠를 주문하기 위하여 본토(Maine State)에 있는 L.L Bean에 전화—팩스 또는 이메일—를 한다. 그들은 미국 여행, 홍콩 미디어 리포트, 그리고 영어 매거진의 국제

표 16.5 상위 15개 글로벌 광고업체

순위				전세계 광고지출			미국 미디어 지출			2002년 지역별 지출		
2002	2001	광고업체	본사	2002	2001	% 변동	2002	2001	% 변동	아시아	유럽	라틴아메리카
1	1	P&G Co.	신시내티	$4,479	$3,675	21.9	$2,032	$1,679	21.0	$539	$1,647	$120
2	3	Unilever	런던/로테르담	3,315	2,782	19.2	689	581	18.6	705	1,713	145
3	2	GM Corp.	디트로이트	3,218	2,953	9.0	2,447	2,202	11.1	63	522	103
4	6	Toyota Motor Corp.	도요타시, 일본	2,405	2,162	11.2	885	770	14.9	1,063	347	28
5	5	Ford Motor Co.	디어본, 미시간	2,387	2,226	7.2	1,407	1,273	10.6	89	746	92
6	4	Time Warner	뉴욕	2,349	2,295	2.4	1,812	1,726	5.0	40	413	53
7	7	DaimlerChrysle	오번힐스, 미시간/ 슈트트가르트, 독일	1,800	1,791	0.5	1,341	1,398	−4.1	21	356	31
8	10	L'Oreal	파리	1,683	1,458	15.4	545	502	8.6	65	1,001	38
9	9	Nestle	비비, 스위스	1,547	1,615	−4.2	494	520	−5.0	138	819	67
10	16	Sony Corp.	도쿄	1,513	1,238	22.2	875	656	33.4	135	417	38
11	17	Johnson& Jhonson	뉴브룬스윅, 뉴저지	1,453	1,226	18.5	1,079	890	21.3	83	232	30
12	14	Walt Disney Co.	버뱅크, 캘리포니아	1,428	1,315	8.6	1,154	1,103	4.6	32	191	14
13	8	Altria Group	뉴욕	1,425	1,639	−13.1	892	1,082	−17.5	29	436	37
14	11	Honda Motor Co.	도쿄	1,383	1,393	−0.7	710	682	4.0	522	108	16
15	12	Volkswagen	볼프스부르크, 독일	1,349	1,390	3.0	440	460	4.4	39	756	83

Sources: Ad Age Global, November 10, 2003.
Notes: Spending in millions of U.S. dollars. The table only lists parent companies. Figures for subsidiaries and brands are merged into those of the parent. The marketers are ranked by the amount of money they spent on advertising worldwide. To qualify for the Top 15 ranking, a company's 2002 ad spending had to reported in more than three markets outside the U.S. Data from most countries is tabulated at rate card rates. In a few countries where ad discounting is known to be extremely deep, Ad Age Global adjusts ad totals to reflect more realistic spending.

판 광고를 통해 L.L Bean(그리고 Eddie Bauer와 REI)에 대하여 알고 있다. 글로벌 제품 정보는 비행기, 치과, 매장 그리고 집 등 모든 곳에서 접근이 가능하다.

예산과 조직

국내(domestic) 시장에서 광고예산을 책정하는 일반적인 방법은 다음 해의 예산을 지난 해 판매의 특정 비율로 설정하는 매출액비율법(percentage-of-sales)이다. 도출된 수치는 경쟁상황의 변화, 판매목표치의 상향조정 또는 기업의 수익 변화 등을 고려하여 조정될 수 있다. 그러나 매출액비율법은 수익과 결부되어 안정적이고 예측할 수 있는 지출

수준을 확립하는 이점을 가지고 있다. 광고비의 매출액 대비 비율은 동종산업의 일반적인 비율을 기준으로 하여 산정할 수 있다. 이를 통해 경쟁자들과의 비교가 용이하다.

매출액비율법이 대부분 국가의 기업들 사이에서 일반적임에도 불구하고 글로벌 광고예산을 설정하는데 그리 유용한 방법은 아니다. 전 세계의 모든 수익의 총합을 기초로 하여 비율을 설정할 수 있다고는 하지만 정작 그 비율을 어느 정도로 하여야 할지는 모호하다. 국가별로 광고예산비율은 해당 국가의 미디어상황, 경쟁상황 등에 따라서 동일한 산업이라고 하더라도 다를 수 있기 때문에 어느 나라의 비율을 채택하여야 할지는 쉽지 않은 선택이다. 판매비율 접근접은 과거 판매에 기초하여 광고를 설정하기 때문에 다국적 광고에서 글로벌 광고로 전환할 때 이용되기 어려운 면이 많다. 광고예산이 경쟁자의 지출액에 기초하여 설정되는 경쟁대항법(competitive parity) 접근법 또한 글로벌 광고에서 타당성이 떨어진다. 국가별로 경쟁기업은 서로 다른 정도의 기업 특유의 우위를 가지고 있고 시장점유율을 확보하고 있기 때문에 광고비 지출에 있어서 적정액을 일반화하기 어려운 면이 있다. 경쟁대항법은 Coca-Cola와 Pepsi 또는 Sony, Matsushita, Sharp 그리고 다른 소비자 가전부문의 일본 참여자들과 같은 글로벌 경쟁자들이 동일한 국가에 진출한 기업인 경우에 가장 적절하다.

글로벌 광고를 위한 예산은 일반적으로 국내 마케팅 전문가들에 의해 선호되고 있는 소위 목표–과업방법(objective-task method)이라 불리는 버전을 활용한다. 이 방법에서는 광고의 목표가 먼저 명확히 밝혀지고 이를 수치화하며 또한 이를 달성하기 위하여 필요한 광고예산을 책정하게 된다. 미디어 매체효과가 전 세계적으로 측정되는 것이 매우 힘들다고 할 수 있지만 이러한 체계적인 방식의 예산도출은 바람직하다. 광고인식의 비율이나 광고의 인식빈도 등을 통하여 광고의 목표를 정확히 밝힌 다음 이러한 목표를 달성하기 위한 미디어 계획을 수립하여야 한다.

이것은 글로벌 네트워크를 가지고 있는 광고대행사의 전문적인 역할로 가능하다. 글로벌 광고에 수립된 예산은 거대한 금액의 광고투자를 요구한다. 글로벌 캠페인의 실행 가능성과 비용을 평가하기 위하여 대행사의 글로벌 네트워크에 속한 현지지사들의 적극적인 참가가 필수적이다. 이러한 이유로 인해서 글로벌 광고대행사를 선택하는 것은 글로벌 광고업주의 중요한 결정사항이다. 사실 글로벌 광고로 나아가는 결정적 요인은 글로벌 접근성을 보유한 대행사를 확보하느냐에 달려 있다.

글로벌 광고대행사

글로벌 광고는 전 세계적인 자회사 또는 계열사 네트워크를 갖춘 글로벌 광고대행사가 있기에 가능하였다.

표 16.6 4대 광고대행사와 주요 협력사(2006년 수입, 미화 10억 달러)

1. 옴니콘그룹(미국 수입 114억 달러); BBD&O, DDB, 그리고 TBWA.
2. WPP그룹(영국 수입 108.2억 달러); J. Walter Thompson, Wyoung & Rebicam, Grey.
3. 인터퍼블릭(미국 수입 61억 달러); McCann-Erickson, FCP, Lowe.
4. 퍼블리시스(프랑스 수입 58.7억 달러); Leo Burnett, Saatchi & Saatachi, Fallon, Kaplan, Thaler Group.

Sources: http://adage.com/datacenter.

대행사의 글로벌화

오늘날 미국과 유럽의 대부분의 큰 대행사들은 글로벌 접근가능성을 가지고 있으나(대조적으로, Dentsu를 포함하는 일본의 대행사들은 아시아 밖에서는 그다지 큰 역할을 하지 못한다) 글로벌 캠페인을 실행할 수 있는 능력은 지역별 광고인프라의 차이로 인해 다른 양상을 보이고 있다. 합작회사나 해외지사 등을 관리함에 있어 더욱 짜임새 있는 경영을 할 수 있는 경영환경이 조성됨에 따라 광고대행사들도 이제 글로벌화를 지향하고 있다. 합병이전에도 가장 큰 글로벌 회사였던 맥캔-에릭슨과 같은 광고회사는 1990년대 초반에 유럽과 아시아의 독립적인 지역 대행사들을 흡수하기 시작했다. 1994년 IBM은 뉴욕에 거점을 둔 대행사 중 하나인 Ogilvy & Mather라는 회사에 모든 광고를 맡겼다.

광고대행사들이 세계적으로 확장됨에 따라 많은 광고주들은 그들의 광고지출을 하나의 글로벌 대행사에게 집중시키기 시작하였다. 이로 인해 많은 작은 대행사들이 광고주들로부터 광고수주를 받지 못하게 되었다. 따라서 작은 대행사들은 합병을 통해 글로벌 네트워크를 형성하였고 큰 회사들까지도 인수하기 시작하였다. 그러나 개개의 광고대행사의 브랜드명은 부분적으로 남겨졌는데, 이는 브랜드 자산을 보호하기 위함이었다. 하지만 이는 작은 대행사들 간에 혼란을 초래하게 되었다. 글로벌 광고는 대부분 창의적인 개별 광고대행사에 의해 이루어지는데 광고수주를 위한 경쟁은 거대광고기획사의 브랜드 아래에서도 여전하였다. 〈표 16.6〉은 "4대" 대기업 대행사를 보여주고 소속 주요 대행사 브랜드를 보여준다.

많은 그룹 멤버들이 모여 만들어진 큰 대행사는 개개의 자랑스러운 역사와 권리를 가지기 때문에 합병 시 이들은 스스로의 독립성을 유지하려는 경향이 있다. 동일한 브랜드 우산 하에서 여러 기업들은 경쟁에 직면하기 때문에 이러한 전략은 매우 중요하다. 그러나 이는 거대 대행사의 장점에도 불구하고 소속대행사들의 업무의 상충가능성으로 인하여 여전히 취약점으로 작용하고 있다.

광고대행사의 임무

글로벌 대행사는 다양한 시장에서 그 시장의 지역적인 특성을 반영하고 광고주와 긴밀하게 소통하여 광고메시지와 미디어를 기획한다. 본사나 현지국의 자회사는 창의적인 광고개발과 광고표준을 설정하여야 한다.

다양한 시장에 진입한 다국적기업들은 세계적인 광고대행사에 의존하는 것이 통제와 협력의 관점에서 득이 된다고 본다. 런던에 본사를 두고 포장제품을 만드는 Unilever는 그들의 제품과 시장을 관리하기 위해 WPP 그룹의 월터 톰슨을 고용했다. Volkswagen은 도일 데인과 미국 대행사인 BernBach의 광고능력에 매우 만족하여 자국인 독일을 포함해 다른 나라의 시장까지 광고대행을 맡기게 되었다. 이러한 대규모 광고 수주방식은 대부분 매우 불안정한 마케팅결과를 가져 올 수도 있다는 것을 알아야 한다. 매출과 시장점유율이 안정적으로 증가하는 경우에는 이러한 대행사선정방식은 큰 문제가 되지 않는다. Coca-Cola는 1990년대 초반부터 최소 5차례 글로벌 대행사를 바꿨다. 나이키는 브랜드 광고에 새로운 창의성을 가미한다는 목적으로 광고대행사를 2007년에 크리스핀 포터 & 보거스키로 바꿨다. 그러나 장기적인 대행사와의 관계가 중요할 때가 있다. 맥켄 에릭슨은 콜라 업계에서 장기간 대행사관계를 유지해오고 있다. 나이키는 대행사를 바꾸기 전에 24년 동안 오리건에 소재한 대행사인 위든 & 케네디와 신뢰를 쌓아왔다.

또한 어떤 나라의 시장상황이 독특하거나, 특별히 어려운 경우에 회사들은 자신의 광고예산을 글로벌 광고회사보다는 현지 대행사에게 할당하는 것이 일반적이다. 따라서 일본의 다국적기업들은 아시아 시장을 다루기 위해서 거대한 덴츠나 하쿠호도 대행사에게 의존하지만, 미국시장에서는 현지 특유의 전문대행사를 고용한다. 다국적 대행사의 특정한 지사(독립자회사를 포함)에 배치된 직원은 대부분 현지에서 채용한 직원이다. 그럼에도 불구하고 일본기업은 현지국에서 채용한 광고직원을 선호하지 않는데 그 이유는 현지국 광고가 너무 자민족중심으로 편향되는 것을 막기 위함이다. 미국 다국적기업의 경향은 해외의 미국 대행사와 거래하는 것을 선호한다. 이러한 관행의 효율성은 의문시 되는데 미국 광고업체들은 매년 우수하고 창의적인 광고에 주어지는 클리오 상을 못 받고 있다. 미국 다국적기업들은 미국광고 대행사와 접촉을 하지만, 실제로 미국에 기반을 둔 광고 대행사들은 현지의 광고대행사들에 대부분 의존하고 있다.

연구결과에 의하면 현지 자회사가 글로벌 광고를 실시할 수 있는 역량은 상당히 제한적이라고 보고되고 있다. 한편 지역적으로 상호조정하는 광고캠페인이 일반적이다. 미국 대행사의 347개 해외지사를 대상으로 한 조사에서 약 2/3가 다국적 광고에 현지 광고파트너로 참여했다는 것을 알아냈다. 이러한 다국적 캠페인은 대부분은 지역적이었고, 현지시장에만 사용되는 캠페인이었으며, 진정한 글로벌 캠페인은 10%에 미치지 못한다는 것이었다. 조사자들에 의하면 초-광역 광고 캠페인의 출현은 무역의 지역화와 블록화 때문이라고 한다.

광고의 규모가 적을 때에는 현지 대행사들이 나서는 것이 바람직하다. 이는 글로벌 대행사들은 작은 규모의 광고를 무시하는 경향이 있기 때문이다. 표준 위탁 수수료 15%를 받고 하청을 줄 수 있는 상황에서도 다국적 거대 광고대행사는 여전히 더 중요한 큰 거래처에 집중하려고 하는 경향이 있다. 비용수입 측면에서 소규모 광고의 수주는 다국적 대행사에게는 적합하지 않은 면도 있지만 다국적 대행사는 현지지사를 활용함으로서 이러한 단점을 극복할 수 있다. 몇몇 특정 국가에서는 작은 규모의 광고일지라도 이러한 개별국가의 광고가 전 세계적으로 모이는 경우에는 큰 예산으로 바뀔 수 있다는 점을 간과해서는 안 된다.

대행사와 광고주와의 관계에서 하나의 특별한 고민거리는 국가 간 상이한 광고예산 규모로 인한 다른 가격구조이다. 또한 몇몇 나라의 광고주들은 광고된 제품이나 연계무역의 형태로 광고대금을 지급하기를 요구한다. 이러한 어려움들로 인해 영향력이 매우 큰 글로벌 대행사의 수익성이 낮아져 주주들로부터 많은 압박을 받는 것은 더 이상 놀라운 일이 아니다.

메시지와 창의성

메시지, 시각자료 그리고 광고문구의 번역과 같은 주제들은 글로벌 광고에서 심도있게 논의되는 사안들이다. 심지어 능숙한 광고인이라도 글로벌 광고에서는 잦은 실수를 범한다. 글로벌 광고에서의 실수는 국내광고에서와는 다르게 그 규모나 범위에서 매우 큰 피해를 초래할 수 있다.

광고메시지 번역은 국가 간 문화와 다양성 때문에 매우 복잡하다. 언어는 국가간 문화의 차이가 가장 극명하게 나타나는 영역 중 하나다. 글자로 번역된 경우에 그것이 관용적인 의미로는 전혀 다른 의미로 쓰이는 경우가 있다. 예컨대 잉크 제품의 슬로건인 "Quink를 사용해서 곤혹스러운 상황을 피하세요"를 스페인어로 번역했을 때 관용적으로 "Quink를 사용해서 임신을 피하세요"로 번역된다. 문화적 상징성으로 인해 일부 아시아인들에게 검은 이가 때로는 매력의 상징으로 여겨지는 경우도 있고, 어떤 나라에서는 동물을 광고의 상징으로 채택하는 것이 불가능한 국가도 있으며(Exxon은 인도와 같은 몇몇의 국가에서 호랑이의 사용을 포기했어야 했다), 또한 숫자와 색깔에 대한 철저한 검토가 필요한 경우도 있다(일본에서 숫자 4는 죽음의 숫자이고, 필리핀에게는 3이 죽음의 숫자이다; 미국과 서부 유럽 사람들에게 13은 받아들여질 수 없고; 아시아에서 검은색과 흰색은 장례식을 의미하고; 유럽에서 흰색은 행복을 의미하며; 빨간색은 이탈리아에서 남성적인 색이며, 남부 유럽에서는 여성적인 색이다).

동일한 광고

극단적인 글로벌 광고는 같은 메시지와 시각자료를 여러 국가에서 활용하고 다만 언어를 더빙하던지 아니면 자막으로 해석을 넣어서 최대한 국가간 광고의 차이성을 줄이려고 한다. Marlboro 담배의 카우보이와 기름 저장고에 있는 Exxon의 호랑이는 범-유럽 광고의 한 예로 들 수 있다. 때로는 어떠한 번역도 전혀 없이 동일한 광고가 사용된 경우도 있다. 청바지 제조회사인 Levi's는 락 뮤직과, 모호하게 들리는 에스페란토어를 사용한 만화광고를 사용하고 Levi's를 입은 영웅이 불타는 빌딩에서 아름다운 여인을 구하는 장면과 같이 쉽게 이해할 수 있는 만화를 이용한다. 어떤 경우에는 단순히 자막만을 제공하기도 한다. IBM은 이탈리아어로 인터넷 서핑의 장단점을 토론하는 수녀들의 대화를 영어로 번역한 자막을 제공하였다. 이렇게 함으로서 현지감각을 살리면서도 여전히 글로벌 광고의 기능을 갖추게 하였다.

프로토타입 광고

언어와 문화적인 문제를 피하기 위해 언어더빙과 시각메시지를 바꾸지만 근본 틀은 유지하는 글로벌 프로토타입 광고가 있다. 이 경우에 광고에 출연하는 사람은 현지인으로 바뀌지만 여전히 동일한 시각메시지를 전달할 수 있다. 남자 향수인 드라카 느와는 아랍 인쇄광고에서 제품을 쥐고 있는 남자의 손을 만지고 있는 여성의 손을 보여줬고, 미국에서는 같은 손이 남자의 손목을 잡는 장면을 보여줬다. 콜게이트-팔모리브와 코카 콜라는 종종 실제 광고샘플 프로토타입을 사용하는데, 이 경우 소리와 메시지(일반적으로 제한적인 유연성)와 창조적인 측면(레이아웃, 색, 상징—유연성이 허용되는 측면)에서 허용되는 변형의 정도 및 적절한 미디어에 대한 지침을 포함하는 프로토타입을 본사가 제공한다.

패턴 표준화

패턴 표준화는 앞에서 언급한 프로토타입 광고와 비슷하나 덜 구조적인 접근법이다. 패턴표준화는 주제를 포지셔닝하는데 있어서는 동일하지만 포지셔닝이 각각의 시장에 적용됨에 있어서는 약간의 창의성이 적용된다. 이러한 접근법은 현지시장의 사정을 반영한 창의적 광고를 할 수 있다는 점에서 널리 채택되고 있다.

특히, 이러한 형태의 글로벌 광고는 지역별로 종이광고와 영상광고 간의 선호도

표 16.7 두 가지 글로벌 광고 전략 특징 비교

프로토타입 광고(Prototype Advertising)	패턴 표준화(Pattern Standardization)
브랜드 이름(Brand name)	브랜드 이름(Brand name)
테마(Theme)	테마(Theme)
형상(Visual)	형상(Visual)
포지셔닝(Positioning)	포지셔닝(Positioning)
배우(Actors)	다른 배우(No, different actors)
단어(Words)	다른 단어(No, different words)
현지 언어(Language(local)	현지 언어(Language(local)
미디어(Media)	현지 미디어(No, localized)
재료(Materials)	일부(Some)
슬로건(Slogan)	슬로건(Slogan)

차이를 반영한 광고를 할 수 있다는 점에서 유용하다. 예를 들면, 복사기 제조회사인 Xerox의 유럽 광고는 미국에서의 광고보다 더 많은 종이광고를 한다. 또한 광고되는 제품의 일치성을 설명하기 위해서 제품라인을 소개하는 사진을 같이 동봉하여 광고할 수도 있다. 유럽의 백색가전 제품인 Electrolux는 여러 자회사에게 보낸 CD를 통해 제품진열 방식을 다운받고 출력할 수 있도록 하여 판매촉진에서의 통일성을 기하고 있다.

두 가지의 대안적인 광고전략 즉 프로토타입 광고와 패턴 표준화는 〈표 16.7〉에서 비교되고 있다. 표에서 알 수 있듯이 두 가지 방법은 매우 유사하다. 이 두 전략의 차이점은 패턴 표준화에서는 지역에서 선택한 배우와 광고용어가 사용된다는 점이다. 미디어유형 역시 패턴 표준화에서는 지역적으로 개별적인 선택을 한다. 패턴 표준화 전략은 광고를 개발하거나, 상업광고를 재활용하는데 있어 좀 더 자유스럽다.

미디어 선택

메시지 창작 부문에서는 일관된 이미지 포지셔닝을 유지하기 위하여 대행사와 광고주의 공동 작업이 필요하고, 미디어 선택의 경우에는 대행사가 현지의 직원과 상의하여 결정할 분야이다. 미디어를 선택함에 있어서 현지의견을 반영하는 이유는 주어진 제약조건하에서 최선의 미디어를 선택하기 위해서는 현지의 정확한 정보가 필요하기 때문이다. 예산, 메시지 창작, 일반적인 방향 제시에 한해서는 본사에서 정하는 것이 가능하다. 하지만 미디어 선택의 경우에는 지역상황을 반영하지 않을 수 없다.

하지만 요즘에는 글로벌 거대 미디어기업의 성장으로 미디어비용을 정하기 위한 협상도 점점 통합화되고 있다. 글로벌 거대 미디어기업으로부터 여러 나라의 미디어수단을 동시에 구입하기 위한 협상을 일괄적으로 진행함으로서 미디어수단의 확보에 있어 할인을 받을 수도 있다. 특정지역에 고유한 미디어수단을 확보하려고 할 경우에는 다르겠지만 일반적인 TV나 신문광고에 의한 미디어 유통경로를 확보하려는 경우에는 이러한 중앙집중식 미디어협상이 효율적일 수 있다.

〈표 16.3〉은 지역에 따라 각 미디어의 활용도를 나타내고 있다. 이미 언급을 하였듯이 미디어선택은 여러 가지 요인들에 의해 결정되며 이러한 결정요인들에는 TV 및 라디오의 보급정도, 경제 발전 수준, 종교 등이 있다.

어떤 미디어타입을 선택할 것인지는 전적으로 광고캠페인의 목적과 표적집단의 특성에 달려있다. 제품 존재의 '인지'를 위해서 TV가 많이 활용된다. TV 보급률이 낮은 시장에서는 라디오가 TV 광고를 보완할 수 있다. 역설적이지만 상대적으로 TV가 흔하지 않은 나라에서는 TV광고가 광고제품의 가치를 부양할 수 있는 면도 있다.

제품에 대한 정보를 효과적으로 전달하기 위해서는 구두나 문자 등 일정형태의 언어체계가 필요하다. 만약에 대상 국가의 문맹률이 높다면 TV광고 보다는 라디오광고가 더 효율적일 것이다. 또한 문맹률은 낮지만 현지국가에 잡지보급률이 낮을 경우 신문에 의한 광고가 효율적일 수 있다. 대부분의 서구국가에서 제품정보의 가장 효율적인 전달은 잡지를 통해서 이루어진다. 이러한 국가에서 잡지가 제품소개에서 큰 역할을 하는 것은 제품에 대한 심층적인 정보제공이 가능하고 또한 이들 지역에서의 대부분의 제품은 속성이 매우 분화되어 축약된 상징 형태의 지상파나 공중파 방송에 의하여 광고메시지를 효율적으로 전달하기는 어려운 면이 있기 때문이다.

태도변화와 이미지구축을 위해서 신문과 라디오 광고는 일반적으로 TV와 잡지에 비해 효과가 떨어진다. 어떤 국가에서는 영화광고와 옥외광고가 중요하다. 아르헨티나에서는 관객이 영화로부터 받은 감흥이 광고메시지로 이어지고 영화자체에 빠져드는 성향으로 인해 영화광고의 효율성이 부각되고 있다. 대부분의 나라에서 시각과 음성이 결합된 미디어 매체인 TV가 정서적 의사소통을 위해 매우 중요한 수단이 되었다.

소비자의 행동에 직접적인 영향을 주기 위해서 미디어 선택은 시의적절해야 한다. 즉, 고객의 구매시점에 맞추어야 한다는 것이다. 신문은 대부분의 나라에서 이러한 기능을 잘 수행하고 있다. 하지만 잡지(그리고 TV)의 경우에는 만약 제품이 특화된 판매유통경로를 확보하고 있지 않다면 시의적절성을 보장할 수 없어 소비자행동에 직접적인 영향을 주기에는 어려움이 있을 수 있다. 후자의 예는 미국에서 찾아볼 수 있는데, 미국의 경우 TV에서 광고된 제품을 전화로 주문하고 신용카드로 결제하곤 한다. 또한 이러한 소비자행동을 고려한 광고로서는 온라인광고가 좀 더 효과적인 것으로 볼 수 있다. 온라인 광고의 경우 소비자 결정과정에 직접 개입할 수 있고, 가능성 있는 대안을 선택하는데 있어 영향력을 행사할 수 있다는 점에서 실질적인 영향력을 발휘한다.

일반적으로 미디어의 유형이 결정되었다면 각 유형 안에서 사용될 구체적 광고수단은 보통 광고 경비효율지표(CPM)와 같은 기준을 기초로 하여 선택된다. 이러한 효율기준은 광고수단의 비용이 얼마나 지출될 것인지와 이러한 지출에 따라 어떠한 광고효과를 발휘할 것인지 즉, 얼마나 많은 사람(표적시장에서)들에게 그 광고가 전달될 것인지에 대한 정보를 통하여 산출된다. 접근가능한 청중들을 측정한다는 것은 때로는 불완전하거나 믿을 수 없으며, 심지어 측정대상이 존재하지 않기도 한다. 선진국의 경우에도 독립적인 대행사의 광고효과에 대한 정확한 수치를 파악하는 것은 어려운 일이다. 이러한 어려움으로 인해 다방면의 심층분석이 필요하고, 미디어 수단을 선택하기에 앞서 다양한 미디어 수단에 대해 깊은 지식을 가진 현지인과 상의하는 태도가 필요하다.

비용 측면에서 외국 대행사보다 국내 대행사를 이용하면 광고요금을 많이 할인받거나 특별 할인을 제공받을 수 있다. 또한 적절한 가격과 지불절차를 논의하기 위해서 지역의 대행사도 적절히 활용할 필요가 있다.

광고의 디지털화

TV, 인터넷, 이메일, 휴대전화 또는 다른 매체를 통한 디지털 커뮤니케이션은 광고주와 광고 대행사에게 기회와 위협을 동시에 제공한다.

모든 현존하는 미디어(TV, 라디오, 옥외광고, 인쇄광고)는 메시지를 전달하는 방법을 디지털화 하고 있다. 2006년 미국 Advertising Age에 따르면 미국의 광고 대행사들은 전통적 광고미디어 계획/구매에서 그들의 수익의 반(46.4%)을 발생시켰고, 그 나머지는 디지털/상호작용, 직접 마케팅, 그리고 판매촉진을 포함하는 마케팅 서비스로부터 수익을 발생시켰다. 마케팅 서비스가 미국 마케팅 커뮤니케이션 수익에서 차지하는 비율은 2005년 51.5%에서 53.6%로 증가하였다. 비록 정확한 자료를 얻기는 어렵지만 다른 나라에서도 대부분의 패턴은 이와 유사하거나 오히려 더 강화되는 현상을 보였다. 인터넷이 "모든 것을" 바꾸지는 않았지만 많은 것들을 바꿔왔다.

2005년 187억 달러였던 세계 온라인광고 지출비용은 2009년 427억 달러로 성장할 것으로 예측 된다. 미국에서 2005년 125억 달러였던 온라인 광고는 2006년 168억 달러가 되었고, 이는 1년에 34% 성장한 것이다. 그리고 인터넷 소비가 증가함에 따라 그 비율이 더 증가할 것으로 기대된다.

광고의 디지털화는 광고산업 자체에 큰 영향을 미치고 있다. 2006년 프랑스에 기반을 둔 광고대행사 집합체인 Publicis는 디지털 서비스로 전환하기 위하여 디지털 광고대행사인 Digitas에게 13억 달러를 지불하였다. 2006년 1월 이후 4개의 대행사 집합체(Omnicom, WPP, Interpublic, and Publicis)는 20개 이상의 디지털 벤처기업을 사거나 혹은 이들 기업에 투자하였다. 전통적 광고기업들은 빠르게 성장하는 디지털 분야에서 필요한 경쟁력을 갖추기 위해 온라인 분야 전문사업체들을 통해 변화를 모색하고 있다.

온라인 매체의 이점은 단순히 상호작용과 표적능력이 아니다. 성장가능성과 수익성이 높은 시장에 좀 더 직접적으로 접근할 수 있고, 이에 따른 의사소통 비용 역시 거의 들지 않아 비용측면에서도 효율적이다. 정부의 간섭으로 인터넷 접근이 제한되는 경우를 제외하고는 인터넷을 통하여 전 세계로 손쉽게 광고를 확장할 수 있다. 또한 필요한 판촉활동과 고객과의 연결을 제공해 주는 중개인들이 있다. 이러한 중개서비스의 예로서 Google 혹은 다른 검색 엔진에 비용을 지불하고 웹페이지 한쪽 옆의 작은 공간을 통한 광고에 사용자의 웹 주소를 올리거나, 특정 조건을 검색할 경우 사용자의 웹 주소가 나타나도록 하는 것이다. Google은 AdSense라 불리는 프로그램을 제공하여 웹사이트에 광고주가 광고를 유료로 올릴 수 있도록 하였다. AdSense 프로그램은 Google 소유인 AdWords를 기반으로 광고의 적절성에 대해 확인하고 그 웹사이트로 갈 수 있도록 도와준다. 그 웹사이트 소유주는 방문자가 광고를 클릭 할 경우 수수료를 받게 된다.

광고의 디지털화는 또한 광고업무를 좀 더 간소하게 하고 있다. 메시지 선택, 캠페인 진행의 통제, 그리고 광고의 첨부 등과 같은 일들이 온라인 접근으로 인해 훨씬 용이하게 되었다. 광고메시지에 대한 패턴표준화 전략은 디지털화로 인해 엄청난 혜택을 얻었다. 예를 들어, 전통적인 광고나 상업적 광고는 세계의 어떠한 자회사로도 디지털 전송이 쉽게 될 수 있게 되었고, 각 시장의 실정에 맞게 지역화하고 현지화 할 수 있게 되었다. 본사가 각국에서의 광고에 대해서 무엇을 수정하여야 하는지에 대한 노력을 기울이거나 시간을 소비할 필요가 없어졌다. 대신에 현지화를 위한 기본적인 틀은 자국에서 제공하고 현지에서 필요한 수정을 가한 후에 승인을 위하여 자국으로 디지털 전송으로 편리하게 보내게 되었다.

디지털화는 몇 가지 변화를 예고하고 있다. 좀 더 많은 미디어가 인터넷 프로토콜을 통해 전달되면서 소위 탈중개화의 시대로 접어들고 있다. 탈중개화라는 것은 관중이 유통경로 중개자의 지배로부터 벗어난다는 것을 의미한다. 그 좋은 예가 TV인데, TiVo나 DVR은 광고를 삭제할 수 있을 뿐만 아니라 프로그램 시간을 변경시킬 수 있다. 시청자는 적극적으로 광고를 피할 수 있고, 그들의 스케줄에 맞춰 방송을 시청할 수 있다. 광고메세지의 전달이 전송자와 수신자 사이에서 상호작용인 형태로 바뀜에 따라 탈중개화 현상은 더욱 강하게 나타날 것으로 보인다.

이러한 변화는 새로운 기회를 제공할 수 있다. 상호작용적인 소통방식에 의해 소비자에게 더 많은 역할을 부여하면 이는 어떠한 형태로던지 소비자와 더 많은 소통을 할 수 있다. 이러한 현상을 활용하기 위해 글로벌 광고비에 더욱 많은 투자가 있을 것으로 보인다. 〈표 16.2〉에서는 향후의 이러한 투자추세가 반영되고 있다.

클로즈 업: 라틴아메리카에서의 굿이어

라틴아메리카에 진출한 Goodyear를 통해 본사의 경영자, 지역자회사, 그리고 광고대행사가 어떠한 방식으로 범지역적 글로벌 캠페인을 실시하였는지를 살펴볼 수 있다.

미국 오하이오 주 애트럼에 본사가 있는 타이어회사 Goodyear는 광고의 표준화에 오랜 시간을 투자했다. 타이어를 구매하는 소비자는 기후나 도로상황과 같은 기본요소를 크게 중요시한다는 가정 하에 1970년 초부터 국제적인 광고에 집중적으로 힘을 썼다. Goodyear의 지역적 접근은 프로토타입 표준화 프로그램으로 진화하여 이전보다 의사결정에 있어 지역 자회사를 더 많이 참여시키고 있다. Goodyear의 라틴아메리카 광고는 지역조건에 반응하면서 글로벌 규모의 이점을 획득하였다.

지역 자회사를 적절하게 포함하여 통일화된 지역광고 전략을 만들려는 계획은 광고프로젝트 초기에 시행될 필요가 있다. 1992년 새로운 구조조정을 통해 변화된 Goodyear는 새로운 캠페인을 12개월에 걸쳐 기획하였다. 다음은 그러한 광고프로젝트의 여섯 단계를 나타낸다.

1. 예비 오리엔테이션

초기 단계는 본사와 지역 스태프에게 서로의 관점을 각각 이해시키도록 하는 교육단계이다. 본사는 자회사 직원에게 범지역적 접근으로부터 예상되는 이익을 알렸고, 지역 자회사는 그들의 현재와 향후 커뮤니케이션 전략에 대한 정보를 제공하였다. 범지역

이익을 강조하기 위해 라틴아메리카 판매 및 마케팅 지역이사는 낮은 무역장벽으로 발생하는 비용절감을 설명하였고, 좋은 질의 표준화된 광고가 가지는 이점에 대해서 설명하였다. 각국의 판매이사들은 각국의 시장에서 브랜드 인식을 포함한 몇 가지의 사업쟁점들을 설명하였다.

2. 소통전략을 수립하기 위한 지역회의

마이애미에서 이틀간 비공식 워킹 컨퍼런스가 열렸고, 커뮤니케이션 전략이 개발될 수 있었다. 본사에서는 라틴아메리카의 지역부회장, 판매 및 커뮤니케이션 이사장 그리고 마케팅 조사 경영자가 참석하였다. 자회사에서는 판매 이사장과 각국의 광고 경영자들이 참석하였다. 또한 광고대행사로서는 지역거래 비서실장과 시카고를 기반으로 라틴아메리카에 사무실을 가진 Leo Burnett Worldwide사의 기획이사가 참석하였다.

이 컨퍼런스의 목적은 각국의 특성을 반영하고 지역적 요구에 맞추기 위해 소매상, 판촉, 그리고 제품 광고에 있어 자회사 자치권을 부여하면서 동시에 시너지효과를 가질 수 있는 "엄브렐러" 광고테마를 개발하는 것이었다. 엄브렐러 테마는 지역의 창의적인 컨셉을 수용하고 범지역적으로 통용될 수 있는 브랜드 포지셔닝을 통하여 TV광고와 인쇄광고 등을 체계적으로 관리할 수 있게 한다.

회의에 참석한 모든 사람은 이전의 지역캠페인을 최대한 무시하고 새로운 타이어 광고를 개발하고자 했다. 다양한 참가자들은 한 나라의 문제가 사실 독특한 것이 아니고 공통적인 것을 발견하게 되었다. 그리고 참가자들은 여러 지역 간 브랜드 자산가치를 높이기 위해 포지셔닝 전략을 통일하는데 동의하였다. 동시에 지역적응의 필요성도 제기되었다. 예를 들어, 스페인어가 남미에서는 브라질을 제외한 모든 나라에서 공통 언어임에도 불구하고 국가별 차이로 인해서 단어 선택과 발음을 지역적으로 수정할 필요가 있었다.

지역 인재를 통해 각 나라에 필요한 광고를 개발하였다. 자회사의 의견을 반영한다는 전제로 패턴 표준화광고가 적절한 해결책으로 제시되었다.

초기단계에서 이처럼 광고대행사를 활용함으로써 범지역 광고를 위한 창조적 대안 도출이 가능하였다. 이러한 창의적 대안의 보완을 위하여 각국의 광고경영자와 판매이사들, 본사의 지역판매 및 커뮤니케이션 이사들, 그리고 대행사 사람들로 구성된 대책위원회가 구성되었다.

3. 광고기획회의

대책위원회는 기획팀에 의해 개발된 컨셉트 또는 테마의 줄거리를 검토하기 위하여 모였다. 5명의 기획팀은 각각의 특별한 컨셉트와 줄거리를 설명하고 그들의 주장을 펼쳤고 이어 장시간의 토론이 계속되었다. 그 결과 각국의 소비자로부터 컨셉트에 관한 자료를 좀 더 모으기로 하였다. 광고메시지가 현지국의 소비자들의 욕구와 관심에 어느 정도 부응하는지를 구체적으로 밝히기 위하여 시장조사가 더 필요하다고 의견을 모았다.

4. 질적조사단계

제안된 컨셉트와 줄거리에 관한 조사는 두 가지 주요 쟁점으로 집중되었다. 하나는 타이어의 안전성에 대한 소비자의 관심이었고, 두 번째는 다음 네 가지의 설정된 주제에 관한 고객들의 반응이었다.

a. 감정적 호소를 통한 권위
b. 리더십 포지셔닝
c. 기술이전
d. 합리적 설득을 동반한 앞선 기술

5개 국가(브라질, 칠레, 콜롬비아, 멕시코, 베네수엘라)의 포커스그룹을 상대로 대안들을 비교한 결과 타이어의 안전성과 튼튼함이 가장 중요한 것으로 나타났고 권위에 기반한 접근법도 유효한 광고테마가 될 수 있음을 알아냈다. 또한 일반적으로 "우리는 같지 않다"라는 지역별 고유정서는 비현실적으로 나타났고, 응답자들은 자국의 도로사정이 라틴아메리카에서 최악이라고 평가했다.

5. 조사결과평가회의

대책위원회에서 조사결과를 검토하였다. 그 목적은 왜 소비자들이 타이어에 대한 그들의 믿음을 바꾸고 Goodyear를 선택해야 하는지에 대한 설득력 있는 포인트를 개발하여, 독특한 판매전략을 수립하기 위함이었다. 이러한 광고테마는 다양한 지역에서 수행될 광고에 일관성을 제공하기 위해 반복적으로 사용되게 된다.

미팅의 성과는 "소비자 제안"으로 명명되었고, 이는 범지역 캠페인개발을 위하여 광고대행사들에게 제공될 지침이다. 이후의 미팅에서 대책위원회는 그 대행사와 지역 기획팀으로부터 제안된 안을 검토하고 다시 피드백하는 절차를 거쳤다.

6. 최종심사

대책위원회의 최종결정 회의에서는 국가와 팀원의 출처를 익명으로하여 각팀의 컨셉트가 제출되었다. 지역별 크리에이티브 팀은 인쇄광고에서 옥외미디어까지 지역 구분없이 전체 캠페인과 자료들을 반영한 제안서를 제출하였다. 이러한 블라인드 심사는

"자기우선주의(not invented here)" 신드롬을 피하고 특정 제안에 편향된 경향을 줄이기 위함이었다.

이 과정은 원만하게 진행되었고 어떤 제안은 테마의 포지션과 창의성이 뛰어난 것으로 평가되었다. 결국 최종 선정된 광고테마는 각 지역 대행사로 전달되었고 이들은 현지의 상황을 고려하여 적절히 수정된 현지광고를 실시하였다. 상업광고의 제작과 자료의 개발이 여름 내내 이루어졌고, 이후 미디어 선정을 완료하여 본 광고가 시장에 나가기 시작하였다.

7. 교훈

범지역광고에서 패턴 표준화와 관련한 몇 가지 사항을 요약하면 다음과 같다.

첫째, 개별 국가보다는 여러 개의 국가를 지역으로 묶어서 광고를 실시함으로서 현지적응비를 절약하고 광고시행에 있어서 규모의 경제를 이룰 수 있다. 새로운 무역블럭의 출현으로 이러한 이점은 더욱 명확해지고 있다.

둘째, 초기단계에서 국가별 자회사와 광고대행 전문가의 의견을 반영함으로서 현지 국가에서의 광고 주제의 수용을 쉽게 할 뿐 아니라 광고테마를 다양하게 제공받을 수 있는 장점도 있다. 이러한 방식의 광고전략이 필요한 것은 자국에 있는 본사보다 현지 회사나 현지 광고대행사들이 현지시장 정보를 더욱 많이 가지고 있기 때문이다.

셋째, 패턴표준화는 시장이 개방적이고 자유로운 교류가 있을 때 매우 유용하다. Goodyear의 사례를 보면, 각 국 시장의 이질성은 현지시장들 간 상호교류의 부족에 기인함을 알 수 있다. 또한 본사는 그 지역 단위체들 보다 관련 시장에 대한 정보를 더 많이 안다고 가정할 수 없으며, 표준화의 필요성에 대하여 현지대행사를 설득하기 위하여 노력하여야 한다. 지역광고의 운영이 범지역적 광고의 운영에 잘 부합하는지를 분석하고 본부에서는 현지의 광고정책이 본부의 광고정책과 조화를 이루게 하기 위하여 무리하게 현지의 광고정책을 변경해서는 안 된다. 그리고 본사는 지역 단위의 광고주체가 대안적 광고전략을 제시했을 경우 유연하게 수용할 수 있어야 한다.

넷째, 기업이 수 년 동안 한 시장에서 잘 운영되어 왔더라도, 시장조사와 연구는 여전히 필요하며, 특히 상황이 바뀔때는 더욱 중요하다. 어제의 해결방식은 어제의 문제에 적합한 해결책이고, 새로운 시대에는 새로운 정보와 새로운 해결책이 필요하다. Goodyear에 의해 시행된 유연하고 체계적인 광고의 계획과정은 정체되고 환경의 변화에 반응하지 않는 광고전략보다 훨씬 효과적이다.

GLOBAL MARKETING

요약

표준화되고 번역되어야 하는 메시지의 위험성에도 불구하고 글로벌 광고는 지역특성을 갖는 다국적 광고에 대하여 중요한 대안이 되고 있다. 글로벌 커뮤니케이션의 기술적인 진보, 글로벌 매체의 성장, 그리고 글로벌 광고대행사의 경쟁력 등이 함께 어우러져 글로벌 광고가 성장하고 있다. 표준화된 광고메시지의 지역유출효과와 각국 시장의 동질화 경향으로 인하여 글로벌 광고전략은 효율성있는 광고전략으로 자리매김하고 있고 이에 대한 더욱 세밀한 연구가 필요하다.

국가들의 부가 증가함에 따라 신제품과 서비스가 부단히 출현하고 이에 따라 소비자들은 점점 더 많은 정보를 요구하고 있다. 따라서 광고는 더 중요해졌고, GDP의 증가분에서 광고지출의 증가분이 차지하는 비중 또한 증가하고 있다. 글로벌마케팅 전문가는 모든 시장에서 동시다발적 캠페인, 패턴 표준화 등의 요구에 직면하게 되었고, 이로 인해 여러 무역 블럭에서 통일된 메시지를 광고함으로서 다국적 캠페인보다 더 효율적이고 비용효과적인 광고전략을 구사하고 있다. 이 장에서는 글로벌 광고의 이점, 문제점, 위험에 대해서 토론했고, Goodyear의 사례를 제시함으로써 광고주와 광고대행사가 어떻게 협력하여 지역적 혹은 글로벌 캠페인을 개발할 수 있는지에 대해서 논의하였다.

찾아보기

가

나

다

라

마

바

사

아

자

차

카

타

파

하

기타